개념부터 실전까지! 올인원 국어 교재

섹션뽀개기 실전편

철저한 지문분석과 맞춤형 온라인 솔루션(SLS)을 통한 **갈래별 국어 뽀개기**

문학
내신&수능 대비
기출+신유형 문제 탑재

섹션 뽀개기
SECTION
실전편

NE능률

1

지 은 이 ㅣ IAP BOOKS
기   획 ㅣ 유동훈, 양다원
개   발 ㅣ 고하은, 이선민
디 자 인 ㅣ 정은아, 정수진, 최미나, 오예인
조   판 ㅣ 정수진, 최미나
영   업 ㅣ 한기영, 이경구, 박인규, 정철교, 하진수, 김남준, 이우현
마 케 팅 ㅣ 박혜선, 남경진, 이지원, 김여진

Copyright©2023 by IAP BOOKS, Inc.
All rights reserved. No part of this publication may be reproduced,
stored in a retrieval system, or transmitted in any form or by any means,
electronic, mechanical, photocopying, recording, or otherwise, without
the prior permission of the copyright owner.

* 본 교재의 독창적인 내용에 대한 일체의 무단 전재 · 모방은 법률로 금지되어 있습니다.
* 파본은 구매처에서 교환 가능합니다.

국어 학습의 혁명 IAP BOOKS

섹션뽀개기

현대시, 현대소설, 고전운문, 고전산문, 극수필, 독서, 화법과 작문, 문법 총 8권으로 구성되어 있습니다. 실전에 들어가기 전 꼭 알아야 할 기본 개념을 체크하고, 각 갈래별로 유형과 개념이 잘 나타난 대표 유제를 통해 문제 접근법과 풀이 방법을 익힐 수 있습니다. 또한 수능 및 전국연합 기출 문제를 선별하여 앞에서 학습한 개념과 관련된 문제를 통해 실제 문제에 대한 해결력을 기르고 수능 감각을 익힐 수 있도록 하였습니다. 자기 주도학습을 할 수 있도록 인강을 제공하고, SLS 시스템을 통해 취약 영역도 보완하도록 지원하고 있습니다.

섹션뽀개기 실전편

문학, 독서, 화법과 작문, 언어와 매체 총 4권으로 구성되어 있습니다. 각 항목별로 개념과 대표 유제, 실전 문제를 단계별로 제공하여 스스로 문제를 풀고 해결해 나갈 수 있도록 편집되었습니다. 자기 주도학습을 할 수 있도록 인강을 제공하고, SLS 시스템을 통해 취약 영역도 보완하도록 지원하고 있습니다.

기승전결 모의고사

LEVEL 1(I·II·III·IV), LEVEL 2(I·II·III·IV), LEVEL 3(I·II·III·IV), LEVEL 4(I·II·III·IV)등 총 16권으로 구성되어 있습니다. 권당 실전 모의고사 9회가 수록되어 있고, 주차별로 1회씩 학습하도록 구성했습니다. 수능, 평가원, 교육청에서 출제되었던 실전 모의고사와 자체적으로 만들고 리믹스한 모의고사로 편성되어 있습니다. 자기 주도 학습을 할 수 있도록 인강을 제공하고, SLS 시스템을 통해 취약 영역도 보완하도록 지원하고 있습니다.

분기승천 국어

레벨별 4종씩 총 8권으로 구성되어 있습니다. 분기별로 학습할 수 있도록 권당 13강으로 편성되어 있고, 1강당 4세트씩 권당 42세트 이상 구성되어 학교, 학원 등 교육기관에서 주차별 학습을 하도록 최적화되어 있습니다. 자기 주도학습을 할 수 있도록 인강을 제공하고, SLS 시스템을 통해 취약 영역도 보완하도록 지원하고 있습니다.

리딩플러스 국어

총 8단계로 구성되어 아이들이 다양한 갈래의 책을 읽고, 책에 관련된 문제를 풀어보며 글쓰기 실력을 향상시킬 수 있는 독서논술 교재입니다. 책을 읽으면서 궁금해할 만한 것이나 중요한 개념을 안내하는 배경 지식, 책에 등장한 어휘 관련 문제, 책에서 발췌한 제시문에 대한 독해력·사고력 문제를 통해 아이들이 흥미롭게 독서 활동을 할 수 있도록 하고, 책을 읽은 후 느낀 점 등을 독후활동지로 정리할 수 있도록 구성되어 있으며, SLS 시스템을 통해 온라인으로도 학습할 수 있도록 지원하고 있습니다.

어휘어법

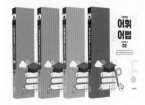

LEVEL 1(I·II), LEVEL 2(I·II), LEVEL 3(I·II), LEVEL 4(I·II) 등 총 8권으로 구성되어 있습니다. 학기별로 학습할 수 있도록 권당 18~26강으로 편성되어 있고, 모듈 프로세스를 통해서 영역별 학습이 가능하게 만들어져 있습니다. 사자성어·속담·한자어·관용어·혼동어휘 등을 교재별로 모듈화하여 단계별로 학습하고 주차별로 테스트를 하도록 구성되어 있습니다.

SLS
Smart Learning Solution

상쾌한 **향상**을 경험하다
국어 문제의 해결사 SLS

학습자 맞춤형 문제은행 출제 마법사
Smart Learning Solution
학생들에게 1:1 과외의 효과를!

초등 4학년부터 고등 3학년까지!
개별 학생에게 맞춘 유연한 문제은행 출제 마법사
시스템이기에 더욱 빠르고 학습진단 및 분석, 그리고 이에 맞춘 처방까지!
학생들의 성적이 달라집니다!

온라인
교재 학습

▸ 온라인 제공 문제 서비스
▸ 출판사, 난이도별 문제

차별화된
인강시스템

▸ 모든 문항별 강의 동영상
▸ 강좌별 영상 강의

SMART LEARNING SOLUTION
SLS

유사 문제
자동 추천 기능

▸ 오답 문제와 유사한 문제 제공
▸ 오답 문제 완전 정복

130만
국어 문항 DB

▸ 국내 최대 DB
▸ 수능, 내신 모든 문항의 DB

한 번에
수능까지

한수

완성하는
중학국어

구성과 특징

1. 지문 분석

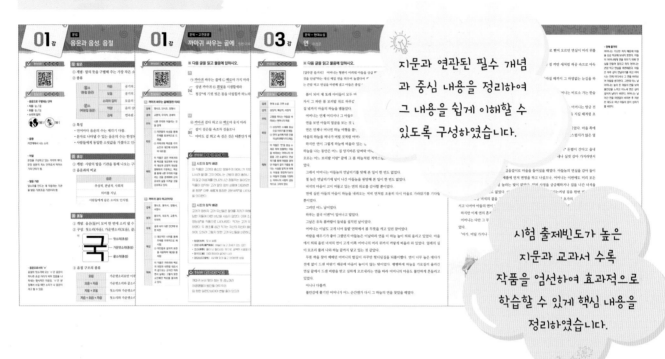

지문과 연관된 필수 개념
과 중심 내용을 정리하여
그 내용을 쉽게 이해할 수
있도록 구성하였습니다.

시험 출제빈도가 높은
지문과 교과서 수록
작품을 엄선하여 효과적으로
학습할 수 있게 핵심 내용을
정리하였습니다.

2. 유형별 문제풀이

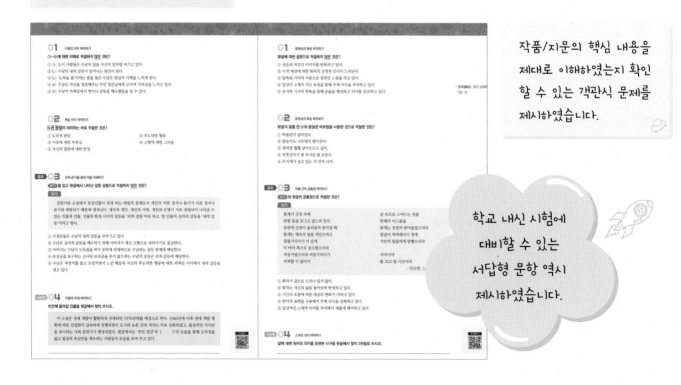

작품/지문의 핵심 내용을
제대로 이해하였는지 확인
할 수 있는 객관식 문제를
제시하였습니다.

학교 내신 시험에
대비할 수 있는
서답형 문항 역시
제시하였습니다.

3. 복습하기

복습하기

복습하기

단원에서 학습하였던 지문과 작품의 중심 내용을 간략한 표로 정리하였습니다.

다음 단원으로 넘어 가기 전에 빈칸 채우기와 단답형 문항을 통해 성취 기준을 점검할 수 있도록 하였습니다.

4. 정답 및 풀이

문제편에서 학습한 지문과 작품의 자세한 분석과 문제 해설을 확인할 수 있습니다.

목차

목차

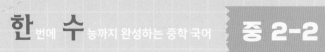

한수

01

Contents

단어의 관계 (1) 유의 관계, 반의 관계, 상하 관계

✔ 한방에! 개념정리

✔ 한방에! 핵심정리

※ **우리말에 유의어가 많은 이유**
• 높임말이 발달함.
  예 밥-진지, 집-댁
• 한자어와 외래어가 유입됨.
  예 아내-처-와이프
• 금기어를 대신할 말이 생김.
  예 죽다-돌아가다

1 유의 관계

① **개념**: 말소리는 다르지만 의미가 비슷한 단어가 맺는 관계
② **특징**
• 언어 생활을 풍부하게 함.
• 상황이나 문맥에 따라 한 단어가 다른 단어를 대체하지 못하는 경우도 있음.

예

결합하는 말 \ 단어	뽑다	빼다
고치에서 실을	○	○
손에 박힌 가시를	○	○
학생 대표를	○	×
목록에서 물을	×	○

※ **반의어의 유형**
• **상보 반의어**: 한쪽을 긍정하면 다른 한쪽은 자동으로 부정됨.
  예 살다-죽다, 진실-거짓
• **등급 반의어**: 의미 사이에 정도나 등급이 있으며, 중간 영역이 있음.
  예 크다-작다, 넓다-좁다
• **방향 반의어**: 방향을 전제로 상대적인 관계를 형성하면서 의미상 대칭을 이룸.
  예 위-아래, 가다-오다, 사다-팔다

2 반의 관계

① **개념**: 의미가 서로 짝을 이루어 대립하는 단어가 맺는 관계
② **특징**
• 반의 관계의 단어들은 하나의 의미 요소만 다르고 나머지는 공통적임.
  예 ┌ 할머니: [+사람] [+노인] [+여성]
      └ 할아버지: [+사람] [+노인] [-여성]
• 한 단어에 여러 개의 반의어가 있을 수 있음.

예

단어	예문	반의어
잡다	연필을 잡다.	놓다
	균형을 잡다.	잃다

※ **상하 관계에서의 의미 요소**
상의어는 의미 요소가 적고, 하의어는 많음.
예 사람-여자-처녀
  사람 [+사람]
  여자 [+사람] [+여성]
  처녀 [+사람] [+여성] [+미혼]

3 상하 관계

① **개념**: 한쪽이 다른 쪽을 포함하거나 다른 쪽에 포함되는 단어가 맺는 관계
② **특징**
• 다른 쪽을 포함하는 단어는 상의어, 다른 쪽에 포함되는 단어는 하의어라고 함.
  예 '문학-소설'에서 '문학'은 상의어, '소설'은 하의어에 해당함.
• 상의어는 일반적·포괄적 의미를, 하의어는 개별적·한정적 의미를 지님.
• 같은 단어가 상의어가 될 수도, 하의어가 될 수도 있음.
  예 '문학-소설-단편소설'에서 '소설'은 '문학'에 대해서는 하의어, '단편소설'에 대해서는 상의어임.

01 단어의 의미 관계 이해하기

단어의 관계에 대한 설명으로 적절하지 <u>않은</u> 것은?

① 상의어는 하의어보다 포괄적인 의미를 가지고 있다.
② 다의어는 의미에 따라 다양한 반의어를 가질 수 있다.
③ 하의어는 상의어가 지닌 의미적 특성을 포함하고 있다.
④ 유의 관계에 있는 단어는 모두 대체해서 사용할 수 있다.
⑤ 두 가지 이상의 의미가 대립하면 반의 관계가 될 수 없다.

중요 ▶ 02 단어의 의미 관계 파악하기

보기 에서 설명하는 단어의 의미 관계에 해당하지 <u>않는</u> 것은?

> **보기**
>
> 말소리는 다르지만 의미가 비슷한 둘 이상의 단어가 맺는 관계

① 기쁨 - 환희   ② 책방 - 서점   ③ 동물 - 고양이
④ 중앙 - 가운데   ⑤ 가난하다 - 빈곤하다

중요 ▶ 03 반의 관계의 유형 파악하기

보기 의 ㉠~㉢에 들어갈 말로 적절한 것은?

> **보기**
>
> 반대되거나 대립되는 의미를 가진 단어 사이의 관계를 반의 관계라고 하며, 이러한 관계에 있는 단어를 반의어라고 한다. 반의어는 다시 세 개로 구분할 수 있다. 첫 번째는 (㉠)로 '합격-불합격'과 같이 두 단어가 상호 배타적이기 때문에 중립된 개념이 존재하지 않는 것이 특징이다. 두 번째는 (㉡)로 '판매-구매'와 같이 단어가 상대적 관계를 형성하면서 의미가 대칭을 이루는 것이 특징이다. 세 번째는 (㉢)로 '뜨겁다-차갑다'와 같이 단어의 의미 사이에 정도나 등급을 나타낸다.

	㉠	㉡	㉢		㉠	㉡	㉢
①	상보 반의어	등급 반의어	방향 반의어	②	상보 반의어	방향 반의어	등급 반의어
③	등급 반의어	상보 반의어	방향 반의어	④	방향 반의어	등급 반의어	상보 반의어
⑤	방향 반의어	상보 반의어	등급 반의어				

서답형 ▶ 04 상하 관계 파악하기

ⓐ, ⓑ에 들어갈 말로 적절한 것을 차례대로 쓰시오.

> '예술-음악-재즈'에서 (ⓐ)은/는 예술의 하의어이지만 (ⓑ)에 대해서는 상의어에 해당한다.

문제풀이

01강 자기 조절 초점 이론

✔ 한방에! 개념정리

✔ 한방에! 핵심정리

주제	동기를 조절하는 두 가지 방식
해제	이 글은 동기를 조절하는 두 가지 방식인 촉진 초점과 방어 초점에 대해 설명하고 있다. 촉진 초점은 위험을 무릅쓰더라도 이익 추구를 위해 행동하도록 만든다. 반면 방어 초점은 무언가를 얻기보다는 손실을 회피하기 위해 행동하도록 만든다. 이러한 개념은 심리학자 히긴스의 '자기 조절 초점 이론'에서 처음 등장하였는데, 히긴스는 사람은 촉진 초점과 방어 초점 중 하나를 사용하여 자신의 동기를 조절할 수 있다고 보았다. 또한 어떤 초점에 의해 동기가 부여되는지에 따라 목표의 추구 방식이나 느끼는 감정, 의사결정의 과정 등이 달라진다고 보았다.

*문단 중심 내용

1문단	심리학자 히긴스의 자기 조절 초점 이론
2문단	동기가 부여되는 두 가지 방식
3문단	촉진 초점적일 때와 방어 초점적일 때의 목표 추구 방식의 차이
4문단	촉진 초점적일 때와 방어 초점적일 때 느끼는 감정의 차이
5문단	자기 조절 초점의 차이가 의사결정 과정에 미치는 영향

※ 다음 글을 읽고 물음에 답하시오.

어떤 일이나 행동을 일으키게 하는 계기를 '동기'라고 한다. 즉 동기가 부족하면 사람들은 특정 행동을 하기 어려워진다. 과거 많은 연구자들은 사람들이 즐거움을 추구하고 고통을 회피하는 쾌락주의에 근거해서 사람들의 동기를 설명하고자 했다. 그런데 심리학자 히긴스는 사람들이 쾌락을 추구하고 고통을 회피하는 것은 단순한 행동이 아니라 나름의 전략을 통해 조절이 가능하다고 보았다. 이른바 '자기 조절 초점 이론'을 제시한 것이다.

㉠ 자기 조절 초점 이론은 사람들의 동기가 촉진 초점과 방어 초점이라는 두 가지 전략을 통해 부여된다는 것을 핵심 내용으로 한다. 먼저 촉진 초점이란 위험을 무릅쓰더라도 이익 추구를 위해 행동하도록 만드는 것을 의미한다. 촉진 초점으로 동기가 부여될 경우 모험 지향적이며, 일을 함에 있어 자율성과 감각 추구를 중요시하는 특성을 보여 준다. 반면, 방어 초점이란 무언가를 얻기보다는 손실을 회피하기 위해 행동하도록 만드는 것을 말한다. 방어 초점으로 동기가 부여될 경우 위험을 감수하기보다는 안정 지향적으로 행동하며, 의무감과 책임감을 바탕으로 일을 처리하는 경향을 보여 준다.

자기 조절 초점에 의해 부여된 동기는 목표의 추구 방식에 영향을 미친다. 먼저 촉진 초점적일 경우 긍정적인 결과의 존재 유무에 민감하게 반응하며, 목표 달성을 위해서라면 수행해야 할 과업의 전환이나 변화를 마다하지 않고 오히려 선호한다. 도전적 자세로 목표에 접근하는 열망 전략을 사용하는 것이다. 이와 달리 방어 초점적일 경우 부정적인 결과의 존재 유무에 민감하게 반응하면서 수행하고 있는 과업을 유지하여 목표를 달성하려 한다. 이득을 놓치더라도 부정적 결과를 피하기 위해 발생 가능한 문제를 파악하고 대비하려는 경계 전략을 사용하는 것이다.

자기 조절 초점에 의해 부여된 동기는 사람들이 느끼는 감정에도 영향을 미친다. 긍정적인 결과가 발생했거나 긍정적인 결과가 예상될 때 촉진 초점적인 사람들은 행복, 기쁨, 의기양양 등의 활기찬 감정이 일어난다. 그러나 긍정적인 결과가 발생하지 않았거나 그러한 결과가 예상될 때 이들은 슬픔, 후회, 낙담, 부끄러움 등의 감정이 일어난다. 반면, 부정적인 결과가 발생하지 않거나 부정적인 결과가 나타나지 않을 것이라고 생각될 때 방어 초점적인 사람들은 고요, 평안 등의 안정의 감정이 일어나지만, 부정적인 결과가 발생하였거나 그러한 결과가 예상되면 이들은 긴장, 스트레스 등의 초조한 감정이 일어난다.

이러한 자기 조절 초점의 차이는 결국 사람들의 의사결정 과정에도 영향을 미칠 수밖에 없다. 현대 사회에서 개인은 합리적인 의사결정을 할 수 있는 충분한 정보를 수집하기가 까다롭고, 설령 충분한 정보를 수집하였더라도 그 정보를 적절히 가공하고 활용하는 데 충분한 인지적 능력을 갖추기가 어렵기 때문이다. 따라서 사람들은 적당히 만족스러운 대안을 추구하게 되는데 이때 조절 초점을 사용한다는 것이다.

01 내용 전개 방식 파악하기

윗글의 내용 전개 방식으로 가장 적절한 것은?

① 동기가 부여되는 서로 다른 방식과 그 방식이 미치는 영향력을 소개하고 있다.

② 동기가 형성되고 소멸하는 과정을 인간의 다양한 심리적 특성을 기준으로 서술하고 있다.

③ 원인과 결과가 다른 두 가지 사건을 사례로 들어 동기 형성 이론의 내적 구조를 밝히고 있다.

④ 동기에 대한 서로 다른 관점을 비교하고, 두 관점을 통합할 수 있는 새로운 방안을 제시하고 있다.

⑤ 동기와 관련된 특정 이론이 등장하게 된 이유와 그 이론의 발전 과정을 역사적으로 설명하고 있다.

02 세부 내용 추론하기

윗글에 대한 설명으로 적절하지 않은 것은?

① 부정적인 결과가 나타나지 않았을 때 안도감을 느끼는 사람들은 안정 지향적으로 행동하는 경향이 있다.

② 원하는 상태에 도달하였을 때 행복을 느끼는 사람들은 책임감을 바탕으로 과업을 처리하는 경향이 있다.

③ 긍정적인 결과가 나타나지 않았을 때 낙담하는 사람들은 일을 할 때 감각 추구를 중요시하는 경향이 있다.

④ 현대 사회의 개인은 정보를 가공하고 활용하기 위한 인지능력을 충분히 갖추지 못하기 때문에 조절 초점을 이용한다.

⑤ 현대 사회의 개인은 합리적인 의사결정을 할 수 있는 정보를 충분히 수집하기 어렵기 때문에 적당히 만족스러운 대안을 선택한다.

중요 ▶ 03 구체적 상황에 적용하기

윗글을 바탕으로 보기 를 해석한 내용으로 적절하지 않은 것은?

> 보기
>
> [실험 상황]
>
> 두 종류의 포도 주스, A와 B를 제공하고 다음과 같은 메시지를 피실험자들에게 제시한 후, 하나를 고르게 했다.
>
> > A: 국가연구기관의 조사에 의하면 이 포도 주스는 기존 포도 주스보다 3배 이상의 비타민 C와 철분을 포함하고 있어 에너지 보충과 활력 증진에 좋다고 합니다.
> >
> > B: 국가연구기관의 조사에 의하면 이 포도 주스는 기존 포도 주스보다 3배 이상의 항산화 성분을 포함하고 있어 암과 심장병 발생 위험을 줄여준다고 합니다.
>
> [실험 결과]
>
> A 선택자 비율: 45%　　　　　　B 선택자 비율: 55%

① A를 선택한 사람들은 에너지 보충이라는 긍정적인 결과에 민감하게 반응하였겠군.

② B를 선택한 사람들은 손실을 회피하는 데 초점을 두고 자신의 동기를 조절하였겠군.

③ 실험 결과에 따른다면, 열망 전략보다는 경계 전략을 사용한 피실험자가 더 많겠군.

④ 실험 결과에 따른다면, 목표 달성을 위해 과업의 유지보다는 전환을 추구하는 피실험자가 더 많겠군.

⑤ 실험 결과에 따른다면, 책임감을 중요시하는 특성을 가진 피실험자가 그렇지 않은 피실험자보다 더 많겠군.

서답형 04 세부 내용 추론하기

빈칸에 들어갈 말로 적절한 것을 골라 차례대로 쓰시오.

> 윗글에 따르면 제품을 구매하고자 할 때 (촉진 초점 / 방어 초점)의 사람들은 가능한 많은 선택 대안을, (촉진 초점 / 방어 초점)을 갖는 사람들은 비교적 적은 선택 대안을 생각할 것이다.

문제풀이

✔ 한방에! 개념정리

✔ 한방에! 핵심정리

갈래	자유시, 서정시
성격	비판적, 의지적
주제	주체적인 삶을 살고자 하는 의지
특징	① 어머니에게 말을 건네는 형식으로 구성됨. ② 인생을 살아가는 태도에 대한 교훈을 전달하고 있음. ③ 고전 소설 〈심청전〉의 주인공인 '심청'을 말하는 이로 설정하며, 〈심청전〉에 담긴 '효'의 가치관을 비판함.
해제	이 작품은 김승희 시인의 시집 《왼손을 위한 협주곡》에 실린 여섯 편의 〈배꼽을 위한 연가〉 중 한 편으로, 〈심청전〉을 재구성하여 전하고자 하는 바를 효과적으로 전달하고 있다. 화자는 스스로 심청이 되어 부모를 위해 희생하는 고전 소설 속의 심청을 비판하며, 무조건적으로 희생하는 삶을 살 것이 아니라 주체적인 삶의 태도를 지닐 것을 강조하고 있다.

※ 다음 글을 읽고 물음에 답하시오.

인당수에 빠질 수는 없습니다
어머니,
저는 살아서 시를 짓겠습니다

공양미 삼백 석을 구하지 못하여
당신이 평생을 어둡더라도
결코 인당수에 빠지지는 않겠습니다
어머니,
저는 여기 남아 책을 보겠습니다

나비여,
나비여,
애벌레가 나비로 날기 위하여
누에고치를 버리는 것이
죄입니까?
하나의 알이 새가 되기 위하여
껍질을 부수는 것이
죄일까요?

그 대신 **점자책***을 사드리겠습니다
어머니,
점자 읽는 법도 가르쳐드리지요

우리의 삶은 모두 이와 같습니다
우리들 각자가 배우지 않으면 안 되는
외국어와 같은 것 –
어디에도 인당수는 없습니다
어머니,
우리는 스스로 눈을 떠야 합니다

- 김승희, 〈배꼽을 위한 연가 5〉 -

✔ 한방에! 어휘풀이

* 점자책(點字冊): 시각 장애인이 읽을 수 있도록 점자로 만든 책.

01 표현상의 특징 파악하기

윗글의 표현상의 특징으로 적절하지 않은 것은?

① 고전 소설을 차용하여 시상을 전개하고 있다.
② 의문문을 통해 전하고자 하는 바를 강조하고 있다.
③ 비슷한 문장 구조를 반복하며 교훈을 전달하고 있다.
④ 단정적인 어조를 사용하여 강한 의지를 드러내고 있다.
⑤ 자연과의 대조를 통해 현재의 삶에 대한 비관적 태도를 드러내고 있다.

중요 02 작품 간의 공통점, 차이점 파악하기

보기는 〈심청전〉의 줄거리이다. 보기와 윗글을 비교한 내용으로 적절한 것은?

> **보기**
>
> 심청은 어머니를 잃고 눈이 먼 아버지를 모시며 살아간다. 어느 날, 공양미 삼백 석을 부처님께 바치면 아버지가 눈을 뜰 수 있다는 말을 들은 심청은 공양미 삼백 석을 대가로 뱃사람들을 대신하여 인당수의 제물이 되어 바다에 뛰어든다. 바다에 사는 용왕은 심청의 효심에 감동하여 심청을 살려 주고 연꽃에 태워 다시 지상으로 돌려보내는데 이를 발견한 임금은 심청을 왕비로 맞이하게 된다. 심청은 아버지를 찾기 위해 맹인들을 위한 잔치를 열고, 이때 잔치에 찾아온 아버지가 심청과 재회하자 눈을 뜨게 된다.

① 윗글과 〈보기〉에서 앞을 보지 못하는 대상이 동일하게 제시되고 있다.
② 윗글과 〈보기〉는 동일한 문제 상황에 대해 다른 해결 방식을 보이고 있다.
③ 윗글과 〈보기〉 모두 자식으로서 당연히 가져야 할 덕목인 '효'를 강조하고 있다.
④ 〈보기〉와 달리 윗글에서는 공양미 삼백 석을 어떤 방식을 써서라도 얻고자 한다.
⑤ 〈보기〉와 달리 윗글은 부모를 위한 희생이 개인의 삶보다 더 가치 있다고 여긴다.

중요 03 외적 준거를 바탕으로 작품 감상하기

보기를 참고하여, 윗글을 감상한 내용으로 적절하지 않은 것은?

> **보기**
>
> '배꼽'은 다양한 의미로 해석할 수 있다. 우선 배꼽은 우리가 어머니의 뱃속에 있을 때 어머니와 '나'를 연결해주는 탯줄이 있는 곳이다. 즉 혈육 관계를 의미한다고 볼 수 있다. 또한 어머니와 '나'가 연결되었던 흔적이므로, 출생 이후 서로 단절되어 개별적인 존재가 되었다는 것을 의미하기도 한다. 한편, 살아있는 모든 존재는 배꼽을 가지고 있다는 점에서 모든 존재는 평등하고 개별적인 존재임을 의미하기도 한다. 즉 남에게 의존하지 않고 주체적이며 능동적인 삶을 살아가야 함을 내포하는 것이기도 하다.

① 윗글의 제목 속 '배꼽'을 통해 어머니와 화자가 혈육 관계이며, 화자가 어머니에게 종속된 관계가 아니라 평등한 관계임을 제시하는군.
② 화자는 '결코 인당수에 빠지지는 않'을 것이라고 말하며, 어머니를 위한 희생을 거부하고 주체적인 삶을 살아가겠다는 의지를 드러내는군.
③ '애벌레'에서 '나비'가 되기 위해서 '누에고치'를 버리는 것은 부모로부터 벗어나 개별적인 존재가 되는 것으로, 화자는 이것이 죄가 아니라 당연하고 필요한 일이라 생각하는군.
④ 화자는 어머니에게 '점자책'을 제안하며, 어머니 역시 남에게 의존하지 않고 능동적으로 살기를 바라는군.
⑤ '어디에도 인당수는 없'다는 것은 더 이상 이끌어 줄 어머니가 존재하지 않는, 주체적인 삶의 획득을 의미하는군.

서답형 04 시어의 의미 파악하기

화자의 주체적 삶의 의지를 드러내는 시어 두 개를 찾아 윗글에 등장한 순서대로 쓰시오. (단, 각각 1음절로 쓸 것.)

문제풀이

영영전 _ 작자 미상

| 정답 및 해설 | 6쪽

갈래	애정 소설, 한문 소설
성격	낭만적, 현실적
주제	신분의 차이를 극복한 사랑
특징	① 비유를 통해 절절한 애정을 표현하고 있음. ② 편지 등을 통해 등장인물의 심리를 드러냄. ③ 남녀의 사랑을 현실적이면서도 낭만적으로 묘사함.
해제	이 작품은 선비 김생과 궁녀 영영의 사랑을 소재로 삼아 사실적이고 생생한 묘사와 비유로 절절한 애정을 드러낸 애정 소설이다. 전기성, 우연성을 바탕으로 갈등이 해결되는 기존의 고전 소설과는 달리, 개연성을 바탕으로 사건이 전개되는 것이 특징이며, 선비와 궁녀라는 신분상의 차이를 극복한 결말은 근대적 의식이 반영된 것이라고 볼 수 있다.

※ 다음 글을 읽고 물음에 답하시오.

[앞부분 줄거리] 선비 김생은 회산군의 궁녀인 영영을 보고 사랑에 빠진다. 둘은 막동과 노파의 도움으로 사랑을 확인하게 되지만, 회산군이 죽고 노파도 세상을 뜨자 서로 연락할 길이 끊어진다. 3년 후 김생은 과거에 장원 급제하여 삼일유가*를 하러 가는 길에 회산군의 집을 발견하고 일부러 취한 척 말에서 떨어져 일어나지 않는다.

이때 회산군은 죽은 지 이미 3년이나 되었으며, 궁인들은 이제 막 상복*을 벗은 상태였다. 그동안 부인은 마음 붙일 곳 없이 홀로 적적하게 살아온 터라, 광대들의 재주가 보고 싶었다. 그래서 시녀들에게 김생을 부축해서 서쪽 가옥으로 모시고, 죽부인을 베개삼아 비단 무늬 자리에 누이게 하였다. 김생은 여전히 눈이 어질어질하여 깨닫지 못한 듯이 누워 있었다.

[A] 이윽고 광대와 악공들이 뜰 가운데 나열하여 일제히 음악을 연주하면서 온갖 놀이를 다 펼쳐 보였다. 궁중 시녀들은 고운 얼굴에 분을 바르고 구름처럼 아름다운 머릿결을 드리우고 있었는데, 주렴*을 걷고 보는 자가 수십 명이나 되었다. 그러나 영영이라고 하는 시녀는 그 가운데 없었다. 김생은 속으로 이상하게 생각하였으나 그녀의 생사를 알 수가 없었다. 자세히 살펴보니, 한 낭자가 나오다가 김생을 보고는 다시 들어가서 눈물을 훔치고, 안팎을 들락거리며 어찌할 줄 모르고 있었다. 이는 바로 영영이 김생을 보고서 흐르는 눈물을 참지 못하고, 차마 남이 알아챌까 봐 두려워한 것이었다.

이러한 영영을 바라보고 있는 김생의 마음은 처량하기 그지없었다. 그러나 날은 이미 어두워지려고 하였다. 김생은 이곳에 더 이상 오래 머물러 있을 수 없다는 것을 알고 기지개를 켜면서 일어나 주위를 돌아보고는 놀라서 말했다.

"㉠ 이곳이 어디입니까?"

궁중의 늙은 노비인 장획이라는 자가 달려와 아뢰었다.

"회산군 댁입니다."

김생은 더욱 놀라며 말했다.

"내가 어떻게 해서 이곳에 왔습니까?"

장획이 사실대로 대답하자, 김생은 곧 자리에서 일어나서 나가려고 하였다. ㉡ 이때 부인이 술로 인한 김생의 갈증을 염려하여 영영에게 차를 가져오라고 명령하였다. 이로 인해 두 사람은 서로 가까이 하게 되었으나, ㉢ 말 한 마디도 못하고 단지 눈길만 주고받을 뿐이었다. 영영은 차를 다 올리고 일어나 안으로 들어가면서 품속에서 편지 한 통을 떨어뜨렸다. 이에 김생은 얼른 편지를 주워서 소매 속에 숨기고 나왔다. 말을 타고 집으로 돌아와 뜯어보니, 그 글에 일렀다.

박명한* 첩 영영은 재배하고 낭군께 사룁니다. 저는 살아서 낭군을 따를 수 없고, 또 그렇다고 죽을 수도 없었습니다. 그래서 잔해만이 남은 숨을 헐떡이며 아직까지 살아 있습니다. ㉣ 어찌 제가 성의가 없어서 낭군을 그리워하지 않았겠습니까? 하늘은 얼마나 아득하고, 땅은 얼마나 막막하던지! 복숭아와 자두나무에 부는 봄바람은 첩을 깊은 궁중에 가두고, 오동에 내리는 밤비는 저를 빈 방에 묶어 놓았습니다. 오래도록 거문고를 타지 않으니 거문고 갑에는 거미줄이 생기고, 화장 거울을 공연히 간직하고 있으니 경대*에는 먼지만 가득합니다. 지는 해와 저녁 하늘은 저의 한을 돋우는데, 새벽 별과 이지러진 달인들 제 마음을 염려하겠습니까? 누각에 올라 먼 곳을 바라보면 구름이 제 눈을 가리고, 창가에 기대어 생각에 잠기면 수심이 제 꿈을 깨웠습니다. 아아, 낭군이여! 어찌 슬프지 않았겠습니까? 저는 또 불행하게 그 사이에 할머니께서 돌아가시어 편지를 부치고자 하여도 전달할 길이 없었습니다. 헛되이 낭군의 얼굴 그릴 때마다 가슴과 창자는 끊어지는 듯 했습니다. 설령 이 몸이 다시 한 번 더 낭군을 뵙는다 해도 꽃다운 얼굴은 이미 시들어 버렸는데, 낭군께서 어찌 저에게 깊은 사랑을 베풀겠습니까? 모르겠습니다. 낭군 역시 저를 생각하고 있었는지요? 하늘과 땅이 다 없어진다 해도 저의 한은 끝이 없을 것입니다. 아아, 어찌하리오! 그저 죽는 길밖에 없는 듯합니다. 종이를 마주하니 처연한 마음에 이를 바를 알지 못하겠습니다.

[중간 부분 줄거리] 영영이 남긴 편지를 읽은 김생은 상사병에 걸린다. 그러다가 회산군 부인의 조카인 친구 이정자가 김생의 사연을 듣고 김생을 도와준다.

"ⓔ 자네의 병은 곧 나을 걸세. 회산군 부인은 내겐 고모가 되는 분이라네. 그분은 의리가 있고 인정이 많으시네. 또 부인이 소천*을 잃은 후로부터, 가산과 보화를 아끼지 아니하고 희사*와 보시*를 잘하시니, 내 자네를 위하여 애써 보겠네."

김생은 뜻밖의 말을 듣고 너무 기뻐서 병든 몸인데도 일어나 정자의 손이 으스러져라 꽉 잡을 정도였다. 김생은 신신부탁하며 정자에게 절까지 하였다. 정자는 그날로 부인 앞에 나아가 말했다.

"얼마 전에 장원 급제한 사람이 문 앞을 지나다가, 말에서 떨어져 정신을 차리지 못한 것을 고모님이 시비*에게 명하여 사랑으로 데려간 일이 있사옵니까?"

"있지."

"그리고 영영에게 명하여 차를 올리게 한 일이 있사옵니까?"

"있네."

"그 사람은 바로 저의 친구로 김모라 하는 이옵니다. 그는 재기*가 범인*을 지나고 풍도*가 속되지 않아, 장차 크게 될 인물이옵니다. 불행하게도 상사의 병이 들어 문을 닫고 누워서 신음하고 있은 지 벌써 두어 달이 되었다 하더이다. 제가 아침저녁으로 왔다 갔다 하면서 문병하는데, 피부가 파리해지고 목숨이 아침저녁으로 불안하니, 매우 안타까이 여겨 병이 든 이유를 물어본 즉 영영으로 인함이라 하옵니다. 영영을 김생에게 주시는 것이 어떻겠습니까?"

부인은 듣고 나서,

"내 어찌 영영을 아껴 사람이 죽도록 하겠느냐?"

하였다. 부인은 곧바로 영영을 김생의 집으로 가게 하였다. 그리하여 꿈에도 그리던 두 사람이 서로 만나게 되니 그 기쁨이야 말할 수 없을 정도였다. 김생은 기운을 차려 다시 깨어나고, 수일 후에는 일어나게 되었다. 이로부터 김생은 공명*을 사양하고, 영영과 더불어 평생을 해로하였다.

- 작자 미상, 〈영영전〉 -

★ 전체 줄거리

명나라 효종 때, 선비 김생이 성 밖을 돌아다니다 한 미인을 발견하고 그 뒤를 따라가게 된다. 김생은 그녀의 정체가 회산군 댁에 속한 궁녀임을 알게 되고, 노파로부터 궁녀의 이름이 영영임을 듣게 된다. 노파는 김생과 영영이 만날 수 있도록 도와주지만, 회산군이 죽고 노파마저 세상을 뜨자 둘은 더 이상 만나지 못하게 된다. 이후 김생은 마음을 잡고 과거에 응시하여 장원급제하고, 삼일유가를 하러 가는 길에 회산군 댁을 발견하고 일부러 취한 척 하며 집 안으로 들어가게 된다. 김생은 그곳에서 다시 영영을 마주하게 되고, 영영은 편지 하나를 김생에게 전해 준다. 영영의 편지를 읽은 김생은 그리움에 상사병에 걸리고, 이런 김생을 본 김생의 친구이자 회산군 부인의 조카인 이정자는 둘이 다시 만날 수 있게 도와준다. 이정자의 도움으로 김생과 영영은 재회하여 여생을 함께 보내게 된다.

✓ 한방에! 어휘풀이

★ 삼일유가(三日遊街): 과거에 급제한 사람이 사흘 동안 시험관과 선배 급제자와 친척을 방문하던 일.
★ 상복(喪服): 상중에 있는 상제나 복인이 입는 예복. 삼베로 만드는데, 바느질을 곱게 하지 않는다.
★ 주렴(珠簾): 구슬 따위를 꿰어 만든 발.
★ 박명하다(薄命하다): 복이 없고 팔자가 사납다.
★ 경대(鏡臺): 거울을 버티어 세우고 그 아래에 화장품 따위를 넣는 서랍을 갖추어 만든 가구.
★ 소천(所天): 아내가 남편을 이르는 말.
★ 희사(喜捨): 어떤 목적을 위하여 기꺼이 돈이나 물건을 내놓음.
★ 보시(布施): 자비심으로 남에게 재물이나 불법을 베풂.
★ 시비(侍婢): 곁에서 시중을 드는 계집종.
★ 재기(才器): 사람이 지닌 재주와 기량을 아울러 이르는 말.
★ 범인(凡人): 평범한 사람.
★ 풍도(風度): 풍채와 태도를 아울러 이르는 말.
★ 공명(功名): 공을 세워서 자기의 이름을 널리 드러냄. 또는 그 이름.

윗글에 대한 설명으로 가장 적절한 것은?

① 서술자가 개입하여 인물의 심리를 직접 제시하고 있다.
② 인물의 외양 묘사를 통해 영웅적 면모를 제시하고 있다.
③ 남녀의 사랑을 비현실적이고 낭만적으로 묘사하고 있다.
④ 전기적 요소를 활용하여 신비한 분위기를 조성하고 있다.
⑤ 비유적인 표현을 사용하여 현실에 대한 비판적 의식을 드러내고 있다.

㉠~㉤에 대한 설명으로 적절하지 <u>않은</u> 것은?

① ㉠: 회산군 댁에 의도적으로 들어온 것이 아님을 드러내기 위해 질문하고 있다.
② ㉡: 김생과 영영의 인연을 눈치챈 부인이 이들이 만날 수 있도록 유도하고 있다.
③ ㉢: 궁녀 신분인 영영과 김생의 관계가 다른 사람들에게 알려져서는 안 되기 때문이다.
④ ㉣: 김생을 계속 그리워했던 영영의 심정을 설의적으로 표현하고 있다.
⑤ ㉤: 이정자의 도움으로 김생과 영영이 다시 만날 수 있을 것임을 암시하고 있다.

보기 는 〈운영전〉의 줄거리이다. 보기 를 참고하여 윗글과 비교한 내용으로 적절하지 <u>않은</u> 것은?

> 보기

선조 때 선비 유영이 안평대군의 옛집인 수정궁 터에 들어가 홀로 술을 마시다 잠에 든다. 잠에서 깬 유영은 운영과 김 진사를 만나 그들의 이야기를 듣게 된다. 안평대군의 궁녀인 운영과 김 진사는 첫눈에 사랑에 빠지게 되고 무녀의 도움으로 편지를 주고받으며 사랑을 나누었다. 김 진사는 운영을 데리고 도망갈 계획을 세우지만 이를 눈치 챈 안평대군은 김 진사의 궁 출입을 금하였고 김 진사와 만나지 못한 운영은 목을 매어 자결하였다. 이후 운영의 소식을 들은 김 진사 역시 운영을 따라 자결하고 말았다. 김 진사와 운영은 하늘로 가기 전, 유영에게 자신들의 비극적인 이야기를 세상에 전달해 달라고 부탁한다. 잠에서 깬 유영의 옆에는 김 진사와 운영의 사랑을 기록한 책이 남아 있었고, 유영은 그 책을 가지고 돌아온다.

① 윗글과 달리 〈보기〉는 액자식 구성을 통해 이야기를 전개하고 있군.
② 〈보기〉와 달리 윗글은 현실에서 두 인물의 사랑이 이어지는 결말을 보이고 있군.
③ 〈보기〉의 '운영'과 달리, 윗글의 '영영'은 문제 해결을 위해 적극적으로 행동하고 있지 않군.
④ 〈보기〉의 '안평대군'과 달리, 윗글의 '부인'은 영영의 신분을 해방시켜 준다는 점에서 조력자로 볼 수 있겠군.
⑤ 윗글과 〈보기〉 모두 편지를 매개체로 하여 인물의 마음을 전달하고 있군.

보기 에서 설명하고 있는 표현이 사용된 문장을 [A]에서 찾아 첫 어절과 마지막 어절을 쓰시오.

> 보기

작가가 인물의 상황이나 감정 상태를 분석하고 주관적으로 해석하고 있다.

문제풀이

복습하기

문법

1 ☐☐☐☐	• 말소리는 다르지만 의미가 비슷한 단어가 맺는 관계 • 언어 생활을 풍부하게 함. • 상황이나 문맥에 따라 한 단어가 다른 단어를 대체하지 못하는 경우도 있음.
2 ☐☐☐☐	• 의미가 서로 짝을 이루어 대립하는 단어가 맺는 관계 • 하나의 의미 요소만 다르고 나머지는 공통적임.
3 ☐☐☐☐	• 한쪽이 다른 쪽을 포함하거나 다른 쪽에 포함되는 단어가 맺는 관계 • 다른 쪽을 포함하는 단어를 4 ☐☐☐, 다른 쪽에 포함되는 단어는 5 ☐☐☐라고 함.

독서

1문단	심리학자 히긴스의 6 ☐☐☐☐☐☐ 이론	4문단	7 ☐☐ 초점적일 때와 방어 초점적일 때 느끼는 감정의 차이
2문단	동기가 부여되는 두 가지 방식 – 7 ☐☐ 초점, 방어 초점	5문단	6 ☐☐☐☐☐ 의 차이가 8 ☐☐☐☐☐ 에 미치는 영향
3문단	7 ☐☐ 초점적일 때와 방어 초점적일 때의 목표 추구 방식의 차이		

문학 – 배꼽을 위한 연가 5(김승희)

1~2연	희생을 거부하며 주체적인 삶을 살고자 하는 의지를 드러냄.	4연	10 ☐☐☐ 가 스스로 자신의 장애를 극복할 수 있도록 도울 것임.
3연	자신의 삶을 개척해 나가는 것은 9 ☐ 가 아니라 당연한 것임.	5연	삶은 자신의 힘으로 살아가야 함.

문학 – 영영전(작자 미상)

김생이 일부러 취한 척하여 11 ☐☐☐ 의 집으로 들어감.

↓

영영과 김생이 재회하지만 말 한 마디도 못하고 눈길만 주고받음.

↓

영영이 차를 올리고 일어나면서 12 ☐☐ 를 떨어뜨림.

↓

영영이 남긴 12 ☐☐ 를 읽은 김생은 상사병에 걸리고 이 소식을 들은 친구 13 ☐☐☐ 가 김생을 도와줌.

↓

13 ☐☐☐ 로부터 김생의 이야기를 들은 회산댁은 둘이 재회할 수 있게 도와줌.

02

Contents

02 강

단어의 관계 (2) 다의 관계, 동음이의 관계

☑ 한방에! 개념정리

☑ 한방에! 핵심정리

※ 다의어의 장단점
• 장점: 적은 수의 단어로 다양한 의미를 표현할 수 있어 경제적임.
• 단점: 의미가 모호하여 의사소통에 혼란을 줄 수 있음.

1 다의 관계

① **개념**: 둘 이상의 뜻을 가진 단어가 맺는 관계
② **특징**
• 가장 기본적이고 핵심적인 의미인 중심적 의미와 중심적 의미에서 확장된 주변적 의미가 있음.

예

구멍
┌ 양말에 **구멍**이 뚫렸다.
│　　→ **중심적 의미**: 뚫어지거나 파낸 자리.
├ 빠져나갈 **구멍**이 없다.
│　　→ **주변적 의미**: 어려움을 헤쳐 나갈 길을 비유적으로 이르는 말.
└ 일의 진행에 **구멍**이 났다.
　　　→ **주변적 의미**: 허점이나 약점을 비유적으로 이르는 말.

2 동음이의 관계

① **개념**: 말소리는 같지만 의미는 다른 단어가 맺는 관계
② **특징**
• 의미 사이에 전혀 연관성이 없음.
• 문맥이나 소리의 길이로 구별할 수 있음.

예

배다
┌ 벽지에 냄새가 **배다**.
│　　→ 스며들거나 스며 나오다.
└ 이모가 둘째를 **배다**.
　　　→ 배 속에 아이나 새끼를 가지다.

3 다의어와 동음이의어의 구별 방법

① **의미 사이의 관련성 여부**
　　→ 다의어는 의미 사이에 관련성이 있고, 동음이의어는 관련성이 없음.
② **사전에 실리는 형식**
　　→ 다의어는 하나의 표제어에 실리고, 동음이의어는 구분된 표제어에 실림.

예

동음이의어
┌ 발¹ 「명사」
│　 1. 사람이나 동물의 다리 맨 끝부분. ──────┐ 다의어
│　 2. 가구 따위의 밑을 받쳐 균형을 잡고 있는, 짧게 도드라진 부분. ──┘
└ 발³ 「명사」
　 가늘고 긴 대를 줄로 엮거나, 줄 따위를 여러 개 나란히 늘어뜨려 만든 물건.

01 단어의 특징 이해하기

단어의 특징에 대한 설명으로 적절하지 <u>않은</u> 것은?

① 둘 이상의 의미를 가진 단어를 다의어라고 한다.

② 사전에 별개의 표제어로 등재되어 있다면 다의어이다.

③ 다의어는 의미가 모호해서 의사소통에 혼란을 가져올 수 있다.

④ 동음이의어는 소리만 같을 뿐 의미 사이에는 어떠한 관련성도 찾을 수 없다.

⑤ 동음이의어를 구별하기 위해서는 단어가 문장에서 어떠한 문맥적 의미를 지니는지 살펴봐야 한다.

02 단어의 의미 관계 파악하기

ⓐ와 ⓑ의 의미 관계가 <u>다른</u> 것은?

① ┌ 상원이는 아침에 ⓐ 사과를 먹었다.
 └ 그는 나에게 한마디의 ⓑ 사과도 하지 않았다.

② ┌ ⓐ 큰 소리로 떠들지 마라.
 └ 옷이 너무 ⓑ 커서 입을 수 없다.

③ ┌ 민지는 지각을 해서 ⓐ 벌을 받았다.
 └ ⓑ 벌에 쏘인 부분이 퉁퉁 부어올랐다.

④ ┌ 나는 친구에게 편지를 ⓐ 썼다.
 └ 기정이는 모자를 ⓑ 쓰고 축구를 했다.

⑤ ┌ 중학교 ⓐ 이 학년이 되어서 기분이 새롭다.
 └ 충치를 예방하기 위해서는 ⓑ 이를 잘 닦아야 한다.

중요 03 다의어의 특징 파악하기

보기의 ㉠에 해당하는 것으로 적절하지 <u>않은</u> 것은?

> **보기**
>
> 다의어의 의미는 중심적 의미와 주변적 의미로 나눌 수 있다. 중심적 의미가 가장 기본적이고 핵심적인 의미라면 ㉠ 주변적 의미는 중심적 의미에서 확장된 의미이다.

① 유진이는 <u>머리</u>가 길다.
② 책상의 <u>다리</u>가 부러졌다.
③ <u>사과</u>를 세 조각으로 나누자.
④ 짐을 옮기기에 <u>손</u>이 부족하군.
⑤ 다른 사람의 <u>눈</u>을 지나치게 의식하지 말자.

서답형 04 단어의 의미 관계 파악하기

빈칸에 들어갈 말로 적절한 것을 골라 차례대로 쓰시오.

> '아침에 일찍 일어났다'의 '아침'과 '오늘 아침은 시리얼이다'의 '아침'은 의미상 서로 관련이 (있으므로 / 없으므로) (다의어 / 동음이의어)에 해당한다.

문제풀이

주제	사유재와 공공재의 수요곡선과 공급곡선
해제	이 글은 공공재와 사유재의 수요곡선의 차이에 대해 설명하고 있다. 시장에서 개인적으로 사고파는 일반적인 상품인 사유재는 가격이 낮을수록 수요량이 증가한다. 이때 수요량을 X축, 가격을 Y축으로 하는 그래프를 그린다면 우하향하는 그래프를 가지게 된다. 그런데 시장은 여러 명의 소비자로 구성되어 있기 때문에 개별소비자의 수요곡선이 존재하고, 이런 개별수요곡선을 수평으로 합한 것이 시장의 수요곡선이 된다. 반면 공공재는 사회 구성원 모두가 혜택을 동일하게 누릴 수 있는 재화 또는 서비스이다. 따라서 공공재는 우하향하는 수요곡선을 가지지만 재화에 대해 개인이 지불하고자 하는 비용, 즉 지불해도 좋을 세금이 달라지기 때문에 시장 수요곡선은 개별 곡선을 Y축에 따라 합친 것이 된다.

✱ 문단 중심 내용

1문단	시장의 수요곡선
2문단	시장의 공급곡선과 적정 가격 및 적정 공급량의 책정 방법
3문단	사유재와 공공재의 공통점
4문단	사유재와 공공재의 차이점

※ 다음 글을 읽고 물음에 답하시오.

　수요란 어떤 상품에 대해 소비자가 그 상품을 구매하고자 하는 욕구를 말하며 수요량이란 소비자가 특정 상품을 구매하고자 하는 양을 말한다. 보통 시장에서 개인적으로 사고파는 일반적인 상품인 사유재의 경우 가격이 낮을수록 수요량은 증가한다. 같은 가격으로 더 많은 상품을 살 수 있다면 그 상품에 대한 수요가 늘어나기 때문이다. 이러한 수요량을 X축으로 하고 가격을 Y축으로 하는 그래프를 그려보면 왼쪽은 높고 오른쪽은 낮은 그래프, 즉 우하향하는 그래프가 그려진다. 이를 수요곡선이라고 한다. 그런데 시장은 여러 명의 소비자로 구성되어 있고, 어떤 상품에 특정한 가격이 매겨질 때 그 상품에 대해 개인이 부여하는 가치는 각각 다르다. 따라서 개별소비자의 수요량을 모두 합친 것이 시장의 수요량이 된다. 이는 여러 개의 개별수요곡선을 합친 값이 시장 전체의 수요곡선이 된다는 것을 의미한다. 그런데 이와 같은 그래프에서 수요량은 X축을 따라 늘어나므로 개별수요곡선을 수평으로 합한 것이 시장의 수요곡선이 된다.

　그렇다면 공급곡선은 어떠할까? 일반적으로 상품을 시장에 공급하는 생산자는 가격이 비쌀수록 그 상품을 더 많이 공급하려 한다. 많이 팔수록 이익이 많기 때문이다. 따라서 공급량을 X축으로 하고 가격을 Y축으로 하는 그래프로 그려보면 왼쪽은 낮고 오른쪽은 높은, 즉 우상향하는 그래프가 된다. 수요곡선과 동일한 원리에 근거해 ㉠ 여러 개의 공급곡선을 합친 값이 시장 전체의 공급곡선이 되며, 이 역시 X축을 따라 수평으로 합친 것이 시장의 공급곡선이 된다. 그리고 수요곡선과 공급곡선이 만나는 지점이 그 상품의 적정 가격 및 적정 공급량이 된다.

　그런데 공공재의 수요곡선은 사유재와 다르다. 공공재란 어떠한 경제주체에 의해서 생산되어 공급이 이루어지면 사회의 구성원 모두가 혜택을 동일하게 누릴 수 있는 재화 또는 서비스를 말한다. 먼저 사유재와 마찬가지로 공공재도 가격이 높을수록 수요량은 줄어들고 공급량은 늘어나 수요곡선은 우하향하고 공급곡선은 우상향한다. 또한 적정 가격과 적정 공급량을 결정하는 방식도 사유재와 동일하다. 한 재화에 대한 시장의 수요곡선이 개별수요곡선을 합쳐서 만들어진다는 점도 동일하다.

　하지만, 공공재는 한 개인이 특정 재화를 사용한다고 해서 타인의 사용을 제한하지 않는다. 그 재화가 공급되는 즉시 모든 개인이 동일한 혜택을 받을 수 있다. 다만, 어떤 재화의 공급량이 정해졌을 때 그 재화에 대해 각 개인이 부여하는 가치, 즉 지불하고자 하는 비용이자 가격이 다를 뿐이다. 예를 들어 지방자치단체가 가로등이라는 공공재를 설치한다면, 시민 한 명이 그 가로등 빛을 받고 있는 동안 다른 시민들도 그 빛을 받을 수 있다. 다만, 시민들이 가로등 설치를 위해 지불해도 좋을 세금이 달라질 뿐이다. 따라서 공공재의 시장 수요곡선은 개별 곡선을 Y축을 따라 수직으로 합친 것이 된다. 반면 공공재의 공급곡선은 재화를 생산하는데 드는 비용과 연관이 되므로 사유재의 공급곡선과 특별한 차이가 존재하지는 않는다.

01 세부 내용 파악하기

윗글에 대한 설명으로 적절하지 않은 것은?

① 어떤 상품에 대해 소비자가 그 상품을 구매하고자 하는 욕구를 수요라고 한다.

② 수요곡선이 우하향하는 이유는 가격이 높아질수록 수요량은 줄어들기 때문이다.

③ 상품을 시장에 공급하는 생산자는 가격이 비쌀수록 그 상품을 더 적게 공급하려 한다.

④ 공공재는 공급이 이루어지면 사회의 구성원 모두가 동일하게 혜택을 누릴 수 있는 서비스를 의미한다.

⑤ 한 개인이 특정한 재화를 사용할 때 그 재화에 대한 다른 사회 구성원의 사용을 제한하는 것은 사유재의 특성에 해당한다.

02 세부 내용 추론하기

윗글을 참고할 때 ㉠의 이유로 가장 적절한 것은?

① 시장에는 여러 명의 공급자가 있기 때문이다.

② 개별소비자의 수요량이 각각 다르기 때문이다.

③ 시장은 소비자와 공급자로 구성되어 있기 때문이다.

④ 상품에 대해 개인이 부여하는 가치가 다르기 때문이다.

⑤ 개별수요곡선과 그래프 작성의 원리가 다르기 때문이다.

중요 ## 03 구체적 상황에 적용하기

윗글을 바탕으로 보기의 (가)와 (나)를 해석한 내용으로 적절하지 않은 것은?

보기

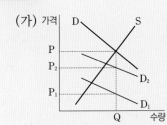 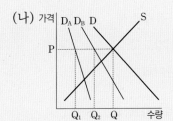

　(가)와 (나)는 두 명의 소비자로 구성된 시장을 나타낸 것이다. D는 수요곡선을 가리키고, S는 공급곡선을 가리킨다.

① (가)에서 D는 D_1과 D_2를 수직으로 합친 것이므로 공공재의 수요곡선을 나타낸 것이다.

② (나)에서 D는 D_A와 D_B를 수평으로 합친 것이므로 사유재의 수요곡선을 나타낸 것이다.

③ (가)와 (나)는 모두 D와 S가 만나는 P가 재화의 적정 가격이 되고, Q가 해당 재화의 적정 공급량이 된다.

④ (가)와 (나) 모두 특정한 재화의 공급량이 정해짐에 따라 그 재화에 대해 개인이 부여하는 가치가 다름을 나타낸 것이다.

⑤ (가)와 (나)에서 각각 한 명의 소비자가 추가된다고 가정하면, (가)의 D는 위쪽으로, (나)의 D는 오른쪽으로 이동하게 된다.

서답형 ## 04 세부 내용 추론하기

빈칸에 들어갈 말로 적절한 것을 골라 쓰시오.

　노동자의 임금이 올라가 원가가 상승하게 되면 생산자들은 이전과 같은 비용으로 상품을 생산할 수 없게 된다. 따라서 생산자는 더 적은 상품을 팔아서 이전과 같은 수익을 창출해야 한다. 이때 공급곡선은 기존의 공급곡선에서 (왼쪽 / 오른쪽)으로 이동한다.

문제풀이

02강 정읍사 _ 어느 행상인의 아내

✔ 한방에! 개념정리

✔ 한방에! 핵심정리

갈래	서정시, 고대 가요
성격	서정적, 기원적
주제	행상을 나간 남편의 안위를 걱정하며 기다리는 아내의 마음
특징	① 화자의 감정이 솔직하게 제시되어 있음. ② 대립적인 이미지를 활용하여 시상을 전개함. ③ 강세 접미사 '곰'과 의구형 어미를 사용하여 화자의 정서를 효과적으로 전달함.
해제	이 작품은 현존하는 유일한 백제 가요로, 한글로 기록되어 전해지는 가장 오래된 노래이다. 화자는 정읍에 사는 한 행상인의 아내로, 남편이 시장에 간 뒤 돌아오지 않자, 산에 올라가 남편이 위험한 곳에 발을 디딜까 걱정하며 무사히 돌아오기를 기원하고 있다. 그러나 한편으로는 남편에게 다른 여성이 접근하는 것을 의심하고 경계하는 노래로 볼 수 있다. 후렴구를 제외하면 3장 6구의 형식과 매우 유사하여 시조의 기원으로 보기도 한다.

※ 다음 글을 읽고 물음에 답하시오.

㉠ **달**하 노피곰 도드샤

㉡ 어긔야 머리곰 비취오시라

　　어긔야 어강됴리

　　아으 다롱디리

㉢ 져재 녀러신고요

㉣ 어긔야 즌 데를 드데올셰라

　　어긔야 어강됴리

어느이다 노코시라

㉤ 어긔야 내 가논 데 졈그랄셰라

　　어긔야 어강됴리

　　아으 다롱디리

[현대어 풀이]

달님이시여, 높이높이 돋으시어

멀리멀리 비춰 주소서

　　어긔야 어강됴리

　　아으 다롱디리

시장에 가 계신가요?

진 데에 디딜까 두렵습니다

　　어긔야 어강됴리

어느 곳에나 (짐을) 놓으십시오

내 가시는 곳에 (날이) 저물까 두렵습니다

　　어긔야 어강됴리

　　아으 다롱디리

- 어느 행상인의 아내, 〈정읍사〉 -

01 표현상의 특징 파악하기

윗글의 표현상 특징으로 적절한 것은?

① 시간의 흐름에 따라 시상을 전개하고 있다.

② 의문형 표현으로 끝을 맺음으로써 여운을 남기고 있다.

③ 후렴구가 반복적으로 사용되어 리듬감을 형성하고 있다.

④ 자연물에 감정을 이입하여 임에 대한 그리움을 표현하고 있다.

⑤ 대조적 의미의 시어를 활용하여 대상의 부정적인 면을 강조하고 있다.

02 시구의 의미 파악하기

윗글의 ㉠~㉤에 대한 설명으로 적절하지 않은 것은?

① ㉠: 어둠과 대조되는 '달'을 기원의 대상으로 삼아 소원을 빌고 있다.

② ㉡: '달'이 먼 곳까지 비추기를 바라며 임을 걱정하는 화자의 심정이 드러나 있다.

③ ㉢: 화자가 기다리는 임의 직업이 행상인임을 유추할 수 있다.

④ ㉣: 화자는 임이 무사히 돌아오기를 염려하며 순종적인 태도를 보이고 있다.

⑤ ㉤: 화자는 임의 행상길을 축복하며, 임이 무사히 돌아오기를 기원하고 있다.

중요 03 작품 간의 공통점, 차이점 파악하기

윗글과 보기 의 '달'의 공통점으로 적절한 것은?

보기

달님이시여, 어째서
서방 정토까지 가시려는가.
무량수불 앞에
일러 사뢰옵소서.
맹세 깊으신 불전에 우러러

두 손을 모아
원왕생 원왕생
그리는 이 있다고 사뢰옵소서.
아, 이 몸 버려 두고
마흔여덟 가지 큰 소원을 이루실까.

\- 광덕, 〈원왕생가〉

★ 서방 정토(西方淨土): 서쪽으로 십만 억의 국토를 지나면 있는 아미타불의 세계.
★ 무량수불(無量壽佛): '아미타불'을 달리 이르는 말. 수명이 한없다 하여 이렇게 이른다.
★ 불전(佛前): 부처의 앞.
★ 원왕생(願往生): 부처의 구원을 받아서 극락에 가기를 바람.

① 불교에서의 이상적 경지를 상징한다.

② 표면적인 청자로 화자가 말을 거는 대상이다.

③ 대상을 향한 충만한 사랑을 보여 주는 수단이다.

④ 대상에 대한 걱정과 우려를 비유적으로 표현한 것이다.

⑤ 부정적인 현실에서 벗어나고자 하는 화자의 의지를 보여 준다.

서답형 04 시어의 의미 파악하기

㉠, ㉡에 들어갈 시어를 윗글에서 찾아, 윗글에 등장한 순서대로 쓰시오.

윗글에서 '(㉠)'와/과 '(㉡)'에서는 강조를 나타내는 접미사 '곰'을 사용하여, 화자의 기원을 강조하고 있다.

문제풀이

02강 놀부전 _ 류일윤

| 정답 및 해설 | 13쪽

※ 다음 글을 읽고 물음에 답하시오.

옛날에 흥부와 놀부라는 형제가 살았어요. 흥부는 집도 가난하고 일도 잘 못했지요. 매번 놀부를 찾아와 도움만 받았어요. 그러던 어느 날, 놀부는 부인에게 이렇게 말했지요.

"여보, 이제 흥부네 가족이 찾아오면 절대 도와주지 마시오. 도와주는 것도 한두 번이지 자꾸 도와주니까 의지만 하고 스스로 일할 생각을 하지 않는 것 같구려."

"그러다 굶어 죽으면 어떡해요?"

"내게 다 생각이 있으니 당신은 절대 도와주면 안 돼요. 마음이 아파도 냉정하게 대하시오."

[A] ⌈ 그때 흥부가 도움을 청하러 왔어요.

"형님, 좀 도와주십시오. 아내와 아이들이 굶고 있습니다."

"이제부터 네 가족은 네가 책임져라. 네가 열심히 벌어서 아이들을 먹이고 공부도 시키란 말이다."

"형님, 다시는 손 벌리지 않을 테니 한 번만 도와주세요."

"아버지로부터 물려받은 재산을 다 까먹고 또 내가 얼마나 도와주었느냐? 이제부터 너와 나는 형제도 아니니 썩 물러가거라."

놀부는 흥부를 계속 나무랐어요. 결국 흥부는 쌀 한 톨도 받지 못하고 놀부네 집에서 쫓겨났
└ 지요.

'형님은 정말 너무해. 형님이 나보다 재산도 더 많이 물려받았잖아. 그리고 형님은 부자잖아. 가난한 동생을 좀 도와주면 어때! 쳇, 어디 두고 봐. 꼭 보란 듯이 성공하고 말 거야. 그때는 내가 형님을 모른 체할 거야.'

'무엇을 해서 가족을 먹여 살리지? 무엇을 해야 보란 듯이 성공할 수 있을까? 농사를 짓자니 물려받은 논밭을 이미 다 팔았고, 장사를 하자니 밑천*이 없고, 품삯을 받고 남의 집 일을 하자니 양반 체면이 말이 아닌데…….'

흥부는 아무리 생각해도 마땅한 돈벌이가 떠오르지 않았어요. 그때 바깥에서 소리가 들렸어요.

"주인장, 계시오?"

흥부가 방문을 열고 나갔어요.

"내가 이 집 주인인데 누구시오?"

"나는 바가지 장수올시다. 당신 지붕 위에 열린 박이 하도 탐스러워서 말이오. 저 박을 타서 바가지를 만들어 내게 팔지 않겠소? 값을 후하게* 쳐드리리다."

"아무렴, 팔고말고요!"

흥부네 가족은 얼른 박을 타서 바가지를 만들었어요. 그리고 바가지를 팔아서 많은 돈을 벌었지요.

"여보, 우리도 이제 쌀밥을 먹게 되었어요."

"그러게 말이오. 이 돈들 좀 보시오. 우린 이제 잘 살 수 있소!"

그 후 흥부네 가족은 여기저기 구덩이를 파서 똥을 붓고 박 씨를 많이 심었어요. 다음 해, 큼직한 박이 주렁주렁 열렸어요. 흥부는 박을 전부 타서 열심히 바가지를 만들었어요. 그리고 직접 바가

지 장수로 나섰지요. 흥부가 만든 바가지는 불티나게 팔렸어요. '흥부 표' 바가지는 곧 온 나라에 유명해졌답니다. 그래서 흥부네 가족은 큰 부자가 되었지요.

부자가 된 흥부는 자기 집 곳간을 들여다보았어요.

'이만하면 내가 형님보다 더 부자겠지. 형님 집에 가서 누가 더 부자인지 가려봐야겠다!'

흥부는 놀부 집으로 달려가 몰래 곳간을 열어 봤어요. 그런데 곳간에 곡식은 없고 바가지만 가득했지요. 바로 흥부가 바가지 장수에게 팔았던 바가지였어요.

'아, 형님이 나를 위해서 이렇게 했던 거구나.'

흥부는 그제야 놀부의 마음을 알아차렸어요. 흥부는 방으로 뛰어 들어갔어요.

"형님, 이 못난 동생을 용서해 주세요. 형님의 깊은 뜻도 모르고 지금껏 형님만 원망하며 살았어요."

"아니다. 이렇게 성공을 했으니 네가 정말 자랑스럽구나."

그 뒤 흥부와 놀부는 더욱 사이좋게 지냈답니다.

– 류일운, 〈놀부전〉 –

✽ **전체 줄거리**

흥부는 부모님의 유산을 탕진하고 놀부에게 의존하며 살아간다. 놀부는 흥부의 자립심을 길러주고자 더 이상 흥부를 도와주지 않겠다고 마음 먹고, 도와달라는 흥부의 요청을 단호하게 거절한다. 이에 흥부는 자신을 도와주지 않는 놀부를 원망한다. 어느 날, 바가지 장수가 흥부의 집에 찾아와 지붕 위의 박으로 바가지를 만들어 자신에게 팔 것을 제안한다. 흥부는 이를 수락하게 되고, 어느새 흥부표 바가지는 점점 유명해져 흥부는 부자가 된다. 흥부는 놀부와 자신의 재산을 비교해보고자 놀부의 곳간을 몰래 열어본다. 그러나 그곳에는 쌀이 아닌 바가지만 가득했다. 이를 본 흥부는 놀부가 자신을 돕지 않은 것은 결국 자신을 위한 행동이었음을 깨닫고 놀부에게 용서를 구한다.

✔ 한방에! 지식더하기

〈놀부전〉과 〈흥부전〉 속의 '흥부'의 차이

〈놀부전〉	〈흥부전〉
놀부와 함께 유산을 물려받음.	놀부가 쫓아내 유산을 한 푼도 받지 못함.
양반의 체면 때문에 아무 일도 하지 않음.	온갖 잡일을 마다하지 않고 함.

〈놀부전〉과 〈흥부전〉 속의 '놀부'의 차이

〈놀부전〉	〈흥부전〉
지혜롭고 흥부를 배려하고자 함.	욕심이 많고 심술궂음.

✔ 한방에! 어휘풀이

★ **밑천**: 어떤 일을 하는 데 바탕이 되는 돈이나 물건, 기술, 재주 따위를 이르는 말.

★ **후하다(厚하다)**: 마음 씀씀이나 태도가 너그럽다.

01 세부 내용 파악하기

윗글에 대한 설명으로 적절한 것은?

① 놀부는 흥부의 자립심을 길러주고자 흥부를 박대했다.

② 흥부는 자신을 도와주지 않는 놀부를 원망하지 않았다.

③ 놀부의 부인은 놀부에게 흥부를 도와주지 말 것을 먼저 제안했다.

④ 흥부는 바가지를 사간 사람이 놀부라는 사실을 처음부터 알고 있었다.

⑤ 놀부는 자신이 재산을 더 많이 가져간 것에 대해 흥부에게 미안함을 느꼈다.

중요 ## 02 외적 준거를 통해 작품 이해하기

보기는 고전 소설인 〈흥부전〉의 내용을 요약한 것이다. **보기**를 참고했을 때, 빈칸에 들어갈 말로 적절한 것은?

보기

놀부는 부모님이 돌아가시자 부모님의 유산을 독차지하고 동생 흥부를 집에서 내쫓는다. 흥부는 놀부에게 도움을 요청하지만 매번 매만 맞고 쫓겨난다. 어느 날 흥부는 다리가 부러진 제비를 발견하고 이를 불쌍히 여겨 제비의 다리를 치료해 준다. 이듬해 봄, 제비는 흥부에게 박씨 하나를 물어다 주고, 흥부는 박씨를 잘 심어 가을에 큰 박을 따게 된다. 그런데 큰 박을 반으로 자르자 그 속에서 엄청난 재물이 쏟아져 나왔다. 흥부가 부자가 되었다는 소식을 들은 놀부는 일부러 제비의 다리를 부러뜨리고 재물을 얻으려 했으나 오히려 재산을 모두 빼앗기게 된다. 흥부는 그런 놀부에게 자신의 재산을 나누어 주고, 이후 두 형제는 우애롭게 지낸다.

작가가 고전 소설인 〈흥부전〉을 재구성한 이유는 (   )의 가치를 보여 주기 위함이다.

① 권선징악　　　　　　　② 형제간의 우애　　　　　　③ 타인과 협력하는 것

④ 스스로 노력해서 얻는 성공　　⑤ 자기 본연의 모습을 간직하는 것

중요 ## 03 서술상의 특징 파악하기

보기는 고전 소설인 〈흥부전〉의 일부이다. **보기**와 [A]를 비교한 것으로 적절한 것은?

보기

흥부가 품을 파는데 상하 전답 김매고, 전세대동 방아 찧기, 보부상단 삯짐 지고, 초상난 집 부고 전하기, 묵은 집에 토담 쌓고, 새집에 땅 돋우고, 대장간 풀무 불기, 십 리 길 가마 메고, 오 푼 받고 말편자 걸기, 두 푼 받고 똥재 치고, 닷 냥 받고 송장 치기. 생전 못 해 보던 일로 이렇듯 벌기는 버는데 하루 품을 팔면 네댓새씩 앓고 나니 생계가 막막했다. (중략)

"어따 이놈 흥부 놈아! 하늘이 사람 낼 때 제각기 정한 분수가 있어서 잘난 놈은 부자 되고 못난 놈은 가난한데 내가 이리 잘사는 게 네 복을 뺏었느냐? 누구한테 떼쓰자고 이 흉년에 곡식을 달라느냐? 목멘 소리 내어 눈물방울이나 찍어 내면 네 잔꾀에 내가 속을 줄 알고! 어림 반 푼어치도 없다."

① 윗글은 〈보기〉와 달리 문장에서 운율감이 느껴진다.

② 윗글은 〈보기〉와 달리 구체적인 상황 묘사를 통해 내용을 보충 설명하고 있다.

③ 〈보기〉는 윗글과 달리 문장의 길이가 대체로 짧다.

④ 〈보기〉는 윗글과 달리 생소한 단어가 많이 사용되어 내용을 이해하기 어렵다.

⑤ 윗글과 〈보기〉 모두 경어체를 활용하여 이야기를 전개한다.

서답형 ## 04 소재의 기능 파악하기

문제풀이

윗글에서 흥부가 돈을 벌 수 있던 계기이자, 놀부의 배려를 알 수 있는 소재를 찾아 3음절로 쓰시오.

복습하기

문법

1 □□□□	• 둘 이상의 뜻을 가진 단어가 맺는 관계 • 가장 기본적이고 핵심적인 2 □□□□□ 와, 2 □□□□□ 에서 확장된 3 □□□□□ 가 있음.
4 □□□□□	• 말소리는 같지만 의미가 다른 단어가 맺는 관계 • 의미 사이에 연관성이 전혀 없음. • 5 □□ 이나 소리의 길이로 구별할 수 있음.

독서

1문단	시장의 6 □□□□
2문단	시장의 7 □□□□ 과 적정 가격 및 8 □□□□□ 의 책정 방법
3문단	사유재와 9 □□□ 의 공통점
4문단	사유재와 9 □□□ 의 차이점

문학 – 정읍사(어느 행상인의 아내)

기	10 □ 에게 임의 안녕을 기원함.
서	임이 밤길에 해를 입을까 걱정함.
결	임이 무사히 돌아오기를 기원함.

문학 – 놀부전(류일윤)

11 □□		12 □□
스스로 일할 생각을 하게 하려고 12 □□ 를 박대함.	⟷	자신을 도와주지 않는 11 □□ 를 원망함.

↓

놀부네 곳간에서 13 □□□ 를 발견한 흥부가 놀부에게 용서를 구함.

• 〈흥부전〉과 다른 〈놀부전〉의 특징

인물의 성격	• 흥부 – 자립적이지 못하며 무능력함. • 놀부 – 착하고 성실함.
내용	흥부가 지붕에 열린 박으로 13 □□□ 를 만들어 팔아 부자가 됨.
표현	쉬운 단어와 짧은 문장으로 운율이 느껴짐.

정답
1 다의 관계 2 중심적 의미 3 주변적 의미 4 동음이의 관계 5 문맥 6 수요곡선 7 공급곡선 8 적정 공급량
9 공공재 10 달 11 놀부 12 흥부 13 바가지

03

Contents

갈래	대화, 발표
화제	여러 사람 앞에서 말을 할 때 겪는 어려움
특징	① 발표할 때 겪는 심리적 불안이 잘 드러남. ② 말하기 불안의 원인에 대해 생각해 보게 함.

＊말하기 불안

여러 사람 앞에서 말을 하기에 앞서 또는 말을 하는 과정에서 개인이 경험하게 되는 불안 증상. 사람마다 정도의 차이가 있으나 대부분의 화자가 겪게 되는 심리적 현상임.

＊말하기 불안의 원인
• 청중의 반응과 평가를 걱정하기 때문
• 여러 사람 앞에서 말을 해 본 경험이 적기 때문
• 말할 내용에 대한 준비와 확신이 부족하기 때문
• 과거의 실패 경험으로 인한 두려움을 느끼기 때문
• 소극적이고 부끄럼을 잘 타며 자신감이 부족하기 때문

＊말하기 불안의 대처 방법
• 철저히 준비하고 연습한다.
• 말을 하기 전 심호흡을 한다.
• 성공적인 말하기 장면을 상상한다.
• 말하기 상황을 긍정적으로 인식한다.
• 몸의 긴장을 풀기 위해 간단한 스트레칭이나 체조를 한다.

※ 다음은 대화이다. 물음에 답하시오.

상진: 내일은 '문학 작품의 다양한 해석'에 관해 우리 모둠이 발표를 하는 날이야. 선구 네가 발표를 하기로 했었지?

선구: 그래, 그런데 난 여러 사람 앞에서 말을 해 본 경험이 별로 없는데 발표를 잘할 수 있을까?

현서: 평소 우리랑 이야기하는 것처럼 자연스럽게 발표하면 아무 문제 없을 거야.

선구: (자신 없는 목소리로) 그, 그래, 알았어.

　선구는 혼자 있을 때 틈만 나면 모둠 친구들과 함께 작성한 발표문을 보았다. 발표문을 보지 않고도 그 내용을 말할 수 있을 정도로 외운 선구는 안심하고 학교에 갔다.

상진: 우리 모두 열심히 발표 준비를 했으니, 전달만 잘되면 좋은 평가를 받을 수 있을 거야.

현서: 선구가 발표를 잘해 줄 거라고 믿어. 선구야, 자신 있지?

　친구들의 이야기를 들은 선구는 부담감 때문에 갑자기 불안해진다.

선구: (혼잣말로) 우리 모두 발표 준비를 하느라 고생을 많이 했는데, 내가 발표를 못 해서 다 망쳐 버리면 어떡하지?

　국어 수업이 시작된다.

선생님: 자, 행복 모둠 차례죠? 행복 모둠 발표자가 '문학 작품의 다양한 해석'이라는 주제로 발표를 시작해 볼까요?

　교실 앞으로 나간 선구는 선생님과 친구들의 얼굴을 보고 긴장된 표정을 짓는다.

선구: (작은 목소리로) 우리 모둠은 백석의 멧……새 소리에 관해 발표를, 아니 조사를 했고, 다양하게 해석해 보았습니다.

　선구가 불안한 표정으로 모둠 친구들을 힐끔힐끔 쳐다보자, 친구들은 선구가 자신감을 가질 수 있도록 응원의 눈빛을 보낸다.

선구: 작품의 내용과 표현을 중심으로 살펴보면 멧새 소리는 백……석이……. (당황하여 말을 더듬고) 아니, 내용과 표현이 아니라, 저, 그…… 작가를 중심으로…….

　선구는 식은땀을 흘리고, 두려움에 다리를 떨며, 가쁜 숨을 몰아쉬면서 발표를 이어 간다.

선구: (기어들어 가는 목소리로) 멧새 소리는 당시 우리 민족이 기다렸던 독립에 대한 희망의 메시지……가 아니라, 아니, 이건 당시 시대 상황과…… 관련지어 해석해 본…….

선생님: 목소리가 너무 작은 것 같아요. 좀 더 큰 목소리로 발표하면 좋을 것 같아요.

선구: (고개를 푹 숙이며) 네, 알겠습니다. (떨리는 목소리로) 명태, 아니 멧새가…… 아니, 멧새 소리가……. 멧새 소리의 의미는 (고개를 숙이고 발표문만 들추어 보면서) 우리 민족이 기다리는…….

　머릿속이 하얘진 선구는 어떻게 발표를 끝냈는지 기억도 안 난다.

01 대화 내용 이해하기

윗글에 대한 설명으로 적절하지 <u>않은</u> 것은?

① '상진'은 '선구'에게 발표를 떠맡기고 있다.
② '선구'는 청중 앞에서 발표를 한 경험이 별로 없다.
③ '선구'는 말하기 불안의 증상으로 다리를 떨고 있다.
④ '현서'는 '선구'에게 부담감을 주는 발언을 하고 있다.
⑤ 친구들은 '선구'가 떨지 않고 발표할 수 있도록 응원하고 있다.

중요 02 발표 습관 점검하기

'선구'가 말하기 불안을 겪는 이유를 보기 에서 모두 고른 것은?

보기

㉠ 청중의 평가가 두려웠기 때문
㉡ 발표를 잘해야 한다는 부담감 때문
㉢ 과거의 실패 경험으로 인한 두려움 때문
㉣ 말하기 연습 방법이 적절하지 않았기 때문
㉤ 화제와 관련하여 내용에 대한 확신이 부족하기 때문

① ㉠, ㉡   ② ㉡, ㉢   ③ ㉡, ㉣   ④ ㉠, ㉡, ㉣   ⑤ ㉡, ㉢, ㉤

03 발표 습관 조정하기

말하기 불안을 극복하기 위한 방법으로 적절하지 <u>않은</u> 것은?

① 성공적인 말하기 상황을 상상한다.
② 말하기 상황을 긍정적으로 인식하며 생각을 전환한다.
③ 말하기에 자신감을 얻기 위해 철저히 준비하고 연습한다.
④ 청중의 표정을 의식하며 말하기 방법을 바로바로 수정한다.
⑤ 말하기 전에 몸의 긴장을 풀기 위해 간단한 스트레칭을 한다.

서답형 04 발표 습관 점검하기

빈칸에 들어갈 말로 적절한 것을 쓰시오.

여러 사람 앞에서 말을 하기에 앞서 또는 말을 하는 과정에서 개인이 경험하게 되는 불안 증상을 (   )(이)라고 한다.

문제풀이

별의 거리 측정 방법

| 정답 및 해설 | 17쪽

한방에! 개념정리

한방에! 핵심정리

주제	지구와 별의 거리를 구하는 두 가지 방법
해제	이 글은 별의 거리를 측정하는 두 가지 방법에 대해 설명하고 있다. 별의 거리를 측정하는 첫 번째 방법은 연주 시차를 활용하는 것이다. 연주 시차는 태양과 관측하고자 하는 별을 잇는 직선과, 특정 위치에 있는 지구와 바라보는 천체를 잇는 직선이 이루는 각이다. 이렇게 태양과 별, 지구를 잇는 삼각형을 그려 연주 시차를 포함한 수학적 원리를 활용하면 별의 거리를 알 수 있다. 두 번째 방법은 별의 밝기를 활용하는 것이다. 눈에 보이는 별의 밝기를 등급에 따라 나눈 것을 겉보기 등급, 실제 별의 밝기를 절대 등급이라고 한다. 이때 겉보기 등급에서 절대 등급을 뺀 수치인 거리지수를 특정한 방정식에 대입하면 별까지의 거리를 계산할 수 있다.

＊문단 중심 내용

1문단	연주 시차를 활용한 별과 지구의 거리 측정 방법
2문단	연주 시차를 활용한 거리 측정 방법의 한계
3문단	별의 밝기를 활용한 별과 지구의 거리 측정 방법

※ 다음 글을 읽고 물음에 답하시오.

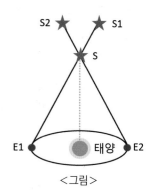

<그림>

　많은 천문학자들은 지구와 별의 거리를 측정하기 위해 오랜시간 연구를 해왔는데, 측정 방법 중 하나는 바로 연주 시차를 이용하는 것이었다. 시차란 관측하는 위치에 따라 바라보는 물체의 위치가 달라져 보이는 각도를 말한다. 지구는 <그림>처럼 태양 주위를 타원형의 궤도를 그리며 1년 단위로 공전한다. 따라서 지구는 E1 지점에서 6개월이 지나면 E2 지점으로 가게 되는데, E1 지점에서 별 S를 보면 S1 지점에 있는 것처럼 보였다가, E2 지점에서 별 S를 보면 S2 지점에 있는 것처럼 보인다. 이러한 차이는 바로 시차로 인해 비롯된다. 즉 E1과 E2에서 각각 관측하는 별로 직선을 그었을 때 두 직선이 이루는 각이 시차가 된다. 따라서 별의 거리가 멀수록 시차는 작아지게 된다. 이때 태양과 관측하는 별을 잇는 직선과, 특정 위치에 있는 지구와 바라보는 천체를 잇는 직선이 이루는 각을 연주 시차라고 한다. 우리는 태양과 지구의 거리를 이미 알고 있기 때문에 태양과 별, 그리고 지구를 잇는 삼각형을 그려 연주 시차를 포함한 수학적 원리를 활용하면 지구와 별 사이의 거리를 알 수 있게 되는 것이다.

　그런데 연주 시차의 방법으로는 너무 멀리 있는 별들의 거리를 구하는 데 한계가 있다. 연주 시차는 '초' 단위를 사용하는데, 1초는 원을 360도라고 했을 때, 3600분의 1도에 해당하는 매우 작은 각이어서 연주 시차가 너무 작아져 측정이 어려워지는 것이다. 연주 시차 1초에 해당하는 거리를 1파섹이라고 하는데 100파섹이 넘어서면 연주 시차로 측정이 어렵다고 알려져 있다. 이에 따라 별의 밝기로 거리를 구하는 방법이 시도되었다.

　먼저 눈에 보이는 밝기에 따라 별의 등급을 나눈 것을 '겉보기 등급'이라고 한다. 1등급이 가장 밝게 보이는 별이고 등급의 수치가 커질수록 어둡게 보이는 별이 된다. 그런데 겉으로 보이는 별의 밝기는 거리의 제곱에 반비례하므로 겉보기 등급은 별의 실제 밝기를 나타내지 못한다. 따라서 실제 별의 밝기를 나타내는 '절대 등급'을 함께 활용한다. 절대 등급은 지구로부터 10파섹 떨어져 있다고 가정했을 때 별의 밝기로 수치가 작을수록 밝은 별임을 보여 준다. 모든 별이 같은 거리에 놓여 있다고 가정한 후 별의 밝기를 비교하면 별의 실제 밝기를 비교할 수 있게 된다. 만일 어떤 별의 겉보기 등급과 절대 등급이 같다면 눈에 보이는 별의 밝기와 실제 밝기는 같다는 것이므로 별까지의 거리는 10파섹이 된다. 또한 어떤 별의 겉보기 등급이 절대 등급보다 작다면 10파섹을 가정했을 때보다 더 밝게 보인다는 말이므로 별은 10파섹보다 더 가까이 있음을 의미한다. 여기서 겉보기 등급에서 절대 등급을 뺀 수치인 거리지수를 특정한 방정식에 대입해서 별까지의 거리를 계산해 낼 수 있게 된다. 보통 거리지수가 클수록 관측 지점에서 별까지의 거리는 멀다고 할 수 있다.

01 핵심 내용 이해하기

윗글에 대한 설명으로 적절하지 <u>않은</u> 것은?

① 겉보기 등급을 알면 절대 등급을 몰라도 별까지의 거리를 알 수 있다.

② 별의 밝기는 관측하는 지점으로부터 거리가 더 멀수록 더 어둡게 보인다.

③ 연주 시차는 1도를 3600개로 나누었을 때 한 부분인 1초를 기본 단위로 사용한다.

④ 연주 시차를 이용하면 관측자로부터 100파섹이 넘는 거리의 별은 측정하기 어렵다.

⑤ 시차란 관측하는 위치에 따라 바라보는 물체의 위치가 달라져 보이는 각도를 말한다.

02 세부 내용 추론하기

윗글의 <그림>에 대한 설명으로 적절하지 <u>않은</u> 것은?

① 별 S보다 가까이 있는 별을 관측할 경우 S를 볼 때보다 연주 시차는 더 작아진다.

② 별 S를 관측할 때의 연주 시차는 E1과 E2에서 별 S를 관측할 때 시차의 절반이 된다.

③ 지구가 E1에서 출발해 태양 주위를 한 바퀴 돌아 다시 E1 지점으로 올 때까지 1년이 걸린다.

④ E1 지점에서 별 S를 관측했던 사람이 6개월 뒤에 다시 같은 별을 관측하면 왼쪽으로 이동한 것처럼 보인다.

⑤ 별 S와 태양, E2를 잇는 삼각형을 그려 연주 시차를 포함한 수학적 원리를 통해 지구와 별 사이의 거리를 구할 수 있다.

중요 03 구체적 사례에 적용하기

보기1 을 참고하여 보기2 의 ⓐ~ⓒ에 들어갈 말로 적절한 것은?

보기1

	별 A	별 B	별 C
겉보기 등급	3	5	1
절대 등급	2	2	1

보기2

선생님: 다음은 세 개의 별의 겉보기 등급과 절대 등급을 나타낸 것입니다. 세 개의 별 중 가장 밝게 보이는 별은 ___ⓐ___ 이고, 실제로 가장 밝은 별은 ___ⓑ___ 이며, 가장 멀리 있는 별은 ___ⓒ___ 입니다.

	ⓐ	ⓑ	ⓒ			ⓐ	ⓑ	ⓒ			ⓐ	ⓑ	ⓒ
①	A	A	A		②	B	C	A		③	B	C	B
④	C	C	B		⑤	C	B	A					

서답형 04 세부 내용 파악하기

빈칸에 들어갈 말로 적절한 것을 윗글에서 찾아 2어절로 쓰시오.

( )은/는 별이 실제로 움직이는 것이 아니라 지구가 공전하기 때문에 나타나는 현상이다. 따라서 지구가 공전하지 않는다면 ( )이/가 생기지 않기 때문에 이것은 지구 공전의 증거가 된다.

문제풀이

03 강

까치밥 _ 송수권

| 정답 및 해설 | 19쪽

✔ 한방에! 핵 심 정 리

갈래	자유시, 서정시
성격	교훈적, 향토적
주제	까치밥의 의미를 통해 되새기는 인정과 배려의 소중함
특징	① 유사한 통사 구조를 반복하여 의미를 강조함. ② 청자에게 말을 건네는 방식으로 시상을 전개함. ③ 설의적 표현을 사용하여 독자의 공감을 이끌어 냄.
해제	이 작품은 인정과 배려의 가치를 모르는 서울 조카아이들을 청자로 설정하여 산업화와 도시화로 인해 공존의 가치를 상실한 현대 사회를 반성하게 한다. 화자는 날짐승을 위해 남겨 놓은 까치밥과 다른 사람을 위해 짚신을 남기고 돌아가신 할아버지의 이타적인 마음을 통해 조카아이들이 인정을 베푸는 삶을 살기를 바라며 누군가에게 따뜻한 등불이 되어 주기를 당부하고 있다.

※ 다음 글을 읽고 물음에 답하시오.

고향이 고향인 줄도 모르면서

긴 장대 휘둘러 까치밥 따는

서울 조카아이들이여

그 까치밥 따지 말라

남도의 빈 겨울 하늘만 남으면

우리 마음 얼마나 허전할까

살아온 이 세상 어느 물굽이

㉠ 소용돌이치고 휩쓸려 배 주릴 때도

공중을 오가는 날짐승에게 길을 내어주는

㉡ 그것은 따뜻한 등불이었으니

철없는 조카아이들이여

그 까치밥 따지 말라

사랑방 말쿠지*에 짚신 몇 죽 걸어놓고

할아버지는 무덤 속을 걸어가시지 않았느냐

그 짚신 더러는 외로운 길손의 길보시가 되고

한밤중 동네 개 컹컹 짖어 그 짚신 짊어지고

아버지는 다시 새벽 ㉢ 두만강 국경을 넘기도 하였느니

아이들아, 수많은 기다림의 세월

그러니 서러워하지도 말아라

눈 속에 익은 까치밥 몇 개가

㉣ 겨울 하늘에 떠서

아직도 너희들이 가야 할 ㉤ 머나먼 길

이렇게 등 따숩게 비춰주고 있지 않으냐.

– 송수권, 〈까치밥〉 –

* 말쿠지(말코지): 물건을 걸기 위하여 벽 따위에 달아 두는 나무 갈고리. 흔히 가지가 여러 개 돋친 나무를 짤막하게 잘라 다듬어서 노끈으로 달아맨다.

3권

01 표현상의 특징 파악하기

윗글의 표현상의 특징으로 적절하지 <u>않은</u> 것은?

① 청자에게 말을 건네며 깨달음을 전달하고 있다.
② 명령형 어조를 사용하여 주제 의식을 강화하고 있다.
③ 설의적 표현을 사용하여 독자의 공감을 유도하고 있다.
④ 감각적 이미지를 활용하여 대상의 긍정적 가치를 드러내고 있다.
⑤ 장면의 전환을 통해 앞선 내용과는 다른 새로운 가치를 제시하고 있다.

02 시어의 의미 파악하기

보기 를 참고하였을 때, ㉠~㉤ 중 의미하는 바가 <u>다른</u> 것은?

> **보기**
>
> 윗글은 삶의 시련과 고통 속에서도 따뜻한 인정과 배려를 베풀기를 바라는 화자의 소망을 드러내고 있다.

① ㉠　　　　② ㉡　　　　③ ㉢　　　　④ ㉣　　　　⑤ ㉤

중요 03 외적 준거를 참고하여 작품 감상하기

보기 를 참고하여 윗글을 감상한 내용으로 적절하지 <u>않은</u> 것은?

> **보기**
>
> 산업화와 도시화로 인해 물질주의가 팽배해지자 이기주의적 삶을 살아가는 사람들이 많아지면서 타인을 배려하는 공동체적 삶의 태도와 사회 정의를 실현하기 위한 노력 등이 사라지게 되었다. 이 작품은 이러한 현실을 바로잡기 위해 현대인에게 필요한 바람직한 삶의 자세인 배려와 인정, 그리고 공존의 가치에 대해 강조하고 있다.

① '고향'은 인정이 살아 있는 따뜻한 공간으로, 화자는 산업화와 도시화 이전의 삶의 가치를 더욱 소중하게 여기고 있군.
② '날짐승'은 산업화와 도시화로부터 소외된 존재로, 화자는 이들에게 인정을 베풀어야 함을 강조하고 있군.
③ '따뜻한 등불'과 '길보시'는 공존의 가치를 비유적으로 표현한 것으로, 공동체적 삶의 태도가 실현된 상태이군.
④ 할아버지가 남긴 '짚신'은 '까치밥'과 동일한 의미를 지니며 현대인에게 필요한 삶의 자세라고 볼 수 있군.
⑤ '아버지'는 '서울 조카아이들'과 마찬가지로 자신의 이익을 추구하는 대상으로 '할아버지'와 대비되는 인물이군.

★ 팽배하다(澎湃하다): 어떤 기세나 사조 따위가 매우 거세게 일어나다.

서답형 04 시어의 의미 이해하기

빈칸에 들어갈 말로 적절한 것을 윗글에서 찾아 쓰시오.

> 윗글의 화자는 '서울 조카아이들'에서 '아이들'로, 그리고 다시 '(　　　　)'(으)로 청자를 확장하여 까치밥으로부터 얻은 깨달음을 전달하고 있다.

문제풀이

03 강

최고운전 _ 작자 미상

| 정답 및 해설 | 20쪽

※ 다음 글을 읽고 물음에 답하시오.

[앞부분 줄거리] 중국의 황제는 신라를 공격할 구실을 만들기 위해 달걀을 넣어 봉한 다음, 그 안에 무엇이 들었는지 알아내어 시를 지어 올리지 못한다면 신라를 공격할 것이라고 협박한다. 왕은 승상에게 문제를 해결할 것을 명하지만 승상은 이를 해결하지 못한다. 파경노는 승상의 딸 운영과 혼인하는 것을 조건으로 시를 지을 것을 약속한다.

다음날 아침 승상이 사람을 시켜 시 짓는 모습을 엿보라 하였다. 이때 파경노가 자기 이름을 지어 치원이라 하고, 자를 고운이라 하더라. 운영이 옆에 앉아서 시 짓기를 재촉하니 치원이 말하기를,

"시는 내일 중으로 지을 것이니 너무 재촉하지 마오."

하고는 운영더러 종이를 벽 위에 붙여 놓도록 하고 스스로 붓 대롱*을 잡아 발가락에 끼우고 잤다. 운영이 또한 근심하다가 고단하여 자는데 꿈속에 쌍룡이 하늘에서 내려와 함 위에서 서로 벗하여 무늬 옷을 입은 동자 십여 명이 함을 받들고 서서 소리 내어 노래하니 함이 열리는 듯하였다. 이윽고 쌍룡의 콧구멍에서 오색서기*가 나와 함 속을 환히 비치니 그 안에 붉은 옷을 입고 푸른 수건을 쓴 사람들이 좌우로 늘어서서 어떤 자는 시를 지어 읊고 어떤 자는 붓을 잡아 글씨를 쓰는데, 승상이 빨리 시를 지으라고 재촉하는 소리에 놀라 깨어 보니 꿈이더라. 치원 역시 깨어나 시를 지어 벽에 붙은 종이에다 써 놓으니 용과 뱀이 놀라 꿈틀거리는 듯하더라. 시의 내용인즉,

단단석함리(團團石函裡)에,	둥글고 둥근 함 속의 물건은,
반백반황금(半白半黃金)인데,	반은 희고 반은 노란데,
야야지시명(夜夜知時鳴)하니,	밤마다 때를 알아 울려 하건만,
함정미토음(含情未吐音)이라.	뜻만 머금을 뿐 토하지 못하도다.

이더라.

치원이 운영을 시켜 승상께 바치게 하니 승상이 믿지 않다가 운영의 꿈 이야기를 듣고서야 믿고 대궐로 들어가 왕께 바치었다. 왕이 보시고서 크게 놀래어 물으시기를,

"경이 어떻게 알아 가지고 시를 지었느뇨?" / 하시니 대답하여 아뢰되,

"신이 지은 것이 아니옵고 신의 사위가 지은 것이옵니다."

하니 왕은 사신으로 하여금 대국 황제께 바치었다. 황제가 보시고 말씀하시기를,

"단단석함리(團團石函裡) 반백반황금(半白半黃金)은 맞는 구(句)이나, 야야지시명(夜夜知時鳴) 함정미토음(含情未吐音)이라 한 것은 잘못이로다."

하고 함을 열고 달걀을 보시니 여러 날 따뜻한 솜 속에서 병아리로 되어 있으매 황제가 탄복하면서* 말하기를,

"이는 천하의 기재*로다."

하시고 학사를 불러 보이시니, 학사 또한 칭찬하여 마지않더니 이윽고 아뢰기를,

"상대편의 소매 속에 있는 물건도 오히려 알기가 어렵거늘 만리 절역*에서 능히 연구하여 이같이 상세히 알아냈으니, 자고로 중원에서 이 같은 기재가 있었다는 말을 들어 보지 못했나이다.

오직 걱정되는 것은 소국이 대국을 멸시할 단서가 될까 하오니 바라옵건대 시를 지은 자를 불러들여 어려운 문제를 능히 풀어낸 사유를 물으심이 좋을까 하나이다." (중략)

황제는 치원이 온다는 말을 듣고 치원을 속이고자 첫째, 둘째, 셋째 문 안에 땅을 파고 그 안에 여러 명의 악공을 넣어 놓고 경계하여 명하기를,

"치원이 들어오거든 풍악을 요란스럽게 울려 정신을 못 차리도록 하고 또 함정 위에다가 엷은 소판을 깔고 그 위에 흙을 덮어, 잘못 밟으면 빠져 죽게 하라." / 하셨다. (중략)

최치원이 드디어 황제 앞에 이르렀다. 황제는 자리에서 내려와 맞이하더니 최치원을 상좌에 앉히고 이렇게 물었다.

"경이 함 속에 든 물건을 알아맞혀 시를 지었소?" / "그렇습니다."

"어떻게 알아냈소?"

"신이 듣기로 현자는 천상에 있는 물건이라도 모두 알아낼 수 있다고 하더이다. 신이 비록 불민하나* 함 속의 물건쯤 알아내지 못하겠습니까?"

황제가 마음 깊이 감탄하더니 또 이렇게 물었다.

"경은 세 개의 문을 들어올 때 ㉠음악 소리를 듣지 못했소?" / "듣지 못했습니다."

황제는 곧바로 세 개의 문 안 구덩이에 들어가 있던 악공들을 불러 추궁했다. 악공들은 모두 한결같이 말했다.

"저희가 힘을 다해 연주하고 있는데 갑자기 하늘에서 푸른색, 붉은색, 흰색 옷을 입은 자들이 내려와 저희 몸을 꽁꽁 동여 묶더니 이렇게 말했습니다. '큰 손님이 오시니 음악을 연주하지 말라!' 그리고는 몽둥이로 저희를 때려 대니 감히 어쩔 수가 없었습니다."

황제가 깜짝 놀라 사람을 보내 구덩이 속을 살피게 했더니, 구덩이 안에는 큰 뱀이 가득 들어 있었다. 황제가 매우 기이하게 여기고는 이렇게 말했다.

"최치원은 보통 사람이 아니니 함부로 대해서는 안 되겠다."

이에 시녀며 음식이며 곁에서 모시는 관리 등을 모두 황제와 똑같이 하게 했다.

어느 날 황제는 최치원과 이야기를 나누게 되었다. 하지만 그 말이나 행동거지가 보통 사람과 별다른 게 없었다. 황제는 이렇게 생각했다.

'지난번 일이 기이하긴 하지만, 내가 직접 본 것이 아니니 전부 다 믿을 수는 없지. 내가 직접 시험해 봐야겠다.'

[A]

그리하여 황제는 식사할 때가 되자 미리 음식에 독약을 넣어 두었다. 음식이 올라왔지만 최치원은 이미 눈치를 채고 음식을 먹지 않았다. 황제가 그 까닭을 묻자 최치원이 대답했다.

"음식에 독이 들어 있어 먹지 않는 겁니다."

"어떻게 알았소?"

"장막 위에서 새가 울더군요. 그 ㉡울음소리를 점쳐 보고 알았습니다."

황제가 자리 앞으로 나오더니 이렇게 말했다.

"내가 경의 재주를 몰라보고 이런 잘못을 저지르고 말았으니, 후회막급일 따름이오."

이 일이 있은 뒤 황제의 대우는 날이 갈수록 더욱 두터워졌다.

- 작자 미상, 〈최고운전〉 -

서술상의 특징 파악하기

윗글의 서술상의 특징으로 적절하지 <u>않은</u> 것은?

① 역사적 실존 인물을 등장시켜 사실성을 높이고 있다.

② 전기적 요소를 활용하여 인물의 비범함을 드러내고 있다.

③ 삽입 시를 활용하여 인물의 탁월한 능력을 강조하고 있다.

④ 일반적인 영웅 소설과는 달리, 뛰어난 문재를 드러내고 있다.

⑤ 장소의 이동에 따른 인물의 심리 변화가 구체적으로 묘사되어 있다.

★ 문재(文才): 글을 짓거나 글씨를 쓰는 재능.

02 세부 내용 파악하기

㉠, ㉡에 대한 설명으로 적절한 것은?

① ㉠은 ㉡과 달리 최치원이 신라에 있을 때 들은 소리이다.

② ㉠과 ㉡ 모두 최치원에 대한 황제의 생각이 변화하는 계기가 된다.

③ ㉠과 ㉡ 모두 최치원을 시험하기 위한 황제의 의도가 반영된 것이다.

④ ㉠은 최치원을 환영하는 것이고, ㉡은 떠나는 최치원을 배웅하는 것이다.

⑤ ㉠은 최치원을 위기에서 구해주는 것이고, ㉡은 최치원을 위기에 빠뜨리는 것이다.

중요 ▶ 03 외적 준거를 참고하여 작품 이해하기

보기 와 윗글의 [A]에서 알 수 있는 두 작품의 공통된 창작 목적으로 적절한 것은?

보기

박 씨가 계화를 시켜 용골대에게 소리쳤다.

"무지한 오랑캐 놈들아! 내 말을 들어라. 조선의 운수가 사나워 은혜도 모르는 너희에게 패배를 당했지만, 왕비는 데려가지 못할 것이다. 만일 그런 뜻을 둔다면 내 너희를 몰살할 것이니 당장 왕비를 모셔 오너라."

하지만 용골대는 오히려 코웃음을 날렸다.

"참으로 가소롭구나. 우리는 이미 조선 왕의 항서를 받았다. 데려가고 안 데려가고는 우리 뜻에 달린 일이니, 그런 말은 입 밖에 내지도 마라."

오히려 욕설만 무수히 퍼붓고 듣지 않자 계화가 다시 소리쳤다.

"너희의 뜻이 진실로 그러하다면 이제 내 재주를 한 번 더 보여 주겠다."

계화가 주문을 외자 문득 공중에서 두 줄기 무지개가 일어나며 모진 비가 천지를 뒤덮을 듯 쏟아졌다. 뒤이어 얼음이 얼고 그 위로는 흰 눈이 날리니, 오랑캐 군사들의 말발굽이 땅에 붙어 한 걸음도 옮기지 못하게 되었다. 그제야 용골대는 사태가 예사롭지 않음을 깨달았다.

(중략)

골대가 갑옷을 벗고 창칼을 버린 뒤 무릎을 꿇고 애걸하였다.

– 작자 미상, 〈박씨전〉

① 허구적 상상을 통해 당시 사회를 비꼬고 있다.

② 지배층의 무능함과 부정부패를 고발하고 있다.

③ 우리 민족의 자긍심과 우월감을 드러내고 있다.

④ 뛰어난 문학적 재주를 가진 인재가 많음을 알리고 있다.

⑤ 신이한 능력으로 나라를 위기로부터 구해낸 역사적 사실을 회고하고 있다.

★ 회고하다(回顧하다): 지나간 일을 돌이켜 생각하다.

서답형 04 세부 내용 파악하기

황제가 함에 넣은 것과, 최치원이 함에 들어 있다고 답한 것을 윗글에서 찾아 차례대로 쓰시오.

복습하기

화법

¹☐☐☐☐☐	여러 사람 앞에서 말을 하기에 앞서 또는 말을 하는 과정에서 개인이 경험하게 되는 불안 증상.
¹☐☐☐☐☐의 **원인**	• ²☐☐의 반응과 평가를 걱정하기 때문 • 말할 내용에 대한 준비와 확신이 부족하기 때문 • 여러 사람 앞에서 말을 해 본 경험이 적기 때문 • 과거의 실패 경험으로 인한 두려움을 느끼기 때문 • 소극적이고 부끄럼을 잘 타며 ³☐☐☐이 부족하기 때문
¹☐☐☐☐☐의 **대처 방법**	• 철저히 준비하고 연습하기. • 말을 하기 전 심호흡 하기. • 성공적인 말하기 장면을 상상하기. • 말하기 상황을 ⁴☐☐☐으로 인식하기. • 몸의 긴장을 풀기 위해 간단한 ⁵☐☐☐☐이나 체조 하기.

독서

1문단	⁶☐☐☐를 활용한 별과 지구의 거리 측정 방법	3문단	별의 ⁷☐☐를 활용한 별과 지구의 거리 측정 방법
2문단	⁶☐☐☐를 활용한 거리 측정 방법의 한계		

문학 – 까치밥(송수권)

1~4행	⁸☐☐☐을 따는 ⁹☐☐☐☐☐에 대한 나무람	13~17행	¹¹☐☐☐☐께서 타인을 위해 남긴 ¹²☐☐에서 드러난 인정과 배려의 가치
5~12행	¹⁰☐☐☐에게 베푸는 인정으로서의 까치밥	18~23행	다른 이들을 위한 배려하는 삶의 태도를 당부

문학 – 최고운전(작자 미상)

함에 든 물건을 알아내라는 황제의 명에 최치원이 시를 지어 올림.

↓

최치원의 능력에 감탄한 황제가 그를 중국으로 부름.

↓

최치원을 방해하기 위해 장애물을 설치하지만 실패함.

↓

최치원을 시험하고자 황제가 음식에 ¹³☐☐을 넣어 둠.

↓

황제는 새의 ¹⁴☐☐☐☐로 독약이 들었음을 알아낸 최치원을 인정하고 예우함.

정답
1 말하기 불안   2 청중   3 자신감   4 긍정적   5 스트레칭   6 연주 시차   7 밝기   8 까치밥   9 조카아이들   10 날짐승
11 할아버지   12 짚신   13 독약   14 울음소리

43

한수

04

Contents

한방에! 개념정리

한방에! 핵심정리

갈래	편지
주제	한옥의 아름다움과 우수성
특징	① 글쓰기의 주제, 목적, 독자 등을 고려하여 내용을 생성함. ② 독자를 고려하여 우리나라의 '마루'와 서양의 '거실'을 비교하여 설명함. ③ 백과사전, 신문 기사, 서적, 잡지 등의 다양한 매체를 활용하여 내용을 생성함.

*글쓰기 과정에서 겪는 문제 상황과 해결 방법

• 문제 상황
화제와 관련된 배경지식이 부족하거나 적절한 단어나 표현을 사용하여 글의 내용을 구성하기 어려움.

• 해결 방법
다양한 매체를 사용하여 주제와 관련된 자료를 수집하거나, 독자의 수준을 고려하여 글의 내용을 구성함.

※ 다음은 편지이다. 물음에 답하시오.

멜리사에게

안녕, 멜리사. 나 준서야. 이번 여름 방학에 한국으로 여행을 온다니 반가워. 게다가 한국의 전통 집에 관심이 있다니 무척 기쁘다.

한국의 전통 집은 '한옥'이라고 해. 한옥은 한국의 대표적인 전통문화여서 한국을 방문하는 외국인들이 꼭 체험하고 싶어 하는 것 중의 하나야. ㉠ 나도 서양의 전통 집에 관심이 많은데 언젠가 꼭 한번 독일에 놀러 가 보고 싶다.

먼저 한옥의 아름다움을 소개할게. 한옥의 아름다움은 지붕에서 잘 드러나. 한옥의 지붕은 한옥의 인상을 결정하는데, 무엇보다도 지붕 끝의 곡선이 무척 아름다워. 자연스럽게 끝을 올린 한옥 지붕의 곡선에는 중국과 일본의 전통 건축에서 볼 수 있는 직선적인 지붕 형태와는 다른 아름다움이 있어.

또 한옥은 자연과 어우러진 아름다움으로 유명해. 우리 조상들은 집을 지을 때 함부로 산을 깎거나 물길을 막지 않았고, 집을 짓는 재료도 지나치게 다듬지 않았다고 해. 집이 살아 있는 자연의 한 부분이 되어 자연과 어울려야 한다는 생각이 한옥에 담긴 것이지. 우리 조상들의 이런 생각이 멋지지 않니?

다음으로 한옥의 우수성을 설명할게. 멜리사, 이번 여름에 한국을 방문하면 꼭 한번 '마루'에 누워 봐. 에어컨이 없어도 얼마나 시원한지 느낄 수 있을 거야. 마루는 서양의 집에서 거실과 비슷한 공간인데, 집 밖으로 열려 있다는 점이 달라. 마루가 시원한 이유는 열린 공간이라 바람이 잘 통하고, 마룻바닥의 틈새로 마루 밑의 찬 공기가 올라오기 때문이야.

한옥은 여름에 시원할 뿐 아니라 겨울에는 따뜻한데 그건 바로 '온돌' 덕분이야. 온돌이 뭐냐고? ㉡ 온돌은 방바닥을 데워서 집 안을 따뜻하게 덥히는 우리 고유의 난방법이야. 에너지를 저장해서 사용하기 때문에 한번 불을 때면 따뜻한 기운이 오래가는 아주 효율적인 난방법이지. 온돌은 ㉢ 좌식 생활을 하는 우리에게 유용한 기술이야. ㉣

멜리사, 이 글이 네가 한옥을 이해하는 데 도움이 되었니? 한국에 오면 나와 함께 한옥을 체험하면서 그 아름다움과 우수성을 직접 느껴 보자.

[㉤]. 그럼 또 연락하자!

- 내가 참고한 자료: 《두피디아》, 인터넷 과학 신문 《사이언스타임즈》의 기사, 국가한옥센터, 《문화재 사랑》, 《세계가 감탄하는 우리 온돌》, 《햇빛과 바람이 정겨운 집 우리 한옥》

01 친교 표현 글쓰기 내용 이해, 평가하기

윗글에 대한 내용으로 적절하지 않은 것은?

① 담화 표지를 적절하게 사용하고 있다.
② 글을 생성하며 참고한 자료를 밝히고 있다.
③ 독자의 반응을 예상하며 질문을 던지고 있다.
④ 전체 내용을 요약하며 글을 마무리하고 있다.
⑤ 글의 주제와 목적을 고려하여 내용을 생성하고 있다.

02 친교 표현 글쓰기 내용 조정하기

윗글을 읽고 생각한 내용으로 적절하지 않은 것은?

① ㉠: 글의 통일성을 고려하여 삭제하는 것이 좋겠어.
② ㉡: 문장 성분 간의 호응을 고려하여 '온돌은'을 '온돌이란'으로 수정하는 것이 좋겠어.
③ ㉢: '좌식'이라는 표현은 외국인에게 어려울 수 있으니 풀어서 설명해 주는 것이 좋겠어.
④ ㉣: 전달 매체를 고려했을 때 온돌을 설명하는 사진을 함께 첨부하면 내용을 이해하는 데 도움이 될 것 같아.
⑤ ㉤: 한옥을 직접 체험해 볼 수 있는 장소와 함께 끝인사를 추가해도 좋을 것 같아.

중요 03 친교 표현 글쓰기 내용 점검하기

보기 는 '준서'가 편지를 쓰기 위해 개요를 작성한 것이다. 윗글을 작성할 때 반영되지 않은 것은?

> **보기**

처음	① 첫인사를 하면서 중심 소재를 소개해야지.
중간	② 한옥의 개념과 특징을 밝혀야겠어. ③ 한옥을 더 쉽게 이해할 수 있도록 지역별 한옥의 구조를 소개해야지. ④ 한옥의 아름다움과 우수성을 소개할 때 다른 대상과 비교해도 좋을 것 같아.
끝	⑤ 한옥을 함께 체험하자고 권유하며 마무리해야겠어.

서답형 04 친교 표현 글쓰기 내용 파악하기

빈칸에 들어갈 말로 적절한 것을 골라 쓰시오.

> 한국의 한옥과는 달리 일본과 중국의 지붕은 (곡선 / 직선)으로 되어 있다.

문제풀이

※ 다음 글을 읽고 물음에 답하시오.

공기를 먼저 데우는 서양의 공기 난방 방식과 달리 우리나라는 방바닥을 따뜻하게 데우는 온돌 난방 방식을 사용해왔다. 이 방식은 여러 측면에서 서양의 방식보다 우수하다는 평가를 받고 있다. 그렇다면 온돌 난방은 어떤 원리를 통해 이루어지는 것일까?

우리나라의 온돌은 지역에 따라 만드는 방식과 구조 형태가 달라 수백 종의 온돌이 존재하여 문화의 다양성을 보여 준다. 하지만 일반적으로 ㉠ 전통적 방식의 온돌 난방은 바닥에 불을 때서 구들장을 데워 난방을 하는 방식이라고 볼 수 있다. 그 과정을 구체적으로 살펴보자.

먼저 방 한쪽에 구멍을 뚫어 만든 아궁이에 불을 피운다. 이때 형성되는 연기와 불길은 고래라고 불리는 좁은 통로로 들어가게 되는데, 이때 고래의 입구에는 급경사를 이루어 높아지다가 낮아지는 부넘기가 있다. 부넘기를 만든 이유는 통로를 좁게 만들어 불길이 빠르게 고래 속으로 들어가게 하고 불이 아궁이 쪽으로 다시 역류하지 않도록 하기 위해서이다. 부넘기를 넘은 불길과 연기는 고래를 따라 흘러가면서 고래 위에 놓여진 넓은 돌로 된 구들장을 데우고 구들장은 방바닥 표면을 따뜻하게 만든다. 그러면 방바닥의 열기가 방안으로 특정 물질의 매개＊ 없이 전달되는데 이렇게 전달된 열기를 품은 공기가 방안을 순환하면서 방 전체에 열기가 퍼져 방안이 따뜻하게 유지된다. 고래의 끝부분에는 움푹 파인 고래개자리가 있다. 고래를 통과한 뜨거운 공기는 이곳에 모이는데, 이곳에서는 대부분의 열기가 고래에 머물러 잘 스며들게 만들고, 약간의 열기를 품은 연기만 굴뚝개자리를 거쳐 굴뚝으로 빠져나가도록 한다. 이는 열기를 일정 기간 동안 잡아 방을 더 오래 데울 수 있게 한 것이다. 그리고 굴뚝개자리는 찬 공기가 유입되지 않도록 막아 온돌의 성능을 높이는 역할을 한다.

이러한 온돌 방식이 서양의 공기 난방 방식보다 우수한 평가를 받는 이유는 무엇일까? 서양의 대표적인 난방 기구인 벽난로는 불에서 가장 뜨거운 윗부분을 굴뚝을 통해 바로 내보내고, 불의 옆 부분만을 이용한다. 그런데 이와 달리 온돌 난방은 불의 가장 뜨거운 부분인 윗부분의 열을 이용하므로 열의 효율이 높다. 또한 온돌 구조는 열이 오랫동안 구들에 머물 수 있어 불을 피우지 않는 시간에도 따뜻함을 유지할 수 있다. 특히 움푹 파인 고래개자리에 뜨거운 불길이 머물면서 일정 시간 동안 구들에 열기가 남아 있게 된다. 그리고 실내에 연기를 발생시키지 않는다는 장점도 있다.

아파트와 같은 ㉡ 현대식 건축물은 전통적 방식을 변형한 형태로 유지되고 있다. 온수보일러에서 데워진 온수가 방바닥 내에 매립된 파이프로 지나가면서 바닥의 온도를 높이는 방식이 그것이다. 이 방식은 전통적 온돌과 마찬가지로 건물 내부에서 난방 운전이 정지되어도 파이프에서 열을 저장하고 있어 일정 시간 동안 온도가 유지되어 열을 저장하는 축열 효과를 얻을 수 있다.

✔ 한방에! 어휘풀이

＊ 매개(媒介): 둘 사이에서 양편의 관계를 맺어 줌.

01 핵심 내용 이해하기

㉠과 ㉡에 대한 설명으로 적절하지 <u>않은</u> 것은?

① ㉠의 아궁이가 하는 역할을 ㉡에서는 온수보일러가 한다.
② ㉠의 고래가 하는 역할을 ㉡에서는 매립된 파이프가 한다.
③ ㉠의 고래개자리에서 일어난 축열 효과는 ㉡의 파이프에서 얻을 수 있다.
④ ㉠과 ㉡ 모두 바닥을 따뜻하게 하는 원리를 통해 난방을 하는 방식이다.
⑤ ㉠과 ㉡ 모두 열기는 남기고 연기만 바깥으로 내보내는 구조로 되어 있다.

02 구체적 사례에 이해하기

다음은 전통적 온돌 난방을 설명하기 위해 제시한 학습 자료이다. 이에 대한 설명으로 적절하지 <u>않은</u> 것은?

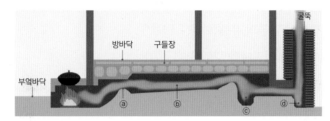

① ⓐ는 불길이 빠르게 ⓑ 방향으로 흘러가게 하는 역할을 한다.
② ⓑ를 흘러가는 불길은 ⓐ로 인해 아궁이 쪽으로 다시 역류하지 않게 된다.
③ ⓑ는 불에서 가장 뜨거운 윗부분을 굴뚝을 통해 내보내는 역할을 한다.
④ ⓒ는 뜨거운 공기의 열기는 남고 연기만 내보내는 역할을 한다.
⑤ ⓓ는 찬 공기가 유입되지 않도록 하여 온돌의 성능을 높이는 역할을 한다.

중요 ▶ 03 외적 준거를 바탕으로 세부 내용 이해하기

보기 를 바탕으로 윗글을 이해한 내용으로 적절하지 <u>않은</u> 것은?

> **보기**
>
> 　열이 전달되는 방식에는 3가지가 있다. 물질을 통해 열이 전달되지만 물질 자체는 이동하지 않는 것을 '전도'라고 한다. 고체로 된 물질을 가열하면 가열된 부분의 분자가 열을 받아 활발하게 운동하면서 주변의 분자로 진동을 전달하고 이를 통해 열이 전달되는 방식이다. 즉 분자의 운동이 전달되어 열이 이동하는 현상인 셈이다. 열을 가진 물질 자체가 이동하면서 열도 함께 이동하는 것을 '대류'라고 한다. 물을 가열하거나 난로를 피우면 액체나 기체의 분자가 직접 이동하면서 물과 공기 전체가 따뜻해지는 것은 대류로 인한 현상이다. 그런데 물질이 필요 없이 열이 직접 이동하는 '복사'도 있다. 이는 물질의 접촉이나 이동과는 상관없이, 열 자체가 스스로 이동하여 열 전달이 이루어지는 것이다.

① 구들장의 열이 방바닥으로 전달되는 것은 전도에 해당하겠군.
② 방바닥의 열기가 방안으로 전달되는 것은 복사에 해당하겠군.
③ 방안으로 전달된 공기가 방 전체로 퍼지는 것은 대류에 해당하겠군.
④ 아궁이에 불을 지피면 고래로 열이 전달되는 것은 대류에 해당하겠군.
⑤ 고래개자리에 있던 약간의 열기가 연기를 따라 빠져나가는 것은 복사에 해당하겠군.

서답형 04 세부 내용 파악하기

빈칸에 들어갈 말로 적절한 것을 골라 차례대로 쓰시오.

> (공기 / 방바닥)을/를 먼저 데우는 서양의 난방 방식과 달리 우리나라의 난방 방식은 (공기 / 방바닥)을/를 먼저 데운다.

04강 농부가 _ 작자 미상

한방에! 개념정리

한방에! 핵심정리

갈래	가사
성격	교훈적, 사실적, 묘사적
주제	농업의 중요성을 강조하며 부지런히 농사에 힘쓸 것을 권장
특징	① 일상어를 사용하여 설득력을 높임. ② 감각적 심상을 활용하여 계절적, 시간적 배경을 드러냄. ③ 계절의 흐름에 따른 농사일을 제시함으로써 주제를 강조함.
해제	이 작품은 표면적인 화자를 농사를 짓는 사람으로 설정하여 농사의 중요성을 강조하고 열심히 농사를 지어야 한다는 교훈을 전달하고 있다. 또한 화자는 사농공상 중에 가장 제일은 농사라고 언급하며 농업에 힘써야 하는 이유를 함께 제시하고 있다

※ 다음 글을 읽고 물음에 답하시오.

사해창생* 농부들아 일생신고* 한치 마라
㉠ 사농공상* 생긴 후에 귀중할손 농사로다
만민지 행색이오 천하지 대본이라
교민화식*하온 후에 농사밖에 또 있는가
신농씨*의 갈온 밭에 후직*이의 뿌린 종자
역산에 갈온 밭은 순임금의 유풍*이라
교민팔조* 펴실 적에 정전지법* 지었으니
계연전파* 수천 년에 임림총총* 백성들아
㉡ 작야*에 부던 바람 척설*이 다 녹았다
우리 농부 재 내어라 춘분시절 이때로다

[A]
뒷동산에 살구꽃은 가지가지 봄빛이
앞못에 창포잎은 층층이 움 돋는다
곳곳의 포곡성*은 춘색을 재촉하니
㉢ 장장하일* 긴긴 날에 해는 어이 수이 가노
앞 남산에 비 저온다 누역* 사립* 갖추어라
밤이 오면 잠간 쉬고 잠을 깨면 일이로다

녹양방초* 저문 날에 석양풍이 어득 불어
㉣ 호미 메고 입장구*에 이 또한 낙이로다
일락황혼* 저문 날에 달을 띄고 걷는 걸음
동리에 돌아오니 시문에 개 짖는다
㉤ 빛 좋은 삽사리 허대 좋은 청삽사리
대월하서귀*에 너는 무삼 나를 미워
꽝꽝 짖는 네 소리에 사람의 정신을 놀래는도다

- 작자 미상, 〈농부가〉 -

한방에! 어휘풀이

* 사해창생(四海蒼生): 온 세상의 모든 사람들.
* 일생신고(一生辛苦): 일생의 쓴 고생.
* 사농공상(士農工商): 예전에, 백성을 나누던 네 가지 계급. 선비, 농부, 공장, 상인을 이르던 말이다.
* 교민화식(敎民火食): 백성들이 불로 밥을 지어 먹게 가르침.
* 신농씨(神農氏): 중국 고대 전설상의 제왕.
* 후직(后稷): 중국 순임금 때 농사를 맡아보던 벼슬.
* 유풍(遺風): 옛날부터 전하여 내려오는 풍속.
* 교민팔조(敎民八條): 고조선 때 백성을 가르치기 위한 여덟 가지의 조항.
* 정전지법(井田之法): 고대 중국에서 실시한 토지 제도.
* 계연전파(繼延傳播): 이어 전하여 널리 퍼짐.

* 임림총총(臨林總總): 많은 사람들이 모여 있는 모양.
* 작야(昨夜): 어젯밤.
* 척설(尺雪): 쌓인 눈.
* 포곡성(布穀聲): 뻐꾸기의 울음소리.
* 장장하일(長長夏日): 기나긴 여름날.
* 누역: '도롱이'의 옛말
* 사립(蓑笠): 도롱이와 삿갓을 아울러 이르는 말.
* 녹양방초(綠楊芳草): 푸른 버드나무와 향기로운 풀.
* 입장구: 조그마한 장구.
* 일락황혼(日落黃昏): 해가 지고 저녁노을이 짐.
* 대월하서귀(帶月下鋤歸): 달빛 아래 (농사 끝내고) 호미 메고 돌아오는 모습.

01 표현상의 특징 파악하기

윗글에 대한 설명으로 적절한 것은?

① 독백체를 사용하여 설득력을 높이고 있다.

② 시각적 심상을 활용하여 계절감을 드러내고 있다.

③ 고사를 인용하여 상업의 중요성을 강조하고 있다.

④ 수미상관 구조를 사용하여 주제 의식을 강화하고 있다.

⑤ 시대적 상황을 반영하여 현실 극복 의지를 드러내고 있다.

02 시구의 의미 파악하기

㉠~㉤에 대한 설명으로 적절하지 않은 것은?

① ㉠: 사람이 사회를 형성한 이래로 농부의 역할이 중요했음을 강조하고 있다.

② ㉡: 농사를 지을 계절이 돌아왔음을 나타내며 농사를 지을 준비를 할 것을 당부하고 있다.

③ ㉢: 긴 여름날에도 농사에 매진해야 함을 강조하고 있다.

④ ㉣: 농사일에 대한 화자의 즐거운 심정을 직접적으로 드러내고 있다.

⑤ ㉤: 자연물에 감정을 이입하여 농사를 짓고 돌아온 후련함을 드러내고 있다.

중요 ▶ 03 시어의 의미 파악하기

윗글과 보기 를 비교한 것으로 적절한 것은?

> **보기**
>
> 정월은 맹춘이라 입춘 우수 절기로다
> 산중의 물이 흐르는 골짜기의 빙설은 남았으나
> 넓은 들판의 경치가 변하기 시작하도다
> 어와 우리 임금이 백성을 사랑하고 농사를 중히 여기시어
> 측은히 여기어 농사를 권장하시는 말씀을 방방곡곡에 알리시니
> 슬프다 농부들아 아무리 무지한들
> 네 몸 이해 고사하고 성의를 어기겠느냐
> 밭과 논을 반반씩 균형 있게 힘써 경작하오리라
> 일 년 풍흉은 측량치 못하야도
> 인력이 극진하면 천재를 면하나니
> 각각 서로 권하여 게을리 굴지 마라 (후략)
>
> — 정학유, 〈농가월령가〉

① 윗글과 〈보기〉 모두 농사에 힘쓸 것을 권장하고 있다.

② 윗글과 〈보기〉 모두 농사를 짓던 과거를 회상하고 있다.

③ 윗글은 〈보기〉와 달리 계절의 변화를 제시하고 있다.

④ 윗글은 〈보기〉와 달리 농사할 때의 주의점을 언급하고 있다.

⑤ 〈보기〉는 윗글과 달리 농사를 통해 현실을 극복하고자 하는 의지가 드러나 있다.

★ 맹춘(孟春): 이른 봄. 주로 음력 정월을 이른다.

★ 천재(天災): 풍수해, 지진, 가뭄 따위와 같이 자연의 변화로 일어나는 재앙.

서답형 ▶ 04 시어의 의미 파악하기

보기 와 동일한 이미지를 지닌 시어를 [A]에서 찾아 3음절로 쓰시오.

> **보기**
>
> 바람 속에서는 / 하루종일 / 윙 윙 소리가 났다

문제풀이

운수 좋은 날 _ 현진건 원작 · 안재훈 극본

✔ 한방에! 개념정리

✔ 한방에! 핵심정리

갈래	시나리오
성격	사실적, 반어적, 비극적
주제	일제 강점기 하층민의 비참한 현실
특징	① 현재와 과거가 교차되어 나타남. ② 김 첨지의 심리 변화가 말과 행동을 통해 제시됨. ③ 김 첨지의 상황과 반대되는 제목을 통해 비극성을 강조함. ④ 비가 내리는 날씨를 통해 우울한 분위기를 조성하며 비극적 결말을 암시함.
해제	이 작품은 현진건의 〈운수 좋은 날〉을 애니메이션 시나리오로 재구성한 것이다. 원작의 내용을 살리면서도 새로운 장면을 추가하여 김 첨지의 심리를 제시하고 있으며, 1920년대 하층민의 궁핍한 생활을 집약적으로 보여 준다. 제목 〈운수 좋은 날〉은 비극적인 현실을 더욱 강조한다.

※ 다음 글을 읽고 물음에 답하시오.

[앞부분 줄거리] 인력거꾼 김 첨지는 아픈 아내의 만류를 뿌리치고 일을 하러 나간다. 그날따라 손님이 많아 아내에게 설렁탕을 사 줄 수 있게 되어서 기분이 좋지만, 한편으로는 아픈 아내가 걱정된다.

S# 14 남대문 정거장으로 가는 길

전차 안의 여인과 아이를 보며 아내와 개똥이를 떠올린다.

아내: 오늘은 나가지 말아요. 내가 이렇게 아픈데……. (숨을 껄떡인다.)

김 첨지: (숨을 헐떡이며 인력거를 몬다.) 하악, 하악!

아내: (딸꾹딸꾹하고 숨 모으는 소리가 난다.) 커억! 흐읍…….

동광 학생: (VO) 왜 이러우?

동광 학생: (천을 걷으며 초조하게) 기차 놓치겠구먼.

김 첨지: (머리를 숙이며) 예, 예, 죄송합니다. (다시 달린다.)

S# 15 남대문 정거장 앞

학생이 주는 일 원 오십 전을 받아 쥔다.

김 첨지: 감사합니다요. 안녕히 다녀옵시오.

S# 16 남대문 정거장 근처 길

김 첨지: 에이, 젠장맞을 것! 이 비를 맞으며 빈 인력거를 털털거리고 돌아간담. (빗방울이 머리에 튕기자) 어이쿠! 이런 빌어먹을! 이놈의 비가 왜 남의 상판을 때려?

인력거 동료: (VO) 첨지! 조심하게.

인력거 동료: 정거장 인력거꾼 등쌀이 얼마나 무서운데 거길 기웃거리나?

김 첨지: 열차 들어올 때가 안 됐나 해서…….

인력거 동료: 목 좋은 자리는 큰 회사에서 다 차지하고 저리 텃세니…….

김 첨지: 근처를 빙빙 돌며 형세를 관망하면* 되네. 뭐 이전에도 여러 번 해 본 일일세.

인력거 동료: 조심하게. 저 치*들도 전차에게 손님 다 뺏긴다고 화증이 나 있으니…….

김 첨지: 걱정 말게. 오늘은 괴상하게 운수가 좋아서 손님을 태우게 되는 요행*이 또 없으리라 누가 보증하겠나? [A]

인력거 동료: (인력거를 끌고 자리를 옮기며) 알았으니 수고하게.

김 첨지: (인력거 친구 따라 고개를 돌리며) 내 내기를 해도 좋네.

인력거 동료: (걸어가면서) 그래도 집사람에게 얼른 가 보게나. (그냥 덤덤히 무신경하게 인사치레로) 아유, 이놈의 날씨는 재수 없게 오락가락하는가.

S# 17 시간 경과/남대문 정거장 근처

남대문 인력거꾼: (침을 뱉는다) 퉤!

김 첨지가 손님을 기다리고 있다가, 젊은 여자를 발견하고 다가간다.

김 첨지: 아씨! 인력거 아니 타시랍시오? 아씨, 정거장 애들보담 아주 싸게 모셔다 드리겠습니다. 댁이 어디신가요?

젊은 여자: (뿌리치며) 왜 이래? 남 귀찮게…….

젊은 여자가 전차를 타러 가고, 김 첨지는 전차 쪽을 바라본다. 전차에서 차장의 목소리가 들린다.

차장: 사람이 양심이 있지, 이 짐을 들고 탄단 말이요.

노신사: (차장에게) 어허! 이것 좀 더 싣는다고 전차가 어찌 되나?

김 첨지: (노신사에게 다가가며) 인력거를 타시랍시오. 아! (인력거를 두고 온 것을 깨닫고) 잠시만 기다리십쇼!

S# 18 인사동 가는 길/종로

김 첨지가 인력거에 노신사(인사동 손님)를 태우고 달리기 시작한다.

노신사: 인사동까지 육십 전이면 너무 과하지 않나?

김 첨지: 이 우중에 그런 짐까지 있으니 그 정돈 주셔야죠.

노신사: 그러지 말고 오십 전에 가세나.

김 첨지: 제가 혜화로 가는 길이라 그 정도로 싸게 드리는 것입죠.

김 첨지는 노신사를 태운 인력거를 끌고 인사동으로 기분 좋게 달린다.

S# 19 인사동

김 첨지: 감사합니다요. 안녕히 가십쇼.

김 첨지: (빈 인력거를 끌고 가는 김 첨지의 생각) 인력거가 무거울 땐 몸이 이상하게도 가볍더니, 인력거가 가벼워지니 몸은 다시금 무거워지고, 이젠 요행이고 뭐고 이상하게 초조하기만 하네.

S# 20 인사동에서 창경궁까지

행인: 저놈의 인력거꾼이 저렇게 술이 취해 가지고 이 진 땅에 어찌 가노.

아내: (이불 속에 누워 기침한다.) 콜록, 콜록, 콜록…….

개똥이: (엄마 옆에 누워 운다.) 으앙!

김 첨지: (비틀거리며 힘겹게 인력거를 끌고 간다.)

S# 21 창경궁 앞

김 첨지: (생각) 집이 가까워지니 마음이 괴상하게 누그러드는구만. 이 기적에 가까운 벌이를 하였는데 기쁨을 오래 지니고 싶은가? 이놈의 다리가 내 힘으로 떨어지지가 않네.(불안해한다.)

[뒷부분 줄거리] 김 첨지는 집으로 가는 길에 치삼을 만나 술을 마시면서도 계속해서 불안해한다. 설렁탕을 사 들고 집으로 돌아온 김 첨지는 아내의 죽음을 확인하고 "이상하게도 오늘은 운수가 좋더니만……."이라고 말하며 오열한다.

- 현진건 원작·안재훈 극본, 〈운수 좋은 날〉 -

＊ 전체 줄거리

인력거꾼 김 첨지는 아픈 아내가 나가지 말라는 부탁에도 일을 나간다. 달포 전부터 일어나지 못하고 누워 있던 아내는 열흘 전 채 익지도 않은 조밥을 급하게 먹고 체한다. 김 첨지는 비가 오는 날이지만 오랜만에 많은 돈을 벌게 되어 기분이 좋았지만 계속해서 집에 누워있는 아내가 걱정된다. 집으로 돌아가던 김 첨지는 왠지 모를 불안감 때문에 집으로 곧장 들어가지 않고 치삼을 만나 술을 먹는다. 아내가 먹고 싶다 했던 설렁탕을 사 들고 집으로 향한 김 첨지는 아내의 죽음을 확인하게 된다. 김 천지는 "이상하게도 오늘은 운수가 좋더니만……"이라고 중얼거리며 오열한다.

4강

✔ 한방에! 어휘풀이

★ **관망하다(觀望하다):** 한발 물러나서 어떤 일이 되어 가는 형편을 바라보다.

★ **치:** '사람'을 낮잡아 이르는 말.

★ **요행(僥倖):** 뜻밖에 얻는 행운.

01 세부 내용 파악하기

윗글에 대한 설명으로 적절하지 않은 것은?

① 김 첨지의 아내는 김 첨지가 나가는 것을 만류했다.
② 큰 회사에 소속된 인력꾼들은 정거장에서 텃세를 부렸다.
③ 전차의 등장으로 인해 인력꾼들의 생활이 더욱 어려워졌다.
④ 김 첨지는 집에서 멀어질수록 아내와 아이에 대한 걱정이 점점 심해졌다.
⑤ 김 첨지는 빈 인력거를 끌 때 오히려 몸이 무거워지며 아픈 아내가 계속 떠올랐다.

중요▶ 02 배경의 기능 이해하기

보기 를 참고했을 때, 윗글의 '비'의 기능으로 적절하지 않은 것은?

> **보기**
>
> 배경은 작품 속에서 많은 의미를 내포한다. 주제를 부각할 수 있으며 작품 전체의 분위기를 형성하기도 한다. 또한 앞으로 일어날 사건이나 인물의 심리를 암시하기도 하며, 작품 속에 나타난 사회 현실이나 역사적 상황을 의미하기도 한다.

① 작품의 음산한 분위기를 형성한다.
② 김 첨지에게 다가올 불행을 암시한다.
③ 일제 강점기 하층민의 궁핍한 현실을 부각한다.
④ 아내의 대한 불안감과 걱정을 해소하기 위한 수단이다.
⑤ 열심히 살지만 가난에서 벗어날 수 없는 김 첨지의 삶을 드러낸다.

중요▶ 03 작품 비교하기

보기 는 [A]의 원작 부분이다. 윗글과 보기 의 차이점으로 적절하지 않은 것은?

> **보기**
>
> 그럴 즈음에 그의 머리엔 또 새로운 서광이 비쳤나니 그것은, '이러구 갈 게 아니라, 이 근처를 빙빙 돌며 차 오기를 기다리면, 또 손님을 태우게 되는지도 몰라.'란 생각이었다. 오늘은 운수가 괴상하게도 좋으니까 그런 요행이 또 한 번 없으리라고 누가 보증하랴. 꼬리를 물리는 행운이 꼭 자기를 기다리고 있다고 내기를 해도 좋을 만한 믿음을 얻게 되었다.

① 윗글은 〈보기〉와 달리 새로운 인물이 등장하고 있다.
② 윗글은 〈보기〉와 달리 서술자가 따로 존재하지 않는다.
③ 윗글은 〈보기〉와 달리 인물의 대사를 통해 심리가 제시된다.
④ 윗글은 〈보기〉와 달리 새로운 사건의 전개를 암시하고 있다.
⑤ 윗글은 〈보기〉와 달리 인물의 행동이 지시문을 통해 제시되고 있다.

서답형▶ 04 작품의 전체 내용 파악하기

빈칸에 들어갈 말로 적절한 것을 3어절로 쓰시오.

> 아이러니란 겉으로 드러난 것과 실제 사실 사이의 괴리를 나타낼 때 쓰는 표현이다. 김 첨지는 하루 종일 운수가 좋다고 생각했지만, 사실 이날은 아내가 죽은 가장 비극적인 날이다. 이러한 아이러니를 작가는 '(   )'이라는 반어적 표현을 통해 비극성을 극대화한다.

복습하기

작문

작문 상황	외국인 친구 멜리사에게 한옥의 아름다움과 우수성을 설명하고자 함.

↓

한옥의 아름다움	① ¹□□ – 한옥의 인상을 결정하며 중국과 일본의 직선적인 ¹□□ 형태와 다른 아름다움을 가지고 있음. ② 집이 살아 있는 ²□□ 의 한 부분이 되어 ²□□ 과 어울려야 한다는 조상들의 생각이 반영됨.
한옥의 우수성	① 마루 – 서양의 ³□□ 과 대조하여 마루의 장점을 설명함. ② ⁴□□ – 방바닥을 데워서 집 안을 따뜻하게 유지하는 우리 고유의 난방법을 소개함.

독서

1문단	서양의 방식보다 우수한 우리나라의 ⁵□□□ 방식	4문단	⁵□□□□ 방식이 서양의 난방 방식인 ⁶□□□ 보다 우수한 이유
2문단	우리나라 ⁵□□□□ 의 특징	5문단	현대에도 유지되고 있는 ⁵□□□□ 방식
3문단	전통적 방식의 ⁵□□□□ 의 과정		

문학 – 농부가(작자 미상)

서사	⁷□□ 의 중요성	결사	농사일을 끝낸 뒤의 보람
본사	⁷□□ 의 즐거움		

문학 – 운수 좋은 날(현진건 원작·안재훈 극본)

⁸□□□□ 김 첨지는 아픈 아내의 만류를 뿌리치고 나와 일을 함.

↓

그날따라 손님이 많아 기분이 좋지만, 아픈 아내에 대한 걱정으로 불안해함.

↓

⁹□ 에 가까워질수록 두려움이 점점 커짐.

↓

치삼과 술을 마시고 돌아온 김 첨지는 아내의 죽음을 확인하고 오열함.

〈운수 좋은 날〉의 의미	
표면	이면
손님이 많아 운수가 좋은 날	아내가 죽은, 가장 운수가 나쁜 날

정답	1 지붕	2 자연	3 거실	4 온돌	5 온돌 난방	6 벽난로	7 농사	8 인력거꾼	9 집

55

05

Contents

| 정답 및 해설 | 30쪽

1 주성분

① 개념: 문장의 골격을 이루는 필수적인 성분
② 특징: 주성분이 생략되면 의미가 제대로 전달되지 않음.
③ 종류: 주어, 서술어, 목적어, 보어

※ 주어가 다른 성분에 영향을 주는 예시
예 어머니께서 집을 나가셨다.
→ 주어인 '어머니'를 높이기 위해 서술어에 주체 높임 선어말 어미 '-시-'가 사용됨.

2 주어

① 개념: 동작이나 상태의 주체를 나타내는 문장 성분. '누가/무엇이'에 해당함.
② 실현 방식

체언+주격 조사	주격 조사: '이/가, 께서, 에서' 예 민희가 장학금을 받는다.
체언+보조사	예 민희만 장학금을 받는다.
주격 조사 생략	예 민희 장학금을 받는대.

※ 주성분이 생략되는 경우
• 주어
　예 "지금 뭐 해?"
　　→ 주어 '너는'이 생략됨.
• 서술어
　예 "뭐 먹을래?" "나는 밥."
　　→ 서술어 '먹을래'가 생략됨.

3 서술어

① 개념: 주어의 동작, 상태, 성질을 설명하는 문장 성분. '어찌하다/어떠하다/무엇이다'에 해당함.
② 실현 방식

용언	예 민희가 웃는다.
체언+서술격 조사	서술격 조사: '이다' 예 민희는 학생이다.

4 목적어

① 개념: 동작의 대상이 되는 문장 성분. '누구를/무엇을'에 해당함.
② 실현 방식

체언+서술격 조사	목적격 조사: '을/를' 예 민희는 책을 읽는다.
체언+보조사	예 민희는 책만/책만을 읽는다.
목적격 조사 생략	예 민희는 책 읽어.

※ 체언에 보조사가 붙어 주어나 목적어가 된 경우
• 보조사 대신 주격 조사 '이/가' 혹은 목적격 조사 '을/를'을 넣어 보면 주어인지 목적어인지 구분 가능
• 예 그는 과일은 좋아한다.
　　→ 그가 과일을 좋아한다.
　　→ 주어: 그는, 목적어: 과일은

5 보어

① 개념: 서술어 '되다, 아니다'가 주어 외에 필수적으로 요구하는 문장 성분.
② 실현 방식

체언+보격 조사	보격 조사: '이/가' 예 민희는 언니가 되었다. / 민희는 어른이 아니다.

01 문장의 성분 구분하기

㉠~㉤ 중 주성분에 해당하지 <u>않는</u> 것은?

민기는 공부를 열심히 해서 반장이 되었다.
㉠　　㉡　　㉢　　　㉣　　㉤

① ㉠　　　　② ㉡　　　　③ ㉢　　　　④ ㉣　　　　⑤ ㉤

02 문장의 주어 파악하기

밑줄 친 부분 중 주어에 해당하지 <u>않는</u> 것은?

① <u>할머니께서</u> 편찮으시다.
② <u>돌고래는</u> 어류가 아니다.
③ <u>나</u> 오늘 백화점에 갈 예정이야.
④ <u>하은이는</u> 우리 반에서 공부를 제일 잘한다.
⑤ 우리 <u>학교에서</u> 농구 대회를 개최하기로 결정했다.

중요 ## 03 문장의 성분 파악하기

보기 의 ㉠, ㉡에 대한 설명으로 적절하지 <u>않은</u> 것은?

보기

　㉠ 민지가 맛있는 초콜릿을 만들었다.
　㉡ 윤정이는 범인이 아니다.

① ㉠의 '만들었다'는 '무엇을'을 필요로 하는 서술어이다.
② ㉠의 '민지가'는 체언에 주격 조사가 붙어 주어로 실현되고 있다.
③ ㉡의 '범인이'는 '아니다' 앞에서 사용된 보어이다.
④ ㉡은 ㉠과 달리 목적어가 사용되지 않았다.
⑤ ㉠과 ㉡ 모두 주성분만으로 문장이 구성되어 있다.

서답형 ## 04 문장의 주성분 파악하기

빈칸에 들어갈 성분으로 적절한 것을 쓰시오.

　　'나는 좋아한다'는 문장의 (　　　　)이/가 생략되어 불완전한 문장이다.

05 강

탈춤

✓ 한방에! 개념정리

✓ 한방에! 핵심정리

주제	탈춤의 특징
해제	이 글은 우리나라의 탈춤의 특징을 서양극과 비교하여 설명하고 있다. 탈춤은 탈로 얼굴을 가리고 다른 인물, 동물 또는 초자연적 존재 등으로 분장을 한 후 음악에 맞추어 춤과 대사로써 연극하는 것을 가리킨다. 탈춤은 무대와 객석이 철저히 분리되어 있는 서양극과 달리 무대와 객석의 경계가 좁거나 없는 것이 특징인데, 이러한 독특한 공연 방식 덕분에 탈춤은 우리 민족의 대표적인 공연 예술로 자리 잡을 수 있었다. 또한 서민 지향적 사상을 바탕으로 하기 때문에 전국의 평민 계층까지 즐길 수 있는 공연 예술로 성장하였다.

＊문단 중심 내용

1문단	한국 탈춤의 기원
2문단	탈춤과 서양극의 구조적 특징의 차이
3문단	서민 지향적 사상을 바탕으로 성장한 탈춤

✓ 한방에! 어휘풀이

★ 행상(行商): 이리저리 돌아다니며 물건을 파는 일.
★ 과장(科場): 현대극의 막이나 판소리의 마당에 해당하는 말.

※ 다음 글을 읽고 물음에 답하시오.

탈춤은 탈로 얼굴을 가리고 다른 인물, 동물 또는 초자연적 존재 등으로 분장을 한 후 음악에 맞추어 춤과 대사로써 연극하는 것을 말한다. 한국 탈춤의 기원은 9세기 말엽 통일신라 때 최치원의 한시 〈향악잡영〉에서 살펴볼 수 있다. 작품에서는 '황금빛 탈 쓴 그 사람이 구슬 채찍 들고 귀신 부리네. 빠른 걸음 조용한 모습으로 운치 있게 춤추니 붉은 봉새가 요임금 시절 봄에 춤추는 것 같구나.'라고 하며 탈춤을 간결하고 분명하게 묘사하였다. 이후 고려 시대에도 다양한 행상*에서 탈춤의 흔적을 찾을 수 있으며, 조선 시대에 들어와서는 크게 성행한 것으로 보인다. 조선 시대에는 산대도감이라는 기관을 설치하여 조정의 여러 의식이나 외국 사신의 영접 행사에서도 탈춤이 공연되었던 것으로 나타났다. 이처럼 오랜 기간 탈춤이 우리 민족의 대표적인 공연 예술로 자리 잡은 이유는 무엇일까? 다양한 이유가 있겠지만 탈춤이 갖고 있는 독특한 공연 방식에서 하나의 이유를 찾을 수 있다.

일반적으로 우리가 떠올리는 연극은 관객들이 객석에 앉아 정면의 무대에서 펼쳐지는 배우들의 연기를 바라보는 방식이다. 이는 전통적인 서양극의 형태로서 무대는 사각형의 구조로 배치된다. 배우들은 무대의 좌우에서 등장하고 퇴장하며, 객석은 무대의 정면에 놓인다. 그래서 배우들은 관객에게 등을 돌리지 않도록 주의하면서 표정이나 몸동작이 관객들에게 효과적으로 전달될 수 있도록 연기한다. 이 경우 배우가 있는 무대와 관객이 있는 객석은 철저히 분리되어 있다. 반면 탈춤은 객석이 무대 주위를 둘러싸는 방식으로 배치된다. 따라서 배우들은 무대의 어느 곳에서나 등장하고 퇴장한다. 이러한 무대 조건은 무대와 객석의 경계를 좁히거나 허물어뜨리는 효과를 발휘한다. 즉, 배우들은 객석에 있는 관객과 대화를 나누고, 관객들은 배우들의 연기에 감탄하며 박수나 환호성으로 호응하다가 때로는 배우들이 있는 곳으로 뛰쳐나가 함께 춤을 추기도 한다. 이 경우 관객들이 느끼는 현실감은 더욱 커진다. 이런 까닭에 탈춤이 전국적으로 성행하게 된 것이다.

탈춤이 전국의 평민 계층까지 즐길 수 있는 공연 예술로 성장하게 된 데에는 탈춤의 서민 지향적 사상이 큰 역할을 했다. 궁중에서 탈춤을 추던 광대들이 궁궐에서 나와 평민 관람자를 대상으로 탈놀음을 하면서 연극적인 요소들이 더 강화되는 한편, 평민들의 마음을 얻을 수 있는 내용으로 탈춤의 내용이 변화되어 갔다. 양반 등 귀족 계층에 대한 반발, 남성 중심의 세계관에 대한 비판, 종교 지도자의 부패에 대한 폭로, 서민 생활의 실상 등이 탈춤의 내용이 되면서 평민 관객들을 흡수한 것이다. 이를 통해 탈춤은 조선 후기 민중 예술을 대표하는 장르로 자리매김하게 되었다. 다만, 다양해진 주제들을 여러 과장*으로 나누어 하나의 탈춤극에서 다루다 보니 각 과장의 내용이 독립성을 갖게 되었고, 전체적인 내용의 일관성은 약화되는 경향이 있었다.

01 서술상의 특징 파악하기

윗글에 대한 설명으로 가장 적절한 것은?

① 탈춤의 전승 과정을 지역별로 비교하고 있다.　② 탈춤이 현대 연극에 미친 영향을 소개하고 있다.

③ 탈춤에 등장하는 인물들의 특징을 제시하고 있다.　④ 탈춤에 사용된 의상과 소품을 자세히 설명하고 있다.

⑤ 탈춤의 특징을 다른 연극과 비교하여 설명하고 있다.

02 세부 내용 파악하기

탈춤에 대한 이해로 적절하지 <u>않은</u> 것은?

① 통일신라 시대의 작품에 탈춤에 대한 기록이 남아 있다.

② 공연 방식이 독특하여 사상적 기반이 없어도 성행하였다.

③ 조선 시대에는 궁중에서의 의식과 행사에서도 공연되었다.

④ 궁중의 광대들이 공연하면서 연극적인 요소들이 강화되기 시작했다.

⑤ 다양한 주제를 하나의 탈춤극으로 묶어 전체 내용의 일관성은 약하다.

중요 03 외적 준거를 참고하여 세부 내용 이해하기

보기를 참고하여 윗글을 이해한 내용으로 가장 적절한 것은?

> **보기**
>
> 　공연 예술에서 공연장소와 극중 장소는 구분된다. 공연장소는 배우가 나와서 실제로 공연을 하는 장소로, 극장의 무대가 이에 해당한다. 반면, 극중 장소는 작품 속의 이야기가 펼쳐지는 장소를 의미한다. 공연장소가 관객이 공연을 보고 있는 실재하는 장소라면, 극중 장소는 배우의 연기를 보며 관객이 상상하는 장소인 것이다. 예를 들어, 2023년 학교 대강당에서 일제 강점기를 다룬 연극이 펼쳐진다면, 학교 대강당은 공연장소, 극중 일제 강점기의 특정한 공간은 극중 장소가 된다.

① 전통적인 서양극에서 관객들이 객석에서 연기자를 바라보는 것은 극중 장소가 없기 때문이다.

② 전통적인 서양극에서 배우들이 무대의 좌우에서 등장하는 것은 관객이 공연장소를 보지 못하기 때문이다.

③ 탈춤에서 연기를 보며 관객이 박수를 치는 것은 공연장소에 대한 감동의 정서를 표출한 것으로 볼 수 있다.

④ 탈춤에서 관객이 배우들과 함께 춤을 추는 것은 공연장소와 극중 장소의 경계가 허물어지는 것으로 볼 수 있다.

⑤ 탈춤에서 객석이 무대 주위를 둘러싸는 방식으로 배치되는 것은 관객이 공연장소를 정면으로 보기 때문이다.

서답형 04 구체적 사례에 적용하기

보기를 참고하여 ㉠, ㉡에 들어갈 말로 적절한 것을 윗글에서 찾아 차례대로 쓰시오.

> **보기**
>
> 말뚝이: (가운데쯤에 나와서) 쉬이. (음악과 춤 멈춘다.) 양반 나오신다아! 양반이라고 하니까 노론, 소론, 호조, 병조, 옥당을 다 지내고 삼정승, 육판서를 다 지낸 퇴로 재상으로 계신 양반인 줄 아지 마시오. 개잘량이라는 '양' 자에 개다리소반이라는 '반' 자 쓰는 양반이 나오신단 말이오.
>
> 양반들: 야아, 이놈, 뭐야!
>
> 말뚝이: 야, 이 양반들, 어찌 듣는지 모르갔소. 노론, 소론, 호조, 병조, 옥당을 다 지내고 삼정승, 육판서 다 지내고 퇴로 재상으로 계신 이 생원네 삼 형제분이 나오신다고 그리하였소.
>
> 　〈보기〉의 말뚝이는 위엄 있게 꾸짖는 양반에게 복종하는 척하면서 우스꽝스러운 말로 양반을 풍자하고 있다. 이를 통해 (㉠) 지향적 사상을 바탕으로 한 탈춤의 등장과, 탈춤의 향유 계층이 (㉡)(으)로 확장되었음을 알 수 있다.

문제풀이

한방에! 개념정리

한방에! 핵심정리

갈래	자유시, 서정시
성격	애상적, 민요적, 향토적
주제	힘겨운 삶 속에서 볼 수 있는 희망과 꿈의 가치
특징	① 역설적 표현을 활용하여 참된 의미를 전달함. ② 대비되는 두 시어를 통해 삶의 의미를 되돌아보게 함. ③ 반복과 상징을 통해 별이 지닌 희망과 꿈의 의미를 강조함.
해제	이 작품은 대낮과 어둠의 대비를 통해 삶의 의미를 되돌아보게 한다. 작품을 제대로 감상하기 위해서는 작품 속의 진정한 의미를 파악해야 한다. 화자는 현재에 만족하는 사람들은 더 이상 꿈을 꾸지 않지만, 힘겹게 살아가는 사람들은 그 속에서 희망을 찾고 꿈을 꿀 수 있다는 점을 역설적으로 표현하고 있다.

※ 다음 글을 읽고 물음에 답하시오.

별들의 바탕은 **어둠**이 마땅하다
대낮에는 보이지 않는다
지금 **대낮인 사람들**은
별들이 보이지 않는다
지금 **어둠인 사람들**에게만
별들이 보인다
지금 어둠인 사람들만
별들을 낳을 수 있다

㉠ **지금 대낮인 사람들은 어둡다**

- 정진규, 〈별〉 -

한방에! 같이볼작품

하늘에는 눈이 있다
두려워할 것은 없다
캄캄한 겨울
눈 내린 보리밭길을 걸어가다가
새벽이 지나지 않고 밤이 올 때
내 가난의 하늘 위로 떠오른
별들은 따뜻하다

나에게
진리의 때는 이미 늦었으나
내가 용서라고 부르는 것들은
모두 거짓이었으나
북풍이 지나간 새벽거리를 걸으며
새벽이 지나지 않고 또 밤이 올 때
내 죽음의 하늘 위로 떠오른
별들은 따뜻하다

- 정호승, 〈별들은 따뜻하다〉

별 _ 정진규

01 표현상의 특징 파악하기

윗글에 대한 설명으로 적절한 것은?

① 시어의 반복을 통해 운율을 형성하고 있다.

② 자연물과의 교감을 통해 얻은 깨달음을 전달하고 있다.

③ 설의적 표현을 통해 말하고자 하는 바를 강조하고 있다.

④ 청각적 이미지를 활용하여 대상을 실감나게 묘사하고 있다.

⑤ 다양한 음성 상징어를 사용하여 대상을 생생하게 묘사하고 있다.

02 표현법 파악하기

㉠과 동일한 표현법이 사용된 것은?

① 호수같이 맑은 하늘

② 지는 게 이기는 거다

③ 돌덩이가 나의 발을 걸었다

④ 흔들리지 않고 피는 꽃이 어디 있으랴

⑤ 콩 심은 데 콩 나고, 팥 심은 데 팥 난다

중요 03 세부 내용 파악하기

보기 를 참고하여 윗글을 감상한 것으로 적절하지 않은 것은?

보기

정호승 시인의 작품 〈슬픔이 기쁨에게〉에서는 '나는 이제 너에게도 슬픔을 주겠다 / 사랑보다 소중한 슬픔을 주겠다'라고 이야기한다. 보통 사랑은 긍정적인 것을, 슬픔은 부정적인 것을 나타낸다. 그러나 작품 속에서는 슬픔을 사랑보다 더 소중한 것으로 표현함으로써 시어가 지닌 일상적인 의미에서 벗어나 새로운 의미를 부여하고 있다. 작품을 제대로 이해하기 위해서는 시어가 지닌 본래의 의미 너머에 있는 화자가 전하고자 하는 참된 의미를 파악해야 한다. 즉, 시어 속에 담긴 상징적 의미를 함께 생각하며 작품을 감상해야 그 뜻을 이해할 수 있다.

① 화자는 '별'이 지닌 일상적인 의미를 시에 반영하여 긍정적인 가치를 표현하고 있군.

② '어둠'은 보통 절망적인 상황을 의미하지만, '별'을 보기 위해 반드시 필요하다는 점에서 화자는 '어둠'에 새로운 의미를 부여하고 있군.

③ '대낮'은 밝고 환한 이미지지만, '대낮인 사람들'은 현재의 삶에 만족하여 꿈을 꾸지 않는 부정적인 존재로 해석될 수 있군.

④ '어둠인 사람들'만 '별들이 보'인다는 것은 그들만이 슬픔과 절망을 이해하고 긍정적인 가치를 만들어낼 수 있다는 것을 의미하는군.

⑤ '지금 대낮인 사람들은 어둡다'고 표현한 것은 '대낮인 사람들'이 보이는 것과 달리 고통스러운 상황에 놓여 있음을 상징적으로 드러내는 것이군.

서답형 04 시어의 의미 파악하기

빈칸에 들어갈 말로 적절한 것을 3어절로 쓰시오.

화자는 '(   )'만이 희망과 꿈을 만들어 낼 수 있다고 보며 힘겨운 삶을 살아가는 사람들을 향한 위로를 건네고 있다.

문제풀이

05강 구렁덩덩신선비 _ 작자 미상

| 정답 및 해설 | 34쪽

※ 다음 글을 읽고 물음에 답하시오.

옛날 어느 마을에 혼자서 가난하게 사는 노파가 있었다. 노파는 이웃 장자네 집에 가서 베를 짜고 밭을 매서 얻어먹고 살았다. 어느 날 노파는 풀숲에서 이상한 알을 주워다 먹었는데 그 뒤로 자꾸 배가 불러 오기 시작했다. 열 달 만에 아기가 태어났는데 태어난 건 사람이 아닌 구렁이였다. 노파는 구렁이를 뒤주에 집어넣고서 삿갓을 덮어놓았다.

[A]
할머니가 아이를 낳았다는 소문을 듣고서 장자네 세 자매가 차례로 할머니를 찾아왔다. 큰딸과 둘째 딸은 뒤주 속의 구렁이를 보고서 징그럽다며 낯을 찡그리고 돌아갔다. 그런데 막내딸은 구렁이를 보자 환한 미소를 짓는 것이었다.

"어머, 구렁덩덩신선비 님을 낳으셨네요!"

막내딸이 돌아가자 구렁이가 그 처녀한테 장가를 가겠노라고 했다. 노파가 머뭇거리자 구렁이는 한 손에 칼 들고 한 손에 불 들고 어머니 배 속으로 다시 들어가겠다고 했다. 할 수 없이 장자한테로 가서 아들의 뜻을 전하자 장자는 세 딸을 불러서 노파의 아들한테 시집을 가겠느냐고 물었다. 위의 두 딸은 손사래를 쳤지만 막내딸은 선뜻 시집을 가겠노라고 했다.

"그럼요. 구렁덩덩신선비 님이신걸요!"

장자는 말없이 고개를 끄덕였다.

막내딸의 혼사가 치러지는 날, 구렁이는 바지랑대*를 타고 담에 올라 빨랫줄을 타고서 초례청*에 이르렀다. 혼례를 마친 첫날밤, 잿물에 목욕을 한 구렁이는 허물을 벗고서 사람이 되었다. 신선처럼 빛나는 멋진 선비였다. 신선비는 아내에게 허물을 건네주면서 꼭꼭 잘 간직하라고 했다. 그 허물이 없어지면 자기가 돌아올 수 없다고 했다.

동생이 신선 같은 신랑을 얻자, 두 언니는 동생을 질투하기 시작했다. 신선비가 길을 떠나고 없는 즈음에 두 언니는 동생을 속여 뱀 허물을 훔쳐다가 아궁이에 넣어서 태워 버렸다. 집으로 돌아오던 신선비는 허물이 타는 냄새를 맡고서 오던 길을 돌아서서 멀리멀리 떠나가고 말았다. 남편을 잃은 막내딸은 중의 옷차림을 하고서 남편을 찾아 길을 나섰다. 농부 대신 논을 갈아 주고서 길을 묻고, 까치한테 벌레를 잡아 주고 길을 묻고, 할머니의 빨래를 대신 해 주고서 길을 물었다. 할머니가 알려 준 대로 물에 복주깨*를 띄우고 그 위에 올라선 막내딸은 홀연 낯선 세상에 이르렀다. 각시는 새 쫓는 아이한테 길을 물어 구렁덩덩신선비 집을 찾아내 숨어들었다. 밤이 깊자 구렁덩덩신선비가 마당으로 나와서 달을 보면서,

"달은 저리 밝은데 옛 각시는 어디서 무얼 하고 있을까?"

그러자 각시가 쏙 나서면서,

"신선비 님 옛 각시 여기 있다오."

반가운 상봉이었으나 한 가지 문제가 있었다. 신선비가 다음 날 새 각시를 얻기로 돼 있는 것이었다. 신선비는 두 사람이 시합을 해서 이기는 사람을 자기 각시로 인정하겠다고 했다. 시합은 모두 세 가지. 첫 번째 시합은 우물에서 물을 길어 오는 시합이었다. 새 각시는 가벼운 꽃동이에 꽃신발을 신었고 헌 각시는 무거운 가래 동이에 나막신을 신었으나 헌 각시가 이겼다. 다음은 수수

께끼 시합. 새 중에 제일 큰 새가 무엇이며, 고개 중에 제일 넘기 어려운 고개가 무엇이냐고 했다. 답은 '먹새'와 '보릿고개'. 헌 각시가 맞혀서 이겼다. 세 번째 시합은 호랑이 눈썹을 구해서 망건* 관자*를 만드는 시합이었다. 새 각시는 고양이 눈썹을 빼 왔으나 헌 각시는 나막신을 신고 깊은 산속으로 들어가 호랑이 눈썹을 구했다. 허름한 오두막에 사는 호호백발 할머니가 호랑이 삼 형제의 눈썹을 뽑아서 각시에게 주었다. 각시가 호랑이 눈썹으로 만든 망건 관자를 전해 주자 신선비가 선언했다.

"이 각시가 나의 진짜 각시요!"

그 후 장자의 막내딸은 신선 같은 남편과 함께 자식 많이 낳고서 오래오래 행복하게 잘 살았다고 한다.

- 작자 미상, 〈구렁덩덩신선비〉 -

5한

＊전체 줄거리

옛날 어느 마을에 혼자 사는 노파가 구렁이를 낳았다. 노파가 아이를 낳았다는 이야기를 들은 장자네 세 딸은 아이를 보러 간다. 큰딸과 둘째 딸은 구렁이를 보고 흉측하다고 싫어했으나, 막내딸은 구렁이를 보고 구렁덩덩신선비라고 하며 웃었다. 이를 본 구렁이는 막내딸에게 장가를 가겠다고 하였고, 곧 막내딸과 구렁이는 혼례를 치르게 된다. 그날 밤, 구렁이는 허물을 벗고 신선처럼 빛나는 선비가 되고, 막내딸에게 허물을 잘 간직할 것을 당부한다. 그러나 신선 같은 신랑을 얻은 동생을 시기한 두 언니가 구렁이의 허물을 불에 태워 버리고, 신선비는 자취를 감춘다. 신선비가 돌아오지 않자 막내딸은 신선비를 찾기 위해 집을 나선다. 막내딸은 신선비와 재회하게 되지만, 신선비는 다음 날 새 각시와 혼례를 치르기로 되어 있었다. 신선비는 새 각시와 헌 각시에게 세 가지의 시합에서 이긴 사람을 각시로 삼기로 하였고, 헌 각시가 세 가지 시합에서 모두 이기자 둘은 다시 결합하여 행복하게 산다.

✔️ 한방에! 어휘풀이

＊ **바지랑대** : 빨랫줄을 받치는 긴 막대기.

＊ **초례청(醮禮廳)** : 초례를 치르는 장소.

＊ **복주깨** : 강원, 충청 지역 방언으로, 놋쇠로 만든 밥그릇의 뚜껑을 말함.

＊ **망건(網巾)** : 상투를 튼 사람이 머리카락을 걷어 올려 흘러내리지 아니하도록 머리에 두르는 그물처럼 생긴 물건.

＊ **관자(貫子)** : 망건에 달아 당줄을 꿰는 작은 단추 모양의 고리.

01 핵심 내용 파악하기

윗글에 대한 설명으로 적절하지 않은 것은?

① 구렁이는 혼례를 마친 후, 허물을 벗고 사람이 되었다.
② 노파는 장자가 준 알을 먹고 열 달 만에 아기를 낳았다.
③ 구렁이는 막내딸에게 장가를 가기 위해 노파를 협박하였다.
④ 막내딸은 구렁이의 본질을 파악하고 시집을 가겠다고 말하였다.
⑤ 신선비의 허물을 태운 것은 막내딸이 아닌, 큰딸과 둘째 딸이었다.

02 작품의 주제 파악하기

[A]를 통해 얻을 수 있는 교훈으로 적절한 것은?

① 겉모습만 보고 사람을 판단해서는 안 된다.
② 원하는 것을 얻기 위해서는 최선을 다해야 한다.
③ 욕심내지 않고 주어진 것에 만족하며 살아야 한다.
④ 주변 사람들에게 감사할 줄 아는 사람이 되어야 한다.
⑤ 보잘것없는 일이라도 한 번 약속한 일은 반드시 지켜야 한다.

중요 ▶ 03 내용 전개 방식 파악하기

보기 는 '막내딸'이 '신선비'와 다시 만나기 위해 겪은 시련을 요약한 것이다. ㉠에 들어갈 내용으로 적절하지 않은 것은?

보기

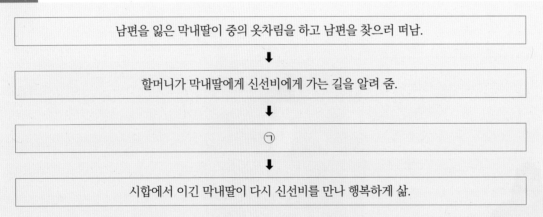

남편을 잃은 막내딸이 중의 옷차림을 하고 남편을 찾으러 떠남.

↓

할머니가 막내딸에게 신선비에게 가는 길을 알려 줌.

↓

㉠

↓

시합에서 이긴 막내딸이 다시 신선비를 만나 행복하게 삶.

① 나막신을 신고 우물에서 물을 길어 옴.
② 낯선 세상에 도착하여 새를 쫓는 아이를 만남.
③ 신선비와 다시 상봉했으나 또 다른 시련을 겪음.
④ 깊은 산속에서 호호백발 할머니를 만나 호랑이 눈썹을 받음.
⑤ 농부 대신 논을 갈고, 까치에게 벌레를 잡아 주어 신선비의 집의 위치를 알아냄.

서답형 ▶ 04 세부 내용 이해하기

보기 의 빈칸에 들어갈 적절한 말을 윗글에서 찾아 쓰시오.

보기

윗글에서는 신선이 인간에게 (   )을/를 잘 간직할 것을 당부하지만, 이를 지키지 못하여 그에 대한 징벌을 받게 되는 금기 모티프를 사용하여 이야기를 전개하고 있다.

문제풀이

복습하기

문법

1 ☐☐☐	• 문장의 골격을 이루는 필수적인 성분 • 생략되면 의미가 제대로 전달되지 않음.	
	2 ☐☐	동작이나 상태의 주체를 나타내는 문장 성분
	3 ☐☐☐	주어의 동작, 상태, 성질을 설명하는 문장 성분
	4 ☐☐☐	동작의 대상이 되는 문장 성분
	5 ☐☐	서술어 '**6** ☐☐, 아니다'가 주어 외에 필수적으로 요구하는 문장 성분

독서

1문단	한국 **7** ☐☐의 기원
2문단	**7** ☐☐과 서양극의 구조적 특징의 차이
3문단	**8** ☐☐☐☐☐ 사상을 바탕으로 성장한 **7** ☐☐

문학 – 별(정진규)

1연	**9** ☐☐인 사람들만 **10** ☐을 볼 수 있음.
2연	**11** ☐☐인 사람들은 어두움.

문학 – 구렁덩덩신선비(작자 미상)

탄생과 결연	**12** ☐☐가 낳은 **13** ☐☐☐(신선비)가 장자네 막내딸과 결혼함.
시련과 이별	• 신선같은 남편을 얻은 동생을 질투한 언니들이 신선비의 **14** ☐☐을 태워 신선비가 떠나감. • 막내딸이 남편을 찾아 나섬.
시험과 재결합	• 막내딸이 새 각시와 시합을 해서 이김. • 신선비와 재회하여 행복하게 삶.

정답　1 주성분　2 주어　3 서술어　4 목적어　5 보어　6 되다　7 탈출　8 서민 지향적　9 어둠　10 별　11 대낮
12 노파　13 구렁이　14 허물

06

Contents

✓ 한방에! 개념정리

✓ 한방에! 핵심정리

1 부속 성분

① 개념: 다른 문장 성분을 꾸미고 의미를 더해 주는 성분
② 특징: 생략되어도 문장의 기본 의미가 변하지 않음.
③ 종류: 관형어, 부사어

※ **관형어가 필수적인 경우**
• 의존 명사
예 이건 동생이 잘못한 거다.
• '소문, 사실, 생각' 등의 명사
예 나쁜 소문을 들어서 기분이 좋지 않다.

2 관형어

① 개념: 체언을 꾸며 주는 문장 성분. '어떤/누구의/무엇의'에 해당함.
② 실현 방식

관형사	예 민희는 새 책을 샀다.
체언+관형격 조사	관형격 조사: '의' 예 민희의 책을 빌렸다.
용언의 어간+ 관형사형 어미	관형사형 어미: '-는, -(으)ㄹ, -던' 예 민희는 읽던 책을 덮었다.

3 부사어

※ **필수적 부사어**
문장에서 필수적으로 요구되는 부사어
• 두 자리 서술어 '같다, 다르다, 비슷하다, 닮다'
예 나는 동생과 생김새가 비슷하다.
• 세 자리 서술어 '주다, 보내다, 넣다, 두다, 심다'
예 나는 동생에게 선물을 주었다.

① 개념: 용언, 관형어, 다른 부사어, 문장 전체를 꾸며 주는 문장 성분. '어찌/어떻게'에 해당함.
② 실현 방식

부사	예 민희는 아직 책을 다 읽지 못했다.
체언+부사격 조사	부사격 조사: '과/와, 에, 에서, 에게, (라)고, (으)로' 예 민희는 동생에게 책을 읽어 주었다.
용언의 어간+ 부사형 어미	부사형 어미: '-게', '-도록' 예 민희는 책을 재미있게 읽었다.

4 독립 성분

① 개념: 다른 문장 성분과 직접적인 관련이 없는 성분
② 특징: 감탄, 부름, 응답 등을 나타내며 홀로 쓰임.
③ 종류: 독립어
④ 실현 방식

감탄사	예 와, 민희가 책을 다 읽었대.
체언+호격 조사	호격 조사: '아, 야' 예 민희야, 무슨 책 읽어?

01 문장의 성분 파악하기

밑줄 친 ㉠, ㉡의 문장 성분이 같은 것끼리 묶인 것은?

① ┌ 그녀는 예쁘고 성실한 ㉠ 학생이다.
 └ ㉡ 다행히 시간에 맞춰서 도착할 수 있었다.

② ┌ 나는 ㉠ 지수의 연필을 빌렸다.
 └ 어제 나는 사과 ㉡ 한 개를 먹었다.

③ ┌ 내가 ㉠ 산 빵 누가 먹었어?
 └ ㉡ 빠르게 일을 처리해 주어서 감사합니다.

④ ┌ ㉠ 어머나, 눈이 정말 많이 왔네!
 └ 나는 커다란 ㉡ 눈사람을 만들었다.

⑤ ┌ ㉠ 우리 언니는 연예인이다.
 └ ㉡ 우리나라가 월드컵 16강에 진출했다.

02 독립 성분 파악하기

독립 성분이 사용되지 않은 것은?

① 진아야, 내일 약속 있어?
② 와, 오늘 날씨가 정말 좋다.
③ 아니요, 그것은 제 것이 아닙니다.
④ 아주 멋진 식사를 대접해줘서 고마워.
⑤ 응. 이 영화는 내가 제일 좋아하는 영화야.

중요 03 문장의 성분 분석하기

〈보기〉에 대한 설명으로 적절한 것은?

보기

<u>나는</u> <u>귀여운</u> <u>사탕을</u> <u>친구에게</u> <u>주었다.</u>
ⓐ   ⓑ   ⓒ   ⓓ   ⓔ

① ⓐ와 ⓒ는 모두 체언에 보조사가 결합한 형태이다.
② ⓑ는 용언의 어간에 부사형 어미가 결합한 형태이다.
③ ⓑ와 ⓓ는 모두 필수적인 문장 성분이다.
④ ⓓ는 부사어로 뒤에 오는 서술어 ⓔ를 수식하고 있다.
⑤ 〈보기〉에서는 주성분이 총 네 개 사용되었다.

서답형 04 필수 성분 파악하기

빈칸에 들어갈 적절한 말을 2어절로 쓰시오.

'장 승상 댁 부인은 심청을 수양딸로 삼았다'의 '수양딸로'는 (　　　　　)(으)로 문장에서 필수적으로 요구되고 있다.

문제풀이

06강 추구하는 가치에 따른 삶의 방식

한방에! 개념정리

한방에! 핵심정리

주제	소유 중심의 가치와 존재 중심의 가치에 따른 삶의 방식
해제	이 글은 소유 중심의 가치와 존재 중심의 가치에 따른 삶의 방식에 대해 설명하고 있다. 에리히 프롬은 인간이 추구하는 가치에 따라 삶의 방식이 달라진다고 보았다. 소유 중심의 가치를 추구하는 인간은 자신이 가진 소유물과 소비를 통해 타인으로부터 자신의 정체성과 성공을 확인받으려 한다. 반면 존재 중심의 가치를 추구하는 인간은 이성의 작용을 바탕으로 외부 세계와 다른 존재자들의 존재를 인식하며 본질과의 합일을 통한 자아실현을 목표로 한다. 이렇게 서로 다른 가치 추구 방식은 인간의 삶의 태도와 감정뿐만 아니라 시간을 둘러싼 삶의 양식에도 영향을 미친다.

＊ 문단 중심 내용

1문단	추구하는 가치에 따라 달라지는 삶의 방식
2문단	소유로서의 삶과 존재로서의 삶의 삶의 방식
3문단	소유 중시의 가치를 추구하는 인간의 삶의 태도와 감정
4문단	존재 중시의 가치를 추구하는 인간의 삶의 태도와 감정
5문단	추구하는 가치에 따른 삶의 양식

※ 다음 글을 읽고 물음에 답하시오.

인간은 항상 무엇인가를 추구하며 살아간다. 에리히 프롬은 인간이 추구하는 가치를 소유 중심의 가치와 존재 중심의 가치로 설명한다. 그리고 이렇게 서로 다른 추구의 방식에 따라 삶의 방식도 '소유로서의 삶'과 '존재로서의 삶'으로 달라진다고 하였다.

소유로서의 삶은 자신이 가진 소유물과 소비를 통해 타인으로부터 자신의 정체성과 성공을 확인받으려 하는 삶의 방식이다. 내가 소유한 것이 곧 '나'가 된다고 생각하는 것이다. 실제로 현대 사회에서는 타인보다 더 많은 것을, 더 좋은 것을 소유함으로써 마음의 평안을 얻고, 개인이 갖고 있는 소유물을 통해 그 개인을 평가하는 경우도 있다. 심지어 소유로서의 삶에 치중하는 인간은 사물이나 재물뿐만 아니라 사랑이나 타인까지 소유하려 든다. 타인과 대상을 지배하거나 거기에 집착하는 것이 그 예이다. 반면 존재로서의 삶은 이성의 작용을 바탕으로 외부 세계와 다른 존재자들의 본질을 인식하고, 본질과의 진정한 합일을 통한 자아실현을 목표로 한다. 이는 사랑에 바탕을 두고 타인과 능동적으로 관계를 형성하는 것이다. 이때 개인은 소비자가 아니라 실천자이자 생산자로서 자리매김한다. 또한 자신과 타인의 내면을 인식하고, 이렇게 인식한 결과를 다양한 방식으로 표출하는데, 예술을 창조하거나, 바람직한 인간관계 혹은 인간을 위한 제도를 새롭게 만들기도 하는 것이 이에 해당한다.

프롬은 서로 다른 가치 추구 방식이 인간의 삶의 태도와 감정에 커다란 영향을 미친다고 보았다. 소유로서의 삶에 치중하는 인간은 특정 대상을 타인과 공유하지 않고 가능한 많은 것을 소유하려 들고, 자신이 이미 소유한 것을 잃어버리지 않으려 한다. 이로 인해 항상 불안감 속에 살아가게 되며, 타인과 경쟁하기도 하고 심지어 타인에 대한 적대감까지 갖게 된다. 항상 타인이 자신의 것을 빼앗길 수 있다는 생각에 두려워하고, 그 두려움에서 벗어나기 위해 타인을 경계하고 공격하는 파괴적 본성까지 갖게 되는 것이다.

반면 존재로서의 삶을 중시하는 인간은 자신은 존재하고 있을 뿐 소유하고 있는 것에 의해 자신이 좌우되지 않는다고 생각한다. 스스로의 실천으로 성장하는 것에 만족감을 느끼고, 지식과 예술을 창조하는 것처럼 자신의 존재를 발현하면서 안정감을 느낀다. 이는 타인과의 협력과 관계를 통해 더 강화된다. 대상을 소유하기보다는 그 대상을 타인과 공유할 때 행복은 더 커지듯이 사랑과 기쁨의 경험, 진리를 깨우친 경험은 타인과 나눌 때 더 큰 감동을 얻게 된다.

에리히 프롬의 이러한 관점을 통해 ㉠ 시간을 둘러싼 삶의 양식도 구분할 수 있다. 소유로서의 삶은 '과거'에 축적한 것에 얽매인다. 돈, 명성, 지식 등 과거에 이룬 것을 바탕으로 현재와 미래를 평가하는 것이다. 이는 소유를 위해 '시간의 노예'가 되어감을 의미한다. 그러나 존재로서의 삶은 '지금, 여기'를 중요시한다. 매 순간 내적인 충만감을 얻기 위해 노력하게 되는 것이다. 즉, 세계와 자신의 본질을 깨우치면서 자신 스스로가 성장하는 과정에서 얻는 기쁨을 즐기는 유희의 시간을 소중하게 여기는 것이다.

01 세부 내용 파악하기

에리히 프롬의 관점으로 볼 수 <u>없는</u> 것은?

① 가치 추구 방식의 차이로 인해 삶의 태도와 감정이 달라진다.

② 자신이 소유한 것이 곧 나라고 생각하는 것은 바람직하지 않다.

③ 소유를 통해 마음의 평안을 얻음으로써 존재로서의 삶을 구현할 수 있다.

④ 인간을 위한 제도를 만드는 것은 존재로서의 삶을 추구하는 모습으로 볼 수 있다.

⑤ 소유물의 상실에 대한 두려움 때문에 타인을 경계하는 삶의 모습이 나타날 수 있다.

02 세부 내용 추론하기

㉠에 대한 설명으로 가장 적절한 것은?

① 과거에 축적한 것에 대한 지향은 존재를 중시하는 삶의 방식이다.

② 시간의 노예가 된다는 것은 이성을 통해 표출하는 삶의 방식이다.

③ '지금, 여기'를 중요시하는 것은 사랑마저 소유하려는 삶의 방식이다.

④ 세계의 본질을 깨우치려는 것은 자신과 외부의 합일을 추구하는 삶의 방식이다.

⑤ 성장의 기쁨에서 오는 유희의 시간을 소중하게 여기는 것은 개인이 생산자로 자리매김하는 것을 방해한다.

중요 03 구체적 상황에 적용하기

윗글을 바탕으로 보기 를 해석한 내용으로 적절하지 <u>않은</u> 것은?

> **보기**
>
> (가) 갈라진 암벽에 피는 꽃이여
>   나는 그대를 갈라진 틈에서 따낸다.
>   나는 그대를 이처럼 뿌리째 내 손에 들고 있다.
>   작은 꽃이여 ─ 그대가 무엇인지,
>   뿌리뿐만 아니라 그대의 모든 것을 이해할
>   수 있다면
>   그때 나는 신이 무엇이며
>   인간이 무엇인지를 이해할 수 있으리라
>
> (나) 자기가 좋아하는 음악이 녹음된 음반을 수집하여 개인의 공간에 전시하는 것 자체에 관심을 두고 있는 사람이 있는 반면 몇몇 사람은 아마 음악을 들으며 진정한 기쁨을 느끼는 사람이 있을 것이다. 책에서 얻은 지식을 통해 자신의 성공을 추구하는 사람도 있고, 그 지식을 공유하면서 새로운 지식을 창출하려는 사람도 있을 것이다.

① (가)에서 꽃을 꺾는 행위는 대상을 소유하려는 삶의 방식과 관련이 있다.

② (가)에서 꽃을 뿌리째 손에 들고 있다는 것은 대상을 지배함으로써 마음의 평안을 얻는 삶의 방식으로 볼 수 있다.

③ (나)에서 음반을 전시하는 것 자체에 관심이 있는 것은 소유를 통해 자신의 정체성을 찾는 삶의 방식으로 볼 수 있다.

④ (나)에서 책에서 얻은 지식을 통해 새로운 지식을 창출하려는 것은 자신의 존재를 발현하는 삶의 방식으로 볼 수 있다.

⑤ (나)에서 책에서 얻은 지식으로 자신의 성공을 추구하는 것은 진리를 깨우쳐 성장하면서 만족하는 삶의 방식으로 볼 수 있다.

서답형 04 핵심 내용 적용하기

빈칸에 들어갈 말로 적절한 것을 골라 쓰시오.

> 오늘날 현대 사회에는 (소유로서의 삶 / 존재로서의 삶)을 추구하는 사람이 많아졌다. 이와 같은 경향은 언어에도 반영된다. 영어권에서는 '의심하다'라는 의미의 단어 'doubt'를 단순히 'doubt'로 표기하지 않고, '가지다'라는 의미의 'have'와 결합하여 'have doubt'로 표기한다.

문제풀이

✔ 한방에! 개념정리

✔ 한방에! 핵심정리

갈래	가사
성격	교훈적, 경세적, 풍자적, 비유적, 현실 비판적
주제	게으르고 어리석은 고공들에 대한 비판
특징	① 전쟁 직후의 혼란상이 작품에 반영됨. ② 4음보 율격을 활용하여 리듬감을 형성함. ③ 과거와 현재의 대비를 통해 부정적인 속성을 부각함. ④ 청유형 어조를 사용하여 고공으로서 해야 할 일을 당부함. ⑤ 나라의 일을 한 집안의 농사일로, 관리들을 고공으로 비유하여 표현함.
해제	이 작품은 임진왜란 직후 관리들의 부패상을 우의적으로 비판한 교훈 가사이다. 조정의 관리를 '고공'에, 나랏일을 농사일에 빗대어 임진왜란 당시 왜적에게 당하고 유교적 이상이 깨진 현실 상황 속에서 그것을 수습하려 들지 않는 신하들의 나태함과 무능함을 지적하고 개선할 것을 당부하고 있다.

※ 다음 글을 읽고 물음에 답하시오.

집의 옷 밥을 두고 들먹는* 저 고공*아

우리 집 기별을 아는다 모르는다

비 오는 날 일 없을 제 새끼 꼬며 이르리라

처음에 할아버지 살림살이하려 할 제

인심을 만히 쓰니 사람이 절로 모여

풀 베고 터를 닦아 큰 집을 지어내고

써레* 보습* 쟁기 소로 전답*을 기경하니*

올벼 논 텃밭이 ㉠ 여드레* 갈이로다

자손에 전계하야* 대대로 나려오니

논밭도 좋거니와 ⓐ 고공도 근검터라

㉡ 저희마다 여름지어* 가멸게* 살던 것을

요사이 ⓑ 고공들은 혬*이 어이 아주 없어

㉢ 밥사발 크나 작으나 동옷*이 좋거나 나쁘거나

마음을 다투는 듯 호수*를 새오는* 듯

무슨 일 꺼려서 흘깃흘깃 하느냐

㉣ 너희네 일 아니하고 시절조차 사나워

가뜩에 내 세간이 풀어지게 되었는데

㉤ 엊그제 화강도*에 가산*이 탕진하니

집 하나 불타 붓고 머을 것이 전혀 없다

크나큰 세사*를 어찌하여 일으키려는가

김가 이가 고공들아 새마음 먹으슬라

- 허전, 〈고공가〉 -

✔ 한방에! 어휘풀이

* 들먹다: 못나고도 마음이 올바르지 못하다.
* 고공(雇工): 품삯을 받고 남의 일을 해 주는 일. 또는 그런 사람.
* 써레: 갈아 놓은 논의 바닥을 고르는 데 쓰는 농기구.
* 보습: 쟁기, 극젱이, 가래 따위 농기구의 술바닥에 끼우는, 넓적한 삽 모양의 쇳조각.
* 전답(田畓): 논과 밭을 아울러 이르는 말.
* 기경하다(起耕하다): 논밭을 갈다.
* 여드레: 여덟 날.
* 전계하다(傳係하다): 재산을 누구에게 상속한다는 뜻을 문서에 적다.

* 여름짓다: 농사를 짓다. 열매를 잘 맺도록 하여 거두다.
* 가멸다: 재산이나 자원 따위가 넉넉하고 많다.
* 혬: 생각, 헤아림.
* 동옷: 남자가 입는 저고리.
* 호수(戶首): 예전에, 땅 여덟 결을 한 단위로 하여 조세를 바치는 책임을 지는 사람을 이르던 말.
* 새오다: 질투하다.
* 화강도(火强盜): 불을 든 강도. 왜적을 일컬음.
* 가산(家産): 한집안의 재산.
* 세사(世事): 세상에서 일어나는 온갖 일.

01 표현상의 특징 파악하기

윗글의 표현상 특징으로 적절하지 않은 것은?

① 우의적 표현을 통해 주제 의식을 드러내고 있다.

② 청유형 어조를 사용하여 대상의 행동 변화를 유도하고 있다.

③ 현실의 문제를 지적하고 바람직한 삶의 태도를 제시하고 있다.

④ 청자에게 말을 건네는 방식을 활용하여 시상을 전개하고 있다.

⑤ 설의적 표현을 사용하여 화자의 심정을 직접적으로 제시하고 있다.

02 시어의 의미 파악하기

ⓐ와 ⓑ에 대한 설명으로 적절한 것은?

① ⓐ와 ⓑ 모두 농사일에 힘쓰느라 주변을 돌보지 못한 이들에 해당한다.

② ⓐ는 과거에 존재했던 이들이라면, ⓑ는 현재 존재하는 이들이다.

③ ⓑ는 ⓐ와 달리 현실을 극복하고자 하는 의지를 가진 존재이다.

④ ⓑ는 ⓐ와 달리 화자가 강조하는 덕목을 갖춘 존재이다.

⑤ 화자는 ⓑ의 모습을 강조하며 ⓐ에게 충고하고 있다.

중요 ▶ 03 외적 준거를 참고하여 작품 이해하기

보기 를 참고하여 ㉠~㉤을 이해할 때, 적절하지 않은 것은?

보기

〈고공가〉는 조선의 건국부터 임진왜란 직후까지의 조선의 역사를 농사일에 빗대어 표현하고 있다. 화자는 탐욕스럽고 무능한 조정의 관리들이 나라를 곤경에 빠뜨리고 있음을 지적하며 현실에 대해 각성하고 조선 건국 당시의 관리들처럼 나라의 재건을 위해 충실해야 할 것을 권면하고 있다.

① ㉠은 임진왜란으로 곤경에 빠진 조선 팔도를 비유적으로 나타낸 것이다.

② ㉡은 조선 개국 당시의 안정된 국가 모습을 표현한 것이다.

③ ㉢은 사리사욕을 채우기 바쁜 관리들의 모습으로, 화자는 이와 같은 태도를 경계하고 있다.

④ ㉣은 임금을 도와 정사를 다스리는 일로, 무능한 관리들로 인해 제대로 시행되고 있지 않다.

⑤ ㉤을 통해 임진왜란으로 인한 피해가 상당하다는 것을 알 수 있다.

★ 권면하다(勸勉하다): 알 아듣도록 권하고 격려하 여 힘쓰게 하다.

서답형 ▶ 04 시구의 의미 파악하기

화자의 요청과 당부를 나타내는 시행의 첫 어절과 마지막 어절을 쓰시오.

※ 다음 글을 읽고 물음에 답하시오.

[앞부분 줄거리] 환갑이 다 된 초등학교 동기들이 모교의 운동장에 모여 모깃불을 피워 놓고 돌아가며 자신의 옛이야기를 한다. 마지막으로 최건호가 나서서 어린 시절 명은과 있었던 이야기를 꺼내 놓는다. '나(최건호)'는 어느 봄날 익산 군수 관사에서 전쟁으로 인해 가족을 잃고 눈마저 멀게 된 명은을 보고 놀라 도망간다. 이후 '나'는 명은과의 만남을 이어 가고, 갈등을 겪기도 하지만 종소리를 계기로 화해한다.

명은이가 내게 무리한 부탁을 해 온 것은 신광 교회 종탑에서 색다른 경험을 한 바로 그다음 날이었다. 다시 만나자마자 명은이는 나를 붙잡고 엉뚱깽뚱한 소리를 했다.

"건호야, 날 다시 교회로 데려가 줘. 내 손으로 종을 쳐 보고 싶어."

"그랬다간 큰일 나! 딸고만이 아부지 손에 맞아 죽을 거여!"

나는 팔짝 뛰면서 그 청을 모지락스레* 거절했다. 하지만 명은이는 나한테 검질기게* 달라붙으면서 계속 비라리* 치고 있었다.

"제발 부탁이야. 딱 한 번만 내 손으로 직접 종을 쳐 보고 싶어."

"종은 쳐서 뭣 헐라고?"

"그냥 그래! 내 손으로 울리는 종소리를 듣고 싶을 뿐이야."

말은 그렇게 했지만 나는 명은이의 **진짜 속셈**이 무엇인가를 금세 알아차릴 수 있었다. ㉠ 동화 속의 늙고 병든 백마를 흉내 내고 싶은 것이었다.

(중략)

목요일 아침이 밝았다. 목요일 낮이 지나갔다. 마침내 목요일 밤이 찾아왔다. 명은이는 시내 산보*를 구실 삼아 외할머니한테 밤마을*을 허락받았다. 어둠길을 나서는 우리를 명은이 외할머니가 관사 밖 길가까지 따라 나와 걱정스러운 얼굴로 배웅했다. 앞 못 보는 외손녀를 걱정하는 백발 노파의 마음이 신광 교회까지 줄곧 우리와 동행하는 듯한 기분이었다.

명은이 손을 잡고 신광 교회 돌계단을 오르는 동안 내 온몸은 사뭇 떨렸다. 지레 흥분이 되는지, 아니면 두려움 때문인지 땀에 흠씬 젖은 명은이 손 또한 달달 떨리고 있었다. 명은이가 소원을 이룰 수만 있다면 딸고만이 아버지한테 맞아 죽어도 상관없다고 각오를 다지면서 나는 젖은 빨래를 쥐어짜듯 모자라는 용기를 빨끈 쥐어짰다.

신광 교회는 어둠 속에 고자누룩이* 가라앉아 있었다. 이제부터 우리가 저지르려는 엄청난 짓거리에 어울리게끔 주변에 아무런 인기척이 없음을 거듭 확인하고 나서 나는 종탑 가까이 명은이를 잡아끌었다. 괴물처럼 네 개의 긴 다리로 일어선 철제의 종탑이 캄캄한 밤하늘을 향해 우뚝 발돋움을 하고 있었다. 깊은 물속으로 자맥질하기* 직전의 순간처럼 나는 까마득한 종탑 꼭대기를 올려다보며 연거푸 심호흡을 해 댔다. 그런 다음 딸고만이 아버지가 항상 하던 방식대로 종탑 쇠기둥을 타고 뿌르르 위로 기어올라 철골에 매인 밧줄을 밑으로 풀어 내렸다.

"꽉 붙잡고 있어."

명은이 손에 밧줄 밑동을 쥐여 주고 나서 나는 양팔을 높이 뻗어 밧줄에다 내 몸무게를 몽땅 실었다. 그동안 늘 보아 나온 딸고만이 아버지의 종 치는 솜씨를 흉내 내어 나는 죽을힘을 다해 밧줄을 잡아당기기 시작했다. 종탑 꼭대기에 되똑 얹힌 거대한 놋종이 천천히 한쪽으로 기울어지는 첫 느낌이 밧줄을 타고 내 손에 얼얼하게 전해져 왔다. 마치 한 풀 줄기에 나란히 매달려 함께 바람에 흔들리는 두 마리 딱따깨비처럼 명은이 역시 밧줄에 제 몸무게를 실은 채 나랑 한통으로 건공중을 오르내리는 동작에 어느새 눈치껏 장단을 맞추고 있었다. 어둠 때문에 잘 보이지 않았지만 내 코끝에 훅훅 끼얹히는 명은이의 거친 숨결에 섞인 단내로 미루어 명은이가 시방 어떤 표정을 짓고 있는지 너끈히 짐작할 수 있었다.

"소원 빌을 준비를 혀!"

내 말이 채 끝나기도 전에 데엥, 하고 첫 번째 종소리가 울렸다. 그 첫 소리를 울리기까지가 힘들었다. 일단 첫 소리를 울리고 나니 그다음부터는 모든 절차가 한결 수월해졌다. 뎅그렁 뎅, 뎅그렁 뎅, 기세 좋게 울려 대는 종소리에 귀가 갑자기 먹먹해졌다.

"소원을 빌어! 소원을 빌어!"

종소리와 경쟁하듯 목청을 높여 명은이를 채근하는 한편 나도 맘속으로 소원을 빌기 시작했다. 명은이가 소원을 다 빌 때까지 딸고만이 아버지를 잠시 귀먹쟁이로 만들어 달라고 빌고 또 빌었다. 명은이와 내가 한 몸이 되어 밧줄에 매달린 채 땅바닥과 허공 사이를 절굿공이처럼 오르락내리락하면서 온몸으로 방아를 찧을 적마다 놋종은 우리 머리 위에서 부르르부르르 진저리를 치며 엄청난 목청으로 울어 댔다. 사람이 밧줄을 다루는 게 아니라 이젠 탄력이 붙을 대로 붙어 버린 밧줄이 오히려 사람을 제멋대로 갖고 노는 듯한 느낌이었다.

한창 종 치는 일에 고부라져 있었던 탓에 딸고만이 아버지가 달려오는 줄도 까맣게 몰랐다. 되알지게* 엉덩이를 한방 걷어채고 나서야 앙바틈한 그의 모습을 어둠 속에서 겨우 가늠할 수 있었다. 기차 화통 삶아 먹은 듯한 고함과 동시에 그가 와락 덤벼들어 내 손을 밧줄에서 잡아떼려 했다. 그럴수록 나는 더욱더 기를 쓰고 밧줄에 매달려 더욱더 힘차게 종소리를 울렸다. 주먹질과 발길질이 무수히 날아들었다. 마구잡이 매타작에서 명은이를 지켜 주기 위해 나는 양다리를 가새질러* 명은이 허리를 감싸 안았다. 한데 엉클어져 악착스레 종을 쳐 대는 두 아이를 혼잣손으로 좀처럼 떼어내기 어렵게 되자 나중에는 딸고만이 아버지도 밧줄에 함께 매달리고 말았다. 결국 종 치는 사람이 셋으로 불어난 꼴이었다. 그 어느 때보다 기운차게 느껴지는 종소리가 어둠에 잠긴 세상 속으로 멀리멀리 퍼져 나가고 있었다. 명은이 입에서 별안간 울음이 터져 나오기 시작했다. 때때옷을 입은 어린애를 닮은 듯한 그 울음소리를 무동 태운 채 종소리는 마치 하늘 끝에라도 닿으려는 기세로 독수리처럼 높이높이 솟구쳐 오르고 있었다.

뎅그렁 뎅 뎅그렁 뎅 뎅그렁 뎅…….

- 윤흥길, 〈종탑 아래에서〉 -

01 서술상의 특징 파악하기

윗글의 서술상 특징으로 적절하지 않은 것은?

① 사투리를 활용하여 이야기의 사실감을 높이고 있다.

② 청각적 이미지를 사용하여 강한 여운을 남기고 있다.

③ 시간의 경과를 빠르게 제시하여 긴장감을 형성하고 있다.

④ 서술자가 인물의 외양과 행동을 객관적으로 분석하여 서술하고 있다.

⑤ 직유법을 사용하여 앞으로 일어날 일에 대한 두려움을 표현하고 있다.

02 세부 내용 이해하기

윗글에 대한 설명으로 적절하지 않은 것은?

① '나'는 명은이 종을 치려는 이유를 예상하고 있었다.

② '나'는 명은이 눈을 뜰 수 있게 해 달라고 소원을 빌었다.

③ 명은은 외할머니에게 종을 치러 간다는 사실을 알리지 않았다.

④ '나'는 딸고만이 아버지의 주먹질과 발길질로부터 명은을 보호하려 했다.

⑤ 딸고만이 아버지는 '나'와 명은을 떼어 내려 했으나 결국 같이 종을 치게 됐다.

중요 03 작품 이해하기

보기 는 ㉠에 해당하는 내용이다. 보기 를 참고하여 윗글을 이해한 내용으로 적절하지 않은 것은?

> 보기
>
> 옛날 어느 성에 용감한 기사와 바람처럼 빨리 달리는 **백마**가 살고 있었다. 기사는 사랑하는 백마를 타고 전쟁터마다 다니며 번번이 큰 공을 세워 **성주**로부터 푸짐한 상을 받곤 했다. 전쟁이 끝나고, 세월이 흘러 백마는 늙고 병들게 되었다. 그러자 기사는 자기와 오랫동안 생사고락을 함께한 백마를 외면한 채 전혀 돌보지 않았다. 늙고 병든 백마는 성내를 이리저리 떠돌다가 어떤 **종탑** 앞에 이르렀다. 누구든지 종을 쳐서 억울한 사연을 호소할 수 있게끔 성주가 세워 놓은 종탑이었다. 백마의 눈에 종탑을 휘휘 감고 올라간 **칡넝쿨**이 보였다. 배고픔에 못 이겨 백마는 칡넝쿨을 뜯어 먹기 시작했다. 그러다 종 줄을 잘못 건드리는 바람에 그만 종을 울리고 말았다. 종소리를 들은 성주가 무슨 사연인지 자세히 알아보도록 부하에게 지시했다. 그리하여 백마의 억울한 사연을 알게 된 성주는 은혜를 저버린 기사를 벌주고 백마를 죽을 때까지 따뜻이 보살펴 주었다.

① '칡넝쿨'과 '나'는 각각 '백마'와 명은을 종으로 인도하는 역할을 하고 있다.

② '딸고만이 아버지'는 억울한 사연을 심판하는 '성주'와 같은 역할을 하고 있다.

③ 늙고 병든 '백마'의 비참한 상황은 명은의 상황과 대응되어 명은이 희망을 가지도록 유도하고 있다.

④ 명은의 '진짜 속셈'은 억울한 심정을 호소하며 '백마'와 같이 누군가 자신을 구원해주길 바란 것이다.

⑤ '종탑'은 소망이 실현되는 공간으로, '백마'와 명은의 사건은 평범한 종소리에 특별한 의미를 부여하고 있다.

서답형 04 세부 내용 파악하기

빈칸에 들어갈 말로 적절한 것을 차례대로 쓰시오.

> 윗글은 (건호 / 명은)을/를 통해 전쟁으로 인한 문제 상황을 제시하고, (건호 / 명은)을/를 통해 문제의 해결 방안을 제시하고 있다.

문제풀이

복습하기

문법

 1 ☐☐☐☐	• 다른 문장 성분을 꾸미고 의미를 더해 주는 성분 • 생략되어도 문장의 기본 의미가 변하지 않음.	
	2 ☐☐☐	체언을 꾸며 주는 문장 성분
	3 ☐☐☐	용언, 관형어, 다른 부사어, 문장 전체를 꾸며 주는 문장 성분
4 ☐☐☐☐	• 다른 문장 성분과 직접적인 관련이 없는 성분 • 감탄, 부름, 응답 등을 나타내며 홀로 쓰임.	

독서

1문단	추구하는 가치에 따라 달라지는 삶의 방식	4문단	5 ☐☐ 중심의 가치를 추구하는 인간의 삶의 태도와 감정
2문단	소유로서의 삶과 5 ☐☐ 로서의 삶의 삶의 방식	5문단	추구하는 가치에 따른 삶의 양식
3문단	소유 중심의 가치를 추구하는 인간의 삶의 태도와 감정		

문학 – 고공가(허전)

기	6 ☐☐ 들(조정의 관리들)에게 우리 집의 내력(7 ☐☐ 의 역사)을 알려 줌.
승	6 ☐☐ 들의 탐욕과 무능함으로 인한 폐해를 지적하며 각성과 노력을 당부함.

문학 – 종탑 아래에서(윤흥길)

액자식 구성	
외화	**내화**
환갑이 다 된 초등학교 동기들이 모교에 모여 옛 이야기를 나눔. ↓ 최건호가 어린 시절 명은과 있었던 이야기를 꺼냄.	'나'는 익산 군수 관사에서 눈이 먼 명은이를 만남. ↓ '나'와 명은은 갈등을 겪었지만 종소리를 계기로 화해함. ↓ 명은은 직접 8 ☐ 을 치고 싶다고 이야기를 함. ↓ '나'와 명은은 신광 교회의 9 ☐☐☐☐ 에서 8 ☐ 을 울림. ↓ 명은의 울음소리와 함께 종소리가 퍼져 나감.

↓

10 ☐☐ 의 폭력성을 고발하며 전쟁으로 인해 비극을 겪은 이들의 상처를 보여 줌.

정답   1 부속 성분   2 관형어   3 부사어   4 독립 성분   5 존재   6 고공   7 조선   8 종   9 종탑 아래   10 전쟁

07

Contents

매체 자료의 효과 판단하며 듣기

| 정답 및 해설 | 43쪽

※ 다음은 강연이다. 물음에 답하시오.

여러분은 평소에 물건을 살 때 무엇을 고려하나요? 제품의 디자인, 성능이나 품질 등 사람마다 고려하는 것이 다를 수 있지만 '이것'을 고려하지 않는 사람은 거의 없을 것입니다. 과연 무엇일까요? 네. 맞습니다. 바로 '가격'이에요. 우리는 가격이 얼마냐에 따라 물건을 쉽게 사기도 하고, 살까 말까 망설이기도 합니다. 그런데 가격에 여러분의 지갑을 열게 하는 비밀이 담겨 있다는 사실, 알고 있나요? 그 비밀이 무엇인지 알아보기 전에 먼저 영상을 하나 보겠습니다.

[자료 1] 할인 행사장에 몰려든 사람들
_〈뉴스 데스크〉(2013. 12. 4)

…… 물건을 팔려는 사람들은 더 많은 소비자가 지갑을 열도록 가격과 관련한 여러 가지 판매 전략을 세운답니다. 그럼 지금부터 가격과 관련한 판매 전략에는 어떤 것들이 있는지 살펴보겠습니다.

[판매 전략 1] 단수 가격을 매겨라!

먼저 흥미로운 실험을 하나 보고 가죠. 미국에서 한 실험인데요, 한 의류 회사에서 똑같은 옷을 두고 가격만 다르게 적은 세 종류의 상품 안내서를 만들었습니다. 첫 번째 안내서에는 옷의 가격을 34달러로 표시하였고, 두 번째에는 39달러로, 마지막 하나에는 44달러로 표시했지요. 그리고 이 안내서들을 무작위로 고객들에게 보냈습니다. 사람들이 가장 많이 주문한 옷은 어떤 것일까요? ㉠ [자료 3]을 보면 알겠지만 놀랍게도 39달러로 표시된 옷이 가장 많은 주문을 받았다고 합니다.

[자료 2] 세 종류의 상품 안내서

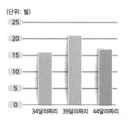

[자료 3] 가격별 의류 판매량

[자료 4] 상품에 단수 가격을 매긴 예

단수 가격이란 100원, 1,000원, 10,000원 등과 같이 딱 떨어지는 가격이 아니라, 그에 조금 못 미치는 가격을 말합니다. 예를 들어 9,900원, 990원 등이 이에 해당합니다. 그렇다면 단수 가격을 쓰는 까닭은 무엇일까요? 단수 가격이 매겨진 제품은 소비자에게 저렴하다고 인식되기 때문입니다.

(중략)

[판매 전략 3] 준거 가격을 이용하라!

[자료 5] 정가와 할인가를 함께 표시한 예

가격과 관련한 판매 전략을 하나 더 소개하겠습니다. 바로 '준거 가격'을 이용한 전략입니다. 준거 가격이란 소비자가 어떤 제품을 사려고 할 때 심리적으로 적정하다고 생각하는 수준의 가격을 말하는데요, 우리가 가격이 비싼지 싼지를 평가할 때 비교 기준이 됩니다.

준거 가격을 이용한 판매 전략에는 무엇이 있을까요? 자주 사용되는 전략은 바로 정가와 할인가를 함께 표시하는 것입니다. [자료 5]를 보면 정가 28,000원짜리 셔츠를 22,400원에 팔고 있네요.

[A] ┌ 준거 가격을 형성하는 데에는 다른 제품의 가격이 영향을 주기도 합니다. 따라서 소비자가 어떠한 제품의 가격이 적정한지 판단할 때 다른 제품의 가격이 영향을 줄 수 있기 때문에 판매자는 더 비싼 제품을 함께 보여 주는 전략을 사용합니다.
└

- 박정호, 〈소비자의 지갑을 여는 가격의 비밀〉 -

01 매체 자료의 효과 파악하기

위 강연에서 매체 자료를 사용할 때, 강연자가 했을 생각으로 적절하지 않은 것은?

① [자료 1]을 통해 청중의 흥미를 유발하고 가격이 소비에 영향을 미친다는 내용을 뒷받침해야겠군.
② [자료 2]를 통해 강연에서 미처 설명하지 못한, 실험의 추가적인 내용을 제시해야겠군.
③ [자료 3]을 통해 실험 결과인 가격별 의류 판매량을 한눈에 보여 주어야겠군.
④ [자료 4]를 통해 단수 가격이 실생활에서 흔히 접할 수 있는 판매 전략임을 보여 주어야겠군.
⑤ [자료 5]를 통해 준거 가격을 이용한 판매 전략을 이해하는 데 도움을 주어야겠군.

02 정보 전달을 위한 매체 자료의 생산 이해하기

㉠의 이유로 가장 적절한 것은?

① 39달러짜리 옷의 할인율이 가장 높았기 때문이다.
② 39달러로 표시된 가격이 옷의 원래 가격이었기 때문이다.
③ 39달러짜리 옷이 세 종류의 옷 중에서 가장 질이 좋았기 때문이다.
④ 소비자들이 39달러짜리 옷이 가장 저렴하다고 인식하였기 때문이다.
⑤ 소비자들이 39달러짜리 옷의 상품 안내서를 제일 많이 받았기 때문이다.

중요 03 매체 언어의 표현 방법 파악하기

보기 는 [A]에 활용된 매체 자료이다. [A]를 참고하여 보기 를 이해한 내용으로 적절하지 않은 것은?

보기

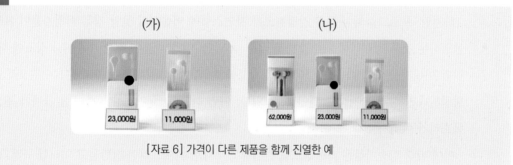

[자료 6] 가격이 다른 제품을 함께 진열한 예

① (나)의 경우 제품에 대한 준거 가격이 (가)의 경우보다 높아지겠군.
② 소비자는 (가)보다 (나)에서 23,000원짜리 제품이 저렴하다고 느끼게 되겠군.
③ 똑같은 23,000원짜리 제품이더라도 (가)보다 (나)의 경우가 더 잘 팔리게 되겠군.
④ (나)는 제품의 가격을 비교하여 가장 잘 팔리는 제품을 소비자에게 인식시키고자 하는군.
⑤ 소비자가 어떠한 제품의 가격이 적정한지 판단할 때 다른 제품의 가격이 영향을 줄 수 있겠군.

서답형 04 매체 자료의 주체적 수용 이해하기

빈칸에 들어갈 말로 적절한 것을 골라 차례대로 쓰시오.

(단수 / 준거) 가격은 딱 떨어지는 가격에서 조금 못 미치는 가격을, (단수 / 준거) 가격은 소비자가 제품을 살 때 심리적으로 적정하다고 생각하는 수준의 가격을 말한다.

문제풀이

주제	간접광고의 종류와 효과
해제	이 글은 간접광고의 개념을 서술한 뒤 간접광고의 효과와 그로 인한 부작용을 설명하고 있다. 간접광고는 드라마나 영화에 광고 상품을 등장시킴으로써 간접적으로 광고하는 기법으로 단순 노출, 협찬 고지, 가상 광고, 기능 소구 광고 등의 종류가 있다. 간접광고는 기존 직접 광고의 한계점을 보완하고, 방송사의 제작 비용을 절감한다는 효과가 있으나 시청자들의 거부감과 상품의 부정적 이미지, 방송 시청률 저하 등의 부작용도 일어날 수 있으므로 방송사들은 자체적으로 간접광고에 대한 규제 가이드라인을 만들어 자체적으로 심의하고 있다.

* 문단 중심 내용

1문단	간접광고의 개념과 종류
2문단	간접광고의 효과
3문단	간접광고의 부작용
4문단	방송사의 간접광고 규제 방법

※ 다음 글을 읽고 물음에 답하시오.

간접광고란 영화나 드라마 등에 광고 상품을 등장시켜 간접적으로 광고하는 기법이다. 우리나라에서는 2010년부터 간접광고가 허용되면서 많은 방송 프로그램에 간접광고가 등장하였다. 대표적인 간접광고의 유형으로는 프로그램의 내용이나 상황과는 연계되지 않은 채 특정 상표나 제품을 카메라로 비추는 단순 노출과, 프로그램의 마지막에 제작 지원임을 알리면서 특정한 상표나 이미지를 노출하는 협찬 고지가 있다. 최근에는 컴퓨터 그래픽을 활용하여 방송 프로그램에는 존재하지 않는 이미지로 제품을 광고하는 가상 광고와 프로그램의 상황과 맥락 속에 자연스럽게 녹아들도록 상표와 제품을 노출하는 기획 광고, 특정 제품의 기능을 강조하는 기능 소구 광고 등이 등장하였다.

이러한 간접광고는 기존 광고의 한계점을 어느 정도 보완해준다. 광고가 프로그램의 일부로 포함되어 시청자들의 의도적인 광고 회피행위를 방지할 수 있고, 직접광고에서 느낄 수 있는 거부감 또한 감소시킬 수 있기 때문이다. 이로 인해 간접광고는 제품이나 상표에 대한 호감을 자연스럽게 전달하고 시청자들의 소비 욕구를 은연중에 자극하는 매우 효과적인 광고 수단으로 각광받고 있다. ⓐ 한 방송 프로그램에서 주인공이 특정 브랜드의 음식을 섭취하자 이후 판매량이 단기간에 4배 이상 늘어났다는 연구도 있었다. 이러한 간접광고는 방송사의 프로그램 제작 비용 절감 효과 또한 거두고 있다.

하지만, 프로그램의 내용과 간접광고가 자연스럽게 어울리지 못할 경우 시청자들이 프로그램에 몰입하는 것을 방해하여 거부감을 불러올 수 있다. 이와 더불어 해당 제품이나 상표에 대한 부정적인 이미지를 형성할 수도 있다. 간접광고를 하는 프로그램이 상업화되었다는 부정적 이미지가 형성된다면 시청률 저하도 일어날 수 있다. 이런 까닭에 ㉠ 간접광고에 대한 규제가 필요하다는 목소리가 이어져 왔다.

이에 따라 방송사들은 자율적으로 간접광고에 대한 가이드라인을 만들고 이러한 규제가 잘 지켜지는지를 자율적으로 심의해오고 있다. 대표적인 내용을 보면 어린이를 주 시청 대상으로 하는 프로그램과 보도, 시사, 논평, 토론 등의 프로그램에서 간접광고를 하지 않는다는 규정이 있다. 이는 방송의 객관성과 공정성을 지키기 위한 것으로 풀이된다. 또한 간접광고의 크기는 화면의 4분의 1을 초과하지 않아야 하며, 간접광고로 노출되는 상표, 로고 등 상품을 알 수 있는 제품 표시의 노출 시간은 해당 방송 프로그램 시간의 5%를 초과하지 않아야 한다. 이는 간접광고로 인해 방송 프로그램의 흐름이 왜곡되지 않도록 하기 위한 것이다. 아울러 해당 방송 프로그램이 시작되기 전에 미리 자막으로 표기해 시청자가 광고라는 것을 명확하게 인지할 수 있도록 하고 있다. 또한 방송사 스스로 자체적인 모니터링 체계를 구축하여 간접광고가 포함된 프로그램이 방송되기 전 반드시 자체 가이드라인에 따른 심의를 거칠 것을 규정하고 있다.

01 세부 내용 파악하기

윗글에 대한 이해로 적절하지 <u>않은</u> 것은?

① 간접광고가 우리나라에서 시행된 시기는 2010년이다.

② 간접광고는 시청자들이 직접광고에서 느끼던 거부감을 감소시킨다.

③ 간접광고가 상품 판매량에 미치는 구체적인 영향은 아직 밝혀지지 않았다.

④ 방송사들은 방송 프로그램이 시작되기 전에 자막으로 간접광고를 알려야 한다.

⑤ 간접광고는 시청자들의 의도적인 광고 회피에서 벗어나 제품을 소개할 수 있다.

02 세부 내용 추론하기

㉠에 대한 설명으로 적절하지 <u>않은</u> 것은?

① 시청자의 측면에서 프로그램 몰입을 방해하는 요소를 최소화하기 위한 것이다.

② 기업의 측면에서 광고를 하는 상품의 이미지가 하락하지 않게 하기 위한 것이다.

③ 방송사의 측면에서 간접광고를 하는 프로그램의 제작비를 줄이는 효과를 거두기 위한 것이다.

④ 운영방식의 측면에서 방송사들이 스스로 만든 규칙을 자율적으로 심의하는 형태로 이루어져 왔다.

⑤ 간접광고를 할 수 없는 프로그램의 유형을 선정하여 방송의 공정성을 확보하는 방향으로 진행되었다.

중요 03 구체적 사례에 적용하기

윗글을 바탕으로 보기 를 이해한 내용으로 적절하지 <u>않은</u> 것은?

보기

S# 1	남자가 서재에 앉아 서류를 보고 있다.
S# 2	카메라는 책상 위에 놓인 '△△ 커피'를 비춘다.
S# 3	남자는 두 손으로 허리를 만지더니 갑자기 자리에서 일어나 책상의 한쪽 끝으로 간다. 곧이어 책상 아래 '□□ 가구'라는 상표 옆에 있는 버튼을 누르자 책상의 높이가 높아진다.
S# 4	남자가 선 채로 서류를 보다가 깜짝 놀라더니 '◇◇ 문구'라는 상표가 보이는 볼펜을 꺼내어 메모를 하는 모습을 보여 주면서 드라마의 화면이 멈춘다.
S# 5	정지된 남자의 모습 위로 화면 전체를 차지할 정도로 크고 예쁜 인형 캐릭터가 나와 '◎◎ 타이어'의 제품을 소개하는 입체형 애니메이션이 짤막하게 나오고, 뒤이어 제작 협찬이라는 문구 아래에 '◎◎ 타이어'의 이름이 소개된다.

① S# 2에서 책상 위에 놓인 △△ 커피를 비춘 것은 단순 노출형 간접광고로 볼 수 있다.

② S# 3에서 책상의 높이가 높아지는 장면은 기능 소구 광고형 간접광고로 볼 수 있다.

③ S# 4에서 남자가 볼펜으로 메모하는 모습은 협찬 고지형 간접광고로 볼 수 있다.

④ S# 5에서 인형 캐릭터가 등장한 것은 가상 광고형 간접광고로 볼 수 있다.

⑤ S# 5에서 인형 캐릭터를 활용한 것은 방송사의 간접광고 가이드라인이 지켜지지 않은 것으로 볼 수 있다.

서답형 04 구체적 사례에 적용하기

보기 는 ⓐ의 사례를 설명한 내용이다. 보기 의 간접광고 종류로 적절한 것을 윗글에서 찾아 2어절로 쓰시오.

보기

A 드라마의 주인공인 B의 직업은 요리 연구가로, 새로운 김치를 개발하는 과정에서 C 기업의 D 김치를 맛보게 된다.

문제풀이

07강 성탄제 _ 김종길

한방에! 개념정리

한방에! 핵심정리

갈래	자유시, 서정시
성격	회상적
주제	아버지의 사랑에 대한 그리움
특징	① 감각적 심상을 활용하여 시상을 전개함. ② 감탄사를 활용하여 화자의 정서를 표출함. ③ 어린 시절을 회상하는 구조를 통해 현재와 과거를 대비시켜 주제를 강조함.
해제	이 작품은 성탄제가 가까운 어느 날, 옛것을 찾아보기 힘들 만큼 변해 버린 삭막한 도시에 내리는 눈을 바라보며 어릴 적 아버지가 보여 주었던 헌신적인 사랑에 대한 그리움을 나타낸 시다. 눈을 매개로 하여 과거를 회상하며, 감각적 이미지의 선명한 대비 등을 활용하여 세상이 바뀌어도 변치 않는 아버지의 사랑의 가치를 인상적으로 형상화하고 있다.

※ 다음 글을 읽고 물음에 답하시오.

어두운 방 안엔
빠알간 숯불이 피고,

외로이 늙으신 할머니가
애처로이 잦아드는 어린 목숨을 지키고 계시었다.

이윽고 눈 속을
아버지가 약을 가지고 돌아오시었다.

아 아버지가 눈을 헤치고 따 오신
그 ㉠ 붉은 산수유 열매―

나는 한 마리 어린 짐승,
젊은 아버지의 서느런* 옷자락에
열로 상기한 볼을 말없이 부비는 것이었다.

이따금 뒷문을 눈이 치고 있었다.
그날 밤이 어쩌면 성탄제*의 밤이었을지도 모른다.

어느새 나도
그때의 아버지만큼 나이를 먹었다.

옛것이라곤 찾아볼 길 없는
성탄제 가까운 도시에는
이제 ⓐ 반가운 그 옛날의 것이 내리는데,

서러운 서른 살 나의 이마에
불현듯 아버지의 서느런 옷자락을 느끼는 것은,

눈 속에 따 오신 산수유 붉은 알알이
아직도 내 혈액 속에 녹아 흐르는 까닭일까.

- 김종길, 〈성탄제〉 -

한방에! 어휘풀이

★ 서느렇다: 물체의 온도나 기온이 꽤 찬 듯하다.
★ 성탄제(聖誕祭): 12월 24일부터 1월 6일까지 예수의 성탄을 축하하는 명절.

01 표현상의 특징 이해하기

윗글에 대한 설명으로 적절하지 <u>않은</u> 것은?

① 과거에서 현재로 시상이 전환되고 있다.

② 감각적 심상을 통해 시적 상황을 표현하고 있다.

③ 감탄사를 활용하여 화자의 정서를 드러내고 있다.

④ 문장의 어순을 바꿔 주제를 효과적으로 강조하고 있다.

⑤ 색채의 대비를 통해 시상을 감각적으로 전개하고 있다.

02 시어의 의미 파악하기

㉠에 대한 설명으로 적절한 것은?

① 화자가 도시에서 발견한 소재이다.

② 아버지의 사랑을 보여 주는 소재이다.

③ 화자에게 찾아온 고난과 시련을 의미한다.

④ 더 이상 만날 수 없는 아버지에 대한 그리움이 담겨있다.

⑤ 아픈 할머니를 위해 아버지가 눈 속을 헤치고 구해 온 약이다.

중요 03 작품 비교하기

윗글과 보기 를 비교한 내용으로 적절하지 <u>않은</u> 것은?

> **보기**
>
> 오누이들의 / 정다운 얘기에
> **어느 집 질화로엔** / 밤알이 토실토실 익겠다.
> **콩기름 불** / 실고추처럼 가늘게 피어나던 밤
> 파묻은 불씨를 헤쳐 / 잎담배를 피우며
> "고놈, 눈동자가 초롱 같애."
> 내 머리를 쓰다듬어 주시던 할머니,
> 바깥엔 연방 **눈**이 내리고
> 오늘 밤처럼 눈이 내리고
>
> 다만 이제 나 홀로 / 눈을 밟으며 간다.
> **오우버 자락**에
> 구수한 할머니의 **옛 이야기**를 싸고,
> 어린 시절의 그 눈을 밟으며 간다.
> 오누이들의 / 정다운 얘기에
> 어느 집 질화로엔 / 밤알이 토실토실 익겠다.
>
> - 김용호, 〈눈 오는 밤에〉

① 윗글의 '어두운 방 안'과 〈보기〉의 '어느 집 질화로' 모두 어린 시절의 공간적 배경을 의미한다.

② 윗글의 '빠알간 숯불'과 〈보기〉의 '콩기름 불' 모두 작품의 밝고 따스한 분위기를 조성한다.

③ 윗글과 〈보기〉의 '눈' 모두 화자가 과거 회상을 하게 하는 매개체로 작용한다.

④ 윗글의 '서느런 옷자락'과 〈보기〉의 '오우버 자락'은 각각 아버지와 할머니의 헌신과 정성을 의미한다.

⑤ 윗글의 '산수유 붉은 알알'과 〈보기〉의 '옛 이야기'는 어른이 된 화자에게 전해진 어린 시절의 사랑을 의미한다.

* **오우버**: 오버. 추위를 막기 위하여 겉옷 위에 입는 옷을 통틀어 이르는 말.

서답형 04 시어의 의미 파악하기

윗글의 ⓐ가 의미하는 것을 찾아 쓰시오.

문제풀이

한방에! 개념정리

한방에! 핵심정리

갈래	민속극, 가면극
성격	풍자적, 해학적
주제	양반들의 허위와 무능에 대한 비판
특징	① 과장되고 해학적인 표현, 비속어 등이 사용됨. ② 양반을 비판하고 풍자하려는 의도로 만들어진 가면극임.
해제	이 작품은 〈양주 별산대놀이〉의 공연 대본 중 일부로, 작품 전체는 총 8과장이 각기 다른 주제를 가지고 독립적으로 구성되어 있다. 제7과장의 제1경 '의막 사령 놀이'에서는 말뚝이가 샌님, 서방님, 도령님을 모시고 산대놀이를 보러 왔다가 이들이 머물 거처를 돼지우리로 정함으로써 지배층에 대한 풍자와 비판을 드러낸다. 무능하고 부패한 양반층을 풍자함으로써 서민들의 애환과 비판 정신을 드러내며, 이를 통해 조선 후기의 사회·문화적 현실을 파악할 수 있다.

※ 다음 글을 읽고 물음에 답하시오.

제7과장 샌님 놀이 – 제1경 의막* 사령* 놀이

(말뚝이가 샌님, 서방님, 도령님을 데리고 등장한다. 샌님은 붉은 탈을 쓰고 도포를 입었으며, 손에는 꽃무늬 부채를 들고 머리에는 검은 베로 만든 유건*을 썼다. 서방님은 흰 탈을 쓰고 도포를 입었으며, 역시 꽃무늬 부채를 들고 머리에는 관을 썼다. 도령님은 흰 탈을 쓰고 어린아이들이 명절에 입는 전복*을 입고 손에는 꽃무늬 부채를 들었다. 말뚝이는 패랭이*를 쓰고 대나무로 만든 채찍을 들었다. 이때 취발이는 양반들이 임시로 거처할 곳을 준비하는 의막 사령인 쇠뚝이 역할을 한다.)

(말뚝이와 양반 일행이 과거를 보러 가던 중 양주 땅에서 해가 넘어가는 줄도 모르고 산대 탈놀이를 구경하다가, 객지*에서 거처할 곳을 구하지 못하였다.)

(중략)

말뚝이: 얘, 그러나저러나 내게 좀 곤란한 일이 생겼다.

쇠뚝이: 무슨 곤란한 일이 생겼단 말이냐?

말뚝이: 다름이 아니라 내가 우리 댁의 샌님, 서방님, 도령님을 데리고 과거를 보러 가는 도중에 산대놀이* 구경을 하다가 하루해가 저물었는데, 하룻밤 묵을 의막을 정하지 못하였다. 나는 여기 아는 친척도 없고, 아는 친구도 없어 곤란하던 차에 너를 만나서 다행이다. 얘, 나를 봐서 우리 댁 양반들이 임시로 거처할 의막을 정해다오.

쇠뚝이: 옳지, 구경을 하다가 의막을 정하지 못하였구나. 그래라, 의막을 하나 정해 주마. (놀이판을 여러 번 돌고 나서 말뚝이 앞으로 다가간다.) 얘, 말뚝아, 양반들이 임시로 거처할 의막을 지었다. 얘, ⓐ 보아하니 거기 담배도 먹을 듯하여, 방 하나 가지고 쓸 수 없어 안팎 사랑*이 있는 집을 지었다. 바깥사랑에는 동그랗게 말뚝을 돼지우리같이 박고, 안은 동그랗게 담을 쌓고, 문은 하늘로 냈다. 이만하면 되겠지.

말뚝이: 그럼 ⓑ 고래담 같은 기와집이로구나. 그 방에 들어가자면 물구나무를 서야겠구나.

쇠뚝이: 암, 그렇고말고.

말뚝이: 얘, 너하고 나하고 말하는 게 불찰이지. 미안하지만 우리 양반들을 안으로 모셔야겠다.

쇠뚝이: 야, 이놈아, 내가 무슨 상관이 있느냐. 너는 대관절 그 댁의 누구란 말이냐?

말뚝이: 나는 그 댁의 하인이다.

쇠뚝이: 그러면, 그 양반들이 어디에 있느냐?

말뚝이: 저 밖에 있다. 우리 어서 안으로 모시자.

쇠뚝이: (쇠뚝이는 앞에 서고 말뚝이는 뒤에 서서, 양반을 의막 안으로 모는 소리를 한다.) 고이 고이 고이.

말뚝이: (쇠뚝이 뒤에서 채찍을 들고 돼지를 쫓듯이 소리를 친다.) ⓒ 두우 두우 두우.

샌님: (의막 안에 들어가서 앉으며) 얘, 말뚝아.

말뚝이: 네이—.

샌님: 이 의막을 네가 정하였느냐? 누가 정해 주었느냐?

말뚝이: (쇠뚝이를 보고) 얘, 우리 댁 샌님께서, "우리가 거처할 이 의막을 누가 잡았느냐? 네가 얻
었느냐, 누가 다른 사람이 얻었느냐?"하고 말씀하시기에 "이 동네 아는 친구 쇠뚝이가 얻었습니다."
하고 말씀드리니, "그럼 걔 좀 보자꾸나." 하시는데, 들어가서 네가 샌님을 한번 뵙는 게 좋겠다.

쇠뚝이: 내가 그런 양반들을 왜 뵙느냐?

말뚝이: 너, 그렇지 않다. ㉣ 나중에 벼슬을 하려면 꼭 뵈어야 한다.

쇠뚝이: 그러면 네 말대로 보고 오마.

말뚝이: 어서 갔다 오너라.

쇠뚝이: 쳐라. (악사들이 타령 장단을 연주하면, 쇠뚝이가 춤을 추면서 양반 일행 앞뒤를 돈다. 연주를 중지
하면, 말뚝이 앞으로 와서) 얘, 내가 가서 양반들을 자세히 보니 그놈들은 양반의 자식들이 아니더
라. 샌님을 보니 도포는 입었으나 전대띠를 두르고, ㉤ '두부 보자기'를 쓰고 꽃 그림이 그려진
부채를 들었는데, 그게 무슨 양반의 자식이냐? 한량*의 자식이지. 또 서방님이란 자를 보니 관은
썼으나 그놈도 꽃 그림이 그려진 부채를 들고 있으니, 그게 무슨 양반의 자식이냐? 잡종이더라.
또 도령님이란 놈은 전복에 전대띠를 매고 '사당* 보자기'를 썼으니, 그놈도 양반의 자식이 아니
더라.

말뚝이: 아니다, 그 댁이 무척 가난하여 세물전*에서 빌려 입고 와서, 구색을 맞추어 의관을 입지
않아서 그렇다.

쇠뚝이: 옳거니, 세물전에서 빌려 입고 와서 구색이 맞지 않아서 그렇다고.

(중략)

샌님: (앞에 꿇어앉아 있는 쇠뚝이를 향하여) 여봐라— 이놈—.

쇠뚝이: 내 이름이 버젓이 있는데, 어떤 놈이 나더러 '이놈'이래?

샌님: 네 이름이 무엇이란 말이냐?

쇠뚝이: 내 이름은 아침 아 자, 번개 번 자요. 샌님이 부르시기에 아주 적당한 이름이오. 한번
불러 보시오.

샌님: 얘, 이놈의 이름이 왜 이리 평평하냐? 번아—.

쇠뚝이: 샌님은 글을 배우셨으니, 붙여서 불러 보시오.

샌님: (이름을 불러 보지도 못하고 쩔쩔매면서) 아—. 이놈의 이름이 왜 이리 팽팽하냐? 번아—.

쇠뚝이: 아니라니까요, 그러지 말고 어서 불러요. 글을 배우셨으니 바로 붙여서 불러요. 어서, 빨
리, 왜 질질 매세요?

샌님: 아 자, 번 자야—.

쇠뚝이: 이것 보게? 아 자, 번 자가 무엇이오? 도대체 샌님이 글을 배웠소? 어서 그러지 말고 붙여
불러요.

샌님: (붙여서 불러 보지 못하고 쩔쩔매며) 아—.

쇠뚝이: 어서 붙여서 불러 봐요.

샌님: 아, 이상한 이름도 다 보았다. 왜 이리 팽팽하냐? 아—. 아번(아버지)—.

말뚝이: (샌님이 '아버지'라고 부르자 샌님을 향하여 대답한다.) 왜 그러느냐?

- 작자 미상, 〈양주 별산대놀이〉 -

[A]

＊구성

발단	말뚝이가 쇠뚝이에게 양반들의 의막을 정해 달라고 부탁함.
전개	양반들이 쇠뚝이가 지은 돼지우리 같은 의막에 들어감.
절정	쇠뚝이가 샌님에게 자신을 아버지라 부르게 하며 조롱함.
결말	샌님이 말뚝이에게 벌을 주려다가 뇌물을 받고 풀어 줌.

✔ **한방에! 어휘풀이**

＊ **의막(依幕)**: 막사로 쓰는 천막이나 장막이라는 뜻으로, 임시로 거처하게 된 곳을 이르는 말.

＊ **사령(使令)**: 조선 시대에, 각 관아에서 심부름하던 사람.

＊ **유건(儒巾)**: 조선 시대 유생들이 쓰던 실내용 두건의 하나.

＊ **전복(戰服)**: 조선 후기에, 무관들이 입던 옷. 깃, 소매, 섶이 없고 등솔기가 허리에서부터 끝까지 트여 있다.

＊ **패랭이**: 댓개비로 엮어 만든 갓.

＊ **객지(客地)**: 자기 집을 멀리 떠나 임시로 있는 곳.

＊ **산대놀이(山臺놀이)**: 탈을 쓰고 큰길가나 빈터에 만든 무대에서 하는 복합적인 구성의 탈놀음.

＊ **사랑(舍廊)**: 집의 안채와 떨어져 있는, 바깥주인이 거처하며 손님을 접대하는 곳.

＊ **한량(閑良)**: 일정한 직업이 없이 놀고먹던 말단 양반 계층.

＊ **사당**: 조선 시대에, 무리를 지어 떠돌아다니면서 노래와 춤을 파는 여자.

＊ **세물전(貰物廛)**: 예전에, 일정한 삯을 받고 혼인이나 장사 때에 쓰는 물건을 빌려주던 가게.

01 서술상의 특징 파악하기

윗글에 대한 설명으로 적절하지 <u>않은</u> 것은?

① 서민들의 비판 의식이 반영되어 있다.

② 과장되고 해학적인 표현과 비속어가 사용되고 있다.

③ 가면을 활용하여 이중적인 주제 의식을 드러내고 있다.

④ 특별한 무대 장치 없이 인물의 말이나 행동만으로 공간과 무대 장치를 설정한다.

⑤ 무대 공간과 객석, 배우와 악사들의 공간이 구분되어 있지 않아 자유롭게 소통할 수 있다.

02 구절의 의미 파악하기

㉠~㉤에 대한 설명으로 적절하지 <u>않은</u> 것은?

① ㉠: 담배를 피울 때마저도 신분 질서를 따지는 양반들의 모습이 드러난다.

② ㉡: 양반들의 형편에 맞지 않게 큰 의막을 지었음을 알 수 있다.

③ ㉢: 의막에 들어가는 양반들을 돼지와 같은 존재로 취급하며 조롱하고 있다.

④ ㉣: 출세를 위해서는 양반들에게 잘 보여야 한다는 당시 사회상을 알 수 있다.

⑤ ㉤: 양반들의 차림새가 서민과 다를 바 없음을 드러내고 있다.

중요 **03** 작품 비교하기

[A]와 보기 의 공통적인 특징으로 적절한 것은?

보기

> 말뚝이: (가운데쯤에 나와서) 쉬이. (음악과 춤 멈춘다.) 양반 나오신다아! 양반이라고 하니까 노론, 소론,
> 호조, 병조, 옥당을 다 지내고 삼정승, 육판서를 다 지낸 퇴로 재상으로 계신 양반인 줄 알지 마시오.
> 개잘량이라는 '양' 자에 개다리소반이라는 '반' 자 쓰는 양반이 나오신단 말이오.
> 양반들: 야아, 이놈, 뭐야아!
> 말뚝이: 아, 이 양반들, 어찌 듣는지 모르갔소. 노론, 소론, 호조, 병조, 옥당을 다 지내고 삼정승, 육판서
> 다 지내고 퇴로 재상으로 계신 이 생원네 삼 형제분이 나오신다고 그리하였소.
> 양반들: (합창) 이 생원이라네. (굿거리장단으로 모두 춤을 춘다.)
>
> — 작자 미상, 〈봉산 탈춤〉

① 경제적으로 무능한 양반들의 모습을 풍자하고 있다.

② 언어유희를 통해 양반의 무지함을 폭로하며 조롱하고 있다.

③ 부패하고 부조리한 양반들의 생활상을 직접적으로 드러내고 있다.

④ 양반을 조롱한 뒤 천연덕스럽게 말을 바꿔 양반을 안심시키고 있다.

⑤ 시대 상황에 적응하지 못하는 권위적인 양반의 모습을 희화화하고 있다.

서답형 **04** 소재의 의미 파악하기

빈칸에 들어갈 말로 적절한 것을 윗글에서 찾아 2음절로 쓰시오.

> 가면극에서 등장인물이 쓰고 있는 가면은 다양한 기능을 하는데, 〈양주 별산대놀이〉에서는 풍자의
> 대상인 (   )의 부정적인 면모를 극적으로 표현하고 있다.

문제풀이

복습하기

매체

	강연에 활용된 자료
[자료 1]	¹◻◻◻ – 청중의 흥미를 유발하고, 강연의 내용을 뒷받침함.
[자료 2]	그림 – 청중으로 하여금 실험 내용에 대한 이해를 도움.
[자료 3]	도표 – 가격별 ²◻◻ 판매량을 한 번에 알아보게 함.
[자료 4], [자료 5]	사진 – ³◻◻ 가격과 준거 가격이 실생활에서 사용되는 예시를 보여 줌.

독서

1문단	간접광고의 개념과 ⁴◻◻
2문단	간접광고의 효과
3문단	간접광고의 부작용
4문단	⁵◻◻◻의 간접광고 규제 방법

문학 – 성탄제(김종길)

1~2연	어린 시절 아픈 화자의 애처로운 모습
3~4연	눈 속을 헤치고 아버지가 가져온 ⁶◻◻◻ 열매
5~6연	아버지의 희생적 사랑을 ⁷◻◻◻에 비유함.
7~8연	시간이 흘러 삭막한 도시를 살아가는 화자
9~10연	눈을 통해 떠올린 아버지의 사랑

문학 – 양주 별산대놀이(작자 미상)

작품에 나타난 양반 풍자	
양반들을 위한 의막을 ⁸◻◻◻◻로 정하고, 돼지를 몰 듯이 양반들을 대함.	담배를 피울 때도 신분을 따지는 양반을 풍자하며, 양반을 돼지와 같은 짐승에 비유함.
양반이 쓴 유건을 ⁹◻◻ 보자기에, 도령이 쓴 복건을 사당패가 쓰는 보자기에 견줌.	당시 양반 계층의 몰락으로 시대 상황에 적응하지 못하는 모습을 희화화함.
쇠뚝이가 샌님에게 자신을 ¹⁰◻◻◻라고 부르게 함.	언어유희를 통해 양반들의 무지함을 폭로하고, 자신을 ¹⁰◻◻◻라고 부른 양반에게 반말로 대답함으로써 양반을 모욕함.

정답   1 동영상   2 의류   3 단수   4 종류   5 방송사   6 산수유   7 성탄제   8 돼지우리   9 두부   10 아버지

08

Contents

08강 문법 문장의 구조 (1) 홑문장, 이어진문장

✔ 한방에! 개념정리

✔ 한방에! 핵심정리

＊문장의 종류

```
          문장
      ┌────┴────┐
    홑문장      겹문장
           ┌────┴────┐
        이어진문장   안은문장
```

＊연결 어미
어간에 붙어 다음 말에 연결하는 구실을 하는 어미

＊절
둘 이상의 어절이 모여 하나의 성분으로 쓰이는 단위. 주어와 서술어를 갖추며, 단독으로 쓰이지 못하고 더 큰 문장의 일부를 이룸.
예 나는 예쁜 꽃을 손에 쥐었다.
그녀는 시끄러운 소리를 싫어하였다.

＊주절과 종속절
• 주절: 의미의 중심을 이루는 문장
• 종속절: 주절의 의미를 제한하는 문장

＊이외의 의미 관계
• 중단/전환: '-다가'
예 손을 씻다가 단수가 되었다.
• 정도의 심화: '-ㄹ수록'
예 공부는 하면 할수록 어렵다.

1 홑문장과 겹문장

① **홑문장**: 주어와 서술어의 관계가 한 번만 나타나는 문장
예 나는 과자를 먹는다.
　　주어　　　　서술어
나는 어제 아침에 수프 한 그릇을 먹었다.
주어　　　　　　　　　　　　　　서술어
② **겹문장**: 주어와 서술어의 관계가 두 번 이상 나타나는 문장
예 (이어진문장)　나는 과자를 먹고, 동생은 아이스크림을 먹는다.
　　　　　　　　주어 ①　　　서술어 ① 주어 ②　　　　　서술어 ②
(안은문장)　나는 [친구가 구워 준] 과자를 먹는다.
　　　　　　주어 ①　주어 ② 서술어 ②　　서술어 ①

2 이어진문장

① **개념**: 둘 이상의 홑문장이 앞 절과 뒤 절의 관계에 따라 나란히 이어지는 문장
② **특징**
• 연결 어미로 두 문장이 이어질 경우 반복되는 요소는 생략함.
• 앞 절과 뒤 절의 관계에 따라 대등하게 이어진문장과 종속적으로 이어진문장으로 구분함.

3 대등하게 이어진문장

① **개념**: 앞 절과 뒤 절의 의미 관계가 대등하게 이어지는 문장
② **특징**
• 앞 절과 뒤 절의 순서를 바꾸어도 의미상 큰 차이가 없음.
• 앞 절과 뒤 절의 서술어가 같으면 앞 문장의 서술어를 생략할 수 있음.
③ **종류**

의미 관계	연결 어미	예
나열	-고, -(으)며	나는 춤을 추며 노래를 불렀다.
대조	-(으)나, -지만	나는 키가 크지만 동생은 키가 작다.
선택	-거나, -든지	숲에 가든지, 바다에 가든지 하자.

4 종속적으로 이어진문장

① **개념**: 앞 절과 뒤 절의 의미 관계가 종속적으로 이어지는 문장
② **특징**
• 앞 절과 뒤 절의 순서를 바꾸면 의미가 통하지 않거나 달라짐.
• 앞 절과 뒤 절의 서술어가 같아도 앞 문장의 서술어를 생략할 수 없는 경우가 있음.
③ **종류**

의미 관계	연결 어미	예
원인	-(으)니, -아서/어서, -(으)므로	날이 추워서 옷을 따뜻하게 입었다.
조건	-(으)면, -거든	주말이 되면 집에서 쉬어야겠다.
목적/의도	-(으)러, -(으)려고	지각하지 않으려고 일찍 일어났다.
양보	-(으)ㄹ지라도, -아도/어도	속이 상할지라도 친구의 행복을 축하해 주어야 한다.
배경/상황	-는데	잠을 자려는데 모기 소리를 들었다.

01 대등하게 이어진문장 이해하기

다음 중 대등하게 이어진문장과 그 의미 관계가 적절하게 연결되지 <u>않은</u> 것은?

① 봄이 가고 여름이 왔다. – 나열

② 옷을 입거나 양말을 신어라. – 선택

③ 나는 동생을 깨우며 나갈 준비를 했다. – 나열

④ 나는 우유를 마셨지만 엄마는 커피를 마셨다. – 선택

⑤ 오늘은 맑았으나 내일은 비가 올 예정입니다. – 대조

중요 **02** 이어진문장의 의미 관계 파악하기

보기 와 같은 의미 관계가 나타나는 문장으로 적절한 것은?

> 보기
>
> 고기를 잡고자 하거든 돌아가 그물을 떠라.

① 낫 놓고 기역 자도 모른다.　　　　　② 사공이 많으면 배가 산으로 간다.

③ 구슬이 서 말이라도 꿰어야 보배다.　④ 바위를 베개 삼고 가랑잎을 이불로 삼는다.

⑤ 떡 줄 사람은 꿈도 안 꾸는데 김칫국부터 마신다.

중요 **03** 이어진문장의 분류 기준 이해하기

보기 의 ㉠에 들어갈 내용으로 적절한 것은?

> 보기
>
>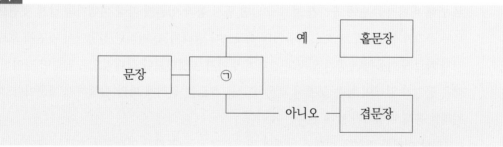

① 주절의 의미를 제한하는가?　　　　　② 주성분으로만 이루어져 있는가?

③ 앞 절과 뒤 절의 의미 관계가 대등한가?　④ 앞 절과 뒤 절의 서술어를 생략할 수 있는가?

⑤ 주어와 서술어의 관계가 한 번만 나타나는가?

서답형 **04** 종속적으로 이어진문장의 의미 관계 이해하기

다음은 보기 의 문장에 대한 설명이다. 빈칸에 들어갈 말로 적절한 의미 관계를 차례대로 쓰시오.

> 보기
>
> 호랑이에게 ⓐ 물려가도 ⓑ 정신만 차리면 산다.

> 〈보기〉는 종속적으로 이어진문장으로 ⓐ는 (　　　　), ⓑ는 (　　　　)의 의미를 나타내는 연결 어미가 사용되었다.

문제풀이

08강 양력을 일으키는 원인

| 정답 및 해설 | 52쪽

한방에! 개념정리

한방에! 핵심정리

주제	베르누이의 원리에 따른 양력 형성 과정
해제	이 글은 비행기의 양력을 형성하는 원리 중 하나인 베르누이의 원리를 설명하고 있다. 베르누이의 원리란 유속이 빨라질수록 압력이 감소하고, 반대로 유속이 느려지면 압력이 증가한다는 원리로, 아랫면보다 윗면이 긴 비행기 날개의 구조에 따라 윗면의 공기가 빠르게 이동하여 압력이 감소하여 양력이 발생한다는 것이다. 양력이 발생하기 위해서는 추력이 있어야 하므로 비행기는 엔진이나 프로펠러를 이용해 추력을 발생시킨다. 그러나 미국 항공 우주국은 이러한 베르누이 원리에 대한 오류를 입증하였으며, 이로 인해 뉴턴의 작용 반작용 법칙이 양력을 일으키는 이론으로 주목받고 있다.

문단 중심 내용

1문단	비행기에 작용하는 네 가지의 힘
2문단	베르누이의 원리와 동시 통과 이론
3문단	베르누이의 원리에 따른 비행기의 양력 형성 과정
4문단	동시 통과 이론의 오류
5문단	작용 반작용 법칙에 따른 비행기의 양력 형성 과정

※ 다음 글을 읽고 물음에 답하시오.

무거운 비행기가 어떻게 하늘을 날 수 있을까? 이를 알기 위해서는 비행기에 작용하는 네 가지의 힘을 알아야 한다. 먼저 물체를 아래에서 위로 뜨게 하는 힘인 양력, 물체를 뒤로 당기는 힘인 항력, 물체를 앞으로 가게 하는 추력, 그리고 물체를 지상 등 아래로 당기는 중력이 있다. 비행기가 하늘로 오르기 위해서는 중력보다 양력이 커야 하는데, 이때 양력이 발생하는 원인으로는 ㉠ 베르누이의 원리가 가장 설득력 있는 이론으로 알려져 있다.

[A]

베르누이의 원리는 기체나 액체가 흐르는 속도, 즉 유속이 빨라지면 그 부분의 압력이 감소하고 유속이 느려지면 압력이 증가한다는 것이다. 이 원리가 비행기에 적용되기 위해선 먼저 '동시 통과 이론'이 전제가 되어야 한다. 동시 통과 이론은 비행기의 날개 윗면으로 흐르는 공기와 아랫면으로 흐르는 공기가 날개를 동시에 통과하기 때문에 상대적으로 길이가 더 긴 비행기 윗면에 흐르는 공기의 속력이 아랫면에 흐르는 공기의 속력보다 빠르다는 것이다.

이를 비행기에 적용해보자. 비행기 날개의 윗면은 불룩하게 되어 있어 아랫면보다 윗면이 더 길다. 먼저 양력을 발생시키기 위해선 공기가 흘러야 하는데, 일반적으로 바람은 비행기를 띄울 정도로 불지 않으므로 엔진이나 프로펠러를 이용해 비행기를 앞으로 이동시키는 추력을 발생시켜야 한다. 이렇게 비행기가 앞으로 나가면서 생기는 바람을 '상대풍'이라고 한다. 비행기가 이륙하기 위해 활주로를 빠른 속도로 달려가는 이유가 이 때문이다. 이렇게 발생한 추력으로 인해 비행기 주변에 공기가 흐르게 되면 동시 통과 이론에 따라 비행기의 날개 윗면으로 흐르는 공기가 아랫면으로 흐르는 공기의 속도보다 빨라지고, 이러한 상황에서 윗면에 흐르는 공기가 빠르게 이동하면 공기 입자의 간격이 멀어져 아랫면보다 상대적으로 압력이 낮아진다. 양력은 공기가 압력이 높은 곳에서 낮은 곳으로 흐르는 원리에 따라 발생하기 때문이다. 이러한 원리를 통해 비행기가 날게 된다는 것이다.

그러나 이러한 가설은 비행기 날개의 윗면을 흐르는 공기가 아랫면을 흐르는 공기보다 더 빨리 날개를 흘러 지나가는 것은 맞으나, 두 공기가 만나지는 않는다는 미국 항공 우주국의 반박에 의해 오류임이 밝혀졌다. 그러나 베르누이의 원리가 밝혀낸 압력 차이에 의해 양력이 발생한다는 점은 여전히 유효하다.

어떤 물체가 다른 물체에 힘을 작용했다면, 그 다른 물체 또한 어떤 물체에 반대 방향으로 같은 힘을 작용한다는 뉴턴의 ㉡ 작용 반작용 법칙 역시 양력을 일으키는 원리에 대한 설득력 있는 이론 중 하나이다. 우주로 쏘아 올리는 로켓의 추진체가 아래로 분사되면 그 반작용으로 인해 로켓이 위로 떠오르게 되는 것이 바로 작용 반작용 법칙 때문이다. 비행기의 날개는 보통 앞부분이 들린 형태이므로 이로 인해 날개의 윗면으로 흐르는 공기는 그 면을 따라 위로 올라가는 상승 기류를 형성했다가 다시 아래로 내려가는 하강 기류를 형성한다. 이때 하강 기류가 만드는 힘에 대한 반작용으로 힘이 작용해 양력이 형성되는 것이다.

01 핵심 내용 이해하기

윗글에 대한 이해로 적절하지 <u>않은</u> 것은?

① 비행기에서 추력과 항력은 반대 방향으로 작용한다.

② 하강 기류가 형성하는 힘이 클수록 양력은 작아진다.

③ 미국 항공 우주국은 동시 통과 이론이 적절하지 않다고 보았다.

④ 로켓은 추진체가 분사되는 힘과 동일한 크기의 양력을 통해 떠오른다.

⑤ 비행기의 상승 기류와 하강 기류가 만들어지는 원인은 날개의 형태와 관련 있다.

02 세부 내용 파악하기

㉠에 대한 이해로 적절하지 <u>않은</u> 것은?

① 상대풍이 없다고 가정할 경우 비행기는 이륙할 수 없다.

② 비행기에 추력이 발생하기 위해서는 장치를 활용해야 한다.

③ 공기의 이동 속도가 느릴수록 공기 입자의 간격은 멀어진다.

④ 비행기 날개의 윗면과 아랫면의 길이 차이는 압력 차를 일으킨다.

⑤ 비행기에 양력이 생기는 원리는 비행기 날개의 형태와 관련 있다.

중요 03 특정 이론에 적용하기

[A]를 바탕으로 보기 의 빈칸에 들어갈 말로 가장 적절한 것은?

보기

> 선생님 : 부력은 물체의 위·아래에 작용하는 액체 또는 기체 즉, 유체의 압력의 차이에서 발생합니다. 따라서 유체의 흐름과 관계없이 물 위로 물체를 띄우는 부력은 항상 작용합니다. 이를 통해 알 수 있는 부력과 양력의 차이는 무엇일까요?
>
> 학생 : _____

① 부력은 파도가 칠 때에는 형성되지 않지만, 양력은 바람이 불 때 형성됩니다.

② 부력은 추력이 없어도 발생하지만, 양력은 추력이 없으면 발생하지 않습니다.

③ 부력은 공기의 압력과 무관하지만, 양력은 공기의 압력 차이에 의해 발생합니다.

④ 부력은 중력과 동일한 방향으로 작용하지만, 양력은 중력과 반대 방향으로 작용합니다.

⑤ 부력은 배가 물 위에 떠 있는 이유를 알려주지만, 양력은 비행기가 앞으로 나아가는 이유를 알려줍니다.

서답형 04 세부 내용 파악하기

다음은 ㉡을 통한 양력의 형성 과정이다. 빈칸에 들어갈 말로 적절한 것을 차례대로 쓰시오.

> (상승 / 하강) 기류를 형성했다가 (상승 / 하강) 기류를 형성하는 과정에서 (상승 / 하강) 기류가 만드는 힘에 대한 반작용으로 힘이 작용해 양력이 형성된다.

문제풀이

08강

만보 _ 이황

| 정답 및 해설 | 53쪽

갈래	한시
성격	사색적, 자아 성찰적
주제	소망한 바를 이루지 못한 것에 대한 회한과 성찰
특징	① 독백적 어조를 사용하여 자신의 삶을 성찰함. ② 자연과 화자 자신을 대조하여 시상을 전개함.
해제	이 작품은 가을날 해 질 녘에 수확의 기쁨에 들떠 있는 사람들과 풍요로운 자연의 모습을 보며 학문적 숙원을 이루지 못한 화자의 삶을 반성하는 한시이다. 작품의 시간적 배경인 가을은 만물이 결실을 맺는 계절로, 화자의 삶과 대조를 이루면서 작품의 주제를 강조하는 기능을 한다. 즉, 화자는 수확과 결실의 계절의 정경을 바라보면서도 정작 자신은 학문적 성취감을 느끼지 못하고 그 숙원이 풀리지 않은 것에 대한 답답함을 느끼고 있다.

※ 다음 글을 읽고 물음에 답하시오.

잊기를 자주 하여 **어지러이 뽑아 놓은 책들**	苦忘亂抽書	(고망난추서)
흩어진 걸 다시 또 정리하자니	散亂還復整	(산난환복정)
해는 문득 서쪽으로 기울고	曜靈忽西頹	(요령홀서퇴)
강 위에 숲 그림자 흔들린다.	江光搖林影	(강광요림영)
막대 짚고 **마당** 가운데 내려서서	扶筇下中庭	(부공하중정)
고개 들어 구름 낀 고개 바라보니	矯首望雲嶺	(교수망운령)
아득히 밥 짓는 연기가 피어나고	漠漠炊烟生	(막막취연생)
쓸쓸히 들판은 서늘하구나.	蕭蕭原野冷	(소소원야랭)
농삿집 **가을걷이*** 가까워지니	田家近秋穫	(전가근추확)
절구질 우물가에 기쁜 빛 돌아	喜色動臼井	(희색동구정)
갈까마귀 돌아오니 절기가 무르익고	鴉還天機熟	(아환천기숙)
해오라기 서 있는 모습 우뚝하고 훤하다.	鷺立風標逈	(로입풍표형)
내 인생은 홀로 무얼 하는 것인지	我生獨何爲	(아생독하위)
숙원*이 오래도록 풀리질 않네.	宿願久相梗	(숙원구상경)
이 **회포*** 털어놓을 사람 아무도 없어	無人語此懷	(무인어차회)
거문고만 둥둥 탄다, 고요한 밤에.	瑤琴彈夜靜	(요금탄야정)

– 이황, 〈만보*〉 –

* **가을걷이**: 가을에 익은 곡식을 거두어들임.
* **숙원(宿願)**: 오래전부터 품어 온 염원이나 소망.
* **회포(懷抱)**: 마음속에 품은 생각이나 정.
* **만보(漫步)**: 한가롭게 슬슬 걷는 걸음.

01 표현상의 특징 이해하기

윗글에 대한 설명으로 적절한 것은?

① 동일한 시구를 반복하여 운율을 형성하고 있다.
② 말을 건네는 형식을 통해 읽는 이의 공감을 유도하고 있다.
③ 비유적 표현을 통해 대상의 이미지를 선명하게 드러내고 있다.
④ 색채 이미지를 활용하여 화자의 상황을 효과적으로 나타내고 있다.
⑤ 경치를 묘사한 뒤 자신의 감정을 드러내는 방식으로 시상을 전개하고 있다.

02 시어의 의미 파악하기

윗글을 감상한 내용으로 적절하지 않은 것은?

① '어지러이 뽑아 놓은 책들'은 화자의 '숙원'과 관련된 소재겠군.
② '마당'은 화자가 자신의 처지와 풍요로운 자연의 모습을 대조하는 공간이겠군.
③ '절구질 우물가에 기쁜 빛'이 도는 것은 '가을걷이'하는 사람들의 기쁨을 의미하는군.
④ '갈까마귀'와 '해오라기'는 화자와 처지와 상반되는 소재로, 화자의 감정이 이입된 소재이군.
⑤ '거문고'를 타는 것은 '회포'를 '털어놓'지 못한 화자의 심정을 표출한 행위라고 볼 수 있군.

중요 03 작품 비교하기

윗글과 [보기]의 공통점으로 적절하지 않은 것은?

> [보기]
>
> 쓸쓸한 가을바람에 괴로워 읊조린다.
> 이 세상 뉘라서 내 마음을 알아주리.
> 창밖에는 밤 깊도록 비만 내리는데
> 등불 앞에 마음은 만 리 밖을 내닫네.
>
> — 최치원, 〈추야우중〉

① 화자가 자연물을 통해 애상과 회한을 느끼고 있다.
② 시간적 배경을 통해 화자의 심정을 드러내고 있다.
③ 화자가 고뇌하는 원인이 작품에 직접적으로 드러나고 있다.
④ 자신을 알아주지 않는 세상에 대한 작가의 비판을 드러내고 있다.
⑤ 가을을 계절적 배경으로 설정하여 작품의 분위기를 강조하고 있다.

서답형 04 시구의 의미 파악하기

문제풀이

윗글에서 저녁 무렵 마을의 평화롭고 풍요로운 분위기를 형성하는 시구를 찾아 3어절로 쓰시오.

08 강

당신이 나무를 더 사랑하는 까닭 _ 신영복

✔ 한방에! 개념정리

✔ 한방에! 핵심정리

갈래	수필
성격	비판적, 사색적
주제	① 소나무처럼 살아가는 삶의 자세의 필요성 ② 무차별적인 소비와 무한 경쟁의 논리가 지배하는 현대 사회에 대한 비판
특징	① 자연에서 얻은 깨달음을 인간의 문제로 확장함. ② '당신'에게 보내는 편지글 형식을 통해 독자와 상호 작용함. ③ 구체적인 체험을 바탕으로 현대인의 삶에 대한 성찰과 비판적 인식을 보여 줌.
해제	이 작품은 글쓴이가 소나무를 바라보며 무한 경쟁의 논리와 무차별적 소비만을 추구하는 현대인의 삶을 비판하는 동시에 그 대안을 제시하고 있는 수필이다. 글쓴이는 '당신'에게 편지를 보내는 형식을 취하여 읽는 이에게 친근감을 형성하며, 자연에서 얻은 깨달음을 인간의 삶으로 확장하여 살펴보고, 자연과 인간을 아우르는 이 세계를 살아가는 바람직한 삶의 자세에 대한 깊이 있는 성찰이 드러난다.

※ 다음 글을 읽고 물음에 답하시오.

　오늘은 당신이 가르쳐 준 태백산맥 속의 소광리 소나무 숲에서 이 엽서를 띄웁니다. 아침 햇살에 빛나는 소나무 숲에 들어서니 당신이 사람보다 나무를 더 사랑하는 까닭을 알 것 같습니다. 200년, 300년, 더러는 500년의 풍상*을 겪은 소나무들이 골짜기에 가득합니다. 그 긴 세월을 온전히 바위 위에서 버티어 온 것에 이르러서는 차라리 경이*였습니다. 바쁘게 뛰어다니는 우리들과는 달리 오직 '신발 한 켤레의 토지'에 서서 이처럼 우람할 수 있다는 것이 충격이고 경이였습니다. 생각하면 소나무보다 훨씬 더 많은 것을 소비하면서도 무엇 하나 변변히 이루어 내지 못하고 있는 나에게 ㉠ 소광리의 솔숲은 마치 회초리를 들고 기다리는 엄한 스승 같았습니다.

　어젯밤 별 한 개 쳐다볼 때마다 100원씩 내라던 당신의 말이 생각납니다. 오늘은 소나무 한 그루 만져 볼 때마다 돈을 내야겠지요. 사실 서울에서는 그보다 못한 것을 그보다 비싼 값을 치르며 살아가고 있다는 생각이 듭니다. 언젠가 경복궁 복원 공사 현장에 가 본 적이 있습니다. 일제가 파괴하고 변형시킨 조선 정궁의 기본 궁제*를 되찾는 일이 당연하다고 생각하였습니다. 그러나 막상 오늘 이곳 소광리 소나무 숲에 와서는 그러한 생각을 반성하게 됩니다. 경복궁의 복원에 소요되는 나무가 원목으로 200만 재, 11톤 트럭으로 500대라는 엄청난 양이라고 합니다. 소나무가 없어져 가고 있는 지금에 와서도 기어이 소나무로 복원한다는 것이 무리한 고집이라고 생각됩니다. 수많은 소나무들이 베어져 눕혀진 광경이라니 감히 상상할 수가 없습니다. 그것은 이를테면 고난에 찬 몇백만 년의 세월을 잘라 내는 것이나 마찬가지입니다.

　우리가 생각 없이 잘라 내고 있는 것이 어찌 소나무만이겠습니까. 없어도 되는 물건을 만들기 위하여 없어서는 안 될 것들을 마구 잘라 내고 있는가 하면 아예 사람을 잘라 내는 일마저 서슴지 않는 것이 우리의 현실이기 때문입니다. 우리가 살고 있는 이 지구 위의 유일한 생산자는 식물이라던 당신의 말이 생각납니다. 동물은 완벽한 소비자입니다. 그중에서도 최대의 소비자가 바로 사람입니다. ㉡ 사람들의 생산이란 고작 식물들이 만들어 좋은 것이나 땅속에 묻힌 것을 파내어 소비하는 것에 지나지 않습니다. 쌀로 밥을 짓는 일을 두고 밥의 생산이라고 할 수 없는 것이나 마찬가지입니다. 생산의 주체가 아니라 소비의 주체이며 급기야는 소비의 객체로 전락되고 있는 것이 바로 사람입니다. 자연을 오로지 생산의 요소로 규정하는* 경제학의 폭력성이 이 소광리에서만큼 분명하게 부각되는 것이 달리 없을 듯합니다.

　산판일*을 하는 사람들은 큰 나무를 베어 낸 그루터기*에 올라서지 않는 것이 불문율*로 되어 있다고 합니다. 잘린 부분에서 올라오는 나무의 노기*가 사람을 해치기 때문입니다. ㉢ 어찌 노하는 것이 소나무뿐이겠습니까. 온 산천의 아우성이 들리는 듯합니다. 당신의 말처럼 소나무는 우리의 삶과 가장 가까운 자리에서 우리와 함께 풍상을 겪어 온 혈육 같은 나무입니다. 사람이 태어나면 금줄에 솔가지를 꽂아 부정*을 물리고 사람이 죽으면 소나무 관 속에 누워 솔밭에 묻히는 것이 우리의 일생이라 하였습니다. 그리고 그 무덤 속의 한을 달래 주는 것이 바로 은은한 솔바람입니다. 솔바람뿐만이 아니라 솔빛, 솔향 등 어느 것 하나 우리의 정서 깊숙이 들어와 있지 않은 것이 없습니다. 더구나 소나무는 고절*의 상징으로 우리의 정신을 지탱하는 기둥이 되고 있습니다. 금강송의 곧은 둥치*에서뿐만 아니라 암석지의 굽고 뒤틀린 나무에서도 우리는 곧은 지조*를 읽어 낼 줄 압니다. 오늘날의 상품 미학*과는 전혀 다른 미학을 우리는 일찍부터 가꾸어 놓고 있었습니다.

나는 문득 당신이 진정 사랑하는 것이 소나무가 아니라 소나무 같은 '사람'이라는 생각이 들었습니다. 메마른 땅을 지키고 있는 수많은 사람들이라는 생각이 들었습니다. 문득 지금쯤 서울 거리의 자동차 속에 앉아 있을 당신을 생각했습니다. 그리고 외딴섬에 갇혀 목말라하는 남산의 소나무들을 생각했습니다. 남산의 소나무가 이제는 더 이상 살아남기를 포기하고 자손들이나 기르겠다는 체념으로 무수한 솔방울을 달고 있다는 당신의 이야기는 우리를 슬프게 합니다. 더구나 그 솔방울들이 싹을 키울 땅마저 황폐해 버렸다는 사실이 우리를 더욱 암담하게 합니다. ㉣ 그러나 그보다 더 무서운 것이 아카시아와 활엽수*의 침습*이라니 놀라지 않을 수 없습니다. 척박한 땅을 겨우겨우 가꾸어 놓으면 이내 다른 경쟁수들이 쳐들어와 소나무를 몰아내고 만다는 것입니다. 무한 경쟁의 비정한 논리가 뻗어 오지 않는 곳이 없습니다.

㉤ 나는 마치 꾸중 듣고 집 나오는 아이처럼 산을 나왔습니다. 솔방울 한 개를 주워 들고 내려오면서 생각하였습니다. 거인에게 잡아먹힌 소년이 솔방울을 손에 쥐고 있었기 때문에 다시 소생했다는* 신화를 생각하였습니다. 당신이 나무를 사랑한다면 솔방울도 사랑해야 합니다. 무수한 솔방울들의 끈질긴 저력*을 신뢰해야 합니다.

언젠가 붓글씨로 써 드렸던 글귀를 엽서 끝에 적습니다.

[A]
"처음으로 쇠가 만들어졌을 때 세상의 모든 나무들이 두려움에 떨었다. 그러나 어느 생각 깊은 나무가 말했다. 두려워할 것 없다. 우리들이 자루가 되어 주지 않는 한 쇠는 결코 우리를 해칠 수 없는 법이다."

– 신영복, 〈당신이 나무를 더 사랑하는 까닭〉

✔ 한방에! 작가소개

신영복(1941~2016)
서울대학교 경제학과를 졸업하고 대학에서 경제학 강사를 하다 1968년 통일혁명당 사건으로 인해 무기 징역을 선고받아 20년 동안 수형 생활을 하였다. 교도소에 있을 때 가족들에게 보낸 서간을 엮은 책인 <감옥으로부터의 사색> 출간을 계기로 다양한 사람들과 우리 시대의 삶과 희망에 대해 소통하였다.

교과서에 수록된 작가의 다른 작품

〈어리석은 자의 우직함이 세상을 바꿔 갑니다〉	세상을 바꿔 가는 힘은 현명한 사람들이 추구하는 편안함이나 세상과의 타협이 아니라 어리석은 자가 가지고 있는 불편함과 세상을 자기에게 맞추려는 그의 우직함에서 나온다는 내용의 수필
〈비극은 그 아픔을 정직한 진실로 이끌어 줍니다〉	신사임당과 허난설헌의 삶을 비교함으로써 시대의 모순에 희생된 인물의 삶이 주는 교훈과 가치에 맞는 삶을 살아야 한다는 내용의 수필

구성

처음	엄한 스승 같은 소광리 소나무 숲에서의 경험과 깨달음을 담아 '당신'에게 엽서를 띄움.
중간	이기적으로 무차별적인 소비를 하는 인간의 행태에 대해 성찰하고, 무한 경쟁의 비정한 논리가 지배하는 현실을 비판함.
끝	솔방울 한 개를 주워 들고 산을 내려오면서 문명의 폭력성에 대응하는 삶의 자세에 대해 생각함.

✔ 한방에! 어휘풀이

★ 풍상(風霜): 바람과 서리를 아울러 이르는 말. 많이 겪은 세상의 어려움과 고생을 비유적으로 이르는 말.
★ 경이(驚異): 놀랍고 신기하게 여김. 또는 그럴 만한 일.
★ 궁제(宮制): 궁궐의 형태.
★ 규정하다(規定하다): 규칙으로 정하다.
★ 산판일(山坂일): 산판(산의 일대)에서 나무를 베는 따위의 일.
★ 그루터기: 풀이나 나무 따위의 아랫동아리. 또는 그것들을 베고 남은 아랫동아리.
★ 불문율(不文律): 문서의 형식을 갖추지 않은 법.
★ 노기(怒氣): 성난 얼굴빛. 또는 그런 기색이나 기세.
★ 부정(不淨): 사람이 죽는 따위의 불길한 일.
★ 고절(孤節): 홀로 깨끗하게 지키는 절개.
★ 둥치: 큰 나무의 밑동.
★ 지조(志操): 원칙과 신념을 굽히지 아니하고 끝까지 지켜 나가는 꼿꼿한 의지. 또는 그런 기개.
★ 미학(美學): 자연이나 인생 및 예술 따위에 담긴 미의 본질과 구조를 해명하는 학문.
★ 활엽수(闊葉樹): 잎이 넓은 나무의 종류.
★ 침습(侵襲): 갑자기 침범하여 공격함.
★ 소생하다(蘇生하다): 거의 죽어 가다가 다시 살아나다.
★ 저력(底力): 속에 간직하고 있는 든든한 힘.

8강

01 구절의 의미 파악하기

㉠~㉤에 대한 설명으로 적절하지 않은 것은?

① ㉠: 소나무보다 더 많은 것을 소비하면서도 무엇 하나 변변히 이루어 내지 못한 자신을 반성하고 있다.

② ㉡: 사람들의 생산 능력이 식물보다 뒤떨어진다는 겸손을 드러내고 있다.

③ ㉢: 인간의 폭력성이 나무뿐만 아니라 자연 전체로 확대되고 있음을 의미한다.

④ ㉣: 비정한 경쟁의 논리가 자연에까지 확산되고 있음을 비판하고 있다.

⑤ ㉤: 산에서 현실의 문제점에 대한 깨달음을 얻고 깊이 반성했음을 알 수 있다.

02 작품의 내용 이해하기

[A]에 대한 반응으로 적절하지 않은 것은?

① '생각 깊은 나무'는 글쓴이가 말하고자 하는 바를 집약적으로 전달해주는군.

② '나무'는 쇠가 해칠 수 있는 대상이면서 다른 것들을 해치는 수단이 될 수도 있군.

③ '쇠'는 언젠가 '나무'가 '자루'가 될 것이라는 희망을 가지고 끊임없이 노력하는 존재이군.

④ '나무'들이 '쇠'를 두려워 한 이유는 '쇠'가 도끼가 되어 자신들을 베어 낼 것이라 생각했기 때문이겠군.

⑤ '나무'를 인간으로, '쇠'를 폭력으로 본다면 '자루'는 인간 스스로 폭력을 휘두르게 하는 도구라고 볼 수 있겠군.

중요 03 작품 비교하기

윗글과 보기 를 비교한 내용으로 적절하지 않은 것은?

> **보기**
>
> 나무는 덕을 지녔다. 나무는 주어진 분수에 만족할 줄 안다. 나무로 태어난 것을 탓하지 아니하고, 왜 여기 놓이고 저기 놓이지 않았는가를 탓하지 아니한다. 골짜기에 내려서면 물이 좋을까 하여, 새로운 자리를 엿보는 일도 없다. 물과 흙과 태양의 아들로, 물과 흙과 태양이 주는 대로 받고, 득박과 불만족을 말하지 아니한다. 이웃 친구의 처지에 눈떠 보는 일도 없다. 소나무는 소나무대로 스스로 족하고, 진달래는 진달래대로 스스로 족하다.
>
> – 이양하, 〈나무〉

① 윗글과 〈보기〉 모두 나무를 의인화하여 표현함으로써 주제를 강조하고 있다.

② 윗글과 〈보기〉 모두 나무를 통해 글쓴이가 바라는 이상세계를 제시하고 있다.

③ 윗글은 〈보기〉와 달리 나무와 관련된 일화를 중심으로 주제를 형상화하고 있다.

④ 윗글은 〈보기〉와 달리 타인의 말을 인용하여 읽는 이로 하여금 친근감을 느끼게 하고 있다.

⑤ 〈보기〉는 윗글과 달리 비슷한 문장을 반복적으로 사용함으로써 나무의 특성을 예찬하고 있다.

★ 득박(得薄): 자신에게 주어진 것이 적음.

서답형 04 작품의 내용 파악하기

다음은 솔방울에 대한 '당신'과 '나'의 생각이다. ⓐ, ⓑ에 들어갈 말로 적절한 것을 윗글에서 찾아 차례대로 쓰시오.

(단, ⓐ, ⓑ 모두 2음절로 쓸 것.)

당신	나
더 이상 살아남기를 포기한 소나무의 (ⓐ)	거인에게 잡아먹힌 소년을 소생하게 한 끈질긴 (ⓑ)

문제풀이

복습하기

문법

이어진문장

• 대등하게 이어진문장

의미 관계	연결 어미	예
¹☐☐	-고, -(으)며	나는 춤을 추며 노래를 불렀다.
대조	-(으)나, -지만	나는 키가 크지만 동생은 키가 작다.
선택	-거나, -든지	숲에 가든지, 바다에 가든지 하자.

• 종속적으로 이어진문장

의미 관계	연결 어미	예
원인	-(으)니, -아서/어서, -(으)므로	날이 추워서 옷을 따뜻하게 입었다.
조건	-(으)면, -거든	주말이 되면 집에서 쉬어야겠다.
²☐☐	-(으)ㄹ지라도, -아도/어도	속이 상할지라도 친구의 행복을 축하해 주어야 한다.

독서

1문단	비행기에 작용하는 네 가지의 힘	4문단	동시 통과 이론의 오류
2문단	³☐☐☐☐ 의 원리와 동시 통과 이론	5문단	⁵☐☐☐☐☐ 법칙에 따른 비행기의 ⁴☐☐ 형성 과정
3문단	³☐☐☐☐ 의 원리에 따른 비행기의 ⁴☐☐ 형성 과정		

문학 – 만보(이황)

1~4행	흩어진 ⁶☐ 들을 정리하며 하루를 보냄.	9~12행	수확의 기쁨을 만끽하는 사람들과 풍요로운 자연의 모습
5~8행	가을 ⁷☐☐ 과 마을의 풍경	13~16행	학문적 ⁸☐☐ 을 이루지 못한 자신에 대한 회한

문학 – 당신이 나무를 더 사랑하는 까닭(신영복)

⁹☐☐☐ 소나무	⇔	우리들
긴 세월 동안 오직 '신발 한 켤레의 토지'에서 우람한 자태를 이루어 냄.		바쁘게 뛰어다니면서도 이루어 내는 것이 별로 없음.

⬇

글쓴이의 성찰
소나무보다 훨씬 더 많은 것을 ¹⁰☐☐ 하면서도 무엇 하나 변변히 이루어 내지 못한 글쓴이의 삶을 성찰함.

정답	1 나열 　 2 양보 　 3 베르누이 　 4 양력 　 5 작용 반작용 　 6 책 　 7 들판 　 8 숙원 　 9 소광리 　 10 소비

09

Contents

09강 문법 문장의 구조 (2) 안은문장과 안긴문장

✔ 한방에! 개념정리

✔ 한방에! 핵심정리

1 안은문장과 안긴문장

① 안은문장: 하나의 홑문장이 다른 홑문장을 문장 성분처럼 안고 있는 문장
② 안긴문장: 안은문장 속에 절의 형식으로 포함되어 있는 문장

```
┌──────────────── 안은문장 ────────────────┐
          ┌──────── 안긴문장 ────────┐
주어  +   │    주어  +  서술어    │   + 서술어
          └───────────────────────┘
```

2 안은문장의 종류

① 명사절을 안은문장

개념	문장에서 주어, 목적어, 관형어, 부사어 등으로 명사처럼 기능하는 절을 안은 문장
절 표지	명사형 어미 '-(으)ㅁ, -기'
예	그 집 아들이 범인임이 밝혀졌다.

② 관형절을 안은문장

개념	문장에서 관형어로 기능하는 절을 안은 문장
절 표지	관형사형 어미 '-(으)ㄴ, -는, -(으)ㄹ, -던'
예	이것은 선생님이 주신 사탕이다.

③ 부사절을 안은문장

개념	문장에서 부사어로 기능하는 절을 안은 문장
절 표지	부사 파생 접미사 '-이', 부사형 어미 '-게, -도록, -아/어, -(아/어)서'
예	나는 땀이 나도록 뛰었다.

④ 서술절을 안은문장

개념	문장에서 절 전체가 서술어로 기능하는 절을 안은 문장
절 표지	없음(한 문장에 주어가 두 개 있는 것처럼 보임).
예	동생은 눈이 크다.

⑤ 인용절을 안은문장

개념	화자 또는 타인의 남의 말이나 생각을 인용한 문장을 절의 형태로 안은 문장
절 표지	직접 인용 '(이)라고', 간접 인용 '고'
예	친구가 "영화는 언제 봐?"라고 물어보았다. 친구가 영화는 언제 보냐고 물어보았다.

＊ 관계 관형절과 동격 관형절

• **관계 관형절**: 수식을 받는 체언이 관형절의 한 성분이 되는 관형절로, 문장 성분 중의 하나가 생략됨.
　예 내가 산 책은 매우 재밌다.
　　→ '내가 책을 샀다.' +
　　　'책은 매우 재밌다.'

• **동격 관형절**: 수식을 받는 체언의 내용이 되는 관형절로, 문장 성분이 생략되지 않음.
　예 네가 책을 샀다는 말을 들었다.
　　→ '네가 책을 샀다.' = 말

＊ 서술절을 안은문장의 주어 구분

서술절을 안은문장은 앞에 있는 주어가 전체 문장의 주어이고, 뒤에 있는 주어가 서술절의 주어임.

　　　　　┌ 서술절의 주어
예 고래는 몸집이 크다.
　　└ 전체 문장의 주어

＊ 간접 인용절의 종결 어미

평서문	'-다고' 예 본다고
의문문	'-냐고' 예 보냐고
청유문	'-자고' 예 보자고
명령문	'-라고' 예 보라고

01 안은문장의 개념 이해하기

다음 중 안은문장의 종류가 적절하게 연결되지 <u>않은</u> 것은?

① 민주는 항상 성격이 밝다. - 서술절
② 어느새 눈이 소리도 없이 쌓였다. - 명사절
③ 지희는 동생이 읽은 책을 정리했다. - 관형절
④ 그는 어제 범인을 목격했다고 진술했다. - 인용절
⑤ 삼촌은 밤이 새도록 축구 경기를 보았다. - 부사절

중요 **02** 안은문장의 종류 파악하기

보기 에서 밑줄 친 부분과 같은 종류의 안긴문장이 포함된 문장으로 적절한 것은?

보기

> <u>할머니가 돌아가신</u> 작년 여름엔 유난히 비가 많이 내렸다.

① 북극고래는 거북이만큼 수명이 길다.
② 아버지께서는 말씀도 없이 신문만 읽고 계셨다.
③ 그녀는 그가 전쟁에서 돌아왔다는 소식을 듣지 못했다.
④ 할머니께서는 나에게 항상 몸가짐을 단정히 하라고 말씀하셨다.
⑤ 수많은 연구 끝에, 과학자들은 인류의 기원이 어디서 시작되었는지를 밝혀냈다.

중요 **03** 안은문장의 개념 적용하기

㉠~㉣에 대한 설명으로 적절하지 <u>않은</u> 것은?

> ㉠ 어머니께서 사 오신 과일은 달고 맛있었다.
> ㉡ 사람들은 새싹이 자라나는 봄이 오기를 기다린다.
> ㉢ 어제 본 영화는 배꼽이 빠질 만큼 정말 재미있었다.
> ㉣ 선생님은 친구들과 사이가 좋은 철수가 반장이 되어야 한다고 생각했다.

① ㉠은 문장 성분 중 하나가 생략된 안은문장이다.
② ㉡은 두 개의 안긴문장이 들어간 안은문장이다.
③ ㉢에서 '어제 본'은 '재미있었다'를 꾸며주고 있다.
④ ㉣은 간접 인용절을 안은문장이다.
⑤ ㉠~㉣ 모두 관형어의 기능을 하는 안긴문장이 들어가 있다.

서답형 **04** 부사절을 안은문장 파악하기

보기 의 두 문장을, 부사형 어미 '-이'를 사용하여 부사절을 안은문장으로 만들어 쓰시오.

보기

| • 그는 떠났다. | • 인사도 없다. |

문제풀이

한방에! 개념정리

한방에! 핵심정리

주제	에너지 저장 장치의 종류와 기능
해제	이 글은 전력 사용 시 에너지의 낭비, 신재생 에너지 생산의 어려움 등으로 인한 문제점을 해결하기 위해 등장한 에너지 저장 장치의 종류와 그 역할을 설명하고 있다. 에너지 저장 장치는 배터리, 전력 변환 장치, 전력 관리 시스템으로 구성되며, 이때 전력 변환 장치는 에너지 효율성을 위해 발전소에서 공급된 교류 전류를 직류 전류로 변환해 배터리에 저장하거나 적절한 곳으로 전력을 송신한다. 전력 관리 시스템은 전력의 수요를 예측하여 에너지 저장 장치 전체를 제어한다. 현재 에너지 저장 장치의 개발과 활용은 전 세계에서 활발히 이루어지고 있다.

＊문단 중심 내용

1문단	전력 사용 시 일어나는 문제점
2문단	에너지 저장 장치의 종류와 역할
3문단	전력 변환 장치에서 교류 전기를 사용하는 이유
4문단	에너지 저장 장치의 활용

※ 다음 글을 읽고 물음에 답하시오.

국가 전력의 사용에는 변수가 많다. 만약 날씨의 급격한 변화로 냉난방을 위한 전력 수요가 급증할 때마다 멈추었던 발전소를 다시 가동한다면 엄청난 에너지가 필요하며, 발전기의 발전량 또한 조절할 수 없기 때문이다. 따라서 발전소는 전력이 불필요한 상황에도 가동을 계속할 수밖에 없어 ⓐ 에너지의 낭비가 불가피한 측면이 있다. 또한 최근 주목을 받는 신재생 에너지 생산도 태양광 발전이나 풍력 발전의 경우 햇빛이 강하거나 바람이 충분할 때만 발전이 이루어지는 등 기후 조건이 맞지 않으면 전력을 생산하기가 어렵다. 이런 문제점을 극복하기 위해 친환경 발전소를 포함해 발전소에서 남아도는 전기를 미리 저장해 두었다가 전력 수요가 많을 때 전기를 제공하는 에너지 저장 장치(ESS)가 주목받고 있다.

일반 가정에서 사용되는 건전지나 소형 배터리도 전기에너지를 다른 에너지 형태로 변환하여 저장하기는 하나, 일반적으로 에너지 저장 장치는 소형 배터리를 제외한 수백 kWh 이상의 전력을 저장하는 대형 저장 장치를 뜻한다. 에너지 저장 장치는 배터리, 전력 변환 장치(PCS), 전력 관리 시스템(EMS)으로 구성된다. 우선 배터리는 전력을 저장하는 장치로 리튬이온배터리나 납축전지가 주로 활용된다. 다음으로 전력 변환 장치는 발전소에서 공급된 교류 전류를 수신하면서 이를 직류 전류로 전환해 배터리에 저장하는 역할과 저장된 직류 전류를 교류 전류로 변환해 방전시켜 적절한 곳으로 전력을 송신하는＊ 역할을 한다. 그리고 전력 관리 시스템은 전력의 수요를 예측하여 에너지 저장 장치 전체를 제어하는 역할을 한다.

㉠ 에너지 저장과 송수신 과정에서의 에너지 효율성을 위해서는 전력 변환 장치의 역할이 매우 크다. 발전소에서 생산된 전기를 보급하기 위해서는 전압을 상황에 따라 변환해야 하기 때문에 주로 교류 전기를 사용한다. 예를 들어 일반 가정에 들어가는 전기는 220V로 공급하고, 송전탑으로 향하는 전기는 그보다 훨씬 높은 고압으로 공급해야 하는 것이다. 그런데 직류는 전압을 바꾸기가 교류보다 훨씬 어렵다. 따라서 전기의 송신과 배급이 용이하도록＊ 교류 전기를 사용하는 것이다. 또한 에너지 저장 장치의 배터리는 충전이 가능해야 하므로, 에너지 저장 장치에 전기를 저장할 때는 직류 전기를 사용해야 한다. 직류 전기는 전류가 한 방향으로만 흐르기 때문에 충전이 가능한 반면, 교류 전기는 전류의 방향이 주기적으로 변하기 때문에 충전이 되다가 금세 방전이 되어 전기의 저장이 불가능하기 때문이다. 이러한 이유로 인해 전력 변환 장치가 전류의 특성을 바꾸어 주는 역할을 한다.

에너지 저장 장치의 기술 개발과 활용은 전 세계에서 활발히 이루어지고 있다. 미국의 캘리포니아주는 2010년 에너지 저장 장치 설치를 의무화하는 법안을 제정했으며, 일본 역시 2011년 동일본 대지진 이후 비상시를 대비해 에너지 저장 장치 사업을 적극적으로 지원하고 있다.

한방에! 어휘풀이

* **송신하다(送信하다):** 주로 전기적 수단을 이용하여 전신이나 전화, 라디오, 텔레비전 방송 따위의 신호를 보내다.
* **용이하다(容易하다):** 어렵지 아니하고 매우 쉽다.

01 핵심 내용 이해하기

윗글에 대한 설명으로 적절하지 않은 것은?

① 신재생 에너지의 생산은 기후 조건의 영향을 받는다.
② 리튬이온을 이용한 소형 배터리는 에너지 저장 장치 중 하나이다.
③ 에너지 저장 장치는 일반적으로 수백 kWh 이상의 전력을 저장한다.
④ 다양한 국가에서 에너지 저장 장치를 활성화하기 위한 시도가 이루어지고 있다.
⑤ 에너지 저장 장치는 전력 수요의 변화에 따른 대응의 필요성으로 인해 주목받게 되었다.

02 세부 내용 추론하기

㉠과 관련된 내용으로 가장 적절한 것은?

① 전류가 한 방향으로만 흐르면 방전이 되어 전기 저장의 효율성이 낮다.
② 전류의 방향이 주기적으로 변할 경우 충전이 어려워 에너지 저장의 효율성이 낮다.
③ 교류 전기보다 직류 전기의 전압 변환이 훨씬 간편해 에너지 저장의 효율성이 높다.
④ 일반 가정에 들어가는 전압을 쉽게 변환할 수 있을 때 에너지 송신의 효율성이 높다.
⑤ 에너지 저장 장치에 전기를 저장할 때는 교류 전기를 사용해야 에너지 저장의 효율성이 높다.

중요 ▶ 03 구체적 사례에 적용하기

윗글을 바탕으로 보기 를 이해한 내용으로 적절하지 않은 것은?

보기

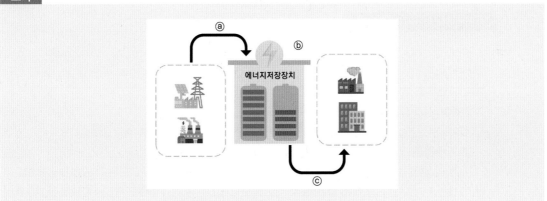

① ⓐ는 발전소에서 남는 전기를 저장하기 위해 수신하는 과정을 의미한다.
② ⓐ를 통해 수신되는 교류 전기는 ⓑ의 전력 변환 장치를 통해 직류 전기로 변환된다.
③ 전력 변환 장치를 통해 변환된 전기는 ⓑ에 위치한 배터리에 저장된다.
④ ⓑ에서 교류로 전환된 전기는 ⓒ의 과정을 통해 가정과 사무실 등으로 공급된다.
⑤ ⓐ와 ⓒ로 전기를 수신하고 송신하는 과정은 전력 변환 장치를 통해 제어된다.

서답형 ▶ 04 세부 내용 이해하기

다음은 Ⓐ의 이유를 설명한 내용이다. 빈칸에 들어갈 말로 적절한 것을 윗글에서 찾아 쓰시오.

> 급변하는 전력 수요에 대응하기 위해 (   )을/를 항상 가동해야 하였기 때문이다.

문제풀이

세상에서 가장 따뜻했던 저녁 _복효근

| 정답 및 해설 | 60쪽

✔ 한방에! **개념정리**

✔ 한방에! **핵심정리**

갈래	자유시, 서정시
성격	감각적, 일상적
주제	친구의 따뜻한 마음과 그로 인한 감동
특징	① 시상의 전개에 따라 이미지가 변화함. ② 촉각적 심상을 주로 사용하여 화자의 상황과 정서를 효과적으로 드러냄. ③ 화자의 경험을 진술하면서 인상 깊은 순간을 포착하여 하나의 장면으로 만들어 냄.
해제	이 작품은 친구가 자신의 가방에 붕어빵을 넣어 주었던 경험을 통해 느낀 감동을 진술하게 표현하고 있다. 화자는 이를 통해 인간과 삶에 대한 따뜻한 시선을 드러내어 읽는 이에게 감동을 주고 있다.

※ 다음 글을 읽고 물음에 답하시오.

[A] ┌ 어둠이 한기*처럼 스며들고
    └ 배 속에 붕어 새끼 두어 마리 요동을 칠 때

[B] ┌ 학교 앞 버스 정류장을 지나는데
    │ 먼저 와 기다리던 선재가
    └ ㉠ 내가 멘 책가방 지퍼가 열렸다며 닫아 주었다.

[C] ┌ 아무도 없는 집 썰렁한 내 방까지
    └ 붕어빵 냄새가 따라왔다.

[D] ┌ 학교에서 받은 우유 꺼내려 가방을 여는데
    │ 아직 온기가 식지 않은 종이봉투에
    └ 붕어가 다섯 마리

[E] ┌ 내 열여섯 세상에
    └ 가장 따뜻했던 저녁

- 복효근, 〈세상에서 가장 따뜻했던 저녁〉 -

✔ 한방에! **같이볼작품**

6학년 땐가 몹시도 추웠던 겨울이었습니다. 점심시간이면 말없이 사라지는 아이가 있었습니다. 반 친구들로부터 이유 없이 따돌림을 받던 아이는 늘 그렇게 혼자 굶고 혼자 놀았습니다. 그러던 어느 날 그 아이가 다가와 쪽지 하나를 내밀었습니다.

"은하야, 우리 집에 놀러 갈래?"

그 애와 별로 친하지 않았던 나는 좀 얼떨떨했지만 모처럼의 제의를 거절할 수가 없었습니다.

"그래, 수업 끝나고 보자."

그날따라 날이 몹시 추웠습니다. 발가락이 탱탱하게 얼어붙고 온몸이 오그라드는 것 같았지만 한참을 가도 그 애는 다 왔다는 말을 하지 않았습니다. 괜히 따라나섰다는 후회가 밀려오고 그냥 집으로 돌아가고 싶은 생각이 치밀기 시작할 때쯤 그 애가 멈춰 섰습니다.

"다 왔어. 저기야, 우리 집."

그 애의 손끝이 가리키는 곳에는 바람을 막기도 어렵고 함박눈의 무게조차 지탱하기 힘들어 보이는 오두막 한 채가 서 있었습니다. 퀴퀴한 방 안엔 아픈 어머니와 어린 동생들이 옹기종기 모여 있었습니다.

[중략]

"어이구, 우리 딸이 친구를 다 데려왔네."

그 애 아버지는 딸의 첫 손님이라며 날 반갑게 대했고, 나는 친구와 즐겁게 놀았습니다.

날이 저물 무렵 그 애 집을 나설 때였습니다.

"얘야, 잠깐만 기다려라." / "저…… 이거. 줄 게 이거밖에 없구나."

그 애 아버지가 장갑 낀 내 손에 꼭 쥐어 준 것, 그것은 불에 달궈 따뜻해진 조약돌 두 개였습니다. 하지만 그 조약돌 두 개보다 더 따뜻한 것은 그다음 내 귀에 들린 한마디 말이었습니다.

"집에 가는 동안은 따뜻할 게다. 잘 가거라."

나는 세상 그 무엇보다 따뜻한 돌멩이 난로를 가슴에 품은 채 집으로 돌아왔습니다.

- 이미애, 〈따뜻한 조약돌〉

✔ 한방에! **어휘풀이**

* 한기(寒氣): 추운 기운.

01 표현상의 특징 파악하기

윗글에 대한 설명으로 적절하지 않은 것은?

① 화자가 작품에 직접적으로 드러나고 있다.

② 화자의 경험을 회상하며 시상을 전개하고 있다.

③ 비슷한 시어를 반복하여 작품의 주제를 강조하고 있다.

④ 감각적 심상을 통해 화자의 정서가 효과적으로 드러나고 있다.

⑤ 어둡고 차가운 이미지에서 밝고 따뜻한 이미지로 작품의 분위기가 변화하고 있다.

02 작품의 내용 파악하기

[A]~[E]를 통해 알 수 있는 화자에 대한 설명으로 적절하지 않은 것은?

① [A]: 선재에게 붕어빵을 받기 전 이미 붕어빵을 먹었다.

② [B]: 학교가 끝나고 집에 가는 길에 선재를 만났다.

③ [C]: 집에 돌아와도 반겨주는 사람이 없다.

④ [D]: 학교에서 받은 우유로 배고픔을 달래려 했다.

⑤ [E]: 친구의 따뜻한 마음을 느끼고 있다.

중요 03 외적 준거를 통해 작품 감상하기

윗글의 ㉠과 보기 의 ㉡을 통해 알 수 있는 내용으로 적절한 것은?

> 보기
>
> 아직 너무 어려서 '돈'의 개념을 모르던 소년은 어머니가 상인들에게 뭔가를 주면, 그 사람은 그걸 받고 뭔가를 내주는 것을 보고 그것이 물건을 사고파는 행위라고 그 나름대로 이해하게 되었다. 어느 날 위그든 씨의 사탕 가게로 홀로 간 소년이 사탕을 잔뜩 골라 계산대에 올려놓자, 위그든 씨는 꼬마에게 소년에게 이만큼 살 돈이 있는지 물었다. 소년은 돈이 있다고 대답하고, 위그든 씨 손에 은박지로 정성스럽게 싼 버찌 씨 여섯 개를 조심스레 건넸다. 위그든 씨가 머뭇거리는 것을 보고 소년은 근심스럽게 모자라느냐고 물었다. 위그든 씨는 한숨을 쉬고는 말했다.
> ㉡ "돈이 좀 남는구나. 거슬러 주어야겠는데…."
>
> - 폴 빌라드, 〈위그든 씨의 사탕 가게〉

① 남들의 잘못을 보고도 묵인하고 있음을 알 수 있다.

② 거짓말을 하지 못하는 정의로운 성격임을 알 수 있다.

③ 상대가 무안해하지 않게 배려하는 마음을 알 수 있다.

④ 친구와의 우정을 무엇보다도 중요시하고 있음을 알 수 있다.

⑤ 경제적으로 불우한 사람을 그냥 지나치지 못하는 따뜻한 마음씨를 지녔음을 알 수 있다.

서답형 04 시행의 의미 파악하기

윗글에서 화자가 외로운 처지임을 알 수 있는 시행을 찾아 쓰시오.

장화홍련전 _ 작자 미상

| 정답 및 해설 | 62쪽

한방에! 개념정리

한방에! 핵심정리

갈래	가정 소설, 송사 소설
성격	전기적, 풍자적
주제	가족 간 갈등으로 인한 비극과 권선징악
특징	① 선악의 구도가 분명하게 드러남. ② 인물 간의 갈등으로 인한 사건이 전개됨. ③ 서술자의 개입을 통해 등장인물을 평가함.
해제	이 작품은 작자 미상의 고전 소설로, 계모와 전처의 자식 간의 갈등으로 인해 전처의 자식들이 죽음에 이르게 되는 이야기를 통해 가족 구성원 간의 갈등에서 빚어진 윤리적인 문제를 다룬다. 효종 때 전동흘이 평안도 철산 부사로 재직할 당시 실제로 처리한 사건을 소재로 한 작품으로, 〈콩쥐팥쥐전〉과 함께 대표적인 계모형 소설로 손꼽힌다.

※ 전체 줄거리

배 좌수는 장화와 홍련 두 딸을 두었는데, 부인이 죽자 재혼한다. 계모는 장화로 인해 재물이 줄어들 것이라고 생각하여 장화를 죽이기로 작심하고 누명을 씌워 아들로 하여금 장화를 죽이도록 한다. 이를 알게 된 홍련은 장화가 죽은 못을 찾아가 자결한다. 이후 장화와 홍련은 귀신이 되어 부사를 찾아가 원통한 사연을 전하고, 부사는 배 좌수 부부를 심문하여 마침내 자백을 받는다. 형벌을 면한 배 좌수는 다시 윤 씨를 아내로 맞아 장화와 홍련의 환생인 두 딸을 낳고 행복하게 산다.

※ 다음 글을 읽고 물음에 답하시오.

[앞부분 줄거리] 세종 때 평안도 철산군의 좌수 배무룡과 부인 장 씨는 슬하에 자식이 없어 슬퍼하다가 태몽을 꾸고 장화와 홍련을 낳는다. 그러나 얼마 지나지 않아 장 씨가 병을 얻게 되어, 배 좌수에게 자신이 죽은 뒤 결혼하지 말고 두 딸을 잘 키우라는 유언을 남기고 죽게 된다.

이때 ㉠ 좌수 비록 망처*의 유언을 생각하나, 후사*를 아니 돌아볼 수 없는지라, 이에 혼처를 두루 구하되, 원하는 자 없음에 부득이하여 허 씨로 장가드니, 그 용모를 의논할진대 두 볼은 한 자가 넘고 눈은 통방울 같고 코는 질병 같고, 입은 메기 같고, 머리털은 돼지털 같고, 키는 장승만 하고, 소리는 이리 같고, 허리는 두 아름이나 되는 것이, 게다가 곰배팔이*요 얽기는 콩멍석 같으니, 그 형용은 차마 바로 보기 어려운 중에 그 심사가 더욱 불량하여 남의 못할 노릇을 골라가며 행하니, 집에 두기 일시가 난감하되, 그래도 그것이 계집이라고 그 달부터 태기 있어 아들 삼 형제를 낳으매, ㉡ 좌수 그로 말미암아 적이* 부지하나, 매양 여아로 더불어 장 부인을 생각하며, 일시라도 두 딸을 못 보면 삼추*같이 여기고, 들어오면 먼저 딸의 침소로 들어가 손을 잡고 눈물을 흘리며 가로되,

"너의 형제 깊이 규중에 있으면서, 어미 그리워함을 이 늙은 아비도 매양 슬퍼하노라."

하니 애연히* 여기는지라, 허 씨 이러하므로 시기하는 마음이 대발하여* 장화와 홍련을 모해하고자* 꾀를 생각하더니, 좌수 허 씨의 시기함을 짐작하고 허 씨를 불러 크게 꾸짖어 가로되,

"우리 본디 빈곤히 지내더니, 전처의 재물이 많으므로 지금 풍부히 살매, 그대의 먹는 것이 다 전처의 재물이라. 그 은혜를 생각하면 크게 감동할 바이어늘, 저 여아들을 심히 괴롭게 하니 무슨 도리뇨? 다시 그리 말라."

하고 조용히 개유하나*, 시랑* 같은 그 마음이 어찌 회과함*이 있으리오. 그 후로는 더욱 불측하여* 장화 형제 죽일 뜻을 주야로 생각하더라.

하루는 좌수 내당으로 들어와 딸의 방에 앉으며, 두 딸을 살펴보니, 딸의 형제 손을 서로 잡고 슬픔을 머금고 눈물을 흘려 옷깃을 적시거늘, 좌수 이것을 보고 매우 자닝히* 여겨 탄식하여 가로되,

"이는 반드시 너희들 죽은 모친을 생각하고 슬퍼함이로다."

하고 역시 눈물을 흘리며 위로하여 이르되,

"너희 이렇듯 장성하였으니, 너희 모친이 있었던들 오죽 기쁘랴마는 팔자 기구하여 허 씨를 만나 구박이 자심하니*, 너희들의 슬퍼함을 짐작하리라. 이후에 이런 연고 또 있으면 내 처치하여 너희 마음을 편케 하리라."

하고 나왔더니, 이때의 흉녀 창틈으로 이 광경을 엿보고 더욱 분노하여 흉계*를 생각하다가 문득 깨닫고, 제 자식 장쇠를 시켜 큰 쥐를 한 마리 잡아 오라 하여, 가만히 튀하여* 피를 바르고 낙태한 모양으로 만들어 장화 자는 방에 들어가 이불 밑에 넣고 나와 좌수 들어오기를 기다려 이것을 보이려 하더니, 마침 좌수가 외당에서 들어오거늘, 허 씨 좌수를 보고 정색하며 혀를 차는지라, 좌수 괴이하게 여겨 그 연고를 묻는데, 허 씨 가로되,

"가중*에 불측한 변이 있으나, 낭군은 반드시 첩의 모해라 하실 듯하기로 처음에 감히 발설치 못하였거니와, 낭군은 친어버이라 나면 이르고 들면 반기는 정을 자식들은 전혀 모르고 부정한 일이 많으나, 내 또한 친어미 아닌고로 짐작만 하고 잠잠하더니, 오늘은 늦도록 기동치* 아니하기로 몸이 불편한가 하여 들어가 본즉, 과연 낙태하고 누웠다가 첩을 미처 수습치 못하여 황망하기로 첩의 마음에 놀라움이 크나, 저와 나만 알고 있거니와 우리는 대대 양반이라 이런 일이 누설되면 무슨 면목으로 세상에 서리오."

하고 가장 분분한지라*, 좌수 크게 놀라 이에 부인의 손을 이끌고 여아의 방으로 들어가 이불을 들치고 보니, 이때 장화 형제는 잠이 깊이 들었는지라. 허 씨 그 피 묻은 쥐를 가지고 여러 가지로 비양하거늘*, 용렬한 좌수는 그 흉계를 모르고 가장 놀라며 이르되,

"이 일을 장차 어찌하리오."

하며 애를 쓰거늘, 이때 흉녀 가로되,

"이 일이 가장 중난하니*, 이 일을 남이 모르게 죽여 흔적을 없이 하면 남은 이런 줄을 모르고 첩이 심하게 애매한* 전실* 자식을 모해하여 죽였다 할 것이요, 남이 이 일을 알면 부끄러움을 면치 못하리니, 차라리 첩이 먼저 죽어 모름이 나올까 하나이다."

하고, ⓒ 거짓 자결하는 체하니 저 미련한 좌수는 그 흉계를 모르고 곧이들어 급히 붙잡고 빌어 가로되,

"그대의 진중한 덕은 내 이미 아는 바이나, 빨리 방법을 가르치면 저를 처리하리라."

하며 울거늘, 흉녀 이 말을 듣고,

ⓔ '이제는 원을 이룰 때가 왔다.'

하고, 마음에 기꺼하여 겉으로 탄식하여 가로되,

"내 죽어 모르고자 하였더니, 낭군이 이다지 과념하시매* 부득이 참거니와, 저를 죽이지 아니하면 문호*에 화를 면치 못하리니, 기세양난*이니 빨리 처치하여 이 일이 탄로치 않게 하소서."

한데, ⓜ 좌수 망처의 유언을 생각하고 망극하나 일변 분노하여 처치할 묘책을 의논하니, 흉녀 기꺼하여 가로되,

"장화를 불러 거짓말로 속여 저의 외삼촌 집에 다녀오라 하고, 장쇠를 시켜 같이 가다가 뒤 연못에 밀쳐 넣어 죽이는 것이 상책일까 하나이다."

좌수 듣고 옳게 여겨 장쇠를 불러 이리이리 하라 하고 계교를 가르치더라. 이때 두 소저*는 망모*를 생각하고 슬픔을 금치 못하다가 잠을 깊이 들었으니, 어찌 흉녀의 이런 불측함을 알았으리오?

– 작자 미상, 〈장화홍련전〉 –

01 서술상의 특징 파악하기

윗글에 대한 설명으로 가장 적절한 것은?

① 역순행적 구성을 통해 작품에 긴장감을 조성하고 있다.
② 등장인물에 대한 서술자의 주관적 평가가 드러나고 있다.
③ 서술자의 비판적 어조를 통해 당시 사회를 풍자하고 있다.
④ 작품의 배경을 허구적으로 제시함으로써 사실성을 약화하고 있다.
⑤ 사회의 구조적 모순으로 인한 갈등을 중심으로 사건을 전개하고 있다.

02 구절의 의미 파악하기

㉠~㉤에 대한 설명으로 적절하지 <u>않은</u> 것은?

① ㉠: 죽은 부인의 유언보다 아들을 낳는 것을 중요시하는 배 좌수의 가부장적 가치관이 드러난다.
② ㉡: 배 좌수는 재혼을 하였음에도 죽은 부인을 잊지 못하고 그리워하고 있다.
③ ㉢: 허 씨는 자결하려는 행동을 취함으로써 좌수가 장화를 죽이게끔 유도하고 있다.
④ ㉣: 장화와 홍련이 허 씨를 어머니로 인정하게 되는 것을 의미한다.
⑤ ㉤: 배 좌수는 자식의 생명보다는 가문의 체면을 중시하고 있다.

중요 03 외적 준거를 통해 작품 이해하기

보기 는 〈김인향전〉의 앞부분 줄거리이다. 윗글과 보기 의 공통점으로 적절하지 <u>않은</u> 것은?

> **보기**
>
> 태종 때 평안도 안주성에 살던 좌수 김석곡의 부인 왕 씨가 병을 얻어 죽게 되자, 김석곡은 정 씨와 재혼하게 된다. 계모 정 씨는 전 부인의 자식인 인형과 인향, 인함을 몹시 구박한다. 정 씨가 자식을 낳게 되자 인향 남매를 죽일 흉계를 품은 정 씨는 간악한 노파의 꾀를 빌려 인향이 처녀의 몸으로 외간 남자와 정을 통해 임신한 것으로 꾸민다. 이에 아버지는 분노하여 아들 인형을 시켜 인향을 죽이게 한다. 인향은 못에 빠져 죽고 동생 인함도 뒤따라 목매어 죽는다. 두 딸을 잃은 아버지는 상심하여 죽고, 고아가 된 인형은 외가에 맡겨진다.

① 계모를 악인으로 설정하고 있다.
② 전 부인의 죽음으로 인해 사건이 시작된다.
③ 주인공이 계모와의 갈등으로 인해 위기에 처한다.
④ 주인공의 죽음에 친오빠가 연관됨으로써 비극성이 강화된다.
⑤ 계모가 여성의 부정이 용납되지 않던 당시 사회적 분위기를 이용해 계교를 꾸민다.

★ 부정(不正): 올바르지 아니하거나 옳지 못함.

서답형 04 소재의 의미 파악하기

허 씨가 흉계에 사용한 소재를 윗글에서 찾아 2어절로 쓰시오.

문제풀이

복습하기

문법

안은문장과 안긴문장	• 안은문장: 하나의 홑문장이 다른 홑문장을 ¹□□□□ 처럼 안고 있는 문장
	• 안긴문장: 안은문장 속에 ²□ 의 형식으로 포함되어 있는 문장
종류	① 명사절을 안은문장: 문장에서 주어, 목적어, 관형어, 부사어 등으로 명사처럼 기능하는 절을 안은 문장
	② 관형절을 안은문장: 문장에서 ³□□□ 로 기능하는 절을 안은 문장
	③ 부사절을 안은문장: 문장에서 부사어로 기능하는 절을 안은 문장
	④ 서술절을 안은문장: 문장에서 절 전체가 서술어로 기능하는 절을 안은 문장
	⑤ ⁴□□□ 을 안은문장: 화자 또는 타인의 말이나 생각을 인용한 문장을 절의 형태로 안은 문장

독서

1문단	전력 사용 시 일어나는 문제점
2문단	⁵□□□ 저장 장치의 종류와 역할
3문단	전력 변환 장치에서 ⁶□□ 전기를 사용하는 이유
4문단	⁵□□□ 저장 장치의 활용

문학 – 세상에서 가장 따뜻했던 저녁(복효근)

1연	저녁 무렵 배고픔을 느낀 '나'
2연	선재가 '나'의 책가방 ⁷□□ 를 닫아 줌.
3연	'나'는 선재가 몰래 넣어 준 ⁸□□□ 냄새를 맡으며 집에 감.
4연	가방 안에서 발견한 ⁸□□□ 다섯 개
5연	열여섯의 '나'에게 있어 가장 따뜻했던 저녁

문학 – 장화홍련전(작자 미상)

배 좌수는 죽은 아내의 유언에도 불구하고 허 씨와 재혼하여 ⁹□□ 삼 형제를 낳음.

↓

허 씨는 장화와 홍련 자매에게 시기심을 품고, 흉계를 꾸밈.

↓

허 씨는 피 묻은 ¹⁰□ 를 이용해 장화가 낙태한 것처럼 음해함.

↓

허 씨의 흉계에 속아 넘어간 배 좌수는 ¹¹□□ 가 장화를 죽이는 것을 허락함.

10

Contents

10강 [화법] 설득 전략 분석하며 듣기

✔ 한방에! 핵심정리

갈래	연설
화제	우리나라의 자주독립과 이상 국가 건설 촉구
특징	① 강한 설득력과 호소력을 지닌 논리적인 글임. ② 광복 직후의 시대적, 사회적, 문화적 상황이 잘 드러남. ③ 반복법, 문답법, 점층법 등의 표현 기법으로 주제를 강조함.

※ 다음은 연설이다. 물음에 답하시오.

"네 소원이 무엇이냐?" 하고 하나님이 내게 물으시면, 나는 서슴지 않고 "내 소원은 대한 독립이오." 하고 대답할 것이다. "그다음 소원은 무엇이냐?" 하면, 나는 또 "우리나라의 독립이오." 할 것이요, 또 "그다음 소원이 무엇이냐?" 하는 셋째 번 물음에도 나는 더욱 소리를 높여서, "나의 소원은 우리나라 대한의 완전한 자주독립이오." 하고 대답할 것이다.

동포 여러분!

나 김구의 소원은 이것 하나밖에 없다. ㉠ 내 칠십 평생을 이 소원을 위해 살아왔고, 현재에도 이 소원 때문에 살고 있으며, 미래에도 나는 이 소원을 이루려고 살 것이다. ㉡ 칠십 평생을 독립이 없는 나라의 백성으로 서러움과 부끄러움과 애타는 마음을 가졌던 나에게, 세상에서 가장 좋은 것은 완전하게 자주독립한 나라의 백성으로 살아 보다가 죽는 일이다. 나는 일찍이 우리 독립 정부의 문지기가 되기를 원하였는데, 그것은 우리나라가 독립국만 되면 나는 그 나라에 가장 미천한* 자가 되어도 좋다는 뜻이다. 왜냐하면, 독립한 제 나라의 빈천*이 남의 밑에 사는 부귀보다 기쁘고, 영광스럽고, 희망이 많기 때문이다.

[A]
┌ 옛날 일본에 갔던 신라의 충신 박제상이, "차라리 계림*의 개, 돼지가 될지언정 왜왕의 신하로 부귀를 누리지 않겠다."라고 한 것이 그의 진정이었던 것을 나는 안다. 왜왕이 높은 벼슬과 많은 재물을 준다는 것도 거절하고 제상이 기꺼이 죽음을 택한 것은, "차라리 내 나라의 귀신이 되리라."는 의지 때문이었다. └

근래, 우리 동포 중에는 우리나라가 어느 이웃 나라의 연방*이 되기를 소원하는 사람이 있다 하니 나는 그 말을 차마 믿지 않지만, 만일 정말로 그러한 사람이 있다고 한다면 그는 제정신을 잃은 미친놈이라고밖에 볼 수 없다. ㉢ 나는 공자·석가·예수의 도를 배웠고 그들을 성인으로 숭배하지만, 그들이 합하여 세운 천당·극락이 있다 하더라도 그것이 우리 민족이 세운 나라가 아니기 때문에 나는 우리 민족을 그 나라로 끌고 들어가지 않을 것이다.

㉣ 왜냐하면 피와 역사를 같이 하는 민족이란 완연히* 있는 것이어서, 내 몸이 남의 몸이 될 수 없는 것과 같이 이 민족이 저 민족이 될 수 없는 것은, 마치 형제도 한집에서 살기 어려운 것과 같은 것이다. 둘 이상이 합하여서 하나가 되자면 하나는 높고 하나는 낮아서, 하나는 위에 있어서 명령하고 하나는 밑에 있어서 복종하는 것이 근본 문제가 되는 것이다.

(중략)

지금까지 말한 것은 내가 바라는 새 나라의 모습의 한 부분을 그린 것이지만, 동포 여러분! ㉤ 이러한 나라가 된다면 얼마나 좋겠는가. 우리 자손을 이러한 나라에 남기고 가면 얼마나 만족하겠는가. 옛날 한나라의 기자가 우리나라를 사모하여 왔고, 공자께서도 우리 민족이 사는데 오고 싶다고 하셨으며 우리 민족을 인을 좋아하는 민족이라 하였다. 옛날에도 그러하였지만, 앞으로도 세계 인류가 모두 우리 민족의 문화를 이렇게 사모하도록 하지 아니하려는가.

- 김구, 〈백범일지〉 -

✔ 한방에! 어휘풀이

★ 미천하다(微賤하다): 신분이나 지위 따위가 하찮고 천하다.
★ 빈천(貧賤): 가난하고 천함.
★ 계림(鷄林): '신라'의 다른 이름.
★ 연방(聯邦): 자치권을 가진 다수의 나라가 공통의 정치 이념 아래에서 연합하여 구성하는 국가.
★ 완연하다(宛然하다): 눈에 보이는 것처럼 아주 뚜렷하다.

01 연설 말하기 방법 파악하기

위 연설에서 활용된 말하기 방법으로 적절하지 않은 것은?

① 구체적으로 청중을 호명함으로써 청중의 주의를 환기하고 있다.
② 역사적 사건을 예로 들어 평소 청중이 궁금해하던 정보를 전달하고 있다.
③ 독립에 관련된 점층적 표현을 통해 내용을 강조하며 감정을 고조시키고 있다.
④ 묻고 답하는 방식을 통해 연설의 단조로움을 피하고, 독자의 관심을 유발하고 있다.
⑤ 단어를 반복적으로 사용하여 내용을 강조하고, 말하는 이의 의지를 분명하게 드러내고 있다.

02 연설 표현 전략 이해하기

[A]를 활용한 목적으로 가장 적절한 것은?

① 청중의 적극적인 참여를 유도하기 위해서이다.
② 지금까지의 연설 내용을 요약하여 전달하기 위해서이다.
③ 분위기를 반전시켜 청중의 집중을 유도하기 위해서이다.
④ 이어질 내용을 안내하여 청중의 이해를 돕기 위해서이다.
⑤ 자신이 한 말의 설득력을 높이고 주장을 강조하기 위해서이다.

중요 03 연설 표현 전략 사용하기

보기 를 참고하여 ㉠~㉤을 이해한 것으로 적절하지 않은 것은?

> **보기**
>
> **선생님**: 이 연설문에서는 세 가지 설득 전략이 사용되었습니다. 먼저, 청중의 심리적 경향이나 욕구, 정서, 공감대 등을 이용하여 주장하는 감성적 설득, 구체적인 근거를 바탕으로 논증의 방식을 사용하는 이성적 설득, 마지막으로 화자의 인품이나 지식, 전문성이나 경험 등을 설득의 근거로 제시하는 인성적 설득이 그것이지요.

① ㉠: 민족의 독립을 위해 헌신하였던 독립운동가 김구의 인품을 설득의 근거로 제시하고 있군.
② ㉡: 칠십 평생을 독립이 없는 나라의 백성으로 살았던 화자의 경험을 설득의 근거로 하는 설득 전략이 사용되었군.
③ ㉢: 청중들이 숭배하는 여러 성인을 나열하여 청중의 정서를 변화시키고 있군.
④ ㉣: 일본과 연방이 되면 안 되는 구체적인 근거를 바탕으로 논증하는 설득 전략이 사용되었군.
⑤ ㉤: 청중이 바라는 새 나라의 모습을 제시하여 설득함으로써 청중의 공감대를 이끌어 내고 있군.

서답형 04 연설 맥락 분석하기

ⓐ, ⓑ에 들어갈 말로 적절한 것을 찾아, 윗글에 등장한 순서대로 쓰시오.

> 김구가 생각하는 진정한 민족이란, (ⓐ)와/과 (ⓑ)을/를 같이 하는 것이다.

10 강

독서 - 예술(미술)

인상주의 미술

✔ 한방에! 개념정리

✔ 한방에! 핵심정리

주제	인상주의 미술의 특징
해제	이 글은 과학의 발전에 따라 등장한 미술 사조인 인상주의 미술의 특징을 설명하고 있다. 인상주의 미술은 대상을 보고 느낀 화자의 주관적 인식을 나타내며, 이에 따라 물체의 고유색을 부정하고 빛의 변화에 따른 색채와 색조의 효과에 주목하여 순간적인 대상의 모습을 그리고자 하였다. 이는 신인상주의로 계승되었고, 신인상주의의 대표적 화법인 점묘법은 과학 이론을 미술에 접목하였다. 인상주의와 신인상주의 작품은 윤곽선이 흐릿하거나 형태가 잘 드러나지 않는 경향을 보이는데, 이는 사진기의 발명으로 더 이상 대상을 사실적으로 묘사할 필요가 없어졌기 때문이다.

* 문단 중심 내용

1문단	인상주의의 등장
2문단	인상주의의 특징 ①
3문단	인상주의의 특징 ②
4문단	신인상주의의 대표적 화법인 점묘법
5문단	인상주의와 신인상주의의 특징

※ 다음 글을 읽고 물음에 답하시오.

18세기 후반 유럽 사회에서 과학이 발전하면서, 예술 분야에서도 신화나 역사적 사건에 영감*을 얻었던 과거와 달리 생활 주변에 관심을 갖게 되었다. 이에 따라 인상주의 미술이 나타났고, 이러한 사조를 따르는 화가들은 풍속화나 풍경화를 많이 그렸으며 풍부한 색채 표현을 추구하였다.

㉠ 마네를 필두로 한 인상주의 화가들은 색채, 색조, 질감 자체에 관심을 두었다. 자연을 하나의 색채 현상으로 보고, 빛과 함께 움직이는 색채의 변화 속에 있는 자연을 묘사했다. 과거 ⓐ 사실주의 화가들이 '아는 방식'대로 그림을 그리려 했다면, ⓑ 인상주의 화가들은 '눈이 본 그대로', 즉 인상을 그리고자 한 것이다. 따라서 물체의 고유색을 부정하고, 야외로 나가 태양광선의 변화와 순간적 색채나 색조의 효과에 주목하여 태양의 빛 아래 진동하는 자연의 빛을 있는 그대로 표현하고자 하였다. 이를 통해 순간적으로 빛이 만들어내는 색을 극대화함으로써 가장 순간적인 대상의 모습을 그리고자 하였다.

이런 까닭에 인상주의 화가들은 선명하고 화사한 느낌을 구현하기 위해 밝은 빛깔의 원색을 자주 사용하였고, 이는 회화 방식의 변화를 불러왔다. 그들은 팔레트에서 섞은 색채는 어두워진다는 것을 알고, 팔레트에서 색을 섞지 않고 캔버스 위에 색채를 터치하는 표현으로 그림을 그렸다. 그래서 인상주의 이전 그림의 특징인 어두움에서 벗어나 밝고 선명한 표현이 가능하게 되었다. 인상주의에 와서 모든 대상은 빛에 의해 '인상'을 가질 때마다 다른 색채의 표현이 나타남으로써 이전의 미술과 차이를 갖게 된 것이다.

화사한 색채에 대한 인상주의의 관심은 신인상주의로 계승*·발전되었는데, 이들은 과학 이론을 미술에 접목하고자 했다. 신인상주의의 대표적 화법인 점묘법은 신인상주의 화가 ㉡ 조르주 쇠라에 의해 도입된 기법으로, 동일계열의 색이나 보색을 분리한 다음 병치하면* 색들이 시각적으로 통합되어 선명한 색을 지각할 수 있다는 과학 이론을 그림에 적용한 것이다. 예컨대 빨간색과 파란색을 병치하면 녹색을, 빨간색과 주황색을 병치하면 다홍색을 시각적으로 느낄 수 있다는 논리이다. 물감을 섞어 색을 만드는 것이 아닌, 균일한 크기의 작은 원색을 캔버스에 점으로 찍어 그것을 보는 사람의 눈과 망막에서 혼색*이 이루어져 그림에는 없는 색을 느끼게 하는 회화 기법이다.

이렇듯 강렬한 빛의 색채 효과를 추구했던 까닭에 인상주의와 신인상주의 화가들은 빛의 아름다움을 포착하기 위해 빛이 밝고 풍부한 야외풍경을 선호하였다. 이 때문에 몇몇 인상주의 화가들을 가리켜 '외광파'라고 부르기도 했다. 사실 이들이 빛에 관심을 갖고 이를 색채로 표현하려 했던 또 다른 이유는 사진기의 발명으로 현실을 있는 그대로 표현하는 사실적인 묘사는 의미를 갖지 못하게 되었기 때문이다. 이런 이유 때문인지 인상주의의 작품들은 윤곽선이 흐릿해지거나 형태가 잘 드러나지 않는 경향을 보였다.

✔ 한방에! 어휘풀이

* 영감(靈感): 창조적인 일의 계기가 되는 기발한 착상이나 자극.
* 계승(繼承): 선임자의 뒤를 이어받음.
* 병치하다(竝置하다): 두 가지 이상의 것을 한곳에 나란히 두거나 설치하다.
* 혼색(混色): 색을 섞음. 또는 그 색.

01 세부 내용 파악하기

인상주의 미술 에 대한 이해로 적절하지 않은 것은?

① 과학의 발달을 불러일으켰다.　　　　② 풍속화나 풍경화를 많이 그렸다.
③ 물체가 가진 고유색을 부정하였다.　　④ 자연을 하나의 색채 현상으로 보았다.
⑤ 현실을 그대로 표현하려 하지 않았다.

02 세부 내용 파악하기

㉠과 ㉡에 대한 설명으로 가장 적절한 것은?

① ㉠은 선명하고 화사한 느낌을, ㉡은 어둡고 깊은 느낌을 색채로 구현하고자 하였다.
② ㉠은 대상에 대한 화가의 인상을, ㉡은 대상에 대한 과학자의 인상을 중심으로 하였다.
③ ㉠과 ㉡ 모두 색을 섞지 않고 캔버스 위에 직접 색채를 표현하는 방식으로 그림을 그렸다.
④ ㉠은 ㉡과 달리 동일 계열의 색이나 보색을 분리하고 병치하여 대상을 표현하고자 하였다.
⑤ ㉡은 ㉠과 달리 밝은 빛깔의 원색을 활용하여 대상에 대한 주관적 인상을 그림으로 표현하고자 하였다.

중요 03 구체적 사례에 적용하기

윗글을 바탕으로 보기 의 '세잔'의 작품을 이해한 내용으로 적절하지 않은 것은?

보기

　　세잔은 인상주의의 영향을 받았으나, 인상주의 미술이 대상의 본질을 잃어버리는 결과를 낳았다고 하며 극복해야 할 것으로 보았다. 그는 밝은색을 자주 활용하였지만, 빛에 따라 매 순간 변화하는 인상을 원색으로 그릴 경우 그 대상의 현실감이 상실된다고 생각하여 끝없이 변화하는 색 대신 어떤 상황에서도 변하지 않는 사물의 본질을 화면에 담고자 했다. 따라서 세잔은 모든 형태를 구, 원통, 원추라는 형태들로 단순화했고, 자연의 모든 물체가 이 세 가지 기본 형태로 이루어져 있다고 생각해 형태와 윤곽선이 또렷해지는 경향을 보였다.

① 밝은색을 자주 활용하였다는 점에서 인상주의의 영향을 받았다.
② 윤곽선이 또렷해지는 경향을 추구했다는 점에서 인상주의를 극복하려는 시도가 담겨 있다.
③ 모든 형태를 단순화해 표현했다는 점에서 선명한 표현을 중시한 인상주의의 영향을 받았다.
④ 어떤 상황에서도 변하지 않는 사물의 본질을 담고자 했다는 점에서 인상주의와는 구별된다.
⑤ 빛에 따라 매 순간 변화하는 인상을 표현한 것을 비판했다는 점에서 인상주의와 차이가 있다.

서답형 04 구체적 사례에 적용하기

다음은 ⓐ와 ⓑ에 대한 설명이다. 보기 를 참고하여 빈칸에 들어갈 말로 적절한 것을 윗글에서 찾아 차례대로 쓰시오.

보기

▲ 장 프랑수아 밀레, 〈이삭 줍는 사람들〉

▲ 카미유 피사로, 〈에라니의 건초 수확〉

　　ⓐ와 달리 ⓑ의 작품에서는 (　　　　)이/가 흐릿하거나 형태가 잘 드러나지 않는데, 이는 (　　　　)의 발명으로 단순하게 사물을 똑같이 그리는 일은 더 이상 의미가 없어졌기 때문이다.

문제풀이

10강

연행가 _ 홍순학

✔ 한방에! **핵심정리**

갈래	기행 가사, 장편 가사
성격	애상적, 서정적
주제	청나라를 방문한 견문과 감상
특징	① 대상에 대한 화자의 인식이 변화됨. ② 시선의 이동에 따라 시상이 전개됨. ③ 역사적 사실을 환기하여 주장의 근거로 활용함.
해제	이 작품은 1866년 3월에 왕비 책봉을 청나라에 주청하기 위하여 사행의 일원이 된 홍순학이 한양을 출발하여 북경에 갔다가 돌아올 때까지 총 133일 동안의 견문을 기록한 기행 가사이다. 작가는 사행 과정에서 보고 들은 것을 사실적으로 기록하고 있는데, 이를 통해 당대 청나라의 문물과 문화를 엿볼 수 있다. 또한 이 작품에는 고향을 떠나는 작가의 심정과 청나라에 도착한 후 느낀 심정, 청나라 문물에 대한 평가 등이 자세히 기록되어 있어 여행기로서의 문학적 의의가 매우 높다는 평가를 받는다.

※ 다음 글을 읽고 물음에 답하시오.

㉠ 서산*이 좋다 함은 들은 지 오래더니
신유년 **서양국 놈 작변**하여*
아까운 **해전대궐** 몇천 간 좋은 집을
모두 다 불을 놓아 일망무제* 터뿐이라
보기에 수창*하여 광색*이 쓸쓸하다
　　　　　　(중략)
십칠교 긴 다리는 섬으로 건너가니
㉡ 넓이는 삼 간이요 길이는 칠십여 간
좌우의 옥난간에 돌사자는 간간 있고
다리 아래 굽어보니 열일곱 홍예* 구멍
㉢ 한 홍예가 얼마만 한지 우리나라 남대문만
아무리 큰 배라도 그 구멍으로 다닌다네
연못가에 구리 소는 어찌하여 누웠으며
섬 속의 층층월대* 동정유승* 정자터라
남편 섬에 들어가는 굽은 다리 놓았으니
옥으로 높이 쌓아 길로 치면 수십여 장
층층계야 십여 층 한 마루에 올라서서
또 층층계 사십여 층 넘어서 내려가니
그 안은 섬이라 다리 구멍 볼작시면
둥그런 홍예문이 높기도 굉장하다
아무리 긴 돛대도 세운 채로 드나들며
좌우의 옥난간도 다리와 같이 굽어
㉣ 백룡이 오르는 듯 멀리 보매 더욱 좋다
서산 구경 다한 후에 가만히 생각하니
처음 볼 때 **당황하여 안광이 희미**하더니
자세히 보매 사치함이 심계*가 자연 방탕
상천옥경* 집 좋아도 이러할 수 전혀 없고
왕모요지* 좋다 해도 저렇든 못하리라

㉤ 아무리 구변*이 좋다 해도 형용을 다 못하니
신유년 회록* 이후 오히려 저렇거든
그전의 전성시야 오죽이 장할쏘냐
천하 재물 허비하고 백성 인력 궁진하여*
쓸데없는 궁사극치* 이것이 무슨 짓인고
진시황의 **아방궁***은 초인*이 불 지르고
송나라 **옥정궁**은 천화*로 재앙 나니
전감*이 소소하여* **하늘의 이치**가 마땅하도다

　　　　　　　　　　　- 홍순학, 〈연행가〉 -

✔ 한방에! **어휘풀이**

- ★ 서산(西山): 청나라 황궁 정원인 '원명원'이 있던 곳을 가리킴.
- ★ 작변하다(作變하다): 변란을 일으키다.
- ★ 일망무제(一望無際): 한눈에 바라볼 수 없을 정도로 아득하게 멀고 넓어서 끝이 없음.
- ★ 수창하다: '수참하다'의 오기로 보임. 을씨년스럽고 구슬프다. 또는 몹시 비참하다.
- ★ 광색(光色): 아름답고 찬란한 빛.
- ★ 홍예(虹霓): 문의 윗부분을 무지개 모양으로 반쯤 둥글게 만든 문.
- ★ 월대(月臺): 궁궐의 정전, 묘단, 향교 등 주요 건물 앞에 설치하는 넓은 기단 형식의 대.
- ★ 동정유승(洞庭猶勝): 동정 호수(중국 호남성 동북에 있는 호수)보다 더 낫다는 뜻.
- ★ 심계(心界): 마음의 세계.
- ★ 상천옥경(上天玉京): 하늘 위 옥황상제가 사는 곳.
- ★ 왕모요지(王母瑤池): 전설상의 선녀인 서왕모가 거처하는 곤륜산 꼭대기의 아름다운 연못.
- ★ 구변(口辯): 말을 잘하는 재주나 솜씨.
- ★ 회록(回祿): 불이 나는 재앙. 또는 불로 인한 재난.
- ★ 궁진하다(窮盡하다): 다하여 없어지다.
- ★ 궁사극치(窮奢極侈): 사치가 극도에 달함. 또는 아주 심한 사치.
- ★ 아방궁(阿房宮): 중국 진나라 시황제가 세운 궁전으로, 매우 화려하고 사치스러운 건물을 의미함.
- ★ 초인(楚人): 초나라의 항우를 가리킴.
- ★ 천화(天禍): 하늘에서 내리는 재앙.
- ★ 전감(前鑑): 거울로 삼을 만한 지난날의 경험이나 사실.
- ★ 소소하다(昭昭하다): 사리가 밝고 또렷하다.

01 표현상의 특징 이해하기

윗글에 대한 설명으로 적절하지 <u>않은</u> 것은?

① 화자의 시선에 따라 시상이 전개되고 있다.
② 고사를 인용하여 대상에 대한 인식을 드러내고 있다.
③ 비유적 표현을 통해 풍경의 웅장함을 전달하고 있다.
④ 대상을 의인화하여 대상이 지닌 특성을 강조하고 있다.
⑤ 설의법을 활용하여 화자의 감상을 직접적으로 나타내고 있다.

02 구절의 의미 파악하기

㉠~㉢을 이해한 내용으로 적절하지 <u>않은</u> 것은?

① ㉠: 화자가 예전부터 대상의 뛰어난 모습에 대해 들어 왔음을 의미한다.
② ㉡: 구체적 수치를 통해 십칠교의 크기를 사실적으로 제시하고 있다.
③ ㉢: 홍예의 크기를 우리나라의 남대문에 비유함으로써 조선의 우월성을 드러내고 있다.
④ ㉣: 굽은 다리의 모습이 백룡이 올라가는 모습처럼 웅장하고 위엄 있음을 의미한다.
⑤ ㉤: 서산의 풍경이 너무 화려해서 차마 화자의 말주변으로는 다 표현할 수 없음을 의미한다.

중요 ▶ 03 외적 준거를 통해 작품 감상하기

보기를 참고하여 윗글을 감상한 내용으로 적절하지 <u>않은</u> 것은?

보기

> 〈연행가〉의 작가인 홍순학은 당시 청나라에 대한 부정적 인식을 가진 서인 출신이다. 윗글에서 홍순학은 아편 전쟁으로 파괴되었다가 재건된 원명원을 둘러보며, 청나라의 앞선 문물에 대하여 경탄 어린 시선을 보내고 있다. 그러나 이는 여행지에서 처음으로 경험한 견문에 대한 놀라움일 뿐, 대체로 청나라의 문화는 야만적이고 사치스러운 오랑캐의 것이라 인식하고 있다.

① '해전대궐'을 다 태워버린 '서양국 놈'의 '작변'은 아편 전쟁을 의미하겠군.
② 서산을 처음 감상했을 때 '당황하여 안광이 희미'했던 것은 어디까지나 여행지에서 처음으로 경험한 견문에 대한 놀라움에 지나지 않겠군.
③ 작가는 서산을 '상천옥경'과 '왕모요지'에 비유함으로써 청나라의 문화를 예찬하는 것이 아닌, 사치스러움을 비판하고 있군.
④ '신유년 회록'이 '하늘의 이치'라 하는 것은 화자가 아편 전쟁이 일어날 것임을 예상하였다는 것이겠군.
⑤ '아방궁'과 '옥정궁'이 타 버린 것이 하늘의 재앙이라 생각하는 것에서 청나라에 대한 작가의 부정적 인식이 드러나는군.

서답형 ▶ 04 시구의 의미 파악하기

빈칸에 들어갈 말로 적절한 것을 윗글에서 찾아 4음절로 쓰시오.

> 동정호는 중국 호남성 동북쪽에 있는 호수로, 경치가 아름답기로 유명하다. 윗글의 화자는 자신이 바라보는 호수의 풍경이 동정호보다 더 아름답다는 생각을 (   )(이)라는 표현을 통해 드러내고 있다.

✓ 한방에! 개념정리

✓ 한방에! 핵심정리

갈래	성장 소설
성격	비판적, 반어적
주제	일가의 의미가 사라져 가는 현대 사회 비판
특징	① '나'가 성장해 가는 과정이 드러남. ② 청소년 서술자의 시선으로 사건을 관찰함으로써 현대 사회의 문제를 우회적으로 비판함.
해제	이 작품은 일가의 의미가 퇴색된 현대 사회의 모습을 청소년의 관점에서 바라보고 있는 성장 소설이다. 청소년인 '나'의 집에 어느 날 불쑥 일가라는 '아저씨'가 찾아오고, '나'의 가족과 함께 지내다가 떠나면서 겪는 일련의 사건들을 통해 '나'의 정신적 성숙이 드러난다. 청소년의 시선으로 어른들의 세계를 들여다봄으로써 현대 사회를 비판적으로 바라보고 있다.

※ 다음 글을 읽고 물음에 답하시오.

　엄마는 아버지가 있는 우사로 갔다. 나는 내 방으로 얼른 들어가 버렸다. 마루에서 아저씨가 우렁우렁한* 목소리로 나를 부른다.

　"야야, 내가 무섭네? 무서워할 것 없다. 나는 너의 일가*니까니."

　일가니까니? 일가니까니가 뭐람. 나는 미옥이의 편지를 뜯어보고 싶었지만 마루에 있는 '일가니까니'라는 사람이 신경이 쓰여 편지를 뜯어보지도 못하고 책상 앞에 멍하니 앉아 있었다.

　"오오, 형님, 어서 오세요."

　"아아, 일가가 좋긴 좋구만이. 첨 보는데도 고저 피가 확 땡기는 거이."

　"그러게 말입니다, 형님. 안으로 들어가시지요."

　ⓐ 바야흐로 혈육 상봉의 감격적인 순간인가? 나가서 사진이라도 찍어줘야 하나? 아버지와 아저씨는 방으로 들어가고 엄마는 다시 부엌으로 들어갔다. 나는 살금살금 마루를 지나 부엌으로 갔다.

　"엄마, 누구예요?"

　"누구긴 누구야, 일가지."

　그러고 있는데 아버지가 나를 불렀다.

　"창이야, 이리 들어와서 아저씨께 인사드려라."

　ⓑ 엄마는 우리 식구만 있을 때 쓰는 도리밥상*을 접고 손님 올 때 쓰는 교자상*을 폈다. 그러면서 벌써 얼굴에 수심이 깔리고 있었다. 엄마의 그런 얼굴을 보고 내 마음이 편할 리 없었다. ⓒ 나는 떨떠름한 기분으로 방에 들어가 고개를 꾸벅 숙여 인사를 했다.

　"야야, 조선 민족의 인사법이 무에 그러니. 좀 정식으로 하라우."

　"요새 애들이 통 버릇이 없어서요. 뭐 하니, 정식으로 하지 않고."

　나는 무릎을 꿇고 아저씨한테 절을 했다.

　"엎드려 절 받아먹기가 바로 요런 것이로구만그래, 이? 허허허."

　ⓓ 아버지가 무슨 잘못이라도 저지른 사람처럼 안절부절못했다. 절만 하고 냉큼 일어서고 싶었지만 그러면 또 버릇없는 한국 아이라는 소리 들을까 무서워 가만히 앉아 있을 수밖에 없었다.

　"이분이 누구시냐면, 내 큰아버지의 아드님이야. 나에게는 사촌 형님이 되니까 너에게는 당숙*이시란다."

　할아버지의 큰형님이 일제 강점기 때 만주로 가셨는데 해방이 되고도 돌아오지 않아 소식이 끊겼다는 말을 나도 언젠가 듣긴 들었다.

　"그런데, 우리 집을 어떻게 알고 찾아오셨어요?"

　인사만 하고 말 한마디 안 하고 일어서면 그것도 예의가 아닐 것 같아서 한 질문이다.

　"으응, 고거이는 말이지, 우리 아버님께서 돌아가시기 전에 아버님 고향 얘기를 안 하는 날이 없었다이. 고래서 내가 내 본적지인 이곳 주소를 달달 외우고 있지 않았갔니."

　"한국에 들어오기는 진작에 들어오셨는데, 그동안 경황이 없으셔서 못 오시다가 이번에 오시게 된 거야."

아버지의 보충 설명이었다. 드디어 밥상이 들어왔다.

"형님 많이 드시지요."

"히야아, 고향에 오니 차암, 밥상 다리 부러지갔네에! 이거이 고향의 정이라넌 거갔지? 허허허."

밥상에는 술도 올라왔다. 엄마가 지난여름에 담근 매실주였다.

"야야, 글라스 하나 가져오라우."

엄마가, 유리컵 말이야, 하고 말했다. 아저씨는 도자기로 된 조그만 술잔은 상 밑으로 싹 치워 버리고 내가 가져다준 맥주 유리컵에 넘치도록 술을 따랐다.

"자아, 동생, 이거 우리 오늘이 력사적인 형제 상봉의 날이 아니웨까. 한잔 쭉 들이키자우요."

"아이고, 형님 말씀 놓으십쇼."

(중략)

어쩐 일인지 다음 날이 되어도 아저씨는 떠날 기미를 보이지 않았다.

시키지도 않았는데 아침에 일어나 아버지가 평소에 우사 입구에 걸어 놓는 아버지의 작업복을 입고서 우사로 가더니 소먹이를 준다, 바닥을 청소한다, 과수원에 거름을 낸다, 분주하게 돌아치는* 것이었다. ⓒ 그리고 다음 날도, 그다음 날도 아저씨는 아버지를 따라다니며 혹은 혼자서 마치 우리 집 일꾼으로 들어온 사람처럼 구는 것이었다. 밥때가 되면, 마당을 들어서며 "제수씨 밥 안 줍네까? 뱃가죽이 아주 등가죽에 가 붙었습네다."라고 우렁우렁하게 소리를 치는 것이었다.

나는 사실 우리 식구 말고 다른 사람이 오면 반갑기는 하지만 그것은 순전히 손님으로 왔을 때뿐이다. 손님으로 왔으니 금방 가야 할 사람이 몇 날 며칠을 가지 않고 아예 눌러앉아 살 기색을 보이니, 나는 답답해서 견딜 수가 없었다. 내가 답답한 것은 우리 식구만 있을 때처럼 말이나 행동이 자연스럽거나 자유롭지 못하기 때문이다. 더구나 내 말, 내 행동 하나하나에 '조선 사람의 예의범절'을 따지는 손님이니, 신경이 보통으로 쓰이는 것이 아니었다.

"아버지, 아저씨 **언제 가**요?"

나는 지나가는 말투로 슬쩍 아버지에게 물었다. 그랬는데,

"창이 너 이제 보니 아주 버릇없는 놈이구나. 손님이 오셨으면 계시는 동안 불편하지 않도록 잘 모실 생각만 해도 모자랄 판국에 뭐? 언제 가? 예끼, 이놈."

아버지에게는 손님에 관한 말은 아예 **꺼내지 않**는 게 좋을 것 같았다.

"엄마, 저 아저씨 언제 간대요?"

"낸들 아니?"

그리고 보니 엄마도 답답하기는 마찬가지인 것 같았다. 엄마를 답답하게 하는 것은 사실 내가 느끼는 답답함보다도 더 심각한 것이었다.

"원, 아무리 일가래도 저건 **몰상식***이야."

"맞아, 몰상식."

"**아무리 일가래도** 엄연히 손님으로 와 놓구선 날마다 **술**을 달래지 않나, 옷을 빨아 달래지 않나."

"맞아, 아무리 일가래도."

- 공선옥, 〈일가〉 -

＊ **전체 줄거리**

'나'는 같은 반 친구 미옥에게 관심이 있는 열여섯 살 소년이다. 아버지가 알려 준 대로 미옥에게 편지를 써서 보낸 후 답장을 받은 날, 들뜬 기분으로 집으로 돌아가는 중 북한 말을 쓰는 남자를 만나는데, 중국에서 온 그 남자는 우리의 '일가'로 아버지의 사촌 형님이자 '나'의 당숙이었다. 첫인상이 좋지 않았던 아저씨는 며칠이 지나도 가지 않고, '나'와 어머니는 불편함을 느낀다. 그러던 중 어머니는 '나'의 방에서 미옥의 편지를 발견하고 압수한다. 아버지는 어머니가 '나'의 편지를 갈취한 것이라고 말하고, 이 문제로 아버지와 크게 다툰 어머니는 집을 나간다. 어머니의 가출이 자신 때문이라고 자책하던 아저씨는 다음날 새벽 집을 떠나고, 어머니는 집으로 돌아온다. 어느 날 '나'는 미옥이 아닌 아저씨의 외로움을 생각하며 울고 있음을 깨달으며 자신이 성숙해졌음을 느낀다.

✔ 한방에! 어휘풀이

* ＊ **우렁우렁하다** : 울리는 소리가 매우 크다.
* ＊ **일가(一家)** : 성(姓)과 본이 같은 겨레붙이.
* ＊ **도리밥상(도리밥床)** : 어린아이 용의 나지막하고 둥근 밥상.
* ＊ **교자상(交子床)** : 음식을 차려 놓는 사각형의 큰 상.
* ＊ **당숙(堂叔)** : 아버지의 사촌 형제.
* ＊ **돌아치다** : 나대며 여기저기 다니다.
* ＊ **몰상식(沒常識)** : 상식이 전혀 없음.

01 핵심 내용 파악하기

아저씨에 대한 설명으로 적절하지 <u>않은</u> 것은?

① 예의범절을 중요시한다.
② 능청스럽고 넉살이 좋다.
③ 아버지와 '나'의 일가이다.
④ 이전에 '나'의 집에 방문한 적이 있다.
⑤ 아버지의 작업복을 입고 일꾼처럼 우사 일을 돕는다.

02 인물의 심리 파악하기

㉠~㉤에 대한 설명으로 적절한 것은?

① ㉠: '나'는 아버지와 아저씨의 만남을 감격스럽게 바라보고 있다.
② ㉡: 엄마는 아저씨를 못마땅해하면서도 손님으로 극진히 대접하고 있다.
③ ㉢: 처음 본 사람에게도 깍듯하게 인사하는 예의 바른 '나'의 태도가 드러난다.
④ ㉣: '나'는 아저씨가 아버지에게 '나'의 잘못을 말할까 봐 안절부절못하고 있다.
⑤ ㉤: '나'의 가족의 환대에 감격한 아저씨가 은혜에 보답하기 위해 노동을 자처하고 있다.

중요 03 외적 준거를 참고하여 작품 이해하기

보기를 참고하여 윗글을 이해한 것으로 적절하지 <u>않은</u> 것은?

보기

〈일가〉는 청소년인 '나'의 시선으로 가족 이기주의가 만연해지면서 일가친척의 의미가 퇴색되어 가는 현대 사회에 대한 비판을 전달하고 있다. 가족 이기주의가 만연해진 현대인에게 일가가 불필요한 가족애를 강요하는 귀찮고 짜증스러운 존재로 전락했다는 것을 드러냄으로써 현재 우리의 모습을 반성하게끔 하는 것이다.

① '나'가 아버지에게 아저씨가 '언제 가'는지 묻는 것은 가족 이기주의가 만연해진 현대 사회를 반영한다.
② '나'가 아버지에게 아저씨에 관한 말을 '꺼내지 않'을 것이라 한 것은 가족 이기주의에 대한 반성에서 비롯된 것이다.
③ 엄마가 아저씨를 '몰상식'이라 부르는 것은 일가가 귀찮고 짜증스러운 존재로 전락했다는 것을 보여준다.
④ '아무리 일가래도' 아저씨의 행동을 용납하지 못하는 것은 일가친척의 의미가 퇴색되어 가는 것을 의미한다.
⑤ 엄마가 '술'과 빨래를 요구하는 아저씨를 부정적으로 바라보는 것은 일가가 불필요한 가족애를 강요하는 존재임을 드러낸다.

서답형 04 문장의 의미 파악하기

빈칸에 들어갈 말로 적절한 것을 골라 차례대로 쓰시오.

일가인 '아저씨'는 아버지와 (당숙 / 사촌 형님) 관계이고, 나와 (당숙 / 사촌 형님) 관계이다.

복습하기

화법

연설에 드러난 말하기 방법과 그 효과	
"네 소원이 무엇이냐?" 하고 하나님이 내게 물으시면~하고 대답할 것이다.	묻고 답하는 방식을 통해 문장의 단조로움을 탈피하고 독자의 관심을 유도함.
"내 소원은 대한 독립이오." → "우리나라의 독립이오." → "나의 소원은 우리나라 대한의 완전한 자주독립이오."	점층적 표현을 통해 내용을 강조하고 감정을 고조시킴.
"그다음 소원은 무엇이냐?" 하면, 나는 또~또 "그다음 소원이 무엇이냐?" 하는 셋째 번 물음에도~	내용을 ¹ ☐☐ 하여 강조함.
'옛날 일본에 갔던 신라의 충신 박제상이~'	일화를 삽입하여 자신의 한 말의 ² ☐☐☐ 을 높이고 주장을 강조함.

독서

1문단	인상주의의 등장
2문단	인상주의의 특징 ①
3문단	인상주의의 특징 ②
4문단	³ ☐☐☐☐☐ 의 대표적 화법인 ⁴ ☐☐☐
5문단	인상주의와 ³ ☐☐☐☐☐ 의 특징

문학 – 연행가(홍순학)

1~5행	⁵ ☐☐ 의 궁궐을 파괴한 서양 세력에 대한 비판
6~22행	십칠교와 ⁶ ☐☐☐ 의 웅장한 모습에 대한 감탄
23~35행	서산의 화려한 풍경을 만든 청나라의 사치에 대한 비판

문학 – 일가(공선옥)

아저씨	'나'와 아버지의 ⁷ ☐☐ 로, 능청스럽고 넉살이 좋음. 시간이 지나도 고향으로 돌아가지 않고 ⁸ ☐☐ 에 가서 소먹이를 주는 등 일꾼처럼 굴음.
'나'	아저씨를 불편하게 생각하며, '나'의 ⁹ ☐ 에서 떠나기를 바람.
아버지	아저씨를 반갑게 맞이하며, 손님에 대한 예의범절을 중시함.
¹⁰ ☐☐	아저씨를 극진하게 대접하고 있으나, 하루빨리 떠나기를 바람.

정답	1 반복 2 일화 3 신인상주의 4 점묘법 5 서산 6 홍예문 7 일가 8 우사 9 집 10 엄마

한수

11

Contents

갈래	조사 보고서
주제	학생들의 당류 섭취 실태
특징	① 보조 자료를 활용하여 독자의 이해를 도움. ② 우리 학교 학생들의 당류 섭취 실태를 알리기 위한 글임. ③ 글의 목적을 고려하여 '처음 – 중간 – 끝'과 같은 일정한 형식에 따라 짜임새 있게 구성하였음.

※ 다음은 보고서이다. 물음에 답하시오.

학생들이 음료수로 당류를 섭취하는 실태 조사 보고서

모둠원: 강태우, 김나연, 유희준, 이수현

1. 조사 목적 및 주제

우리 학교 학생들의 건강을 위해 음료수로 당류를 지나치게 섭취하는 문제를 조사함.

2. 조사 기간, 대상 및 방법

(1) 조사 기간: 10월 5일부터 10일까지

(2) 조사 대상: 책과 인터넷 등 각종 자료, 다양한 음료수, 우리 학교 학생 및 보건 선생님

3. 조사 결과

(1) 우리 학교 학생들이 음료수를 마시는 실태

설문 조사 결과 우리 학교 학생들이 일주일에 음료수를 마시는 횟수는 3~4회가 42퍼센트로 가장 많고, 5~6회가 28퍼센트, 1~2회가 20퍼센트, 7회 이상이 10퍼센트로, 조사 대상의 80퍼센트 이상이 일주일에 3회 이상 음료수를 마시는 것으로 나타남.

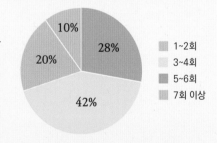

㉠ ▲ 일주일에 음료수를 마시는 횟수

(2) 학생들이 즐겨 마시는 음료수에 들어 있는 당류의 양

250밀리리터 기준으로, 당류가 탄산음료에는 26그램, 초코우유에는 32그램, 에너지 음료에는 27그램, 과일주스에는 20그램이 들어 있음.

(3) 하루 동안 가공식품으로 섭취하는 당류의 적정량

하루 동안 가공식품으로 섭취하는 당류의 적정량은 하루 섭취 열량의 10퍼센트(약 50그램) 이내임.

(4) 당류를 지나치게 섭취하면 생기는 문제와 당류 섭취를 줄이는 방법

① 당류를 지나치게 섭취하면 생기는 문제: 비만 위험 증가, 기억력 감퇴, 피부 노화 촉진, 당뇨병과 간 질환 등의 발생 위험 증가.

② 당류 섭취를 줄이는 방법: 물을 자주 마셔서 음료수를 마시는 횟수 줄이기, 음료수에 들어 있는 당류의 양을 확인하며 마시는 습관 기르기.

4. 결론

우리 학교 학생들은 음료수를 많이 마시고 있으며 학생들이 즐겨 마시는 음료수에는 당류가 하루 동안 가공식품으로 섭취하는 적정량의 반 이상 들어 있다. 당류를 지나치게 섭취하면 건강에 나쁜 영향을 줄 수 있으므로 당류 섭취를 줄이려는 다양한 노력을 해야 한다. 이번 조사가 학생들이 음료수로 당류를 지나치게 섭취하는 문제를 인식하여 건강하게 생활하는 데 도움이 되기를 기대한다.

01 보고 글쓰기 내용 생성하기

윗글을 쓸 때 유의할 점으로 적절하지 않은 것은?

① 조사 절차와 과정을 보고서에 명확하게 드러내야 한다.
② 다른 사람의 자료를 인용할 때는 반드시 출처를 밝혀야 한다.
③ 간결하고 명료한 표현을 활용하여 조사 내용을 알기 쉽게 전달해야 한다.
④ 조사, 실험의 내용과 결과를 보고서의 주제에 맞게 수정하여 제시해야 한다.
⑤ 조사 내용을 효과적으로 전달할 수 있는 매체 자료를 적절하게 활용해야 한다.

02 보고 글쓰기 자료, 매체 활용하기

㉠을 활용했을 때의 효과로 적절한 것은?

① 설문 조사 결과를 한눈에 쉽게 파악할 수 있다.
② 제시하고 싶은 내용만 부분적으로 나타낼 수 있다.
③ 의도에 맞는 설문 조사 결과만 골라서 제시할 수 있다.
④ 이해하기 어려운 내용을 자세하게 풀어 설명할 수 있다.
⑤ 글에서 제시하지 않은 내용을 추가적으로 전달할 수 있다.

중요 03 보고 글쓰기 표현 전략 사용하기

보기 의 내용을 준수하여 보고서를 올바르게 계획한 학생으로 적절하지 않은 것은?

보기

> 보고서에 활용되는 자료를 수집하기 위한 방법에는 여러 가지가 있는데, 먼저 ⓐ 설문 조사는 주제와 관련된 질문을 하는 조사 방법이다. ⓑ 현장 조사는 주제와 관련된 장소를 직접 방문하는 조사 방법이고, ⓒ 자료 조사는 책, 신문, 인터넷 등과 같은 자료를 활용하는 조사 방법이다. ⓓ 면담 조사는 주제를 잘 알고 있는 전문가를 직접 만나 정보를 수집하는 조사 방법이다.

① ⓐ를 통해 우리 학교 학생 100명을 대상으로 설문지를 배부하여 음료수를 마시는 실태를 조사해야겠군.
② 보건 선생님으로부터 당류 섭취를 줄이는 방법을 조사하기 위해서는 ⓑ를 활용해야겠군.
③ 학생들이 즐겨 마시는 음료수의 대표적인 제품의 영양 제품 표를 조사하는 것은 ⓑ와 ⓒ를 통해 가능하겠군.
④ 식품의약품안전처 누리집에서 하루 동안 가공식품으로 섭취하는 당류의 적정량을 확인하는 방법은 ⓒ에 해당하겠군.
⑤ 당류를 지나치게 섭취하면 생기는 문제점을 알기 위해선 ⓒ와 ⓓ를 활용해야겠군.

서답형 04 보고 글쓰기 내용 이해, 평가하기

학생들이 즐겨 마시는 음료수 중, 당류가 가장 많이 포함된 음료수는 무엇인지 윗글에서 찾아 쓰시오.

문제풀이

11강 에바 키테이의 보살핌의 윤리

| 정답 및 해설 | 74쪽

주제	에바 키테이가 주장한 보살핌의 윤리
해제	이 글은 보살핌의 윤리에 관한 에바 키테이의 주장을 그가 분류한 의존관계에 근거하여 설명하고 있다. 1차적 의존관계는 보살핌을 받는 의존자와 보살핌을 제공하는 의존 노동자 사이의 관계로, 의존자가 의존 노동자에게 전적으로 의존하기 때문에 본질적으로 불평등한 관계이다. 2차적 의존관계는 의존 노동자와 의존 노동자를 보살피는 조력자 사이의 관계로, 이 또한 본질적으로 불평등한 관계이다. 키테이는 이러한 의존관계의 불평등성에서 보살핌의 윤리적인 책임이 나오며, 취약성을 가진 의존자에게 보살핌을 주는 의존 노동자는 윤리를 지켜야 할 의무와 책임이 요구된다고 보았다.

✱문단 중심 내용

1문단	보살핌의 책임에 대한 에바 키테이의 주장
2문단	에바 키테이가 주장한 1차적 의존관계
3문단	에바 키테이가 주장한 2차적 의존관계
4문단	의존관계의 불평등성에 따른 보살핌의 윤리

※ 다음 글을 읽고 물음에 답하시오.

우리는 어려움에 처한 사람들을 보살피는 일의 책임이 개인에게 있는지, 아니면 사회에 있는지를 놓고 갈등하곤 한다. 이에 대해 미국의 철학자 에바 키테이는 공공의 책임을 강조한다. 키테이는 모든 이들이 엄마의 아이라는 사실에서부터 보살핌이 출발한다고 보았다. 즉, 모든 인간은 누군가의 보살핌을 통해서만 삶을 유지할 수 있다는 것이다. 이에 따라 우리는 이러한 의존관계에 근거하여 보살핌을 윤리적으로 접근할 수 있다. ㉠ 그렇다면 의존관계로부터 보살핌의 윤리가 어떻게 생성되는가?

키테이에 따르면 의존관계는 ⓐ 1차적 의존관계와 ⓑ 2차적 의존관계로 나뉜다. 1차적 의존관계는 보살핌을 받는 의존자와 보살핌을 제공하는 의존 노동자 사이의 관계이다. 의존자는 생애 주기적인 이유, 육체적 제약*, 정신적 제약 등 주어진 환경에서 누군가의 보살핌과 보호가 없이는 스스로 삶을 유지하기 어려운 사람이다. 어린아이, 청소년, 노인, 장애인, 혹은 육체적·정신적으로 아픈 사람이 해당한다. 의존 노동자는 의존하는 사람에게 자신의 노력과 관심, 즉 보살핌을 주는 사람이다. 이렇게 본다면 모든 인간은 1차적 의존관계를 필연적으로 경험하게 된다. 이때 의존자는 의존 노동자에게 전적*으로 의존해야 하기 때문에 본질적으로 불평등한 관계이다. 그렇다고 이 관계가 지배 관계는 아니다. 보살핌이 필요한 사람의 이익에 위배되지 않게 의존 노동자가 노력과 관심을 집중하기 때문이다.

2차적 의존관계는 의존 노동자와 이들을 보살피는 조력자의 관계로 1차적 의존관계에서 파생된 것이다. 주목할 것은 1차적 의존관계에서는 보살핌이 삶의 유지를 위한 지원이라면, 2차적 의존관계에서 보살핌은 의존 노동자에 대한 경제적이고 물질적인 지원이 된다는 것이다. 그리고 이때도 불평등한 관계가 형성된다. 다만 조력자가 단순히 자원을 제공하는 것을 넘어 자원의 흐름을 통제할 수 있다는 점은 불평등 관계에서 지배 관계로 변질될 수 있는 여지가 있다는 점에서 차이가 있다.

키테이는 의존관계의 불평등성에서 보살핌의 윤리적인 책임이 나온다고 설명한다. 보살핌이 필요한 사람은 취약성*을 갖고 있으며, 이로 인해 보살핌을 제공하는 사람에게 기대는 의존관계가 생길 수밖에 없다. 그리고 이렇게 취약성을 가진 사람들에 대해 보살핌을 주어야 하는 사람들은 '사람으로서 마땅히 행하거나 지켜야 할 도리'라는 의미를 갖는 윤리를 지켜야 할 의무와 책임이 요구된다는 주장이다. 이렇게 본다면 인간의 의존관계에서 윤리적 책임은 의존 노동자뿐만 아니라 사회에게도 존재한다. 다시 말해 인간의 의존성은 사회의 윤리적 책임을 요구한다는 것이다. 결국 키테이는 보살핌의 윤리는 사회적 책임이라는 공공윤리의 필요성에 대한 근거를 마련하는 것이라고 역설한다*.

✔ 한방에! ㉠㉠㉠㉠

* 제약(制約): 조건을 붙여 내용을 제한함. 또는 그 조건.
* 전적(全的): 하나도 남김없이 모두 다인 것.
* 취약성(脆弱性): 무르고 약한 성질이나 특성.
* 역설하다(力說하다): 자기의 뜻을 힘주어 말하다.

01 핵심 내용 파악하기

에바 키테이의 주장으로 적절하지 **않은** 것은?

① 인간은 엄마의 아이라는 데서 보살핌이 출발한다.
② 모든 인간은 보살핌을 통해서 삶을 유지할 수 있다.
③ 의존자는 스스로 삶을 유지하기 어려운 사람들이다.
④ 인간의 의존성은 개인 간의 윤리적 책임을 요구한다.
⑤ 의존관계는 본질적으로 상호 불평등한 특성을 지닌다.

02 세부 내용 파악하기

㉠에 대한 답변으로 가장 적절한 것은?

① 의존 노동자가 자원을 제공받음으로써 이루어진다.
② 보살핌이 필요한 사람의 이익을 위배함으로써 이루어진다.
③ 조력자에 대한 의존 노동자의 필수적인 보살핌으로 이루어진다.
④ 보살핌이 필요한 사람의 범위를 매우 넓게 한정함으로써 이루어진다.
⑤ 보살핌이 필요한 사람의 취약성에서 의존관계가 형성되면서 이루어진다.

중요 03 구체적 사례에 적용하기

윗글을 바탕으로 **보기** 의 ㉮, ㉯, ㉰에 들어갈 말을 짝지은 것으로 적절한 것은?

보기

> **학습 자료**
>
> 고대 그리스에서 산모를 돌보는 도우미를 '둘라'라고 하였다. 둘라는 직접 아이를 돌보기보다는 산모가 아이에게 진정한 돌봄을 제공할 수 있는 주체로서 자리를 잡을 수 있도록 산모를 도와주는 역할을 수행하는 존재이다. 키테이는 이러한 둘라의 개념을 바탕으로 한 '둘리아'라는 복지정책을 제안하였다. 다른 사람의 생존과 성장을 위해 돌봄을 제공하는 사람들에 대한 돌봄을 제공해야 한다는 것이다. 그리고 이는 개인 간의 합의를 통해 대가를 주고받기보다는 서로가 조건 없이 돌봄을 주고받는 상호 돌봄 사회로 전환하는 것이라고 하였다.
>
> **선생님:** 키테이의 주장에 따라 학습 자료를 이해한다면, 둘라와 산모의 관계는 _____㉮_____ 에 해당하고, 둘리아는 _____㉯_____ 을 중심으로 이루어지며, 이때 둘리아는 _____㉰_____ 에 도달하지 않아야 할 것입니다.

	㉮	㉯	㉰			㉮	㉯	㉰
①	1차적 의존관계	생존 지원	불평등 관계		②	1차적 의존관계	물질적 지원	지배 관계
③	2차적 의존관계	생존 지원	지배 관계		④	2차적 의존관계	물질적 지원	지배 관계
⑤	2차적 의존관계	생존 지원	불평등 관계					

서답형 04 세부 내용 파악하기

다음은 ⓐ와 ⓑ를 설명한 것이다. 빈칸에 들어갈 말로 적절한 것을 골라 차례대로 쓰시오.

> ⓐ와 ⓑ는 본질적으로 (평등 / 불평등) 관계가 형성된다는 점에서 공통적이나, ⓑ는 (지배 / 의존) 관계로 변질될 수 있다는 점에서 ⓐ와 차이가 있다.

✔ 한방에! 개념정리

✔ 한방에! 핵심정리

갈래	자유시, 서정시
성격	반어적, 비판적
주제	획일화된 삶에 대한 비판과 풍자
특징	① 반어적 표현으로 작품의 주제를 강조함. ② 밝고 명랑한 어조를 활용하여 풍자성을 드러냄. ③ 일상적 체험을 사회 문제에 연결함으로써 화자의 인식을 일반적인 것으로 확대함.
해제	이 작품은 교과서를 아무 생각 없이 따라 읽는 아이들의 모습을 통해, 비판 의식을 상실하고 획일화된 삶을 맹목적으로 추종하는 민중들의 모습을 풍자하고 있는 시이다. 제목인 '하급반 교과서'는 하급반 아이들이 맹목적으로 따라 읽는 대상으로, 화자는 이에 대해 부정적인 시선과 안타까움을 느끼며 사회를 비판하고 있다.

※ 다음 글을 읽고 물음에 답하시오.

아이들이 큰 소리로 책을 읽는다

나는 물끄러미 그 소리를 듣고 있다

한 아이가 소리 내어 책을 읽으면

딴 아이도 따라서 책을 읽는다

청아한* 목소리로 꾸밈없는 목소리로

"아니다 아니다!" 하고 읽으니

"아니다 아니다!" 따라서 읽는다

"그렇다 그렇다!" 하고 읽으니

"그렇다 그렇다!" 따라서 읽는다

[A] ┌ 외우기도 좋아라 하급반 교과서

└ 활자*도 커다랗고 읽기에도 좋아라

목소리 하나도 흐트러지지 않고

한 아이가 읽는 대로 따라 읽는다

이 봄날 쓸쓸한 우리의 책 읽기여

우리나라 아이들의 목청이여

- 김명수, 〈하급반 교과서〉 -

✔ 한방에! 지식더하기

＜국민 교육 헌장＞

유신정권은 근대화에 따라 확산된 서구 물질문명과 대중문화에 대한 검열과 통제를 확대하는 한편, 민족 주체성을 강조하는 정신혁명 등을 통해 체제에 순응적인 국민을 만들고자 했다. 이에 따라 1968년 배포된 국민 교육 헌장은 당대 대한민국 교육의 지표로서 각 학교 교과서의 첫머리에 인쇄되는 등 매년 선포기념 행사와 각종 표창으로 국민 각자가 반공 민주주의 신념과 긍지를 가지고 굳게 매진하도록 추진되었다. 그러나 헌장을 통해 다양성을 무시하고 국가와 민족에 대한 충성을 최고의 가치로 여기도록 세뇌하는 국가주의적 사고관을 고착시키고 있다는 비판의 목소리가 높아짐에 따라 모든 교과서에서 삭제되었다.

✔ 한방에! 어휘풀이

★ 청아하다(淸雅하다): 속된 티가 없이 맑고 아름답다.
★ 활자(活字): 활판이나 워드 프로세서 따위로 찍어 낸 글자.

01 표현상의 특징 이해하기

윗글에 대한 설명으로 적절하지 <u>않은</u> 것은?

① 화자가 작품에 직접적으로 드러나고 있다.

② 유사한 문장 구조의 반복을 통해 시상을 전개하고 있다.

③ 시어를 일정하게 끊어 읽음으로써 운율을 형성하고 있다.

④ 공간의 이동에 따라 대상에 대한 화자의 태도가 변화하고 있다.

⑤ 연의 이동에 따라 어조를 변화시킴으로써 작품의 분위기를 반전시키고 있다.

02 표현상의 특징 파악하기

[A]에 사용된 표현법으로 가장 적절한 것은?

① 모가지가 길어서 슬픈 짐승이여 / 언제나 점잖은 편 말이 없구나
- 노천명, 〈사슴〉

② 그대는 반짝거리면서 하늘 아래에서 / 간간히 / 자유를 말하는데 / 우스워라 나의 영(靈)은 죽어 있는 것이 아니냐
- 김수영, 〈사령〉

③ 남들이 열고 들어오는 문을 통해 / 내 가슴이 쿵쿵거리는 모든 발자국 따라 / 너를 기다리는 동안 나는 너에게 가고 있다.
- 황지우, 〈너를 기다리는 동안〉

④ 집에 돌아오면 / 하루종일 발을 물고 놓아주지 않던 / 가죽구두를 벗고 / 살 껍질에 달라붙어 떨어지지 않던 / 검정 양말을 벗고
- 김기택, 〈맨발〉

⑤ 아직은 암회색 스모그가 그래도 맑고 희고, 폐수가 너무 깨끗한 까닭에 숨을 쉴 수가 없어 움직이지 못하고 눈만 뜬 채 잠들어 있는지 몰라.
- 김기택, 〈바퀴벌레는 진화 중〉

중요 03 외적 준거를 바탕으로 작품 이해하기

보기 를 참고하여 윗글을 이해한 내용으로 적절하지 <u>않은</u> 것은?

> **보기**
>
> 김명수의 〈하급반 교과서〉는 군부 독재 시절, 표현의 자유가 억압된 상황에서 강요된 획일주의와, 잘못된 권위에 맹목적으로 복종하는 민중들의 주체적이지 못한 삶을 하급반 아이들의 책 읽기와 반어적 표현을 통해 비판하였다.

① '아이들'은 권위에 예속되어 획일적인 삶을 사는 무지한 민중을 의미한다.

② '책'은 '아이들'이 무비판적으로 따라 읽는 대상으로, 사회의 획일주의와 권위를 의미한다.

③ 시대적 상황을 고려할 때, '한 아이'는 '아이들'이 맹목적으로 추종하는 대상인 권위자, 즉 지도자를 의미한다.

④ '아이들'의 '청아'하고 '꾸밈없는 목소리'는 암울한 시대 상황에도 불구하고 변화된 미래를 꿈꾸는 화자의 소망이 드러나는 시어다.

⑤ '우리의 책 읽기'가 '쓸쓸'하다고 한 이유는 비판 의식 없이 현실에 순응하며 살아가는 민중에 대한 화자의 비판적 시선이 반영되었기 때문이다.

★ 예속되다(隸屬되다): 남의 지배나 지휘 아래 매이다.

서답형 04 시어의 의미 파악하기

㉠, ㉡과 유사한 의미를 나타내는 시어 한 개를 윗글에서 찾아 3음절로 쓰시오.

> 사회자가 외쳤다
> 여기 일생 동안 이웃을 위해 산 분이 계시다
> 이웃의 슬픔은 이분의 슬픔이었고
> 이분의 슬픔은 이글거리는 빛이었다
> (중략)
>
> 보라, 이분은 당신들을 위해 청춘을 버렸다
> 당신들을 위해 죽을 수도 있다
> 그분은 일어서서 흐느끼는 사회자를 제지했다
> 군중들은 일제히 그분에게 박수를 쳤다
> ㉠ 사내들은 울먹였고 감동한 ㉡ 여인들은 실신했다
> - 기형도, 〈홀린 사람〉

문제풀이

11강

바리공주 _작자 미상

| 정답 및 해설 | 77쪽

한방에! 개념정리

한방에! 핵심정리

갈래	서사 무가, 구비 서사시
성격	신화적, 교훈적, 주술적
주제	바리공주의 고난과 성취
특징	① 죽음을 관장하는 무조신의 유래를 밝힌 본풀이임. ② 죽은 사람의 원혼을 풀어주는 오구굿에서 가창됨. ③ 한국 서사 문학의 전형인 영웅 서사 구조에 따라 전개됨.
해제	이 작품은 바리공주가 죽은 혼령을 편안하게 인도해주는 무당의 조상신이 된 내력을 풀이한 서사 무가로, '바리데기', '오구풀이'로도 불린다. 49재 때 죽은 사람의 영혼을 저승으로 인도하고자 행하는 오구굿에서 가창되며, 한국 민중의 전통적인 내세관이 반영되어 있다. 또한 구비 문학이라는 특성으로 인해 지역과 구연자에 따라 내용이 조금씩 다르게 전해진다.

＊전체 줄거리

공주만 내리 일곱을 낳은 불라국의 오구 대왕과 갈대 부인은 일곱 째인 바리공주를 옥함에 넣어 강물에 띄워 버리나, 석가세존의 지시를 받은 비리공덕 할멈과 비리공덕 할아범에 의해 구출된다. 바리공주가 15살 때 왕과 왕비가 병에 들자, 왕의 꿈에 청의 동자가 나타나 병을 고치려면 신선 세계의 약수를 구해 먹어야 한다고 이른다. 이를 알게 된 바리공주는 약수를 구하기 위해 홀로 길을 떠나 서천에 당도하고, 무상 신선의 요구대로 9년간 노동을 하고 자식까지 낳아준 뒤 비로소 약수를 얻는다. 불라국으로 돌아온 바리공주는 약수를 통해 죽은 부모를 살려낸다. 바리공주는 그 공적으로 죽은 자를 저승으로 인도하는 오구 신이 된다.

※ 다음 글을 읽고 물음에 답하시오.

[앞부분 줄거리] 자신의 부모인 오구 대왕과 갈대 부인이 큰 병에 걸렸다는 사실을 알게 된 바리공주는 남장을 하고 서천 서역국에 가 약수와 나뭇가지를 구해 오기로 한다.

"여섯 형님이여, 삼천 궁녀들아 대왕 양마마님께서 한날한시에 승하하실지라도* 나 돌아올 때까지 기다려서 인산* 거동 내지 마라."

양전*마마께 하직하고 여섯 형님께 하직하고 궐문 밖을 내달으니 갈 바를 알지 못할러라.

우여 슬프다. 선후망의 아무 망자* 칠 공주 뒤를 좇으면은 서방 정토* 극락세계 후세 발원* 남자 되어 연화대*로 가시는 날이로성이다.

아기가 주장을 한 번 휘둘러 짚으시니 한 천 리를 가나이다. 두 번을 휘둘러 짚으시니 두 천 리를 가나이다. 세 번을 휘둘러 짚으시니 세 천 리를 가나이다.

㉠ 이때가 어느 때냐 춘삼월 호시절이라. 이화 도화 만발하고 향화 방초* 흩날리고 누른 꾀꼬리는 양류* 간에 날아들고 앵무 공작 깃 다듬는다. 뻐꾹새는 벗 부르며 서산에 해는 지고 월출동령* 달이 솟네. 앉아서 멀리 바라보니 어렁성 금바위에 반송*이 덮였는데 석가세존*님이 지장보살*님과 아미타불*님과 설법*을 하시는구나.

아기가 가까이 가서 삼배나삼배 삼삼구배*를 드리니,

"㉡ 네가 사람이냐 귀신이냐? 날짐승 길버러지도 못 들어오는 곳이어든 어찌하여 들어왔느냐?"

아기 하는 말이,

"국왕의 세자이옵더니 부모 소양 나왔다가 길을 잃었사오니 부처님 은덕으로 길을 인도하옵소서."

석가세존님 하시는 말씀이,

"국왕에 칠 공주가 있다는 말은 들었어도 세자 대군 있다는 말은 금시초문이다. ㉢ 너를 대양 서촌에 버렸을 때에 너의 잔명을 구해 주었거든 그도 그러하려니와 평지 삼천 리에 왔지마는 험로 삼천 리를 어찌 가려느냐?"

"가다가 죽사와도 가겠나이다."

"라화를 줄 것이니 이것을 가지고 가다가 큰 바다가 있을 테니 이것을 흔들면은 대해가 육지가 되나니라."

가시성 철성이 하늘에 닿은 듯하니, 부처님 말씀을 생각하고 라화를 흔드니 팔 없는 귀신, 눈 없는 귀신 억만 귀졸*이 앙마구리* 끌 듯하는구나. 칼산 지옥 불산 지옥문과 팔만 사천 제 지옥문을 열어, 십왕 갈 이 십왕으로, 지옥 갈 이 지옥으로 보내일 때, 우여 슬프다 선후망의 아무 망자 썩은 귀 썩은 입에 자세히 들었다가 제 보살님께 외우시면 바리공주 뒤를 따라 서방 정토 극락세계로 가시는 날이로성이다.

아기가 한곳을 바라보니, 동쪽에는 청유리 장문이 서 있고 북쪽에는 흑유리 장문이 서 있고, 한 가운데는 정렬문*이 서 있는데 무상 신선이 서 계시다.

키는 하늘에 닿은 듯하고, 얼굴은 쟁반만 하고 눈은 등잔만 하고, 코는 줄병 매달린 것 같고, 손은 솥뚜껑만 하고 발은 석 자 세 치라.

하도 무섭웁고 끔찍하야 물러나 삼배를 드리니, 무상 신선 하는 말이,

"그대가 사람이뇨 귀신이뇨? 날짐승 길버러지도 못 들어오는 곳에 어떻게 들어왔으며 어데서 왔느뇨?"

"나는 국왕마마의 세자로서 부모 봉양 왔나이다."

"부모 봉양 왔으면은 물값 가지고 왔소? 나뭇값 가지고 왔소?"

"총망* 길에 잊었나이다."

"물 삼 년 길어 주소, 불 삼 년 때어 주소, 나무 삼 년 베어 주소."

[A] 석 삼 년 아홉 해를 살고 나니 무상 신선 하는 말이,

"그대가 앞으로 보면 여자의 몸이 되어 보이고 뒤로 보면 국왕의 몸이 되어 보이니, 그대하고 나하고 백년가약을 맺어 일곱 아들 낳아 주고 가면 어떠하뇨?"

"그도 부모 봉양할 수 있다면은 그리하성이다."

천지로 장막을 삼고, 등나무로 베개 삼고, 잔디로 요를 삼고, 떼구름으로 차일* 삼고, 샛별로 등촉을 삼어, 초경에 허락하고, 이경에 머무시고, 삼경에 사경에 오경에 근연* 맺고, 일곱 아들 낳아 준 연후에 아기 하는 말씀이,

"아무리 부부 정도 중하거니와 부모 소양 늦어 갑네. ㉣ 초경에 꿈을 꾸니 은그릇이 깨어져 보입디다. 이경에 꿈을 꾸니 은수저가 부러져 보입니다. 양전마마 한날한시에 승하하옵신 게 분명하오. 부모 봉양 늦어 가오."

"㉤ 그대 깃든 물 약려수이니 금장군*에 지고 가오. 그대 베든 나무는 살살이 뼈살이*니 가지고 가오."

"앞바다 물 구경하고 가오."

"물 구경도 경이 없소."

"뒷동산의 꽃구경하고 가오."

"꽃구경도 경이 없소."

"전에는 혼자 홀아비로 살아왔거니와 이제는 여덟 홀아비가 되어 어찌 살나오?"

"일곱 아기 데리고 가오."

"그도 부모 효양이면 그리하여이다."

큰 아기는 걸게 하고 어린 아기 업으시고.

무상 신선 하시는 말씀이,

"그대 뒤를 좇으면은 어떠하오?"

"여필종부*라 하였으니 그도 부모 소양이면 그리하여이다. 한 몸이 와서 아홉 몸이 돌아가오."

– 작자 미상, 〈바리공주〉 –

01 서술상의 특징 파악하기

윗글에 대한 설명으로 가장 적절하지 않은 것은?

① 불교 용어와 한자어가 빈번하게 사용되고 있다.

② 서술자가 작품에 개입하는 구비 문학의 특징이 드러나고 있다.

③ 실제 역사적 사건을 삽입함으로써 시대적 상황을 드러내고 있다.

④ 주인공이 고난을 극복하는 과정을 중심으로 이야기가 전개되고 있다.

⑤ 한국 서사 문학의 특징 중 하나인 영웅의 일대기적 구조를 따르고 있다.

02 구절의 의미 파악하기

㉠~㉤에 대한 설명으로 적절하지 않은 것은?

① ㉠: 앞으로 바리공주의 앞날이 순탄하게 진행될 것을 의미한다.

② ㉡: 바리공주의 비범한 능력을 나타낸다.

③ ㉢: 바리공주의 잔명을 구해 주었다는 서술을 통해 조력자로서의 석가세존의 면모가 드러난다.

④ ㉣: 왕과 왕비의 안위에 문제가 생겼음을 의미한다.

⑤ ㉤: 약려수와 살살이 뼈살이는 바리공주가 부모의 병을 낮게 할 수 있는 수단이다.

중요 ▶ 03 외적 준거를 통해 작품 감상하기

보기 를 참고하여 [A]를 감상한 내용으로 적절하지 않은 것은?

보기

> 〈바리공주〉는 버려진 여성이 모든 고통을 이겨 내고 끝내 업적을 이룩한다는 점에서 '여성의 수난과 극복'이라는 한국 문학의 전통적인 모티프를 따르고 있다. 이 모티프를 통해 여성이 전통 사회의 유교 윤리를 충실히 따르면서도 과중한 가사 노동과 다산으로 인한 고통을 받고 있음을 고발하는 한편, 남아 선호 사상이 만연했던 사회를 비판한다. 또한 이러한 수난은 극복과 성취를 위해 필수적으로 필요한 장치라는 점에서 그 의의가 있다.

① 부모에게 버림받았음에도 '부모 봉양'을 위해 고난을 자처하는 바리공주는 전통 사회의 유교 윤리를 충실히 따르고 있다고 볼 수 있겠군.

② 바리공주가 '물'을 기르고 '불'을 때고 '나무'를 베는 것은 당시 여성들이 행했던 노동으로, 과중한 가사 노동으로 인한 여성의 고통을 상징하겠군.

③ 무상 신선이 요구한 노동을 마친 뒤 무상 신선과 '백년가약'을 맺게 된다는 점에서 바리공주의 노동은 성취를 위한 필수적인 장치라 볼 수 있겠군.

④ 바리공주가 낳은 '일곱' 명의 자식들은 당대 사회에서 여성들이 겪어야 했던 희생 중 하나인 다산의 고통을 상징하겠군.

⑤ 무상 신선이 바리공주에게 '아들'을 낳아달라 요구한 것은 당시 남아 선호 사상이 만연했던 전통 사회의 모습을 보여 주는군.

서답형 ▶ 04 소재의 의미 파악하기

바리공주가 석가세존으로부터 받은, 큰 바다를 건널 수 있게 하는 물건을 윗글에서 찾아 2음절로 쓰시오.

_____

문제풀이

복습하기

보고서의 조사 방법	
설문 조사	주제와 관련된 [1]□□을 하는 조사 방법
현장 조사	주제와 관련된 장소를 직접 [2]□□하는 조사 방법
자료 조사	책, 신문, 인터넷 등과 같은 자료를 조사하는 조사 방법
면담 조사	주제를 잘 알고 있는 [3]□□□를 직접 만나 정보를 수집하는 조사 방법

독서

1문단	보살핌의 [4]□□에 대한 에바 키테이의 주장
2문단	에바 키테이가 주장한 [5]□□□ 의존관계
3문단	에바 키테이가 주장한 [6]□□□ 의존관계
4문단	의존관계의 [7]□□□□에 따른 보살핌의 윤리

문학 – 하급반 교과서(김명수)

1연	[8]□□□를 획일적으로 따라 읽는 아이들
2연	맹목적인 아이들의 책 읽기에 대한 안타까움

문학 – 바리공주(작자 미상)

바리공주는 부모의 병을 고치기 위해 여정을 떠남.

↓

과거 버려진 바리공주를 구해주었던 [9]□□□□에게 라화를 건네받음.

↓

무상 신선을 만나 구 년동안 노동하고, 일곱 아들을 낳음.

↓

은그릇이 깨지고 은수저가 부러진 꿈을 꾼 바리공주는 부모의 죽음을 예견함.

↓

[10]□□□와 살살이 뼈살이 나무를 가지고 무상 신선, 일곱 아들과 함께 부모를 구하기 위해 돌아감.

정답	1 질문　2 방문　3 전문가　4 책임　5 1차적　6 2차적　7 불평등성　8 교과서　9 석가세존　10 약려수

139

12

Contents

12강 문법 요소 (1) 종결 표현, 높임 표현, 시간 표현

문법

|정답 및 해설| 80쪽

✔ 한방에! 개념정리

✔ 한방에! 핵심정리

❋ 종결 표현이 사용된 예시
- 평서문 예 꽃을 심었다.
- 의문문 예 꽃을 심었니?
- 명령문 예 꽃을 심어라.
- 청유문 예 꽃을 심자.
- 감탄문 예 꽃을 심었구나!

❋ 격식체와 비격식체
- 격식체: 하십시오체(아주 높임), 하오체(예사 높임), 하게체(예사 낮춤), 해라체(아주 낮춤)
- 비격식체: 해요체(두루 높임), 해체(두루 낮춤)

❋ 특수 어휘
- 주체 높임법: 잡수시다, 주무시다, 돌아가시다, 계시다(직접 높임) / 아드님, 따님, 진지, 말씀, 댁(간접 높임)
- 객체 높임법: 뵈다, 여쭈다, 드리다, 모시다

❋ 동작상
- 진행상

개념	어떤 동작이 진행되고 있음을 나타냄.
실현 방법	-고 있다, -어/아 가다, -(으)면서

- 완료상

개념	어떤 동작이 완료되었음을 나타냄.
실현 방법	-어/아 있다, -어/아 버리다, -고서

1 종결 표현

종류	개념	종결 어미
평서문	화자가 청자에게 특별히 요구하는 바 없이 단순하게 진술하는 문장	-(ㄴ)다, -ㅂ니다
의문문	화자가 청자에게 질문하며 대답을 요구하는 문장	-니, -느냐 / 냐, -ㄴ가, -ㄹ까
명령문	화자가 청자에게 어떤 행동을 강하게 요구하는 문장	-아라 / 어라, -게
청유문	화자가 청자에게 어떤 행동을 함께 하도록 요청하거나 제안하는 문장	-자, -ㅂ시다
감탄문	화자가 청자를 의식하지 않거나 독백하는 상태에서 자신의 느낌을 표현하는 문장	-군, -구나

2 높임 표현

종류	개념	실현 방법
상대 높임법	화자가 청자를 높이거나 낮추어 표현하는 방법	종결 어미
주체 높임법	화자가 서술의 주체를 높이는 방법	• 주격 조사 '께서' • 선어말 어미 '-(으)시-' • 특수 어휘
객체 높임법	화자가 서술의 객체를 높이는 방법	• 부사격 조사 '께' • 특수 어휘

3 시간 표현

종류	개념	실현 방법
과거 시제	사건이 일어난 시점이 말하는 시점보다 앞선 시제	• 선어말 어미 '-았/었-, -더-' • 관형사형 어미 '-(으)ㄴ' [동사], '-던' [형용사] • 시간 부사어 '어제, 아까' 등
현재 시제	사건이 일어난 시점과 말하는 시점이 일치하는 시제	• 선어말 어미 '-ㄴ/는-' [동사], Ø [형용사] • 관형사형 어미 '-는' [동사], '-(으)ㄴ' [형용사] • 시간 부사어 '오늘, 지금' 등
미래 시제	사건이 일어난 시점이 말하는 시점보다 나중인 시제	• 선어말 어미 '-겠-, -(으)리-' • 관형사형 어미 '-(으)ㄹ-' • 시간 부사어 '내일, 모레' 등

01 종결 표현 이해하기

다음 중 종결 표현이 적절하게 연결되지 <u>않은</u> 것은?

① 정말 아름다운 꽃이구나! – 감탄문

② 시간이 늦었으니 어서 자라. – 명령문

③ 이번 가을엔 함께 등산을 가자. – 평서문

④ 일회용품 대신 다회용품을 사용합시다. – 청유문

⑤ 숭례문에 가려면 몇 번 출구로 가야 할까요? – 의문문

02 높임 표현 이해하기

다음 중 높임 표현을 적절하게 고친 것은?

① 동생이 안방에서 <u>자고</u> 있다. → 주무시고

② 민지야, 선생님께서 교무실로 <u>오래</u>. → 오시래

③ 삼촌이 할머니를 <u>모시고</u> 집에 가셨다. → 데리고

④ 곧이어 회장님의 말씀이 <u>계시겠습니다</u>. → 있겠습니다

⑤ 손님, 결제하실 금액은 총 <u>5만 원입니다</u>. → 5만 원이십니다

중요 03 시간 표현 이해하기

보기 에서 ㉠~㉤을 통해 알 수 있는 시간 표현에 대한 설명으로 적절하지 <u>않은</u> 것은?

> **보기**
>
> 삼촌: ㉠ 민지야, 지난 겨울 방학 동안 가장 기억에 남는 일이 무엇이니?
> 민지: ㉡ 저는 친구들과 함께 제주도에 갔던 일이 기억에 남아요.
> 삼촌: ㉢ 제주도라니, 정말 재밌었겠구나!
> 민지: 네. ㉣ 지금도 그곳에서 재밌게 놀던 기억이 생생하게 떠올라요.
> 삼촌: 민지의 말을 들으니 삼촌도 제주도에 가고 싶구나. ㉤ 삼촌은 내년에 갈 계획이야.

① ㉠: 과거를 나타내는 부사어를 통해 겨울 방학이 말하는 시점보다 앞서 일어났음을 알 수 있다.

② ㉡: 관형사형 어미 '-던'을 통해 제주도에 간 일이 과거에 일어난 것임을 알 수 있다.

③ ㉢: 선어말 어미 '-겠-'을 통해 말하는 시점이 사건이 일어난 시점보다 나중인 시제임을 알 수 있다.

④ ㉣: 부사어 '지금'을 통해 제주도에서의 기억을 떠올리는 시점과 말하는 시점이 일치하고 있음을 알 수 있다.

⑤ ㉤: 관형사형 어미 '-(으)ㄹ'을 통해 제주도에 가는 일이 말하는 시점보다 나중에 일어날 것임을 알 수 있다.

서답형 04 높임 표현과 시간 표현 이해하기

ⓐ, ⓑ에 들어갈 말로 적절한 것을 차례대로 쓰시오.

> **보기**
>
> 나 보기가 역겨워 / 가실 때에는   영변에 약산 / 진달래꽃
> 말없이 고이 보내드리오리다   아름 따다 가실 길에 뿌리오리다 (후략)
> 　　　　　　　　　　　　　　　　　　　　　　　　　 - 김소월, 〈진달래꽃〉
>
> 〈보기〉는 선어말 어미 '-(으)리-'로 보아 (　ⓐ　) 시제이며, 선어말 어미 '-(으)시-'를 통해
> (　ⓑ　) 높임 표현을 실현하고 있군.

12강 미디어 배양 이론

| 정답 및 해설 | 81쪽

✔ 한방에! 개념 정리

✔ 한방에! 핵심 정리

주제	거브너 학파가 주장한 미디어 배양 이론
해제	이 글은 거브너 학파의 미디어 배양 이론과 그에 대한 학자들의 비판을 설명하고 있다. 초기 배양 이론은 미디어가 허구의 이미지를 지속적으로 재생산함으로써 세상을 바라보는 수용자들의 관점에 영향을 준다고 보았다. 그러나 이는 수용자의 특성을 고려하지 않았다는 비판을 받았다. 이에 거브너 학파는 텔레비전 시청 시간이 길수록 시청자들이 공통적인 견해를 갖게 된다는 '주류화'와 미디어에서 시청한 내용이 그들의 현실 세계와 관련성이 높을수록 더 큰 배양 효과가 일어난다는 '공명 효과'를 근거로 새로운 배양 이론을 제시하였다. 그러나 이 또한 미디어의 신뢰도는 개인의 경험에 달라지는 것이라는 비판을 받았다.

* 문단 중심 내용

1문단	거브너 학파가 주장한 배양 이론
2문단	초기 배양 이론의 내용과 그에 대한 비판
3문단	새로운 배양 이론에 도입된 개념 ① – 주류화
4문단	새로운 배양 이론에 도입된 개념 ② – 공명 효과
5문단	새로운 배양 이론에 대한 짐머만의 비판

※ 다음 글을 읽고 물음에 답하시오.

미디어가 수용자들의 건강에 미치는 영향에 대한 연구는 세계적인 언론학자들에 의해 오래전부터 진행되어 왔으며, 이를 통해 미디어가 수용자들의 신체적, 정신적 건강에 부적적인 영향을 미친다는 것을 밝혀냈다. 이를 바탕으로 거브너 교수는 수용자들이 미디어가 생산·공급한 잘못된 정보를 실제 사실로 믿게 된다는 배양* 이론을 주장하였고, 이러한 주장을 따르는 학파를 거브너 학파 라고 명칭했다.

거브너 학파가 주창한 초기 배양 이론의 내용은 미디어는 사실적이지 않은 이미지를 갖는 세계, 다시 말해 상징적 세계를 창조하고, 이를 일관적이고 지속적으로 재생산함으로써 수용자들의 생각을 확장하는 배양 효과가 일어난다는 것이다. 이에 따라 현대 사회의 수용자들은 미디어가 사회를 이해하고 적응하는 데 꼭 필요한 해설자라고 인식하고 있으며, 미디어가 재생산한 상징적 세계의 이미지를 실제 세계보다 더 신뢰하는 경향을 보인다. 그러나 둡스와 맥도널드는 이러한 배양 이론에 대해, 사람들이 세상을 위험하다고 여기는 것은 미디어에 대한 노출뿐만 아니라 범죄율과 같은 사람들이 거주하는 환경 유인과 성별, 연령, 교육 수준, 수입과 같은 수용자의 특성에 더 큰 영향을 받기 때문에 배양 이론이 주장하는 배양 효과가 사람에 따라 다르게 나타날 수 있다고 지적했다. 거브너 학파는 이러한 비판을 수용하여 '주류화'와 '공명* 효과'를 근거로 한 새로운 배양 이론을 제시하였다.

새로운 배양 이론에서는 미디어 수용자를 하루 텔레비전 시청 시간이 4시간 이상인 중시청자와 시청 시간이 2시간 미만인 경시청자로 구분하였고, 이 두 종류의 시청자들이 세상을 바라보는 관점에 큰 차이가 있다고 주장하였다. 즉 경시청자는 미디어의 내용에 대해 다양한 견해를 갖지만, 중시청자들 사이에는 견해의 차이가 거의 없어져 미디어에 의한 배양 효과가 커진다는 것이다. 거브너 학파는 이렇게 중시청자들이 공통적인 견해를 갖게 되는 것을 주류화라고 불렀다.

또한 중시청자들은 미디어에서 시청한 내용이 그들의 일상생활 속에서 지각된 현실과 관련성이 있을 때 공명이 일어나 배양 효과가 증폭된다고 하였다. 다시 말해 자신이 직접 경험한 내용과 미디어의 내용이 관련이 있을 경우 비록 미디어의 내용이 현실과 동떨어진 것이라 할지라도 그 내용을 사실처럼 믿게 되는 등 배양 효과가 더 강력해진다는 것이다. 이처럼 주류화와 공명이라는 두 개념을 배양 이론에 도입한 것은 배양 효과가 일률적으로 일어나는 것이 아니라 수용자의 환경적이고 심리적 요인에 의해 달리 나타날 수 있다는 것을 의미한다.

이 같은 주장에도 여전히 동의하지 않는 학자들도 있었는데, 대표적으로 짐머만은 미디어가 다른 위험이 익숙한 것일 때는 상대적으로 안전하다고 인지해 미디어의 내용을 그대로 믿지 않지만, 자신이 겪어보지 못한 생소한 위험은 실제보다 더 위험한 것으로 판단해 미디어의 내용을 신뢰하는 경향이 있다면서 ㉠ 공명 효과 이론이 타당하지 않다는 견해를 보였다.

✔ 한방에! 어휘 풀이

---

* 배양(培養): 식물을 북돋아 기름.
* 공명(共鳴): 남의 사상이나 감정, 행동 따위에 공감하여 자기도 그와 같이 따르려 함.

---

01 세부 내용 파악하기

거브너 학파에 대한 설명으로 적절하지 않은 것은?

① 미디어는 상징적 세계를 지속적으로 재생산한다고 보았다.
② 수용자의 특성에 따라 배양 효과가 다르다는 비판을 수용했다.
③ 미디어가 수용자들의 생각을 확장하는 것을 배양이라고 보았다.
④ 중시청자와 경시청자는 세상을 바라보는 관점이 서로 다르다고 보았다.
⑤ 둡스의 비판과 관련해 수용자의 심리적 요인과 배양 효과는 관련이 없다고 보았다.

02 세부 내용 추론하기

윗글을 참고할 때, ㉠의 근거로 볼 수 있는 것은?

① 배양 효과가 증폭되는 사건을 겪었기 때문이다.
② 미디어의 내용이 현실과 동떨어진 것일 수도 있기 때문이다.
③ 미디어의 내용을 사실이라고 여기는 것은 불가피하기 때문이다.
④ 미디어 속 위험은 개인의 경험에 따라 다르게 인식되기 때문이다.
⑤ 상대적으로 안전하다고 인지되는 사건은 존재하지 않기 때문이다.

중요 ▶ 03 구체적 사례에 적용하기

윗글을 바탕으로 보기 를 이해한 내용으로 적절하지 않은 것은?

> 보기
>
> 미국 A 지역의 주시청시간대 텔레비전에서 방영되는 내용의 60%는 살인과 절도 사건으로 인해 시민들이 삶의 위협을 느끼는 모습과 관계되는 것으로 나타났으나, 실제로 일어난 살인 및 절도 사건은 전체 범죄의 2% 미만이었고 대부분의 범죄는 가벼운 경범죄에 지나지 않았으며, 범죄율도 미국의 다른 지역에 비해 매우 낮았다.

① 초기 배양 이론에 따르면 A 지역의 텔레비전 수용자들은 자신이 사는 지역이 살인과 절도 사건이 많은 사회라고 인식할 것이다.
② 맥도널드의 주장에 따르면 A 지역의 텔레비전 수용자들은 교육 수준에 따라 자신이 사는 지역의 위험성에 대해 다르게 인식할 것이다.
③ 둡스의 주장에 따르면 A 지역의 낮은 범죄율은 텔레비전 수용자들이 자신이 사는 지역에 대한 위험성 여부를 인식하는 데 영향을 미칠 것이다.
④ 주류화에 따르면 A 지역에서 하루 2시간 미만으로 TV를 시청하는 수용자들 사이에는 자신들이 사는 지역의 위험성에 대해 견해가 서로 다를 것이다.
⑤ 공명 효과에 따르면 A 지역의 TV 시청자들은 절도 사건을 당하지 않은 경우라도 수용자들은 자신의 사회가 매우 위험하다고 보는 경향이 증폭될 것이다.

서답형 ▶ 04 세부 내용 파악하기

빈칸에 들어갈 말로 적절한 것을 골라 차례대로 쓰시오.

> 거브너 학파의 배양 이론에서 (주류화 / 공명 효과)는 시청자들이 공통적인 견해를 갖게 되는 것이고, (주류화 / 공명 효과)는 자신이 직접 경험한 내용과 미디어의 내용이 관련될 경우, 미디어의 내용이 현실과 다르더라도 그 내용을 사실로 믿게 되는 것이다.

문제풀이

12강

고시 7 _정약용

| 정답 및 해설 | 83쪽

✔ 한방에! 개념정리

✔ 한방에! 핵심정리

갈래	한시(오언 고시)
성격	풍자적, 현실 비판적
주제	① 벼슬살이의 정치적 어려움 ② 지배층의 수탈과 횡포로 인한 백성들의 고통
특징	① 설의법을 통해 화자의 정서를 드러냄. ② 사회 현실에 대한 비판적 태도를 취함. ③ 우의적 기법을 활용하여 주제를 형상화함.
해제	이 작품은 정약용이 창작한 〈고시〉 27수 중 일곱 번째 작품이다. 작가는 나라의 근본은 백성이라고 생각했으며, 이 작품의 마지막에 표현된 현실에 대한 통탄은 관리들이 나라의 근본인 백성들을 위하지 않고 수탈과 학정을 펼치는 현실에 대한 한탄이라 할 수 있다. 한편 이 작품을 정약용의 삶과 관련지어 정약용의 순탄하지 못한 삶을 표현한 작품으로 이해해 볼 수도 있다.

✔ 한방에! 어휘풀이

★ 괄시(恝視): 업신여겨 하찮게 대함.

★ 행채(荇菜): 연못이나 늪에 나는 마름과의 한해살이 풀.

※ 다음 글을 읽고 물음에 답하시오.

[A]
  ┌ 풀이면 다 **뿌리**가 있는데
  └ **부평초**만은 매달린 **꼭지가 없이**

[B]
  ┌ 물 위에 둥둥 **떠다니**며
  └ 언제나 **바람**에 **끌려**다닌다네.

[C]
  ┌ **목숨**은 비록 붙어 있지만
  └ **더부살이 신세**처럼 갸냘프기만 해

[D]
  ┌ **연잎**은 너무 괄시*를 하고
  └ **행채***도 이리저리 가리기만 해

[E]
  ┌ 똑같이 한 **못 안**에 살면서
  └ 어쩌면 그리 서로 **어그러지**기만 할까

百草皆有根　　（백초개유근）

浮萍獨無蔕　　（부평독무체）

汎汎水上行　　（범범수상행）

常爲風所曳　　（상위풍소예）

生意雖不泯　　（생익수불민）

寄命良瑣細　　（기명량소세）

蓮葉太凌藉　　（연엽태릉적）

荇帶亦交蔽　　（행대역교폐）

同生一池中　　（동생일지중）

何乃苦相戾　　（하내고상려）

- 정약용, 〈고시 7〉 -

✔ 한방에! 같이볼작품

지배층의 횡포를 다룬 작품

밭에서 이삭을 줍는 어린애들 말이
온종일 이리저리 주워야 소쿠리도 안 차요
올해는 벼 베는 이 솜씨 하도 좋아
한 톨도 남김없이 관창에다 바쳤답니다.

田間拾穗村童語　〔전간습수촌동어〕

盡日東西不滿筐　〔진일동서불만광〕

今歲刈禾人亦巧　〔금세예화인역교〕

盡收遺穗上官倉　〔진수유수상관창〕

- 이달, 〈습수요〉

01 표현상의 특징 파악하기

윗글에 대한 설명으로 적절한 것은?

① 시어의 반복을 통해 운율을 드러내고 있다.
② 자연물의 대비를 통해 주제를 강조하고 있다.
③ 반어적 표현을 통해 화자의 정서를 나타내고 있다.
④ 화자와 시적 대상 모두 시의 표면에 드러나고 있다.
⑤ 설의법을 통해 시적 대상에 대한 친근감을 표현하고 있다.

02 작품의 내용 이해하기

윗글의 시어와 시구에 대한 설명으로 적절하지 않은 것은?

① '풀'은 '뿌리가 있'으나 겨우 '목숨'만을 유지하는 약한 존재를 상징한다.
② '바람'은 '뿌리'가 없는 '부평초'를 '끌려다'니게 하는 외부 세력을 상징한다.
③ '물 위'는 '꼭지가 없'는 '부평초'가 정착하지 못하고 '떠다니'는 장소를 상징한다.
④ '더부살이 신세'는 '물 위'에서 '바람'에 의해 떠다니는 '부평초'의 모습을 상징한다.
⑤ '연잎'과 '행채'는 '부평초'를 괄시하여 '못 안'을 '어그러지'게 하는 주된 원인을 제공하는 존재를 상징한다.

중요 03 외적 준거를 통해 작품 감상하기

보기를 참고하여 [A]~[E]를 이해한 것으로 적절하지 않은 것은?

보기

> 정약용은 늘 자신의 든든한 후원자가 되어 주었던 정조가 승하한 직후, 정치 세력의 모함으로 경상도 장기로 유배되었다. 이 시기에 정약용은 자신의 처지를 돌아보고 시국을 비평하며 연작시 27수를 지었다. 이 시에서 정약용은 주로 당쟁의 폐해와 중상모략을 일삼는 조정의 무리를 우의적으로 비판하였다.

① [A] : 꼭지가 없는 부평초는 정조의 승하 후 의지할 곳이 없어진 자신의 상황을 비유한 표현이다.
② [B] : 정치 세력의 모함으로 인해 유배된 자신의 상황을 자조하고 있다.
③ [C] : 부정적 상황에 처해 있지만 목숨만은 붙어 있음을 다행으로 여기는 화자의 심정이 드러나고 있다.
④ [D] : 연잎과 행채는 자신을 모함하고 배척하는 조정의 신하들에 대한 우의적 표현이다.
⑤ [E] : 한 임금을 섬기면서도 화합하지 못하는 공동체에 대한 안타까움이 드러난다.

＊우의(寓意): 다른 사물에 빗대어 비유적인 뜻을 나타내거나 풍자함.

서답형 04 시어의 의미 파악하기

윗글에서 두꺼비와 유사한 시어 두 개를 찾아 윗글에 등장한 순서대로 쓰시오.

> 두꺼비 파리를 물고 두엄 위에 뛰어 올라가 앉아
> 건너편 산을 바라보니 흰 송골매가 떠 있거늘 가슴이 섬뜩하여 풀쩍 뛰어 내리다가 두엄 아래 자빠졌구나
> 마침 날쌘 나이기에 망정이지 다칠 뻔 했구나
>
> — 작자 미상, 〈두꺼비 파리를 물고〉

문제풀이

소나기 _ 황순원 원작 · 염일호 각본

| 정답 및 해설 | 84쪽

한방에! 개념정리

한방에! 핵심정리

갈래	시나리오
성격	향토적, 서정적
주제	소년과 소녀의 순수한 사랑
특징	① 원작에 없는 다양한 인물과 사건이 추가됨. ② 일상생활에서 일어날 수 있는 갈등 상황을 보여 주어 독자의 공감을 이끌어 냄.
해제	이 작품은 서울에서 온 소녀와 시골 소년의 순수한 사랑을 서정적으로 표현한 황순원의 소설 〈소나기〉를 재구성하여 쓴 드라마 대본이다. 원작의 의도를 살리면서도 원작에 없는 다양한 인물과 사건이 추가되었으며, 소나기처럼 짧게 끝나 버린 소년과 소녀의 사랑이 가을 풍경을 배경으로 아름답게 그려져 있다.

※ 다음 글을 읽고 물음에 답하시오.

[앞부분 줄거리] '소년'은 자신의 반으로 전학을 온 '소녀'에게 마음이 가고, 개울가에서 다시 만난 소년과 소녀는 함께 산으로 놀러 갔다가 소나기를 만난다. 수숫단 속에서 함께 비를 피한 이후 둘은 더욱 가까워진다.

㉠ S# 83 개울가

흰 조약돌만 만지작거리며 오던 소년, 멈칫 서서 마른침을 삼킨다. 핼쑥한 얼굴로 나무 아래 앉아 돌을 쌓고 있는 소녀.

소년: ㉡ (반가우면서도 어색하고 부끄러운 듯) 학교에 왜 안 나왔니? / **소녀:** 좀 아팠어.

소년: 그날, 소나기 맞아서? / **소녀:** (가만히 고개를 끄덕인다.)

소년: 인제 다 나은 거야? / **소녀:** (기침하며) 아직…….

소년: 그럼 누워 있어야지. / **소녀:** 하두 답답해서 나왔어. (다시 기침한다.)

소년: (걱정스럽게 본다.)

소녀: 괜찮대두. 참, 그날 재밌었어. 근데 그날 어디서 이런 물이 들었는지 잘 지지 않는다.

분홍 스웨터 앞자락에 물든 검붉은 진흙물.

소녀: (가만히 웃으며) 무슨 물 같니? / **소년:** (보기만 하며) …….

소녀: 그날, 도랑을 건너면서 내가 업힌 일이 있지? 그때, 네 등에서 옮은 물이다.

㉢ 소년, 부끄러워 고개를 돌리는데, 소녀, 손수건에 싼 것을 건넨다. 곱게 싼 꽃무늬 손수건에서 나오는 대추.

소녀: 먹어 봐. 우리 증조할아버지가 심으신 거래. / **소년:** 알이 크네. (먹어 본다.)

소녀: …… 우리 이사 갈 거 같애. / **소년:** (맛있게 먹다 멈춘다.)

소녀: 난 이사 가는 거 정말 싫은데……. / **소년:** 어디루? 어디루 가는데?

소녀: (고개를 젓다 엷게 미소를 지으며) 또 비 왔음 좋겠다. 전엔 **비 오는 게 싫었는데 이제 비가 좋아졌**거든.

소년: 나두……. / **소녀:** (웃는다.)

조약돌 하나를 소년에게 건네는 소녀. 소년은 소녀의 뜻을 알고 소녀가 내려놓은 조약돌 옆에 나란히 돌을 놓는다.

소녀: 무슨 소원 빌었어?

소년: 응? 아…… 아무것도…….

소녀: 난 빌었는데. / **소년:** (눈으로 묻듯 바라본다.)

소녀: (비밀이라는 듯 웃는다.)

S# 89 윤 초시 집 대문 앞

양평댁 문을 열면, 헉헉거리고 서 있는 소년.

양평댁: 니가 으쩐 일이냐? 심부름 왔니?

소년: (숨 가쁘게) 아…… 아니요, 하…… 학교에 안 와서요.

양평댁: (한숨을 푹 쉬며) 으응, 많이 아프다. 선생님껜 학교 당분간 공친다고 좀 전해 드리렴. (들어가려고 한다.)

소년: (붙잡으며) 어디가 아파요? 얼마나요?

양평댁: 어디가 아픈지나 알면 속이나 시원하지. 이건 읍내 의원도 도통 무슨 병인지 모른다니 미치고 팔딱 뛸 일이지. (들어가려고 한다.)

소년: 잠깐 들어가 보면 안 돼요? 꼭 해야 할 말이 있거든요.

양평댁: 가 있어. 낫거들랑 내 알려 줄게.

소년: (뭔가 불안하고 걱정스러운 표정)

S# 95 소년의 집

자리에 누워 소녀 걱정으로 이리저리 뒤척이다 잠이 든 소년, 비몽사몽간 눈을 떴다 감는다. 옷 갈아입는 아버지를 돕고 있는 엄마. 벽 쪽으로 등 돌리고 누워 있는 소년.

엄마: 윤 초시 그 어른한테 증손이라곤 걔 하나뿐이었죠?

아버지: 그렇지, 사내애 둘 있던 건 어려서 잃고……

엄마: 어쩌면 그렇게 자식 복이 없을까? 완전히 대가 끊긴 셈이네.

소년: (눈을 반짝 뜬다.)

아버지: (소리) 그러게나 말이야. 이젠 증손녀까지 죽어 가슴에 묻어야 하니…….

소년: (불안정하게 돌아가는 눈동자.)

엄마: (소리) 양평댁한테 들었는데 계집애가 여간 잔망스럽지* 않더라구요.

아버지: (소리, 조심스럽지 않다는 듯) 허, 참…….

엄마: (소리) 자기가 죽거든 입던 옷을 꼭 그대로 입혀서 묻어 달랬다니 하는 말이에요.

소년: (숨이 제대로 쉬어지지 않는다.)

[A]

S# 98 개울가

와르르 무너지는 돌탑. 저만큼 떨어져 나가는 하얀 조약돌. 소년은 화가 난 사람처럼 흩어진 **돌들을 개울에 집어 던**진다.

소년: 다…… **거짓말**이야! 다! 다…… 거짓말이라구! 다 거…… 짓말이야…….

무릎을 모아 고개를 박은 채 서럽게 우는 소년. ㄹ <u>원경*으로 잡아 커다란 나무 아래 아주 작고 외롭게 보이는 소년.</u>

S# 106 개울가

하얗게 쌓인 **눈** 위로 나타나는 검정 고무신. 징검다리를 건너간다. 뽀드득. 소년이 지날 때마다 돌다리엔 선명하게 발자국이 찍힌다. 징검다리 중간, 소녀가 앉았던 그 자리에 앉는 소년. 소년, 벙어리장갑에서 손을 빼면 하얀 조약돌도 함께 나온다. 얼음장처럼 차가운 **개울에 손을 담그고 소녀가 했던 대로** 따라 해 본다. 소년의 손에서 물방울이 떨어질 때마다 징검다리에 쌓인 눈이 사르락 녹아내린다. 그 자리에 **조약돌**을 가만히 내려놓는 소년. 눈꽃이 핀 나무 아래 두루미 한 마리 날아든다. 놀라서 일어서는 바람에 소년의 발에 밀려 개울로 떨어지는 조약돌. ㅁ <u>다급히 조약돌을 꺼내려다 물속에 그대로 둔 채 동그마니* 앉아 있는 소년의 뒷모습 길게 보이며 끝.</u>

- 황순원 원작·염일호 각본, 〈소나기〉 -

＊전체 줄거리

어머니의 재혼으로 소녀는 증조할아버지인 윤 초시에게 맡겨진다. 소년은 자신의 반으로 전학 온 소녀에게 점차 마음이 간다. 어느 날, 개울가에서 마주친 소년과 소녀는 함께 산으로 놀러 갔다가 소나기를 만나 수숫단 속에서 비를 피하게 되고, 이후 둘은 가까워진다. 소나기를 맞아 병이 난 소녀를 낫게 하기 위해 서울에 있는 큰 병원으로 가겠다고 결심한 윤 초시는 장 씨에게 집을 판다. 소녀는 윤 초시가 준 대추를 오랜만에 만난 소년에게 건네고, 함께 조약돌을 쌓으며 소원을 빈다. 소녀가 계속 학교에 나오지 않자 소년은 소녀의 병을 낫게 하려고 봉순이와 함께 산삼을 캐러간다. 그러나 산삼이 있는 곳을 안다던 봉순이의 말이 거짓임을 알고 소년은 크게 실망한다. 소년은 돌탑에 소중한 하얀 조약돌을 올려놓으면서 소녀의 병을 낫게 해달라고 빈다. 그러나 부모님의 대화를 듣고 소녀의 죽음을 알게 된 소년은 크게 절망하여 앓아눕는다. 첫눈이 내린 날, 소년은 징검다리에 있다가 하얀 조약돌을 개울에 떨어뜨리는데, 이를 꺼내려다 물속에 그대로 둔다.

✔ **한방에! 어휘풀이**

★ **잔망스럽다(孱妄스럽다):** 얄밉도록 맹랑한 데가 있다.

★ **원경(遠景):** 사진이나 그림에서 먼 곳에 있는 것으로 찍히거나 그려진 대상.

★ **동그마니:** 사람이나 사물이 외따로 오똑하게 있는 모양.

01 갈래의 특성 이해하기

윗글을 쓸 때 ㉠~㉤에서 작가가 고려했을 사항으로 적절하지 <u>않은</u> 것은?

① ㉠: 장면 번호 뒤에 구체적 공간을 제시하여 공간적 배경을 나타내야겠어.

② ㉡: 지시문을 통해 소년의 표정을 자세하게 표현해야겠어.

③ ㉢: 인물의 동작과 몸짓을 서술자가 직접 서술함으로써 구체적으로 드러내야겠어.

④ ㉣: 큰 나무와 작은 소년의 모습을 대비함으로써 소년의 외로움을 강조해야겠어.

⑤ ㉤: 소년의 뒷모습을 길게 보여 주는 카메라 기법을 통해 마지막 장면 부분을 인상적으로 연출해야겠어.

02 장면의 의미 파악하기

장면에 대한 설명으로 적절하지 <u>않은</u> 것은?

① S# 83에서 대추를 '맛있게 먹다 멈'추는 소년의 행동은 소녀의 건강에 대한 소년의 걱정과 안타까움을 의미한다.

② S# 83에서 '비 오는 게 싫었는데 이제 비가 좋아졌'다는 소녀의 말은 소년과의 추억을 좋은 추억으로 생각하고 있음을 의미한다.

③ S# 98에서 '돌들을 개울에 집어 던'지며 '거짓말'이라 외치는 소년의 행동은 소년이 소녀의 죽음을 받아들이지 못하고 있음을 의미한다.

④ S# 106에서 '눈'은 소녀가 죽은 뒤 계절이 바뀔 만큼의 시간이 흘렀음을 의미한다.

⑤ S# 106에서 '소녀가 했던 대로' '개울에 손을 담그'는 소년의 행동은 소녀에 대한 소년의 그리움을 의미한다.

중요 03 외적 준거를 통해 작품 비교하기

보기 는 [A]의 원작 부분이다. 보기 와 [A]를 비교한 것으로 가장 적절한 것은?

> ### 보기
>
> "글쎄 말이지. 이번 앤 꽤 여러 날 앓는 걸 약두 변변히 못 써 봤다더군. 지금 같애서는 윤 초시네두 대가 끊긴 셈이지. 그런데 참, 이번 계집애는 어린 것이 여간 잔망스럽지가 않어. 글쎄, 죽기 전에 이런 말을 했다지 않어? 자기가 죽거든 자기 입던 옷을 꼭 그대루 입혀서 묻어 달라구……."

① [A]는 〈보기〉와 달리 소녀의 죽음에 대한 소년의 반응이 드러나고 있다.

② [A]는 〈보기〉와 달리 소녀에 대한 소년 부모님의 주관적 판단이 드러나고 있다.

③ [A]는 〈보기〉와 달리 원작에 없는 새로운 소재를 활용하여 소년의 감정을 극대화하고 있다.

④ [A]와 〈보기〉 모두 소녀가 남긴 유언의 내용이 상징적으로 제시되어 독자의 추측을 불러일으키고 있다.

⑤ [A]와 〈보기〉 모두 소녀의 죽음이라는 뜻밖의 소식을 남긴 채로 작품을 끝맺음으로써 독자에게 여운을 주고 있다.

서답형 04 소재의 의미 파악하기

빈칸에 들어갈 말로 적절한 것을 윗글에서 찾아 쓰시오.

> S# 83에서 (   )은/는 소녀가 소년을 위해 가져온 것으로, 소년을 위한 소녀의 마음과 친밀감을 드러내는 소재이다.

복습하기

문법

종결 표현	• 화자가 종결 표현을 통해 청자에게 자신의 생각이나 느낌을 나타내는 문법 요소 • 종결 ^{1} [ ][ ]에 따라 평서문, 의문문, 명령문, 청유문, 감탄문으로 나뉨.
높임 표현	• 상대 높임법: 화자가 ^{2} [ ][ ]를 높이거나 낮추어 표현하는 방법 • 주체 높임법: 화자가 서술의 주체를 높이는 방법 • 객체 높임법: 화자가 서술의 객체를 높이는 방법
시간 표현	• 과거 시제: 사건이 일어난 시점 > 말하는 시점 • ^{3} [ ][ ] 시제: 사건이 일어난 시점 = 말하는 시점 • 미래 시제: 사건이 일어난 시점 < 말하는 시점

독서

1문단	^{4} [ ][ ][ ] 학파가 주장한 배양 이론	4문단	새로운 배양 이론에 도입된 개념 ② – 공명 효과
2문단	초기 배양 이론의 내용과 그에 대한 비판	5문단	새로운 배양 이론에 대한 ^{5} [ ][ ][ ]의 비판
3문단	새로운 배양 이론에 도입된 개념 ① – 주류화		

문학 – 고시 7(정약용)

1~2행	^{6} [ ][ ]가 없는 부평초의 삶
3~4행	^{7} [ ][ ]에 이리저리 떠다니는 부평초
5~6행	가냘픈 부평초의 삶
7~8행	부평초를 괴롭히는 연잎과 ^{8} [ ][ ]
9~10행	더불어 살아가지 못하는 현실에 대한 안타까움

문학 – 소나기(황순원 원작 · 염일호 각본)

S# 83	소녀가 소년에게 ^{9} [ ][ ]를 주며 이사 간다는 사실을 알림.
S# 89	소년이 소녀를 만나려고 집에 찾아가지만 만나지 못함.
S# 95	소년이 부모님을 통해 소녀의 죽음을 알고 충격을 받게 됨.
S# 98	소년은 ^{10} [ ][ ]을 무너뜨리며 소녀의 죽음을 부정함.
S# 106	소년은 물속으로 떨어진 ^{11} [ ][ ][ ]을 그대로 두며 소녀를 마음속에 묻고 성숙해짐.

정답 1 어미   2 청자   3 현재   4 거브너   5 짐머만   6 뿌리   7 바람   8 행채   9 대추   10 돌탑   11 조약돌

한수

13

Contents

13강 문법 요소 (2) 피동 표현과 사동 표현

문법

＊이중 피동

피동 접미사가 결합한 피동사에 '-어지다'를 결합한 경우로, 불필요한 표현임.

예 종이가 찢기다.　　　(○)
　　종이가 찢어지다.　　(○)
　　종이가 찢겨지다.　　(×)
　　└ 찢-＋-기-＋-어지다

＊피동 접미사가 붙은 피동사의 예시

-이-	눌리다, 바뀌다, 쓰이다
-히-	묻히다, 밟히다, 얽히다
-리-	꿇리다, 들리다, 풀리다
-기-	뜯기다, 안기다, 쫓기다

＊능동문

능동사(주어가 제힘으로 행하는 동작을 나타내는 동사)가 서술어로 쓰인 문장

＊이중 사동

한 단어에 사동 접미사가 둘 이상 결합한 경우로, 문법적인 표현임.

예 세우다
　　└ 서-＋-이-＋-우-＋-다
　　씌우다
　　└ 쓰-＋-이-＋-우-＋-다

＊사동 접미사가 붙은 사동사의 예시

-이-	건네다, 먹이다, 보이다
-히-	맞히다, 식히다, 입히다
-리-	날리다, 얼리다, 울리다
-기-	남기다, 벗기다, 숨기다
-우-	깨우다, 돋우다, 비우다
-구-	돋구다, 솟구다, 일구다
-추-	낮추다, 늦추다, 들추다

＊주동문

주동사(문장의 주체가 스스로 행하는 동작을 나타내는 동사)가 서술어로 쓰인 문장

1 피동 표현

① **개념** : 주어가 다른 주체에 의해 동작을 당하게 되는 것을 나타내는 표현

② **특징**
- 동작을 당한 대상에 초점을 두고, 동작을 당했음을 강조함.
- 동작의 주체가 분명하지 않거나 밝힐 필요가 없을 때 사용되기도 함.
  예 날씨가 풀렸다. (날씨를 푼 주체에 대해서는 알지 못함.)

③ **종류**

파생적 피동문 (단형 피동문)	• 동사 어근 ＋ 피동 접미사 '-이-, -히-, -리-, -기-'　예 더위가 꺾이다. / 실이 실패에 감기다.　• 명사 ＋ 피동 접미사 '-되다'　예 바다가 오염되다. / 열쇠가 동생에게 발견되다.
통사적 피동문 (장형 피동문)	용언 어간 ＋ '-아 / 어지다', '-게 되다'　예 요리가 만들어지다. / 평판을 잃게 되다.

④ **능동문 → 피동문**

- 능동문의 주어 → 피동문의 부사어
- 능동문의 목적어 → 피동문의 주어
- 능동사 → 피동사

2 사동 표현

① **개념** : 주어가 남에게 동작을 하도록 시키는 것을 나타내는 표현

② **특징**
- 동작을 시키는 사람에게 초점을 두고, 시키는 행위를 강조함.
- 사건의 결과가 외적인 원인에 의해 발생했음을 나타낼 수 있음.

③ **종류**

파생적 사동문 (단형 사동문)	• 동사 어근 ＋ 사동 접미사 '-이-, -히-, -리-, -기-, -우-, -구-, -추-'　예 상사가 나에게 책임을 지우다. / 숯불이 불판을 달구다.　• 명사 ＋ 사동 접미사 '-시키다'　예 의사가 환자를 입원시키다.
통사적 사동문 (장형 사동문)	용언 어간 ＋ '-게 하다'　예 아빠가 아기를 웃게 하다.

④ **주동문 → 사동문**

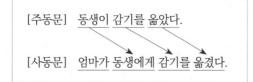

- 새로운 주어
- 주동문의 주어 → 사동문의 부사어 / 목적어
- 주동문의 목적어 → 사동문의 목적어
- 주동사 → 사동사

01 이중 피동 이해하기

밑줄 친 부분에 이중 피동이 사용되지 <u>않은</u> 것은?

① 아직도 조가 다 <u>짜여지지</u> 않았다.

② 사과는 건강에 좋다고 <u>알려져</u> 있다.

③ 이번 겨울도 무척 추울 것으로 <u>보여진다</u>.

④ 그가 시험에 떨어졌다니 <u>믿겨지지</u> 않는다.

⑤ 책에는 유명 작가의 추천사가 <u>쓰여져</u> 있다.

중요 02 주동문과 사동문 이해하기

보기의 ㉠~㉢에 대한 설명으로 적절하지 <u>않은</u> 것은?

보기

> ㉠ 연우가 책을 읽는다.
>
> ㉡ 엄마가 연우에게 책을 읽힌다.
>
> ㉢ 엄마가 연우에게 책을 읽게 한다.
>
> ㉣ 연우가 책을 찾는다.
>
> ㉤ 언니가 연우에게 책을 찾게 한다.

① ㉠과 ㉣은 주동문이다.

② ㉡은 두 가지로 해석될 수 있다.

③ ㉣의 주어는 ㉤의 목적어가 된다.

④ ㉣은 파생적 사동문으로 바꿀 수 없다.

⑤ ㉡, ㉢, ㉤에는 ㉠, ㉣과 다른 새로운 주어가 나타난다.

중요 03 피동사와 사동사 구분하기

보기의 밑줄 친 부분에 쓰인 접사와 기능이 <u>다른</u> 것은?

보기

> 장난을 치다가 동생을 <u>울렸다</u>.

① 뜨거운 물에 얼음을 <u>녹였다</u>.

② 정원의 담을 <u>높이기로</u> 했다.

③ 친구와의 오해가 드디어 <u>풀렸다</u>.

④ 잘못 쓴 글씨를 지우개로 <u>지웠다</u>.

⑤ 밤에는 음악 소리를 <u>낮춰야</u> 한다.

서답형 04 능동문과 피동문 이해하기

ⓐ, ⓑ에 들어갈 말을 차례대로 쓰시오.

> '아빠는 딸의 이름을 불렀다.'라는 문장을 피동문으로 바꾼다면, 능동문의 목적어 '딸의 이름을'은 피동문의 주어 '딸의 이름이'가, 능동문의 주어 '아빠는'은 피동문의 (ⓐ) '아빠에게'가 된다. 그리고 서술어는 능동사에 피동 접미사를 결합한 '(ⓑ)'을/를 쓸 수 있다.

문제풀이

※ 다음 글을 읽고 물음에 답하시오.

　세상을 바꿀 신소재로 그래핀이 주목받고 있다. 그래핀은 연필에 있는 흑연으로부터 만들어진다. 흑연은 탄소 원자가 육각형의 벌집 구조로 결합해 있는 얇은 탄소막이 수백만 겹 이상 쌓여서 만들어진 물질인데, 탄소막은 서로 분리가 잘 된다. 이러한 흑연을 구성하고 있는 탄소막을 한 겹으로 벗겨내 만든 것이 바로 그래핀이다. 그래핀은 두께가 탄소 원자 하나에 불과하다. 300만 장을 겹쳐도 1mm밖에 되지 않아 세계 최초의 2차원 물질이라고도 불린다. 원자보다 더 얇은 두께를 가진 물질을 만드는 것은 사실상 불가능하기 때문이다.

　그래핀은 이론상으로는 1940년대부터 존재했고, 전자 현미경으로 관찰도 가능했다. 하지만 많은 과학자들의 노력에도 불구하고 그래핀을 만들어내기 위한 시도는 계속 실패를 맛보았다. 그러다 2004년, 가임과 노보셀로프 연구팀은 여러 시도 끝에 ⊙ 테이프 박리*법을 개발했다. 긴 직사각형 모양의 스카치테이프의 끝부분에 흑연 샘플을 붙인 후, 반대쪽 끝부분과 맞닿게 테이프를 접었다가 손으로 꾹 누르고 다시 떼는 행위를 반복하면 흑연 층이 많이 줄어들면서 얇아져 그래핀에 가까운 상태가 되었다. 이 상태에서 흑연을 평평한 실리콘에 붙이고 손으로 세게 눌러준 뒤 살살 떼어 내면 그래핀을 얻을 수 있었다.

　그런데 왜 그래핀이 세상을 바꿀 수 있는 꿈의 신소재로 불리는 것일까? 먼저, 그래핀은 강철보다 200배 이상 단단하다는 평가를 받는다. 모든 물질은 고유의 갈라짐이 있지만, 그래핀은 탄소 결합이 빼곡해 물리적 강도가 아주 크기 때문이다. 다음으로 열전도*율과 전기전도율이 매우 높다. 물질 중에서 열전도율이 가장 높은 다이아몬드보다 열전도율이 2배 이상 높고, 전선으로 사용되는 구리보다 전기전도율은 100배 이상 높다. 그러면서 유연성도 뛰어나다. 그래핀은 10% 이상 면적을 늘리거나, 휘거나 접어도 전기전도성을 잃지 않는다. 이러한 특징 때문에 그래핀의 활용 분야는 매우 무궁무진하다. 대표적으로, 그래핀으로 제작한 둥근 관 모양의 탄소나노튜브는 그래핀이 가진 높은 열전도율로 인해 배터리, 반도체, 필름 등 다양한 분야에 활용되고 있다.

　하지만 그래핀을 산업 현장이나 실생활에 광범위하게 사용하는 데는 아직 한계가 있다. 스카치테이프를 이용하여 그래핀을 만드는 전통적인 방식으로는 개인 작업자의 숙련도에 따라 그 결과가 달라졌고, 그 과정에서 그래핀의 균열의 크기와 방향도 마음대로 제어하기 힘들었다. 이로 인해 고품질의 그래핀을 대량으로 생산하기 힘든 문제에 봉착했다. 그런데 우리나라의 한 연구팀은 많은 연구를 거듭한 끝에 최근 ⓒ 금속 코팅 박리법을 개발해 눈길을 끌고 있다. 금으로 흑연 표면을 코팅한 후 테이프로 뜯어내면 균열이 표면과 평행한 방향으로 전파되어 단층의 그래핀을 분리할 수 있게 되었고, 이를 기계화함으로써 그래핀의 상용화를 한 발 더 앞당겼다는 평가를 받고 있다.

01 세부 내용 파악하기

윗글에서 알 수 있는 내용으로 적절하지 <u>않은</u> 것은?

① 물리적 강도의 측면에서 그래핀은 강철보다도 훨씬 단단하다.

② 그래핀은 접힌 상태에서 전기전도성이 사라진다는 한계가 있다.

③ 흑연은 얇은 탄소막이 수백만 겹 이상 쌓여서 만들어진 물질이다.

④ 흑연과 그래핀은 모두 탄소 원자가 육각형의 벌집 구조로 결합해 있다.

⑤ 가임과 노보셀로프 연구팀의 방식으로는 그래핀의 균열 방향을 제어하기 힘들다.

02 세부 내용 파악하기

㉠과 ㉡에 대한 이해로 가장 적절한 것은?

① ㉠은 기계화되지 않은 방식이고, ㉡은 기계화된 방식이다.

② ㉠은 이론상으로 존재한 방식이고, ㉡은 실제로 구현한 방식이다.

③ ㉠은 우연히 찾아낸 방식이고, ㉡은 연구를 통해 찾아낸 방식이다.

④ ㉠은 현미경을 이용하는 방식이고, ㉡은 금속을 이용하는 방식이다.

⑤ ㉠은 다른 물질로부터 추출하는 방식이고, ㉡은 여러 물질을 합성하는 방식이다.

중요 03 구체적 사례에 적용하기

윗글을 바탕으로 보기 를 이해한 내용으로 적절하지 <u>않은</u> 것은?

보기

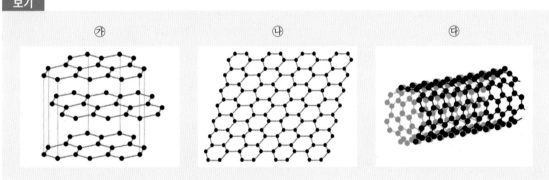

① ㉮를 이루는 겹들은 서로 분리가 잘 되는 성질을 갖고 있다.

② ㉮에서 벗겨낸 ㉯는 두께가 탄소 원자 하나에 불과하다.

③ ㉯와 같은 성질로 인해 ㉮는 2차원 물질이라고도 불린다.

④ ㉯의 유연성으로 인해 ㉰와 같은 모양의 물질을 만들 수 있었다.

⑤ ㉰의 높은 활용성은 ㉯가 가진 우수한 열전도성을 바탕으로 한다.

서답형 04 인과 관계 파악하기

빈칸에 들어갈 말을 골라 차례대로 쓰시오.

> 그래핀은 탄소 결합이 (배곡하여 / 느슨하여) 물리적 강도가 (크기 / 작기) 때문에 굉장히 (단단하다 / 유연하다).

문제풀이

※ 다음 글을 읽고 물음에 답하시오.

가야 할 때가 언제인지를
분명히 알고 가는 이의
뒷모습은 얼마나 아름다운가.

봄 한철
격정*을 인내한
㉠ 나의 사랑은 지고 있다.

분분한* 낙화……
결별이 이룩하는 축복에 싸여
㉡ 지금은 가야 할 때.

무성한 녹음*과 그리고
머지않아 열매 맺는
가을을 향하여

㉢ 나의 청춘은 꽃답게 죽는다.

헤어지자.
㉣ 섬세한 손길을 흔들며
하롱하롱* 꽃잎이 지는 어느 날

나의 사랑, 나의 결별,
샘터에 물 고인 듯 성숙하는
㉤ 내 영혼의 슬픈 눈.

– 이형기, 〈낙화〉 –

01 표현상의 특징 파악하기

윗글의 표현상의 특징으로 가장 적절한 것은?

① 설의법을 활용하여 이별의 슬픔을 표현하고 있다.
② 의태어를 활용하여 자연물의 움직임을 표현하고 있다.
③ 비유법을 활용하여 재회에 대한 희망을 표현하고 있다.
④ 청각적 심상을 활용하여 화자의 정서를 표현하고 있다.
⑤ 반복법을 활용하여 사랑하는 이에 대한 원망을 표현하고 있다.

02 시구의 의미 파악하기

㉠~㉤에 대한 이해로 적절하지 <u>않은</u> 것은?

① ㉠: 화자가 사랑하는 이와 이별한 상황임을 알 수 있다.
② ㉡: 이별을 받아들이는 화자의 태도를 알 수 있다.
③ ㉢: 성숙을 위해서는 청춘의 희생이 필요함을 알 수 있다.
④ ㉣: 사랑하는 이에 대한 화자의 묘사를 알 수 있다.
⑤ ㉤: 이별의 슬픔 속에서 화자가 자신을 성찰하고 있음을 알 수 있다.

중요 03 작품의 구성 파악하기

보기 의 ⓐ, ⓑ에 들어갈 시어로 가장 적절한 것은?

보기

〈낙화〉에서는 '꽃'이라는 자연현상과 '사랑'이라는 인간의 삶이 대응 관계를 이루고 있다. 화자는 영혼의 성숙이 결별의 아픔을 통해 이루어질 수 있음을 낙화에 빗대어 나타내고 있다. 따라서 윗글의 구성을 다음과 같이 나타낼 수 있다.

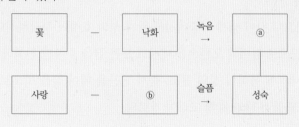

	ⓐ	ⓑ		ⓐ	ⓑ		ⓐ	ⓑ
①	봄	격정	②	봄	결별	③	열매	격정
④	열매	결별	⑤	열매	청춘			

서답형 04 표현상의 특징 파악하기

윗글에서 역설법이 쓰인 부분을 찾아 3어절로 쓰시오.

13강

적성의전 _ 작자 미상

✔ 한방에! 개념정리

✔ 한방에! 핵심정리

갈래	윤리 소설
성격	교훈적, 전기적
주제	① 고난 극복과 승리 쟁취 ② 부모에 대한 효성과 형제 간의 우애
특징	① 약을 구하는 모험담임. ② 불교·유교·도교적 요소가 모두 드러남. ③ 영웅 소설의 성격과 애정 소설의 성격을 모두 갖춤.
해제	이 작품은 크게 성의가 일영주를 구하러 모험을 하는 과정, 공주와의 결혼 과정, 세자로 책봉되는 과정으로 나눌 수 있다. 이 과정에서 겪는 시련은 성의가 자신의 능력을 증명하기 위해 극복해야 하는 통과의례이다. 또한 성의가 단순히 초월적인 힘뿐만이 아닌, 선한 마음의 힘으로도 목적을 달성한다는 점도 주목할 만하다.

＊전체 줄거리

안평국 왕의 둘째 아들 성의는 형 항의와는 달리 재주와 덕을 겸비하여 사랑을 받는다. 왕비가 병이 들자, 성의는 병을 고칠 일영주를 구하러 서역으로 떠난다. 선관의 도움으로 서방세계에 이른 성의는 일영주를 구하지만 항의에게 빼앗긴다. 맹인이 되어 바다에 표류하던 성의는 호 승상에게 구출되어 천자의 후원에 머물면서 채란 공주와 가까워진다. 성의는 왕비가 기러기에 매어 보낸 편지를 받고 기뻐하며 눈을 뜨고, 중국에서 과거 급제를 하여 한림학사가 된다. 이후 공주와 결혼하여 안평국으로 돌아가려는 성의를 항의가 장수 적부리를 보내 죽이려 한다. 그러나 적부리는 공주에게 죽고, 항의 역시 죽임을 당한다. 성의는 무사히 돌아와서는 안평국의 왕이 되어 나라를 화목하게 다스린다.

※ 다음 글을 읽고 물음에 답하시오.

화설*. 강남에 안평국이 있으니 산천이 수려하고 기름진 들과 밭이 천 리요, 보화 많은 고로 나라가 부유하고 강하며, 문화와 문물이 번화하며 남방에 유명하더라. 국왕의 성은 적(狄)이니 적문공의 후예라. 나라를 다스리는 데 있어 요순을 본받으매 인심이 순박하며 나라가 태평하고 백성이 편안하며 산에 도적이 없고 밤에 대문을 닫지 않더라. 국왕이 왕비로 동주 20년에 두 아들을 두었으니 장자의 이름은 항의요, 차자의 이름은 성의더라.

성의의 됨됨이가 순후하고* 기골이 준수하며 왕의 부부 매우 사랑하고 여러 나라가 사모하니 ㉠ 항의 매양 불측한* 마음으로 동생 성의의 인덕을 시기하며 음해할 뜻을 두더라.

차시* 성의 점점 자라매 재주와 덕을 겸비하여 요순을 본받으매 왕이 성의로 세자를 봉하고자 하지만 조정의 모든 신하들이 간하여 가로되,

"자고로 국가는 장자로 세자를 봉하는 것이 옳거늘 이제 전하께옵서 차자를 봉하여 세자를 삼고자 하심이 윤리와 기강을 상함이니 불가하나이다."

라고 하자, ㉡ 왕이 속으로 깊이 생각한 뒤에 항의를 세워 세자를 봉하니라.

차시 왕비 우연히 병을 얻어 십분 위태하매 일국이 황황하니* 마침내 백약이 무효한지라. 왕이 초조하여 각 읍에 왕명을 전하여 명의를 구하되 어찌할 수 없더라. 항의는 조금도 돌아보는 일이 없으나 성의는 주야로 옷을 벗고 편히 지내지 않으며 탕약을 끓여 바치며 하늘께 빌어 가로되,

"불초자 성의로 대신 목숨을 바치게 하고 모후의 병을 낫게 하여 주소서."

하고 빌더니 하루는 궐문 밖에 한 도사가 뵙고자 청한다 하거늘 왕이 듣고 도사를 바삐 부르니 도사 완연히 들어와 예를 마치고 단정하게 앉은 후에 왕 물어 가로되,

"도사는 어디로부터 오며 무슨 허물을 이르고자 왔느뇨."

도사 공수하여* 가로되,

"빈도*가 듣사오니 왕비 병세 극중하시고 왕자 성의 효성이 지극하시다 하옵기에 왔사오니 전하는 마땅히 노끈으로 왕비의 오른손을 매시고 노끈 끝을 주시면 진맥하고자 하나이다."

왕이 내시로 내전에 통하니 성의 듣고, 즉시 노끈을 매어 끝을 밖으로 내어 보내니 도사가 노끈을 잡아 진맥하고 물러 나와 왕께 고하여 가로되,

"내전 환후*를 진맥하오니 만일 일영주가 아니면 회복하기 어렵도소이다."

왕이 가로되,

"일영주가 어디 있느뇨."

도사가 크게 가로되,

㉢ "서역 청룡사에 있사오나 만일 적성의가 아니면 얻지 못하리이다."

하고 팔을 들어 읍하며 옥계*를 내리더니 문득 간데없는지라. 성의 크게 신기히 여겨 가로되,

"소자가 비록 어리나 서천에 가서 일영주를 얻어올까 하나이다."

왕이 가로되,

"효성이 지극하나 서역은 하늘가이라. 만경창파*에 어찌 인간 배로 도달하며 삼천 리를 어찌 건 너리요. 오활한* 말 말라."

하고, 내전으로 들어가 도사의 말을 전하니 왕비 가로되,

"허탄한* 도사의 말을 듣고 서역을 어이 득달하리요*. 인명은 재천이니 일영주가 어찌 사람을 살 리리요. 아이는 망령된 의사를 두지 말라."

"옛날에 택황산 운림처에 사는 일광로의 명으로 한 공주의 명을 구하였으니 도사의 말이 비록 허 탄하나 소자가 또 신통*을 얻었으니 결단코 소자가 약을 얻어 모후의 환후를 구하옵고 소자의 불 효를 만분의 일이나 면할까 하나이다."

왕비 탄식하여 가로되,

"너의 효성이 지극하니 지성이면 감천이라. 요행 약을 얻어온들 차도를 바라리요. 너를 보내고 병중에 심려되리로다."

하니, 성의 크게 가로되,

"모후께서는 염려하지 마소서. 소자의 왕환*이 오래지 아니하오리니 그간 보중하옵소서*."

하고 즉시 배를 준비하고 격군* 10여 명을 데리고 떠날 새 부왕과 모후께 하직하는데 왕비 가로되,

"너의 지성을 막지 못하나 어찌 주야에 의문지망*을 억제하리요. 다만 천우신조*를 얻어 무사히 돌아오길 바라거니와 만일 불행하여 다시 못 보면 지하에 가도 눈을 감지 못하리로다."

하시고 눈물을 흘리시거늘 성의 몇 번이고 위로하고 길을 떠날 새 동문 밖에 나와 배를 타고 순풍 을 얻어 행군한 지 7일 만에 홀연 태풍이 일어나 한 섬에 다다르며 배를 머무르고 성의 물어 가로되,

"서역이 얼마나 남았느뇨."

(중략)

즉시 노를 저어 한 곳에 다다르니 홀연 풍랑이 일어나며 우레 같은 소리 바다에 진동하거늘 배의 모든 사람들이 당황하여 어찌할 줄 모를 즈음에 ㉣ 이름 모르는 짐승이 수중에서 차차 나오며 머 리를 들어 입으로 물을 토하니 파도 흉용하여* 배를 요동하니 격군 등이 혼비백산하여 어찌할 줄 몰라 하거늘 성의 하늘을 우러러 축수하여 가로되,

"소자는 안평국 왕자 적성의니 모친의 병이 위중하와 서천에 일영주를 얻으러 가오니 천지신명 과 사해 용왕은 소자의 절박한 사정을 살피사 서역에 득달하여 약을 얻어오게 하소서."

하니, 그 짐승이 문득 들어가고 물결이 고요하더니 ㉤ 홀연 일엽편주*에 한 선관이 붉은 소매의 푸 른 옷에 봉미선*을 가리고 청의동자*가 뱃머리에서 옥적을 청아하게 불고 뒤에 또 한 선관이 사자 를 타고 백우선*을 쥐고 나는 듯이 지나며 한 곡조를 읊조려 하였으되,

"태행산 높은 봉은 하늘에 닿았고, 약수 엷은 물은 날짐승의 깃을 잠그도다. 망령된 저 아해는 일 엽편주를 타고 어디를 향하는고."

하거늘, 성의 슬프고 깨달아 외어 가로되,

"신선께서는 길 잃은 사람을 구하여 주소서."

하니, 선관이 듣고도 듣지 못한 체하고 가거늘 성의 탄식하여 가로되,

"물 위에 선관이 왕래하니 선경*이 멀지 않았으나 누구더러 물어보며 어디로 향하리오."

– 작자 미상, 〈적성의전〉 –

13강

✔ 한방에! 어휘풀이

★ 화설(話說): 고대 소설에서 이야 기를 시작할 때 쓰는 말.

★ 순후하다(淳厚하다): 온순하고 인정이 두텁다.

★ 불측하다(不測하다): 생각이나 행동 따위가 괘씸하고 엉큼하다.

★ 차시(此時): 이때.

★ 황황하다(皇皇하다): 갈팡질팡 어쩔 줄 모르게 급하다.

★ 공수하다(拱手하다): 왼손을 오 른손 위에 놓고 두 손을 마주 잡 아 공경의 뜻을 나타내다.

★ 빈도(貧道): 승려나 도사가 자기 를 낮추어 이르는 일인칭 대명 사.

★ 환후(患候): 웃어른의 병을 높여 이르는 말.

★ 옥계(玉階): 대궐 안의 섬돌.

★ 만경창파(萬頃蒼波): 만 이랑의 푸른 물결이라는 뜻으로, 한없이 넓고 넓은 바다를 이르는 말.

★ 오활하다(迂闊하다): 사리에 어 둡고 세상 물정을 잘 모르다.

★ 허탄하다(虛誕하다): 거짓되고 미덥지 아니하다.

★ 득달하다(得達하다): 목적한 곳 에 도달하다.

★ 신통(神通): 불가사의한 힘이나 능력.

★ 왕환(往還): 갔다가 돌아옴.

★ 보중하다(保重하다): 몸의 관리 를 잘하여 건강하게 유지하다.

★ 격군(格軍): 조선 시대에, 사공 의 일을 돕던 사람.

★ 의문지망(倚門之望): 어머니가 대문에 기대어 서서 자식이 돌아 오기를 기다림.

★ 천우신조(天佑神助): 하늘이 돕 고 신령이 도움.

★ 흉용하다(洶湧하다): 물결이 매 우 세차게 일어나다.

★ 일엽편주(一葉片舟): 한 척의 조 그마한 배.

★ 봉미선(鳳尾扇): 봉황의 꼬리 모 양의 부채.

★ 청의동자(靑衣童子): 신선의 시 중을 든다는 푸른 옷을 입은 사 내아이.

★ 백우선(白羽扇): 새의 흰 깃으로 만든 부채.

★ 선경(仙境): 신선이 산다는 곳.

01 작품의 내용 파악하기

윗글의 내용에 대한 이해로 가장 적절한 것은?

① 왕비는 성의에게 약을 구해오라고 부탁했다.

② 성의는 바다에서 만난 선관의 도움을 받았다.

③ 도사는 성의에 대한 긍정적인 평가를 알고 있었다.

④ 신하들은 왕에게 성의를 세자로 봉해야 한다고 말했다.

⑤ 항의는 왕비의 병을 걱정하며 약을 구하기 위해 노력했다.

02 구절의 의미 파악하기

㉠~㉤에 대한 설명으로 적절하지 <u>않은</u> 것은?

① ㉠: 성의가 항의에 의해 고난을 겪게 될 것을 암시한다.

② ㉡: 성의가 왕의 사랑을 잃게 되었음을 의미한다.

③ ㉢: 성의가 서역으로 떠나게 되는 필연성을 제공한다.

④ ㉣: 성의가 여행의 과정에서 위기에 빠졌음을 의미한다.

⑤ ㉤: 성의가 목적지에 가까워졌음을 암시한다.

중요 03 작품 간의 공통점, 차이점 파악하기

윗글과 보기 를 비교한 내용으로 적절하지 <u>않은</u> 것은?

> **보기**
>
> 바리공주는 오귀대왕과 길대부인 사이에서 태어난 일곱 번째 딸이다. 아들이 없이 딸만 줄줄이 태어나자 오귀대왕은 바리공주를 내다 버린다. 함에 담겨 바다에 버려진 바리공주는 자식 없이 살아가던 노부부에 의해 구출되어 자란다.
>
> 바리공주가 열다섯 살 되던 해, 오귀대왕은 병에 걸린다. 점쟁이는 서천 서역국의 생명수만이 대왕을 살릴 수 있다고 알리고, 오귀대왕은 여섯 공주에게 부탁해 보았으나 여섯 명 모두 핑계를 대며 가지 않으려 한다. 오귀대왕은 어쩔 수 없이 시종을 보내 바리공주를 찾게 한다. 시종으로부터 사정을 들은 바리공주는 아버지를 위해 생명수를 구해오겠다면서 기꺼이 떠난다. 바리공주는 온갖 시련을 겪은 뒤 생명수를 구해 돌아와 병든 오귀대왕을 살려낸다.

① 윗글과 〈보기〉의 주인공은 모두 약을 찾기 위해 길을 떠난다.

② 윗글과 〈보기〉의 주인공은 모두 형제자매와 대비되는 모습을 보인다.

③ 윗글의 주인공은 〈보기〉의 주인공과 달리 부모에게 인정받으려는 목적을 가진다.

④ 〈보기〉의 주인공은 윗글의 주인공과 달리 부모로부터 사랑받지 못하고 자란다.

⑤ 〈보기〉의 주인공은 윗글의 주인공과 달리 성장 과정에서 구출자를 만나 고비를 벗어난다.

서답형 04 소재의 의미 파악하기

빈칸에 들어갈 말을 윗글에서 찾아 쓰시오.

> (   )은/는 왕비의 병을 낫게 하기 위한 것이자, 성의가 고난을 감수하는 이유가 되는 소재이다.

문제풀이

복습하기

피동 표현	• 주어가 다른 주체에 의해 동작을 당하게 되는 것을 나타내는 표현 • **파생적 피동문**: 동사 어근 + 피동 접미사 '-이-, -[1]□-, -리-, -기-', 명사 + 피동 접미사 '-되다' **통사적 피동문**: 용언 어간 + '-아/어지다', '-게 되다'
사동 표현	• 주어가 남에게 동작을 하도록 시키는 것을 나타내는 표현 • **파생적 피동문**: 동사 어근 + 사동 접미사 '-이-, -[1]□-, -리-, -기-, -우-, -[2]□-, -추-', 명사 + 사동 접미사 '-시키다' **통사적 피동문**: 용언 어간 + '-게 하다'

독서

1문단	그래핀의 개념
2문단	그래핀을 만드는 방법 → [3]□□□ 박리법
3문단	그래핀의 장점 - 큰 물리적 강도, 높은 열전도율과 전기전도율, 뛰어난 [4]□□□
4문단	그래핀 활용의 한계와 극복 방법 → [5]□□ 코팅 박리법

문학 – 낙화(이형기)

1연	낙화([6]□□)의 아름다움	5연	결실을 얻기 위한 희생
2연	이별의 상황	6연	낙화의 모습
3연	낙화를 통해 인식한 이별의 때	7연	이별을 통한 내적 [9]□□
4연	낙화의 결과인 [7]□□과 [8]□□		

문학 – 적성의전(작자 미상)

[10]□□가 병을 얻음.

↓

[11]□□	[12]□□
병든 [10]□□를 걱정하지 않음.	서천에 가서 병을 고칠 수 있다는 [13]□□□를 얻어오고자 함.

정답 1 히   2 구   3 테이프   4 유연성   5 금속   6 이별   7 녹음   8 열매   9 성숙   10 왕비   11 항의   12 성의   13 일영주

14

Contents

| 정답 및 해설 | 94쪽

한방에! 개념정리

한방에! 핵심정리

갈래	기사문
주제	상아 없이 태어나는 코끼리의 증가와 인간의 탐욕
특징	① 의문문으로 소제목을 표현함. ② 구체적인 수치를 근거로 제시함. ③ 아프리카코끼리가 상아 없이 태어나는 이유를 분석함.

＊내용 구성

상아가 없는 코끼리를 본 적이 있는가?
• 남아프리카 공화국에서 암컷 코끼리의 98퍼센트가 상아 없이 태어남.
• 상아가 있더라도 그 크기가 줄어듦.

↓

왜 상아 없는 코끼리가 늘어나는가?
• 상아가 공예품이나 조각의 재료로 사용됨.
• 상아가 없는 코끼리만 살아남아 유전자가 전해짐.

↓

상아를 위한 탐욕의 결과는?
• 해마다 약 3만 마리의 코끼리가 희생됨.
• 앞으로 10년간 아프리카코끼리의 5분의 1이 사라질 것이라는 전망이 있음.
• 코끼리의 개체 수가 줄어들면 초식 동물의 서식지도 없어짐.

※ 다음 글을 읽고 물음에 답하시오.

코끼리는 볼 수 있지만, 상아는 볼 수 없다

1 상아가 없는 코끼리를 본 적이 있는가?

길게 뻗은 상아와 기다란 코, 펄럭이는 귀, 바로 우리가 아는 아프리카코끼리의 모습이다. '상아'란 '코끼리의 엄니'를 말하는데, 최근 남아프리카 공화국에서는 암컷 코끼리의 98퍼센트가 상아 없이 태어나고 있다. 《더 타임즈》는 "상아가 있어도 그 크기가 현저하게 줄었다. 그나마 있는 상아도 그 크기가 100년 사이 절반으로 줄었다."라고 보도했다.

2 왜 상아 없는 코끼리가 늘어나는가?

코끼리 연구·보호 단체 '코끼리의목소리'의 대표인 조이스 풀 박사는 상아가 없는 코끼리가 많아진 까닭을 밀렵 때문이라고 설명한다.

코끼리의 상아는 그 조직이 다른 동물들의 엄니와 비교했을 때 잘 발달되어 있고 단단하여 오래전부터 공예품이나 조각의 재료로 널리 사용되어 왔다. 지금도 상아는 암시장에서 고가에 거래된다. 상아는 '하얀색 금'인 셈이다. 특히 일부 아시아 국가에서 상아 가공품은 예로부터 부와 높은 지위의 상징으로 통한다. 그 국가의 사람들은 상아로 만든 물건을 가지고 있으면 행운이 온다는 맹목적인 믿음을 가졌다. 이러한 까닭으로 상아를 찾는 사람들은 여전히 줄지 않고 있다.

상아를 얻기 위해 사람들은 상아가 있는 코끼리를 사냥하였고, 상아가 없는 코끼리만 살아남았다. 그 결과 상아가 없는 코끼리의 유전자가 후대로 전해져 상아 없이 태어나는 아프리카코끼리의 숫자가 늘어난 것이다. 실제 1997년부터 15년간 내전을 치른 모잠비크에서는 코끼리의 90퍼센트가 밀렵으로 학살당했고, 내전이 끝난 뒤 태어난 암컷 코끼리의 30퍼센트는 상아가 없었다.

3 상아를 위한 탐욕의 결과는?

상아를 향한 인간의 탐욕으로 하루 85마리의 코끼리가 밀렵을 당한다. 즉 17분에 한 번꼴로 밀렵꾼의 코끼리 사냥이 일어나고 있는 셈이다. 그 결과 해마다 약 3만 마리에 달하는 코끼리가 희생되고 있다. 코끼리 보호 단체인 '국경없는코끼리'는 "2007년부터 2014년 사이에 아프리카코끼리 약 14만 4,000마리가 죽었고, 이로 인해 일부 지역에서는 코끼리가 멸종 위기에 처했다."라고 전했다. 앞으로 10년간 아프리카코끼리의 5분의 1이 사라질 것이라는 전망도 있다.

코끼리가 없어진다면 그 영향은 적지 않을 것이다. 코끼리는 나무든 덤불이든 가리지 않고 밟거나 무너뜨리고 부수는데 그 결과 다른 초식 동물들이 살아갈 수 있는 다양한 환경이 마련된다. 지금처럼 코끼리의 개체 수가 점점 줄어들면 초식 동물들이 살아가는 다양한 서식지가 없어지게 되고, 이는 초식 동물을 먹고 살아가는 육식 동물에게도 영향을 미치게 된다.

01 매체의 내용 파악하기

윗글을 통해 알 수 있는 내용으로 가장 적절한 것은?

① 과거에 비해 코끼리의 상아 크기가 커졌다.

② 인간의 행동으로 인해 상아 없는 코끼리가 늘어났다.

③ 10년 안에 아프리카에서 코끼리가 멸종될 수도 있다.

④ 육식 동물의 개체 수는 코끼리의 개체 수에 반비례한다.

⑤ 일부 나라에서는 코끼리를 불길한 동물로 여겨 학살했다.

중요 02 매체 표현 방식의 효과 파악하기

보기 는 윗글의 제목과 소제목의 효과를 설명한 것이다. ㉠, ㉡에 들어갈 말로 가장 적절한 것은?

> 보기
>
> 윗글의 제목은 (㉠)을 활용하여 주제를 강조하였고, 소제목은 (㉡)을 활용하여 이어질 내용을 예측할 수 있게 하였다.

	㉠	㉡		㉠	㉡		㉠	㉡
①	대조법	부정문	②	대조법	의문문	③	반복법	부정문
④	반복법	의문문	⑤	설의법	부정문			

중요 03 매체 자료의 활용 효과 파악하기

윗글의 ❸에 보기 의 자료를 추가했을 때의 효과로 가장 적절한 것은?

> 보기

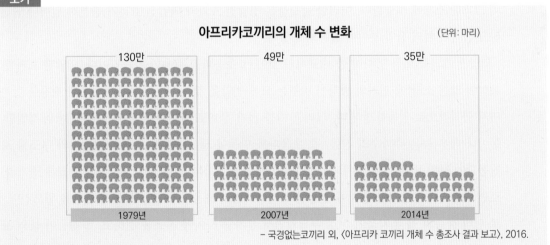

아프리카코끼리의 개체 수 변화 (단위: 마리)
130만 1979년 / 49만 2007년 / 35만 2014년
– 국경없는코끼리 외, 〈아프리카 코끼리 개체 수 총조사 결과 보고〉, 2016.

① 상아가 없는 코끼리가 겪는 어려움을 강조한다.

② 코끼리의 개체 수가 줄어들 때의 생태계 변화를 제시한다.

③ 코끼리가 상아를 사용하는 상황을 나열하여 이해를 돕는다.

④ 밀렵으로 희생되는 코끼리의 개체 수를 구체적으로 인식하게 한다.

⑤ 상아 없이 태어나는 코끼리의 수가 늘어나고 있다는 사실을 뒷받침한다.

서답형 04 매체의 표현 방식 파악하기

❷에서 상아를 빗댄 표현을 찾아 2어절로 쓰시오.

| 정답 및 해설 | 95쪽

주제	압전 효과의 원리와 활용
해제	이 글은 압전 효과의 종류인 정압전 효과와 역압전 효과를 설명하고 있다. 압전 효과는 어떤 물질에 압력을 가했을 때 전기적인 변화가 생기는 현상이다. 인장력이 가해지면 분극 현상이 일어나는 물질이 있는데, 이를 정압전 효과라고 부른다. 반대로 전기를 흘려보내면 기계적 변형이 일어나는 물질도 있는데, 이를 역압전 효과라고 부른다. 정압전 효과와 역압전 효과 모두가 충분한 물질은 압전체라고 부른다. 역압전 효과를 이용한 사례 중 하나는 초음파를 활용한 가습기로, 초음파로 물에 진동을 일으켜 물을 끓이지 않고도 가습 효과를 거둘 수 있다.

* 문단 중심 내용

1문단	압전 효과의 활용 예시
2문단	압전 효과의 개념과 정압전 효과
3문단	역압전 효과와 압전체
4문단	역압전 효과를 이용한 가습기의 원리

※ 다음 글을 읽고 물음에 답하시오.

우리나라의 한 지하철역에는 사람들이 걸어 다니면 전기가 만들어지는 특수 보도블록이 만들어진 적이 있다. 네덜란드에는 발을 구르며 춤추면 바닥에서 화려한 조명이 들어오는 댄스 클럽이 생긴 적이 있다. 두 곳에서 선보인 기술의 공통점은 바닥을 누르는 압력으로 전기를 만드는 압전 효과를 활용했다는 것이다. 그렇다면 압전 효과는 어떻게 일어나는 것일까?

압전 효과는 어떤 물질에 압력을 가했을 때 전기적인 변화가 생기는 현상을 말한다. 일반적으로 결정을 이루는 물질 대부분은 양전하를 가진 입자와 음전하를 가지고 있는 입자가 규칙적으로 배열되어 전기적 성질이 나타나지 않는다. 그런데 어떤 물질은 압력을 받거나 바깥으로 잡아당기는 힘인 인장력이 가해지면 결정 구조가 깨지면서 양전하와 음전하의 상대적인 위치가 변하여 한쪽은 양극, 또 다른 한쪽은 음극의 성질을 갖는 분극 현상이 일어나면서 전기에너지가 발생하게 된다. 이를 '정압전 효과'라고 부른다.

그런데 반대의 현상도 가능하다. 다시 말해, 전기를 흘려보내면 물질의 모양이 변하는 기계적 변형이 일어나기도 한다. 이를 '역압전 효과'라고 부른다. 이처럼 원리 자체는 간단하지만 압전 효과를 잘 나타내는 물질이 많지 않고, 너무 큰 힘을 가하면 물질이 부서져 버릴 수 있기 때문에 정압전 효과와 역압전 효과를 실험적으로 구현하기는 쉽지 않다. 따라서 압전 효과를 충분히 거둘 수 있는 소재를 개발하기 위해 많은 연구가 진행되었다. 수정, 로셀염, 티탄산바륨, PZT와 같은 물질이 그러한 소재에 해당한다. 이러한 물질들은 정압전 효과와 역압전 효과가 충분히 일어나 압전체라고 불리며 여러 산업 분야에 활용되고 있다.

역압전 효과를 이용한 사례 중 대표적인 것이 ㉠ 초음파를 활용한 가습기이다. 역압전 효과를 이용하여 압전 소자*에 전기의 방향이 바뀌는 교류 전압을 걸어주면 압전체가 압축과 팽창을 반복하면서 규칙적으로 진동하게 된다. 그리고 이를 전기 신호로 통제할 수 있기 때문에 매우 정밀한 진동이나 매우 높은 주파수의 진동, 즉 초음파를 만들어 낼 수 있다. 그런데 가습기의 구조를 보면 진동판이 물의 바닥 면에 설치되어 있고, 그 뒷면에 초음파 진동자*가 붙어 있다. 교류 전기가 흐르면 진동자가 진동하고 동시에 진동판이 진동하면서 초음파가 발생해 물에 진동을 일으킨다. 이로 인해 물속의 물 분자들이 서로 부딪치면서 분자들 사이에 진동을 전하고 그 진동이 물의 표면까지 닿으면, 물 표면에 있던 물 입자들이 미세한 알갱이 상태로 물 표면 위로 튀어나온다. 이렇게 발생한 작은 물방울들이 가습기 내의 송풍기에서 바람을 따라 관을 타고 밖으로 나오게 되는 것이다. 이 방식으로 물을 끓이지 않고도 가습 효과를 거둘 수 있다.

* 압전 소자(壓電素子): 외부에서 기계적 변형을 가하면 전기 분극이 나타나는 현상을 이용한 소자.
* 진동자(振動子): 아주 작은 진동체.

01 세부 내용 파악하기

윗글에서 알 수 있는 내용으로 적절하지 <u>않은</u> 것은?

① PZT는 정압전 효과와 역압전 효과가 충분해 압전체라고 불린다.

② 바닥을 누르는 압력으로 전기를 만드는 것을 압전 효과라고 한다.

③ 압전 효과의 원리는 간단하지만 구현할 수 있는 소재는 많지 않다.

④ 모든 물질은 압력을 받거나 인장력이 가해지면 결정 구조가 깨진다.

⑤ 전기 신호의 통제로 형성된 높은 주파수의 진동을 초음파라고 한다.

02 세부 내용 파악하기

㉠에 대한 이해로 가장 적절한 것은?

① 교류 전기를 압전체에 흘려보낼 때 구현이 가능하다.

② 초음파의 발생이 압전체의 구조를 변화시켜 구현된다.

③ 큰 힘을 받은 물질이 부서질 때 발생한 힘을 이용한다.

④ 물속 분자가 부딪쳐 진동판을 움직이게 만들어 구현된다.

⑤ 물을 끓이는 방식과 혼합하면 가습 효과를 더욱 향상시킬 수 있다.

중요 03 구체적 사례에 적용하기

윗글을 바탕으로 보기 를 이해한 내용으로 적절하지 <u>않은</u> 것은?

보기

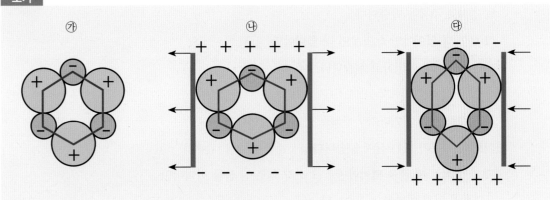

① ㉮는 양전하와 음전하 입자가 규칙적으로 배열된 상태이다.

② ㉯는 양전하와 음전하의 상대적인 위치가 변한 상태이다.

③ ㉯는 물질의 정압전 효과로 전기적 성질이 나타난 상태이다.

④ ㉰는 양전하와 음전하가 한쪽으로 몰리는 분극 현상이 일어난 상태이다.

⑤ ㉰는 전기에너지로 물질의 모양이 변하는 기계적 변형이 일어난 상태이다.

서답형 04 세부 내용 파악하기

ⓐ, ⓑ에 들어갈 용어를 윗글에서 찾아 차례대로 쓰시오.

- (ⓐ): 바깥으로 잡아당기는 힘.
- (ⓑ): 전기의 방향이 바뀌는 전압.

14강

정석가 _ 작자 미상

| 정답 및 해설 | 97쪽

✓ 한방에! 개념정리

✓ 한방에! 핵심정리

갈래	고려 가요
성격	민요적, 서정적
주제	① 임에 대한 사랑 ② 태평성대의 기원
특징	① 불가능한 상황을 설정하여 영원한 사랑을 표현함. ② 한 연에 두 번씩 되풀이되는 2구를 통해 감정을 강조함.
해제	이 작품은 임과의 영원한 사랑에 대한 소망을 역설적으로 표현하여 그 효과를 극대화하고 있다. 불가능한 상황을 전제로 하여 시상을 전개하는 기발한 발상이 돋보이며, 마지막 연은 〈서경별곡〉의 2연과 일치한다.

✓ 한방에! 어휘풀이

* 당금(當今): 일이 있는 바로 지금.
* 세모래(細모래): 잘고 고운 모래.
* 나난: 여음.
* 움: 풀이나 나무에 새로 돋아 나오는 싹.
* 접(椄): 나무의 품종 개량 또는 번식을 위하여 한 나무에 다른 나무의 가지나 눈을 따다 붙이는 일.
* 철릭: 무관이 입던 옷. 허리에 주름이 잡히고 큰 소매가 달렸다.

※ 다음 글을 읽고 물음에 답하시오.

징이여 돌이여 당금*에 계십니다. / 징이여 돌이여 당금에 계십니다.
이 좋은 태평성대에 놀고 싶습니다.

바삭바삭한 ㉠ 세모래* 벼랑에 **나난*** / 바삭바삭한 세모래 벼랑에 나난
구운 밤 닷 되를 심습니다.
그 밤이 움*이 돋아 ㉡ 싹이 나야만 / 그 밤이 움이 돋아 싹이 나야만
유덕하신 임과 이별하고 싶습니다.

옥으로 **연꽃**을 새깁니다. / 옥으로 연꽃을 새깁니다.
㉢ 바위 위에 접*을 붙입니다.
그 꽃이 세 묶음이 피어야만 / 그 꽃이 세 묶음이 피어야만
유덕하신 임과 이별하고 싶습니다.

무쇠로 **철릭***을 재단하여 **나난** / 무쇠로 철릭을 재단하여 나난
㉣ 철사로 주름을 박습니다.
그 옷이 다 헐어야만 / 그 옷이 다 헐어야만
유덕하신 임과 이별하고 싶습니다.

무쇠로 **큰 소**를 지어다가 / 무쇠로 큰 소를 지어다가
쇠로 된 나무가 있는 산에 놓습니다.
그 소가 쇠로 된 풀을 먹어야만 / 그 소가 쇠로 된 풀을 먹어야만
유덕하신 임과 이별하고 싶습니다.

구슬이 ㉤ 바위에 떨어진들 / 구슬이 바위에 떨어진들
끈이야 끊어지겠습니까?
천 년을 외로이 살아간들 / 천 년을 외로이 살아간들
믿음이야 끊어지겠습니까?

– 작자 미상, 〈정석가〉 –

01 표현상의 특징 파악하기

윗글의 표현상의 특징으로 적절하지 않은 것은?

① 시구를 반복하여 운율을 형성하고 있다.
② 역설법을 활용하여 화자의 정서를 강조하고 있다.
③ 반어법을 활용하여 영원한 사랑을 소망하고 있다.
④ 각 연을 동일하게 구성하여 통일감을 획득하고 있다.
⑤ 설의법을 활용하여 임에 대한 믿음을 강조하고 있다.

02 시어의 의미 파악하기

㉠~㉤을 이해한 것으로 가장 적절한 것은?

① ㉠과 ㉢은 불가능한 상황의 배경이다.
② ㉠과 ㉤은 화자가 겪는 시련을 의미한다.
③ ㉡과 ㉣은 끊어지지 않는다는 점에서 유사하다.
④ ㉡과 ㉤은 임에 대한 화자의 정성을 의미한다.
⑤ ㉢과 ㉣은 변함없는 화자의 사랑을 빗댄 것이다.

중요 ▶ 03 외적 준거를 바탕으로 작품 이해하기

보기 를 바탕으로 하여 윗글을 이해한 내용으로 적절하지 않은 것은?

보기

  〈정석가〉와 같은 고려 가요는 대개 여러 개의 연으로 나뉘어 있으며, 악기의 소리를 흉내 낸 것으로 보이는 여음이 있다. 당시의 사회상이 반영되어 있고 인간의 감정, 그중에서도 남녀 간의 사랑을 주제로 하는 것이 많다. 한편으로는 고려 가요가 궁중에서 쓰이던 음악이었으며, 남녀 간의 사랑을 임금과 신하의 구도로 치환하여 해석해야 한다는 의견도 있다.

① 1연의 '이 좋은 태평성대에 놀고 싶습니다'는 윗글이 궁중에서 쓰이던 음악이라는 의견의 근거가 되는군.
② 2연과 4연의 '나난'은 특별한 의미 없이 악기의 소리를 흉내 낸 것이겠군.
③ '구운 밤', '연꽃', '철릭', '큰 소'는 각 연을 구분하는 중심 소재라고 할 수 있군.
④ '유덕하신 임'을 임금으로 해석한다면, 윗글은 어진 임금의 장수를 기원하는 노래로 볼 수 있군.
⑤ 윗글의 주제를 남녀 간의 사랑으로 본다면, 6연의 '구슬'과 '믿음'은 서로 대조되는 시어겠군.

서답형 ▶ 04 시어의 의미 파악하기

6연에서 '끈'과 동일한 의미를 갖는 시어를 찾아 쓰시오.

내가 그린 히말라야시다 그림 _ 성석제

| 정답 및 해설 | 98쪽

※ 다음 글을 읽고 물음에 답하시오.

0

그러다가 다시 군민 체전이 열리는 5월이 돌아왔어. 군 전체 초중고 학생들이 참가하는 학예 대회도 당연히 함께 열렸지. 모든 게 작년하고 비슷했어. 내가 떳떳이 반 대표로 사생 대회에 참가하게 되었다는 것이나 대회 장소가 우리 학교라는 게 달랐지. 이번에 장원 상을 받으면 상품으로 그림 연습을 마음껏 할 수 있게 될 거라고 생각했어. 크레파스 다섯 통과 스케치북 열 권을 다 쓰기도 전에 다음 대회가 열리게 되겠지. (중략)

내 앞에는 언제부터인가 여자아이가 두 명 앉아 있었어. 한 아이는 낯이 익었어. 같은 반을 한 적은 없지만 천수기 선생님하고 같이 가는 걸 몇 번 본 적이 있었지. 자주색 원피스에 검은 에나멜 구두를 신고 있었고 머리에 푸른 구슬 리본을 매고 있는데 무척 얼굴이 희고 예뻤지. 나하고 한 반이었다고 해도 나 같은 촌뜨기에게는 말을 걸지도 않았겠지.

그 여자애와 나는 비슷한 점이 하나도 없었어. 크레파스부터 한 번도 쓰지 않은 새 것, 한 번만 더 쓰면 쓸 수 없도록 닳은 것이라는 차이가 있었어. 처음부터 다른 길에서 출발해서 가다가 우연히 두어 시간 동안 같은 장소에서 비슷한 그림을 그리게 되겠지만 앞으로 영원히 만날 일이 없을 것 같은 사람이야. 그 여자아이도 그걸 의식하고 있는 것 같았어. ⊙ 나를 한 번 힐끗 넘겨다보고는 코를 찡그리더니 더 이상 눈길을 주지 않았어. 자리를 뜰 것 같았는데 계속 그리기는 하더군. 나를 의식하기 전에 밑그림을 그렸던 게 아까웠겠지. (중략)

아이들이 가 버리자 학교는 조용해졌어. 그러고도 한 삼십 분은 있다가 다른 군의 학교에서 온 심사 위원들이 걸어 나왔어. 물론 나한테 관심을 가진 사람은 아무도 없었지. 주 선생님이 보였어. 심사를 한 건 아니고 우리 학교의 미술 지도 교사로 참관을 하고 있었던 것 같았어.

교문 조금 못 미친 곳에서 심사 위원들과 인사를 나눈 주 선생님은 뒤돌아서서 내가 앉아 있는 쪽으로 걸어왔어. 새하얀 시멘트 길에 떨어지던 새하얀 햇빛, 그 위에 또각또각 찍히던 그 발소리를 나는 아직도 잊지 못해. 선생님은 히말라야시다 앞 시멘트 의자에 숨은 듯이 앉은 내게 와서는 불쑥 손을 내밀었지.

"백선규, 축하한다." / 나는 못 잊어. / "장원이다."

ⓒ 나는 목이 메어서 아무 말도 할 수 없었어. 그렇게 목이 죄는 듯한 느낌은 평생 다시 없었어. 그 뒤에 수십 번, 이런저런 상을 받고 수상을 통보받았지만. / 나는 선생님 앞에서 눈물을 보이고 말았어. 내가 우는 것을 보고 선생님은 무척 놀라고 당황했어. 하지만 곧 내 어깨를 잡고는 내 얼굴을 가슴에 가만히 안아 주었어. 그 따뜻하고 기분 좋은 냄새, 못 잊어.

1

나는 한 번도 상 같은 건 받아 본 적 없어. 학교 다닐 때 그 흔한 개근상도 못 받았으니까. 상에 욕심을 부려 본 적도 없어. 내게는 모자란 게 없어서 그랬는지도 몰라. 어릴 때는 부유한 집안에서 단 하나밖에 없는 딸로 사랑을 받으며 자랐고 여자 대학에서 가정학을 공부하다가 판사인 남편을 중매로 만나서 결혼했지. 내가 권력이나 돈을 손에 쥔 건 아니라도 그런 것 때문에 불편한 적도 없어. 아이들은 예쁘고 별문제 없이 잘 자라 주었지. 큰아이가 중학교부터 미국에 가서 공부할 때는 적응에 힘이 들었지만 결국 학생회장까지 지내서 신문에도 여러 번 났지. 나는 상을 못 받았지만 내가 타고난 행운, 삶 자체가 상이다 싶어.

그렇지만 단 한 번 상을 받을 뻔한 적은 있지. 스스로의 실수 때문에 못 받은 거니까 누구를 원망할 수도 없지만. 그 실수를 인정하고 내가 받을 상이 남에게 간 것을 바로잡을 수 있었을까. 할 수 있었을지도 몰라. 아버지에게 이야기했다면. 아니면 천수기 선생님한테라도.

왜 안 했을까. 그때 나를 스쳐 가던 그 아이, 그 아이의 표정 때문인지도 몰라. 땟국물이 흐르던 목덜미, 전신에서 풍겨 나던 뭔가 찌든 듯한 그 냄새, 그 너절한 인상이 내 실수와 잘못된 과정을 바로잡는 게 너절하고 귀찮은 일이라는 생각을 갖게 했을 거야. 어쩌면 그 결과 한 아이가 가지게 될지도 모르는 씻지 못할 좌절감이 내게도 약간 느껴졌는지도 모르지. 상관없어. 나는 그런 상하고는 담을 쌓고 살아도 행복해. 그런 스트레스를 받는 것 자체가 싫어. 왜 내가 그렇게 살아야 하는데?

0

부임한 지 얼마 안 되어서 그런지 흥분한 교장 선생님은 전례가 없이 그해 학예 대회 입상작을 찾아와서 강당에서 전시회를 가지기로 결정했어. (중략) ⓒ 나는 천천히 그림이 전시된 곳으로 걸어갔지. 내 그림은 맨 안쪽에 걸려 있었지. 입선작 여덟 점을 지나서 특선작 세 점을 지나고 나서 황금색 종이 리본을 매달고 좀 떨어진 곳에, 검정색 붓글씨로 '壯元(장원)'이라고 크게 쓰인 종이를 거느리고, 다른 작품보다 세 뼘쯤 더 높이, 초등학교에 다니는 아이들이라면 우러러볼 수밖에 없는 높이에.

그런데, 그런데, 그런데, 그런데 그 그림은 내가 그린 그림이 아니었어. 풍경은 내가 그린 것과 비슷했지만 절대로, 절대로 내가 그린 그림이 아니야. 아버지가 사 준 내 오래된 크레파스에는 진작에 떨어지고 없는 회색이 히말라야시다 가지 끝 앞부분에 살짝 칠해진 그림이었어. ⓔ 나는 가슴이 후들후들 떨려서 두 손으로 가슴을 가렸어. 사방을 둘러봤지만 아무도 없었어. 네모진 칸 안에 쓰인 숫자는 분명히 124였어. 124, 북한에서 무장간첩을 훈련시킨 그 124군 부대의 124. 그렇지만 그건 내 글씨가 아니었어.

누가, 왜 제 번호를 쓰지 않고 내 번호를 썼을까. 실수로? 이런 실수를 하고, 제가 받을 상을 다른 사람이 받았다는 걸 알면 가만히 있을까. 그렇지는 않을 거야. (중략) 그 그림은 구도로 봐서 내가 그렸던 바로 그 장소에서 아주 가까운 데서 그린 그림이었어. 그 그림을 그린 아이는 천수기 선생님과 함께 다니던 그 아이인 게 틀림없었어. 그러니까 나와 같은 학교에 다니는 아이라는 거지. 그러면 그 아이는 제가 그린 그림을 봤을 거야. 그런데 왜? 왜 아무 말을 하지 않은 거지? (중략)

[A]
나는 가슴이 찢어질 것 같은 통증을 느끼면서 강당을 걸어 나왔어. 열 걸음쯤 떼었을 때 강당 문으로 어떤 여자아이가 걸어 들어왔어. 자주색 원피스를 입고 있었어. 검정색 에나멜 구두를 신고 있었지. ⓜ 나는 그 여자아이를 지나칠 때 눈을 감았어. 눈을 감은 채 열 걸음쯤 걸어가서 다시 눈을 떴어.

– 성석제, 〈내가 그린 히말라야시다 그림〉 –

* 전체 줄거리

'0'의 '나'는 화가이고, '1'의 '나'는 미술관을 다니며 그림을 감상하는 미술 애호가이다. '0'의 '나'는 초등학교 3학년 때 아버지의 친구였던 담임 선생님의 추천으로 4학년 학생 대신 사생 대회에 나가 장원을 하고, '1'의 '나'는 부유한 가정의 고명딸로 태어나 어려서부터 미술 교육을 받는다. 초등학교 4학년이 된 '0'의 '나'와 '1'의 '나'는 군 전체 학생들이 참가하는 학예 대회에 사생 대회 대표로 뽑혀 나간다. '0'의 '나'는 장원을 하지만, 장원을 받은 그림이 자신의 그림이 아니라는 것을 뒤늦게 알아차린다. '0'의 '나'는 이 사실을 밝히지 않고, '1'의 '나' 역시 다른 학생이 자신의 그림으로 상을 받았다는 사실을 밝히지 않는다. 이후 '1'의 '나'는 미술 애호가의 삶을 즐기며 살고, '0'의 '나'는 자신의 재능을 끊임없이 의심하면서 노력하여 유명한 화가가 된다.

14강

윗글의 내용으로 적절하지 않은 것은?

① '0'의 '나'는 학교에 남아 심사 결과를 들었다.
② '1'의 '나'는 자신의 삶에 만족하며 살고 있다.
③ '0'의 '나'는 '1'의 '나'가 부잣집 아이임을 짐작했다.
④ '1'의 '나'는 상이 '0'의 '나'에게 간 것을 억울해했다.
⑤ '0'의 '나'는 '1'의 '나'가 그린 그림으로 상을 받았다.

㉠~㉤에서 알 수 있는 인물의 심리로 적절하지 않은 것은?

① ㉠: 여자아이가 '나'에 대해 부정적인 인상을 가졌음을 알 수 있다.
② ㉡: '나'가 기대하던 결과가 이루어져 기뻐하고 있음을 알 수 있다.
③ ㉢: '나'가 자신의 그림을 보기 쑥스러워하고 있음을 알 수 있다.
④ ㉣: '나'가 그림을 확인하고 큰 충격과 당혹감을 느꼈음을 알 수 있다.
⑤ ㉤: '나'가 여자아이 앞에서 부끄러움을 느끼고 있음을 알 수 있다.

[A]를 보기 처럼 바꾸었다고 했을 때, 보기 에 대한 설명으로 가장 적절한 것은?

> 보기
>
> 나는 전시된 그림을 보러 강당으로 갔어. 그러다가 한 아이를 마주쳤지. 사생 대회 때 나와 같은 장소에서 그림을 그리던 아이였어. 그 아이는 날 지나치면서 눈을 감았어. 나도 그 아이를 지나쳤어. 그리고 장원을 한 그림 앞에 선 순간, 놀랄 수밖에 없었어. 백선규라는 이름이 붙어 있었지만, 그 그림은 내가 그린 것이었거든.

① 현재의 시점에서 과거의 사건을 회상하고 있다.
② 서술자를 바꾸지 않고 시각적인 묘사를 추가하고 있다.
③ 작품 안의 서술자가 인물을 객관적으로 묘사하고 있다.
④ 같은 사건에 대해 다른 인물의 관점에서 서술하고 있다.
⑤ 작품 밖의 서술자가 인물의 심리를 직접 서술하고 있다.

ⓐ, ⓑ에 들어갈 말을 윗글에서 찾아 차례대로 쓰시오.

> '0'의 '나'는 '1'의 '나'와 자신의 (ⓐ)을/를 비교하며 자신이 '1'의 '나'와 닮은 점이 없다고 생각하고, 장원을 한 그림의 가지 끝에 자신의 크레파스에는 떨어지고 없는 (ⓑ)이/가 칠해진 것을 보고 이 그림이 남의 것이라는 사실을 알아차린다.

복습하기

매체

주제	¹□□ 없이 태어나는 ²□□□의 증가와 인간의 탐욕
매체의 활용	• 제목: ³□□□ → 상반되는 내용을 제시하여 주제를 강조함. • 부제목: ⁴□□□ → 이어질 내용을 예측할 수 있게 함.

독서

1문단	⁵□□ 효과의 활용 예시
2문단	⁵□□ 효과의 개념과 ⁶□□□ 효과
3문단	⁷□□□ 효과와 압전체
4문단	⁷□□□ 효과를 이용한 ⁸□□□의 원리

문학 – 정석가(작자 미상)

1연	태평성대에 대한 소망
2연	임과의 영원한 사랑에 대한 소망 ① → 구운 ⁹□
3연	임과의 영원한 사랑에 대한 소망 ② → 옥으로 새긴 ¹⁰□□
4연	임과의 영원한 사랑에 대한 소망 ③ → 무쇠로 재단한 철릭
5연	임과의 영원한 사랑에 대한 소망 ④ → 무쇠로 지은 큰 소
6연	임에 대한 영원한 사랑과 믿음 → ¹¹□□(사랑), ¹²□(믿음)

문학 – 내가 그린 히말라야시다 그림(성석제)

'¹³□'의 서술자	–	'¹⁴□'의 서술자
남의 그림으로 미술 대회에서 장원을 받음.	시점을 교차하여 서술	장원을 받은 그림이 자신의 것임을 알았지만 이를 밝히지 않음.

정답	1 상아 2 코끼리 3 대조법 4 의문문 5 압전 6 정압전 7 역압전 8 가습기 9 밤 10 연꽃 11 구슬 12 끈 13 0 14 1

15

Contents

문법 요소 (3) 부정 표현과 중의적 표현

| 정답 및 해설 | 101쪽

＊'체언＋-이다'의 부정

'체언＋-이다'로 이루어진 문장의 부정문은 체언에 보조사를 붙이고, 서술격 조사 '이다' 대신 '아니다'를 사용하여 부정문을 만듦.
예 성우는 학생이다.
→ 성우는 학생이 아니다.　(○)
이 경우, '못' 부정문은 사용할 수 없음.
→ 성우는 학생이 못하다.　(×)

＊형용사의 부정

의지나 능력을 따질 수 없기 때문에 상태만 부정할 수 있음. 단, 화자의 기대에 미치지 못했음을 나타내기 위해서는 긴 부정문 형태의 '못' 부정문을 사용할 수 있음.
예 그는 똑똑하지 않다.　(○)
　그는 못 똑똑하다.　(×)
　그는 똑똑하지 못하다.　(○)
　└ 화자의 기대만큼 똑똑하지 않음.

1 부정 표현

① **개념** : 문장이나 문장 성분에 대해 부정의 뜻을 나타내는 표현

② **종류**

• 형태에 따른 분류

짧은 부정문 (단형 부정)	부정 부사 '안, 못' 예 숙제를 안 하다. / 숙제를 못 하다.
긴 부정문 (장형 부정)	부정 용언 '-지 아니하다(않다), -지 못하다, -지 말다' 예 숙제를 하지 않다. / 숙제를 하지 못하다.

• 의미에 따른 분류

'안' 부정문	부정 부사 '안', 부정 용언 '-지 아니하다(않다)'	
	의지 부정	동작 주체의 의지가 작용할 수 있는 행위를 부정함. 예 나는 숙제를 안 했다. / 나는 숙제를 하지 않았다.
	단순 부정	객관적인 사실을 부정함. 예 오늘은 비가 안 온다. / 오늘은 비가 오지 않는다.
'못' 부정문	부정 부사 '못', 부정 용언 '-지 못하다'	
	능력 부정	동작 주체의 능력 부족 때문에 행위가 일어나지 못함. 예 노느라 숙제를 못 했다. / 노느라 숙제를 하지 못했다.
	타의 부정	외부의 요인 때문에 행위가 일어나지 못함. 예 비가 많이 와서 나가지 못했다. / 비가 많이 와서 못 나갔다.
'말다' 부정문	(명령문, 청유문에서) 부정 용언 '-지 마(라)', '-지 말자' 예 비가 많이 오니 나가지 마라. / 비가 많이 오니 나가지 말자.	

＊중의성의 해소

① 조사
: 묶이는 부분을 명확히 함.
예 현주는 물 한 병과 주스 세 병을 샀다.
② 수식 범위
: 쉼표를 사용함.
예 예쁜, 친구의 동생을 생각했다.
: 수식어의 위치를 바꿈.
예 친구의 예쁜 동생을 생각했다.
③ 비교 대상
: 비교 대상을 명확히 함.
예 나는 동생과 언니 중에서 언니를 더 좋아한다.
④ 부정 표현
: 부정극어(아무도, 누구도, 하나도 등)를 사용함.
예 학생들이 하나도 오지 않았다.
: 보조사를 사용함.
예 학생들이 다는 오지 않았다.

2 중의적 표현

① **개념** : 하나의 단어나 문장이 둘 이상의 의미로 해석될 수 있는 표현

② **종류**

조사	예 현주는 물과 주스 세 병을 샀다. → 물 한 병, 주스 세 병을 샀다. / → 물 세 병, 주스 세 병을 샀다. → 물과 주스를 합쳐서 세 병을 샀다.
수식 범위	예 예쁜 친구의 동생을 생각했다. → 친구가 예쁘다. / → 친구의 동생이 예쁘다.
비교 대상	예 나는 동생보다 언니를 좋아한다. → 나는 동생을 좋아하는 것보다 언니를 더 좋아한다. → 나는 동생이 언니를 좋아하는 것보다 더 언니를 좋아한다.
부정 표현	예 학생들이 다 오지 않았다. → 학생들 중 일부만 왔다. / → 학생들이 한 명도 오지 않았다.

01 부정 표현의 쓰임 파악하기

부정 표현이 적절하게 쓰인 것은?

① 동생이 쓰는 방은 못 깨끗하다.

② 주말에 비가 오지 못했으면 좋겠다.

③ 새 직원은 기대와 달리 못 부지런하다.

④ 오늘은 날씨가 나쁘니 밖에 나가지 못해라.

⑤ 나는 시간에 쫓겨서 시험지에 이름을 못 썼다.

02 문장의 중의성 해소하기

문장에서 중의성을 해소한 예시로 적절하지 <u>않은</u> 것은?

① 민수와 영희는 겨울에 결혼했다. → 민수는 영희와 겨울에 결혼했다.

② 아빠는 엄마보다 나를 좋아한다. → 엄마보다 아빠가 나를 더 좋아한다.

③ 학생들이 급식을 전부 먹지 않았다. → 학생들은 급식을 전부 먹지 않았다.

④ 나는 귀여운 친구의 강아지와 놀았다. → 나는 친구의 귀여운 강아지와 놀았다.

⑤ 나는 언니와 오빠가 추천한 영화를 보았다. → 나는 언니와 함께 오빠가 추천한 영화를 보았다.

중요 03 부정 표현의 종류 이해하기

보기 의 ㉠에 들어갈 예로 가장 적절한 것은?

보기

> 선생님: 부정문에는 부정 부사를 사용하는 짧은 부정문과 부정 용언을 사용하는 긴 부정문이 있어요. 의미에 따라 '안' 부정문과 '못' 부정문으로 나눌 수도 있지요. '안' 부정문에는 동작 주체의 의지가 작용할 수 있는 행위를 부정하는 의지 부정과, 객관적인 사실을 부정하는 단순 부정이 있어요. 그리고 '못' 부정문에는 동작 주체의 능력 부족 때문에 행위가 일어나지 못한 능력 부정과, 외부의 요인 때문에 행위가 일어나지 못한 타의 부정이 있어요.

조건		부정문
긴 부정문, 단순 부정	→	㉠

① 올해는 겨울이 되었는데도 별로 안 춥다.

② 그 학생은 선생님께 거짓말을 하지 않았다.

③ 철수는 키는 남들보다 크지만 농구는 못 한다.

④ 나는 수학 공부를 하느라 국어 공부를 안 했다.

⑤ 고층 빌딩이 햇빛을 가려 꽃이 잘 자라지 못한다.

서답형 04 중의적 표현의 종류 이해하기

빈칸에 들어갈 말로 적절한 것을 골라 쓰시오.

> '그는 아름다운 고향의 바다를 떠올렸다.'는 (조사 / 수식 범위 / 비교 대상 / 부정 표현)(으)로 인해 중의성이 생긴 문장이다.

문제풀이

✔ 한방에! 개념정리

✔ 한방에! 핵심정리

주제	인쇄 만화와 만화 영화의 메시지 구성 방식
해제	이 글은 인쇄 만화와 만화 영화의 메시지 구성 방식을 비교하고 있다. 공간적 차원에서, 인쇄 만화의 프레임은 불연속적인 이미지를 유연하게 배열한 것이지만 만화 영화의 프레임은 연속적인 이미지를 고정된 형식으로 제시한 것이다. 시간적 차원에서, 인쇄 만화의 물리적 시간은 유동적이고 만화 영화의 물리적 시간은 고정적이다. 또한 인쇄 만화와 만화 영화 모두 장면들 사이에 생략된 시간이 있으나 만화 영화는 시간의 응축과 축약이 인쇄 만화보다 덜하다.

*문단 중심 내용

1문단	만화의 종류
2문단	공간적 차원에서의 인쇄 만화와 만화 영화의 차이
3문단	시간적 차원에서의 인쇄 만화와 만화 영화의 차이

✔ 한방에! 어휘풀이

＊응축되다(凝縮되다): 내용의 핵심이 어느 한곳에 집중되어 쌓여 있게 되다.
＊분절하다(分節하다): 사물을 마디로 나누다.

※ 다음 글을 읽고 물음에 답하시오.

　오랫동안 사랑을 받아 온 만화는 크게 인쇄 만화와 만화 영화 두 가지로 분류된다. 이중 인터넷을 통해 자주 접할 수 있는 웹툰은 매체만 달라졌을 뿐 메시지의 구성 방식의 측면에서는 인쇄 만화와 유사성이 크다. 그렇다면 인쇄 만화와 만화 영화의 메시지 구성 방식은 어떤 차이가 있을까?

　공간적 차원에서 보면 ㉠ 인쇄 만화와 ㉡ 만화 영화는 '프레임'을 통해 메시지를 구성한다. 인쇄 만화에서는 소위 '컷'이라고 불리는 칸이, 만화 영화에서는 스크린 화면의 틀이 해당한다. 둘 모두 어떤 현실 중에서 의미가 있는 것만을 골라 일부분만을 포착하여 프레임에 담아 사건의 흐름과 주제를 제시한다는 점에서는 공통적이다. 그런데 만화 영화의 프레임에서 제시되는 영상은 인물의 행위와 사건의 흐름이 연속적인 동작으로 나타나지만, 인쇄 만화의 프레임은 불연속적인 이미지들을 담은 칸을 차례로 배열한다는 점에서 차이가 있다. 또 만화 영화의 프레임은 고정되어 있지만, 인쇄 만화의 프레임은 크기나 모양을 자유자재로 바꿀 수 있는 등 유연성을 갖고 있다. 칸의 크기나 모양 자체가 어떤 의미를 갖기도 하고 분위기와 상황을 조성하는 역할을 하기도 한다. 그뿐만 아니라, 인쇄 만화는 한 페이지에서 여러 개의 칸을 동시에 볼 수 있는 통합성이 있어 같은 시간대의 여러 인물이나 상황을 제시할 수도 있다. 칸의 배열은 보통 순차적으로 드러나지만 한 페이지를 채우고 있는 칸들의 전체적인 조합이 모자이크처럼 이루어져 특정한 장면을 구체화하거나 또 하나의 완결된 장면을 이루기도 한다. 물론 만화 영화에서도 여러 장면을 동시에 제시할 수 있지만, 이는 인쇄 만화처럼 여러 프레임을 조합한 것이 아니라 프레임을 분할한 것이다.

　시간적 차원은 물리적 시간, 극적 시간으로 나누어 보아야 한다. 물리적 시간은 만화가 수용자에게 제공되는 실제 시간을 의미하고, 극적 시간은 만화 작품 안에서 사건이 흘러가는 시간을 의미한다. 만화 영화는 실제 상영 시간이 정해져 있어 물리적 시간이 고정적이지만, 인쇄 만화는 독자에 따라 읽는 속도가 달라 물리적 시간이 유동적이다. 극적 시간의 측면에서 보면 인쇄 만화는 하나의 연결된 사건을 몇 개의 컷으로 분할하여 배열하는데, 이 컷들은 비록 정지된 그림이지만 거기에는 일정한 시간이 응축되어＊ 있으며 컷과 컷 사이에는 시간이 생략되어 있다. 따라서 인쇄 만화의 극적 시간은 하나의 컷 장면 안에 축약된 시간, 컷 장면 사이에 생략된 시간까지 모두 포함한 것이 된다. 만화 영화의 경우 장면을 분절하고＊, 그 장면들 사이에 시간이 생략되어 있으므로 장면 속 시간과 장면 사이의 생략된 시간까지를 포함해야 극적 시간이 된다는 점에서는 인쇄 만화와 유사성이 있다. 그러나 만화 영화는 연속된 동작의 흐름이 있기 때문에 인쇄 만화에 비해 시간의 응축과 축약이 덜하다는 점에서는 차이가 있다.

01 내용 전개 방식 파악하기

윗글에 대한 설명으로 가장 적절한 것은?

① 만화 산업이 다양한 분야에서 성장한 과정을 제시하고 있다.
② 인쇄 만화와 만화 영화의 특징을 기준에 따라 비교하고 있다.
③ 인쇄 만화의 발전 방향을 만화 영화에 비추어 제시하고 있다.
④ 인쇄 만화와 만화 영화가 상호 작용하는 과정을 설명하고 있다.
⑤ 인쇄 만화와 만화 영화의 문제점과 해결 방안을 제안하고 있다.

02 핵심 내용 파악하기

㉠, ㉡에 대한 이해로 적절하지 <u>않은</u> 것은?

① ㉠과 ㉡은 프레임을 통해 메시지를 구성한다는 점에서 공통적이다.
② ㉠과 ㉡은 어떤 현실 중에서 의미가 있는 것만을 골라 일부분만을 프레임에 담는다는 점에서 공통적이다.
③ ㉠과 ㉡은 프레임의 장면 속 시간과 장면 사이의 생략된 시간을 포함해야 극적 시간이 된다는 점에서 공통적이다.
④ ㉠은 ㉡과 달리 프레임의 크기나 모양 자체가 상황을 조성하는 역할을 한다.
⑤ ㉡은 ㉠과 달리 프레임을 분할하는 것은 불가능하지만 조합하는 것은 가능하다.

중요 03 실제 사례에 적용하기

윗글을 바탕으로 보기 를 해석한 내용으로 적절하지 <u>않은</u> 것은?

보기

① ㉮는 인쇄 만화가 가진 프레임의 유연성을 보여 주고 있다.
② ㉮는 인쇄 만화가 가진 프레임의 통합성을 보여 주고 있다.
③ ㉯는 컷 속에 일정한 시간이 응축된 인쇄 만화의 특징을 보여 준다.
④ ㉰는 물리적 시간이 고정되어 있는 인쇄 만화의 특징을 보여 준다.
⑤ ㉰는 불연속적 이미지들을 배열하는 인쇄 만화의 특징을 보여 준다.

서답형 04 핵심 내용 파악하기

빈칸에 들어갈 말을 골라 쓰시오.

> (인쇄 만화 / 만화 영화)의 프레임은 고정되어 있으며, 인물의 행위가 연속적으로 나타난다.

빌려줄 몸 한 채 _ 김선우

| 정답 및 해설 | 103쪽

✔ 한방에! 핵심정리

갈래	자유시, 서정시
성격	경험적, 성찰적, 유추적
주제	희생과 나눔의 가치
특징	① 유사한 통사 구조를 반복함. ② 배추의 속성을 통해 삶의 태도를 유추함.
해제	이 작품은 채마밭에 배추를 심고 키운 일상적인 경험을 통해 깨달은 삶의 이치를 담고 있다. 화자는 겉잎의 희생으로 속이 차오르는 배추의 모습을 관찰하며 희생과 나눔의 가치를 깨닫는다.

✔ 한방에! 어휘풀이

* 결구(結球): 배추 따위의 채소 잎이 여러 겹으로 겹쳐서 둥글게 속이 드는 일.
* 알불: 무엇에 싸이거나 담기지 않은 불등걸.
* 채마(菜麻): 먹을거리나 입을 거리로 심어서 가꾸는 식물.
* 공양간(供養間): 절의 부엌을 이르는 말.

※ 다음 글을 읽고 물음에 답하시오.

속이 꽉 찬 배추가 본디 속부터
단단하게 옹이 지며 자라는 줄 알았는데
㉠겉잎 속잎이랄 것 없이
저 벌어지고 싶은 마음대로 벌어져 자라다가
그중 땅에 가까운 잎 몇 장이 스스로 겉잎 되어
㉡나비에게도 몸을 주고 벌레에게도 몸을 주고
즐거이 자기 몸을 빌려 주는 사이
㉢결구*가 생기기 시작하는 거라
알불*을 달 듯 속이 차오는 거라
마음이 이미 길 떠나 있어
몸도 곧 길 위에 있게 될 늦은 계절에
채마*밭 조금 빌려 무심코 배추 모종 심어 본 후에
알게 된 것이다
빌려줄 몸 없이는 ㉣저녁이 없다는 걸
내 몸으로 짓는 공양간* 없이는
㉤등불 하나 오지 않는다는 걸
처음 자리에 길은 없는 거였다

– 김선우, 〈빌려줄 몸 한 채〉 –

✔ 한방에! 같이볼작품

마른 잎사귀에 도토리알 얼굴 부비는 소리 후두둑 뛰어내려 저마다 멍드는 소리 멍석 위에 나란히 잠든 반들거리는 몸 위로 살짝살짝 늦가을 햇볕 발 디디는 소리 먼 길 날아온 늙은 잠자리 채머리* 떠는 소리 맷돌 속에서 껍질 타지며 가슴 동당거리는 소리 사그락사그락 고운 뼛가루 저희끼리 소곤대며 어루만져 주는 소리 보드랍고 찰진 것들 물속에 가라앉으며 안녕 안녕 가벼운 것들에게 이별 인사하는 소리 아궁이 불 위에서 가슴이 확 열리며 저희끼리 다시 엉기는 소리 식어 가며 단단해지며 서로 핥아 주는 소리

도마 위에 다갈빛 도토리묵 한 모

모든 소리들이 흘러 들어간 뒤에 비로소 생겨난 저 고요
저토록 시끄러운, 저토록 단단한,

– 김선우, <단단한 고요>

* 채머리: 체머리. 머리가 저절로 계속하여 흔들리는 병적 현상. 또는 그런 현상을 보이는 머리.

작품 종합적으로 이해하기

윗글에 대한 설명으로 가장 적절한 것은?

① 경험을 통해 자연물에 대한 기존의 생각을 강화하고 있다.
② 자연 현상을 삶에 빗대어 부정적인 현실을 비판하고 있다.
③ 자연물의 성장 과정을 묘사하여 삶의 방향을 제시하고 있다.
④ 계절에 따른 자연의 변화를 통해 삶의 무상함을 드러내고 있다.
⑤ 자연물과 인공물을 비교하여 자연 파괴에 대한 경각심을 일깨우고 있다.

★ 무상하다(無常하다): 모든 것이 덧없다.
★ 경각심(警覺心): 정신을 차리고 주의 깊게 살피어 경계하는 마음.

02 시어의 의미 파악하기

㉠~㉤에 대한 설명으로 가장 적절한 것은?

① ㉠: 배추의 희생으로 자란 존재를 의미한다.
② ㉡: 화자가 추구하는 삶을 의미한다.
③ ㉢: 성숙해지기 전의 배추를 의미한다.
④ ㉣: 내적 성숙을 이루는 시간을 의미한다.
⑤ ㉤: 자발적인 희생과 베풂을 의미한다.

중요 ▶ 03 작품 간의 공통점, 차이점 파악하기

윗글과 보기 를 비교하여 감상한 내용으로 가장 적절한 것은?

보기

> 그 잎 위에 흘러내리는 햇빛과 입맞추며
> 나무는 그의 힘을 꿈꾸고
> 그 위에 내리는 비와 뺨 비비며 나무는
> 소리 내어 그의 피를 꿈꾸고
> 가지에 부는 바람의 푸른 힘으로 나무는
> 자기의 생(生)이 흔들리는 소리를 듣는다.   - 정현종, 〈사물의 꿈 1 - 나무의 꿈〉

① 윗글과 〈보기〉는 모두 화자가 시의 표면에 드러나 있다.
② 윗글과 〈보기〉는 모두 대상을 의인화하여 표현하고 있다.
③ 윗글과 〈보기〉는 모두 방황하는 화자의 모습이 나타나 있다.
④ 윗글은 〈보기〉와 달리 대상의 물질적 가치에 주목하고 있다.
⑤ 〈보기〉는 윗글과 달리 종교적인 시어를 통해 엄숙한 분위기를 형성하고 있다.

15강

서답형 ▶ 04 시구의 의미 파악하기

보기 에서 설명하고 있는 시행을 찾아 첫 어절과 마지막 어절을 쓰시오.

보기

> 화자의 깨달음이 집약된 시행으로, 희생하고 나누는 삶을 통해 진정한 길을 찾을 수 있다는 의미이다.

문제풀이

15강

적벽가 _ 작자 미상

| 정답 및 해설 | 105쪽

✔ 한방에! (개)(념)(정)(리)

✔ 한방에! (핵)(심)(정)(리)

갈래	판소리 사설
성격	비판적, 풍자적, 해학적
주제	적벽대전에서의 영웅들의 무용담과 하층 군사들의 비애
특징	① 〈삼국지연의〉의 적벽대전을 바탕으로 함. ② 보조 인물을 통해 중심 인물의 부정적 면모를 부각함. ③ 민중의 관점에서 권력자에 대한 비판적 태도를 드러냄.
해제	이 작품은 나관중의 소설 〈삼국지연의〉 중 적벽대전 부분을 바탕으로 하고 있다. 원작에서는 영웅적 인물이었던 조조를 희화화하여 지배 계층을 풍자하며, 전쟁에 끌려 나와 고통을 겪는 민중들의 삶 또한 다루고 있다. 이를 통해 당시 민중의 지배층을 향한 반감과 비판적 의식이 표출되었음을 알 수 있다.

※ 다음 글을 읽고 물음에 답하시오.

[아니리*]

불 쬐고 늘어앉아 조조 산 쪽을 가만히 둘러보더니, 또 공연한 웃음을 내어 '히히 하하하하' 웃거늘, 중관이 여짜오되, / "승상님, 왜 또 웃소?"

"너 이놈들, 승상이니 망상이니 하면서, 내 평생 즐겨 하는 웃음도 못 웃게 한단 말이냐?"

"승상님만 웃으시면 꼭꼭 복병*이 일어납니다."

㉠ "이놈들아, 내 집에서는 날마다 웃어도, 복병은커녕 뱃병도 안 나고, 술병만 들오더라."

헛된 장담 이 말 끝에,

[자진모리*]

뜻밖에 산 위에서 북소리 꿍 두리둥 둥 둥 둥 둥. 한 장수 나온다. 한 장수 나와. 얼굴이 먹장* 같고, 고리눈 다복수염, 긴 창을 비껴들고, 우레 같은 큰 소리를 벼락같이 뒤지르며*,

㉡ "네 이놈, 조조야! 닫지 말고 창 받아라!"

불꽃 같은 급한 성정 번개같이 달려들어 좌우익*을 몰아치니, 조조 진영 장졸* 주검 산처럼 쌓였구나. 장비의 호통 소리 나는 새도 떨어지고, 길짐승도 머무르니, 조조 정신 있을쏘냐.

"아이고, 정욱아! 저기 오는 장수 뉜가 보아라!"

정욱이도 겁이 나서 끝만 따서 하는 말이,

㉢ "아이고, 승상님. 떡이요. 떡이로소이다!"

"떡이라니, 먹는 떡이란 말이냐? 이 판에 무슨 떡이냐?"

"장비, 장익덕이란 말이오!"

"아이고, 이 무서운 떡이로구나!"

조조가 황급하여 말 아래 뚝 떨어져 거의 죽게 되었는데, 허저, 장요, 장합 등이 죽도록 구원하여 간신히 도망을 하는구나.

(중략)

[아니리]

"히히히히히히해해!"

크게 웃으니, 정욱이 기가 막혀,

"아이고, 얘들아. 승상님이 또 웃으셨구나! 적벽에서 한 번 웃어 백만 군사 몰사하고*, 오림에서 두 번 웃어 죽을 봉변 당하고, 이 병 속 같은 데서 또 웃어 놓았으니, 이제는 씨도 없이 다 죽는구나!"

조조 듣고 기가 막혀,

"아, 이놈들아. 나만 웃는다고 원망하지 말고 너희도 생각들을 해 봐라. 만일 주유 공명이가 이곳에다가 병든 군사라도 스무 명만 갖다 묻어 두었더라도, 조조는 말고 비조*라도 살아갈 수 있겠느냐? 히히히히히히해해해해!"

크게 웃으니,

[자진모리]

웃음이 끝나자마자 복병이 일어난다. 화용도 산 위에서 대포 소리 '꿍!' 이 너머에서도 '꿍!' 저 너머에서도 '꿍 궁그르르르르르르르!' 산악이 무너지고, 천지가 뒤바뀐 듯, 뇌고* 나팔 우, 쿵 쾡 처르르르르르르르르 화용도 산골짜기 뒤끓으니, 위나라 장졸들이 정신이 나가 얼굴만 쳐다보고 서 있을 때, 오백 도끼 부대가 양편으로 갈라서서 대장 깃발 들었는데, '대원수 관우 삼군 사명기라!' 뚜렷하게 새겼는데, 늠름하다 붉은 얼굴, 긴 눈썹, 삼각 수염, 봉황 눈을 부릅뜨고, 청룡도 비껴들고, 적토마 달려오며, 우레 같은 소리를 벽력*같이 내지르며,

"네 이놈, 조조야! 네 어디로 도망을 가느냐? 짧은 목 길게 빼어 청룡도 받아라!"

조조 기가 막혀, / "여봐라, 정욱아! 오는 장수 누구냐?"

정욱이도 정신 잃고,

ⓐ "호통 소리 장비 같고, 날랜 모양 자룡 같소!"

"아, 이 녀석아. 좀 자세히 살펴봐라!"

정욱이 정신 차려, / "깃발 색깔 홍색이요, 풍채가 인자하니 관우임이 분명하오."

"더욱 관우라면 도망갈 곳 없고 벗어날 도리 없다."

[아니리]

"형편이 이렇게 되니 어떻든지 한번 싸워 볼 수밖에는 수가 없구나. 너는 아무쪼록 힘을 써서 우리 싸움 한번 해 보자."

정욱이 여쭈오되,

[중모리*]

"장군님의 높은 재주, 호통 소리 한 번 하면 길짐승도 갈 수 없고, 칼 빛 번뜻하면 나는 새도 뚝 떨어지니, 단검 한 자루로 다섯 장수 베던 솜씨, 사람도 말도 기진맥진하였으니 감히 어찌 당하리까? 만일 적에 맞서려 하면 씨도 없이 모두 죽을 테니, 옛날 장군님이 승상 은혜를 입었으니, 어서 빌어나 보옵소서."

"빌 마음도 있다마는, 나의 이름이 삼국에 으뜸이라. 죽을지언정 이제 내가 비는 것은 후세의 웃음이 되리로다."

[아니리]

ⓑ "허허허허허허, 야야야야야 야 야들아. 신통한 꾀 하나 생각했다."

"거, 무슨 꾀를 생각하셨소?"

"나를 죽었다고 홑이불로 덮어라. 덮어 놓고 군대에 알리고, 너희 모두 앉아 울면 송장이라고 피해 갈 것이니, 홑이불 둘러씌우고 살살 기다가 한번 달음박질로 달아나자."

정욱이 여쭈오되,

"아, 지금 산 승상 잡으려고 양국 명장이 다투는데, 죽은 승상 목 베기야, 청룡도 그 잘 드는 칼로 누운 목 얼마나 그리 힘들여 베오리까? 공연한 꾀 냈다가 목만 낭비하고 보면, 다시 싹도 길어날 수 없고, 화용도 귀신 될 터이니, 얕은꾀 내지 말고 어서 빌어나 보옵소서."

– 작자 미상, 〈적벽가〉 –

✔ 한방에! 어휘풀이

* 아니리 : 판소리에서, 창을 하는 중간중간에 가락을 붙이지 않고 이야기하듯 엮어 나가는 사설.
* 복병(伏兵) : 적을 기습하기 위하여 적이 지날 만한 길목에 군사를 숨김. 또는 그 군사.
* 자진모리 : 판소리 및 산조 장단의 하나. 휘모리장단보다 좀 느리고 중중모리장단보다 빠른 속도로, 섬세하면서도 명랑하고 차분하면서 상쾌하다.
* 먹장 : 먹의 조각.
* 뒤지르다 : 마구 소리를 지르다.
* 좌우익(左右翼) : 진을 칠 때에, 좌우로 날개 모양으로 벌여 있는 군대.
* 장졸(將卒) : 예전에, 장수와 병졸을 아울러 이르던 말.
* 몰사하다(沒死하다) : 모조리 다 죽다.
* 비조(飛鳥) : 날아다니는 새.
* 뇌고(雷鼓) : 타악기의 하나. 검은 칠을 한 여섯 개의 북을 한 묶음으로 하여 틀에 매달아 친다.
* 벽력(霹靂) : 벼락.
* 중모리 : 판소리 및 산조 장단의 하나. 진양조장단보다 조금 빠르고 중중모리장단보다 조금 느린 중간 빠르기이다.

서술상의 특징 파악하기

윗글에 대한 설명으로 적절하지 <u>않은</u> 것은?

① 비유적 표현을 활용하여 인물을 묘사하고 있다.
② 과장법을 활용하여 인물의 능력을 강조하고 있다.
③ 반복적인 사건을 제시하여 인물을 희화화하고 있다.
④ 의성어를 사용하여 장면을 생동감 있게 표현하고 있다.
⑤ 고사를 언급하여 인물의 행동에 정당성을 부여하고 있다.

02   작품의 내용 파악하기

윗글의 내용으로 적절하지 <u>않은</u> 것은?

① 조조는 주유와 공명을 낮잡아본다.
② 정욱은 조조의 웃음소리를 불길하게 여긴다.
③ 조조는 과거에 관우에게 은혜를 베푼 적이 있다.
④ 정욱은 조조에게 관우와 맞서 싸우라고 간언한다.
⑤ 조조는 목숨이 걸린 상황에서도 체면을 차리려 한다.

★ 간언하다(諫言하다): 웃
어른이나 임금에게 옳지
못하거나 잘못된 일을
고치도록 말하다.

중요   03   외적 준거를 참고하여 작품 감상하기

㉠~㉤ 중 보기 의 밑줄 친 요소가 드러난 부분으로 적절한 것만을 고른 것은?

> 보기
>
> 　판소리의 특징 하나는 골계미로, 풍자나 해학을 통해 우스꽝스러운 상황을 연출할 때 드러난다. 해학은 단어의 발음, 중의성, 언어유희를 주로 사용하는 '언어적 해학'과 몸짓, 태도, 음악적 분위기를 주로 활용하는 '비언어적 해학'으로 분류할 수 있다.

① ㉠, ㉡　　　　　　② ㉠, ㉢　　　　　　③ ㉡, ㉣　　　　　　④ ㉢, ㉤　　　　　　⑤ ㉣, ㉤

서답형   04   인물의 특징 파악하기

보기 를 참고하여 '방자형 인물'에 해당하는 인물의 이름을 윗글에서 찾아 쓰시오.

★ 상전(上典): 예전에, 종
에 상대하여 그 주인을
이르던 말.

> 보기
>
> 　방자형 인물은 판소리계 소설 〈춘향전〉의 등장인물 방자와 같은 유형의 인물을 뜻한다. 방자형 인물은 중심인물의 부수적 존재로서, 중심인물을 보조하며 사건에 개입한다. 또한 신분적으로는 상전보다 낮지만, 작품 내에서 상전으로 관계를 맺는 인물을 조롱하고 풍자함으로써 주종관계를 무너뜨린다. 주로 안내자의 역할을 담당하고, 조언자의 기능 또한 존재한다.

문제풀이

복습하기

부정 표현	• 문장이나 문장 성분에 대해 부정의 뜻을 나타내는 표현 • 짧은 부정문: 부정 부사 '안, 못' 　긴 부정문: 부정 용언 '−지 아니하다(않다), −지 못하다, −지 말다' • '¹[　]' 부정문: 부정 부사 '안', 부정 용언 '−지 아니하다(않다)' • '²[　]' 부정문: 부정 부사 '못', 부정 용언 '−지 못하다' • '³[　][　]' 부정문: (명령문, 청유문에서) 부정 용언 '−지 마(라), −지 말자'
⁴[　][　][　] 표현	하나의 단어나 문장이 둘 이상의 의미로 해석될 수 있는 표현

독서

1문단	만화의 종류
2문단	⁵[　][　][　] 차원에서의 인쇄 만화와 만화 영화의 차이
3문단	⁶[　][　][　] 차원에서의 인쇄 만화와 만화 영화의 차이

문학 – 빌려줄 몸 한 채(김선우)

1~2행	⁷[　][　]를 관찰하기 전의 생각
3~9행	⁸[　][　]의 희생으로 속이 차오르는 배추
10~17행	희생과 나눔을 통해 얻게 되는 삶의 결실

문학 – 적벽가(작자 미상)

⁹[　][　]가 웃음을 터트림.

↓

¹⁰[　][　]의 복병이 나타남.

↓

⁹[　][　]가 다시 웃음을 터트림.

↓

¹¹[　][　]의 복병이 나타남.

↓

¹²[　][　]이 ¹¹[　][　]와 맞서 싸우지 말고 빌라고 조언함.

정답	1 안　2 못　3 말다　4 중의적　5 공간적　6 시간적　7 배추　8 겉잎　9 조조　10 장비　11 관우　12 정욱

16

Contents

16강

문법

언어의 본질과 기능

✔ 한방에! 개념정리

✔ 한방에! 핵심정리

※ 언어의 역사성

생성	예 인터넷, 자동차
변화	예 여름 → 열매 어여쁘다: 불쌍하다 → 예쁘다
소멸	예 생원

| 정답 및 해설 | 108쪽

1 언어의 본질

기호성	언어는 의미(내용)와 말소리(형식)가 결합한 기호 체계임. 예 '어떤 사람이나 존재를 몹시 아끼고 귀중히 여기는 마음'을 '사랑'이라고 표현함. → '어떤 사람이나 존재를 몹시 아끼고 귀중히 여기는 마음'은 의미이고, '사랑'은 말소리임.
자의성	언어의 의미(내용)와 말소리(형식)는 우연히 결합된 것임. 예 '사랑'의 의미를 가진 단어는 한국어로는 사랑[사랑], 영어로는 love[러브], 일본어로는 あい[아이]로 발음됨.
사회성	언어는 그 언어를 사용하는 사람들 사이의 사회적 약속임. 예 어떤 한 사람이 '사랑'을 '라상'으로 말하고 다닌다면 다른 사람들과의 의사소통이 이루어지지 않을 것임.
역사성	언어는 시간이 지남에 따라 생성 · 변화 · 소멸함. 예 중세 국어에서 '어리석다'라는 의미를 가진 '어리다'가 현대 국어에서는 '나이가 비교 대상보다 적다'라는 의미로 변화함.
창조성	사람은 알고 있는 언어를 바탕으로 새로운 표현을 무한히 만들 수 있음. 예 '사랑'을 활용하여 '엄마를 사랑한다', '너를 사랑해' 등의 표현을 만들 수 있음.
규칙성	언어에는 저마다 일정한 규칙이 존재함. 예 한국어는 '주어-목적어-서술어'의 어순이므로 '나는 너를 사랑해'라고 쓰고, 영어는 '주어-서술어-목적어'의 어순이므로 'I love you'라고 씀.

※ 미학적 기능

언어적 예술 작품을 위해 사용됨.
 → 정서적 기능과 관련이 있음.

2 언어의 기능

지시적 기능	어떤 대상을 가리킴. 예 이것은 사과이고 저것은 배다.
정보적 기능	어떤 사실이나 정보를 전달함. 예 달러 환율이 많이 떨어졌다.
정서적 기능	화자의 생각이나 감정을 드러냄. 예 시험에 합격해서 기분이 좋다.
친교적 기능	다른 사람과 친밀한 관계를 맺게 함. 예 "안녕, 그동안 잘 지냈어?"
명령적 기능	화자가 청자에게 어떠한 행동을 하게 함. 예 "창문 좀 열고 환기를 해라."

01 언어의 본질 이해하기

언어의 본질과 예시가 적절하게 연결된 것은?

① 창조성: 검은 옷을 가리켜 "무지개색 옷이네."라고 말한다면 아무도 알아듣지 못한다.

② 규칙성: 한국에서 '개'라고 부르는 동물을 프랑스에서는 '시엥', 독일에서는 '훈트'라고 부른다.

③ 기호성: '꽃'과 '피다'를 활용하여 '꽃이 피었다', '꽃은 아직 피지 않았다' 등의 문장을 만들 수 있다.

④ 자의성: 일본어는 '주어-목적어-서술어'의 순서로 쓰지만, 중국어는 '주어-서술어-목적어'의 순서로 쓴다.

⑤ 역사성: 원래는 '자장면'만이 표준어였지만, 2011년 국립국어원은 '짜장면'도 복수 표준어로 인정하기로 하였다.

02 언어의 기능 이해하기

정서적 기능의 예시로 가장 적절한 것은?

① 저 사람의 이름은 민주라고 해.

② 언니가 공부 중일 땐 조용히 해라.

③ 영화가 재미있어서 기분이 좋았어.

④ 선생님, 겨울에는 감기 조심하세요.

⑤ 사신 물건은 다 합쳐서 만 이천 원입니다.

중요 03 언어의 본질 이해하기

보기 의 (가), (나)에 나타난 언어의 본질로 가장 적절한 것은?

> ### 보기
>
> (가) '고양이'라는 의미를 가진 단어는 일본어로는 '네코', 러시아어로는 '코슈카', 영어로는 '캣'이다.
>
> (나) 그는 책상을 '양탄자'라고 불렀다. … 잿빛 외투를 입은 그 나이 많은 남자는 사람들이 하는 말을 더 이상 이해할 수 없게 되었다. 그건 그리 심각한 문제는 아니었다. 그보다 더 심각한 것은 사람들이 그를 더 이상 이해할 수 없게 된 것이었다.
>
> – 페터 빅셀, 〈책상은 책상이다〉

	(가)	(나)		(가)	(나)		(가)	(나)
①	규칙성	자의성	②	사회성	기호성	③	사회성	자의성
④	자의성	기호성	⑤	자의성	사회성			

서답형 04 언어의 기능 이해하기

㉠에서 확인할 수 있는 언어의 기능을 쓰시오.

> 2002년, 국가인권위원회는 기술표준원이 정한 '살색'이란 색깔 이름이 황인종이 아닌 인종을 배제한다는 근거를 들어 "크레파스와 수채물감의 특정 색을 '살색'으로 이름 붙인 것은 헌법 제11조의 평등권을 침해한 것이다."라고 하며 개정을 권고했다. ㉠ 이에 따라 기술표준원은 관용적으로 받아들여지고 있던 색상의 이름을 대폭 손질해 새롭게 발표했다.

문제풀이

✔ 한방에! 개념정리

✔ 한방에! 핵심정리

주제	맹자의 성선설과 순자의 성악설
해제	이 글은 맹자의 성선설과 순자의 성악설을 설명하고 있다. 맹자는 사람이 날 때부터 선한 마음을 갖추고 있다고 보는 성선설을 주장하였다. 맹자는 이 선한 본성을 잘 보존하고 현실에서 선을 실천하려는 노력이 중요하다고 주장하였다. 반면 순자는 현실에 존재하는 악은 사람들의 악한 본성이 표출된 결과라고 보고, 인간의 본성을 후천적으로 교정해야 한다고 주장하였다.

＊문단 중심 내용

1문단	성선설과 성악설의 등장 배경
2문단	맹자의 성선설 ①
3문단	맹자의 성선설 ②
4문단	순자의 성악설 ①
5문단	순자의 성악설 ②

※ 다음 글을 읽고 물음에 답하시오.

중국의 전국시대에는 여러 제후가 패권＊을 다투느라 혼란이 심했다. 당시 사람들은 자기 생존을 위해 수단과 방법을 가리지 않았으므로 도덕적 타락이 극심했다. 이에 학자들은 도덕성을 회복할 방법으로 인성론을 찾기 시작했다. 인성론이란 사람이 타고난 품성을 어떻게 보는가에 관한 논의로, 인간의 본질에 대한 철학적 사고로부터 발전해 왔다. 인성론은 크게 두 가지로 구분할 수 있는데, 성선설과 성악설이 그것이다.

유교 경전인 〈중용〉에서는 "천명을 성이라 이른다."고 하여 성은 하늘이 사람에게 부여한 것, 즉 사람이 날 때부터 갖추고 있는 것으로 규정하였다. ㉠맹자는 성을 선이라고 보고, 어린아이가 우물에 막 빠지려는 것을 본다면 모두가 깜짝 놀라고 걱정하는 마음이 생긴다는 것을 예로 들며 사람이라면 누구나 남을 불쌍히 여기는 마음(측은지심), 자기의 옳지 못함을 부끄러워하고 남의 옳지 못함을 미워하는 마음(수오지심), 사양하는 마음(사양지심), 옳고 그름을 아는 마음(시비지심)이 있다고 하였다. 이는 모두 본성에서 나오는 선한 마음으로, 맹자는 그 선한 본성을 잘 보존하면 누구나 선하게 될 수 있다는 성선설을 주장하였다.

맹자는 사람들이 자기 이익과 욕망만 추구하여 서로 다투면 세상이 어지러워진다고 생각하였다. 하지만 인간은 스스로 노력하여 본성을 회복할 수 있는 존재이며 이것은 자신의 노력에 의해서만 가능하다고 주장하였다. 또한 현실에서 이를 실천하려는 노력이 중요하다고 주장하였다.

반면, ㉡순자는 맹자의 성선설을 비판하며 성악설을 주장하였다. 순자는 사람이라면 누구나 자신의 욕망을 충족하려 하고 이익을 추구하며 시기하고 미워하는 본성을 가지고 있다고 주장하였다. 그러므로 현실에 존재하는 악은 이런 본성이 자연스럽게 표출된 결과라고 보고 이를 그대로 두면 갈등과 투쟁으로 사회가 혼란스러워진다고 여겼다.

순자는 "굽은 나무는 반드시 굽은 것을 바로잡는 도구를 사용하고 수증기에 쪄서 바로잡은 다음에 곧게 되고, 무딘 연장은 반드시 연마하는＊ 과정을 거친 다음에 날카로워진다."라고 하며 같은 이치로 인간의 본성이 악한 것은 반드시 스승을 본받은 다음에 바르게 되고, 예의를 얻은 후에 다스려지는 것이라고 말했다. 순자는 선천적인 인간의 본성을 후천적으로 교정하면 혼란스러운 상태에서 벗어날 수 있다고 주장했는데, 이를 위해 국가가 '예'를 정하여 백성들의 욕망을 조절해야 한다고 보았다. 순자는 사람들이 개인적으로 노력하는 동시에 국가 권력이나 전통적 제도, 교육 등 외적인 강제력을 통해 개인의 본성을 개조하고 사회질서를 유지할 수 있다고 생각했다.

✔ 한방에! 어휘풀이

＊ 패권(霸權): 어떤 분야에서 우두머리나 으뜸의 자리를 차지하여 누리는 공인된 권리와 힘.
＊ 연마하다(研磨하다): 주로 돌이나 쇠붙이, 보석, 유리 따위의 고체를 갈고 닦아서 표면을 반질반질하게 하다.

01 내용 전개 방식 파악하기

윗글에 대한 설명으로 적절하지 <u>않은</u> 것은?

① 인간의 본성을 사례를 제시하며 설명하고 있다.
② 인간의 본성에 대한 사상가의 말을 인용하여 설명하고 있다.
③ 인간의 본성에 대한 이론이 등장하게 된 배경을 드러내고 있다.
④ 인간의 본성에 대한 주요 이론을 두 가지로 나누어 설명하고 있다.
⑤ 인간의 본성에 대해 대립하는 이론을 설명하고 절충안을 제시하고 있다.

02 핵심 내용 파악하기

㉠, ㉡의 주장을 이해한 내용으로 적절하지 <u>않은</u> 것은?

① ㉠과 ㉡은 모두 인간에게는 타고난 본성이 있다고 주장하였다.
② ㉠과 ㉡은 모두 인간의 욕망을 사회질서 유지에 부정적인 것으로 보았다.
③ ㉠은 ㉡과 달리 인간에게는 네 가지 선한 본성이 있다고 주장하였다.
④ ㉡은 ㉠과 달리 선한 행동을 실천하는 노력의 필요성을 강조하였다.
⑤ ㉡은 ㉠과 달리 인간의 본성을 그대로 두면 사회가 혼란해진다고 보았다.

중요 03 구체적 사례에 적용하기

윗글과 보기 를 이해한 내용으로 적절하지 <u>않은</u> 것은?

> [보기]
>
> 가난과 배고픔 때문에 빵을 훔친 장발장은 체포되어 19년 동안 감옥 생활을 한다. 출소한 장발장은 신분증에 적힌 전과 기록 때문에 잠잘 곳도 일자리도 구할 수 없게 된다. 미리엘 주교가 그를 따뜻하게 맞아 주었으나, 장발장은 주교의 은촛대를 훔치다가 경관에게 붙잡힌다. 하지만 미리엘 주교는 경관에게 장발장이 은촛대를 훔친 것이 아니라 자신이 직접 선물로 준 것이라 말하고, 이에 감동한 장발장은 자신의 정체를 숨기고 선행을 베풀며 살아간다.

① 순자는 장발장을 수감하는 것은 개인의 본성을 개조하기 위한 것이라고 보겠군.
② 순자는 장발장이 자신의 이익을 추구하려는 본성 때문에 죄를 저질렀다고 보겠군.
③ 맹자는 장발장이 물건을 훔친 것은 옳고 그름을 아는 마음이 없었기 때문이라고 보겠군.
④ 맹자는 미리엘 주교가 장발장을 도운 것은 그를 불쌍히 여기는 마음이 있었기 때문이라고 보겠군.
⑤ 맹자는 장발장이 선행을 베풀며 살아가는 것은 그가 스스로 노력하여 선한 본성을 회복했기 때문이라고 보겠군.

서답형 04 세부 내용 파악하기

ⓐ에 들어갈 말을 윗글에서 찾아 2어절로 쓰시오.

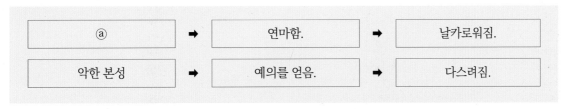

ⓐ	→	연마함.	→	날카로워짐.
악한 본성	→	예의를 얻음.	→	다스려짐.

문제풀이

16강 잠 노래_ 작자 미상

| 정답 및 해설 | 110쪽

한방에! 개념정리

한방에! 핵심정리

갈래	민요, 노동요
성격	서민적, 해학적
주제	밤새워 바느질해야 하는 삶의 고달픔
특징	① 잠을 의인화하여 넋두리를 늘어놓음. ② 부녀자의 삶의 애환이 잘 드러나 있음.
해제	이 작품은 대구에서 전해지는 민요 중 하나이다. 화자는 늦은 밤에 잠을 참으며 바느질을 하는 여인으로, 잠을 의인화하여 청자로 설정하고 넋두리를 늘어놓는다. 이를 통해 해학적인 노래를 부르며 잠을 쫓으려는 의지를 보이는 한편, 부녀자들의 고달픈 삶의 단면을 드러낸다.

※ 다음 글을 읽고 물음에 답하시오.

잠아 잠아 짙은 잠아 이내 눈에 쌓인 잠아
염치 불구 이내 잠아 검치 두덕* 이내 잠아
㉠ 어제 간밤 오던 잠이 오늘 아침 다시 오네
잠아 잠아 무슨 잠고 가라 가라 멀리 가라
세상 사람 무수한데 구테 너난 간 데 없어
원치 않는 이내 눈에 이렇듯이 자심하뇨*
주야에 한가하여 월명동창* 혼자 앉아
㉡ 삼사경* 깊은 밤을 허도이* 보내면서
잠 못 들어 한하는데 그런 사람 있건마는
무상* 불청* 원망 소리 온 때마다 듣난고니
석반*을 거두치고 황혼이 대듯마듯
㉢ 낮에 못한 남은 일을 밤에 할랴 마음먹고
언하당* 황혼이라 섬섬옥수 바삐 들어
등잔 앞에 고개 숙여 실 한 바람 불어 내어
㉣ 드문드문 질긋 바늘 두엇 땀 뜨듯마듯
난데없는 이내 잠이 소리 없이 달려드네
눈썹 속에 숨었는가 눈 아래로 솟아온가
이 눈 저 눈 왕래하며 무슨 요수* 피우든고
㉤ 맑고 맑은 이내 눈이 절로절로 희미하다

- 작자 미상, 〈잠 노래〉 -

한방에! 어휘풀이

* 검치 두덕: 욕심 언덕.
* 자심하다(滋甚하다): 더욱 심하다.
* 월명동창(月明東窓): 달이 밝은 동쪽의 창.
* 삼사경(三四更): 삼경과 사경. 밤 11시에서 새벽 3시의 시간.
* 허도하다(虛度하다): 하는 일 없이 시간을 헛되이 보내다.
* 무상(無常): 모든 것이 덧없음.
* 불청(不聽): 청하지 않음.
* 석반(夕飯): 저녁에 끼니로 먹는 밥.
* 언하당(言下當): 말을 마치자마자 바로. 여기에서는 '이런 생각을 하자마자'의 뜻으로 쓰임.
* 요수: 요상한 수단.

윗글의 표현상의 특징으로 적절하지 <u>않은</u> 것은?

① 시어를 반복하여 운율을 형성하고 있다.
② 잠을 의인화하여 시적 청자로 삼고 있다.
③ 자연물에 감정을 이입하여 표현하고 있다.
④ 해학적인 표현으로 웃음을 유발하고 있다.
⑤ 4음보의 율격으로 리듬감을 형성하고 있다.

02　시구의 의미 파악하기

㉠~㉤에서 알 수 있는 화자의 상황으로 가장 적절한 것은?

① ㉠: 자주 찾아오는 잠에게 친근감을 느끼고 있다.
② ㉡: 간밤에 시간을 헛되이 보낸 것을 후회하고 있다.
③ ㉢: 밤이 되자 낮에 끝내지 못한 일을 하려고 하고 있다.
④ ㉣: 오늘 해야 할 바느질을 거의 마쳐 가고 있다.
⑤ ㉤: 나이가 들어 눈이 어두워진 것을 한탄하고 있다.

중요 ▶ 03　작품의 공통점, 차이점 파악하기

윗글과 보기 를 비교한 내용으로 가장 적절한 것은?

보기

밤이 깊어도 짜는 손 멈추지 않고
짤깍짤깍 바디 소리 차가운 울림
베틀에 짜여가는 이 한 필 비단
필경 어느 색시의 옷이 되려나

가위로 싹둑싹둑 옷 마르노라면
추운 밤에 손끝이 호호 불리네
시집살이 길옷은 밤낮이건만
이내 몸은 해마다 새우잠인가
- 허난설헌, 〈빈녀음〉

① 윗글은 〈보기〉와 달리 계절적 배경이 드러나 있다.
② 〈보기〉는 윗글과 달리 화자의 정서 변화를 표현하고 있다.
③ 윗글과 〈보기〉는 모두 청각적 심상을 사용하여 상황을 묘사하고 있다.
④ 윗글과 〈보기〉의 화자는 모두 자신의 상황을 긍정적으로 바라보고 있다.
⑤ 윗글과 〈보기〉의 화자는 모두 다른 사람과 자신의 처지를 대조하고 있다.

★ 바디 : 베틀, 가마니틀, 방직기 따위에 딸린 기구의 하나.
★ 필경(畢竟): 끝장에 가서는.

16강

서답형 04　시구의 의미 파악하기

보기 의 설명에 해당하는 시구를 찾아 첫 어절과 마지막 어절을 쓰시오.

보기

• 설의법을 활용함.
• 화자의 원망이 직접적으로 드러남.

문제풀이

✔ 한방에! 개념정리

✔ 한방에! 핵심정리

갈래	희곡
성격	교훈적, 비유적, 우화적
주제	① 형제간의 우애 회복 ② 남북 분단의 현실과 극복 의지
특징	① 형제의 갈등을 남북 분단에 빗댐. ② 날씨의 변화와 사건의 전개 과정 사이에 연관이 있음. ③ 다양한 소재를 사용하여 분단의 현실을 상징적으로 표현함.
해제	이 작품은 형제간의 갈등과 화해의 과정을 그리고 있다. 상징적 의미를 지닌 인물과 소재로 우리나라의 분단 현실을 표현하고 있으며, 형제의 관계 변화가 대화에 뚜렷하게 나타나 있어 인물의 태도와 심리 변화를 파악할 수 있다.

※ 다음 글을 읽고 물음에 답하시오.

[앞부분 줄거리] 부모님이 물려주신 들판에서 함께 사이좋게 살던 형제 앞에 측량 기사와 조수들이 나타나 들판을 반으로 나누는 밧줄을 친다. 들판 오른쪽의 형은 집의 소유권을, 들판 왼쪽의 아우는 젖소들의 소유권을 주장한다. 형은 아우에게 집은 자신의 것이니 들어오지 말라고 말하고, 젖소에 대한 욕심을 드러낸다.

아우: 형님은 내 일에 상관하지 마세요! (측량 기사에게) 철조망보다는 벽이 좋겠어요. (손을 머리 위로 높이 들어 올리며) 이 정도 **높은 벽을 쌓아 올리면 아무것도 넘어가지 못하겠**죠!

형: 뭐, 높은 벽? 너와 나 사이를 완전히 가로막겠다고?

측량 기사: 우리 조수들은 유능해서 여러 가지 부업을 하고 있죠. (조수들을 손짓으로 부른다.) 이리 와! 이분에게 자네들이 잘 설명해 드려!

조수들, 아우에게 다가간다.

조수 1: 이런 들판에는 조립식 벽이 좋습니다.

조수 2: 설치하는 시간도 얼마 안 걸리고, 비용도 저렴합니다.

측량 기사: 그럼요. 벽돌로 쌓는 것 못지않게 튼튼하고요.

조수들: 품질은 우리가 보장해 드립니다.

아우: 비용이 얼마나 들까요? 난 현금이 없어서…….

측량 기사: 당장 현금이 없으면 땅으로 주셔도 돼요.

아우: 땅으로?

측량 기사: 네, 지금 **가지고 계신 땅의 반절을** 주세요.

아우: (망설이는 태도로) 하지만, 부모님에게서 물려받은 땅은…….

측량 기사: 그래도 땅을 주고 벽을 만드는 게 낫습니다. 젖소들이 저쪽으로 넘어가 버리면 당신만 큰 손해 아닙니까?

아우: 좋아요. 땅 반절을 드릴 테니 벽을 설치해 주세요.

조수들, 벽 공사를 시작한다. 그들은 칸막이 형태의 벽을 운반해 오더니 재빠르게 조립해서 밧줄을 따라 세워 놓는다. 형과 아우 사이에 **벽이 가로놓**인다.

[중간 부분 줄거리] 측량 기사는 형과 아우를 이간질한다. 측량 기사에게서 형은 아우를 감시할 전망대를 사고, 아우는 형으로부터 자신을 지킬 장총을 산다. 아우가 형을 위협하기 위해 총을 쏘자, 형은 측량 기사에게서 장총까지 산다.

측량 기사, 퇴장한다. ㉠ 번개가 치고 천둥이 울리면서 비가 쏟아진다. 형과 아우, 비를 맞으며 벽을 지킨다. 긴장한 모습으로 경계하면서 벽 앞을 오고 간다. 그러나 차츰차츰 걸음이 느려지더니, 벽을 사이에 두고 멈추어 선다.

형: 어쩌다가 이런 꼴이 된 걸까! **아름답던 들판**은 거의 다 빼앗기고, 나 혼자 벽 앞에 있어.

아우: 내가 왜 이렇게 됐지? 비를 맞으며 벽을 지키고 있다니⋯⋯.

형: 저 요란한 천둥소리! 부모님께서 날 꾸짖는 거야!

아우: 빗물이 눈물처럼 느껴져!

형과 아우, 탄식하면서 나누어진 들판을 바라본다.

형: 아아, 이 들판의 풍경은 내 마음속의 풍경이야. 옹졸한 내 마음이 벽을 만들었고, 의심 많 ⌐
은 내 마음이 전망대를 만들었어. 측량 기사는 내 마음속을 훤히 알고 있었지. 내가 들고 있
는 이 총마저도 그렇잖아. 동생에 대한 내 마음의 불안함을 알고, 그는 마치 나 자신의 분신
처럼 내가 바라는 것만을 가져다줬던 거야.

아우: 난 이 들판을 나눠 가지면 행복할 줄 알았어. 형님과 공동 소유가 아닌, 반절이나마 내
땅을 가지기를 바랐지. 그래서 측량 기사가 하자는 대로 했던 거야. 하지만, 나에게 남은 건
벽과 총뿐, 그는 나를 철저히 이용만 했어.   [A]

형: 처음엔 실습이라고 했지. 그러나 실습이 아니었어⋯⋯. 그런데 지금은 동생을 죽이고 싶어!
벽 너머에서 마구 총까지 쏘아 대는 동생이 미워서⋯⋯. 하지만, 동생을 죽인다고 내 마음이
편해질까? 아냐, 더 괴로울 거야. (총구를 자신의 머리에 겨눈다.) 차라리 내가 죽는 게 낫겠어!

아우: 이젠 늦었어. 너무 늦은 거야! 벽이 생겼던 바로 그때, 내가 형님께 잘못했다고 말해야
했어. 하지만, 인제 형님은 내 말이라면 믿지 않을 테고, 나 역시 형님 말을 믿지 못해. (고개
를 숙이고 흐느껴 운다.) 이래서는 안 돼, 안 되는데 하면서도⋯⋯. 어쩔 수가 없어.   ⌐

형: **들판에는 아직도 민들레꽃이 피어 있**군! (총을 내려놓고 허리를 숙여 발밑의 민들레꽃을 바라본다.)
우리가 언제나 다정히 지내기로 맹세했던 이 꽃⋯⋯.

아우: 형님과 내가 믿을 수 있는 건 무엇일까? 그것이 단 하나라도 남아 있다면 좋을 텐데⋯⋯. 그
렇구나, 민들레꽃이 남아 있어! (총을 내던지고, 민들레꽃을 꺾어 든다.) 이 꽃을 보니까 그 시절이
그립다. 형님과 함께 행복하게 지냈던 시절이 그리워⋯⋯.

형: 벽 너머 저쪽에도 민들레꽃은 피어 있겠지⋯⋯.

아우: 형님이 보고 싶어!

형: 동생 얼굴이 보고 싶구나!

형과 아우, 그들 사이를 가로막은 벽을 안타까운 표정으로 바라본다. ㉢ 비가 그치면서 구름 사
이로 한 줄기 햇빛이 비친다.

— 이강백, 〈들판에서〉 —

✽ **전체 줄거리**
사이좋은 형제의 들판에 측량 기사
가 나타나 말뚝을 박고 밧줄을 친다.
측량 기사는 형제를 이간질하고, 형
제는 거기에 넘어가 벽과 전망대를
설치하고 대립한다. 형제의 관계는
서로를 쏠 장총을 측량 기사로부터
살 정도로 악화된다. 그러나 비가 내
리는 날, 형제는 벽 앞에서 비를 맞
으며 잘못을 깨닫고 후회한다. 비가
그친 후, 형제는 서로에게 민들레 꽃
을 건네며 벽을 허물기로 한다.

01 작품의 내용 파악하기

[A]를 통해 알 수 있는 사실로 적절하지 <u>않은</u> 것은?

① 형은 아우와의 관계로 인해 내적 갈등을 겪는다.
② 아우는 자신 몫의 들판을 소유할 수 있기를 바랐다.
③ 아우는 들판을 나누는 벽을 세운 뒤 오히려 행복해졌다.
④ 측량 기사는 형의 불안감을 이용하여 형제를 이간질했다.
⑤ 아우는 형제간의 불신이 깊어진 이유를 자신의 탓으로 돌린다.

02 배경의 역할 파악하기

㉠, ㉡의 기능으로 가장 적절한 것은?

① ㉠은 극도로 긴장된 분위기를 조성하고, ㉡은 형제의 관계가 회복되는 이유가 된다.
② ㉠은 형제의 갈등이 고조되고 있음을 의미하고, ㉡은 갈등 해소의 실마리를 제공한다.
③ ㉠은 형제 사이의 의심과 불안감을 드러내고, ㉡은 평화롭고 따뜻한 분위기를 조성한다.
④ ㉠은 형제가 자신의 행동을 반성하는 계기가 되고, ㉡은 형제가 화해하게 될 것을 암시한다.
⑤ ㉠은 형제의 심리 상태에 변화를 유발하고, ㉡은 인간과 대비되는 자연의 긍정적인 가치를 강조한다.

중요 03 외적 준거를 바탕으로 작품 감상하기

보기 를 바탕으로 윗글을 감상한 내용으로 적절하지 <u>않은</u> 것은?

> **보기**
>
> 1945년 광복 이후, 한반도는 반으로 나뉘어 남쪽은 미국이, 북쪽은 소련이 통치하게 되었다. 남한과 북한은 단절된 채 서로에 대한 적개심을 키웠고, 결국 6·25전쟁이 발발하였다. 휴전 협정을 맺었지만 남한과 북한 사이에는 휴전선이 생겨 분단되었으며, 군사적 대립이 지속되었다. 그뿐만 아니라 휴전 과정에서 외세가 개입하여 이권을 챙기려 하기도 했다. 〈들판에서〉는 표면적으로는 형제간의 갈등과 화해를 다루지만, 동시에 형제의 관계에 빗대어 한반도의 분단 상황을 우의적으로 표현하면서 통일에 대한 염원을 드러내고 있다.

① '아우'가 '높은 벽을 쌓아 올리면 아무것도 넘어가지 못하겠'다고 하는 것은, 외세로부터 한반도를 지키려는 의지를 의미하는군.
② '측량 기사'가 '아우'에게 '가지고 계신 땅의 반절을 주'라고 하는 것은, 한반도를 통해 이권을 챙기려는 외세를 의미하는군.
③ '아름답던 들판'에 '벽이 가로놓'이는 것은, 전쟁 이후 휴전선으로 인해 분단된 한반도의 상황을 의미하는군.
④ '아우'가 '벽 너머에서 마구 총까지 쏘아 대'었다는 것은, 남한과 북한의 군사적 대립을 의미하는군.
⑤ '들판에는 아직도 민들레꽃이 피어 있'다는 것은, 분단 상황을 극복할 수 있다는 희망을 의미하는군.

서답형 04 소재의 기능 파악하기

빈칸에 들어갈 말을 윗글에서 찾아 쓰시오.

> 형제는 측량 기사의 이간질에 넘어가 서로 대립하지만, 벽 앞에서 (   )을/를 보며 행복했던 시절을 떠올리고 화해하려고 하고 있다.

문제풀이

복습하기

문법

1 ⬜⬜⬜	언어는 의미(내용)와 말소리(형식)가 결합한 기호 체계임.
2 ⬜⬜⬜	언어의 의미(내용)와 말소리(형식)는 우연히 결합된 것임.
3 ⬜⬜⬜	언어는 그 언어를 사용하는 사람들 사이의 사회적 약속임.
4 ⬜⬜⬜	언어는 시간이 지남에 따라 생성·변화·소멸함.
5 ⬜⬜⬜	사람은 알고 있는 언어를 바탕으로 새로운 표현을 무한히 만들 수 있음.
6 ⬜⬜⬜	언어에는 저마다 일정한 규칙이 존재함.

독서

1문단	성선설과 성악설의 등장 배경
2~3문단	7 ⬜⬜ 의 성선설
4~5문단	8 ⬜⬜ 의 성악설

문학 – 잠 노래(작자 미상)

1~2행	염치없이 찾아오는 잠
3~10행	자신에게 찾아오는 잠에 대한 원망
11~16행	저녁을 먹고 9 ⬜⬜⬜ 을 시작하자마자 다시 오는 잠
17~19행	잠으로 인해 감기는 눈

문학 – 들판에서(이강백)

높은 10 ⬜	남북의 분단
아름다운 11 ⬜⬜	한반도
12 ⬜⬜⬜ 와 13 ⬜⬜	남북의 군사적 대립
14 ⬜⬜⬜⬜	남북 화해의 희망

17

Contents

| 정답 및 해설 | 114쪽

갈래	토론
화제	교실에서의 에어컨 사용을 자율화해야 한다.
특징	① 찬성 측과 반대 측이 각각 두 번씩 입론과 반론을 번갈아 가며 실시함. ② 상대측의 주장이나 근거에 대한 신뢰성, 공정성 등을 판단하여 논박함.

나현(찬성 측 - 입론 1)

학생들이 행복 추구권을 실현할 수 있도록 에어컨 사용을 자율화해야 함.

↓

미르(찬성 측 - 입론 2)

학습 효과를 높이기 위해 에어컨 사용을 자율화해야 함.

↓

현중(반대 측 - 반론 1)

• 찬성 측 토론자의 평상시 수업 태도
• 네덜란드 의과 대학 연구팀의 연구 결과

※ 다음은 토론이다. 물음에 답하시오.

사회자: 안녕하세요. 이번 토론의 사회를 맡은 양세민입니다. 우리 학교는 전체 학급의 냉방 상태를 중앙에서 제어하는데요. 최근에 중앙 냉방 방식에 불만이 있는 학생들이 많아지면서 학생들 스스로 에어컨의 온도를 조절할 수 있게 해 달라는 목소리가 높아지고 있습니다. 그래서 오늘은 '교실에서의 에어컨 사용을 자율화해야 한다.'라는 논제로 토론을 하겠습니다. 토론자들은 토론 규칙과 예절을 잘 지켜 주십시오. 그럼 먼저 찬성 측의 입론을 들어 보겠습니다.

나현: 얼마 전 우리 학교 학생들을 대상으로 실시한 설문 조사에서 약 72퍼센트의 학생들이 교실이 너무 덥다고 응답했습니다. 학생 대부분이 교실 온도에 만족하지 못하는 것이죠. 우리나라 헌법 제10조는 "모든 국민은 인간으로서의 존엄과 가치를 가지며, 행복을 추구할 권리를 가진다."라고 하여 행복 추구권을 규정하고 있습니다. 국민은 누구나 자신이 좋아하는 환경에서 만족스럽게 생활할 권리가 있다는 것입니다. 하지만 우리는 에어컨을 자유롭게 사용하지 못한 채 더위에 고통받고 있습니다. 따라서 저는 학생들이 행복 추구권을 실현할 수 있도록 에어컨 사용을 자율화해야 한다고 생각합니다.

(중략)

사회자: 지금까지 '학생들의 권리를 보호하기 위해 에어컨 사용을 자율화해야 한다.'라는 쟁점으로 찬성 측과 반대 측이 각각 입론을 펼쳤습니다. 그럼 찬성 측 두 번째 입론을 발표해 주세요.

미르: 반대 측에서도 말씀하셨다시피 쾌적한 환경일 때 우리는 공부에 더욱 집중할 수 있습니다. 이를 뒷받침하는 연구 결과도 있는데요. 미국의 한 경제 연구소에서 2005년부터 2011년까지 시행된 중국의 입학시험 점수를 분석한 결과, 온도가 낮을 때 학생들의 시험 점수가 높아졌다고 합니다. 이는 미국 학생들을 대상으로 조사한 결과에서도 마찬가지였고요. 온도가 높을 때 시험 점수가 낮아진 까닭은 우리 몸이 두뇌 활동에 쓸 에너지를 체온을 낮추는 데 썼기 때문이라고 합니다. 따라서 학습 효과를 높이기 위해서라도 에어컨 사용을 자율화하여 쾌적한 교실 환경을 유지해야 합니다.

(중략)

사회자: '학습 효과를 높이기 위해 에어컨 사용을 자율화해야 한다.'라는 쟁점에 대해 찬성 측과 반대 측이 두 번째 입론을 펼쳤습니다. 그럼 지금부터 반론을 시작하겠습니다. 반대 측 토론자 발표해 주세요.

현중: 학습 효과를 높이기 위해 온도를 낮추어야 한다니 어이가 없습니다. 찬성 측 토론자는 평소 수업 시간에 딴짓을 많이 하는데, 실내 온도가 낮아진다고 공부에 집중할까요? 저는 그 점이 매우 의문스럽습니다. 또한 찬성 측 토론자께서는 학생들의 행복 추구권을 근거로 들었지만, 에어컨을 자율적으로 사용한다고 모든 학생이 만족할 수 있을까요? 네덜란드의 한 의과 대학 연구팀의 연구 결과에 따르면, 같은 옷차림을 했을 때 남성은 22도를, 여성은 24.5도를 적당한 실내 온도로 여겼다고 합니다. 이는 사람마다 추위나 더위를 느끼는 온도가 다르다는 것을 뜻합니다.

[A]

01 토론 맥락 파악하기

윗글에서 사회자가 수행한 역할로 가장 적절한 것은?

① 자신과 토론자들을 청중에게 소개하였다.
② 찬반 입장을 요약하여 청중에게 전달하였다.
③ 토론의 논제를 정하게 된 배경을 설명하였다.
④ 토론 규칙을 어긴 토론자에게 주의를 주었다.
⑤ 토론에 앞서 전체적인 발언 순서를 지정하였다.

02 토론 내용 생성하기

[A]에 들어갈 내용으로 가장 적절한 것은?

① 따라서 평균적인 실내 온도에 교실의 온도를 맞추는 것이 제일 건강에 좋습니다.
② 따라서 더위를 잘 타는 학생과 추위를 잘 타는 학생을 나누어 반 배정을 해야 합니다.
③ 따라서 학생들이 각자의 기호에 맞게 에어컨의 온도를 자율적으로 조절하게 해야 합니다.
④ 따라서 학생들이 에어컨의 온도를 자율적으로 조절한다고 해도 모두를 만족시킬 수는 없습니다.
⑤ 따라서 에어컨 사용을 자율화하여 생기는 갈등 상황을 슬기롭게 헤쳐 나갈 방법을 배울 수 있습니다.

중요 03 토론에서 자료 활용하기

보기 의 자료를 활용한 방식으로 가장 적절한 것은?

> **보기**
>
> 전미경제연구소에 소개된 논문에 따르면, 기온이 21℃보다 높은 날과 그렇지 않은 날을 구분해 통계로 나타냈을 때, 21℃보다 높은 날의 성적이 시원했을 때보다 0.21등(100명 기준) 낮은 것으로 나타났다. 기온이 올라갈수록 수학 점수가 하락하는 현상이 확인된 것이다.

① 찬성 측: 기온과 학습 효과는 관련이 없다는 주장을 뒷받침하는 데 활용할 수 있겠어.
② 찬성 측: 에어컨 사용을 자율화하여 학습에 적합한 환경을 만들 수 있다는 주장을 뒷받침하는 데 활용할 수 있겠어.
③ 찬성 측: 교실 온도를 지나치게 낮게 설정한다면 오히려 학습 효과가 떨어질 수 있다는 주장을 뒷받침하는 데 활용할 수 있겠어.
④ 반대 측: 중앙에서 적절한 교실 온도를 유지한다면 학습에 도움이 될 것이라는 주장을 뒷받침하는 데 활용할 수 있겠어.
⑤ 반대 측: 기온이 높은 날에는 그만큼 교실 온도를 낮춰야 한다는 주장을 뒷받침하는 데 활용할 수 있겠어.

서답형 04 토론 내용 평가하기

다음은 한 학생이 토론을 평가한 내용이다. ㉠에 해당하는 문장의 첫 어절과 마지막 어절을 쓰시오.

> 찬성 측과 반대 측 모두 신뢰 있는 기간의 연구 결과를 주장의 근거로 든 점은 칭찬할 만하다고 생각해. 하지만 ㉠논제와 관련 없는 근거를 들어 설득력이 떨어지는 반론을 제기한 것은 아쉬워.

문제풀이

17강 재화의 유형

| 정답 및 해설 | 115쪽

✓ 한방에! 개념정리

✓ 한방에! 핵심정리

주제	재화의 특성과 이에 따른 유형의 분류
해제	이 글은 재화의 특성 두 가지와, 특성의 정도에 따라 구분한 재화의 유형 네 가지를 설명하고 있다. 재화의 특성 중 배제성은 대가를 지불하지 않은 사람은 사용할 수 없도록 만들 수 있는 특성이고, 경합성은 한 사람이 더 많이 소비하는 것이 다른 사람의 소비를 줄이게 되는 특성이다. 재화의 유형은 이에 따라 네 가지로 나뉘는데, 사적 재화는 배제성과 경합성이 모두 있는 재화, 클럽재는 배제성만 있는 재화, 공유자원은 경합성만 있는 재화, 공공재는 배제성과 경합성이 모두 없는 재화다.

★ 문단 중심 내용

1문단	재화의 특성 ① - 배제성
2문단	재화의 특성 ② - 경합성
3문단	재화의 유형 ① - 사적 재화
4문단	재화의 유형 ② - 클럽재
5문단	재화의 유형 ③ - 공유자원
6문단	재화의 유형 ④ - 공공재

※ 다음 글을 읽고 물음에 답하시오.

재화란 사람이 원하는 바를 충족시켜 주는 모든 물건을 의미한다. 재화에는 두 가지 특성이 존재하는데, 먼저 배제성이란 대가를 지불하지 않은 사람은 사용할 수 없도록 만들 수 있는 특성이다. 돈을 내지 않으면 들어갈 수 없는 놀이공원이나 호텔 등은 배제성이 매우 강력한 재화라고 볼 수 있다. 친구에게 빌려줄 수 있는 책 같은 경우, 배제성이 있기는 하지만 대가를 지불하지 않고도 사용할 수 있는 방법이 있기 때문에 그 정도가 약한 편이다. 반면 가로등이나 도로와 같은 재화는 특정한 누군가만 사용하지 못하도록 막을 수 없기에 비배제성을 띤다고 할 수 있다.

재화를 나누는 두 번째 특성은 경합성이다. 경합성이란 한 사람이 더 많이 소비하는 것이 다른 사람의 소비를 줄이게 되는 특성이다. 석유, 석탄과 같은 자원은 그 양이 한정되어 있어 이를 차지하기 위해 경합*을 벌여야 하므로 경합성이 매우 강한 재화이다. 그러나 TV 드라마나 컴퓨터 게임처럼 많은 사람이 사용해도 그 양이 줄어들지 않는 재화도 있는데, 이런 재화는 비경합성을 띤다고 할 수 있다.

재화는 이 두 가지 특성의 정도에 따라 네 가지 유형으로 나뉜다. 먼저 사적 재화는 배제성과 경합성이 모두 있는 재화다. 사적 재화는 대가를 지불하지 않으면 사용할 수 없도록 막을 수 있으며 그 양이 한정되어 있다. 옷, 핸드폰 등 우리가 시장에서 돈을 주고 사야 하는 재화는 대부분 사적 재화이다.

클럽재는 배제성은 있지만 경합성은 없는 재화로, 그 양이 한정된 것은 아니지만 필요에 따라서 특정한 누군가는 사용하지 못하도록 막을 수 있는 재화이다. 무선 인터넷의 경우, 다른 사람이 아무리 많이 사용해도 여전히 사용할 수 있으나 암호를 걸어 아무나 사용하지 못하게 막을 수 있다.

공유자원은 배제성은 없지만 경합성은 있는 재화다. 그 양이 한정되어 있지만 사용이 자유롭다는 것이다. 하천이나 바닷속 물고기와 같은 자연의 자원들은 대표적인 공유자원에 속한다. 누구든지 사용할 수 있지만 그 양이 무한하지 않기 때문이다. 공유자원은 사람들이 각자 사적인 이익만 추구하다 보면 언젠가는 고갈된다는 문제점이 있다. 이 때문에 정부에서는 공유자원의 사용 자체를 막거나, 공유자원을 사용하는 데 세금을 부과하는 방법을 사용하기도 한다.

공공재는 배제성과 경합성이 모두 없는 재화다. 사용을 막을 수도 없고 양이 제한되어 있지도 않아서 모두가 공동으로 사용할 수 있다는 특성이 있다. 공공 도서관, 공원과 같은 재화는 대표적인 공공재이다. 공공재는 대가를 지불하지 않고 사용하기 때문에 이익을 볼 수 없어 기업에서는 공공재를 생산하지 않으려 한다. 따라서 공공재는 정부가 직접 생산하여 공급하는 것이 일반적이다.

✓ 한방에! 어휘풀이

★ 경합(競合): 서로 맞서 겨룸.

01 내용 전개 방식 파악하기

윗글의 내용 전개 방식으로 적절한 것은?

① 재화의 발전 과정을 시간의 흐름에 따라 서술하고 있다.

② 재화를 바라보는 전문가의 상반된 견해를 제시하고 있다.

③ 재화의 특성에 따라 네 가지 유형으로 분류하여 설명하고 있다.

④ 재화로 인해 사회가 발전된 실제 사례를 다양한 관점에서 분석하고 있다.

⑤ 재화의 종류에 따른 장단점을 각각 제시하고 이에 대한 절충안을 설명하고 있다.

02 세부 내용 파악하기

윗글에 대한 설명으로 적절하지 <u>않은</u> 것은?

① 대가를 지불해야만 사용할 수 있는 재화가 존재한다.

② 배제성과 경합성은 재화의 유형을 분류하는 기준이다.

③ 배재성이 강할수록 대가를 지불해야 하는 의무는 약해진다.

④ 경합성이 약할수록 재화를 차지하기 위한 노력이 불필요하다.

⑤ 공유자원의 경우, 사적인 이익 추구를 방지하기 위해 정부에서 관리한다.

중요 03 구체적 사례에 적용하기

보기 는 경합성과 배제성에 따라 재화를 구분한 것이다. **보기** 에 대한 설명으로 적절하지 <u>않은</u> 것은?

보기

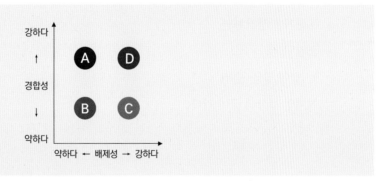

① A와 B에 해당하는 재화는 비교적 사용이 자유롭다.

② 무료로 잡을 수 있는 강가의 물고기는 A에 해당한다.

③ B는 기업보다 정부에서 공급하는 것이 일반적이다.

④ 백화점에서 판매하는 의류와 식료품은 C에 해당한다.

⑤ D는 그 양이 한정되어 있다는 점에서 B와 차이를 가진다.

서답형 04 세부 내용 파악하기

다음의 재화가 재화의 유형 네 가지 중 어느 유형에 속하는지 쓰시오.

- 회원제로 운영되는 OTT 사이트
- 특정 아파트 주민들만 이용할 수 있는 헬스장

17강

문학 – 현대시

모진 소리 _ 황인숙

갈래	자유시, 서정시
성격	감각적, 성찰적
주제	모진 소리에 대한 반성
특징	① 외부적 상황에서 내면적 성찰을 이끌어 냄. ② 개인의 문제에서 사회 전체의 문제로 시상을 확장함. ③ 음성 상징어를 활용하여 모진 소리로 인한 상처를 감각적으로 형상화함.
해제	이 작품은 일상생활에서 들을 수 있는 모진 소리를 소재로 삼고 있다. 자신을 향한 것이 아니더라도 모진 소리는 그 자체로 사람들에게 상처를 준다는 것을 깨달은 화자는, 자신의 모진 소리에 상처를 받았을 누군가를 생각하며 반성하고 있다. 이러한 성찰은 모진 소리가 개인뿐만이 아니라 사회 전체를 아프게 할 수 있다는 인식으로 확장된다.

※ 다음 글을 읽고 물음에 답하시오.

모진 소리를 들으면
내 입에서 나온 소리가 아니더라도
내 귀를 겨냥한 소리가 아니더라도
모진 소리를 들으면
㉠ 가슴이 쩌엉한다.
온몸이 쿡쿡 아파 온다
누군가의 온몸을
가슴속부터 쩡 금 가게 했을
모진 소리

나와 헤어져
덜컹거리는 지하철에서
고개를 수그리고
내 모진 소리를 자꾸 생각했을
내 모진 소리에 무수히 정 맞았을
누군가를 생각하면
모진 소리,
늑골*에 정을 친다
쩌어엉 세상에 금이 간다.

– 황인숙, 〈모진 소리〉 –

* 늑골(肋骨): 갈비뼈.

윗글의 화자에 대한 설명으로 적절하지 않은 것은?

① 자신의 모진 소리를 들었던 사람을 떠올렸다.

② 다른 사람이 들은 모진 소리에 아픔을 느꼈다.

③ 소중한 사람에게 모진 소리를 듣고 상처를 받았다.

④ 모진 소리가 세상을 아프게 한다는 깨달음을 얻었다.

⑤ 모진 소리가 다른 사람에게 상처를 준다는 것을 알았다.

02 감상의 적절성 평가하기

윗글에 대한 감상으로 가장 적절한 것은?

① 상황에 따라 모진 소리가 필요할 때도 있구나.

② 친구와 싸우다가 모진 소리를 했던 것을 후회했어.

③ 모진 소리를 들은 사람은 결국 모진 소리를 하게 되네.

④ 자신을 향한 모진 소리가 아니라면 상처받지 말아야겠어.

⑤ 모진 소리를 한 사람보다는 들은 사람이 더 상처받았을 거야.

중요 **03** 표현상의 특징 파악하기

보기 를 참고했을 때, ㉠에 쓰인 표현 방식과 거리가 먼 것은?

보기

　시에서는 어법에 어긋나는 표현이 허용되는데, 이를 '시적 허용'이라고 부른다. 맞춤법이나 띄어쓰기를 어긴 표현, 문법적으로 올바르지 않은 문장 등이 해당한다.

① 얼음을 깬다 / 강에는 얼은 물 / 깰수록 청청한 / 소리가 난다

－ 정희성, 〈얼은 강을 건너며〉

② 짐승들도 집 찾아드는 / 저문 들길에서도 / 그리운 그 사람 보이지 않네.

－ 김용택, 〈그리운 그 사람〉

③ 노오란 우산 깃 아래 서 있으면 / 희망 또한 형상으로 우리 가슴에 적힐 것이다.

－ 곽재구, 〈은행나무〉

④ 모든 순간이 다아 / 꽃봉오리인 것을, / 내 열심에 따라 피어날 / 꽃봉오리인 것을!

－ 정현종, 〈모든 순간이 꽃봉오리인 것을〉

⑤ 차단―한 등불이 하나 비인 하늘에 걸려 있다. / 내 호올로 어딜 가라는 슬픈 신호냐.

－ 김광균, 〈와사등〉

서답형 **04** 시어의 기능 파악하기

2연에서 모진 소리로 인한 상처를 감각적으로 형상화한 음성 상징어를 찾아 쓰시오.

✔ 한방에! 개념정리

✔ 한방에! 핵심정리

갈래	애정 소설, 전쟁 소설
성격	사실적, 우연적
주제	전쟁으로 인한 가족의 이별과 재회
특징	① 여러 나라를 배경으로 함. ② 이별과 재회가 반복해서 나타남. ③ 실제 역사적 사건을 활용하여 사실성을 부여함.
해제	이 작품은 임진왜란과 정유재란을 배경으로 하여 최척 가족이 이별하고 재회하는 과정을 그리고 있다. 당대 민중이 겪은 고통을 사실적으로 묘사했으며, 조선뿐만 아니라 중국, 일본, 베트남까지 작품의 배경을 확장하였다. 또한 국적이 다른 인물들이 연대하여 전쟁의 고통을 극복하는 모습을 담고 있다.

※ 전체 줄거리

최척은 옥영과의 혼인을 앞두고 임진왜란이 발발하여 의병대에 합류한다. 전장에서 돌아온 최척은 옥영과 혼인하고 아들 몽석을 낳지만, 정유재란이 발발하자 피란을 갔다가 온 가족이 헤어지게 된다. 최척은 명나라 장수 여유문과 함께 중국으로 건너가고, 옥영은 남장한 채 왜병인 돈우를 따라 일본으로 건너간다. 몇 년 뒤, 둘은 장사를 하기 위해 무역선을 타고 안남으로 갔다가 그곳에서 재회한다. 최척과 옥영은 둘째 아들 몽선을 낳아 기르고, 홍도라는 여인을 며느리로 맞는다. 그러나 후금이 명나라를 침입하여 전쟁이 발발하자 최척은 명나라 군사로서 전쟁터에 나가고, 포로가 된다. 최척은 포로수용소에서 몽석을 만나 조선으로 탈출하고, 옥영도 몽선 부부와 조선으로 돌아온다. 이후 일가족은 조선에서 다시 만나 행복하게 살아간다.

※ 다음 글을 읽고 물음에 답하시오.

최척과 학천은 배를 타고 이곳저곳을 돌아다니며 차를 팔다가 마침내 **안남**[*]**에 이르게 되었다.** 이때 일본인 상선 10여 척도 강어귀에 정박하여 10여 일을 함께 머물게 되었다.

날짜는 어느덧 4월 보름이 되어 있었다. 하늘에는 구름 한 점 없고 물은 비단결처럼 빛났으며, 바람이 불지 않아 물결 또한 잔잔하였다. 이날 밤이 장차 깊어 가면서 밝은 달이 강에 비추고 옅은 안개가 물 위에 어리었으며, 뱃사람들은 모두 깊은 잠에 빠지고 물새만이 간간이 울고 있었다. 이때 문득 일본인 배 안에서 ⓐ 염불하는 소리가 은은히 들려왔는데, 그 소리가 매우 구슬펐다. 최척은 홀로 선창[*]에 기대어 있다가 이 소리를 듣고 자신의 신세가 처량하게 느껴졌다. 그래서 즉시 행장[*]에서 피리를 꺼내 몇 곡을 불어서 가슴속에 맺힌 회한을 풀었다. 때마침 바다와 하늘은 고요하고 구름과 안개가 걷히니, 애절한 가락과 그윽한 흐느낌이 ⓑ 피리 소리에 뒤섞이어 맑게 퍼져 나갔다. 이에 수많은 뱃사람들이 놀라 잠에서 깨어났으며, 그들은 처연하게 앉아 피리 소리에 조용히 귀를 기울였다. 격분해서 머리가 곧추선 사람도 피리 소리에 분을 가라앉힐 정도였다.

잠시 후에 일본인 배 안에서 조선말로 칠언절구[*]를 읊었다.

王子吹簫月欲底 왕자진[*]의 피리 소리에 달마저 떨어지려 하는데,

碧天如海露凄凄 바다처럼 푸른 하늘엔 이슬만 서늘하구나.

ⓒ 시를 읊는 소리는 처절하여 마치 원망하는 듯, 호소하는 듯하였다. 시를 다 읊더니, 그 사람은 길게 한숨을 내쉬었다. 최척은 그 시를 듣고 크게 놀라서 피리를 땅에 떨어뜨린 것도 깨닫지 못한 채, 마치 실성한 사람처럼 멍하니 서 있었다. 이를 보고 학천이 말했다.

"어디 안 좋은 곳이라도 있는가?"

최척은 대답을 하고 싶었으나 목이 메고 눈물이 떨어져 말을 할 수 없었다. 시간이 조금 흐른 뒤에 최척은 기운을 차려 말했다.

"조금 전에 저 배 안에서 들려왔던 시구는 바로 내 아내가 손수 지은 것이라네. 다른 사람은 평생 저 시를 들어도 절대 알아내지 못할 것일세. 게다가 시를 읊는 소리마저 내 아내의 목소리와 너무 비슷해 절로 마음이 슬퍼진 것이라네. 어떻게 내 아내가 여기까지 와서 저 배 안에 있을 수 있겠는가?"

이어서 온 가족이 포로로 잡혀간 일을 말하자, 배 안에 있던 사람들 가운데 **비탄에 젖지 않은 사람이 없었다.** 그 가운데는 두홍이라는 사람이 있었는데, 젊고 용맹한 장정이었다. 그는 최척의 말을 듣더니, 얼굴에 의기[*]를 띠고 주먹으로 노를 치면서 분연히 말했다.

"내가 가서 알아보고 오겠소."

학천이 저지하며 말했다.

"㉠ 깊은 밤에 시끄럽게 굴면 많은 사람들이 동요할까 두렵네. 내일 아침에 조용히 물어보아도 늦지 않을 것일세."

주위 사람들이 모두 말했다. / "그럽시다."

최척은 앉은 채로 아침이 되기를 기다렸다. 동방[*]이 밝아오자, 즉시 강둑을 내려가 일본인 배에 이르러 조선말로 물었다.

"어젯밤에 시조를 읊었던 사람은 조선 사람 아닙니까? 나도 조선 사람이기 때문에 한 번 만나 보 았으면 합니다. ⓛ 멀리 다른 나라를 떠도는 사람이 비슷하게 생긴 고국 사람을 만나는 것이 어 찌 기쁘기만 한 일이겠습니까?"

옥영도 어젯밤에 들려왔던 피리 소리가 조선의 곡조인 데다, 평소에 익히 들었던 것과 너무나 흡 사하였다. 그래서 남편 생각에 감회*가 일어 저절로 시를 읊게 되었던 것이다. 옥영은 자기를 찾 는 사람의 목소리를 듣고는 황망하게 뛰어나와 최척을 보았다. 두 사람은 서로 마주 바라보고는 놀라서 소리를 지르며 끌어안고 백사장을 뒹굴었다. 목이 메고 기가 막혀 마음을 안정할 수가 없 으며, 말도 할 수 없었다. 눈에서는 눈물이 다하자 피가 흘러내려 서로를 볼 수도 없을 지경이었다. 두 나라의 뱃사람들이 저잣거리처럼 모여들어 구경하였는데, **처음에는 다만 친척이나 잘 아는 친구 인 줄로만 알았다.** 뒤에 그들이 부부 사이라는 것을 알고 사람마다 서로 돌아보며 소리쳐 말했다.

"이상하고 기이한 일이로다! 이것은 하늘의 뜻이요, 사람이 이룰 수 있는 일이 아니로다. 이런 일 은 옛날에도 들어보지 못하였다."

최척은 옥영에게 그간의 소식을 물으며 말했다.

"ⓒ 산속에서 붙들리어 강가로 끌려갔다는데, 그때 아버님과 장모님은 어떻게 되었소?"

옥영이 말했다.

"날이 어두워진 뒤에 배에 오른 데다 정신이 없어 **서로 잃어버리게 되었으니,** 제가 두 분의 안위 를 어떻게 알겠습니까?"

두 사람이 손을 붙들고 통곡하자, 옆에서 지켜보던 사람들도 슬퍼하며 눈물을 닦지 않는 이가 없 었다.

학천은 돈우를 만나 백금 세 덩이를 주고 옥영을 사서 데려오려고 하였다. 그러자 돈우가 얼굴을 붉히며 말했다.

"내가 이 사람을 얻은 지 이제 4년 되었는데, 그의 단정하고 고운 마음씨를 사랑하여 친자식처럼 생각해 왔습니다. ⓔ 그래서 침식*을 함께하는 등 잠시도 떨어진 적이 없었으나, 지금까지 그가 아낙네인 것을 몰랐습니다. 오늘 이런 일을 직접 겪고 보니, 이는 천지신명*도 오히려 감동할 일 입니다. 내가 비록 어리석고 무디기는 하지만 진실로 목석*은 아닙니다. 그런데 차마 어떻게 그 를 팔아서 먹고살 수 있겠습니까?"

돈우는 즉시 주머니 속에서 **은자* 10냥을 꺼내어 전별금*으로 주면서** 말했다.

"4년을 함께 살다가 하루아침에 이별하게 되니, 슬픈 마음에 가슴이 저리기만 하오. 온갖 고생 끝에 살아남아 다시 배우자를 만나게 된 것은 실로 기이한 일이며, 이 세상에는 없었던 일일 것 이오. 내가 그대를 막는다면 하늘이 반드시 나를 미워할 것이오. 사우여! 사우여! 잘 가시게! 잘 가시게!"

옥영이 손을 들어 감사를 드리며 말했다.

"일찍이 주인 영감님께서 보호해주신 덕분에 지금까지 죽지 않고 살아오다가 뜻밖에 낭군을 만 나게 되었으니, 제가 받은 은혜가 이미 끝없이 많기만 합니다. ⓜ 게다가 이렇듯이 기뻐하며 전 별금까지 주시니 진실로 그 은혜를 잊지 않겠으며, 백 번 절하여 감사드립니다."

- 조위한, 〈최척전〉 -

✔ 한방에! 어휘풀이

★ 안남(安南): '베트남'의 다른 이름.

★ 선창(船艙): 물가에 다리처럼 만 들어 배가 닿을 수 있게 한 곳.

★ 행장(行裝): 여행할 때 쓰는 물 건과 차림.

★ 칠언절구(七言絶句): 한시에서, 한 구가 칠언으로 된 절구.

★ 왕자진: 주나라 영왕의 태자로, 관악기 중 하나인 생황을 잘 불 었으며 신선이 되었다고 전해짐.

★ 의기(意氣): 기세가 좋은 적극적 인 마음.

★ 동방(東方): 네 방위의 하나. 해 가 떠오르는 쪽이다.

★ 감회(感懷): 지난 일을 돌이켜 볼 때 느껴지는 회포.

★ 침식(寢食): 잠자는 일과 먹는 일.

★ 천지신명(天地神明): 천지의 조 화를 주재하는 온갖 신령.

★ 목석(木石): 나무나 돌처럼 아무 런 감정도 없는 사람을 비유적으 로 이르는 말.

★ 은자(銀子): 은으로 만든 돈.

★ 전별금(餞別金): 보내는 쪽에서 예를 차려 작별할 때에 떠나는 사람을 위로하는 뜻에서 주는 돈.

17강

01 소재의 기능 파악하기

ⓐ~ⓒ에 대한 설명으로 가장 적절한 것은?

① ⓐ: 최척이 옥영을 떠올리는 계기이다.
② ⓑ: 옥영이 다음날 최척을 찾아가는 계기이다.
③ ⓑ: 최척이 옥영이 듣기를 원하고 낸 소리이다.
④ ⓒ: 옥영이 돈우로부터 배운 시를 읊은 소리이다.
⑤ ⓒ: 최척이 옥영을 떠올리고 눈물을 흘린 이유이다.

02 인물의 말하기 방식 파악하기

㉠~㉤에 대한 설명으로 적절하지 <u>않은</u> 것은?

① ㉠: 행동으로 인해 일어날 수 있는 부정적 결과를 들며 상대방을 설득하고 있다.
② ㉡: 자신의 처지를 설명하여 감정에 호소하며 요청 사항을 전달하고 있다.
③ ㉢: 전해 들은 내용을 말하며 자신이 원하는 정보를 얻으려 하고 있다.
④ ㉣: 자신이 알 수 없었던 사실을 내세우며 실수에 대해 변명하고 있다.
⑤ ㉤: 상대방이 베푼 호의를 언급하며 감사의 마음을 표현하고 있다.

중요 03 외적 준거를 바탕으로 작품 이해하기

보기 를 바탕으로 윗글을 이해한 내용으로 적절하지 <u>않은</u> 것은?

> **보기**
>
> 〈최척전〉은 임진왜란과 정유재란을 배경으로 한다. 전쟁의 참상*과 이로 인한 민중의 고통을 사실적
> 으로 전달하며 이러한 고통이 당시에 보편적인 경험이었음을 나타내는 한편, 최척 일가가 재회하는 과
> 정에서는 우연성이 드러나기도 한다. 또한 소설의 공간이 다양한 국가에 걸쳐 있으며, 최척과 옥영을
> 돕는 조력자가 여럿 등장한다.

① 최척이 '안남에 이르게 되었'다는 것은, 소설의 공간이 다양한 국가에 걸쳐 있음을 보여 주는군.
② 최척이 가족 이야기를 하자 '비탄에 젖지 않은 사람이 없었'다는 것은, 전쟁으로 인한 고통의 보편성을 보여
　주는군.
③ 최척과 옥영을 본 사람들이 '처음에는 다만 친척이나 잘 아는 친구인 줄' 알았다는 것은, 둘의 재회가 우연적
　임을 보여 주는군.
④ 옥영이 최척의 가족들과 함께 있었으나 '서로 잃어버리게 되었'다는 것은, 전쟁으로 인한 민중의 고통을 보여
　주는군.
⑤ 돈우가 옥영에게 '은자 10냥을 꺼내어 전별금으로 주'는 것은, 옥영을 돕는 조력자로서의 모습을 보여 주는군.

* 참상(慘狀): 비참하고 끔
찍한 상태나 상황.

서답형 04 작품의 내용 파악하기

학천이 최척을 돕기 위해 준비한 물건을 3어절로 쓰시오.

문제풀이

복습하기

화법

논제	교실에서의 [1] ☐☐☐ 사용을 자율화해야 한다.
나현(찬성 측)	학생들이 [2] ☐☐☐☐ 을 실현할 수 있도록 해야 함.
미르(찬성 측)	[3] ☐☐☐ 를 높일 수 있음.
현중(반대 측)	• 찬성 측 토론자의 평상시 [4] ☐☐☐☐ • 네덜란드 의과 대학 연구팀의 연구 결과

독서

1문단	재화의 특성 ① – 배제성: [5] ☐☐ 를 지불하지 않은 사람은 사용할 수 없음.
2문단	재화의 특성 ② – 경합성: 한 사람이 더 많이 [6] ☐☐ 하는 것이 다른 사람의 [6] ☐☐ 를 줄임.
3문단	재화의 유형 ① – [7] ☐☐☐ (배제성+, 경합성+)
4문단	재화의 유형 ② – [8] ☐☐☐ (배제성+, 경합성–)
5문단	재화의 유형 ③ – [9] ☐☐☐☐ (배제성–, 경합성+)
6문단	재화의 유형 ④ – [10] ☐☐☐ (배제성–, 경합성–)

문학 – 모진 소리(황인숙)

1연	모진 소리는 사람들에게 [11] ☐☐ 를 준다는 깨달음	2연	'나'의 모진 소리에 상처받았을 타인에 대한 공감

문학 – 숙향전(작자 미상)

최척이 [12] ☐☐ 를 불어 가슴속에 맺힌 회한을 풂.

↓

일본인 배에서 [13] ☐☐ 말로 칠언절구를 읊음.

↓

최척은 그 시가 [14] ☐☐ 이 지은 시임을 알아챔.

↓

다음날 아침 최척은 일본인 배를 찾아가고, 옥영과 재회함.

↓

[15] ☐☐ 는 전별금을 주며 옥영을 보내 줌.

18

Contents

✓ 한방에! 개념정리

✓ 한방에! 핵심정리

갈래	주장하는 글
주제	자동차를 이용하기보다는 걷거나 자전거를 이용하자.
특징	① 일반화와 유추의 논증 방법을 활용함. ② 구체적이고 타당한 근거를 제시하여 주장을 펼침.

* 문단 중심 내용

1문단	점점 늘어나는 국내 등록 차량의 수
2문단	높은 차량 주행 시간과 나 홀로 운전 차량의 비율
3~4문단	교통사고로 죽거나 다치는 사람들
5문단	생명을 위협하는 자동차의 유독 물질
6문단	자동차가 요구하는 경제적, 시간적 비용
7문단	자동차 이용으로 인한 건강 악화
8문단	자동차를 타는 대신 걷거나 자전거를 이용할 것 권유

✓ 한방에! 어휘풀이

* 강구하다(講究하다): 좋은 대책과 방법을 궁리하여 찾아내거나 좋은 대책을 세우다.

* 여생(餘生): 앞으로 남은 인생.

* 일체(一切): 모든 것.

※ 다음 글을 읽고 물음에 답하시오.

[A] 국내에 등록된 승용차는 2017년에 1800만 대를 돌파했다. 1903년 고종 황제가 국내에 최초로 자동차를 도입한 이후 114년 만이다. 그동안 도로와 주차장의 면적도 계속 늘어났다. 그러나 건설에 아무리 많이 투자해도 늘어나는 자동차를 도저히 따라갈 수 없는 게 현실이다.

심각한 문제는 등록 차량의 수 그 자체가 아니다. 서울의 경우 차량의 주행 시간이 세계에서 가장 높다. 전체 자동차의 62퍼센트가 매일 시내 도로로 쏟아져 나온다. 그런데 더 놀라운 통계가 있다. 이 62퍼센트의 자동차 가운데 78퍼센트가 나 홀로 운전 차량이라는 것이다.

만일 급성 호흡기 증후군(사스·SARS) 같은 전염병이 전국에 번져 하루에 20~30명씩 죽어 간다고 상상해 보자. 온 나라가 벌집 쑤셔 놓은 것처럼 난리가 날 것이다. 사람들은 자신과 가족의 목숨을 지키기 위해 모든 방법을 강구할* 테고, 정부는 정부대로 사태 해결에 총력을 기울일 것이다.

그런데 여기에서 전염병 대신 교통사고를 대입해 보자. 이 생각은 그냥 상상이 아니라, 우리가 매일 겪고 있는 현실이다. 교통사고로 2017년 한 해에 하루 평균 11명이 목숨을 잃었고 884명이 다쳤다. 다친 사람 가운데 상당수가 장애인으로 여생*을 살아간다.

자동차로 인해 치러야 하는 대가는 여기서 그치지 않는다. 과거에는 난방 시설과 각종 산업 및 발전소 시설 등이 대기 오염의 주범으로 꼽혔다. 그러나 이제는 자동차에서 배출되는 유독 물질이 전체 대기 오염 물질의 3분의 1 이상을 차지한다. 서울 등 대도시는 그 비율이 훨씬 높다. 더구나 자동차는 한 대로 볼 때는 공장이나 빌딩 등 대형 배출원보다 배출량이 훨씬 적지만, 사람의 코앞에 바로 가스를 내뿜기 때문에 그 피해가 한층 심각하다고 한다.

자동차 운전에 드는 경제적 시간적 비용도 만만치 않다. 도시에서 웬만한 승용차를 한 대 굴리는 데 들어가는 비용은 2016년 기준으로 가구당 월평균 78만 원 정도다. 시간적 비용은 어떤가. 도로 정체가 심각해지면서 자동차의 주행 속도는 점점 떨어진다. 편리함과 경제성이 자꾸만 줄어드는 것이다. 자동차로 인해 소비되는 돈과 시간, 그 때문에 받는 스트레스, 가끔 일어나는 교통사고 등 일체*의 비용을 종합해 보면 결코 만만치 않은 비용이 들어가는 셈이다.

자동차 이용이 늘어나면서 운동이 부족해지고 그 결과 성인병이 늘어나는 것도 빼놓을 수 없다. 우리 생활에서 에너지 과소비는 악순환 구조를 이루고 있다. 운동을 통해 신체를 단련하지 않으니 다리가 약해지고 걷기가 싫어져 자꾸만 자동차에 의존한다. 자기 몸으로 만들어 내는 에너지가 줄어들수록 바깥의 에너지에 의존하게 되고 그것이 또한 몸의 기력을 더욱 약하게 만든다. 냉난방 기구가 발달하면서 추위와 더위에 적응하는 신체적인 조절 능력을 잃어버려 전기 에너지에 더 의존하게 되는 현상과 마찬가지다. 바로 에너지 과소비의 악순환인 것이다.

걷는다는 것은 자기 몸을 움직이는 능동적인 행위다. 사람은 그러한 적극적인 활동을 통해 큰 기쁨을 누린다. 실제로 자동차를 타고 가는 것에 비해 걷거나 자전거를 타고 가는 것은 여러 면에서 유쾌하다. 길 위에서 마주치는 사람이나 주변 사물, 함께 걷는 사람들 사이에 자연스럽게 일어나는 율동 등을 자동차에서는 맛볼 수 없다. 우리는 이러한 산보의 미학을 회복해야 한다. 속도를 강요하는 사회 속에서 느림의 가치를 재평가하면서 스스로의 힘으로 이동하는 문화를 되살려야 한다.

01 설득 글쓰기 내용 이해하기

윗글에서 제시된 근거로 적절하지 않은 것은?

① 자동차는 경제적, 시간적 비용을 요구한다.
② 자동차 배기가스는 호흡기 증후군을 유발한다.
③ 자동차 교통사고로 인해 많은 사람이 희생된다.
④ 자동차에서 배출되는 유독 물질이 큰 피해를 준다.
⑤ 자동차 이용이 늘어나면서 성인병 환자가 늘어난다.

중요 ▶ 02 설득 글쓰기 내용 조직하기

윗글에서 드러난 유추의 방식을 다음과 같이 정리했을 때, ㉠, ㉡에 들어갈 말로 가장 적절한 것은?

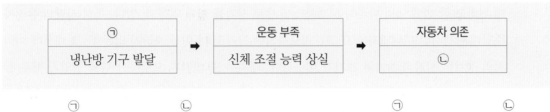

	㉠	㉡		㉠	㉡
①	자동차 이용 증가	에너지 과소비	②	자동차 이용 증가	몸의 기력 상실
③	자동차 이용 증가	전기 에너지 의존	④	편리한 자동차의 개발	전기 에너지 의존
⑤	편리한 자동차의 개발	능동적인 행위 확대			

중요 ▶ 03 설득 글쓰기 내용 평가하기

보기 는 [A]의 초고이다. 보기 를 고쳐 쓰기 위해 친구들이 조언한 내용 중 반영되지 않은 것은?

> **보기**
>
> 국내에 등록된 승용차는 매우 많다. 이는 1903년 고종 황제가 국내에 최초로 자동차를 도입한 이후부터 생긴 변화다. 고종 황제는 미국을 통해 의전용 자동차를 들여왔다. 그동안 도로와 주차장의 면적도 계속 끊임없이 늘어났다. 그래서 건설에 아무리 많이 투자해도 늘어나는 자동차를 도저히 따라갈 수 없는 게 현실이다.

① 의미가 중복되는 표현이 있으니 삭제하는 게 어때?
② 통일성을 위해 흐름에 어긋나는 문장을 삭제하는 게 어때?
③ 앞 문장과의 관계를 고려하여 연결 표현을 수정하는 게 어때?
④ 독자의 이해를 돕기 위해 비유적인 표현을 사용하는 게 어때?
⑤ 현재 상황을 정확하게 전달하기 위해 구체적인 수치를 추가하는 게 어때?

* 의전용(儀典用): 정해진 격식에 따라 치르는 행사에 쓰는 것.

서답형 ▶ 04 설득 글쓰기 내용 이해하기

다음은 윗글의 주장을 정리한 것이다. 빈칸에 들어갈 말을 골라 차례대로 쓰시오.

> 자동차를 이용하는 것에 비해, 걷는 것은 (능동적 / 수동적)인 행위이며 (빠름 / 느림)의 미학을 가르쳐 준다.

문제풀이

※ 다음 글을 읽고 물음에 답하시오.

장기 이식을 통해서만 생명을 유지할 수 있는 환자들이 많다. 장기 이식이란 질병이나 사고로 기능을 잃은 장기를 다른 사람에게서 받은 건강한 장기로 대체하는 수술이다. 하지만 장기를 이식받고자 하는 사람에 비해 장기 기증자는 턱없이 부족하다. 이로 인해 많은 환자가 대기 명단에만 이름을 올린 채 자기 순번을 받지 못하고 사망하고, 불법적인 장기 거래로 인한 사회 문제도 발생한다.

이종 장기 이식은 이러한 문제를 해결할 수 있는 대책 중 하나이다. 이종 장기는 종이 다른 동물의 장기를 말하며, 사람에게 이식할 장기를 공급할 동물로 주로 돼지가 선호된다. 돼지는 기르기에 편하고 한 번에 여러 마리의 새끼를 낳으므로 장기를 쉽게 얻을 수 있다. 특히 사람의 유전자를 주입해 탄생시킨 미니돼지는 100kg 정도까지만 자라고 더 이상 자라지 않는데, 그 때문에 미니돼지의 장기는 사람의 장기와 크기가 비슷하다. 돼지는 또 인간과 오랫동안 함께 살았기 때문에 생리나 질병 등의 정보가 많이 알려져 있다. 따라서 이종 장기의 이식에 따른 감염병과 면역 거부 반응을 연구할 때 다른 동물보다 어려움이 적다. 만약 이종 장기 이식이 임상 시험*을 통과하고 활성화된다면 적어도 지금보다 많은 사람이 장기 이식의 혜택을 받아 생명을 지킬 수 있게 된다.

하지만 ㉠ 해결해야 할 문제도 많다. 먼저 면역 거부 반응이 있다. 면역 거부 반응은 우리 몸의 기본적인 방어체계인 면역계가 이식된 장기를 침입자로 간주해 공격하는 현상이다. 이 현상은 하루 이내에 나타나는 초급성, 10일 이후에 나타나는 급성, 그리고 수개월에서 수년에 걸쳐 나타나는 만성*에 이르기까지 다양하다. 최근에는 유전자 조작을 통해 초급성 거부 반응까지는 막을 수 있는 기술이 나왔으나 급성, 만성 거부 반응까지 없애지는 못하는 실정이다. 게다가 기본적으로 사람과 동물 간의 장기 크기가 다르기에 이종 장기 이식을 받는 환자가 제한된다. 또 일반적으로 돼지의 수명은 15년인데 이식받은 장기가 15년 이상 지속될지에 대한 의문이나, 돼지가 내재적*으로 가지고 있는 여러 전염병이 인간에게 전염될 수 있다는 가능성도 문제로 제기된다. 그뿐만 아니라 동물 윤리의 문제도 있다. 결국 이종 장기 이식을 하기 위해서는 해당 동물을 희생하여 장기를 얻어내야 하는데, 이는 인간의 이익을 위해 동물을 희생하는 것이기에 동물 권리 단체들은 이러한 이슈에 민감하게 반응하고 있다. 마지막으로 이종 이식이 가능한 장기를 어디까지로 정하느냐 하는 과제도 있다. 정자와 난자를 만들어 내는 생식선*과 뇌의 이식은 인간끼리의 이식도 윤리적 문제를 일으키므로 반대의 목소리가 높다.

따라서 이종 장기 이식의 문제는 이밖에도 숱한 요소들을 모두 고려해야 하는 장기적이고 포괄적인 과제이므로 사회적 논의를 거쳐 신중하게 결정할 필요가 있다.

✓ 한방에! 어휘풀이

* **임상 시험(臨床試驗)**: 개발 중인 약이나 진단 및 치료 방법 따위의 효과와 안전성을 알아보기 위하여 사람을 대상으로 행하는 시험.
* **만성(慢性)**: 병이 급하거나 심하지도 아니하면서 쉽게 낫지도 아니하는 성질.
* **내재적(內在的)**: 어떤 현상이 안에 존재하는 것.
* **생식선(生殖腺)**: 배우자를 형성하는 기관. 수컷에서는 정소, 암컷에서는 난소를 말한다.

01 세부 내용 파악하기

윗글을 통해 해결할 수 있는 질문이 <u>아닌</u> 것은?

① 면역 거부 반응의 개념은?
② 이종 장기 이식이 필요한 이유는?
③ 이종 장기 이식에 따른 경제적 문제점은?
④ 이종 장기 이식이 가능해졌을 때의 긍정적인 효과는?
⑤ 사람에게 장기를 공급할 동물로 돼지를 선호하는 이유는?

02 핵심 내용 파악하기

윗글에서 ㉠에 해당하는 내용으로 언급하지 <u>않은</u> 것은?

① 장기를 이식하려는 동물이 가지고 있는 전염병이 인간에게 전염될 수 있다.
② 장기를 이식하려는 동물의 뇌를 인간에게 이식하는 것은 위험이 따를 수 있다.
③ 장기를 이식하려는 동물의 장기 크기가 인간에게 필요한 장기 크기와 다를 수 있다.
④ 장기를 이식하려는 동물이 필연적으로 희생됨에 따라 윤리적 문제가 제기될 수 있다.
⑤ 장기를 이식하려는 동물의 평균 수명 이상의 기간 동안 장기가 기능할지 확신할 수 없다.

중요 ▶ 03 구체적 사례에 적용하기

윗글과 보기를 읽은 학생의 반응으로 적절하지 <u>않은</u> 것은?

> 보기
>
> 알파인 생명공학연구소 이종 장기 센터 기자 회견장에 나타난 여성 라미아의 얼굴에는 웃음꽃이 피어 있었다. 불과 한 달 전만 해도 상상할 수 없는 표정이다. 라미아는 선천성 심장 질환으로 여러 차례 인공 심장을 이식받았다. 하지만 이제 라미아의 가슴에는 인공 심장 대신 돼지의 심장이 뛰고 있다.
> 라미아의 가슴에 있는 심장은 돼지의 몸에서 자랐다. 유전자를 조작해 사람과 동물의 유전자가 섞인 수정란을 만들어 암돼지에 착상한 것이다. 그렇게 세상 밖으로 나온 미니돼지는 초급성 면역 거부 유전자도 제거된 상태였다. 이런 미니돼지는 사람의 장기 공급용으로 죽음이 예정된 셈이다. 안타깝기는 하지만 미니돼지의 희생으로 사람의 생명이 연장된다는 것은 틀림없는 사실이다.

① 동물 권리 단체의 반발이 예상되는군.
② 이식받은 심장이 15년 이상 유지될지는 두고 봐야겠군.
③ 미니돼지의 심장 크기는 라미아의 심장 크기와 유사했겠군.
④ 돼지에게 사람의 유전자를 주입했으니 면역 거부 반응에 대한 걱정은 없겠군.
⑤ 이와 같은 사례가 더 많아지고 활성화된다면 지금보다 많은 사람이 도움을 받겠군.

서답형 ▶ 04 세부 내용 파악하기

빈칸에 들어갈 말을 골라 차례대로 쓰시오.

> 장기 이식은 (사람 / 동물)의 장기를 사람에게 이식하는 것이고, 이종 장기 이식은 (사람 / 동물)의 장기를 사람에게 이식하는 것이다.

문제풀이

18강

보리타작 _정약용

※ 다음 글을 읽고 물음에 답하시오.

새로 거른 막걸리 젖빛처럼 뿌옇고
㉠ 큰 사발에 보리밥, 높기가 한 자*로세.
밥 먹자 도리깨* 잡고 마당에 나서니
㉡ 검게 탄 두 어깨 햇볕 받아 번쩍이네.
옹헤야* 소리 내며 발맞추어 두드리니
삽시간에 보리 낟알 온 마당에 가득하네.
㉢ 주고받는 노랫가락 점점 높아지는데
보이느니 지붕 위에 보리 티끌뿐이로다.
그 기색 살펴보니 즐겁기 짝이 없어
㉣ 마음이 몸의 노예 되지 않았네.
낙원이 먼 곳에 있는 게 아닌데
㉤ 무엇하러 벼슬길에 헤매고 있으리오.

新篘濁酒如湩白　（신추탁주여동백）
大碗麥飯高一尺　（대완맥반고일척）
飯罷取耞登場立　（반파취가등장립）
雙肩漆澤翻日赤　（쌍견칠택번일적）
呼邪作聲擧趾齊　（호야작성거지제）
須臾麥穗都狼藉　（수유맥수도랑자）
雜歌互答聲轉高　（잡가호답성전고）
但見屋角紛飛麥　（단견옥각분비맥）
觀其氣色樂莫樂　（관기기색락막락）
了不以心爲形役　（료불이심위형역）
樂園樂郊不遠有　（락원락교불원유）
何苦去作風塵客　（하고거작풍진객）

- 정약용, 〈보리타작〉 -

01 작품의 내용 파악하기

윗글의 화자에 대한 설명으로 가장 적절한 것은?

① 농민들과 함께 농사를 짓는 경험을 하고 있다.
② 농민들을 위한 정치를 펼칠 것을 다짐하고 있다.
③ 고된 노동에 시달리는 농민들을 안타까워하고 있다.
④ 쇠약한 몸이 농민들처럼 건강해지기를 바라고 있다.
⑤ 관직에 얽매여 살아왔던 자신의 삶을 반성하고 있다.

02 표현상의 특징 파악하기

㉠~㉤을 이해한 내용으로 적절하지 않은 것은?

① ㉠: 과장법을 사용하여 농민의 건강함을 강조하고 있다.
② ㉡: 시각적 이미지를 사용하여 농민의 건강한 삶의 모습을 표현하고 있다.
③ ㉢: 청각적 이미지를 사용하여 신명 나게 노동하는 풍경을 표현하고 있다.
④ ㉣: 비유법을 사용하여 농민들의 부정적 현실을 드러내고 있다.
⑤ ㉤: 설의법을 사용하여 화자의 반성을 드러내고 있다.

중요 03 시상 전개 방식 파악하기

윗글의 구성을 고려할 때, 보기 의 [A]~[D]에 대한 설명으로 가장 적절한 것은?

보기

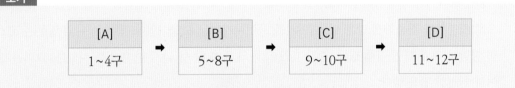

① 화자는 [A]~[D]에서 공간을 옮겨 가며 상황을 서술하고 있다.
② 화자는 [A], [B]에서 자연을, [C], [D]에서 인간 세상을 나타내고 있다.
③ 화자는 [A], [B]에서 풍경을 묘사하고, [C], [D]에서 현실을 비판하고 있다.
④ 화자는 [A], [B]에서 대상을 관찰하고, [C], [D]에서 깨달음을 제시하고 있다.
⑤ 화자는 [A], [B]에서 문제점을 지적하고, [C], [D]에서 해결 방법을 제시하고 있다.

서답형 04 시어의 의미 파악하기

보기 에서 설명하는 시어를 윗글에서 찾아 쓰시오.

보기

- '벼슬길'과 대조적인 의미의 공간
- 마음과 몸이 조화된 진정한 삶의 공간

문제풀이

두근두근 내 인생 _ 김애란

갈래	장편 소설, 성장 소설
성격	교훈적, 사실적
주제	조로증에 걸린 소년의 삶과 부모를 향한 애정
특징	① 어둡고 슬픈 가족사를 따뜻한시선으로 그려 냄. ② 부모보다 늙어 버린 주인공이 바라보는 세상의 모습을 통해 독자에게 감동을 전함.
해제	이 작품은 열일곱 살에 부모가 된 미라와 대수의 삶과, 열일곱 살이지만 여든의 몸을 지닌 아들 아름의 삶을 다루고 있다. 무거운 소재를 다루고 있음에도 생기발랄한 문장과 예리한 통찰이 돋보이며, 삶의 찬란한 순간을 포착하여 독자로 하여금 인생에 대해 사색하게 한다.

※ 다음 글을 읽고 물음에 답하시오.

방송 은 정확하게 여섯 시에 시작됐다. 우리는 거실에 앉아 멀뚱히 티브이를 바라봤다. ㉠ 영화 관람이라도 하는 양 숨을 죽인 채였다. 화면 위로 광고 몇 개가 지나갔다.

"엄마, 쥐포 없어?"

실없는 말에, 바로 핀잔이 돌아왔다. / "축구 보나?"

아버지는 여느 때처럼 한쪽 팔에 턱을 괴고 눕는 대신 내무실*의 이등병처럼 정좌로 앉아 있었다.

나는 어머니와 아버지 사이에 오도카니 앉아 두 눈을 끔벅였다. 잠시 후, "이웃에게 희망을"이란 글자가 오케스트라 음악과 함께 브라운관 위로 떠올랐다. '아무렴, 인생은 드라마지, 그렇고말고.' 주장하는 듯한 느낌의 웅장한 협주곡이었다. 프로그램 제목 뒤로, 하트 모양의 연둣빛 새싹이 둥글게 돋아났다. 이윽고 낭창하게* 들려오는 성우의 목소리.

"이웃에게 희망을!"

㉡ 순간 나는 "으음" 하고 낮게 신음했지만, 재빨리 스스로를 타일렀다.

'뭘 바란 거야, 바보야. 불평하지 마.'

짧은 사이. 곧이어 내 모습이 나타났다. 해 질 녘 병원 앞에서 붉게 물든 구름을 배경으로 상체를 클로즈업해 찍은 거였다. 얼굴 아래론 "한아름, 17세"라는 자막이 짧게 떴다. 앵글 밖, 작가 누나의 목소리가 조그맣게 들려왔다.

"뭐가 되고 싶어요, 아름인?"

승찬 아저씨는 처음부터 음악도, 설명도 없이 바로 훅*을 날리는 전략을 취한 듯했다. 우선 질문으로 시청자를 집중하게 만든 뒤, 이야기를 풀어나가려는 모양이었다. 작가 누나의 질문은 고스란히 자막 처리돼 화면 아래 떴다. 순간 티브이 속의 내가 알 듯 말 듯한 미소를 지었다. 그러곤 망설이다 천천히 입을 뗐다.

"저는……."

나머지 말이 전해지려는 찰나, 경쾌한 피아노 반주와 함께 곧바로 다음 장면이 이어졌다. 내 대답은 중간이나 마지막에 끼운 모양이었다. 우리 동네를 원경으로 잡은 화면 위로 "누구보다 키 큰 아이, 아름"이란 소제목이 드러났다. 곧이어 내가 책을 읽는 장면이 이어졌다. 그러곤 작가 누나와 나눈 짧은 대화가 나왔다. 일전에 사전 인터뷰 때 나온 말들이었다.

"아름이는 올해 열일곱 살이다. 독서와 농담, 팥빙수를 좋아하고 콩이 들어간 밥과 추위, 유원지를 싫어한다. 하지만 아름이가 무엇보다도 좋아하는 건 엄마, 아빠다. 아름이의 바람은 내년에 열여덟 살 생일을 맞는 것. ㉢ 얼핏 보면 평범한 꿈이지만, 아름이에겐 오래전부터 혼자 감당해 온 아픔이 있다."

이어서 어머니의 왼쪽 얼굴이 비쳤다.

"세 살 때 애가 자꾸 열이 나고 설사를 했어요. 병원에선 그냥 감기라 하고, 배탈이라 하고……."

아버지의 얼굴은 어머니와 반대로 카메라 오른쪽에서 잡혀 있었다.

"내가 뭘 느껴야 할지 모르겠더라고요. 일단 제일 먼저 든 생각은……, 점심때가 됐으니 밥을 먹여야겠다는 거였어요."

이어서 내 어릴 때 사진이 한 장, 한 장 슬로 모션으로 지나갔다. 돌잡이 때 명주실을 잡고 배시시 웃고 있는 얼굴, 커다란 기저귀를 찬 채 엉덩이를 번쩍 들고 카메라를 돌아보는 모습, 대야 속에 담기기 전 엄마 손 위에서 눈을 질끈 감고 있는 사진 등이었다. 어느 집 앨범에나 있는 보통의 풍경들. 하지만 그 뒤에 나온 사진들은 좀 달랐다. 내 몸이 갓 태어났을 때로 다시 돌아가듯 급격히 쪼그라들고 있었기 때문이다. 마치 한 사람이 순식간에 폭삭 늙는 과정을 보여 주는 것 같았다.

"남들보다 네 배에서 열 배까지 빠른 성장 속도를 보이게 되죠. 외모만 그런 게 아니라 뼈와 장기의 노화도 동반되고요. 하지만 아름이가 가장 힘든 부분은……."

'어? 김숙진 원장님이다!'

나는 소아 청소년과 진료실에 있는 선생님을 보고 반색했다. 티브이로 보니 괜히 신기한 게 알은체를 하고 싶었다. 선생님의 말씀과 함께 내가 엠아르아이* 기계에 들어가는 모습이 오버랩됐다.

"㉣ 아마 정서적인 부분일 겁니다."

그리고 뒤이어, 이런저런 검사 장면과 함께 차분한 내레이션이 이어졌다.

"조로증은 아이들에게 조기 노화 현상이 나타나는 치명적이고 희귀한 질환이다. 지금까지 세계에 보고된 것만 백 건 정도. 한국에서도 사례를 찾아보기 힘들다. 하루를 십 년처럼 살고 있는 아름이는 현재 심장 마비와 각종 합병증의 위험을 안고 있다. 최근에는 황반 변성*으로 한쪽 시력마저 잃은 상태다. 병원에서는 입원을 하루속히 권하지만 현재 아름이네 형편으론 쉽지가 않은데."

"오랫동안 치료받으면서 무슨 생각을 했니?"

"그게…… 음, 혼자라는 생각요."

"그래?"

[A]
"아니요, 부모님이 저를 외롭게 두셨다는 뜻이 아니고, 아플 때는 그냥 그런 기분이 들어요. 철저하게 혼자라는. 고통은 사랑만큼 쉽게 나눌 수 있는 게 아니라는. 더욱이 그게 육체적 고통이라면 그런 것 같아요."

"하느님을 원망한 적은 없니?"

"솔직하게 말해도 돼요?" / "그럼."

"사실 저는 아직도 잘 모르겠어요." / "뭘를?"

"㉤ 완전한 존재가 어떻게 불완전한 존재를 이해할 수 있는지……. 그건 정말 어려운 일 같거든요." / "……."

"그래서 아직 기도를 못 했어요. 이해하실 수 없을 것 같아서."

그런 뒤 나는 겸연쩍은 듯 말을 보탰다.

"하느님은 감기도 안 걸리실 텐데. 그렇죠?"

그리고 다시 성우의 목소리.

"조로증의 원인은 아직 알려지지 않았다."

질문은 사연 사이사이, 드문드문, 적절하게 안배됐다*. 문맥과 리듬에 신경 쓴 승찬 아저씨의 노력이 엿보이는 편집이었다.

– 김애란, 〈두근두근 내 인생〉 –

＊ 전체 줄거리

미라와 대수는 열일곱 살에 아들 아름을 낳는다. 현재 미라와 대수는 서른네 살이고, 아름은 열일곱 살이다. 빠른 속도로 신체가 늙어가는 조로증을 앓고 있으면서도 밝게 살아가려 노력하던 아름은 결국 쓰러지고 만다. 미라의 친구이자 PD인 승찬은 성금 모금을 위한 다큐멘터리 프로그램 출연을 제안하고, 아름은 이를 받아들인다. 방송 출연 이후, 아름은 암을 앓고 있는 동갑내기 소녀 서하로부터 이메일을 받는다. 아름은 점차 서하에게 마음을 열어가지만 사실 서하는 서른여섯 살의 남자 시나리오 라이터였다. 그 후 아름은 건강이 점점 나빠져 중환자실에 들어가게 된다. 아름은 대수에게 자신이 쓴 소설을 읽어 달라고 하고, 미라와 대수가 소설을 읽는 소리를 들으며 죽음을 맞이한다.

✔ 한방에! 어휘풀이

★ 내무실(內務室): 병영 안에서 병사들이 기거하는 곳.

★ 낭창하다(朗暢하다): 성격 따위가 밝고 명랑하여 구김살이 없다.

★ 훅: 권투에서, 팔을 구부린 채 허리의 회전을 이용하여 상대편에게 가하는 타격.

★ 엠아르아이: MRI. 자기장을 활용하여 인체의 내부를 컴퓨터를 통해 영상화하는 기술.

★ 황반 변성: 눈 안쪽, 망막 중심부에 있는 황반부터 변화가 생겨 시력 장애가 생기는 질환.

★ 안배되다(按排되다): 알맞게 잘 배치되거나 처리되다.

01 작품의 내용 이해하기

다음은 방송을 계획하며 세운 전략이다. 이 중 방송에 반영되지 않은 것은?

① 자막을 활용하여 대상에 대한 정보를 제시한다.
② 사진 자료를 활용하여 시각적 효과를 극대화한다.
③ 음악을 활용하여 대상이 겪고 있는 고통을 부각한다.
④ 내레이션을 통해 대상이 현재 처한 상황을 설명한다.
⑤ 질문의 대답을 바로 제시하지 않아 호기심을 자극한다.

02 구절의 의미 파악하기

㉠~㉤에 대한 설명으로 적절하지 않은 것은?

① ㉠: 방송이 시작되기 전 '나'의 가족이 느끼는 긴장감이 나타난다.
② ㉡: 방송의 방향을 짐작하고 이에 만족하는 '나'의 모습을 보여 준다.
③ ㉢: '나'의 아픔이 무엇일지에 대해 시청자가 관심을 가지도록 만든다.
④ ㉣: '나'의 육체적 고통보다 정서적 고통이 더 클 것이라는 점을 알려 준다.
⑤ ㉤: 하느님이 자신의 고통을 이해하지 못할 것이라는 '나'의 생각이 드러난다.

중요 ▶ 03 작품의 재구성 이해하기

보기 는 윗글을 영화 시나리오로 재구성한 것이다. 윗글과 보기 를 비교한 내용으로 적절하지 않은 것은?

> **보기**
>
> S# 10-2. 병원 휴게실(저녁) / 휴게실에 모여 티브이를 보는 사람들. 티브이에 아름이 주치의가 나온다.
> S# 10-3. 티브이 화면(주치의 인터뷰)
> **주치의**: 아름이의 나이는 이제 열여섯 살이지만, 신체 나이는 팔십 세가 넘습니다. 선천성 조로증 환자는 일반인보다 열 배 이상 노화 속도가 빠르죠. 외모뿐만 아니라 뼈, 장기도 마찬가지고요. 이 병의 원인은 정확하게 밝혀지지 않았습니다.
> S# 10-4. 병원 휴게실(저녁)
> **환자**: 아유, 저 선생님 화면이 잘 안 받네.
> S# 12-1. 티브이 화면 / 세탁 공장에서 일하는 미라의 모습.
> **성우**: NA) 남편 대수 씨는 택시 운전을 하고, 아내 미라 씨는 세탁 공장에 나간다. 다들 열심히 일을 하지만 아름이의 치료비를 대기엔 턱없이 부족하다.
> S# 12-2. 세탁 공장 휴게실(저녁) / 자리에 앉아 커피를 마시며 티브이를 보는 회사 동료들.
> **회사 동료**: (안타까운 표정으로) 어휴, 저 정도인 줄 몰랐네.

① 〈보기〉는 빈번한 장면 전환이 나타나 있다.
② 〈보기〉는 장면 번호로 각 장면이 나뉘어 있다.
③ 〈보기〉는 윗글에서는 알 수 없는 내용이 삽입되어 있다.
④ 윗글과 〈보기〉 모두 특정 인물에 대한 반응이 드러나 있다.
⑤ 윗글은 객관적인 서술을, 〈보기〉는 '나'의 심리를 중심으로 하고 있다.

서답형 ▶ 04 작품의 내용 이해하기

다음은 [A]의 의미를 해석한 것이다. 빈칸에 들어갈 말을 골라 차례대로 쓰시오.

> [A]에는 조로증으로 인한 (육체적 / 정신적) 고통을 통해 또래보다 (육체적 / 정신적)으로 성숙해진 '나'의 모습이 드러난다.

문제풀이

복습하기

작문

1문단	점점 늘어나는 국내 등록 차량의 수
2문단	높은 차량 주행 시간과 나 홀로 운전 차량의 비율
3~4문단	[1]☐☐☐☐로 죽거나 다치는 사람들
5문단	생명을 위협하는 자동차의 유독 물질
6문단	자동차가 요구하는 [2]☐☐☐, 시간적 비용
7문단	자동차 이용으로 인한 건강 약화
8문단	자동차를 타는 대신 걷거나 [3]☐☐☐를 이용할 것 권유

독서

1문단	장기 이식의 개념과 현황
2문단	이종 장기 이식에 선호되는 [4]☐☐
3문단	이종 장기 이식의 문제점 – [5]☐☐☐☐ 반응, [6]☐☐ 윤리 문제 등
4문단	이종 장기 이식에 신중해야 하는 이유

문학 – 보리타작(정약용)

1~4행	[7]☐☐의 건강한 삶의 모습
5~8행	[8]☐☐☐☐하는 마당의 모습
9~10행	[9]☐☐과 [10]☐이 조화된 농민의 삶
11~12행	자신의 삶에 대한 반성

문학 – 두근두근 내 인생(김애란)

아름	• [11]☐☐☐에 걸린 열일곱 살 소년
	• "이웃에게 희망을"이란 방송에 출연함.
	• 육체적 [12]☐☐은 사랑만큼 쉽게 나눌 수 있는 게 아니라고 생각함.
	• [13]☐☐☐이 자신을 이해하지 못할 것이라고 생각함.

정답

1 교통사고   2 경제적   3 자전거   4 돼지   5 면역 거부   6 동물   7 농민   8 보리타작   9 마음   10 몸   11 조로증
12 고통   13 하느님

19

Contents

19강 문법

로마자 표기법과 외래어 표기법

| 정답 및 해설 | 128쪽

✔ 한방에! 핵심정리

＊로마자 표기법 제1장 제2항의 예외
: 단, 붙임표(-)는 사용함.

＊모음의 로마자 표기 [붙임]
• 'ㅢ'는 'ㅣ'로 소리 나더라도 'ui'로
  적는다.
  예 희망[히망] → huimang

＊자음의 로마자 표기 [붙임]
• 'ㄱ, ㄷ, ㅂ'은 모음 앞에서는 'g, d,
  b'로, 자음 앞이나 어말에서는 'k,
  t, p'로 적는다.
  예 구미 → Gumi
     옥천 → Okcheon
• 'ㄹ'은 모음 앞에서는 'r'로, 자음
  앞에서나 어말에서는 'l'로 적는다.
  단 'ㄹㄹ'은 'll'로 적는다.
  예 설악[서락] → Seorak
     임실[임실] → Imsil
     울릉[울릉] → Ulleung

＊음운 변화가 표기에 반영된 예시
• 동화 작용(비음화, 유음화)
  예 신라[실라] → Silla
     백마[뱅마] → Baengma
• 'ㄴ, ㄹ'이 덧나는 경우
  예 알약[알략] → allyak
• 구개음화
  예 같이[가치] → gachi
• 거센소리되기
  예 좋다[조ː타] → jota

＊음운 변화가 표기에 반영되지 않는
  예시
• 체언 'ㄱ, ㄷ, ㅂ' 뒤에 'ㅎ'이 올 경우
  예 집현전[지편전]
     → Jiphyeonjeon
• 된소리되기
  예 합정[합쩡] → Hapjeong

---

1 로마자 표기법

제1장   표기의 기본 원칙
제1항   국어의 로마자 표기는 국어의 표준 발음법에 따라 적는 것을 원칙으로 한다.
제2항   로마자 이외의 부호는 되도록 사용하지 않는다.

① 모음의 로마자 표기

ㅏ	ㅓ	ㅗ	ㅜ	ㅡ	ㅣ	ㅐ	ㅔ	ㅚ	ㅟ
a	eo	o	u	eu	i	ae	e	oe	wi

ㅑ	ㅕ	ㅛ	ㅠ	ㅒ	ㅖ	ㅘ	ㅙ	ㅝ	ㅞ	ㅢ
ya	yeo	yo	yu	yae	ye	wa	wae	wo	we	ui

② 자음의 로마자 표기

ㄱ	ㄲ	ㅋ	ㄷ	ㄸ	ㅌ	ㅂ	ㅃ	ㅍ
g, k	kk	k	d, t	tt	t	b, p	pp	p

ㅈ	ㅉ	ㅊ	ㅅ	ㅆ	ㅎ	ㄴ	ㅁ	ㅇ	ㄹ
j	jj	ch	s	ss	h	n	m	ng	r, l

③ 표기상의 유의점

제3장   표기상의 유의점
제1항   음운 변화가 일어날 때에는 변화의 결과에 따라 다음 각호와 같이 적는다.
  1. 자음 사이에서 동화 작용이 일어나는 경우
  2. 'ㄴ, ㄹ'이 덧나는 경우
  3. 구개음화가 되는 경우
  4. 'ㄱ, ㄷ, ㅂ, ㅈ'이 'ㅎ'과 합하여 거센소리로 소리 나는 경우
     다만, 체언에서 'ㄱ, ㄷ, ㅂ' 뒤에 'ㅎ'이 따를 때에는 'ㅎ'을 밝혀 적는다.
[붙임] 된소리되기는 표기에 반영하지 않는다.
제2항   발음상 혼동의 우려가 있을 때에는 음절 사이에 붙임표(-)를 쓸 수 있다.
제3항   고유 명사는 첫 글자를 대문자로 적는다.
제4항   인명은 성과 이름의 순서로 띄어 쓴다. 이름은 붙여 쓰는 것을 원칙으로 하되 음절 사이에 붙
       임표(-)를 쓰는 것을 허용한다.
  (1) 이름에서 일어나는 음운 변화는 표기에 반영하지 않는다.
  (2) 성의 표기는 따로 정한다.

---

2 외래어 표기법

제1장   표기의 기본 원칙
제1항   외래어는 국어의 현용 24 자모만으로 적는다.
제2항   외래어의 1 음운은 원칙적으로 1 기호로 적는다.
제3항   받침에는 'ㄱ, ㄴ, ㄹ, ㅁ, ㅂ, ㅅ, ㅇ'만을 쓴다.
제4항   파열음 표기에는 된소리를 쓰지 않는 것을 원칙으로 한다.
제5항   이미 굳어진 외래어는 관용을 존중하되, 그 범위와 용례는 따로 정한다.

01 로마자 표기법 이해하기

우리말의 로마자 표기로 적절하지 <u>않은</u> 것은?

① 길음 Gileum
② 백암 Baegam
③ 종로 Jongno
④ 답십리 Dapsimni
⑤ 학여울 Hangnyeoul

중요 ## 02 로마자 표기법 이해하기

보기 의 ㄱ~ㅁ 중 우리말의 로마자 표기로 적절한 것만을 고른 것은?

보기

ㄱ. 공릉 Gongneung
ㄴ. 망원 Mang-won
ㄷ. 묵호 Muko
ㄹ. 신림 Sillim
ㅁ. 팔당 Palddang

① ㄱ, ㄴ, ㄷ
② ㄱ, ㄴ, ㄹ
③ ㄱ, ㄹ, ㅁ
④ ㄴ, ㄷ, ㅁ
⑤ ㄷ, ㄹ, ㅁ

중요 ## 03 외래어 표기법 이해하기

보기 의 외래어 표기법에 대한 설명으로 가장 적절한 것은?

보기

제1항 외래어는 국어의 현용 24 자모만으로 적는다.
제2항 외래어의 1 음운은 원칙적으로 1 기호로 적는다.
제3항 받침에는 'ㄱ, ㄴ, ㄹ, ㅁ, ㅂ, ㅅ, ㅇ'만을 쓴다.
제4항 파열음 표기에는 된소리를 쓰지 않는 것을 원칙으로 한다.
제5항 이미 굳어진 외래어는 관용을 존중하되, 그 범위와 용례는 따로 정한다.

① 제1항은 국어에 없는 외국어의 소리를 정확하게 반영하기 위해 정해진 것이다.
② 제2항의 예외로 'shop'은 '숍', 'pulp'는 '펄프'로 적는 것을 들 수 있다.
③ 제3항을 통해 외래어에도 국어와 같은 음절의 끝소리 규칙이 적용됨을 알 수 있다.
④ 제4항에 따라 'cafe'는 '까페', 'back'은 '빽'으로도 적을 수 있다.
⑤ 제5항에 따라 'pizza'는 '핏자'라고 적는 것만을 허용한다.

서답형 ## 04 외래어 표기법 이해하기

다음은 영어의 외래어 표기법을 설명한 것이다. 적절한 표기를 골라 차례대로 쓰시오.

- 어말이나 자음 앞에 올 때, 단모음 다음의 [p], [t], [k]는 받침 'ㅂ, ㅅ, ㄱ'으로 적는다.
- 어말이나 자음 앞에 올 때, 이중 모음이나 장모음 다음의 [p], [t], [k]는 '으'를 붙여서 적는다.

예

- cat[kæt]: 캣
- cake[keɪk]: (케익 / 케잌 / 케이크)
- flute[fluːt]: (플룻 / 플루트)

문제풀이

227

19강 조선의 활자 주조 방식

| 정답 및 해설 | 129쪽

※ 다음 글을 읽고 물음에 답하시오.

손톱만 한 크기에 붓으로 쓰기도 어려울 것 같은 가느다란 획까지 글자로 구현한 활자는 당시 수공 기술의 결정체이다. 이러한 무형의 유산은 오늘날 그 실체를 확인하기가 어렵지만, 과학적 방법과 기록을 통해 조선의 활자에 대해 알아볼 수 있다.

《태종실록》에는 조선 최초의 활자인 계미자를 만들기 위해 태종이 내부에 소장하고 있던 동철을 내놓았다는 이야기가 나온다. 오늘날 동과 철은 분명히 다른 금속이지만, 태종이 금속활자를 만들기 위해 내놓았다는 동철은 동과 철, 두 금속을 뜻하지 않는다. '동철'에서 철은 금속을 대표하는 단어로 쓰인 것이다. 국립중앙박물관에 소장된 활자와 최근 인사동에서 출토된 활자들의 금속 성분을 분석한 결과, 철은 극소량이며 구리가 주성분인 것으로 밝혀졌다. 그러나 순수한 구리는 물러서 활자에 적합하지 않기 때문에 100% 구리로만 활자를 만들 수는 없다.

구리는 1085℃에 가까운 고온에서 녹여야 하기 때문에 주물* 과정이 쉽지 않았을 것이다. 합금 비율을 맞추는 것도 쉽지 않다. 서양에서 만든 납 활자와 비교하면 이것이 어느 정도의 정성이 드는 일인지 금방 알 수 있다. 구텐베르크가 발명한 서양의 활자는 납이 주성분인데, 납은 327℃ 정도에서 녹기 때문에 활자 주조 작업이 훨씬 더 수월했다. 서양의 납 활자는 형태와 주조 방식도 조선의 활자와 달랐다. 서양의 수동식 활자 주조기로 활자를 만들 때는 먼저 강철에 양각으로 글자를 새긴다. 이렇게 만들어진 부형*을 패트릭스라고 한다. 패트릭스를 더 무른 금속에 대고 누르면 패트릭스에 새긴 글자가 음각이 되는데 이것은 모형* 혹은 어미자로, 매트릭스라고 부른다. 매트릭스를 수동식 활자 주조기 틀의 아래쪽에 물린 다음 금속물을 국자 같은 것으로 더 넣어 활자를 만들 수 있다. 이 방식은 조선의 활자 주조 방식에 비해 한결 간단하다.

전통적인 금속활자 주조 방식에는 밀랍주조법과 사형주조법이 있다. 밀랍주조법은 밀랍으로 만들고자 하는 활자 모양대로 어미자를 만들고, 이것을 흙으로 만든 거푸집으로 감싼 후 가열한다. 그러면 밀랍이 녹으면서 만들고자 하는 어미자의 형태만 남게 된다. 그 자리에 녹인 금속을 부어 식힌 후 거푸집을 깨고 완성품을 얻는다. 어미자는 거푸집을 가열할 때 녹아 없어져 재사용할 수 없기 때문에 밀랍주조법으로 만든 활자는 모양이 모두 다르다.

사형주조법은 조선 전기 문신이자 학자인 성현이 쓴 《용재총화》에 기록되어 전해진다. 구리보다 높은 온도를 견디는 철로 거푸집을 만들고 그 안에 주물사*라고 부르는 부드러운 모래를 채워 넣은 후, 금속활자와 똑같은 모양의 나무 활자를 어미자로 만들어 꾹 눌러주면 글자의 흔적만 남는다. 상하 두 부분으로 나누어진 거푸집에서 나무 활자를 빼내고, 그 자리에 금속을 녹인 액체를 넣어 금속활자를 만든다. 이때, 금속 액체가 들어갈 주입구를 만들어주어야 한다. 한 번에 여러 개의 활자를 만들었으므로 주입구는 여러 갈래이고, 그 끝에 활자가 붙어 있었다. 금속 액체가 식으면 합쳤던 판을 분리하여 주입구 끝에 붙어 있는 활자를 떼어 낸다. 주조 과정에서 생긴 이물질이나 거친 표면을 깎고 잘라내어 정리하면 활자의 모양을 갖추게 된다.

01 내용 전개 방식 파악하기

윗글의 내용 전개 방식으로 적절하지 <u>않은</u> 것은?

① 활자의 주조 방식을 순서에 따라 설명하고 있다.

② 활자의 기록에 관한 서적을 참고하여 설명하고 있다.

③ 금속활자의 발달 과정을 시간의 흐름에 따라 설명하고 있다.

④ 전통적인 금속활자 주조 방식을 두 가지로 나누어 설명하고 있다.

⑤ 조선과 서양의 금속활자 주조 방식을 비교, 대조하여 설명하고 있다.

02 세부 내용 파악하기

윗글을 읽고 이해한 내용으로 적절하지 <u>않은</u> 것은?

① 납은 구리보다 더 낮은 온도에서 녹는다.

② 밀랍주조법으로 만든 활자는 글자 모양이 모두 다르다.

③ 밀랍주조법과 사형주조법에서 사용하는 거푸집의 재료는 서로 다르다.

④ 서양의 활자 주조 방식은 조선의 활자 주조 방식보다 활자를 만들기가 더 쉽다.

⑤ 구리로만 활자를 만들면 다른 금속을 섞어 만들 때보다 더 단단한 활자를 얻을 수 있다.

중요 03 자료의 내용 파악하기

윗글과 보기 를 이해한 내용으로 적절하지 <u>않은</u> 것은?

> **보기**
>
> 대개 글자를 주조하는 법은 먼저 황양목을 써서 글자를 새기고, 물가의 부드러운 모래를 평평하게 인판에다 폈다가 나무에 새긴 글자를 모래 속에 찍으면 찍힌 곳이 패어 글자가 되니, 이때 두 인판을 합치고 녹은 구리를 한 구멍으로 쏟아부어 흐르는 구리 액이 파인 곳에 들어가서 하나하나 글자가 되면 이를 깎고 또 깎아서 정제한다.

① 〈보기〉는 전통 금속 주조 방식 중 사형주조법이다.

② 〈보기〉와 같은 주조 방식은 《용재총화》에 기록되어 있다.

③ 〈보기〉와 같은 주조 방식은 조선 전기 때부터 사용되었다.

④ 〈보기〉와 같은 주조 방식은 한 번에 한 개의 활자만 만들 수 있다.

⑤ 〈보기〉와 같은 주조 방식에서 나무 활자와 완성된 금속활자의 형태는 같다.

★ 인판(印版): 인쇄하는 데 쓰는 판.

★ 정제하다(精製하다): 정성을 들여 정밀하게 잘 만들다.

서답형 04 세부 내용 파악하기

㉠, ㉡에 들어갈 말을 윗글에서 찾아 차례대로 쓰시오.

> 밀랍주조법에서는 어미자를 (㉠)(으)로 만들고, 사형주조법에서는 (㉡)(으)로 만든다.

문제풀이

19강 푸른 밤_나희덕

※ 다음 글을 읽고 물음에 답하시오.

[A]
┌ **너**에게로 가지 않으려고 미친 듯 걸었던
│ 그 무수한 길도
└ 실은 네게로 향한 것이었다

[B]
┌ 까마득한 **밤길**을 혼자 걸어갈 때에도
│ 내 응시에 날아간 별은
│ 네 머리 위에서 반짝였을 것이고
│ 내 **한숨**과 입김에 꽃들은
└ 네게로 몸을 기울여 흔들렸을 것이다

[C]
┌ 사랑에서 치욕으로,
│ 다시 치욕에서 사랑으로,
└ 하루에도 몇 번씩 네게로 드리웠던 **두레박**

[D]
┌ 그러나 매양 퍼 올린 것은
│ **수만 갈래의 길**이었을 따름이다
│
│ 은하수의 한 별이 또 하나의 별을 찾아가는
└ 그 수만의 길을 나는 걷고 있는 것이다

[E]
┌ 나의 생애는
│ 모든 지름길을 돌아서
└ 네게로 난 단 하나의 **에움길***이었다

- 나희덕, 〈푸른 밤〉 -

*에움길: 굽은 길. 또는 에워서 돌아가는 길.

01 화자의 심리, 태도 파악하기

윗글의 화자에 대한 설명으로 가장 적절한 것은?

① 자연물을 관찰하며 인생의 진리를 깨닫고 있다.
② 상황을 가정하여 공동체적 가치를 강조하고 있다.
③ 현실을 자각하고 절대적인 사랑을 표현하고 있다.
④ 부정적인 상황을 긍정적인 시선으로 바라보고 있다.
⑤ 부재하는 대상에 대해 비판적인 태도를 드러내고 있다.

02 시어의 의미 파악하기

윗글의 시어에 대한 설명으로 적절하지 <u>않은</u> 것은?

① '밤길'은 '너'와 함께하지 않은 시간을 의미한다.
② '한숨'은 '너'의 외면으로 인한 슬픔을 의미한다.
③ '두레박'은 '너'를 떠올리며 느끼는 그리움을 의미한다.
④ '수만 갈래의 길'은 '너'와의 사랑을 향한 길을 의미한다.
⑤ '에움길'은 '너'와의 사랑을 이루는 것이 쉽지 않음을 의미한다.

중요 ▶ 03 외적 준거를 바탕으로 작품 이해하기

보기 는 시인의 말이다. 보기 를 바탕으로 윗글을 이해한 내용으로 적절하지 <u>않은</u> 것은?

> **보기**
>
> 　서른 살 무렵 〈푸른 밤〉이라는 시를 썼는데요. 서른 살은 이십 대의 무모한 열정이나 낭만적 환상 대신 사랑의 이면이 치욕이라는 사실을 깨닫기 시작하는 나이라고 할 수 있지요. 치욕을 길어 올린 마음의 두레박을 다시 깊은 우물에 던져 맑은 사랑의 물을 길어 올릴 수 있는 나이이기도 하구요. 그러면서 '나'와 '너' 사이의 까마득한 거리는 단순한 단절을 넘어섭니다.
> 　'나'의 발길이 '너'를 향해 있는 한 '너'는 결코 멀리 있는 게 아닙니다. '나'의 시선과 한숨과 입김 속에 이미 '너'는 깃들어 있습니다. 그러기에 혼자 밤길을 걸어가도 '검은 밤'이 아니라 '푸른 밤'이 될 수 있는 것이죠. 어둡지만 '너'라는 존재를 알아볼 수 있는 푸른 밤 말입니다.

① [A]: '너'가 '나'에게서 멀리 떨어져 있는 것이 아님을 의미한다.
② [B]: '나'가 걷는 길이 '푸른 밤'이 될 수 있음을 의미한다.
③ [C]: 사랑이 늘 낭만적이기만 한 것은 아님을 의미한다.
④ [D]: '나'와 '너' 사이에 깊은 단절이 있음을 의미한다.
⑤ [E]: '나'의 생애에 '너'가 깃들어 있음을 의미한다.

서답형 ▶ 04 표현상의 특징 파악하기

1연~6연 중 보기 와 같은 표현법이 쓰인 연을 골라 쓰시오.

> **보기**
>
> • 어리석고도 은밀한 기쁨을 가졌어라　　　　　　　　　 - 나희덕, 〈뿌리에게〉
> • 가는 대잎에 초생달 매달려 애틋한 밝은 어둠을　　　　 -김영랑, 〈두견〉

문제풀이

231

19강

숙향전 _ 작자 미상

한방에! 개념정리

한방에! 핵심정리

갈래	애정 소설, 적강 소설
성격	낭만적, 신비적, 전기적
주제	이선과 숙향의 사랑
특징	① 천상계의 인연이 지상계로 연결됨. ② 영웅의 일대기 구조를 따르나 주인공은 영웅으로서의 능력을 갖지 않음.
해제	이 작품은 주인공 숙향이 하늘이 정해 준 배필인 이선과의 애정을 성취하고 천상으로 복귀한다는 내용이다. 위기와 극복의 반복으로 이루어지는 영웅의 일대기 구조를 따르면서도 남녀 간의 사랑을 다룬다는 특징이 있다. 부모의 반대를 비롯한 시련이 뒤따르나 결국 천상에서의 인연을 실현하게 된다는 점에서, 지상에서 이루어지는 애정이 천상에서 예정된 것이었음을 강조하고 있다.

* 전체 줄거리
김전은 자신이 구해 준 거북의 도움으로 위기에서 벗어나고, 딸 숙향을 얻는다. 숙향은 도적의 난 때 부모와 헤어져 떠돌다가 장 승상 부부의 양녀가 된다. 숙향은 사향의 음모로 죽을 위기에 처했으나, 거북의 도움으로 목숨을 건진다. 다시 떠돌던 숙향은 마고 할미와 살게 되고, 어느 날 천상 선녀로 놀던 꿈을 꾸어 꿈의 내용으로 수를 놓는다. 숙향은 천상계에서 신선 태을이던 이선과 인연을 맺는다. 이선의 아버지인 이 상서가 김전을 시켜 숙향을 옥에 가두려 하지만, 김전은 숙향이 자신의 딸임을 알게 된다. 숙향은 이 상서와의 오해를 풀고 과거에 급제한 이선과 혼인하여 부귀를 누리다가 천상계로 돌아간다.

※ 다음 글을 읽고 물음에 답하시오.

[앞부분 줄거리] 숙향은 부모와 헤어져 떠돌다가 장 승상 부부의 양녀로 자라게 된다. 승상 부부는 숙향을 사랑하여 집안을 맡기고 후사를 부탁하고자 하고, 이를 시기한 여종 사향은 숙향을 해칠 뜻을 품는다.

이때 숙향의 나이 십오 세였다. 하루는 승상 양위*를 모시고 영춘당에 올라 봄 경치를 구경하다가 문득 저녁 까치 한 마리가 낭자의 앞을 향하여 세 마디를 울고 가거늘 낭자가 놀라 말했다.

"저녁 까치는 계집의 넋이라 모든 사람 중에 유독 나를 향해 울고 가니, 장차 내게 무슨 불길한 일이 있을 징조로다." / 하고 잔치를 파하였다.

이날 사향이 틈을 타서 부인의 침소*에 들어가 금봉차*와 옥장도*를 훔쳐 낭자의 사사로운 그릇 속에 감추어 두었다. 그 후에 부인이 잔치를 가기 위해 봉차를 찾으니 간데없는지라 괴이하게 여기고 세간을 내어 살펴보니, 장도 또한 없거늘 모든 시녀를 죄 주었다. 이때 사향이 들어오며 말하기를,

"무슨 일로 이렇게 요란하십니까?" / 하니 부인이 말하였다.

"옥장도와 금봉차가 없으니 어찌 찾지 않겠느냐?"

사향이 부인 곁에 나아가 가만히 고하여 말하기를,

"저번에 숙향 아씨께서 부인의 침소에 들어가 세간을 뒤지더니 무엇인가 치마 앞에 감추어 자기의 침방*으로 갔으니 수상합니다." / 하였다. 부인이 말하기를,

"숙향의 빙옥*같은 마음에 어찌 그런 일이 있겠느냐?" / 하니 사향이 또 말하기를,

"숙향 아씨가 예전에는 그런 일이 없었으나 근간 혼인 의논을 들은 후로는 당신의 세간을 굳히노라 그러하온지 가장 부정함이 많습니다. 어쨌든 숙향 아씨 세간을 뒤져보십시오."

하였다. 부인이 또한 의심하여 숙향을 불러 말하였다.

"봉차와 장도가 혹 네 방에 있나 살펴보아라."

숙향이 말하기를, / "소녀의 손으로 가져온 일이 없사오니 어찌 소녀의 방에 있겠습니까?"

하고, 그릇을 내어놓고 친히 찾게 하니 과연 봉차와 장도가 그릇 속에 있는지라 부인이 크게 노하여 말하기를,

"네 아니 가져 왔으면 어찌 장도와 봉차가 네 그릇에 들어 있느냐?"

하고 승상께 들어가 말하기를,

"숙향을 친딸같이 길렀으나 이제 장도와 봉차를 가져다 제 함 속에 넣고 종시* 몰라라 하다가 제게 들켰사오니 봉차는 계집의 노리개니 이상하지 않으나 장도는 계집에게 어울리지 않는 물건이라 그 일이 가장 수상합니다. 어찌 처치하면 마땅하겠습니까?"

하였다. 사향이 곁에 있다가 고하여 말하였다.

"요사이 숙향 아씨 거동을 보오니 혹 글자도 지으며, 바깥사람이 자주 드나드니 그 뜻을 모르겠습니다."

승상이 대경하여* 말하기를,

"제 나이가 찼음에 필연* 바깥사람과 상통하는* 것입니다. 그냥 두었다가는 집안에 불측한* 일이

있을 것이니 빨리 쫓아내십시오."

하였다. 부인이 나와서 숙향을 보니 머리를 싸고 누워 있거늘 부인이 불러 탄식하여 말하기를,

"우리 부부가 자녀 없기로 너를 친자식처럼 길러 어진 배필을 얻어 네 몸도 의탁하고 우리의 후사와 허다한* 가산을 맡기고자 하였으나 네 마음이 가장 불량하니 장차 어찌하겠느냐? 나는 너를 오히려 아끼나 승상께서는 크게 노하셨으니, 이제 의복을 가지고 근처에 가 있으면 내 조용히 말씀드려서 다시 데려오겠다." / 하며 눈물을 흘리니 숙향이 울며 말하기를,

"소녀 다섯 살 때 부모를 잃고 동서로 유리하옵다가* 천행*으로 승상과 부인의 애휼하심*을 입사옴에 그 은혜 망극하온지라 종신토록* 지성으로 받들기를 소원하였는데 천만의외*로 이런 일이 있사오니 모두 소녀의 팔자입니다. 이제 누구를 원망하고 누구를 탓하겠습니까? 그러나 이는 요인*의 간계*로 소녀를 죽이려 하옴이니 부인은 살펴주십시오. 이제 소녀의 누명을 드러내 밝히기 어려운지라 차라리 부인의 눈앞에서 죽고자 합니다. 부인은 소녀의 원대로 배를 헤쳐 저잣거리에 달아 주십시오. 지나다니는 사람 중에 한 사람이라도 소녀의 억울함을 알아줄 것이니 더러운 이름을 씻으면 지하에 가서라도 눈을 감을까 하나이다."

하거늘, 부인이 그 경색*을 보고 문득 크게 깨달아 말하였다.

"너를 시기하는 자가 음해한* 것이로다. 내 미처 이것을 생각지 못하여 네 심사*를 상하게 하였으니 어찌 내 불찰*이 아니겠느냐?"

사향이 거짓 승상의 말로 고하여 말하였다.

"'숙향의 행실이 불측하여 내 벌써 내치라 하였거늘 뉘라서 감히 내 뜻을 거역하느냐?' 하고 대로하시더이다*."

부인이 말하기를,

"승상이 저렇게 노하시니 잠깐 몸을 피하여 있으면 사세*를 보아 너를 데려오겠다. 조금도 염려하지 말라." / 하니 숙향이 거듭 절하며 말하였다.

"부인의 두호하심*이 간절하시나 승상의 노책*이 엄절하시니* 소녀의 죄를 용서받을 길이 없을 듯합니다."

사향이 또 고하여 말하였다. / "승상께서 '숙향을 바삐 보내고 아뢰라.' 하시더이다."

부인이 더욱 애련하여* 시녀 금향을 명하여,

"숙향이 입던 의복과 쓰던 기물*을 다 주라." / 하니 숙향이 울며 말하기를,

"부모를 다시 못 뵈옵고 오늘은 또 이러한 누명을 쓰고 죽게 되오니 다만 이것이 한이 될 뿐입니다." / 하였다. 부인이 말하기를,

"내 승상께 여쭈어 무사토록 하리라."

하니, 사향이 그 모습을 보고 부인이 주선할까* 겁내어 말하기를,

"승상이 '숙향을 그냥 두었다.' 하여 대로하시더이다." / 하였다. 부인이 말하기를,

"아직 가지 말라." / 하고 승상께 들어가니 승상이 부인을 보고 말하기를,

"내 지난밤 꿈에 벽도 가지에 ㉠앵무새가 깃들었더니, 한 ㉡중이 도끼를 가지고 가지를 베어 내리쳐 앵무새가 놀라서 날아가 버리니, 꿈이 불길하여 마음이 편하지 않습니다. 부인은 술을 가져오십시오." / 하였다.

- 작자 미상, 〈숙향전〉 -

✔ 한방에! 어휘풀이

★ 양위(兩位): 부모나 부모처럼 섬기는 사람의 내외분.

★ 침소(寢所): 사람이 잠을 자는 곳.

★ 금봉차(金鳳釵): 머리 부분에 봉황의 모양을 새긴 금비녀.

★ 옥장도(玉粧刀): 자루와 칼집을 옥으로 만들거나 꾸민 작은 칼.

★ 침방(寢房): 잠을 자는 방.

★ 빙옥(氷玉): 맑고 깨끗하여 아무 티가 없음을 비유적으로 이르는 말.

★ 종시(終是): 끝까지 내내.

★ 대경하다(大驚하다): 크게 놀라다.

★ 필연(必然): 틀림없이 꼭.

★ 상통하다(相通하다): 서로 마음과 뜻이 통하다.

★ 불측하다(不測하다): 생각이나 행동 따위가 괘씸하고 엉큼하다.

★ 허다하다(許多하다): 수효가 매우 많다.

★ 유리하다(流離하다): 일정한 집과 직업이 없이 이곳저곳으로 떠돌아다니다.

★ 천행(天幸): 하늘이 준 큰 행운.

★ 애휼하다(愛恤하다): 불쌍히 여기어 은혜를 베풀다.

★ 종신토록(終身토록): 살아서 목숨이 다할 때까지.

★ 천만의외(千萬意外): 전혀 생각하지 아니한 상태.

★ 요인(妖人): 바른 도리를 어지럽게 하는 요사스러운 사람.

★ 간계(奸計): 간사한 꾀.

★ 경색(哽塞): 지나치게 소리를 내어 울어 목이 막힘.

★ 음해하다(陰害하다): 몸을 드러내지 아니한 채 음흉한 방법으로 남에게 해를 가하다.

★ 심사(心思): 어떤 일에 대한 여러 가지 마음의 작용.

★ 불찰(不察): 조심해서 잘 살피지 아니한 탓으로 생긴 잘못.

★ 대로하다(大怒하다): 크게 화를 내다.

★ 사세(事勢): 일이 되어 가는 형세.

★ 두호하다(斗護하다): 남을 두둔하여 보호하다.

★ 노책(怒責): 성내어 꾸짖음.

★ 엄절하다(嚴切하다): 태도가 매우 엄격하다.

★ 애련하다(哀憐하다): 애처롭고 가엾다.

★ 기물(器物): 살림살이에 쓰는 그릇.

★ 주선하다(周旋하다): 일이 잘되도록 여러 가지 방법으로 힘쓰다.

01 서술상의 특징 파악하기

윗글에 대한 설명으로 가장 적절한 것은?

① 비현실적 요소를 통해 갈등이 해소되고 있다.

② 서술자가 개입하여 인물에 대해 평가하고 있다.

③ 외양 묘사를 통해 인물의 심리를 암시하고 있다.

④ 대사를 통해 과거에 있었던 일을 드러내고 있다.

⑤ 과장된 행동 묘사로 해학적 분위기를 조성하고 있다.

02 작품의 내용 파악하기

윗글의 내용으로 적절하지 않은 것은?

① 승상은 부인에게 숙향을 쫓아내라고 말했다.

② 사향은 숙향을 모함하기 위해 부인의 물건을 훔쳤다.

③ 부인은 숙향이 옥장도를 가지고 있는 것을 이상하게 여겼다.

④ 부인은 승상의 화가 풀린 뒤 숙향을 다시 데려오려고 생각했다.

⑤ 숙향은 자신으로 인해 승상 부부의 사이가 틀어질 것을 걱정했다.

중요 · 03 외적 준거를 참고하여 작품 이해하기

보기를 참고하여 승상의 꿈을 이해했을 때, ㉠과 ㉡이 상징하는 것으로 가장 적절한 것은?

보기

꿈은 고전소설에서 주요한 소재로 빈번히 등장하며, 작품 내에서 다양한 문학적 기능을 발휘하기도 한다. 〈숙향전〉에서 꿈은 숙향의 출생을 예고하기도 하고, 승상의 부인에게 숙향과의 만남을 예고하기도 하며, 숙향이 처한 현실적 상황을 상징적으로 나타내기도 한다.

	㉠	㉡		㉠	㉡		㉠	㉡
①	사향	숙향	②	사향	승상	③	숙향	사향
④	숙향	승상	⑤	승상	사향			

서답형 · 04 소재의 기능 파악하기

다음 내용과 관련 있는 소재를 윗글에서 찾아 2어절로 쓰시오.

- 불길한 분위기를 조성함.
- 앞으로 일어날 일을 암시함.

문제풀이

복습하기

문법

로마자 표기법	음운 변화를 표기에 반영함. → 자음 사이의 동화 작용, 'ㄴ, ㄹ'이 덧나는 경우, ¹ ☐☐☐☐ 가 되는 경우, 'ㄱ, ㄷ, ㅂ, ㅈ'이 ² ☐ 과 합하여 거센소리로 소리 나는 경우 단, ³ ☐☐☐☐☐ 는 표기에 반영하지 않음.
외래어 표기법	• 받침에는 'ㄱ, ㄴ, ㄹ, ㅁ, ㅂ, ㅅ, ㅇ'만을 씀. • 파열음 표기에는 ⁴ ☐☐☐ 를 쓰지 않는 것을 원칙으로 함.

독서

1문단	조선의 활자에 대해 알아보는 방법	4문단	조선의 금속활자 주조 방식 ① - ⁶ ☐☐ 주조법
2문단	《태종실록》의 기록과 금속활자의 성분	5문단	조선의 금속활자 주조 방식 ② - ⁷ ☐☐ 주조법
3문단	서양의 ⁵ ☐ 활자 주조 방식		

문학 – 푸른 밤(나희덕)

1연	벗어날 수 없는 '너'에 대한 사랑의 감정	4~5연	'너'와의 사랑에 이르는 험한 길
2연	항상 '너'를 향했던 '나'의 사랑	6연	'너'를 향하는 '나'의 생애 ('⁸ ☐☐☐')
3연	'너'를 사랑하면서 겪는 내적 갈등		

문학 – 숙향전(작자 미상)

숙향이 저녁 ⁹ ☐☐ 를 보고 불길함을 느낌.

↓

사향이 부인의 침소에서 금봉차와 ¹⁰ ☐☐☐ 를 훔쳐 숙향의 그릇에 감추어 둠.

↓

이야기를 들은 ¹¹ ☐☐ 이 숙향을 쫓아내라고 함.

↓

¹² ☐☐ 은 숙향이 우는 것을 보고 결백함을 알아챔.

↓

사향은 거짓으로 승상이 크게 화를 낸 것처럼 꾸며냄.

정답 | 1 구개음화　2 ㅎ　3 된소리되기　4 된소리　5 납　6 밀랍　7 사형　8 에움길　9 까치　10 옥장도　11 승상
12 부인

20

Contents

20강

문법

한글의 창제 원리와 가치

＊자음의 창제 원리
- 상형: 발음 기관의 모양을 본따 기본자를 만듦.
- 가획: 기본자에 획을 더해 새 글자를 만듦.
- 이체: 모양을 달리하여 만듦.
- 병서: 글자를 옆으로 나란히 써서 만듦.
  예 각자 병서(쌍자음)
  → ㄲ, ㄸ, ㅃ, ㅆ, ㅉ
  합용 병서(겹받침)
  → ㄳ, ㄵ, ㄼ, ㅀ
- 연서: 글자를 위아래로 이어 써서 만듦.
  예 ㆄ, ㅸ, ㅹ

1 자음의 창제 원리

기본자	본뜬 모양	가획자	이체자
ㄱ	혀뿌리가 목구멍을 막는 모양 (어금닛소리)	ㅋ	ㆁ
ㄴ	혀끝이 윗잇몸에 닿는 모양 (혓소리)	ㄷ, ㅌ	ㄹ
ㅁ	입의 모양 (입술소리)	ㅂ, ㅍ	
ㅅ	이의 모양 (잇소리)	ㅈ, ㅊ	ㅿ
ㅇ	목구멍의 모양 (목구멍소리)	ㆆ, ㅎ	

2 모음의 창제 원리

기본자	본뜬 모양	초출자	재출자
·	하늘의 둥근 모양		
ㅡ	땅의 평평한 모양	ㅗ, ㅏ, ㅜ, ㅓ	ㅛ, ㅑ, ㅠ, ㅕ
ㅣ	사람이 서 있는 모양		

3 한글 창제의 정신

① ― 나라의 말이 중국과 달라 문자끼리 서로 통하지 아니하므로

② ┌ 이런 까닭으로 어리석은 백성이 이르고자 할 바가 있어도
　 마침내 제 뜻을 능히 펴지 못하는 사람이 많으니라.
　 내 이를 위하여 가엾게 여겨
　 └ 새로 스물여덟 자를 만드노니

③ ― 사람마다 하여금 쉽게 익혀 날로 쓰기에 편안하게 하고자 할 따름이니라.

① 자주 정신: 우리말이 중국의 말과 다름을 인식함.
② 애민 정신: 문자를 몰라 뜻을 펴지 못하는 백성을 가엾게 여김.
③ 실용 정신: 모든 사람이 문자를 쉽게 익혀 편안하게 쓰도록 함.

4 한글의 우수성

＊정보화 시대의 한글
- 소리 나는 대로 입력할 수 있어 문서 작성이 편함.
- 적은 수의 글자로 많은 소리를 표현할 수 있어 쉽게 입력할 수 있음.

독창성	다른 나라의 문자를 흉내 내거나 변형하지 않고 독창적으로 만들어짐.
과학성	발음 기관과 하늘·땅·사람의 모양을 본 따 기본자를 만들고, 획을 더해 새로운 글자를 만들어냄.
경제성	총 28개(자음 17개, 모음 11개)의 문자만으로 많은 소리를 표현할 수 있으며, 음절 단위로 모아쓰기를 함.
실용성	글자와 소리가 일대일로 대응되어 익히기 쉬움.

중요 **01** 자음의 창제 원리 이해하기

보기 는 학생과 선생님의 대화이다. 빈칸에 들어갈 말로 가장 적절한 것은?

보기

학생: 선생님, 'ㄹ'은 'ㄴ'과 모양이 닮았으니 'ㄴ'의 가획자이죠?
선생님: _____.

① 맞아요, 'ㄹ'은 'ㄴ'과 모양이 닮은 가획자예요.
② 맞아요, 'ㄹ'은 'ㄴ'에 획을 더해 만든 가획자예요.
③ 아니에요, 'ㄹ'은 목구멍의 모양을 본 따 만든 기본자예요.
④ 아니에요, 'ㄹ'은 'ㄴ'에 획 두 개를 더해 만들었으니 재출자예요.
⑤ 아니에요, 'ㄹ'은 'ㄴ'보다 소리의 세기가 커지지 않았으니 이체자예요.

중요 **02** 모음의 창제 원리 이해하기

보기 의 ㉠~㉢에 해당하는 글자로 가장 적절한 것은?

보기

한글의 모음은 상형의 원리로 만든 ㉠ 기본자 세 개와 합성의 원리로 만든 ㉡ 초출자 네 개, ㉢ 재출자 네 개가 있다.

	㉠	㉡	㉢
①	·	ㅓ	ㅕ
②	ㅡ	ㅗ	ㅕ
③	ㅣ	ㅡ	ㅛ
④	ㅏ	ㅐ	ㅔ
⑤	ㅜ	ㅏ	ㅓ

중요 **03** 한글 창제의 정신 이해하기

보기 에 대한 설명으로 적절하지 않은 것은?

보기

나라의 말이 중국과 달라 문자끼리 서로 통하지 아니하므로 이런 까닭으로 어리석은 백성이 이르고자 할 바가 있어도 마침내 제 뜻을 능히 펴지 못하는 사람이 많으니라. 내 이를 위하여 가엾게 여겨 새로 스물여덟 자를 만드노니 사람마다 하여금 쉽게 익혀 날로 쓰기에 편안하게 하고자 할 따름이니라.

① 한글을 만든 이유를 밝히고 있다.
② 한글은 배우기 편한 글자로 만들어졌다.
③ 문자를 모르는 백성이 많았음을 알 수 있다.
④ 백성이 한글로 뜻을 펴지 못하는 것을 안타까워했다.
⑤ 처음 만들어진 한글은 스물여덟 자였음을 알 수 있다.

서답형 **04** 한글의 가치 이해하기

한글의 우수성 중 다음 내용과 관련 있는 것은 무엇인지 쓰시오.

ㅋ은 ㄱ에 비하여 소리가 남이 조금 세므로 획수를 더하였는데, ㄴ에서 ㄷ, ㄷ에서 ㅌ, ㅁ에서 ㅂ, ㅂ에서 ㅍ, ㅅ에서 ㅈ, ㅈ에서 ㅊ, ㅇ에서 ㆆ, ㆆ에서 ㅎ도 그 소리로 인하여 획을 더한 뜻이 다 같다.

- 〈훈민정음 해례본〉

문제풀이

20강

백남준의 예술

| 정답 및 해설 | 136쪽

주제	백남준 예술의 특징과 의의
해제	이 글은 백남준 예술의 특징과 의의를 설명하고 있다. 백남준은 전통적인 방식이 아닌, 비물질인 전파를 이용해 작품활동을 하였다. 백남준은 살아 움직이는 작품을 보여 주기 위해 텔레비전을 이용하였는데, 이로써 다른 장소에 있는 사람들도 같은 작품을 감상하며 소통할 수 있었다. 백남준은 동서양 문화의 이미지를 섞어 전 세계에 생중계했고, 이를 통해 전 세계 사람들이 다른 인종의 문화를 보고 느낄 수 있었다. 즉, 백남준의 예술은 모두를 위한 화합의 예술이었다.

＊문단 중심 내용

1문단	백남준과 요셉 보이스의 만남
2문단	백남준 예술의 특징
3문단	백남준 예술의 의의
4문단	선각자로서의 백남준

★ 행위 예술(行爲藝術): 표현하고자 하는 관념이나 내용을 신체를 통하여 구체적으로 보여 주는 예술.

★ 투사하다(透射하다): 빛이 물건을 꿰뚫고 들어가다.

★ 송출하다(送出하다): 물품, 전기, 전파, 정보 따위를 기계적으로 전달하다.

★ 선각자(先覺者): 남보다 먼저 사물이나 세상일을 깨달은 사람.

※ 다음 글을 읽고 물음에 답하시오.

　수천 년간 서양 미술은 물감을 주재료로 시각적인 아름다움을 추구해 왔다. 그러나 그런 전통적인 방법과 달리 비물질인 전파를 이용해 작품을 만드는 이가 나타났는데, 그가 바로 비디오 아트로 유명한 백남준이다. 미술과 함께 현대 음악을 전공한 백남준은 미국의 작곡가 존 케이지가 발표한 〈4분 33초〉라는 무음 음악의 파격에 감동했다. 그는 공연 도중 바이올린을 내리쳐 부숴버리는 〈존 케이지에 대한 오마주〉란 행위를 선보였고, 이를 계기로 평생의 예술적 동료가 될 요셉 보이스를 만나게 된다. 그리고 이들은 함께 수많은 행위 예술*을 해 나갔다.

　본인의 경험을 바탕으로 작품을 구성한 보이스는 펠트 천과 지방 덩어리 같은 재료를 자신의 상징처럼 활용했다면, 백남준을 상징하는 표현 매체는 단연 텔레비전이었다. 1960년대 당시의 최첨단 매체였던 브라운관 텔레비전에 매료된 백남준은 그 시대를 상징하는 매체인 텔레비전을 이용하면 고정된 이미지가 아닌 살아 움직이는 작품을 보여 줄 수 있으리라고 생각했고, 텔레비전을 쌓아 올려 사람 혹은 정물과 같은 조각의 형상을 만들었다. 여기에 마치 그림을 그리듯 직접 제작한 영상 이미지를 브라운관에 투사하여* 작품을 완성했다. 그는 위성을 이용하면 지구 반대편에 있는 사람도 텔레비전이라는 매체를 통해 똑같은 예술 작품을 보고 감상하며 소통과 공감을 할 수 있을 것이라고 상상했다. 그리고 이러한 그의 상상이 실현된 작품이 1988년 서울 올림픽 대회 개최를 기념해 제작한 ㉠〈세계와 손잡고〉이다. 이처럼 보이스가 자연의 매체를 기반으로 대중과 소통했다면 백남준은 인공의 매체인 텔레비전을 기반으로 대중에게 다가갔다.

　〈세계와 손잡고〉에서 백남준은 동서양 문화를 대표하는 이미지들을 섞어 영상을 만든 후 위성을 통해 전 세계에 생중계했다. 이를 시청한 전 세계 사람들은 같은 시대, 같은 시간, 다른 장소에 있는 다른 인종의 문화를, 그리고 그 화합의 순간을 보고 느끼며 생각해볼 수 있었다. 백남준의 예술은 보이스와는 다른 듯 닮은 방식을 취하면서도 특정 누군가만 소장하는 형태가 아니라, 그 시간에 방송을 시청한 모두가 같은 경험과 감상을 느낄 수 있는 화합의 예술이었다.

　"앞으로 우리 모두는 아마추어 텔레비전 방송을 하게 될 것이다." 백남준이 예견한 대로 30여 년 만에 우리는 누구나 길에서 위성을 통해 지구 반대편에 있는 타인의 정보를 확인하고, 또 자신의 모습을 송출할* 수 있는 시대를 살고 있다. 그가 상상한 미래가 바로 우리의 현재이다. 백남준은 인터넷 시대가 오기 전에 이를 예측한 선각자*였다.

01 세부 내용 파악하기

윗글의 내용과 일치하지 <u>않는</u> 것은?

① 백남준은 존 케이지의 무음 음악에 깊은 감명을 받았다.
② 백남준은 전통적이지 않은 방식으로 작품활동을 하였다.
③ 백남준은 보이스와 달리 대중과 소통하는 예술을 추구하였다.
④ 백남준은 텔레비전을 통해 전 세계 사람들의 공감을 이끌어 냈다.
⑤ 백남준은 살아 움직이는 작품을 만들기 위해 텔레비전을 이용했다.

02 세부 내용 파악하기

㉠에 대한 설명으로 적절하지 <u>않은</u> 것은?

① 다양한 국적의 사람들이 화합을 느끼게 하였다.
② 감상자들이 직접 자신의 모습을 송출할 수도 있었다.
③ 1988년 서울 올림픽 대회 개최를 기념하여 제작되었다.
④ 감상자들이 동일한 시간대에 같은 경험을 할 수 있었다.
⑤ 영상에 동서양의 문화와 관련 있는 이미지를 활용하였다.

중요 03 다른 사례에 적용하기

윗글과 보기 를 읽은 학생의 반응으로 가장 적절한 것은?

보기

백남준의 대표적 작품 〈노마드〉는 강화플라스틱으로 만든 버스 조형물 위에 추상적인 색감을 자유분방하게 채색했다. 그리고 그 중간중간 텔레비전을 설치하고 위에는 의자와 위성 접시와 같은 형상을 매달았다. 작품의 제목인 '노마드(유목민)'처럼 전 세계를 떠돌아다니며 예술을 전파했던 본인의 삶을 녹여낸 듯한 작품이다. 작품에 설치된 텔레비전에서는 끊임없이 변화하고 움직이는 백남준의 영상 작품들이, 운전석 쪽 텔레비전에서는 있지도 않은 핸들을 붙잡고 천연덕스럽게 운전하는 그의 모습이 보인다.

① 고정된 이미지의 작품을 보여 주려고 한 것이군.
② 기존 예술이 추구하던 아름다움을 잘 느낄 수 있겠군.
③ 물감을 주재료로 한 것으로 보아 전통적인 방식을 따랐군.
④ 인공적인 요소보다 자연의 매체를 사용하여 주제를 전달했군.
⑤ 직접 제작한 영상을 텔레비전으로 송출하여 생동감을 살렸군.

서답형 04 세부 내용 파악하기

빈칸에 들어갈 말을 윗글에서 찾아 쓰시오.

백남준은 (   )을/를 이용해 조각의 형상을 만들고, 영상을 투사하여 작품을 완성했다.

문제풀이

20강

곡자 _ 허난설헌

갈래	한시
성격	애상적
주제	자식을 잃은 슬픔과 한
특징	① 화자의 정서를 직설적으로 드러냄. ② 작가의 불행한 삶의 단면이 드러남.
해제	이 작품은 작가가 두 자식을 연달아 잃고 난 뒤 쓴 것으로, 자식을 잃은 어머니의 슬픔과 한이 직설적으로 드러나 있다. 두 아이가 이승에서 다하지 못한 정을 나누기를 바라는 모습에서 말로 다 할 수 없는 안타까움을 느낄 수 있다.

※ 다음 글을 읽고 물음에 답하시오.

지난해 사랑하는 딸을 잃었고
올해는 사랑하는 아들을 잃었네.   [A]
슬프디 슬픈 광릉의 땅이여
두 무덤이 마주 보고 서 있구나.
백양나무에는 쓸쓸히 바람 불고   [B]
숲에서는 도깨비불 반짝이는데
지전*으로 너희 혼을 부르고   [C]
너희 무덤에 술을 따르네.
아아, ㉠ 너희들 남매의 혼은
밤마다 정답게 놀고 있으리.
비록 뱃속에는 아이가 있다 하지만   [D]
어찌 그 녀석이 제대로 자라기를 바라리오.
황대사*를 부질없이 부르며   [E]
피눈물로 울다가 목이 메이도다.

去年喪愛女   (거년상애녀)
今年喪愛子   (금년상애자)
哀哀廣陵土   (애애광능토)
雙墳相對起   (쌍분상대기)
蕭蕭白楊風   (소소백양풍)
鬼火明松楸   (귀화명송추)
紙錢招汝魄   (지전초여백)
玄酒尊汝丘   (현주존여구)
應知弟兄魂   (응지제형혼)
夜夜相追遊   (야야상추유)
縱有腹中孩   (종유복중해)
安可冀長成   (안가기장성)
浪吟黃臺詞   (낭음황대사)
血泣悲吞聲   (혈읍비탄성)

– 허난설헌, 〈곡자〉 –

01 표현상의 특징 파악하기

윗글에 대한 설명으로 가장 적절한 것은?

① 시적 대상을 다른 대상에 비유하고 있다.
② 시적 대상에게 질문하는 형식을 취하고 있다.
③ 시적 대상에 대한 화자의 정서가 드러나 있다.
④ 공간이 이동하며 화자의 태도가 변화하고 있다.
⑤ 부정적인 현실에 대한 비판 의식이 나타나 있다.

02 작품의 내용 파악하기

[A]~[E]에 대한 설명으로 적절하지 않은 것은?

① [A]: 화자가 처한 상황을 제시하고 있다.
② [B]: 외롭고 스산한 무덤가의 풍경을 묘사하고 있다.
③ [C]: 자식의 제사를 지내는 화자의 모습을 묘사하고 있다.
④ [D]: 다른 자식으로 슬픔을 잊으려는 화자의 마음을 드러내고 있다.
⑤ [E]: 고사를 활용하고 화자의 슬픔을 행동을 묘사하여 제시하고 있다.

중요 **03** 시어의 의미 파악하기

보기 의 시어 중 ㉠과 유사한 의미로 볼 수 없는 것은?

보기

유리(琉璃)에 **차고 슬픈 것**이 어른거린다
열없이 붙어 서서 입김을 흐리우니
길들은 양 **언 날개**를 파닥거린다.
지우고 보고 지우고 보아도
새까만 밤이 밀려나가고 밀려와 부딪히고,
물 먹은 별이, 반짝, 보석처럼 박힌다.
밤에 홀로 유리를 닦는 것은
외로운 황홀한 심사이어니,
고흔 폐혈관(肺血管)이 찢어진 채로
아아, 늬는 **산(山)ㅅ새**처럼 날아갔구나!

- 정지용, 〈유리창 1〉

★ 열없이: 어설프고 짜임
  새가 없이.
★ 심사(心思): 어떤 일에
  대한 여러 가지 마음의
  작용.
★ 고흔: 고운.

① 차고 슬픈 것   ② 언 날개   ③ 새까만 밤   ④ 물 먹은 별   ⑤ 산(山)ㅅ새

서답형 **04** 시구의 의미 파악하기

윗글에는 화자의 바람이 2행에 걸쳐 표현되어 있다. 해당하는 부분의 첫 어절과 마지막 어절을 쓰시오.

문제풀이

20강

243

20강

문학 - 현대소설

허생의 처 _ 이남희

✔ 한방에! 개념정리

✔ 한방에! 핵심정리

갈래	단편 소설, 패러디 소설
성격	비판적, 풍자적
주제	가부장적 사회에 대한 비판
특징	① 〈허생전〉과 달리 허생의 처를 중심 인물로 설정함. ② 현재의 이야기와 과거의 이야기를 교차하여 전개함.
해제	이 작품은 박지원의 〈허생전〉을 허생의 처 입장에서 재구성하였다. 〈허생전〉에서는 부차적 인물이었던 허생의 처를 중심 인물로 설정함으로써, 허생에 대해 긍정적인 시각을 보이는 〈허생전〉과 달리 허생을 비판하고 있다.

＊ 전체 줄거리

'나(허생의 처)'는 품을 팔아 돈을 마련하며 언제 올지 모르는 남편 허생을 기다린다. '나'의 친모는 병자호란 때 정절을 지키기 위해 자결하였고, 서모는 살아남았다. 친정에 가 양식을 얻으려는 '나'는, 노자를 마련하기 위해 중인에게 시집간 이복 동생을 찾아갔다가 남편이 변씨에게 돈을 꾸어 큰돈을 벌었다는 사실을 알게 되어 큰 충격을 받는다. 그리고 오 년 만에 집에 돌아왔던 남편이 그동안 무엇을 했느냐는 자신의 질문에 제대로 답하지 않았던 것을 떠올린다. 부족한 노자를 충당하기 위해 찾아간 큰집에서는, 시할머니가 남편이 밖으로 나도는 것도, 자식이 없는 것도 모두 '나'의 탓이라며 '나'를 꾸짖는다. '나'는 집으로 돌아가는 길에 함께 일하는 농사꾼 부부를 보며 부러워하고, 서로에 대해 알지 못하는 자신과 남편을 되돌아본다. 다시 집으로 돌아온 남편은 '나'에게 자신은 다시 떠날 것이니 큰댁에 의탁하라고 말하지만, '나'는 남편과 절연하여 팔자를 고치겠다는 뜻을 밝힌다.

※ 다음 글을 읽고 물음에 답하시오.

양식이 없어 하루 종일 굶은 다음 날이었다. 수를 놓고 있었는데, 흉배＊ 앞뒤 짝을 완성해야 삯을 받을 터였으므로 마음이 급했다. 현기증도 나고 눈이 자꾸 침침해져 학의 부리를 번번이 고쳐 새로 놓아야 했다. 약 오르는 일이었다. 울화＊가 쌓이는데, 나중엔 뭐하러 말도 못 하고 지내랴 폭발하였다. ㉠ 어차피 앞도 뒤도 캄캄할 뿐이 아닌가?

"당신은 **밤낮없이 글을 읽는**데, **과거에 응시하지 않**으니 어찌 된 것입니까?"

남편은 여전히 책에 시선을 둔 채 가볍게 대꾸했다.

"공부가 미숙한 때문이오."

"그럼 장사라도 하여 먹고 살아야지요."

"장사는 밑천이 없는데 어찌하겠소."

"그럼 공장이＊ 일이라도 하시지요."

"공장이는 기술이 없으니 어찌하겠소."

[A]「 "당신은 주야로 독서하더니 배운 것이 고작 어찌하겠소 타령입니까? 사람은 생명이 있는 다음에야 무엇이든 할 수 있는 법인데 이제 우리는 굶어 죽을 지경에 이르렀으니 무슨 도리를 차리셔야 합니다."

"십 년을 기약했는데 이제 칠 년밖에 되지 않았거늘 나더러 뭘 하라는 거요?"

"대체 무엇을 위해 독서하십니까?"

남편은 대답이 궁해지자 책을 탁 덮고 일어나 딴소리를 했다.

"애석하구나. 겨우 칠 년이라니."

그러고는 집을 나가 돌아오지 않았다.

사람들은 남편은 뛰어난 인재라고 했다. ㉡ 능히 천하를 경영할 재주가 있다고 하는 이도 있었다. 그러나 남편이 죽는지 사는지 아내가 모르고, 아내가 죽는지 사는지 남편이 몰라야만 뛰어난 인재가 되는 거라면 그 뛰어난 인재라는 말은 분명 이 세상에서 쓸모없는 존재라는 뜻이리라. **이 세상이 돌아가는 법칙**이란 성현＊들이 주장하는 것처럼 그렇게 **복잡하고 어려운 것은 아닐 것**이다. 사람이 행복하게 살며, 자식을 낳고, 그 자식에게 보다 좋은 세상을 살도록 해 주는 것, 그것 말고 무엇이 있을 수 있겠는가? 어머니는 죽고 서모＊는 살아남았다. 난 판단할 수는 없다. 어머니는 죽어 잠시 칭송받았는지 모르나 서모는 살아남아 자식들을 키우고 집안을 돌보았다. 지금도 청안에서 윤복이의 뒤를 봐주고 있는 것이다.

한참 떡을 찌고 있는데 남편이 들어왔다.

"무슨 일이 있소?"

"친정엘 가려구요. 길양식＊으로 백설기를 쪘습니다."

"무슨 연고＊로? 친정에 일이 있는가?"

"아닙니다."

난 여전히 외면했고 말하고 싶지 않았다. 다시 돌아오지 않을지도 몰랐으나 구구하게* 변명하고 싶지 않았다. 저녁 밥상을 물려 가려는데 남편이 불렀다.

"잠시만 앉으오. 내가 할 이야기가 있소."

남편은 말 꺼내기가 어려운 듯 잠시 묵묵해 있었다.

"나는 다시 출유하려* 하오. 그러니 당신은 이 집을 정리하고 수래벌 큰댁에 몸을 의탁해 있으시오. 이미 사촌 큰형님과 상의해 두었소."

"집을 판다면…… 아주 안 돌아오십니까?"

"나도 모르오. 내 뜻이 이곳에 없으니 장담하기 어렵소."

"그렇다면 **차라리 저와 절연하**시지요*."

"무슨 해괴망측한 소릴 하오? 우린 혼인한 사이인데, 그걸 어찌 쉽게 깨뜨린단 말이오? 사람에겐 신의가 중요한 것이오."

[B]
"남자들은 저 편리한 대로 신의니 뭐니 하더군요. 우리가 혼인한 것이 약속이니 지켜야 한다고 합시다. 하지만 어찌 그 약속이 여자 홀로 지켜야 할 것입니까? 당신이 그걸 저버리고 절 돌보지 않으니 제가 약속을 지켜야 할 상대는 어디 있는 겁니까? ⓒ 전 차라리 팔자를 고쳤으면 합니다."

"사대부 집 아녀자가 어찌 입에 담지 못할 소리를 하오. 당신이 인륜을 저버리고 예의, 염치도 모르리라곤 생각지 않소."

"인륜? 예의? 염치? 그게 무엇이지요? 하루 종일 무릎이 시도록 웅크리고 앉아 바느질하는 게 인륜입니까? 남편이야 무슨 짓을 하든 서속*이라도 꾸어다 조석* 봉양을 하고, 그것도 부족해 술 친구 대접까지 해야 그게 예의라는 말입니까? 하루에도 열두 번도 더 청소하고 빨래하고 설거지하는 게 염치를 아는 겁니까? 아무리 굶주려도 끽소리도 못하고 눈이 짓무르도록 바느질을 하고 그러다 **아무 쓸모 없는 노파가 되어 죽는 게 인륜이라는 거**지요? 난 터무니없는 짓 않겠습니다. 분명 하늘이 사람을 내실 때 행복하게 살며 번성하라고 내셨지, 어찌 누구는 밤낮 서럽게 기다리고 굶주리다 자식도 없이 죽어 버리라고 하셨겠는가 말예요."

"기다리는 게 부녀의 아름다운 덕이오."

"덕요? 난 꼬박 오 년이나 당신을 기다렸지요. ⓓ 그전엔 굶기를 밥 먹듯 한 것이 몇 해였지요? 우리가 입에 풀칠이라도 할 수 있었던 것은 오로지 내 두 팔이 바삐 움직이고 두 눈이 호롱불 빛에 짓물렀기 때문이에요. 그런데 전 뭔가요? 앞으로도 뒤로도 어둠뿐이에요. 당신은 여전히 유유자적 **더러운 세상을 경멸하며 가슴에 품은 경륜***을 뽐낼 뿐이지요. 당신은 친구들과 담화할* 때, 학문이란 쓰임이 있어야 하고, 실*이 없으면 안 되고, 만물은 이롭도록 운용되어야 한다고 하셨지요. 그런데 당신도 세상에 있는 소이*가 없고 당신을 따르는 한 나 역시 그러해요. 그래요. 당신은 붕새*예요. 그러나 난 참새여서 당신의 높은 경지를 따를 수가 없어요. 그렇지만 나는 단 한 가지를 알고 있는데 난 앞으로는 그걸 따라 살 것이에요. 나는 열 살 때 전란을 겪었고 그 와중에서 뼈저리게 느꼈어요. 당신은 무엇 때문에 십 년이나 기약하고 독서했지요? 당신은 대답할 수 없으시지요! 난 말할 수 있어요. ⓔ 그건 사람이 살고 자식을 낳고 그 자식들을 보다 좋은 세상에서 살게 하려는 때문이라고요. 난 그렇게 하고 싶고, 꼭 할 거예요……."

- 이남희, 〈허생의 처〉 -

✔ 한방에! 어휘풀이

* **흉배(胸背):** 조선 시대에, 문무 관이 입는 관복의 가슴과 등에 학이나 범을 수놓아 붙이던 사각 형의 휘장.
* **울화(鬱火):** 마음속이 답답하여 일어나는 화.
* **공장이(工匠이):** 예전에, 물건을 만드는 일을 직업으로 하던 사람.
* **성현(聖賢):** 성인과 현인을 아울 러 이르는 말.
* **서모(庶母):** 아버지의 첩.
* **길양식(길糧食):** 여행할 때 먹으 려고 준비한 먹을거리.
* **연고(緣故):** 일의 까닭.
* **구구하다(區區하다):** 잘고 많아 서 일일이 언급하기가 구차스럽다.
* **출유하다(出遊하다):** 다른 곳으 로 나가서 놀다.
* **절연하다(絕緣하다):** 인연이나 관계를 완전히 끊다.
* **서속(黍粟):** 기장과 조를 아울러 이르는 말.
* **조석(朝夕):** 아침밥과 저녁밥을 아울러 이르는 말.
* **경륜(經綸):** 일정한 포부를 가지 고 일을 조직적으로 계획함. 또 는 그 계획이나 포부.
* **담화하다(談話하다):** 서로 이야 기를 주고받다.
* **실(實):** 실질적인 것.
* **소이(所以):** 일이 생기게 된 원 인이나 조건.
* **붕새(鵬새):** 하루에 구만 리를 날아간다는, 매우 큰 상상의 새.

[A], [B]에 대한 설명으로 가장 적절한 것은?

① [A], [B] 모두 상대의 주장을 일부 수용하고 있다.

② [A], [B] 모두 상대에게 현재 상황을 제시하고 있다.

③ [A]는 [B]와 달리 비유적인 표현을 사용하고 있다.

④ [B]는 [A]와 달리 상대를 부정적으로 평가하고 있다.

⑤ [B]는 [A]와 달리 상대에게 직접 요구를 말하고 있다.

02 구절의 의미 파악하기

㉠~㉤을 이해한 내용으로 적절하지 않은 것은?

① ㉠: '나'의 부정적인 현실 인식이 드러난다.

② ㉡: 남편에 대한 '나'의 긍정적인 평가가 드러난다.

③ ㉢: 이전과 다르게 살겠다는 '나'의 각오가 드러난다.

④ ㉣: 남편의 무능함으로 인한 '나'의 고통이 드러난다.

⑤ ㉤: '나'가 바라는 삶이 드러난다.

중요 03 외적 준거를 참고하여 작품 이해하기

보기 를 참고하여 윗글을 이해한 내용으로 적절하지 않은 것은?

보기

〈허생의 처〉는 박지원의 〈허생전〉을 패러디한 소설이다. 패러디란 기존의 원작을 모방하면서도 새로운 메시지를 만들어 낸다는 데 그 의의가 있다. 〈허생전〉에서 허생은 이상을 품은 긍정적인 인물이었으나 〈허생의 처〉에서는 비판의 대상이 된다. 본래 수동적이었던 허생의 처는 남편을 보며 가부장적 이데올로기에 회의를 느끼고, 나아가 자신의 삶을 찾고자 하는 주체적인 존재로 변모한다. 반면 허생은 이상 때문에 자신뿐만 아니라 처까지 가난에 빠뜨리는 인물로 그려진다.

① 허생이 '밤낮없이 글을 읽'으면서도 '과거에 응시하지 않'는 것은, 자신뿐만 아니라 처까지 가난에 빠뜨리는 행위이군.

② '나'가 '이 세상이 돌아가는 법칙'이 '복잡하고 어려운 것은 아닐 것'이라고 생각하는 것은, 수동적인 사고관을 나타내는군.

③ '나'가 허생에게 '차라리 저와 절연하'라고 하는 것은, 자신의 삶을 찾고자 하는 주체적인 모습을 보이는 것이군.

④ '나'가 '아무 쓸모 없는 노파가 되어 죽는 게 인륜이라는 거'냐고 묻는 것은, 가부장적 이데올로기에 대한 회의를 나타내는군.

⑤ 허생이 '더러운 세상을 경멸하며 가슴에 품은 경륜을 뽐낼 뿐'이라는 것은, 원작과 달리 허생의 이상을 비판하는 것이군.

* **변모하다(變貌하다):** 모양이나 모습이 달라지거나 바뀌다.

서답형 04 소재의 기능 파악하기

ⓐ, ⓑ에 들어갈 말을 찾아 차례대로 쓰시오.

〈허생의 처〉에서, '나'는 경제적으로 무능하면서도 이상만 좇는 남편을 (ⓐ)에 비유하고, 그러한 남편을 이해할 수 없는 자신은 소견이 좁은 사람이라는 의미에서 (ⓑ)에 비유하고 있다.

* **소견(所見):** 어떤 일이나 사물을 살펴보고 가지게 되는 생각이나 의견.

문제풀이

문법

¹ ☐☐ 의 창제 원리	• ² ☐☐ : 발음 기관의 모양을 본 따 기본자를 만듦.	
	• 가획: 기본자에 획을 더해 새 글자를 만듦.	
	• 이체: 모양을 달리하여 만듦.	
³ ☐☐ 의 창제 원리	• ² ☐☐ : 하늘, 땅, 사람의 모양을 본 따 기본자를 만듦.	
	• 초출, 재출: 기본자를 서로 합함.	
한글의 창제 정신	자주 정신, 애민 정신, ⁴ ☐☐ 정신	
한글의 가치	독창성, 과학성, 경제성, ⁴ ☐☐ 성	

독서

1문단	백남준과 요셉 보이스의 만남
2문단	백남준 예술의 특징 – ⁵ ☐☐☐☐ 으로 만든 조각의 형상, 〈⁶ ☐☐ 와 손잡고〉
3문단	백남준 예술의 의의
4문단	선각자로서의 백남준

문학 – 곡자(허난설헌)

1~8행	죽은 두 ⁷ ☐☐ 에 대해 느끼는 슬픔
9~10행	죽은 ⁷ ☐☐ 들이 함께 놀고 있기를 바라는 마음
11~14행	삶의 의욕을 잃고 한이 맺힌 화자

문학 – 허생의 처(이남희)

'나'의 주장
집을 나갈 것이라면 차라리 자신과 ⁸ ☐☐ 해 달라.

허생의 반박		'나'의 재반박
사람에게는 ⁹ ☐☐ 가 중요하다.		⁹ ☐☐ 는 ¹⁰ ☐☐ 혼자 지켜야 할 것은 아니다.
¹¹ ☐☐ 을 저버리고 예의, 염치도 모르는 소리다.	⟷	아내에게 일방적인 희생을 강요하는 것은 인륜에 어긋난다.
기다리는 게 ¹² ☐☐ 의 아름다운 덕이다.		이미 오 년 동안 남편을 기다렸으며, 가정을 책임진 것은 남편이 아닌 자신이었다.

정답 1 자음 2 상형 3 모음 4 실용 5 텔레비전 6 세계 7 아이 8 절연 9 신의 10 여자 11 인륜 12 부녀

펴 낸 이	주민홍
펴 낸 곳	서울특별시 마포구 월드컵북로 396(상암동) 누리꿈스퀘어 비즈니스타워 10층
	㈜NE능률 (우편번호 03925)
펴 낸 날	2023년 6월 5일 초판 제1쇄
전 화	02 2014 7114
팩 스	02 3142 0356
홈 페 이 지	www.neungyule.com
	www.iap2000.com
등 록 번 호	제 1-68호
정 가	14,000원

교재 내용 문의: https://iap2000.com/booksinquiry

제품 구매, 교환, 불량, 반품 문의: 02-2014-7114

☎ 전화문의는 본사 업무시간 중에만 가능합니다.

한 번에
수능까지

한수

완성하는
중학국어

중등 국어
2-2

1. 한 권으로 국어 전 갈래를 한 번에!

2. 시험 출제 빈도가 높은 필수 지문 선정!

3. 국어의 기초체력을 키우는 문해력 개발!

정답 및 해설

- 한수 중학 국어 2-2 -

정답 및 해설

Contents

01 단어의 의미 관계 이해하기

답 | ④

단어의 관계에 대한 설명으로 적절하지 않은 것은?

정답 선지 분석

④ 유의 관계에 있는 단어는 모두 대체해서 사용할 수 있다.

유의 관계에 있는 단어들은 상황이나 문맥에 따라 다른 단어로 대체해서 사용할 수 없는 경우도 있기 때문에 적절하지 않다.

오답 선지 분석

① 상의어는 하의어보다 포괄적인 의미를 가지고 있다.

한쪽이 다른 쪽을 포함하거나 다른 쪽에 포함되는 단어가 맺는 관계를 상하 관계라고 한다. 이때 상의어는 하의어보다 일반적이고 포괄적인 의미를 가지며, 반대로 하의어는 개별적이고 한정적인 의미를 지닌다.

② 다의어는 의미에 따라 다양한 반의어를 가질 수 있다.

다의어는 각각의 의미에 따라 그에 상응하는 다양한 반의어를 가질 수 있다.

③ 하의어는 상의어가 지닌 의미적 특성을 포함하고 있다.

상의어는 하의어를 포함하는 단어이다. 따라서 하의어는 상의어가 지닌 의미적 특성을 자동적으로 가지게 된다.

⑤ 두 가지 이상의 의미가 대립하면 반의 관계가 될 수 없다.

반의 관계는 두 단어가 하나의 의미 요소만 다르고 나머지 의미 요소가 모두 동일할 때 성립된다. 둘 이상의 의미가 대립하는 단어들은 반의 관계에 해당하지 않는다.

02 단어의 의미 관계 파악하기

답 | ③

보기 에서 설명하는 단어의 의미 관계에 해당하지 않는 것은?

보기

말소리는 다르지만 의미가 비슷한 둘 이상의 단어가 맺는 관계

정답 선지 분석

③ 동물 - 고양이

말소리는 다르지만 의미가 비슷한 둘 이상의 단어가 맺는 의미 관계는 유의 관계에 해당한다. '동물'과 '고양이'는 상하 관계에 해당한다.

오답 선지 분석

① 기쁨 - 환희

'기쁨'과 '환희'는 유의 관계에 해당한다.

② 책방 - 서점

'책방'과 '서점'은 유의 관계에 해당한다.

④ 중앙 - 가운데

'중앙'과 '가운데'는 유의 관계에 해당한다.

⑤ 가난하다 - 빈곤하다

'가난하다'와 '빈곤하다'는 유의 관계에 해당한다.

03 반의 관계의 유형 파악하기

답 | ②

보기 의 ㉠~㉢에 들어갈 말로 적절한 것은?

보기

반대되거나 대립되는 의미를 가진 단어 사이의 관계를 반의 관계라고 하며, 이러한 관계에 있는 단어를 반의어라고 한다. 반의어는 다시 세 개로 구분할 수 있다. 첫 번째는 (㉠)로 '합격-불합격'과 같이 두 단어가 상호 배타적이기 때문에 중립된 개념이 존재하지 않는 것이 특징이다. 두 번째는 (㉡)로 '판매-구매'와 같이 단어가 상대적 관계를 형성하면서 의미가 대칭을 이루는 것이 특징이다. 세 번째는 (㉢)로 '뜨겁다-차갑다'와 같이 단어의 의미 사이에 정도나 등급을 나타낸다.

정답 선지 분석

㉠	㉡	㉢
② 상보 반의어	방향 반의어	등급 반의어

두 단어가 상호 배타적이기 때문에 중립된 개념이 존재하지 않는 것은 상호 반의어(㉠)의 특징이다. 단어가 상대적 관계를 형성하면서 의미가 대칭을 이루는 것은 방향 반의어(㉡)의 특징이다. 단어의 의미 사이에 정도나 등급을 나타내는 것은 등급 반의어(㉢)이다.

04 상하 관계 파악하기

ⓐ, ⓑ에 들어갈 말로 적절한 것을 차례대로 쓰시오.

'예술-음악-재즈'에서 (ⓐ)은/는 예술의 하의어이지만 (ⓑ)에 대해서는 상의어에 해당한다.

정답

음악, 재즈

어떤 일이나 행동을 일으키게 하는 계기를 '동기'라고 한다. 즉
〔동기의 개념〕
동기가 부족하면 사람들은 특정 행동을 하기 어려워진다. 과거
〔동기가 부족할 때 나타나는 현상〕
많은 연구자들은 사람들이 즐거움을 추구하고 고통을 회피하는
〔이전의 연구자들이 생각한 동기의 발생 근거〕
쾌락주의에 근거해서 사람들의 동기를 설명하고자 했다. 그런데
심리학자 히긴스는 사람들이 쾌락을 추구하고 고통을 회피하는
것은 단순한 행동이 아니라 나름의 전략을 통해 조절이 가능하다
고 보았다. 이른바 '자기 조절 초점 이론'을 제시한 것이다.
▶ 1문단: 심리학자 히긴스의 자기 조절 초점 이론
㉠ 자기 조절 초점 이론은 사람들의 동기가 촉진 초점과 방어
〔자기 조절 초점 이론의 핵심 내용〕
초점이라는 두 가지 전략을 통해 부여된다는 것을 핵심 내용으로
한다. 먼저 촉진 초점이란 위험을 무릅쓰더라도 이익 추구를 위
〔동기가 부여되는 방식 ①〕 〔촉진 초점의 개념〕
해 행동하도록 만드는 것을 의미한다. 촉진 초점으로 동기가 부

여될 경우 <u>모험 지향적</u>이며, 일을 함에 있어 자율성과 감각 추구
<u>촉진 초점으로 동기가 부여된 사람의 특성</u>
를 중요시하는 특성을 보여 준다. 반면, <u>방어 초점</u>이란 무언가를
<u>동기가 부여되는 방식 ②</u>
<u>얻기보다는 손실을 회피하기 위해 행동하도록 만드는 것을</u> 말한
<u>방어 초점의 개념</u>
다. 방어 초점으로 동기가 부여될 경우 <u>위험을 감수하기보다는 안
정 지향적으로 행동</u>하며, 의무감과 책임감을 바탕으로 일을 처리
<u>방어 초점으로 동기가 부여된 사람의 특성</u>
하는 경향을 보여 준다.
                              ▶2문단: 동기가 부여되는 두 가지 방식
  자기 조절 초점에 의해 부여된 동기는 <u>목표의 추구 방식에 영향</u>
                              <u>동기 부여 방식에 따라 달라지는 것 ①</u>
을 미친다. 먼저 촉진 초점적일 경우 <u>긍정적인 결과의 존재 유무</u>
                      <u>촉진 초점적일 때 목표 추구 방식 ①</u>
에 민감하게 반응하며, 목표 달성을 위해서라면 수행해야 할 과
<u>촉진 초점적일 때 목표 추구 방식 ②</u>
업의 전환이나 변화를 마다하지 않고 오히려 선호한다. 도전적
<u>자세로 목표에 접근하는 열망 전략을 사용하는 것</u>이다. 이와 달
<u>촉진 초점적일 때 목표 추구 방식 ③</u>
리 방어 초점적일 경우 <u>부정적인 결과의 존재 유무에 민감하게</u>
                              <u>방어 초점적일 때 목표 추구 방식 ①</u>
<u>반응</u>하면서 수행하고 있는 과업을 유지하여 목표를 달성하려 한
<u>방어 초점적일 때 목표 추구 방식 ②</u>
다. <u>이득을 놓치더라도 부정적 결과를 피하기 위해 발생 가능한</u>
                      <u>방어 초점적일 때 목표 추구 방식 ③</u>
<u>문제를 파악하고 대비하려는 경계 전략을 사용하는 것</u>이다.
          ▶3문단: 촉진 초점적일 때와 방어 초점적일 때의 목표 추구 방식의 차이
  자기 조절 초점에 의해 부여된 동기는 <u>사람들이 느끼는 감정에</u>
                              <u>동기 부여 방식에 따라 달라지는 것 ②</u>
도 영향을 미친다. 『<u>긍정적인 결과가 발생했거나 긍정적인 결과가</u>
『 : 촉진 초점적일 때 느끼는 감정
예상될 때 촉진 초점적인 사람들은 행복, 기쁨, 의기양양 등의 활
기찬 감정이 일어난다. 그러나 긍정적인 결과가 발생하지 않았거
나 그러한 결과가 예상될 때 이들은 슬픔, 후회, 낙담, 부끄러움
등의 감정이 일어난다.』 반면, 『부정적인 결과가 발생하지 않았거나
                                『 : 방어 초점적일 때 느끼는 감정
부정적인 결과가 나타나지 않을 것이라고 생각될 때 방어 초점적
인 사람들은 고요, 평안 등의 안정의 감정이 일어나지만, 부정적
인 결과가 발생하였거나 그러한 결과가 예상되면 이들은 긴장,
스트레스 등의 초조한 감정이 일어난다.』
          ▶4문단: 촉진 초점적일 때와 방어 초점적일 때 느끼는 감정의 차이
  이러한 자기 조절 초점의 차이는 결국 <u>사람들의 의사결정 과정</u>
                              <u>동기 부여 방식에 따라 달라지는 것 ③</u>
에도 영향을 미칠 수밖에 없다. 현대 사회에서 개인은 합리적인
의사결정을 할 수 있는 충분한 정보를 수집하기가 까다롭고, 설령
충분한 정보를 수집하였더라도 그 정보를 적절히 가공하고 활용
하는 데 충분한 인지적 능력을 갖추기가 어렵기 때문이다. 따라서
<u>사람들은 적당히 만족스러운 대안을 추구하게 되는데 이때 조절</u>
<u>만족스러운 대안의 선택에 있어 촉진 초점적일 때와 방어 초점적일 때 차이가 있음</u>
<u>초점을 사용</u>한다는 것이다.
              ▶5문단: 자기 조절 초점의 차이가 의사결정 과정에 미치는 영향

01 내용 전개 방식 파악하기   답 | ①

윗글의 내용 전개 방식으로 가장 적절한 것은?

<u>정답 선지 분석</u>

① 동기가 부여되는 서로 다른 방식과 그 방식이 미치는 영향력을 소개하고 있다.
  윗글의 2문단에서 '자기 조절 초점 이론은 사람들의 동기가 촉진 초점과 방어 초점이
  라는 두 가지 전략을 통해 부여되는 것을 핵심 내용으로 한다'라고 밝히면서 동기가 부
  여되는 두 가지 방식을 설명하고 있고, 3문단에서는 이러한 방식들이 목표의 추구 방
  식에 미치는 영향을, 4문단에서는 이러한 방식이 감정에 미치는 영향을, 그리고 5문단
  에서는 이러한 방식이 의사결정 과정에 미치는 영향을 설명하고 있다.

<u>오답 선지 분석</u>

② 동기가 형성되고 소멸하는 과정을 인간의 다양한 심리적 특성을 기준으로
  서술하고 있다.
  윗글에서는 동기가 형성되고 소멸하는 과정에 대해 서술하고 있지 않다.

③ 원인과 결과가 다른 두 가지 사건을 사례로 들어 동기 형성 이론의 내적 구조
  를 밝히고 있다.
  윗글은 두 가지의 자기 조절 초점 이론에 대해 설명하고 있으나, 이와 관련한 구체적인
  사례를 제시하고 있지 않다.

④ 동기에 대한 서로 다른 관점을 비교하고, 두 관점을 통합할 수 있는 새로운
  방안을 제시하고 있다.
  윗글은 자기 조절 초점 이론에 따라 동기를 부여하는 서로 다른 방식을 설명하고 있다.
  이를 동기에 대한 서로 다른 관점을 비교한 것으로 볼 수 있으나, 두 관점을 통합할 수
  있는 새로운 방안에 대한 내용은 제시되어 있지 않다.

⑤ 동기와 관련된 특정 이론이 등장하게 된 이유와 그 이론의 발전 과정을 역사
  적으로 설명하고 있다.
  윗글은 동기와 관련하여 자기 조절 초점 이론을 설명하고 있으나, 이 이론이 등장한 이
  유와 그 이론의 발전 과정을 역사적으로 설명하고 있지 않다.

02 세부 내용 추론하기   답 | ②

윗글에 대한 설명으로 적절하지 <u>않은</u> 것은?

<u>정답 선지 분석</u>

② 원하는 상태에 도달하였을 때 행복을 느끼는 사람들은 책임감을 바탕으로
  과업을 처리하는 경향이 있다.
  4문단에 따르면 원하는 상태에 도달하여 긍정적인 결과가 발생했을 때 행복을 느끼는
  것은 촉진 초점을 통해 동기가 부여된 사람들의 특징이다. 그런데 2문단에 따르면 책
  임감을 바탕으로 과업을 처리하는 경향을 보여 주는 것은 방어 초점을 통해 동기가 부
  여된 사람들이므로 적절하지 않다.

<u>오답 선지 분석</u>

① 부정적인 결과가 나타나지 않았을 때 안도감을 느끼는 사람들은 안정 지향
  적으로 행동하는 경향이 있다.
  4문단에 따르면 부정적인 결과가 나타나지 않았을 때 안도감을 느끼는 것은 방어 초점
  을 통해 동기가 부여된 사람들의 특징이다. 2문단에서 방어 초점으로 동기가 부여될
  경우, 안정 지향적으로 행동하는 경향을 보여 준다고 하였으므로 적절하다.

③ 긍정적인 결과가 나타나지 않았을 때 낙담하는 사람들은 일을 할 때 감각 추
  구를 중요시하는 경향이 있다.
  4문단에 따르면 긍정적인 결과가 발생하지 않았을 때 낙담의 감정이 일어나는 것은 촉
  진 초점을 통해 동기가 부여된 사람들의 특징이다. 2문단에서 촉진 초점으로 동기가
  부여될 경우, 감각 추구를 중요시하는 특성을 보여 준다고 하였으므로 적절하다.

④ 현대 사회의 개인은 정보를 가공하고 활용하기 위한 인지능력을 충분히 갖
  추지 못하기 때문에 조절 초점을 사용한다.
  5문단에서 현대 사회의 개인은 충분한 정보를 수집하였다 하더라도 정보를 가공하고
  활용하는 데 충분한 인지적 능력을 갖추기가 어렵기 때문에 조절 초점을 사용하여 적
  당히 만족스러운 대안을 추구한다고 하였으므로 적절하다.

⑤ 현대 사회의 개인은 합리적인 의사결정을 할 수 있는 정보를 충분히 수집하기 어렵기 때문에 적당히 만족스러운 대안을 선택한다.

5문단에서 현대 사회의 개인은 합리적인 의사결정을 할 수 있는 충분한 정보를 수집하기 어렵기 때문에 적당히 만족스러운 대안을 추구하게 된다고 하였으므로 적절하다.

03 구체적 상황에 적용하기   답 | ④

윗글을 바탕으로 보기 를 해석한 내용으로 적절하지 않은 것은?

보기

[실험 상황]
두 종류의 포도 주스, A와 B를 제공하고 다음과 같은 메시지를 피실험자들에게 제시한 후, 하나를 고르게 했다.

> A: 국가연구기관의 조사에 의하면 이 포도 주스는 기존 포도 주스보다 3배 이상의 비타민 C와 철분을 포함하고 있어 에너지 보충과 활력 증진에 좋다고 합니다.
> B: 국가연구기관의 조사에 의하면 이 포도 주스는 기존 포도 주스보다 3배 이상의 항산화 성분을 포함하고 있어 암과 심장병 발생 위험을 줄여준다고 합니다.

[실험 결과]
A 선택자 비율: 45%   B 선택자 비율: 55%

정답 선지 분석

④ 실험 결과에 따른다면, 목표 달성을 위해 과업의 유지보다는 전환을 추구하는 피실험자가 더 많겠군.

A는 긍정적인 결과를 유발하는 메시지를 담고 있다면, B는 부정적인 결과를 예방하는 메시지를 담고 있다. 3문단에 따르면 긍정적 결과에 민감하게 반응한 A 선택자는 과업의 전환이나 변화를 추구하고, 부정적 결과에 민감하게 반응한 B 선택자는 과업의 유지를 추구할 것이다. 실험 결과에 따르면 A 선택자 비율보다 B 선택자 비율이 더 높으므로 과업의 전환을 추구하는 피실험자보다 과업의 유지를 추구하는 피실험자가 더 많다.

오답 선지 분석

① A를 선택한 사람들은 에너지 보충이라는 긍정적인 결과에 민감하게 반응하였겠군.

A의 '3배 이상의 비타민 C와 철분을 포함하고 있어 에너지 보충과 활력 증진에 좋다'는 내용은 긍정적인 결과에 해당하므로 A를 선택한 피실험자들은 긍정적인 결과에 민감하게 반응하였을 것이다. 3, 4문단에 따르면 촉진 초점적인 사람들은 긍정적인 결과에 민감하게 반응하므로 적절하다.

② B를 선택한 사람들은 손실을 회피하는 데 초점을 두고 자신의 동기를 조절하였겠군.

B의 '암과 심장병 발생 위험을 줄여준다'는 내용은 부정적인 결과를 언급함으로써 결과의 예방 측면을 강조한 것이다. 3, 4문단에 따르면 방어 초점적인 사람들은 부정적인 결과에 민감하게 반응하여 동기를 조절하므로 적절하다.

③ 실험 결과에 따른다면, 열망 전략보다는 경계 전략을 사용한 피실험자가 더 많겠군.

A는 긍정적인 결과를 유발하는 메시지를 담고 있다면, B는 부정적인 결과를 예방하는 메시지를 담고 있다. 3문단에 따르면 긍정적 결과에 반응한 A 선택자는 촉진 초점으로 동기를 조절한 것이고, 이들은 목표 달성을 위해 열망 전략을 사용한다. 반면 부정적 결과에 반응한 B 선택자는 방어 초점으로 동기를 조절한 것이고, 이들은 목표 달성을 위해 경계 전략을 사용한다. 실험 결과에 따르면 A 선택자 비율보다 B 선택자 비율이 더 높으므로 열망 전략보다 경계 전략을 사용한 피실험자가 더 많다고 볼 수 있다.

---

⑤ 실험 결과에 따른다면, 책임감을 중요시하는 특성을 가진 피실험자가 그렇지 않은 피실험자보다 더 많겠군.

A는 긍정적인 결과를 유발하는 메시지를 담고 있다면, B는 부정적인 결과를 예방하는 메시지를 담고 있다. 2문단에 따르면, 긍정적 결과에 반응한 A 선택자는 자율성을 중요시하는 특성을 보일 것이고, 부정적 결과에 반응한 B 선택자는 의무감과 책임감을 중요시하는 특성을 보일 것이다. 실험 결과에 따르면 A 선택자 비율보다 B 선택자 비율이 더 높으므로 책임감을 중요시하는 특성을 가진 피실험자가 그렇지 않은 피실험자보다 더 많다고 볼 수 있다.

04 세부 내용 추론하기

빈칸에 들어갈 말로 적절한 것을 골라 차례대로 쓰시오.

윗글에 따르면 제품을 구매하고자 할 때 (촉진 초점 / 방어 초점)의 사람들은 가능한 많은 선택 대안을, (촉진 초점 / 방어 초점)을 갖는 사람들은 비교적 적은 선택 대안을 생각할 것이다.

정답

촉진 초점, 방어 초점

문학 1   배꼽을 위한 연가 5(김승희)

빠른 정답 체크   01 ⑤   02 ②   03 ⑤   04 시, 책

인당수에 빠질 수는 없습니다 → 무조건적인 희생을 거부
　〈심청전〉을 차용
어머니,
　〈심청전〉과의 차이   : 단정적 어조를 사용하여 강한 의지를 드러냄
저는 살아서 시를 짓겠습니다
　주체적인 삶을 살고자 하는 의지
　▶ 희생을 거부하며 주체적인 삶을 살고자 하는 의지를 드러냄 ①

공양미 삼백 석을 구하지 못하여
　〈심청전〉에서 아버지 '심 봉사'의 눈을 뜨게 하기 위해 필요한 것
당신이 평생을 어둡더라도

결코 인당수에 빠지지는 않겠습니다

어머니,

저는 여기 남아 책을 보겠습니다
　자신의 삶을 살아가기 위해 계속 배워 나가고자 함
　▶ 희생을 거부하며 주체적인 삶을 살고자 하는 의지를 드러냄 ②

나비여,

나비여,

『애벌레가 나비로 날기 위하여
　　성장의 과정 ①
누에고치를 버리는 것이

죄입니까?

하나의 알이 새가 되기 위하여
　　　성장의 과정 ②
껍질을 부수는 것이

죄일까요?』 『 』: 비슷한 문장 구조의 반복을 통해 의미 강조
　－효에 대한 새로운 가치관을 제시
　▶ 자신의 삶을 개척해 나가는 것은 죄가 아니라 당연한 것임

○: 화자가 되고자 하는 모습
□: 화자(자식)에 해당
△: 부모에 해당

그 대신 **점자책***을 사드리겠습니다
주체적인 삶을 살기 위한 수단이자 눈을 뜨기 위한 도구
어머니,

점자 읽는 법도 가르쳐드리지요
　　　　　▶ 어머니가 스스로 자신의 장애를 극복할 수 있도록 도울 것임

우리의 삶은 모두 이와 같습니다
『우리들 각자가 배우지 않으면 안 되는
『』: 삶은 각자의 힘으로 어려움을 극복해 나가야 하는 것임
외국어와 같은 것 ─』
　　　외부의 조력자
어디에도 인당수는 없습니다
　　다른 사람의 희생으로 살 수 없음
어머니,
　신체적 의미에만 그치는 것이 아닌 인생, 삶으로 확장
우리는 스스로 눈을 떠야 합니다
스스로의 힘으로 살아가야 함 ─ 주체적인 삶을 강조, 권유
　　　　　　　▶ 삶은 자신의 힘으로 살아가야 함
　　　　　　　　- 김승희, 〈배꼽을 위한 연가 5〉 -

* 점자책(點字冊): 시각 장애인이 읽을 수 있도록 점자로 만든 책.

01 표현상의 특징 파악하기　　　　　답 | ⑤

윗글의 표현상의 특징으로 적절하지 <u>않은</u> 것은?

정답 선지 분석

⑤ 자연과의 대조를 통해 현재의 삶에 대한 비관적 태도를 드러내고 있다.
　윗글의 3연에서는 자연물을 통해 주체적인 삶을 살아가야 함을 강조하고 있는 것이지, 자연과의 대조를 통해 현재의 삶을 비관하고 있지 않다.

오답 선지 분석

① 고전 소설을 차용하여 시상을 전개하고 있다.
　윗글의 '인당수'와 '공양미 삼백 석' 등의 시어를 통해 윗글이 고전 소설인 〈심청전〉을 차용하였음을 알 수 있다.

② 의문문을 통해 전하고자 하는 바를 강조하고 있다.
　윗글에서는 '애벌레가~죄입니까?', '하나의 알이~죄일까요?'에서 의문문을 활용하여 효에 대한 새로운 가치관을 제시하며 주체적인 삶을 살아가야 함을 강조하고 있다.

③ 비슷한 문장 구조를 반복하며 교훈을 전달하고 있다.
　윗글의 3연에서는 비슷한 문장 구조를 반복하여 사용함으로써 '나비'와 '새'와 같은 주체적인 삶을 강조하고 있고, '어머니, ~습니다'를 반복해서 사용함으로써 주체적인 삶을 권유하고 있다.

④ 단정적인 어조를 사용하여 강한 의지를 드러내고 있다.
　윗글에서는 '~겠습니다'의 단정적인 어조를 반복적으로 사용함으로써 무조건적인 희생을 거부하며 주체적인 삶을 살고자 하는 강한 의지를 드러내고 있다.

02 작품 간의 공통점, 차이점 파악하기　　　답 | ②

보기 는 〈심청전〉의 줄거리이다. **보기** 와 윗글을 비교한 내용으로 적절한 것은?

보기

　심청은 어머니를 잃고 눈이 먼 아버지를 모시며 살아간다. 어느 날, 공양미 삼백 석을 부처님께 바치면 아버지가 눈을 뜰 수 있다는 말을 들은 심청은 공양미 삼백 석을 대가로 뱃사람들을 대신하여 인당수의 제물이 되어 바다에 뛰어든다. 바다에 사는 용왕은 심청의 효심에 감동하여 심청을 살려 주고 연꽃에 태워 다시 지상으로 돌려보내는데 이를 발견한 임금은 심청을 왕비로 맞이하게 된다. 심청은 아버지를 찾기 위해 맹인들을 위한 잔치를 열고, 이때 잔치에 찾아온 아버지가 심청과 재회하자 눈을 뜨게 된다.

정답 선지 분석

② 윗글과 〈보기〉는 동일한 문제 상황에 대해 다른 해결 방식을 보이고 있다.
　윗글과 〈보기〉는 부모가 앞을 보지 못하는 동일한 문제 상황에 대해 다른 해결 방식을 보이고 있다. 〈보기〉에서는 자신이 인당수의 제물이 되는 방법을 통해 문제를 해결하고자 했다면, 윗글에서는 점자책을 통해 스스로 문제를 해결하게끔 이끌어주고 있다.

오답 선지 분석

① 윗글과 〈보기〉에서 앞을 보지 못하는 대상이 동일하게 제시되고 있다.
　윗글에서는 앞을 보지 못하는 대상이 '어머니'로 제시되지만, 〈보기〉에서는 아버지로 제시되기 때문에 적절하지 않다.

③ 윗글과 〈보기〉 모두 자식으로서 당연히 가져야 할 덕목인 '효'를 강조하고 있다.
　〈보기〉에서는 아버지의 눈을 뜨게 하기 위해 자신을 희생한 심청을 통해 자식으로서의 '효'를 강조하고 있으나, 윗글에서는 '효'가 아닌, 스스로의 힘으로 살아가는 주체적인 삶을 강조하고 있으므로 적절하지 않다.

④ 〈보기〉와 달리 윗글에서는 공양미 삼백 석을 어떤 방식을 써서라도 얻고자 한다.
　윗글에서는 '공양미 삼백 석을 구하지 못하여 / 당신이 평생을 어둡더라도'를 통해 공양미 삼백 석을 얻지 못하여도 희생하지 않을 것임을 드러내고 있다. 반면, 〈보기〉의 심청은 아버지의 눈을 뜨게 하기 위해 공양미 삼백 석을 얻고자 뱃사람들 대신에 인당수에 빠진다.

⑤ 〈보기〉와 달리 윗글은 부모를 위한 희생이 개인의 삶보다 더 가치 있다고 여긴다.
　부모를 위한 희생이 개인의 삶보다 더 가치 있다고 여긴 것은 윗글이 아니라 〈보기〉에 해당한다.

03 외적 준거를 바탕으로 작품 감상하기　　　답 | ⑤

보기 를 참고하여, 윗글을 감상한 내용으로 적절하지 <u>않은</u> 것은?

보기

　'배꼽'은 다양한 의미로 해석할 수 있다. 우선 배꼽은 우리가 어머니의 뱃속에 있을 때 어머니와 '나'를 연결해주는 탯줄이 있는 곳이다. 즉 혈육 관계를 의미한다고 볼 수 있다. 또한 어머니와 '나'가 연결되었던 흔적이므로, 출생 이후 서로 단절되어 개별적인 존재가 되었다는 것을 의미하기도 한다. 한편, 살아있는 모든 존재는 배꼽을 가지고 있다는 점에서 모든 존재는 평등하고 개별적인 존재임을 의미하기도 한다. 즉, 남에게 의존하지 않고 주체적이며 능동적인 삶을 살아가야 함을 내포하는 것이기도 하다.

정답 선지 분석

⑤ '어디에도 인당수는 없'다는 것은 더 이상 이끌어 줄 어머니가 존재하지 않는, 주체적인 삶의 획득을 의미하는군.
　'어디에도 인당수는 없'다는 것은 더 이상 이끌어줄 부모가 존재하지 않는, 주체적인 삶의 획득을 의미하는 것이 아니다. '인당수'는 부모를 위해 자신을 희생하는 공간이자, 인간의 삶에서 살펴보면 외부의 조력자를 의미한다고 볼 수 있다. 따라서 '어디에도 인당수는 없'다는 것은 일반적인 희생의 관계를 부정하며 사람은 다른 사람의 희생으로는 살 수 없음을 강조하는 것이다. 이를 통해 삶은 각자의 힘으로 어려움을 극복해 나가야 하는 것임을 드러낸다.

오답 선지 분석

① 윗글의 제목 속 '배꼽'을 통해 어머니와 화자가 혈육 관계이며, 화자가 어머니에게 종속된 관계가 아니라 평등한 관계임을 제시하는군.
　〈보기〉에 따르면 '배꼽'은 혈육 관계를 의미함과 동시에 모든 존재가 배꼽을 가지고 있는 점에서 모든 존재가 평등하고 개별적인 존재임을 상징한다. 따라서 윗글의 제목 속 '배꼽'을 통해 어머니와 화자가 혈육 관계이며, 화자가 어머니에게 종속된 관계가 아니라 어머니와 화자가 평등한 관계임을 제시한다고 볼 수 있다. 따라서 윗글의 화자는 고전 소설 〈심청전〉의 심청과 달리, 각자가 스스로의 삶을 살아가야 함을 강조하고 있는 것이다.

② 화자는 '결코 인당수에 빠지지는 않'을 것이라고 말하며, 어머니를 위한 희생을 거부하고 주체적인 삶을 살아가겠다는 의지를 드러내는군.

윗글의 화자는 '결코 인당수에 빠지지 않겠습니다'라고 말하고 있다. 이는 무조건적인 희생을 거부하는 것으로 〈보기〉에 따르면 주체적이며 능동적인 삶을 살아가겠다는 의지를 드러낸 것으로 이해할 수 있다.

③ '애벌레'에서 '나비'가 되기 위해서 '누에고치'를 버리는 것은 부모로부터 벗어나 개별적인 존재가 되는 것으로, 화자는 이것이 죄가 아니라 당연하고 필요한 일이라 생각하는군.

윗글의 '애벌레'는 화자와 같은 자식을 상징하며, '나비'는 부모를 상징하는 '누에고치'에서 벗어나 성장한 존재이다. 즉, 애벌레에서 나비가 되기 위해 누에고치를 버리는 것은 독립적인 한 개체가 되는 과정으로, 〈보기〉에 따르면 어머니와 화자가 단절되어 개별적인 존재가 되었음을 의미한다. 또한 화자는 윗글에서 '애벌레가 나비로 날기 위하여 / 누에고치를 버리는 것이 / 죄입니까?'라고 물으며 이것은 죄가 아닌 당연하고 필요한 일이라고 여기고 있다.

④ 화자는 어머니에게 '점자책'을 제안하며, 어머니 역시 남에게 의존하지 않고 능동적으로 살기를 바라는군.

윗글의 화자는 자신이 인당수에 빠지는 것 대신, 어머니에게 '점자책'을 제안하고 있다. 이는 어머니 역시 자식에게서 독립하여 능동적인 삶을 살아야 함을 의미하며 화자는 '점자 읽는 법'을 가르쳐 줌으로써 어머니의 자립을 도우려는 것으로 이해할 수 있다.

04 시어의 의미 파악하기

화자의 주체적 삶의 의지를 드러내는 시어 두 개를 찾아 윗글에 등장한 순서대로 쓰시오. (단, 각각 1음절로 쓸 것.)

정답

시, 책

문학 2 영영전(작자 미상)

빠른 정답 체크 **01** ① **02** ② **03** ③ **04** 이는, 것이었다.

[앞부분 줄거리] 선비 김생은 회산군의 궁녀인 영영을 보고 사랑에 빠진다. 둘은 막동과 노파의 도움으로 사랑을 확인하게 되지만, 회산군이 죽고 노파도 세상을 뜨자 서로 연락할 길이 끊어진다. 3년 후 김생은 과거에 장원 급제하여 삼일유가*를 하러 가는 길에 회산군의 집을 발견하고 일부러 취한 척 말에서 떨어져 일어나지 않는다.
(김생과 영영의 조력자 / 회산군의 집에 들어가기 위해)

이때 회산군은 죽은 지 이미 3년이나 되었으며, 궁인들은 이제
(사람이 죽은 후 3년 동안 상복을 입었던 당시의 풍속을 알 수 있음)
막 상복*을 벗은 상태였다. 그동안 부인은 마음 붙일 곳 없이 홀
(화산군의 아내)
로 적적하게 살아온 터라, 광대들의 재주가 보고 싶었다. 그래서 시녀들에게 김생을 부축해서 서쪽 가옥으로 모시고, 죽부인을 베개삼아 비단 무늬 자리에 누이게 하였다. 김생은 여전히 눈이 어
(의도대로 회산군의 집에 들어옴)
질어질하여 깨닫지 못한 듯이 누워 있었다.

이윽고 광대와 악공들이 뜰 가운데 나열하여 일제히 음악을 연주하면서 온갖 놀이를 다 펼쳐 보였다. 궁중 시녀들은 고

[A]
운 얼굴에 분을 바르고 구름처럼 아름다운 머릿결을 드리우고 있었는데, 주렴*을 걷고 보는 자가 수십 명이나 되었다. 그러나 영영이라고 하는 시녀는 그 가운데 없었다. 김생은 속으로 이상하게 생각하였으나 그녀의 생사를 알 수가 없었다. 자세히 살펴보니, 한 낭자가 나오다가 김생을 보고 다시 들
(영영 / 김생을 알아보고 어쩔 줄 모름)
어가서 눈물을 훔치고, 안팎을 들락거리며 어찌할 줄 모르고 있었다. 이는 바로 영영이 김생을 보고서 흐르는 눈물을 참지
(서술자의 개입)
못하고, 차마 남이 알아챌까 봐 두려워한 것이었다.

이러한 영영을 바라보고 있는 김생의 마음은 처량하기 그지없었다. 그러나 날은 이미 어두워지려고 하였다. 김생은 이곳에 더 이상 오래 머물러 있을 수 없다는 것을 알고 기지개를 켜면서 일어나 주위를 돌아보고는 놀라서 말했다.

"㉠ 이곳이 어디입니까?"
(어디인지 몰라서 물어보는 것이 아니라 회산군의 집인지 몰랐음을 드러내기 위함)

궁중의 늙은 노비인 장획이라는 자가 달려와 아뢰었다.

"회산군 댁입니다."

김생은 더욱 놀라며 말했다.

"내가 어떻게 해서 이곳에 왔습니까?"

장획이 사실대로 대답하자, 김생은 곧 자리에서 일어나서 나가려고 하였다. ㉡ 이때 부인이 술로 인한 김생의 갈증을 염려하여
(의도하지 않게 김생과 영영이 만날 수 있는 기회를 제공)
영영에게 차를 가져오라고 명령하였다. 이로 인해 두 사람은 서로 가까이 하게 되었으나, ㉢ 말 한 마디도 못하고 단지 눈길만
(궁녀 출신이기 때문에 다른 사람들에게 드러낼 수 없음)
주고받을 뿐이었다. 영영은 차를 다 올리고 일어나 안으로 들어가면서 품속에서 편지 한 통을 떨어뜨렸다. 이에 김생은 얼른 편
(김생에 대한 영영의 마음을 전달하는 매개체)
지를 주워서 소매 속에 숨기고 나왔다. 말을 타고 집으로 돌아와 뜯어보니, 그 글에 일렀다.

박명한* 첩 영영은 재배하고 낭군께 사룁니다. 저는 살아서 낭
(김생에 대한 공경의 태도)
군을 따를 수 없고, 또 그렇다고 죽을 수도 없었습니다. 그래서 잔해만이 남은 숨을 헐떡이며 아직까지 살아 있습니다. ㉣ 어찌 제가 성의가 없어서 낭군을 그리워하지 않았겠습니까? 하늘은
(설의법 – 김생을 그리워했음)
얼마나 아득하고, 땅은 얼마나 막막하던지! 『복숭아와 자두나무에
(김생을 만나지 못한 외로움과 그리움을 비유적으로 표현)
부는 봄바람은 첩을 깊은 궁중에 가두고, 오동에 내리는 밤비는 저를 빈방에 묶어 놓았습니다.』오래도록 거문고를 타지 않으니
(『 』: 주객전도적 표현 사용 ①)
거문고 갑에는 거미줄이 생기고, 화장 거울을 공연히 간직하고 있으니 경대*에는 먼지만 가득합니다. 지는 해와 저녁 하늘은 저의 한을 돋우는데, 새벽 별과 이지러진 달인들 제 마음을 염려하겠습니까? 누각에 올라 먼 곳을 바라보면 구름이 제 눈을 가리고,
(주객전도적 표현 사용 ②)
창가에 기대어 생각에 잠기면 수심이 제 꿈을 깨웠습니다. 아아,

낭군이여! 어찌 슬프지 않았겠습니까? 저는 또 불행하게 그 사이
영탄법, 설의법 – 김생과 헤어진 동안의 슬픔
에 할머니께서 돌아가시어 편지를 부치고자 하여도 전달할 길이
편지를 전달하지 못했던 이유
없었습니다. 헛되이 낭군의 얼굴 그릴 때마다 가슴과 창자는 끊
김생에 대한 사랑 때문에
어지는 듯 했습니다. 설령 이 몸이 다시 한 번 더 낭군을 뵙는다
해도 꽃다운 얼굴은 이미 시들어 버렸는데, 낭군께서 어찌 저에
시간이 많이 흐름
게 깊은 사랑을 베풀겠습니까? 모르겠습니다. 낭군 역시 저를 생
김생이 자신을 잊어버렸을까 걱정함
각하고 있었는지요? 하늘과 땅이 다 없어진다 해도 저의 한은 끝
이 없을 것입니다. 아아, 어찌하리오! 그저 죽는 길밖에 없는 듯
합니다. 종이를 마주하니 처연한 마음에 이를 바를 알지 못하겠
습니다.

[중간 부분 줄거리] 영영이 남긴 편지를 읽은 김생은 상사병에 걸린다.
그러다가 회산군 부인의 조카인 친구 이정자가 김생의 사연을 듣고 김생
을 도와준다.

『ⓓ 자네의 병은 곧 나을 걸세. 회산군 부인은 내겐 고모가 되는
『』: 김생과 영영이 재회할 수 있게 도와줌
분이라네. 그분은 의리가 있고 인정이 많으시네. 또 부인이 소
천*을 잃은 후로부터, 가산과 보화를 아끼지 아니하고 희사*와
보시*를 잘하시니, 내 자네를 위하여 애써 보겠네.』

김생은 뜻밖의 말을 듣고 너무 기뻐서 병든 몸인데도 일어나 정
자의 손이 으스러져라 꽉 잡을 정도였다. 김생은 신신부탁하며 정
자에게 절까지 하였다. 정자는 그날로 부인 앞에 나아가 말했다.

"얼마 전에 장원 급제한 사람이 문 앞을 지나다가, 말에서 떨어
김생이 영영을 보고자 회산군 집 앞에서 취한 척한 일
져 정신을 차리지 못한 것을 고모님이 시비*에게 명하여 사랑으
로 데려간 일이 있사옵니까?"

"있지."

"그리고 영영에게 명하여 차를 올리게 한 일이 있사옵니까?"

"있네."

"그 사람은 바로 저의 친구로 김모라 하는 이옵니다. 그는 재기*
가 범인*을 지나고 풍도*가 속되지 않아, 장차 크게 될 인물이
능력이 뛰어나고 성품이 올바른 김생에 대해 설명함
옵니다. 불행하게도 상사의 병이 들어 문을 닫고 누워서 신음하
고 있은 지 벌써 두어 달이 되었다 하더이다. 제가 아침저녁으
로 왔다 갔다 하면서 문병하는데, 피부가 파리해지고 목숨이 아
침저녁으로 불안하니, 매우 안타까이 여겨 병이 든 이유를 물어
본 즉 영영으로 인함이라 하옵니다. 영영을 김생에게 주시는 것
이 어떻겠습니까?"

부인은 듣고 나서,

"내 어찌 영영을 아껴 사람이 죽도록 하겠느냐?"

하였다. 부인은 곧바로 영영을 김생의 집으로 가게 하였다. 그리
부인 – 김생과 영영을 다시 만나게끔 도와줌
하여 꿈에도 그리던 두 사람이 서로 만나게 되니 그 기쁨이야 말
할 수 없을 정도였다. 김생은 기운을 차려 다시 깨어나고, 수일
후에는 일어나게 되었다. 이로부터 김생은 공명*을 사양하고, 영
영과 더불어 평생을 해로하였다.

- 작자 미상, 〈영영전〉 -

* 삼일유가(三日遊街): 과거에 급제한 사람이 사흘 동안 시험관과 선배 급제자와
  친척을 방문하던 일.
* 상복(喪服): 상중에 있는 상제나 복인이 입는 예복. 삼베로 만드는데, 바느질을
  곱게 하지 않는다.
* 주렴(珠簾): 구슬 따위를 꿰어 만든 발.
* 박명하다(薄命하다): 복이 없고 팔자가 사납다.
* 경대(鏡臺): 거울을 버티어 세우고 그 아래에 화장품 따위를 넣는 서랍을 갖추어
  만든 가구.
* 소천(所天): 아내가 남편을 이르는 말.
* 희사(喜捨): 어떤 목적을 위하여 기꺼이 돈이나 물건을 내놓음.
* 보시(布施): 자비심으로 남에게 재물이나 불법을 베풂.
* 시비(侍婢): 곁에서 시중을 드는 계집종.
* 재기(才器): 사람이 지닌 재주와 기량을 아울러 이르는 말.
* 범인(凡人): 평범한 사람.
* 풍도(風度): 풍채와 태도를 아울러 이르는 말.
* 공명(功名): 공을 세워서 자기의 이름을 널리 드러냄. 또는 그 이름.

01   서술상의 특징 파악하기   답 | ①

윗글에 대한 설명으로 가장 적절한 것은?

정답 선지 분석

① 서술자가 개입하여 인물의 심리를 직접 제시하고 있다.
  윗글은 작품 밖의 서술자가 인물의 심리를 직접 제시하며 인물의 행동에 대해 평가를
  내리는 전지적 작가 시점에 해당하므로 적절하다.

오답 선지 분석

② 인물의 외양 묘사를 통해 영웅적 면모를 제시하고 있다.
  윗글에서는 인물의 외양 묘사를 통해 영웅적 면모를 드러내고 있지 않다.

③ 남녀의 사랑을 비현실적이고 낭만적으로 묘사하고 있다.
  윗글은 남녀의 사랑을 낭만적으로 묘사하고 있으나, 비현실적인 요소는 드러나 있지
  않다.

④ 전기적 요소를 활용하여 신비한 분위기를 조성하고 있다.
  윗글은 다른 고전 소설들과는 달리 전기적 요소를 활용하고 있지 않다.

⑤ 비유적인 표현을 사용하여 현실에 대한 비판적 의식을 드러내고 있다.
  윗글은 '하늘은 얼마나 아득하고, 땅은 얼마나 막막하던지!'라는 비유적 표현을 통해 현
  실에 대한 비판적 의식이 아닌, 김생을 만나지 못하는 영영의 그리움을 드러내고 있다.

02 구절의 의미 파악하기
답 | ②

㉠~㉤에 대한 설명으로 적절하지 <u>않은</u> 것은?

정답 선지 분석

② ㉡: 김생과 영영의 인연을 눈치챈 부인이 이들이 만날 수 있도록 유도하고 있다.

㉡에서 부인이 영영에게 차를 가져오라고 명령한 것은 김생과 영영의 만남을 유도하려는 것이 아닌, 술로 인한 김생의 갈증을 염려한 것이다. 부인은 이후 조카인 이정자를 통해 김생과 영영의 인연을 알게 된다.

오답 선지 분석

① ㉠: 회산군 댁에 의도적으로 들어온 것이 아님을 드러내기 위해 질문하고 있다.

김생은 삼일유가를 하러 가는 길에 회산군의 집을 발견하고 일부러 취한 척 말에서 떨어져 회산군의 집으로 들어갔다. 따라서 ㉠은 김생이 정말로 어디인지 알지 못해서 궁중 노비에게 물어본 것이 아니라, 이곳이 회산군의 집인지 몰랐음을 의도적으로 드러내고 있는 것이다.

③ ㉢: 궁녀 신분인 영영과 김생의 관계가 다른 사람들에게 알려져서는 안 되기 때문이다.

영영이 김생을 보았음에도 '어찌할 줄 모르고' '차마 남이 알아챌까 봐 두려워한' 것으로 보아, 두 사람이 서로 가까워졌을 때 '말 한 마디도 못하고 단지 눈길만 주고받은' 것은 영영과 김생의 관계가 다른 사람들에게 알려져서는 안 되기 때문임을 알 수 있다.

④ ㉣: 김생을 계속 그리워했던 영영의 심정을 설의적으로 표현하고 있다.

영영은 편지에서 '낭군을 그리워하지 않았겠습니까?'라고 설의적인 표현을 사용하여 계속해서 김생을 그리워했음을 표현하고 있다.

⑤ ㉤: 이정자의 도움으로 김생과 영영이 다시 만날 수 있을 것임을 암시하고 있다.

이정자가 ㉤과 같이 말한 것은 영영을 보지 못해 상사병에 걸린 김생이 영영을 다시 만날 수 있도록 회산군 부인에게 사정을 말할 것을 암시한다.

03 작품 간의 공통점, 차이점 파악하기
답 | ③

보기 는 〈운영전〉의 줄거리이다. 보기 를 참고하여 윗글과 비교한 내용으로 적절하지 <u>않은</u> 것은?

보기

선조 때 선비 유영이 안평대군의 옛집인 수정궁 터에 들어가 홀로 술을 마시다 잠에 든다. 잠에서 깬 유영은 운영과 김 진사를 만나 그들의 이야기를 듣게 된다. 안평대군의 궁녀인 운영과 김 진사는 첫눈에 사랑에 빠지게 되고 무녀의 도움으로 편지를 주고받으며 사랑을 나누었다. 김 진사는 운영을 데리고 도망갈 계획을 세우지만 이를 눈치 챈 안평대군은 김 진사의 궁 출입을 금하였고 김 진사와 만나지 못한 운영은 목을 매어 자결하였다. 이후 운영의 소식을 들은 김 진사 역시 운영을 따라 자결하고 말았다. 김 진사와 운영은 하늘로 가기 전, 유영에게 자신들의 비극적인 이야기를 세상에 전달해 달라고 부탁한다. 잠에서 깬 유영의 옆에는 김 진사와 운영의 사랑을 기록한 책이 남아 있었고, 유영은 그 책을 가지고 돌아온다.

정답 선지 분석

③ 〈보기〉의 '운영'과 달리, 윗글의 '영영'은 문제 해결을 위해 적극적으로 행동하고 있지 않군.

윗글의 '영영'과 〈보기〉의 '운영'은 모두 궁녀라는 신분으로 인해 적극적으로 행동하지 못하는 신분적 한계를 지닌 인물로 등장한다. 따라서 두 인물 모두 신분 상의 문제를 해결하기 위해 적극적으로 행동하고 있다고 볼 수 없다.

오답 선지 분석

① 윗글과 달리 〈보기〉는 액자식 구성을 통해 이야기를 전개하고 있군.

윗글과 달리 〈보기〉는 유영이 꿈속에서 만난 두 인물의 이야기를 소개하고, 꿈에서 깨자 책이 유영의 옆에 남아 있었다는 점에서 하나의 이야기 속에 또 하나의 이야기가 들어가 있는 액자식 구성을 통해 이야기를 전개하고 있음을 알 수 있다.

② 〈보기〉와 달리 윗글은 현실에서 두 인물의 사랑이 이어지는 결말을 보이고 있군.

〈보기〉에서는 결국 운영의 자결과, 이를 들은 김 진사의 죽음으로 둘의 사랑이 현실에서 이어지지 못하는 비극적인 결말을 보여 주지만, 윗글은 이정자와 부인의 도움으로 결국 김생과 운영이 여생을 함께하게 되었다는 결말을 통해 두 인물의 사랑이 이어짐을 확인할 수 있다.

④ 〈보기〉의 '안평대군'과 달리, 윗글의 '부인'은 영영의 신분을 해방시켜 준다는 점에서 조력자로 볼 수 있겠군.

〈보기〉에 따르면 안평대군은 김 진사의 출입을 막는 등 운영과 김 진사의 사랑을 방해하는 인물로 등장하지만, 윗글의 부인은 이정자로부터 사연을 듣고 영영을 궁녀의 신분에서 해방시키고 김생에게 보내 주는 것을 보아 〈보기〉의 안평대군과 달리 두 인물의 사랑을 이어주는 조력자로 볼 수 있다.

⑤ 윗글과 〈보기〉 모두 편지를 매개체로 하여 인물의 마음을 전달하고 있군.

〈보기〉에 따르면 김 진사와 운영은 편지를 통해 사랑을 나누었고, 윗글의 영영 역시 편지를 통해 김생에게 마음을 전달하고 있다. 따라서 윗글과 〈보기〉 모두 편지를 매개체로 하여 인물의 마음을 전달하고 있는 것이다.

04 서술상의 특징 파악하기

보기 에서 설명하고 있는 표현이 사용된 문장을 [A]에서 찾아 첫 어절과 마지막 어절을 쓰시오.

보기

작가가 인물의 상황이나 감정 상태를 분석하고 주관적으로 해석하고 있다.

정답

이는, 것이었다.

문법 단어의 관계 (2) 다의 관계, 동음이의 관계

빠른 정답 체크 **01** ② **02** ② **03** ③ **04** 있으므로, 다의어

01 단어의 특징 이해하기   답 | ②

단어의 특징에 대한 설명으로 적절하지 <u>않은</u> 것은?

정답 선지 분석

② 사전에 별개의 표제어로 등재되어 있다면 다의어이다.
사전에 별개의 표제어로 등재되어 있다면 다의어가 아니라 동음이의어에 해당한다. 다의어는 하나의 표제어로 등재된다.

오답 선지 분석

① 둘 이상의 의미를 가진 단어를 다의어라고 한다.
다의어는 둘 이상의 뜻을 가진 단어를 의미한다.

③ 다의어는 의미가 모호해서 의사소통에 혼란을 가져올 수 있다.
다의어는 다양한 의미를 표현할 수 있다는 장점이 있지만, 그 의미가 모호해서 의사소통에 혼란을 가져올 수 있다.

④ 동음이의어는 소리만 같을 뿐 의미 사이에는 어떠한 관련성도 찾을 수 없다.
동음이의어는 말소리가 같지만 의미가 다른 단어를 의미하는데, 이때 동음이의 관계에 해당하는 단어들은 의미상의 어떠한 관련성도 찾을 수 없다.

⑤ 동음이의어를 구별하기 위해서는 단어가 문장에서 어떠한 문맥적 의미를 지니는지 살펴봐야 한다.
동음이의어를 구별하기 위해서는 단어가 문장에서 어떠한 문맥적 의미를 지니는지 살펴봐야 한다.

02 단어의 의미 관계 파악하기   답 | ②

ⓐ와 ⓑ의 의미 관계가 <u>다른</u> 것은?

정답 선지 분석

② ┌ ⓐ 큰 소리로 떠들지 마라.
　└ 옷이 너무 ⓑ 커서 입을 수 없다.
ⓐ는 '소리가 귀에 거슬릴 정도로 강하다'를 의미하고, ⓑ는 '신, 옷 따위가 맞아야 할 치수 이상으로 되어 있다'를 의미한다. ⓐ와 ⓑ는 모두 '크다'의 주변적 의미에 해당하므로 다의 관계에 해당한다.

오답 선지 분석

① ┌ 상원이는 아침에 ⓐ 사과를 먹었다.
　└ 그는 나에게 한마디의 ⓑ 사과도 하지 않았다.
ⓐ는 '사과나무의 열매'를 의미하고, ⓑ는 '자기의 잘못을 인정하고 용서를 빎'을 의미한다. 즉, ⓐ와 ⓑ는 의미상 연관성이 없으므로 동음이의 관계에 해당한다.

③ ┌ 민지는 지각을 해서 ⓐ 벌을 받았다.
　└ ⓑ 벌에 쏘인 부분이 퉁퉁 부어올랐다.
ⓐ는 '잘못하거나 죄를 지은 사람에게 주는 고통'을 의미하고, ⓑ는 '벌목의 곤충 가운데 개미류를 제외한 곤충을 통틀어 이르는 말'을 의미한다. 즉, ⓐ와 ⓑ는 의미상 연관성이 없으므로 동음이의 관계에 해당한다.

④ ┌ 나는 친구에게 편지를 ⓐ 썼다.
　└ 기정이는 모자를 ⓑ 쓰고 축구를 했다.
ⓐ는 '붓, 펜, 연필과 같이 선을 그을 수 있는 도구로 종이 따위에 획을 그어서 일정한 글자의 모양이 이루어지게 하다'를 의미하고, ⓑ는 '모자 따위를 머리에 얹어 덮다'를 의미한다. 즉, ⓐ와 ⓑ는 의미상 연관성이 없으므로 동음이의 관계에 해당한다.

⑤ ┌ 중학교 ⓐ 이 학년이 되어서 기분이 새롭다.
　└ 충치를 예방하기 위해서는 ⓑ 이를 잘 닦아야 한다.
ⓐ는 '그 순서가 두 번째임을 나타내는 말'을 의미하고, ⓑ는 '척추동물의 입안에 있으며 무엇을 물거나 음식물을 씹는 역할을 하는 기관'을 의미한다. 즉, ⓐ와 ⓑ는 의미상 연관성이 없으므로 동음이의 관계에 해당한다.

03 다의어의 특징 파악하기   답 | ③

보기 의 ㉠에 해당하는 것으로 적절하지 <u>않은</u> 것은?

보기

　다의어의 의미는 중심적 의미와 주변적 의미로 나눌 수 있다. 중심적 의미가 가장 기본적이고 핵심적인 의미라면 ㉠ 주변적 의미는 중심적 의미에서 확장된 의미이다.

정답 선지 분석

③ 사과를 세 조각으로 나누자.
'나누다'의 중심적 의미는 '하나를 둘 이상으로 가르다'이다. 따라서 '세 조각으로 나누자'의 '나누다'는 중심적 의미에 해당한다.

오답 선지 분석

① 유진이는 머리가 길다.
'머리'의 중심적 의미는 '사람이나 동물의 목 위의 부분'을 의미한다. '머리가 길다'에서의 '머리'는 머리에 난 털, 즉 머리카락을 가리키므로 주변적 의미에 해당한다.

② 책상의 다리가 부러졌다.
'다리'의 중심적 의미는 '사람이나 동물의 몸통 아래 붙어 있는 신체의 부분'이다. '책상의 다리'에서의 '다리'는 '물체의 아래쪽에 붙어서 그 물체를 받치거나 직접 땅에 닿지 아니하게 하거나 높이 있도록 버티어 놓은 부분'을 의미하므로 주변적 의미에 해당한다.

④ 짐을 옮기기에 손이 부족하군.
'손'의 중심적 의미는 '사람의 팔목 끝에 달린 부분'이다. '손이 부족하군'의 '손'은 '일을 하는 사람'을 의미하므로 주변적 의미에 해당한다.

⑤ 다른 사람의 눈을 지나치게 의식하지 말자.
'눈'의 중심적 의미는 '빛의 자극을 받아 물체를 볼 수 있는 감각 기관'이다. '눈을 지나치게 의식하지 말자'의 '눈'은 '사람들의 눈길'을 의미하므로 주변적 의미에 해당한다.

04 단어의 의미 관계 파악하기

빈칸에 들어갈 말로 적절한 것을 골라 차례대로 쓰시오.

　'아침에 일찍 일어났다'의 '아침'과 '오늘 아침은 시리얼이다'의 '아침'은 의미상 서로 관련이 (있으므로 / 없으므로) (다의어 / 동음이의어)에 해당한다.

정답

있으므로, 다의어

수요란 어떤 상품에 대해 소비자가 그 상품을 구매하고자 하는
　　　　　　　　　　　　　　　수요의 정의
욕구를 말하며 수요량이란 소비자가 특정 상품을 구매하고자 하
　　　　　　　　　　　수요량의 정의
는 양을 말한다. 보통 시장에서 개인적으로 사고파는 일반적인
　　　　　　　　　　　　　사유재의 정의
상품인 사유재의 경우 가격이 낮을수록 수요량은 증가한다. 같은
　　　　　　　　　사유재의 특성
가격으로 더 많은 상품을 살 수 있다면 그 상품에 대한 수요가 늘
어나기 때문이다. 이러한『수요량을 X축으로 하고 가격을 Y축으
　　　　　　　　　　　『』: 수요곡선의 모양
로 하는 그래프를 그려보면 왼쪽은 높고 오른쪽은 낮은 그래프,
즉 우하향하는 그래프가 그려진다.』이를 수요곡선이라고 한다.
그런데 시장은 여러 명의 소비자로 구성되어 있고, 어떤 상품에
　　　　　　　　　　　　시장의 특성
특정한 가격이 매겨질 때 그 상품에 대해 개인이 부여하는 가치
는 각각 다르다. 따라서 개별소비자의 수요량을 모두 합친 것이
　　　　　　　　　　　　시장의 수요량
시장의 수요량이 된다. 이는 여러 개의 개별수요곡선을 합친 값
이 시장 전체의 수요곡선이 된다는 것을 의미한다. 그런데 이와
같은 그래프에서 수요량은 X축을 따라 늘어나므로 개별수요곡선
을 수평으로 합한 것이 시장의 수요곡선이 된다.
▶ 1문단: 시장의 수요곡선
　　그렇다면 공급곡선은 어떠할까? 일반적으로 상품을 시장에 공
급하는 생산자는 가격이 비쌀수록 그 상품을 더 많이 공급하려 한
　　　　　　　　　　　　생산자의 특성
다. 많이 팔수록 이익이 많기 때문이다. 따라서『공급량을 X축으
　　　　　　　　　　　　　　　　『』: 공급곡선의 모양
로 하고 가격을 Y축으로 하는 그래프로 그려보면 왼쪽은 낮고 오
른쪽은 높은, 즉 우상향하는 그래프가 된다.』수요곡선과 동일한
원리에 근거해 ㉠ 여러 개의 공급곡선을 합친 값이 시장 전체의
공급곡선이 되며, 이 역시 X축을 따라 수평으로 합친 것이 시장
의 공급곡선이 된다. 그리고 수요곡선과 공급곡선이 만나는 지점
　　　　　　　　　　　　　　　　적정 가격 및 적정 공급량
이 그 상품의 적정 가격 및 적정 공급량이 된다.
▶ 2문단: 시장의 공급곡선과 적정 가격 및 적정 공급량의 책정 방법
　　그런데 공공재의 수요곡선은 사유재와 다르다. 공공재란 어떠
한 경제주체에 의해서 생산되어 공급이 이루어지면 사회의 구성
　　　　　　　　　　　공공재의 정의
원 모두가 혜택을 동일하게 누릴 수 있는 재화 또는 서비스를 말
한다. 먼저 사유재와 마찬가지로 공공재도 가격이 높을수록 수요
량은 줄어들고 공급량은 늘어나 수요곡선은 우하향하고 공급곡
　　　　　　　　사유재와 공공재의 공통점 ①
선은 우상향한다. 또한 적정 가격과 적정 공급량을 결정하는 방식
도 사유재와 동일하다. 한 재화에 대한 시장의 수요곡선이 개별
　　사유재와 공공재의 공통점 ②
수요곡선을 합쳐서 만들어진다는 점도 동일하다.
　　사유재와 공공재의 공통점 ③
▶ 3문단: 사유재와 공공재의 공통점
　　하지만, 공공재는 한 개인이 특정 재화를 사용한다고 해서 타인
　　　　　　　　　　　사유재와 공공재의 차이점 ①
의 사용을 제한하지 않는다. 그 재화가 공급되는 즉시 모든 개인

이 동일한 혜택을 받을 수 있다. 다만, 어떤 재화의 공급량이 정
해졌을 때 그 재화에 대해 각 개인이 부여하는 가치, 즉 지불하고
자 하는 비용이자 가격이 다를 뿐이다. 예를 들어 지방자치단체
가 가로등이라는 공공재를 설치한다면, 시민 한 명이 그 가로등
빛을 받고 있는 동안 다른 시민들도 그 빛을 받을 수 있다. 다만,
시민들이 가로등 설치를 위해 지불해도 좋을 세금이 달라질 뿐이
다. 따라서 공공재의 시장 수요곡선은 개별 곡선을 Y축을 따라
　　　　　　　　　　　　　　　개인이 부여하는 가치
　　　　　　　　　　　　사유재와 공공재의 차이점 ②
수직으로 합친 것이 된다. 반면 공공재의 공급곡선은 재화를 생
산하는데 드는 비용과 연관이 되므로 사유재의 공급곡선과 특별
한 차이가 존재하지는 않는다.
▶ 4문단: 사유재와 공공재의 차이점

01 세부 내용 파악하기　　　　　　　　　　　　　답 | ③

윗글에 대한 설명으로 적절하지 않은 것은?

정답 선지 분석

③ 상품을 시장에 공급하는 생산자는 가격이 비쌀수록 그 상품을 더 적게 공급
하려 한다.

2문단에서 생산자는 가격이 비쌀수록 그 상품을 더 많이 공급하려 한다고 하였으므로
적절하지 않다.

오답 선지 분석

① 어떤 상품에 대해 소비자가 그 상품을 구매하고자 하는 욕구를 수요라고 한다.

1문단에서 수요란 어떤 상품에 대해 소비자가 그 상품을 구매하고자 하는 욕구라고 하
였으므로 적절하다.

② 수요곡선이 우하향하는 이유는 가격이 높아질수록 수요량은 줄어들기 때문
이다.

1문단에서 가격이 낮을수록 수요량은 증가한다고 하였고, 이는 달리 말하면 가격이 높
아질수록 수요량은 줄어든다고 볼 수 있다. 또한 1문단에서 이러한 이유로 수요곡선은
우하향한다고 하였으므로 적절하다.

④ 공공재는 공급이 이루어지면 사회의 구성원 모두가 동일하게 혜택을 누릴
수 있는 서비스를 의미한다.

3문단에서 공공재란 어떠한 경제주체에 의해서 생산되어 공급이 이루어지면 사회의
구성원 모두가 혜택을 동일하게 누릴 수 있는 재화 또는 서비스를 말한다고 하였으므
로 적절하다.

⑤ 한 개인이 특정한 재화를 사용할 때 그 재화에 대한 다른 사회 구성원의 사용
을 제한하는 것은 사유재의 특성에 해당한다.

4문단에서 공공재는 한 개인이 특정 재화를 사용한다고 해서 타인의 사용을 제한하지
않는다고 하였으므로, 이와 반대인 사유재는 한 개인이 특정한 재화를 사용할 때 그 재
화에 대한 타인의 사용을 제한하는 것이라고 유추할 수 있다. 또한 1문단에서 사유재
란 보통 시장에서 개인적으로 사고파는 일반적인 상품이라 하였다. 이는 달리 말해, 한
개인이 특정 재화를 구매할 경우 다른 개인은 그 재화를 구매할 수 없게 되므로 타인의
사용을 제한한 것이다.

02 세부 내용 추론하기   답 | ①

윗글을 참고할 때 ⊙의 이유로 가장 적절한 것은?

정답 선지 분석

① 시장에는 여러 명의 공급자가 있기 때문이다.

2문단에 따르면 시장은 여러 명의 소비자로 구성되어 있고, 개별소비자의 수요량을 모두 합친 것이 시장의 수요량이 된다. 이때 여러 개의 개별수요곡선을 합친 값이 시장 전체의 수요곡선이 되는데, 3문단에 따르면 시장 전체의 공급곡선도 수요곡선과 동일한 원리에 근거한다. 따라서 여러 개의 공급곡선을 합친 값이 시장 전체의 공급곡선이 되는 것은 시장에는 여러 명의 공급자가 있기 때문으로 보아야 한다.

오답 선지 분석

② 개별소비자의 수요량이 각각 다르기 때문이다.

공급곡선과 개별소비자의 수요량은 직접적인 관련이 없다.

③ 시장은 소비자와 공급자로 구성되어 있기 때문이다.

공급곡선은 소비자와 직접적인 관련이 없다.

④ 상품에 대해 개인이 부여하는 가치가 다르기 때문이다.

어떤 상품에 대해 개인이 부여하는 가치에 따라 달라지는 것은 개별소비자의 수요곡선에 해당한다.

⑤ 개별수요곡선과 그래프 작성의 원리가 다르기 때문이다.

3문단에서 공급곡선도 수요곡선과 동일한 원리에 근거한다고 하였다.

03 구체적 상황에 적용하기   답 | ④

윗글을 바탕으로 보기 의 (가)와 (나)를 해석한 내용으로 적절하지 <u>않은</u> 것은?

보기

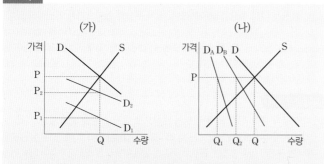

(가)와 (나)는 두 명의 소비자로 구성된 시장을 나타낸 것이다. D는 수요곡선을 가리키고, S는 공급곡선을 가리킨다.

정답 선지 분석

④ (가)와 (나) 모두 특정한 재화의 공급량이 정해짐에 따라 그 재화에 대해 개인이 부여하는 가치가 다름을 나타낸 것이다.

4문단에서 어떤 재화의 공급량이 정해졌을 때 그 재화에 대해 각 개인이 부여하는 가치, 즉 지불하고자 하는 비용이자 가격이 달라지는 것은 공공재의 특징이다. 따라서 사유재의 수요 공급 곡선을 표현한 (나)가 아닌 공공재의 수요 공급 곡선을 표현한 (가)에만 해당한다.

오답 선지 분석

① (가)에서 D는 D_1과 D_2를 수직으로 합친 것이므로 공공재의 수요곡선을 나타낸 것이다.

〈보기〉에서 (가)는 두 명의 소비자로 구성된 시장이라 하였으므로 D_1과 D_2는 개별수요곡선이며, D는 시장 전체의 수요곡선이다. 그래프의 Y축의 값을 살펴보면 D의 값은 D_1과 D_2를 수직으로 합친 값임을 알 수 있다. 4문단에서 공공재의 시장 수요곡선은 개별 곡선을 Y축을 따라 합친 것이라 하였으므로 적절하다.

② (나)에서 D는 D_A와 D_B를 수평으로 합친 것이므로 사유재의 수요곡선을 나타낸 것이다.

〈보기〉에서 (나)는 두 명의 소비자로 구성된 시장이라 하였으므로 D_A와 D_B는 개별수요곡선이며, D는 시장 전체의 수요곡선이다. 그래프의 X축의 값을 살펴보면 D의 값은 D_A와 D_B를 수평으로 합친 값임을 알 수 있다. 1문단에서 수요량은 X축을 따라 늘어나므로 개별수요곡선을 수평으로 합한 것이 시장의 수요곡선이라 하였으므로 적절하다.

③ (가)와 (나) 모두 D와 S가 만나는 P가 재화의 적정 가격이 되고, Q가 해당 재화의 적정 공급량이 된다.

2문단에서 수요곡선과 공급곡선이 만나는 지점이 그 상품의 적정 가격 및 적정 공급량이 된다고 하였고, 3문단에서 공유재의 적정 가격과 적정 공급량을 결정하는 방식이 사유재와 동일하다고 하였으므로 적절하다.

⑤ (가)와 (나)에서 각각 한 명의 소비자가 추가된다고 가정하면, (가)의 D는 위쪽으로, (나)의 D는 오른쪽으로 이동하게 된다.

4문단에서 공공재의 시장수요곡선은 개별 곡선을 Y축을 따라 수직으로 합친 것이 된다고 하였으므로 (가)에서 한 명의 소비자가 추가된다면 시장 전체의 수요곡선은 위쪽으로 이동할 것이다. 또한 1문단에서 개별수요곡선을 수평으로 합한 것이 시장의 수요곡선이 된다고 하였으므로 (나)에서 한 명의 소비자가 추가되면 시장 전체의 수요곡선은 오른쪽으로 이동할 것이다.

04 세부 내용 추론하기

빈칸에 들어갈 말로 적절한 것을 골라 쓰시오.

노동자의 임금이 올라가 원가가 상승하게 되면 생산자들은 이전과 같은 비용으로 상품을 생산할 수 없게 된다. 따라서 생산자는 더 적은 상품을 팔아서 이전과 같은 수익을 창출해야 한다. 이때 공급곡선은 기존의 공급곡선에서 (왼쪽 / 오른쪽)으로 이동한다.

정답

왼쪽

빠른 정답 체크   01 ③   02 ⑤   03 ②   04 노피곰, 머리곰

기원, 소망의 대상, 천지신명
ㄱ **달**하 노피**곰** 도드샤
　○: 강조를 나타내는 접미사
ㄴ 어긔야 머리**곰** 비취오시라
　~: 여음구
『어긔야 어강됴리
『 』: 여음구, 후렴구
　아으 다롱디리』
남편의 신분이 행상인임을 암시　　　　　▶ 달에게 임의 안녕을 기원함
ㄷ 져재 녀러신고요
　-ㄹ셰라: 의구형 어미 → ~할까 두렵다
ㄹ 어긔야 **즌** **데**를 드데올셰라
　△: 위험한 곳 - ① 임에게 닥칠 위험한 요소 → 임을 걱정하는 순종적 여인
　어긔야 어강됴리　② 임을 유혹하는 다른 여성 → 임이 다른 여성을 만날까
　　　　　　　　　　　　　질투하는 적극적 여성

어느이다 노코시라　　　　　　　　　　▶ 임이 밤길에 해를 입을까 걱정함

ㅁ 어긔야 **내 가논 데** 졈그랄셰라　□: ① '내' = 임 → 임의 귀갓길
　　　　　　　　　　　　　　　　　　　② '내' = 화자 → 화자의 마중길
　어긔야 어강됴리　　　　　　　　　　　③ '내' = 임과 화자 → 부부의 인생길

　아으 다롱디리

　　　　　　　　　　　　　　　　　　　▶ 임이 무사히 돌아오기를 기원함

[현대어 풀이]

달님이시여, 높이높이 돋으시어

멀리멀리 비춰 주소서

　어긔야 어강됴리

　아으 다롱디리

시장에 가 계신가요?

진 데에 디딜까 두렵습니다

　어긔야 어강됴리

어느 곳에나 (짐을) 놓으십시오

내 가시는 곳에 (날이) 저물까 두렵습니다

　어긔야 어강됴리

　아으 다롱디리

　　　　　　　　　　　　- 어느 행상인의 아내, 〈정읍사〉 -

01　표현상의 특징 파악하기　　　　　　답 | ③

윗글의 표현상 특징으로 적절한 것은?

정답 선지 분석

③ 후렴구가 반복적으로 사용되어 리듬감을 형성하고 있다.
　윗글에서는 '어긔야 어강됴리 / 아으 다롱디리'를 반복적으로 사용하여 리듬감을 형성하고 있다.

오답 선지 분석

① 시간의 흐름에 따라 시상을 전개하고 있다.
　윗글의 '달'을 통해 시간적 배경이 밤인 것을 짐작할 수 있으나, 시간의 흐름에 따라 시상을 전개하고 있지는 않다.

② 의문형 표현으로 끝을 맺음으로써 여운을 남기고 있다.
　윗글에서는 '져재 녀러신고요'라고 하며 의문형 표현을 사용하고 있으나, 의문형 표현을 사용하여 끝을 맺고 있지는 않다.

④ 자연물에 감정을 이입하여 임에 대한 그리움을 표현하고 있다.
　윗글은 자연물인 달을 통해 화자의 기원을 드러내고 있으나, 자연물에 감정을 이입하고 있지는 않다.

⑤ 대조적 의미의 시어를 활용하여 대상의 부정적인 면을 강조하고 있다.
　윗글에서는 어둠을 밝히는 존재인 '달'과 어두운 곳을 의미하는 '즌 데'를 대조적으로 사용하고 있으나, 이를 통해 대상의 부정적인 면을 강조하는 것이 아니라, 임이 '즌 데'에 갈까 두려운 마음과 무사히 돌아오기를 바라는 화자의 소망을 드러내고 있다.

02　시구의 의미 파악하기　　　　　　답 | ⑤

윗글의 ㄱ~ㅁ에 대한 설명으로 적절하지 않은 것은?

정답 선지 분석

⑤ ㅁ: 화자는 임의 행상길을 축복하며, 임이 무사히 돌아오기를 기원하고 있다.
　'내 가논 데'의 '내'는 다의적으로 해석이 가능하다. 이때 '내'를 임으로 해석한다면 '내 가논 데'는 '임의 귀갓길'을 의미한다고 볼 수 있다. 또한 '져재 녀러신고요'를 통해 임이 시장에 가 있음을 알 수 있다. 따라서 화자는 임이 행상을 나갔다 돌아오는 귀갓길이 무사하기를 기원하고 있는 것이다.

오답 선지 분석

① ㄱ: 어둠과 대조되는 '달'을 기원의 대상으로 삼아 소원을 빌고 있다.
　ㄱ에서는 달에게 소원을 빌고 있는 화자의 모습이 나타나 있다. 이때 '달'은 높은 곳에 떠서 먼 곳까지 비출 수 있는 존재로, 화자는 달이 떠올라 먼 곳까지 비추어 임을 어둠으로부터 지켜주기를 소망하고 있다.

② ㄴ: '달'이 먼 곳까지 비추기를 바라며 임을 걱정하는 화자의 심정이 드러나 있다.
　'머리곰'은 '멀리멀리'라는 뜻으로, 화자는 임이 무사히 돌아오기를 걱정하며, 달빛이 임이 있는 곳까지 환히 비춰주기를 기원하고 있다.

③ ㄷ: 화자가 기다리는 임의 직업이 행상인임을 유추할 수 있다.
　'져재'는 '시장에'라는 뜻으로, 이를 통해 화자가 기다리는 임의 직업이 행상인임을 유추할 수 있다.

④ ㄹ: 화자는 임이 무사히 돌아오기를 염려하며 순종적인 태도를 보이고 있다.
　'즌 데'는 화자의 걱정이 구체적으로 제시된 시어로, 임에게 닥칠 수 있는 위험한 요소이자 임을 유혹하는 다른 여성으로 해석할 수 있다. 전자로 해석하면 화자는 임이 밤길에 해를 입을까 염려하며 순종적인 태도를 보이고 있는 것으로 볼 수 있다.

03 작품 간의 공통점, 차이점 파악하기
답 | ②

윗글과 보기의 '달'의 공통점으로 적절한 것은?

보기

달님이시여, 어째서
서방 정토까지 가시려는가.
무량수불 앞에
일러 사뢰옵소서.
맹세 깊으신 불전에 우러러
두 손을 모아
원왕생 원왕생
그리는 이 있다고 사뢰옵소서.
아, 이 몸 버려 두고
마흔여덟 가지 큰 소원을 이루실까.

- 광덕, 〈원왕생가〉

* 서방 정토(西方淨土): 서쪽으로 십만 억의 국토를 지나면 있는 아미타불의 세계.
* 무량수불(無量壽佛): '아미타불'을 달리 이르는 말. 수명이 한없다 하여 이렇게 이른다.
* 불전(佛前): 부처의 앞.
* 원왕생(願往生): 부처의 구원을 받아서 극락에 가기를 바람.

정답 선지 분석

② 표면적인 청자로 화자가 말을 거는 대상이다.

윗글과 〈보기〉의 화자는 모두 '달'을 청자로 설정하여 말을 걸며 소원을 빌고 있다. 윗글의 화자는 '달'에게 임이 무사히 귀가하도록 도와줄 것을 기도하고 있으며, 〈보기〉의 화자는 극락왕생하고 싶은 화자의 소망을 부처에게 전달해 달라고 부탁하고 있다.

오답 선지 분석

① 불교에서의 이상적 경지를 상징한다.

〈보기〉의 화자는 '달'에게 기도를 하며 극락왕생에 대한 염원을 드러내고 있다. 그러나 '달'이 불교에서 말하는 이상적 경지를 상징한다고 볼 수는 없으며, 윗글의 '달' 역시 단순히 화자의 기원의 대상일 뿐, 이상적 경지를 상징하지 않는다.

③ 대상을 향한 충만한 사랑을 보여 주는 수단이다.

윗글의 화자는 '달'을 보며 임을 걱정하고 있으므로 대상을 향한 사랑을 보여 준다고 볼 수 있으나, 〈보기〉의 '달'은 충만한 사랑을 보여 주는 수단으로 볼 수 없다.

④ 대상에 대한 걱정과 우려를 비유적으로 표현한 것이다.

윗글의 화자는 임을 걱정하며 '달'에게 임이 무사히 돌아오기를 빌고 있으나, 임을 향한 걱정과 우려를 '달'에 비유하여 표현하고 있지 않다. 또한 〈보기〉에서 대상을 향한 걱정과 우려는 나타나고 있지 않다.

⑤ 부정적인 현실에서 벗어나고자 하는 화자의 의지를 보여 준다.

윗글과 〈보기〉의 '달'은 부정적인 현실에서 벗어나고자 하는 화자의 의지를 보여 준다고 볼 수 없다.

04 시어의 의미 파악하기

㉠, ㉡에 들어갈 시어를 윗글에서 찾아, 윗글에 등장한 순서대로 쓰시오.

윗글에서 '(㉠)'와/과 '(㉡)'에서는 강조를 나타내는 접미사 '곰'을 사용하여, 화자의 기원을 강조하고 있다.

정답

노피곰, 머리곰

문학 2 놀부전(류일윤)

빠른 정답 체크 **01** ① **02** ④ **03** ④ **04** 바가지

옛날에 흥부와 놀부라는 형제가 살았어요. 흥부는 집도 가난하고 일도 잘 못했지요. 매번 놀부를 찾아와 도움만 받았어요. 그러던 어느 날, 놀부는 부인에게 이렇게 말했지요.
　　　　　　흥부가 처한 상황
　　　　　　자립심이 없고 무능력한 흥부

"여보, 이제 흥부네 가족이 찾아오면 절대 도와주지 마시오. 도
『 』: 놀부가 흥부를 도와주지 않으려는 까닭 – 흥부의 자립심을 길러주기 위해
와주는 것도 한두 번이지 자꾸 도와주니까 의지만 하고 스스로 일할 생각을 하지 않는 것 같구려."

"그러다 굶어 죽으면 어떡해요?"

"내게 다 생각이 있으니 당신은 절대 도와주면 안 돼요. 마음이 아파도 냉정하게 대하시오."

[A]

그때 흥부가 도움을 청하러 왔어요.

"형님, 좀 도와주십시오. 아내와 아이들이 굶고 있습니다."
　　　　　흥부의 의존적인 태도
"이제부터 네 가족은 네가 책임져라. 네가 열심히 벌어서 아이들을 먹이고 공부도 시키란 말이다."

"형님, 다시는 손 벌리지 않을 테니 한 번만 도와주세요."

"아버지로부터 물려받은 재산을 다 까먹고 또 내가 얼마나 도와주었느냐? 이제부터 너와 나는 형제도 아니니 썩 물러가거라."

놀부는 흥부를 계속 나무랐어요. 결국 흥부는 쌀 한 톨도 받지 못하고 놀부네 집에서 쫓겨났지요.

『형님은 정말 너무해. 형님이 나보다 재산도 더 많이 물려받았
『 』: 잘못을 깨우치지 못하고 놀부를 원망함
잖아. 그리고 형님은 부자잖아. 가난한 동생을 좀 도와주면 어때! 쳇, 어디 두고 봐. 꼭 보란 듯이 성공하고 말 거야. 그때는 내가 형님을 모른 체할 거야.』

『무엇을 해서 가족을 먹여 살리지? 무엇을 해야 보란 듯이 성공
『 』: 돈이 없음에도 양반의 체면을 지키려는 흥부의 태도
할 수 있을까? 농사를 짓자니 물려받은 논밭을 이미 다 팔았고, 장사를 하자니 밑천*이 없고, 품삯을 받고 남의 집 일을 하자니 양반 체면이 말이 아닌데…….』

흥부는 아무리 생각해도 마땅한 돈벌이가 떠오르지 않았어요. 그때 바깥에서 소리가 들렸어요.

"주인장, 계시오?"

흥부가 방문을 열고 나갔어요.

"내가 이 집 주인인데 누구시오?"

『나는 바가지 장수올시다. 당신 지붕 위에 열린 박이 하도 탐스
『 』: 흥부가 돈을 벌게 되는 계기
러워서 말이오. 저 박을 타서 바가지를 만들어 내게 팔지 않겠

정답 및 해설 **13**

소? 값을 후하게* 쳐드리리다.”

“아무렴, 팔고말고요!”

흥부네 가족은 얼른 박을 타서 바가지를 만들었어요. 그리고 바
<u>가지를 팔아서 많은 돈을 벌었지요.</u>
　　　흥부 스스로 돈을 벌게 되면서 자립하게 됨

“여보, 우리도 이제 쌀밥을 먹게 되었어요.”

“그러게 말이오. 이 돈들 좀 보시오. 우린 이제 잘 살 수 있소!”

그 후 흥부네 가족은 여기저기 구덩이를 파서 똥을 붓고 박 씨
를 많이 심었어요. 다음 해, 큼직한 박이 주렁주렁 열렸어요. <u>흥부
는 박을 전부 타서 열심히 바가지를 만들었어요. 그리고 직접 바
가지 장수로 나섰지요.</u> 흥부가 만든 바가지는 불티나게 팔렸어
　　스스로의 힘으로 돈을 벌면서 달라진 흥부의 모습
요. ‘흥부 표’ 바가지는 곧 온 나라에 유명해졌답니다. 그래서 흥
부네 가족은 큰 부자가 되었지요.

부자가 된 흥부는 자기 집 곳간을 들여다보았어요.

‘이만하면 내가 형님보다 더 부자겠지. 형님 집에 가서 누가 더
부자인지 가려봐야겠다!’

흥부는 놀부 집으로 달려가 몰래 곳간을 열어 봤어요. 『그런데
곳간에 곡식은 없고 <u>바가지만 가득했지요.</u> 바로 흥부가 바가지
　　　　　　　　　　흥부에 대한 놀부의 배려를 알 수 있는 소재
장수에게 팔았던 바가지였어요.』
『 』: 흥부가 자립할 수 있도록 도와준 놀부
‘아, 형님이 나를 위해서 이렇게 했던 거구나.’
놀부가 자신을 도와주지 않았던 이유를 깨달음
흥부는 그제야 놀부의 마음을 알아차렸어요. 흥부는 방으로 뛰
　　　　　　　흥부가 스스로 자립하기를 바라는 마음
어 들어갔어요.

“형님, 이 못난 동생을 용서해 주세요. 형님의 깊은 뜻도 모르고
지금껏 형님만 원망하며 살았어요.”

“아니다. 이렇게 성공을 했으니 네가 정말 자랑스럽구나.”

<u>그 뒤 흥부와 놀부는 더욱 사이좋게 지냈답니다.</u>
　　흥부와 놀부는 오해를 풀고 갈등을 해소함
- 류일운, 〈놀부전〉 -

* 밑천: 어떤 일을 하는 데 바탕이 되는 돈이나 물건, 기술, 재주 따위를 이르는 말.
* 후하다(厚하다): 마음 씀씀이나 태도가 너그럽다.

01　세부 내용 파악하기　　　　　답 | ①

윗글에 대한 설명으로 적절한 것은?

정답 선지 분석

① 놀부는 흥부의 자립심을 길러주고자 흥부를 박대했다.
　놀부가 도움을 요청하는 흥부를 쫓아낸 것은 의존적인 태도를 보이는 흥부에게 자립심
을 길러주고자 했기 때문이다.

오답 선지 분석

② 흥부는 자신을 도와주지 않는 놀부를 원망하지 않았다.
　흥부는 자신을 도와주지 않는 놀부를 원망하며, 자신의 잘못을 깨우치기는커녕 부자인
형이 ‘가난한 동생을 좀 도와주면’ 어떠냐고 하며 놀부에게 서운함을 드러내고 있다.

③ 놀부의 부인은 놀부에게 흥부를 도와주지 말 것을 먼저 제안했다.
　흥부가 도움을 요청해도 도와주지 말라고 한 건 놀부의 부인이 아니라 놀부이다.

④ 흥부는 바가지를 사간 사람이 놀부라는 사실을 처음부터 알고 있었다.
　흥부는 바가지를 사간 사람이 놀부라는 사실을 박을 팔아서 부자가 된 이후 누가 더 부
자인지 가려보기 위해 놀부의 곳간을 몰래 열어본 뒤에야 알게 되었다.

⑤ 놀부는 자신이 재산을 더 많이 가져간 것에 대해 흥부에게 미안함을 느꼈다.
　놀부가 자신이 재산을 더 많이 가져간 것에 대해서 흥부에게 미안함을 느끼고 있는지
에 대해서는 윗글에서 확인할 수 없다.

02　외적 준거를 통해 작품 이해하기　　　답 | ④

보기 는 고전 소설인 〈흥부전〉의 내용을 요약한 것이다. **보기** 를 참고했
을 때, 빈칸에 들어갈 말로 적절한 것은?

보기

놀부는 부모님이 돌아가시자 부모님의 유산을 독차지하고 동생 흥부
를 집에서 내쫓는다. 흥부는 놀부에게 도움을 요청하지만 매번 매만 맞
고 쫓겨난다. 어느 날 흥부는 다리가 부러진 제비를 발견하고 이를 불쌍
히 여겨 제비의 다리를 치료해 준다. 이듬해 봄, 제비는 흥부에게 박씨
하나를 물어다 주고, 흥부는 박씨를 잘 심어 가을에 큰 박을 따게 된다.
그런데 큰 박을 반으로 자르자 그 속에서 엄청난 재물이 쏟아져 나왔다.
흥부가 부자가 되었다는 소식을 들은 놀부는 일부러 제비의 다리를 부러
뜨리고 재물을 얻으려 했으나 오히려 재산을 모두 빼앗기게 된다. 흥부
는 그런 놀부에게 자신의 재산을 나누어 주고, 이후 두 형제는 우애롭게
지낸다.

작가가 고전 소설인 〈흥부전〉을 재구성한 이유는 (　　　　　)의 가
치를 보여 주기 위함이다.

정답 선지 분석

④ 스스로 노력해서 얻는 성공
　〈보기〉의 〈흥부전〉 속 흥부는 제비가 물어다 준 박씨를 통해 부자가 된다. 반면 윗글에서
는 흥부가 스스로 돈을 벌 수 있도록 놀부가 도와주고 있다. 즉 윗글의 작가가 〈보기〉의
〈흥부전〉을 재구성한 것은 비현실적인 요소에 의해서가 아니라, 스스로의 힘으로 노력
해서 얻은 성공의 가치를 알려 주기 위함이다.

오답 선지 분석

① 권선징악
　〈보기〉의 〈흥부전〉에서는 악행을 하던 놀부가 결국 재산을 다 잃어버린다는 결말을 통
해 권선징악을 보여 주지만, 윗글에서는 권선징악을 찾아볼 수 없다. 따라서 권선징악
의 가치를 알려 주기 위하여 재구성했다고 볼 수 없다.

② 형제간의 우애

〈보기〉의 〈흥부전〉과 윗글은 모두 형제간의 우애를 보여 주며 이야기가 끝이 난다. 즉 윗글과 〈흥부전〉에서 공통적으로 얻을 수 있는 가치이므로 재창작한 이유로 볼 수 없다.

③ 타인과 협력하는 것

윗글에서는 타인과 협력하는 모습을 찾아볼 수 없다. 따라서 〈흥부전〉을 재창작하면서 작가가 고려한 요소로 볼 수 없다.

⑤ 자기 본연의 모습을 간직하는 것

윗글에서는 자기 본연의 모습을 간직하는 것의 가치를 강조하고 있지 않다. 오히려 의존적인 성격의 흥부가 자립적으로 성장해가는 과정을 보여 준다. 따라서 〈흥부전〉을 재창작하면서 작가가 고려한 요소로 볼 수 없다.

03 서술상의 특징 파악하기   답 | ④

보기는 고전 소설인 〈흥부전〉의 일부이다. **보기**와 [A]를 비교한 것으로 적절한 것은?

> **보기**
>
> 흥부가 품을 파는데 상하 전답 김매고, 전세대동 방아 찧기, 보부상단 삯짐 지고, 초상난 집 부고 전하기, 묵은 집에 토담 쌓고, 새집에 땅 돋우고, 대장간 풀무 불기, 십 리 길 가마 메고, 오 푼 받고 말편자 걸기, 두 푼 받고 동재 치고, 닷 냥 받고 송장 치기. 생전 못 해 보던 일로 이렇듯 벌기는 버는데 하루 품을 팔면 네댓새씩 앓고 나니 생계가 막막했다.
>   (중략)
> "어따 이놈 흥부 놈아! 하늘이 사람 낼 때 제각기 정한 분수가 있어서 잘난 놈은 부자 되고 못난 놈은 가난한데 내가 이리 잘사는 게 네 복을 뺏었느냐? 누구한테 떼쓰자고 이 흉년에 곡식을 달라느냐? 목멘 소리 내어 눈물방울이나 찍어 내면 네 잔꾀에 내가 속을 줄 알고! 어림 반 푼어치도 없다."

정답 선지 분석

④ 〈보기〉는 윗글과 달리 생소한 단어가 많이 사용되어 내용을 이해하기 어렵다.

윗글과 달리 〈보기〉에서는 '상하 전답 김매고, 전세대동 방아 찧기, 보부상단 삯짐 지고, 초상난 집 부고 전하기'와 같이 과거에 사용되던 단어들이 사용되고 있어 윗글보다 내용을 이해하기 어렵다.

오답 선지 분석

① 윗글은 〈보기〉와 달리 윗글에서는 문장에서 운율감이 느껴진다.

문장에서 운율감이 느껴지는 것은 윗글이 아니라 〈보기〉에 해당한다.

② 윗글은 〈보기〉와 달리 윗글은 구체적인 상황 묘사를 통해 내용을 보충 설명하고 있다.

구체적인 상황 묘사를 통해 내용을 보충 설명하고 있는 것은 〈보기〉에 해당한다.

③ 〈보기〉는 윗글과 달리 문장의 길이가 대체로 짧다.

윗글의 문장은 대체로 길이가 짧고, 〈보기〉의 문장은 대체로 길이가 길다.

⑤ 윗글과 〈보기〉 모두 경어체를 활용하여 이야기를 전개한다.

경어체를 활용하여 이야기를 전개하는 것은 윗글에 해당한다. 〈보기〉는 경어체를 사용하고 있지 않다.

04 소재의 기능 파악하기

윗글에서 흥부가 돈을 벌 수 있던 계기이자, 놀부의 배려를 알 수 있는 소재를 찾아 3음절로 쓰시오.

> **정답**
>
> 바가지

03강

화법   자신 있게 말하기

빠른 정답 체크   **01** ①   **02** ③   **03** ④   **04** 말하기 불안

상진: 내일은 '문학 작품의 다양한 해석'에 관해 우리 모둠이 발표를 하는 날이야. 선구 네가 발표를 하기로 했었지?

선구: 그래, 그런데 난 여러 사람 앞에서 말을 해 본 경험이 별로 없는데 발표를 잘할 수 있을까?
<u>말하기 불안의 원인 ① – 청중 앞에서 말을 해 본 경험이 적음</u>

현서: 평소 우리랑 이야기하는 것처럼 자연스럽게 발표하면 아무 문제 없을 거야.
<u>자신감을 불어넣기 위함</u>

선구: (자신 없는 목소리로) 그, 그래, 알았어.

<u>선구는 혼자 있을 틈만 나면 모둠 친구들과 함께 작성한 발표문을 보았다.</u> 발표문을 보지 않고도 그 내용을 말할 수 있을 정도로 외운 선구는 안심하고 학교에 갔다.
<u>실제로 발표 연습을 해 보지는 않음 – 말하기 연습 방법으로 적절하지 않음</u>

상진: 우리 모두 열심히 발표 준비를 했으니, 전달만 잘되면 좋은 평가를 받을 수 있을 거야.

현서: <u>선구가 발표를 잘해 줄 거라고 믿어. 선구야, 자신 있지?</u>
<u>'선구'에게 부담감을 주는 발언</u>
친구들의 이야기를 들은 선구는 부담감 때문에 갑자기 불안해진다.

선구: (혼잣말로) 우리 모두 발표 준비를 하느라 고생을 많이 했는데, 내가 발표를 못 해서 다 망쳐 버리면 어떡하지?
<u>말하기 불안의 원인 ② – 잘해야 한다는 부담감을 느낌</u>

국어 수업이 시작된다.

선생님: 자, 행복 모둠 차례죠? 행복 모둠 발표자가 '문학 작품의 다양한 해석'이라는 주제로 발표를 시작해 볼까요?

교실 앞으로 나간 선구는 선생님과 친구들의 얼굴을 보고 긴장된 표정을 짓는다.

선구: (작은 목소리로) 우리 모둠은 백석의 멧······새 소리에 관해
<u>자신감이 부족하기 때문</u>
발표를, 아니 조사를 했고, 다양하게 해석해 보았습니다.

<u>선구가 불안한 표정으로 모둠 친구들을 힐끔힐끔 쳐다보자,</u> 친구들은 선구가 자신감을 가질 수 있도록 응원의 눈빛을 보낸다.
<u>말하기 불안을 겪고 있음이 드러남</u>

선구: 작품의 내용과 표현을 중심으로 살펴보면 멧새 소리는 백······석이······. (당황하여 말을 더듬고) 아니, 내용과 표현이 아니라, 저, 그····· 작가를 중심으로······.

선구는 식은땀을 흘리고, 두려움에 다리를 떨며, 가쁜 숨을 몰

아쉬면서 발표를 이어 간다.

선구: (기어들어 가는 목소리로) 멧새 소리는 당시 우리 민족이 기다렸던 독립에 대한 희망의 메시지······가 아니라, 아니, 이건 당시 시대 상황과······ 관련지어 해석해 본······.

선생님: 목소리가 너무 작은 것 같아요. 좀 더 큰 목소리로 발표하면 좋을 것 같아요.

선구: (고개를 푹 숙이며) 네, 알겠습니다. (떨리는 목소리로) 명태, 아니 멧새가······ 아니, 멧새 소리가······. 멧새 소리의 의미는 (고개를 숙이고 발표문만 들추어 보면서) 우리 민족이 기다리는······.

머릿속이 하얘진 선구는 어떻게 발표를 끝냈는지 기억도 안 난다.
<u>말하기 불안으로 인해 발표를 제대로 하지 못함</u>

---

01   대화 내용 이해하기   답 | ①

윗글에 대한 설명으로 적절하지 <u>않은</u> 것은?

정답 선지 분석

① '상진'은 '선구'에게 발표를 떠맡기고 있다.
   '상진'은 첫 번째 발화에서 '선구'에게 "선구 네가 발표를 하기로 했었지?"라고 말하며 발표자가 '선구'임을 확인하고 있는 것이지, 발표를 떠맡기고 있지 않다.

오답 선지 분석

② '선구'는 청중 앞에서 발표를 한 경험이 별로 없다.
   '선구'는 첫 번째 발화에서 '여러 사람 앞에서 말을 해 본 경험이 별로 없'다고 말하고 있다.

③ '선구'는 말하기 불안의 증상으로 다리를 떨고 있다.
   '선구'는 발표를 시작하자 식은땀이 흐르고, 두려움에 다리가 떨렸다고 하였으므로 적절하다.

④ '현서'는 '선구'에게 부담감을 주는 발언을 하고 있다.
   '현서'는 두 번째 발화에서 "선구가 발표를 잘해 줄 거라고 믿어. 선구야, 자신 있지?"라고 말하고 있다. 이는 발표자인 '선구'에게 부담감을 주는 발언으로 볼 수 있다.

⑤ 친구들은 '선구'가 떨지 않고 발표할 수 있도록 응원하고 있다.
   친구들은 '선구'가 불안한 표정으로 바라보자 선구가 자신감을 가질 수 있도록 응원의 눈빛을 보내고 있다.

---

02   발표 습관 점검하기   답 | ③

'선구'가 말하기 불안을 겪는 이유를 보기 에서 모두 고른 것은?

보기

㉠ 청중의 평가가 두려웠기 때문
㉡ 발표를 잘해야 한다는 부담감 때문
㉢ 과거의 실패 경험으로 인한 두려움 때문
㉣ 말하기 연습 방법이 적절하지 않았기 때문
㉤ 화제와 관련하여 내용에 대한 확신이 부족하기 때문

정답 선지 분석

③ ㉡, ㉣
   ㉡ '선구'는 세 번째 발화에서 "우리 모두 발표 준비를 하느라 고생을 많이 했는데, 내가 발표를 못 해서 다 망쳐 버리면 어떡하지?"라고 말하고 있다. 이는 발표를 잘해야 한다는 부담감을 느낀 것으로, '선구'가 말하기 불안을 겪게 된 원인으로 볼 수 있다.

---

② '선구'는 혼자 있을 때 틈만 나면 모둠 친구들과 함께 작성한 발표문을 보았으며 보지 않고도 말할 수 있을 정도로 외웠다. 그러나 '선구'는 실제로 사람들 앞에서 발표 연습을 해 보지 않았다. 이는 말하기 연습 방법이 적절하지 않은 것으로, '선구'가 말하기 불안을 겪게 된 원인으로 볼 수 있다.

오답 선지 분석

㉠ 청중의 평가에 대한 두려움이 말하기 불안의 원인이 될 수 있으나, 윗글의 '선구'는 청중의 반응을 두려워하고 있지는 않다.

㉢ '선구'가 과거에 발표를 실패한 경험이 있는지에 대해서는 윗글에서 확인할 수 없다.

㉤ '선구'가 화제와 관련된 내용에 대한 확신이 부족한지에 대해서는 윗글에서 확인할 수 없다.

03 발표 습관 조정하기   답 | ④

말하기 불안을 극복하기 위한 방법으로 적절하지 않은 것은?

정답 선지 분석

④ 청중의 표정을 의식하며 말하기 방법을 바로바로 수정한다.

청중의 표정을 의식하는 것은 청중의 반응을 염려하는 행위로 말하기 불안의 원인이 된다. 청중의 표정을 의식하며 말하기 방법을 바로바로 수정하는 것은 말하기 불안을 극복하기 위한 방법으로 볼 수 없다. 오히려 반응에 따라 수정한다면 연습했던 것과 다르게 흘러가기 때문에 말하기 불안을 겪을 수 있다.

오답 선지 분석

① 성공적인 말하기 상황을 상상한다.

성공적인 말하기 상황을 상상하며 긍정적으로 자기 암시를 한다면 말하기 불안을 극복할 수 있다.

② 말하기 상황을 긍정적으로 인식하며 생각을 전환한다.

말하기 상황을 두려워하는 것이 아니라 긍정적으로 인식하며 생각을 전환한다면 말하기 불안을 극복할 수 있다.

③ 말하기에 자신감을 얻기 위해 철저히 준비하고 연습한다.

영상을 찍어서 말하기 과정을 점검하는 등 철저히 준비하고 연습한다면 말하기에 있어 자신감을 얻을 수 있기 때문에 말하기 불안을 극복할 수 있다.

⑤ 말하기 전에 몸의 긴장을 풀기 위해 간단한 스트레칭을 한다.

말하기 전에 간단히 스트레칭이나 체조를 한다면 불안에 따른 긴장감을 해소할 수 있기 때문에 말하기 불안을 극복할 수 있다.

04 발표 습관 점검하기

빈칸에 들어갈 말로 적절한 것을 쓰시오.

여러 사람 앞에서 말을 하기에 앞서 또는 말을 하는 과정에서 개인이 경험하게 되는 불안 증상을 (   )(이)라고 한다.

정답

말하기 불안

빠른 정답 체크   **01** ①   **02** ①   **03** ④   **04** 연주 시차

많은 천문학자들은 지구와 별의 거리를 측정하기 위해 오랜시간 연구를 해왔는데, 측정 방법 중 하나는 바로 연주 시차를 이용하는 것이었다.
별의 거리를 측정하기 위한 방법 ①
시차란 관측하는 위치에 따라 바라보는 물체의 위치가 달라져 보이는 각도를 말한다. 지
시차의 정의
구는 〈그림〉처럼 태양 주위를 타원형의 궤도를 그리며 1년 단위로 공전한다. 따라서 지구는 E1 지점에서 6개월이 지나면 E2 지점으로 가게 되는데,「E1 지점에서 별 S를 보면 S1 지점에 있는 것처럼 보였다가, E2 지점에서 별 S를 보면 S2 지점에 있는 것처럼 보인다.」이러한 차이는 바로 시차로 인해 비롯된다. 즉 E1과 E2에
「」: 시차의 차이로 인해 별의 위치가 달라진 것처럼 보임
서 각각 관측하는 별로 직선을 그었을 때 두 직선이 이루는 각이 시차가 된다. 따라서 별의 거리가 멀수록 시차는 작아지게 된다.
별의 거리와 반비례하는 시차
이때 태양과 관측하는 별을 잇는 직선과, 특정 위치에 있는 지구
연주 시차의 개념
와 바라보는 천체를 잇는 직선이 이루는 각을 연주 시차라고 한다. 우리는 태양과 지구의 거리를 이미 알고 있기 때문에 태양과 별, 그리고 지구를 잇는 삼각형을 그려 연주 시차를 포함한 수학
지구와 별 사이의 거리를 구하는 방법 ① – 연주 시차를 활용
적 원리를 활용하면 지구와 별 사이의 거리를 알 수 있게 되는 것이다.

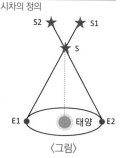
S2   S1
S
E1   태양   E2
〈그림〉

▶1문단: 연주 시차를 활용한 별과 지구의 거리 측정 방법

그런데 연주 시차의 방법으로는 너무 멀리 있는 별들의 거리를 구하는 데 한계가 있다. 연주 시차는 '초' 단위를 사용하는데, 1초는 원을 360도라고 했을 때, 3600분의 1도에 해당하는 매우 작은 각이어서 연주 시차가 너무 작아져 측정이 어려워지는 것이다. 연
거리가 멀어지면 시차가 작아지기 때문
주 시차 1초에 해당하는 거리를 1파섹이라고 하는데 100파섹이
연주 시차를 활용한 거리 측정 방법의 한계
넘어서면 연주 시차로 측정이 어렵다고 알려져 있다. 이에 따라
별의 거리를 측정하기 위한 방법 ②
별의 밝기로 거리를 구하는 방법이 시도되었다.

▶2문단: 연주 시차를 활용한 거리 측정 방법의 한계

먼저 눈에 보이는 밝기에 따라 별의 등급을 나눈 것을 '겉보기
겉보기 등급의 개념
등급'이라고 한다. 1등급이 가장 밝게 보이는 별이고 등급의 수치가 커질수록 어둡게 보이는 별이 된다. 그런데 겉으로 보이는 별의 밝기는 거리의 제곱에 반비례하므로 겉보기 등급은 별의 실
겉보기 등급만으로 별의 거리를 측정하기 어려운 이유
제 밝기를 나타내지 못한다. 따라서 실제 별의 밝기를 나타내는
절대 등급의 개념
'절대 등급'을 함께 활용한다. 절대 등급은 지구로부터 10파섹 떨어져 있다고 가정했을 때 별의 밝기로 수치가 작을수록 밝은 별임을 보여 준다. 모든 별이 같은 거리에 놓여 있다고 가정한 후
별의 실제 밝기를 구하는 방법

별의 밝기를 비교하면 별의 실제 밝기를 비교할 수 있게 된다. 만일 어떤 별의 겉보기 등급과 절대 등급이 같다면 눈에 보이는 별의 밝기와 실제 밝기는 같다는 것이므로 별까지의 거리는 10파섹이 된다.

겉보기 등급 = 절대 등급 → 별과 지구의 거리 = 10파섹

또한 『어떤 별의 겉보기 등급이 절대 등급보다 작다면

『 』: 겉보기 등급 < 절대 등급 → 별과 지구의 거리 < 10파섹

10파섹을 가정했을 때보다 더 밝게 보인다는 말이므로 별은 10파섹보다 더 가까이 있음을 의미한다.』 여기서 겉보기 등급에서

겉보기 등급 – 절대 등급

절대 등급을 뺀 수치인 거리지수를 특정한 방정식에 대입해서 별

지구와 별 사이의 거리를 구하는 방법 ② – 겉보기 등급과 절대 등급을 활용

까지의 거리를 계산해 낼 수 있게 된다. 보통 거리지수가 클수록 관측 지점에서 별까지의 거리는 멀다고 할 수 있다.

▶ 3문단: 별의 밝기를 활용한 별과 지구의 거리 측정 방법

---

01 핵심 내용 이해하기　　답 | ①

윗글에 대한 설명으로 적절하지 않은 것은?

정답 선지 분석

① 겉보기 등급을 알면 절대 등급을 몰라도 별까지의 거리를 알 수 있다.

3문단에서 겉보기 등급에서 절대 등급을 뺀 거리지수를 특정한 방정식에 대입해서 별까지의 거리를 계산해 낼 수 있다고 하였으므로 겉보기 등급만 알고 절대 등급을 모르면 별까지의 거리를 알 수 없다.

오답 선지 분석

② 별의 밝기는 관측하는 지점으로부터 거리가 더 멀수록 더 어둡게 보인다.

3문단에서 겉으로 보이는 별의 밝기는 거리의 제곱에 반비례한다고 하였으므로 적절하다.

③ 연주 시차는 1도를 3600개로 나누었을 때 한 부분인 1초를 기본 단위로 사용한다.

2문단에서 연주 시차는 '초' 단위를 사용하는데, 1초는 원을 360도라고 했을 때, 3600분의 1도에 해당하는 매우 작은 각이라고 하였으므로 적절하다.

④ 연주 시차를 이용하면 관측자로부터 100파섹이 넘는 거리의 별은 측정하기 어렵다.

2문단에서 100파섹이 넘어서면 연주 시차로 측정이 어렵다고 알려져 있다고 하였으므로 적절하다.

⑤ 시차란 관측하는 위치에 따라 바라보는 물체의 위치가 달라져 보이는 각도를 말한다.

1문단에서 시차란 관측하는 위치에 따라 바라보는 물체의 위치가 달라져 보이는 각도를 말한다고 하였으므로 적절하다.

---

02 세부 내용 추론하기　　답 | ①

윗글의 〈그림〉에 대한 설명으로 적절하지 않은 것은?

정답 선지 분석

① 별 S보다 가까이 있는 별을 관측할 경우 S를 볼 때보다 연주 시차는 더 작아진다.

1문단에서 별의 거리가 멀수록 시차는 작아진다고 하였으므로, 별의 거리가 가까울수록 연주 시차는 더 커질 것이다. 따라서 별 S보다 가까이 있는 별을 관측할 경우 연주 시차는 더 커질 것이므로 적절하지 않다.

오답 선지 분석

② 별 S를 관측할 때의 연주 시차는 E1과 E2에서 별 S를 관측할 때 시차의 절반이 된다.

1문단에서 E1과 E2에서 각각 관측하는 별로 직선을 그었을 때 두 직선이 이루는 각이 시차라고 하였으므로, 〈그림〉에서 E1, E2, S를 세 점으로 하는 삼각형에서 S의 각이 시차가 된다. 그리고 태양과 관측하는 별을 잇는 직선과 특정 위치에 있는 지구와 바라보는 천체를 잇는 직선이 이루는 각을 연주 시차라고 하였으므로, 〈그림〉에서 태양, S, E1 또는 E2를 세 점으로 하는 삼각형에서 S의 각이 연주 시차가 된다. 따라서 연주 시차는 시차의 절반이 된다.

---

③ 지구가 E1에서 출발해 태양 주위를 한 바퀴 돌아 다시 E1 지점으로 올 때까지 1년이 걸린다.

1문단에서 지구는 〈그림〉처럼 태양 주위를 타원형의 궤도를 그리며 1년 단위로 공전한다고 하였으므로 E1에서 태양 주위를 한 바퀴 돌아오는 데는 1년이 걸린다.

④ E1 지점에서 별 S를 관측했던 사람이 6개월 뒤에 다시 같은 별을 관측하면 왼쪽으로 이동한 것처럼 보인다.

1문단에서 지구는 E1 지점에서 6개월이 지나면 E2 지점으로 가게 되는데, E1에서 별 S를 보면 S1 지점에 있는 것처럼 보였다가, E2 지점에서 별 S를 보면 S2 지점에 있는 것처럼 보인다고 하였으므로 별 S는 왼쪽으로 이동한 것처럼 보인다고 할 수 있다.

⑤ 별 S와 태양, E2를 잇는 삼각형을 그려 연주 시차를 포함한 수학적 원리를 통해 지구와 별 사이의 거리를 구할 수 있다.

1문단에서 태양과 별, 그리고 지구를 잇는 삼각형을 그려 연주 시차를 포함한 수학적 원리를 활용하면 지구와 별 사이의 거리를 알 수 있다고 하였으므로 적절하다.

---

03 구체적 사례에 적용하기　　답 | ④

보기 1 을 참고하여 보기 2 의 @~ⓒ에 들어갈 말로 적절한 것은?

보기 1

	별 A	별 B	별 C
겉보기 등급	3	5	1
절대 등급	2	2	1

보기 2

선생님: 다음은 세 개의 별의 겉보기 등급과 절대 등급을 나타낸 것입니다. 세 개의 별 중 가장 밝게 보이는 별은 　@　 이고, 실제로 가장 밝은 별은 　ⓑ　 이며, 가장 멀리 있는 별은 　ⓒ　 입니다.

정답 선지 분석

	@	ⓑ	ⓒ
④	C	C	B

3문단에서 눈에 보이는 밝기에 따라 등급을 나눈 것이 겉보기 등급이라고 하였고 1등급이 가장 밝게 보이는 별이며 등급의 수치가 커질수록 어둡게 보인다고 하였다. 따라서 겉보기 등급의 수치가 가장 낮은 별 C가 가장 밝게 보이는 별이다. 또한 절대 등급이 실제 별의 밝기를 나타낸다고 하였는데 이 역시 수치가 작을수록 가장 밝은 별이라고 하였으므로 별 C가 실제 밝기도 가장 밝은 별이 된다. 마지막으로 겉보기 등급에서 절대 등급을 뺀 수치를 거리지수라고 하였고, 거리지수가 클수록 관측 지점에서 별까지의 거리가 멀다고 하였으므로 거리지수가 가장 큰 별 B가 관측 지점에서 가장 멀리 있다고 할 수 있다.

---

04 세부 내용 파악하기

빈칸에 들어갈 말로 적절한 것을 윗글에서 찾아 2어절로 쓰시오.

（　　　　　）은/는 별이 실제로 움직이는 것이 아니라 지구가 공전하기 때문에 나타나는 현상이다. 따라서 지구가 공전하지 않는다면 （　　）이/가 생기지 않기 때문에 이것은 지구 공전의 증거가 된다.

정답

연주 시차

빠른 정답 체크 **01** ⑤ **02** ② **03** ⑤ **04** 너희들

고향이 고향인 줄도 모르면서
진정한 고향의 의미를 모름 – 인정이 사라져 가는 현실
긴 장대 휘둘러 **까치밥** 따는
~: 인정과 배려의 의미를 지닌 소재
서울 조카아이들이여
청자 – 인정과 배려를 모름, 철없음
그 까치밥 따지 말라
　　□: 명령형 어조 – 주제 의식 강화 ▶ 까치밥을 따는 조카들에 대한 나무람
남도의 빈 겨울 하늘만 남으면
　까치밥(인정과 배려)이 없으면
우리 마음 얼마나 허전할까
　　○: 설의적 표현 사용 – 청자의 공감을 유도
『살아온 이 세상 어느 물굽이
『」: 삶의 시련과 고통
　㉠ 소용돌이치고 휩쓸려 배 주릴 때도』

공중을 오가는 **날짐승**에게 길을 내어주는
　　인정과 배려가 필요한 대상
㉡ 그것은 **따뜻한 등불**이었으니
　까치밥　　　따뜻한 인정 ①
철없는 조카아이들이여

그 까치밥 따지 말라
　반복을 통해 의미 강조　▶ 날짐승에게 베푸는 인정으로서의 까치밥
사랑방 말쿠지*에 **짚신** 몇 죽 걸어놓고

할아버지는 무덤 속을 걸어가시지 않았느냐
다른 이들을 위해 짚신을 남기는 이타적 존재 ↔ 조카아이들
그 짚신 더러는 외로운 길손의 **길보시**가 되고
　　　　　따뜻한 인정 ②
한밤중 동네 개 컹컹 짖어 그 짚신 짊어지고
　　　　아버지의 삶에서의 시련과 고통
아버지는 다시 새벽 ㉢ 두만강 국경을 넘기도 하였느니
　　　▶ 할아버지께서 타인을 위해 남긴 짚
　　　신에서 드러난 인정과 배려의 가치
아이들아, 수많은 기다림의 세월

그러니 서러워하지도 말아라

눈 속에 익은 까치밥 몇 개가
　　인정과 배려
㉣ 겨울 하늘에 떠서

아직도 **너희들**이 가야 할 ㉤ 머나먼 길
　조카아이들 – 다음 세대　앞으로의 삶에서의 시련과 고통
이렇게 등 따숩게 비춰주고 있지 않으냐.
누군가 남겨 둔 까치밥이 너희들(서울 조카아이들)에게 등불이 되어 주듯,
너희들도 누군가에게 등불이 되어 줄 수 있도록 까치밥을 남겨 두어라(설의법)
　　　　　　▶ 다른 이들을 위한 배려하는 삶의 태도를 당부
　　　　　　　　　　　　　　- 송수권, 〈까치밥〉 -

* 말쿠지(말코지): 물건을 걸기 위하여 벽 따위에 달아 두는 나무 갈고리. 흔히 가지가 여러 개 돋친 나무를 짤막하게 잘라 다듬어서 노끈으로 달아맨다.

---

01 표현상의 특징 파악하기 답 | ⑤

윗글의 표현상의 특징으로 적절하지 않은 것은?

정답 선지 분석

⑤ 장면의 전환을 통해 앞선 내용과는 다른 새로운 가치를 제시하고 있다.
　윗글의 12행까지는 날짐승을 위해 남겨둔 까치밥을 통해 인정과 배려의 가치를 전달하고 있고, 13행에서는 할아버지가 남긴 짚신을 통해 인정과 배려의 가치를 전달하고 있다. 따라서 '까치밥'에서 할아버지가 남긴 '짚신'으로 장면이 전환되고 있으나, 앞선 내용과 다른 새로운 가치를 제시하는 것이 아니라 인정과 배려의 가치를 공통적으로 강조하고 있으므로 적절하지 않다.

오답 선지 분석

① 청자에게 말을 건네며 깨달음을 전달하고 있다.
　윗글의 화자는 청자인 '서울 조카아이들'에게 말을 건네는 형식을 사용하여 조카아이들로 하여금 인정과 배려를 베푸는 삶을 살아갈 것을 당부하고 있다.

② 명령형 어조를 사용하여 주제 의식을 강화하고 있다.
　윗글에서는 명령형 어조인 '말라(말아라)'를 반복적으로 사용함으로써 서울 조카아이들이 까치밥에 담긴 진정한 의미를 배우기를 바라는 화자의 가르침을 강조하고 있다.

③ 설의적 표현을 사용하여 독자의 공감을 유도하고 있다.
　윗글에서는 '우리 마음 얼마나 허전할까', '할아버지는 무덤 속을 걸어가시지 않았느냐', '이렇게 등 따숩게 비춰 주고 있지 않으냐'에서 설의법을 사용함으로써 독자의 공감을 유도하며 주제 의식을 강조하고 있다.

④ 감각적 이미지를 활용하여 대상의 긍정적 가치를 드러내고 있다.
　'따뜻한 등불' 등의 감각적 이미지를 통해 까치밥의 긍정적 가치를 효과적으로 드러내고 있다.

---

02 시어의 의미 파악하기 답 | ②

보기 를 참고하였을 때, ㉠~㉤ 중 의미하는 바가 다른 것은?

보기

　윗글은 삶의 시련과 고통 속에서도 따뜻한 인정과 배려를 베풀기를 바라는 화자의 소망을 드러내고 있다.

정답 선지 분석

② ㉡
　윗글의 ㉡은 삶의 시련과 고통 속에서도 따뜻한 인정과 배려를 상징하는 '까치밥'을 의미한다. 반면 ㉠, ㉢, ㉣, ㉤은 모두 삶의 시련과 고통을 의미한다.

---

03 외적 준거를 참고하여 작품 감상하기 답 | ⑤

보기 를 참고하여 윗글을 감상한 내용으로 적절하지 않은 것은?

보기

　산업화와 도시화로 인해 물질주의가 팽배해지자 이기주의적 삶을 살아가는 사람들이 많아지면서 타인을 배려하는 공동체적 삶의 태도와 사회 정의를 실현하기 위한 노력 등이 사라지게 되었다. 이 작품은 이러한 현실을 바로잡기 위해 현대인에게 필요한 바람직한 삶의 자세인 배려와 인정, 그리고 공존의 가치에 대해 강조하고 있다.

* 팽배하다(澎湃하다): 어떤 기세나 사조 따위가 매우 거세게 일어나다.

⑤ '아버지'는 '서울 조카아이들'과 마찬가지로 자신의 이익을 추구하는 대상으로 '할아버지'와 대비되는 인물이군.
　'할아버지'는 다른 이들을 위해 짚신을 남기는 이타적인 존재로, 할아버지와 대비되는 대상은 '아버지'가 아닌 '서울 조카아이들'이다. '서울 조카아이들'은 까치밥의 진정한 의미, 즉 배려와 인정을 모르고 자신의 이익을 추구하기 위해 까치밥을 따려 하는 존재이다. '아버지'는 할아버지가 남긴 짚신을 신고 시련을 이겨내는 존재로, 자신의 이익을 추구하는 대상으로 보기 어렵다.

① '고향'은 인정이 살아 있는 따뜻한 공간으로, 화자는 산업화와 도시화 이전의 삶의 가치를 더욱 소중하게 여기고 있군.
　화자는 1행에서 '서울 조카아이들'은 고향의 진정한 의미를 모른다고 말하며 '까치밥'을 따지 말라고 이야기하고 있다. 이는 산업화와 도시화로 인해 공동체적 삶의 태도와, 인정과 배려가 점점 사라지는 현실에 대한 안타까움을 표현한 것으로, '까치밥'과 '짚신'처럼 자신의 것을 나눌 줄 알던 공동체적 공간인 고향을 그리워하고 있는 것으로 이해할 수 있다.

② '날짐승'은 산업화와 도시화로부터 소외된 존재로, 화자는 이들에게 인정을 베풀어야 함을 강조하고 있군.
　'날짐승'은 '소용돌이치고 휩쓸려 배 주'리고 있다. 즉, 산업화와 도시화로부터 소외된 존재로, 인정과 배려가 필요한 대상이다. 화자는 날짐승을 위해 까치밥을 남겨놔야 한다고 이야기하는데, 이는 곧 소외된 이들에게 인정과 배려를 베풀어야 한다는 것이다.

③ '따뜻한 등불'과 '길보시'는 공존의 가치를 비유적으로 표현한 것으로, 공동체적 삶의 태도가 실현된 상태이군.
　'따뜻한 등불'은 까치밥을, '길보시'는 짚신을 의미한다. 즉, 타인을 위해 남긴 배려와 인정, 공존의 가치의 산물로 공동체적 삶의 태도가 실현된 상태로 볼 수 있다.

④ 할아버지가 남긴 '짚신'은 '까치밥'과 동일한 의미를 지니며 현대인에게 필요한 삶의 자세라고 볼 수 있군.
　할아버지가 남긴 '짚신'은 '까치밥'과 마찬가지로 인정과 배려의 의미를 지닌 소재로, 〈보기〉에 따르면 현대인에게 필요한 바람직한 삶의 자세라고 볼 수 있다.

04 시어의 의미 이해하기

빈칸에 들어갈 말로 적절한 것을 윗글에서 찾아 쓰시오.

　윗글의 화자는 '서울 조카아이들'에서 '아이들'로, 그리고 다시 '(　　　　)'(으)로 청자를 확장하여 까치밥으로부터 얻은 깨달음을 전달하고 있다.

너희들

[앞부분 줄거리]　중국의 황제는 신라를 공격할 구실을 만들기 위해 달걀을 넣어 봉한 다음, 그 안에 무엇이 들었는지 알아내어 시를 지어 올리지 못한다면 신라를 공격할 것이라고 협박한다. 왕은 승상에게 문제를 해결할 것을 명하지만 승상은 이를 해결하지 못한다. 파경노는 승상의 딸 운영과 혼인하는 것을 조건으로 시를 지을 것을 약속한다.

　다음날 아침 승상이 사람을 시켜 시 짓는 모습을 엿보라 하였다. 이때 파경노가 자기 이름을 지어 치원이라 하고, 자를 고운이라 하더라. 운영이 옆에 앉아서 시 짓기를 재촉하니 치원이 말하기를,

　　　　　　　실존 인물 – 사실성 부여
　　　　승상의 딸

"시는 내일 중으로 지을 것이니 너무 재촉하지 마오."

하고는 운영더러 종이를 벽 위에 붙여 놓도록 하고 스스로 붓 대롱*을 잡아 발가락에 끼우고 잤다. 운영이 또한 근심하다가 고단하여 자는데 「꿈속에 쌍룡이 하늘에서 내려와 함 위에서 서로 벗하여 무늬 옷을 입은 동자 십여 명이 함을 받들고 서서 소리 내어
　　　　　　　『 』: 전기적 요소
노래하니 함이 열리는 듯하였다. 이윽고 쌍룡의 콧구멍에서 오색 서기*가 나와 함 속을 환히 비치니 그 안에 붉은 옷을 입고 푸른 수건을 쓴 사람들이 좌우로 늘어서서 어떤 자는 시를 지어 읊고 어떤 자는 붓을 잡아 글씨를 쓰는데, 승상이 빨리 시를 지으라고 재촉하는 소리에 놀라 깨어 보니 꿈이더라.」 치원 역시 깨어나 시를 지어 벽에 붙은 종이에다 써 놓으니 용과 뱀이 놀라 꿈틀거리는 듯하더라. 시의 내용인즉,
　　　　　　　　　　　치원의 비범한 모습

단단석함리(團團石函裡)에,　둥글고 둥근 함 속의 물건은,

반백반황금(半白半黃金)인데,　반은 희고 반은 노란데,
　　　　　　　　　　　　　　　　　　　달걀

야야지시명(夜夜知時鳴)하니,　밤마다 때를 알아 울려 하건만,
　　　　　　　　　　　　　　　　　　　닭

함정미토음(含情未吐音)이라.　뜻만 머금을 뿐 토하지 못하도다.
　　　　　　　　　　　　　　　　　　　병아리

이더라.

　치원이 운영을 시켜 승상께 바치게 하니 승상이 믿지 않다가 운영의 꿈 이야기를 듣고서야 믿고 대궐로 들어가 왕께 바치었다. 왕이 보시고서 크게 놀래어 물으시기를,

"경이 어떻게 알아 가지고 시를 지었느뇨?" / 하시니 대답하여 아뢰되,

"신이 지은 것이 아니옵고 신의 사위가 지은 것이옵니다."
최치원의 공명을 사실대로 밝힘

하니 왕은 사신으로 하여금 대국 황제께 바치었다. 황제가 보시고 말씀하시기를,

"단단석함리(團團石函裡) 반백반황금(半白半黃金)은 맞는 구(句)

이나, 야야지시명(夜夜知時鳴) 함정미토음(含情未吐音)이라 한
황제가 처음 상자에 넣은 것은 달걀이었기 때문

것은 잘못이로다."

하고 함을 열고 달걀을 보시니 여러 날 따뜻한 솜 속에서 병아리
최치원의 시가 옳음이 증명됨

로 되어 있으매 황제가 탄복하면서* 말하기를,

"이는 천하의 기재*로다."

하시고 학사를 불러 보이시니, 학사 또한 칭찬하여 마지않더니

이윽고 아뢰기를,

"상대편의 소매 속에 있는 물건도 오히려 알기가 어렵거늘 만

리 절역*에서 능히 연구하여 이같이 상세히 알아냈으니, 자고로

중원에서 이 같은 기재가 있었다는 말을 들어 보지 못했나이다.

오직 걱정되는 것은 소국이 대국을 멸시할 단서가 될까 하오니
최치원의 능력을 경계, 신라에 대한 중국의 우월한 입장을 드러냄

바라옵건대 시를 지은 자를 불러들여 어려운 문제를 능히 풀어

낸 사유를 물으심이 좋을까 하나이다." (중략)

황제는 치원이 온다는 말을 듣고 치원을 속이고자 첫째, 둘째,

셋째 문 안에 땅을 파고 그 안에 여러 명의 악공을 넣어 놓고 경

계하여 명하기를,

"치원이 들어오거든 풍악을 요란스럽게 울려 정신을 못 차리도

록 하고 또 함정 위에다가 엷은 소판을 깔고 그위에 흙을 덮어,

잘못 밟으면 빠져 죽게 하라." / 하셨다. (중략)

최치원이 드디어 황제 앞에 이르렀다. 황제는 자리에서 내려와
최치원을 무시하지 못하는 황제

맞이하더니 최치원을 상좌에 앉히고 이렇게 물었다.

"경이 함 속에 든 물건을 알아맞혀 시를 지었소?" / "그렇습니다."

"어떻게 알아냈소?"

"신이 듣기로 현자는 천상에 있는 물건이라도 모두 알아낼 수

있다고 하더이다. 신이 비록 불민하나* 함 속의 물건쯤 알아내

지 못하겠습니까?"

황제가 마음 깊이 감탄하더니 또 이렇게 물었다.

"경은 세 개의 문을 들어올 때 ㉠ 음악 소리를 듣지 못했소?" /

"듣지 못했습니다."

황제는 곧바로 세 개의 문 안 구덩이에 들어가 있던 악공들을

불러 추궁했다. 악공들은 모두 한결같이 말했다.

"저희가 힘을 다해 연주하고 있는데 갑자기 하늘에서 푸른색,

붉은색, 흰색 옷을 입은 자들이 내려와 저희 몸을 꽁꽁 동여 묶
전기적 요소 – 하늘이 최치원을 보호하고 있음

더니 이렇게 말했습니다. '큰 손님이 오시니 음악을 연주하지

말라!' 그리고는 몽둥이로 저희를 때려 대니 감히 어쩔 수가 없

었습니다."

황제가 깜짝 놀라 사람을 보내 구덩이 속을 살피게 했더니, 구

덩이 안에는 큰 뱀이 가득 들어 있었다. 황제가 매우 기이하게 여

기고는 이렇게 말했다.

"최치원은 보통 사람이 아니니 함부로 대해서는 안 되겠다."
비범한 최치원을 인정

이에 시녀며 음식이며 곁에서 모시는 관리 등을 모두 황제와 똑
황제와 같은 대우를 받음

같이 하게 했다.

『어느 날 황제는 최치원과 이야기를 나누게 되었다. 하지만 그
『 』: 황제가 최치원을 의심하게 된 계기

말이나 행동거지가 보통 사람과 별다른 게 없었다.』황제는 이렇

게 생각했다.

'지난번 일이 기이하긴 하지만, 내가 직접 본 것이 아니니 전부
다시 최치원을 시험하고자 함

다 믿을 수는 없지. 내가 직접 시험해 봐야겠다.'

┌─ 그리하여 황제는 식사할 때가 되자 미리 음식에 독약을 넣
황제의 시험

어 두었다. 음식이 올라왔지만 최치원은 이미 눈치를 채고 음

식을 먹지 않았다. 황제가 그 까닭을 묻자 최치원이 대답했다.

"음식에 독이 들어 있어 먹지 않는 겁니다."

"어떻게 알았소?"

[A] "장막 위에서 새가 울더군요. 그 ㉡ 울음소리를 점쳐 보고

알았습니다."

황제가 자리 앞으로 나오더니 이렇게 말했다.

"내가 경의 재주를 몰라보고 이런 잘못을 저지르고 말았으
황제가 최치원에게 사과 – 중국에 대한 우월감과 대리만족을 경험

니, 후회막급일 따름이오."

└─ 이 일이 있은 뒤 황제의 대우는 날이 갈수록 더욱 두터워졌다.

– 작자 미상, 〈최고운전〉 –

* 대롱: 가느스름한 통대의 토막.
* 서기(瑞氣): 상서로운 기운.
* 탄복하다(歎服하다): 매우 감탄하여 마음으로 따르다.
* 기재(奇才): 아주 뛰어난 재주. 또는 그 재주를 가진 사람.
* 절역(絕域): 멀리 떨어져 있는 다른 나라.
* 불민하다(不敏하다): 어리석고 둔하여 재빠르지 못하다.

01 서술상의 특징 파악하기
답 | ⑤

윗글의 서술상의 특징으로 적절하지 <u>않은</u> 것은?

정답 선지 분석
⑤ 장소의 이동에 따른 인물의 심리 변화가 구체적으로 묘사되어 있다.
> 최치원이 신라에서 중국으로 이동하고 있으나, 이 과정에서 인물의 심리 변화가 구체적으로 묘사되고 있지는 않다.

오답 선지 분석
① 역사적 실존 인물을 등장시켜 사실성을 높이고 있다.
> 윗글은 신라 시대 실존 인물인 최치원을 주인공으로 등장시킴으로써 이야기의 사실성을 높이고 있다.

② 전기적 요소를 활용하여 인물의 비범함을 드러내고 있다.
> 황제는 최치원이 세 개의 문을 들어올 때 악공들을 시켜 음악을 연주하게끔 했으나, 이들이 연주하려 하자 하늘에서 푸른색, 붉은색, 흰색의 옷을 입은 사람들이 내려와 경고했다는 점에서 전기적 요소를 활용하여 최치원의 비범함을 드러내고 있는 것으로 볼 수 있다.

③ 삽입 시를 활용하여 인물의 탁월한 능력을 강조하고 있다.
> 함 안에 든 것이 무엇인지에 대해 쓴 최치원의 시를 보고 왕과 황제는 최치원의 뛰어난 능력을 칭찬하고 있다. 이는 삽입 시를 활용하여 최치원의 탁월한 능력을 강조하고 있는 것이라고 볼 수 있다.

④ 일반적인 영웅 소설과는 달리, 뛰어난 문재를 드러내고 있다.
> 일반적인 영웅 소설이 전쟁에서 활약하는 영웅을 주인공으로 삼는다면, 윗글은 뛰어난 문재를 가진 영웅을 등장시키고 있다.

02 세부 내용 파악하기
답 | ②

㉠, ㉡에 대한 설명으로 적절한 것은?

정답 선지 분석
② ㉠과 ㉡ 모두 최치원에 대한 황제의 생각이 변화하는 계기가 된다.
> ㉠은 최치원을 방해하기 위해 황제가 지시한 것이고, ㉡은 황제의 시험으로부터 최치원을 구해주는 것이다. 황제는 ㉠을 통해 최치원을 방해하고자 했으나, 하늘이 최치원을 도왔다는 악공들의 이야기를 듣고 최치원을 인정하고 있다. 또한 황제는 최치원을 시험하고자 음식에 독을 넣었지만, ㉡으로 인해 음식에 독이 들었음을 눈치챈 최치원을 보고 최치원의 재주를 몰라본 것에 대해 사과하고 있다. 따라서 ㉠과 ㉡은 모두 최치원에 대한 황제의 생각이 변화하는 계기로 볼 수 있다.

오답 선지 분석
① ㉠은 ㉡과 달리 최치원이 신라에 있을 때 들은 소리이다.
> ㉠은 최치원이 듣지 못했다고 답한 소리이며, ㉡은 최치원이 중국에 있을 때 들은 소리이다.

③ ㉠과 ㉡ 모두 최치원을 시험하기 위한 황제의 의도가 반영된 것이다.
> ㉠은 최치원을 방해하기 위해 황제가 지시한 것이고, ㉡은 황제의 시험으로부터 최치원을 구해주는 것이기 때문에 황제의 의도가 반영되었다고 보기 어렵다.

④ ㉠은 최치원을 환영하는 것이고, ㉡은 떠나는 최치원을 배웅하는 것이다.
> ㉠은 최치원을 환영하는 것이 아니라, 최치원을 방해하는 것이다. ㉡은 떠나는 최치원을 배웅하는 것이 아니라, 최치원을 위기에서 구해주는 것이다.

⑤ ㉠은 최치원을 위기에서 구해주는 것이고, ㉡은 최치원을 위기에 빠뜨리는 것이다.
> 최치원을 위기에서 구해주는 것은 ㉡이고, 최치원을 위기에 빠뜨리는 것이 ㉠이다.

03 외적 준거를 참고하여 작품 이해하기
답 | ③

〈보기〉와 윗글의 [A]에서 알 수 있는 두 작품의 공통된 창작 목적으로 적절한 것은?

보기

박 씨가 계화를 시켜 용골대에게 소리쳤다.
"무지한 오랑캐 놈들아! 내 말을 들어라. 조선의 운수가 사나워 은혜도 모르는 너희에게 패배를 당했지만, 왕비는 데려가지 못할 것이다. 만일 그런 뜻을 둔다면 내 너희를 몰살할 것이니 당장 왕비를 모셔 오너라."
하지만 용골대는 오히려 코웃음을 날렸다.
"참으로 가소롭구나. 우리는 이미 조선 왕의 항서를 받았다. 데려가고 안 데려가고는 우리 뜻에 달린 일이니, 그런 말은 입 밖에 내지도 마라."
오히려 욕설만 무수히 퍼붓고 듣지 않자 계화가 다시 소리쳤다.
"너희의 뜻이 진실로 그러하다면 이제 내 재주를 한 번 더 보여 주겠다."
계화가 주문을 외자 문득 공중에서 두 줄기 무지개가 일어나며 모진 비가 천지를 뒤덮을 듯 쏟아졌다. 뒤이어 얼음이 얼고 그 위로는 흰 눈이 날리니, 오랑캐 군사들의 말발굽이 땅에 붙어 한 걸음도 옮기지 못하게 되었다. 그제야 용골대는 사태가 예사롭지 않음을 깨달았다.

(중략)

골대가 갑옷을 벗고 창칼을 버린 뒤 무릎을 꿇고 애걸하였다.

— 작자 미상, 〈박씨전〉

정답 선지 분석
③ 우리 민족의 자긍심과 우월감을 드러내고 있다.
> [A]에서는 최치원에게 사과하는 황제의 모습을 통해, 〈보기〉는 청나라 장수의 항복을 받아내는 박 씨와 계화의 모습을 통해 우리 민족의 자긍심과 우월감을 드러내고 있다.

오답 선지 분석
① 허구적 상상을 통해 당시 사회를 비꼬고 있다.
> 윗글과 〈보기〉는 모두 중국으로부터 당했던 설움을 정신적으로 극복하고자 하는 민족의 심리가 반영된 것이지 허구적 상상을 통해 당시 사회를 비꼬고 있는 것이 아니다.

② 지배층의 무능함과 부정부패를 고발하고 있다.
> 윗글과 〈보기〉는 모두 중국으로부터 당했던 설움을 정신적으로 극복하고자 하는 민족의 심리가 반영된 것이지 지배층의 무능함과 부정부패를 고발하고 있지 않다.

④ 뛰어난 문학적 재주를 가진 인재가 많음을 알리고 있다.
> 윗글의 최치원이 뛰어난 문학적 재주를 가졌다는 것은 언급되어 있으나, [A]에서는 최치원의 문학적 재주를 찾아볼 수 없다. 또한 〈보기〉에서도 뛰어난 문학적 재주를 가진 인재의 존재에 대해서는 드러나 있지 않다.

⑤ 신이한 능력으로 나라를 위기로부터 구해낸 역사적 사실을 회고하고 있다.
> 〈보기〉는 신이한 능력으로 나라를 위기로부터 구해내고 있으나 윗글의 [A]에서는 그러한 내용을 찾아볼 수 없다. 또한 〈보기〉에서 신이한 능력을 사용하여 나라를 구한 것은 역사적 사실을 회고하는 것이 아니라 병자호란의 패배의 상처를 보상받고자 하는 당시 백성들의 염원이 반영된 것이다.

04 세부 내용 파악하기

황제가 함에 넣은 것과, 최치원이 함에 들어 있다고 답한 것을 윗글에서 찾아 차례대로 쓰시오.

정답
달걀, 병아리

| 본문 | 45쪽

| 작문 | 문제 해결하며 글 쓰기

> 빠른 정답 체크 **01** ④ **02** ② **03** ③ **04** 직선

멜리사에게
　　받는 사람
- -
안녕, 멜리사. 나 준서야. 이번 여름 방학에 한국으로 여행을
　　　　　　인사말 – 편지의 형식
온다니 반가워. 게다가 한국의 전통 집에 관심이 있다니 무척 기
　　　　　　　　중심 소재 – 한옥
쁘다.

　한국의 전통 집은 '한옥'이라고 해. 한옥은 한국의 대표적인

전통문화여서 한국을 방문하는 외국인들이 꼭 체험하고 싶어

하는 것 중의 하나야. ㉠ 나도 서양의 전통 집에 관심이 많은데

언젠가 꼭 한번 독일에 놀러 가 보고 싶다.

　먼저 한옥의 아름다움을 소개할게. 한옥의 아름다움은 지붕
　　　편지의 중심 내용 ①
에서 잘 드러나. 한옥의 지붕은 한옥의 인상을 결정하는데, 무

엇보다도 지붕 끝의 곡선이 무척 아름다워. 자연스럽게 끝을
　　　　　한옥의 아름다움 ①
올린 한옥 지붕의 곡선에는 중국과 일본의 전통 건축에서 볼

수 있는 직선적인 지붕 형태와는 다른 아름다움이 있어.

　또 한옥은 자연과 어우러진 아름다움으로 유명해. 우리 조상
　　　　한옥의 아름다움 ②
들은 집을 지을 때 함부로 산을 깎거나 물길을 막지 않았고, 집

을 짓는 재료도 지나치게 다듬지 않았다고 해. 집이 살아 있는

자연의 한 부분이 되어 자연과 어울려야 한다는 생각이 한옥에

담긴 것이지. 우리 조상들의 이런 생각이 멋지지 않니?
　　　　　독자에게 질문을 던지며 흥미를 유발함
　다음으로 한옥의 우수성을 설명할게. 멜리사, 이번 여름에 한
　　　　편지의 중심 내용 ②
국을 방문하면 꼭 한번 '마루'에 누워 봐. 에어컨이 없어도 얼
　　　　　　　한옥의 우수성 ①
마나 시원한지 느낄 수 있을 거야. 마루는 서양의 집에서 거실
　　　　　　　　　외국인 독자를 위해 서양의 '거실'과 비교
과 비슷한 공간인데, 집 밖으로 열려 있다는 점이 달라. 마루가

시원한 이유는 열린 공간이라 바람이 잘 통하고, 마룻바닥의

틈새로 마루 밑의 찬 공기가 올라오기 때문이야.

　한옥은 여름에 시원할 뿐 아니라 겨울에는 따뜻한데 그건 바

로 '온돌' 덕분이야. 온돌이 뭐냐고? ㉡ 온돌은 방바닥을 데워
한옥의 우수성 ②　　독자의 반응을 예측하며 내용을 전개함
서 집 안을 따뜻하게 덥히는 우리 고유의 난방법이야. 에너지
　　　　　온돌의 정의
를 저장해서 사용하기 때문에 한번 불을 때면 따뜻한 기운이

오래가는 아주 효율적인 난방법이지. 온돌은 ㉢ 좌식 생활을

하는 우리에게 유용한 기술이야.

　멜리사, 이 글이 네가 한옥을 이해하는 데 도움이 되었니? 한
　　　　　　　　독자의 반응을 살피며 질문을 던짐
국에 오면 나와 함께 한옥을 체험하면서 그 아름다움과 우수성

을 직접 느껴 보자.

[　　　　㉣　　　　]. 그럼 또 연락하자!

　－「내가 참고한 자료: 《두피디아》, 인터넷 과학 신문 《사이언스타임즈》의
　　『 』: 독자가 내용을 더 찾아 볼 수 있도록 자료의 출처를 제시
　　기사, 국가한옥센터, 《문화재 사랑》, 《세계가 감탄하는 우리 온돌》, 《햇

　　빛과 바람이 정겨운 집 우리 한옥》」

01　친교 표현 글쓰기 내용 이해, 평가하기　　답 | ④

윗글에 대한 내용으로 적절하지 않은 것은?

> 정답 선지 분석

④ 전체 내용을 요약하며 글을 마무리하고 있다.
　윗글은 전체 내용을 요약하며 글을 마무리하고 있지 않다.

> 오답 선지 분석

① 담화 표지를 적절하게 사용하고 있다.
　윗글에서는 '먼저', '다음으로' 등의 담화 표지를 적절하게 사용하여 말하고자 하는 내
　용을 효과적으로 전달하고 있다.

② 글을 생성하며 참고한 자료를 밝히고 있다.
　윗글의 마지막에서는 '내가 참고한 자료'를 작성하여 글을 생성하며 참고한 자료를 밝
　히고 있다.

③ 독자의 반응을 예상하며 질문을 던지고 있다.
　윗글에서는 '온돌이 뭐냐고?'라고 하며 독자가 '온돌'에 대해 궁금해할 것이라고 예상
　하며 질문을 던지고 있다.

⑤ 글의 주제와 목적을 고려하여 내용을 생성하고 있다.
　윗글에서는 외국인인 멜리사에게 알리고 싶은 한옥의 장점에 대해 설명하고 있다.

02　친교 표현 글쓰기 내용 조정하기　　답 | ②

윗글을 읽고 생각한 내용으로 적절하지 않은 것은?

> 정답 선지 분석

② ㉡: 문장 성분 간의 호응을 고려하여 '온돌은'을 '온돌이란'으로 수정하는 것
　이 좋겠어.
　㉡의 '온돌은'을 수정하지 않아도 문장 성분 간의 호응을 이루고 있다.

> 오답 선지 분석

① ㉠: 글의 통일성을 고려하여 삭제하는 것이 좋겠어.
　㉠은 한옥을 소개하는 내용과 관련이 없는 문장이므로 삭제하는 것이 적절하다.

③ ㉢: '좌식'이라는 표현은 외국인에게 어려울 수 있으니 풀어서 설명해주는
　것이 좋겠어.
　독자가 외국인인 점을 고려하여 ㉢의 '좌식 생활을 하는'을 '앉아서 생활하는'으로 수
　정하는 것이 좋다.

④ ㉣: 전달 매체를 고려했을 때 온돌을 설명하는 사진을 함께 첨부하면 내용을
　이해하는 데 도움이 될 것 같아.
　윗글의 매체가 전자 우편이라는 점을 고려했을 때 매체의 특성을 활용하여 온돌과 관련
　된 사진이나 원리를 보여 주는 그림을 첨부한다면 독자가 내용을 이해하는 데 도움을
　줄 수 있으므로 적절하다.

⑤ ⑩: 한옥을 직접 체험해 볼 수 있는 장소와 함께 끝인사를 추가해도 좋을 것 같아.

⑩의 앞문장에서는 한국에 오면 함께 한옥 체험을 가자고 권유하고 있다. 따라서 ⑩에서는 끝인사를 보충하며 한옥을 직접 체험해볼 수 있는 장소를 추가하는 것이 좋다.

03 친교 표현 글쓰기 내용 점검하기   답 | ③

보기는 '준서'가 편지를 쓰기 위해 개요를 작성한 것이다. 윗글을 작성할 때 반영되지 않은 것은?

보기

처음	① 첫인사를 하면서 중심 소재를 소개해야지.
중간	② 한옥의 개념과 특징을 밝혀야겠어.
	③ 한옥을 더 쉽게 이해할 수 있도록 지역별 한옥의 구조를 소개해야지.
	④ 한옥의 아름다움과 우수성을 소개할 때 다른 대상과 비교해도 좋을 것 같아.
끝	⑤ 한옥을 함께 체험하자고 권유하며 마무리해야겠어.

정답 선지 분석

③ 한옥을 더 쉽게 이해할 수 있도록 지역별 한옥의 구조를 소개해야지.

윗글의 중간 부분에서는 한옥의 특징에 대해 소개하고 있으나 지역별 한옥의 구조에 대해서는 소개하고 있지 않다. 독자가 외국인인 점을 고려했을 때 지역별 한옥의 구조는 독자가 이해하기 어려울 수 있기 때문에 적절하지 않다.

오답 선지 분석

① 첫인사를 하면서 중심 소재를 소개해야지.

윗글의 처음 부분에서는 독자인 멜리사에게 인사를 하며 '한국의 전통 집'에 대해 소개할 것을 밝히고 있다.

② 한옥의 개념과 특징을 밝혀야겠어.

윗글의 중간 부분에서는 한옥의 개념과 특징을 밝히고 있다.

④ 한옥의 아름다움과 우수성을 소개할 때 다른 대상과 비교해도 좋을 것 같아.

윗글의 중간 부분에서는 한옥의 아름다움과 우수성을 소개하고 있다. 이때 한옥의 지붕 끝의 곡선은 중국과 일본의 지붕 형태와 비교하여 다르다는 점을 강조하고 있고, 한옥의 '마루'는 서양의 거실과 비교하여 독자의 이해를 돕고 있다.

⑤ 한옥을 함께 체험하자고 권유하며 마무리해야겠어.

윗글의 끝 부분에서는 '한국에 오면 나와 함께 한옥을 체험하면서 그 아름다움과 우수성을 직접 느껴 보자.'라고 권유하고 있다.

04 친교 표현 글쓰기 내용 파악하기

빈칸에 들어갈 말로 적절한 것을 골라 쓰시오.

한국의 한옥과는 달리 일본과 중국의 지붕은 (곡선 / 직선)으로 되어 있다.

정답

직선

공기를 먼저 데우는 서양의 공기 난방 방식과 달리 우리나라는
　　　　　　　　서양의 공기 난방 방식
방바닥을 따뜻하게 데우는 온돌 난방 방식을 사용해왔다. 이 방
　　　우리나라의 온돌 난방 방식
식은 여러 측면에서 서양의 방식보다 우수하다는 평가를 받고 있
다. 그렇다면 온돌 난방은 어떤 원리를 통해 이루어지는 것일까?
　　　　　　　　　▶ 1문단: 서양의 방식보다 우수한 우리나라의 온돌 난방 방식
우리나라의 온돌은 지역에 따라 만드는 방식과 구조 형태가 달
라 수백 종의 온돌이 존재하여 문화의 다양성을 보여 준다. 하지
만 일반적으로 ㉠ 전통적 방식의 온돌 난방은 바닥에 불을 때서
　　　　　　　　　　　　　전통적 방식의 온돌 난방
구들장을 데워 난방을 하는 방식이라고 볼 수 있다. 그 과정을 구
체적으로 살펴보자.
　　　　　　　　　▶ 2문단: 우리나라 온돌 난방의 특징
먼저 방 한쪽에 구멍을 뚫어 만든 아궁이에 불을 피운다. 이때
　　　　　　　　　　　　전통적 방식의 온돌 난방의 과정 ①
형성되는 연기와 불길은 고래라고 불리는 좁은 통로로 들어가게
되는데, 이때 고래의 입구에는 급경사를 이루어 높아지다가 낮아
지는 부넘기가 있다. 부넘기를 만든 이유는 통로를 좁게 만들어
불길이 빠르게 고래 속으로 들어가게 하고 불이 아궁이 쪽으로
　　　　　　　　　　　　부넘기를 만든 이유
다시 역류하지 않도록 하기 위해서이다. 부넘기를 넘은 불길과
　　　　　　　　　　　　전통적 방식의 온돌 난방의 과정 ②
연기는 고래를 따라 흘러가면서 고래 위에 놓여진 넓은 돌로 된
　　　　　　　　　　　　　전통적 방식의 온돌 난방의 과정 ③
구들장을 데우고 구들장은 방바닥 표면을 따뜻하게 만든다. 그러
면 방바닥의 열기가 방안으로 특정 물질의 매개* 없이 전달되는
데 이렇게 전달된 열기를 품은 공기가 방안을 순환하면서 방 전
　　　　　　　　　　　전통적 방식의 온돌 난방의 과정 ④
체에 열기가 퍼져 방안이 따뜻하게 유지된다. 고래에는 움푹 파
인 고래개자리가 있다.『고래를 통과한 뜨거운 공기는 이곳에 모
　　　　　　　　　　『 』: 전통적 방식의 온돌 난방의 과정 ⑤
이는데, 이곳에서는 대부분의 열기가 고래에 머물러 잘 스며들게
만들고, 약간의 열기를 품은 연기만 굴뚝개자리를 거쳐 굴뚝으로
빠져나가도록 한다.』이는 열기를 일정 기간 동안 잡아 방을 더 오
　　　　　　　　　　　　　　　　　고래개자리의 역할
래 데울 수 있게 한 것이다. 그리고 굴뚝개자리는 찬 공기가 유입
되지 않도록 막아 온돌의 성능을 높이는 역할을 한다.
　　굴뚝개자리의 역할　　　　　　▶ 3문단: 전통적 방식의 온돌 난방의 과정
이러한 온돌 방식이 서양의 공기 난방 방식보다 우수한 평가
를 받는 이유는 무엇일까? 서양의 대표적인 난방 기구인 벽난로
　　　　　　　　　　　　　　　　　서양의 대표적인 난방 기구
는 불에서 가장 뜨거운 윗부분을 굴뚝을 통해 바로 내보내고, 불
　　　　　　　　　　　서양의 공기 난방 방식의 특징
의 옆 부분만을 이용한다. 그런데 이와 달리 온돌 난방은 불의 가
장 뜨거운 부분인 윗부분의 열을 이용하므로 열의 효율이 높다.
　　　　　　　　　온돌 난방 방식이 서양의 난방 방식보다 우수한 이유 ①
또한 온돌 구조는 열이 오랫동안 구들에 머물 수 있어 불을 피우
　　　　　　　온돌 난방 방식이 서양의 난방 방식보다 우수한 이유 ②
지 않는 시간에도 따뜻함을 유지할 수 있다. 특히 움푹 파인 고래
개자리에 뜨거운 불길이 머물면서 일정 시간 동안 구들에 열기가

남아 있게 된다. 그리고 실내에 연기를 발생시키지 않는다는 장
<u>온돌 난방 방식이 서양의 난방 방식보다 우수한 이유 ③</u>
점도 있다.
▶ 4문단: 온돌 난방 방식이 서양의 난방 방식보다 우수한 이유

아파트와 같은 ㉡ <u>현대식 건축물</u>은 전통적 방식을 변형한 형태
『」: 온돌 난방 방식을 변형하여 유지하고 있는 예시
로 유지되고 있다. 『<u>온수보일러에서 데워진 온수가 방바닥 내에</u>
온수보일러: 아궁이   온수: 열기
매립된 파이프로 지나가면서 바닥의 온도를 높이는 방식이 그것
파이프: 고래
이다.』 이 방식은 전통적 온돌과 마찬가지로 건물 내부에서 난방

운전이 정지되어도 파이프에서 열을 저장하고 있어 일정 시간 동
<u>온돌 난방 방식의 장점을 유지한 현대 건축물의 난방 방식</u>
안 온도가 유지되어 열을 저장하는 축열 효과를 얻을 수 있다.
▶ 5문단: 현대에도 유지되고 있는 온돌 난방 방식

* 매개(媒介): 둘 사이에서 양편의 관계를 맺어 줌.

---

01 핵심 내용 이해하기   답 | ⑤

㉠과 ㉡에 대한 설명으로 적절하지 <u>않은</u> 것은?

정답 선지 분석

⑤ ㉠과 ㉡ 모두 열기는 남기고 연기만 바깥으로 내보내는 구조로 되어 있다.

3문단에서 ㉠은 아궁이에서 불을 피워 불길과 연기가 생기고, 연기는 굴뚝개자리를 거쳐 굴뚝으로 빠져나간다고 하였다. 하지만 ㉡에서는 온수를 데우는 방식이어서 연기가 발생하지 않는다.

오답 선지 분석

① ㉠의 아궁이가 하는 역할을 ㉡에서는 온수보일러가 한다.

3문단에 따르면 ㉠의 아궁이는 불을 피워 온돌에 필요한 열기를 만들어내는 역할을 하고, 5문단에 따르면 ㉡은 온수보일러에서 온수를 데워 바닥에 필요한 열기를 만들어내는 역할을 한다. 따라서 ㉠의 아궁이가 하는 역할을 ㉡에서는 온수보일러가 하고 있으므로 적절하다.

② ㉠의 고래가 하는 역할을 ㉡에서는 매립된 파이프가 한다.

3문단에 따르면 ㉠의 고래는 불길이 지나가는 좁은 통로이며, 이를 통과함으로써 방바닥에 열기를 전달하게 된다. 5문단에 따르면 ㉡의 매립된 파이프는 온수가 지나가는 통로이며, 이를 통해 방바닥에 열기를 전달한다. 따라서 ㉠의 고래가 하는 역할을 ㉡에서는 매립된 파이프가 하고 있으므로 적절하다.

③ ㉠의 고래개자리에서 일어난 축열 효과는 ㉡의 파이프에서 얻을 수 있다.

5문단에 따르면 축열 효과는 열을 저장하는 것을 말하며, ㉡의 파이프에서 열을 저장하여 축열 효과를 얻는다. 그리고 3문단에 따르면 ㉠에는 움푹 파인 고래개자리가 있는데 이곳에 뜨거운 공기가 모여 열기를 일정 기간 동안 잡아 두어 방을 더 오래 데운다. 따라서 고래개자리에서 축열 효과가 나타난다고 볼 수 있다.

④ ㉠과 ㉡ 모두 바닥을 따뜻하게 하는 원리를 통해 난방을 하는 방식이다.

3문단에 따르면 ㉠은 고래를 따라 불길과 연기가 흘러가면서 구들장을 데워 방바닥을 따뜻하게 만든다. 5문단에서 ㉡도 데워진 온수가 방바닥 내에 매립된 파이프로 지나가면서 바닥의 온도를 높인다고 하였다. 따라서 ㉠과 ㉡ 모두 바닥을 따뜻하게 하는 원리를 통해 난방을 하는 방식이므로 적절하다.

---

02 구체적 사례에 적용하기   답 | ③

다음은 전통적 온돌 난방을 설명하기 위해 제시한 학습 자료이다. 이에 대한 설명으로 적절하지 <u>않은</u> 것은?

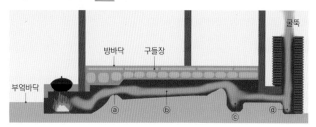

정답 선지 분석

③ ⓑ는 불에서 가장 뜨거운 윗부분을 굴뚝을 통해 내보내는 역할을 한다.

3문단에서 아궁이가 피운 불길과 연기가 좁은 통로인 고래로 들어간다고 하였다. 그리고 고래의 입구에는 급경사를 이루어 높아지다가 낮아지는 부넘기가 있다고 하였으므로 ⓑ는 고래에 해당한다. 그런데 4문단에서 온돌은 불에서 가장 뜨거운 부분인 윗부분의 열을 이용한다고 하였고, 3문단에서 열기는 고래개자리에 남고 연기만 굴뚝을 통해 내보낸다고 하였다. 따라서 ⓑ가 불에서 가장 뜨거운 윗부분을 굴뚝을 통해 내보낸다는 것은 적절하지 않다.

오답 선지 분석

① ⓐ는 불길이 빠르게 ⓑ 방향으로 흘러가게 하는 역할을 한다.

3문단에 따르면 아궁이가 피운 불길과 연기는 좁은 통로인 고래로 들어간다. 그리고 고래의 입구에는 급경사를 이루어 높아지다가 낮아지는 부넘기가 있다고 하였다. 따라서 ⓐ는 부넘기, ⓑ는 고래에 해당한다. 부넘기를 만든 이유는 통로를 좁게 만들어 불길이 빠르게 고래 속으로 들어가게 하기 위함이므로 적절하다.

② ⓑ를 흘러가는 불길은 ⓐ로 인해 아궁이 쪽으로 다시 역류하지 않게 된다.

3문단에 따르면 ⓐ에 해당하는 부넘기는 ⓑ인 고래 속으로 들어간 불이 아궁이 쪽으로 다시 역류하지 않도록 하기 때문에 적절하다.

④ ⓒ는 뜨거운 공기의 열기는 남고 연기만 내보내는 역할을 한다.

3문단에서 따르면 고래에는 움푹 파인 고래개자리가 있으므로 ⓒ는 고래개자리로 볼 수 있다. 고래개자리에는 뜨거운 공기가 모이는데, 이를 통해 열기는 고래 속에 남고, 연기만 내보낸다고 하였으므로 적절하다.

⑤ ⓓ는 찬 공기가 유입되지 않도록 하여 온돌의 성능을 높이는 역할을 한다.

3문단에 따르면 고래개자리에 있는 연기가 굴뚝개자리를 거쳐 굴뚝으로 내보낸다. 따라서 ⓓ는 굴뚝개자리이다. 그런데 굴뚝개자리는 찬 공기가 유입되지 않도록 막아 온돌의 성능을 높이는 역할을 한다고 하였으므로 적절하다.

---

03 외적 준거를 바탕으로 세부 내용 이해하기   답 | ⑤

보기 를 바탕으로 윗글을 이해한 내용으로 적절하지 <u>않은</u> 것은?

보기

열이 전달되는 방식에는 3가지가 있다. 물질을 통해 열이 전달되지만 물질 자체는 이동하지 않는 것을 '전도'라고 한다. 고체로 된 물질을 가열하면 가열된 부분의 분자가 열을 받아 활발하게 운동하면서 주변의 분자로 진동을 전달하고 이를 통해 열이 전달되는 방식이다. 즉 분자의 운동이 전달되어 열이 이동하는 현상인 셈이다. 열을 가진 물질 자체가 이동하면서 열도 함께 이동하는 것을 '대류'라고 한다. 물을 가열하거나 난로를 피우면 액체나 기체의 분자가 직접 이동하면서 물과 공기 전체가 따뜻해지는 것은 대류로 인한 현상이다. 그런데 물질이 필요 없이 열이 직접 이동하는 '복사'도 있다. 이는 물질의 접촉이나 이동과는 상관 없이, 열 자체가 스스로 이동하여 열 전달이 이루어지는 것이다.

정답 선지 분석

⑤ 고래개자리에 있던 약간의 열기가 연기를 따라 빠져나가는 것은 복사에 해당하겠군.

3문단에서 연기가 빠져나갈 때 연기가 품은 약간의 열기가 함께 빠져나간다고 하였다. 이는 〈보기〉의 설명에 따르면 물질 자체가 이동하면서 열도 함께 이동하는 것이므로 복사가 아니라 대류에 해당한다고 볼 수 있다.

오답 선지 분석

① 구들장의 열이 방바닥으로 전달되는 것은 전도에 해당하겠군.

3문단에서 고래를 통과하는 불길과 연기가 구들장을 데우고 구들장은 방바닥 표면을 따뜻하게 만든다고 하였다. 이는 구들장의 열이 방바닥으로 전달되었지만 구들장이라는 물질 자체가 이동한 것이 아니므로 〈보기〉의 설명에 따르면 전도에 해당한다고 볼 수 있다.

② 방바닥의 열기가 방안으로 전달되는 것은 복사에 해당하겠군.

3문단에서 방바닥의 열기는 특정 물질의 매개 없이 방안으로 전달된다고 하였다. 이는 〈보기〉의 설명에 따르면 복사에 해당한다고 볼 수 있다.

③ 방안으로 전달된 공기가 방 전체로 퍼지는 것은 대류에 해당하겠군.

3문단에서 방안으로 전달된 열기는 이 열기를 품은 공기가 방안을 순환하면서 열기가 방 전체로 퍼진다고 하였다. 다시 말해 공기라는 물질이 이동하면서 열이 함께 이동하고 있기 때문에 대류에 해당한다고 볼 수 있다.

④ 아궁이에 불을 지피면 고래로 열이 전달되는 것은 대류에 해당하겠군.

3문단에서 아궁이에 불을 지피면 열이 불길과 연기를 따라 흘러간다고 하였다. 이는 열을 가진 물질인 불길과 연기가 이동하면서 열이 함께 이동하는 것이므로 〈보기〉의 설명에 따르면 대류에 해당한다고 볼 수 있다.

04 세부 내용 파악하기

빈칸에 들어갈 말로 적절한 것을 골라 차례대로 쓰시오.

(공기 / 방바닥)을/를 먼저 데우는 서양의 난방 방식과 달리 우리나라의 난방 방식은 (공기 / 방바닥)을/를 먼저 데운다.

정답

공기, 방바닥

문학 1 농부가(작자 미상)

◀ 빠른 정답 체크 01 ② 02 ⑤ 03 ① 04 포곡성

사해창생* 농부들아 일생신고* 한치 마라

㉠ 사농공상* 생긴 후에 귀중할손 농사로다
　　　　농사의 중요성 강조
만민지 행색이오 천하지 대본이라

교민화식*하온 후에 농사밖에 또 있는가

신농씨*의 갈온 밭에 후직*이의 뿌린 종자

역산에 갈온 밭은 순임금의 유풍*이라

교민팔조* 펴실 적에 정전지법* 지었으니

계연전파* 수천 년에 임림총총* 백성들아

㉡ 작야*에 부던 바람 척설*이 다 녹았다
　　　　　　　　　　　　　　　　▶ 농사의 중요성

농기구　　봄(계절적 배경)
우리 농부 재 내어라 춘분시절 이때로다
　　　　농사를 지을 시기가 옴
　┌ 뒷동산에 살구꽃은 가지가지 봄빛이
　│ 계절감을 드러냄 ① – 시각적 이미지
　│ 앞못에 창포잎은 층층이 움 돋는다
　│ 계절감을 드러냄 ② – 시각적 이미지
　│ 곳곳의 포곡성*은 춘색을 재촉하니
[A]│ 계절감을 드러냄 ③ – 청각적 이미지　　빨리
　│ 『㉢ 장장하일* 긴긴 날에 해는 어이 수이 가노
　│ 　　　　　계절감을 드러냄 ④
　│ 앞 남산에 비 저온다 누역* 사립* 갖추어라
　└ 밤이 오면 잠간 쉬고 잠을 깨면 일이로다』
　　　『』: 긴 여름날 농사에 매진할 것을 강조
녹양방초* 저문 날에 석양풍이 어득 불어

㉣ 호미 메고 입장구*에 이 또한 낙이로다
　　　　　　　　　　　　　　　　▶ 농사의 즐거움
일락황혼* 저문 날에 달을 띄고 걷는 걸음
　　　　　　　　　　　　사립문
동리에 돌아오니 시문에 개 짖는다
　　　　　　　　몸통
㉤ 빛 좋은 삽사리 허대 좋은 청삽사리
　시간적 배경
대월하서귀*에 너는 무삼 나를 미워

꽝꽝 짖는 네 소리에 사람의 정신을 놀래는도다
　　　　　　　　　　　　▶ 농사일을 끝낸 뒤의 보람
　　　　　　　　　　　　　　- 작자 미상, 〈농부가〉 -

* 사해창생(四海蒼生): 온 세상의 모든 사람들.
* 일생신고(一生辛苦): 일생의 쓴 고생.
* 사농공상(士農工商): 예전에, 백성을 나누던 네 가지 계급. 선비, 농부, 공장, 상인을 이르던 말이다.
* 교민화식(敎民火食): 백성들이 불로 밥을 지어 먹게 가르침.
* 신농씨(神農氏): 중국 고대 전설상의 제왕.
* 후직(后稷): 중국 순임금 때 농사를 맡아보던 벼슬.
* 유풍(遺風): 옛날부터 전하여 내려오는 풍속.
* 교민팔조(敎民八條): 고조선 때 백성을 가르치기 위한 여덟 가지의 조항.
* 정전지법(井田之法): 고대 중국에서 실시한 토지 제도.
* 계연전파(繼延傳播): 이어 전하여 널리 퍼짐.
* 임림총총(臨林總總): 많은 사람들이 모여 있는 모양.
* 작야(昨夜): 어젯밤.
* 척설(尺雪): 쌓인 눈.
* 포곡성(布穀聲): 뻐꾸기의 울음소리.
* 장장하일(長長夏日): 기나긴 여름날.
* 누역: '도롱이'의 옛말
* 사립(蓑笠): 도롱이와 삿갓을 아울러 이르는 말.
* 녹양방초(綠楊芳草): 푸른 버드나무와 향기로운 풀.
* 입장구: 조그마한 장구.
* 일락황혼(日落黃昏): 해가 지고 저녁노을이 짐.
* 대월하서귀(帶月下鋤歸): 달빛 아래 (농사 끝내고) 호미 메고 돌아오는 모습.

01 표현상의 특징 파악하기　　　　　　　　　　답 | ②

윗글에 대한 설명으로 적절한 것은?

정답 선지 분석

② 시각적 심상을 활용하여 계절감을 드러내고 있다.

윗글은 '살구꽃'과 '창포잎' 등의 시각적 이미지를 사용하여 봄이라는 계절감을 드러내고 있다.

오답 선지 분석

① 독백체를 사용하여 설득력을 높이고 있다.

윗글은 농부들에게 말을 건네는 듯한 말투를 사용하여 설득력을 높이고 있다.

③ 고사를 인용하여 상업의 중요성을 강조하고 있다.

윗글에서는 중국 전설 속의 제왕인 '신농씨'와 관련된 고사를 인용하고 있으나 이를 통해 농업의 중요성을 강조하는 것이지, 상업의 중요성을 강조하고 있지 않다.

④ 수미상관 구조를 사용하여 주제 의식을 강화하고 있다.

윗글은 시의 첫 연을 끝 연에서 다시 반복하는 수미상관 구조를 사용하고 있지 않다.

⑤ 시대적 상황을 반영하여 현실 극복 의지를 드러내고 있다.

윗글은 시대적 상황을 반영하여 현실에 대한 극복 의지를 드러내고 있지 않다.

02 시구의 의미 파악하기 답 | ⑤

㉠~㉤에 대한 설명으로 적절하지 않은 것은?

정답 선지 분석

⑤ ㉤: 자연물에 감정을 이입하여 농사를 짓고 돌아온 후련함을 드러내고 있다.

㉤에서는 농사일을 끝내고 돌아오는 길에 삽살개의 울음소리를 듣는 모습을 보여 주고 있다. 그러나 화자가 자연물에 감정을 이입하고 있지는 않으므로 적절하지 않다.

오답 선지 분석

① ㉠: 사람이 사회를 형성한 이래로 농부의 역할이 중요했음을 강조하고 있다.

㉠에서 화자는 사농공상이 생긴 이래로 농사가 중요했다고 말하고 있다. 즉 사람이 사회를 형성한 이래로 농부의 역할이 중요했음을 강조하고 있는 것이다.

② ㉡: 농사를 지을 계절이 돌아왔음을 나타내며 농사를 지을 준비를 할 것을 당부하고 있다.

㉡의 춘분시절은 봄으로, 농부에게 '재', 즉 농기구를 꺼내라고 이야기하고 있다. 이는 농사를 지을 계절이 돌아왔기에 농사를 지을 준비를 할 것을 당부하고 있는 것이다.

③ ㉢: 긴 여름날에도 농사에 매진해야 함을 강조하고 있다.

㉢에서 화자는 밤이 오면 잠깐 쉬고 다시 깨면 일을 해야 한다고 이야기하며 농사에 긴 여름날에도 농사에 매진할 것을 강조하고 있다.

④ ㉣: 농사일에 대한 화자의 즐거운 심정을 직접적으로 드러내고 있다.

㉣에서 화자는 '이 또한 낙이로다'라고 하며 농사를 짓는 것의 즐거움을 직접적으로 드러내고 있다.

03 작품 간의 공통점, 차이점 파악하기 답 | ①

윗글과 보기 를 비교한 것으로 적절한 것은?

보기

정월은 맹춘이라 입춘 우수 절기로다
산중의 물이 흐르는 골짜기의 빙설은 남았으나
넓은 들판의 경치가 변하기 시작하도다
어와 우리 임금이 백성을 사랑하고 농사를 중히 여기시어
측은히 여기어 농사를 권장하시는 말씀을 방방곡곡에 알리시니
슬프다 농부들아 아무리 무지한들
네 몸 이해 고사하고 성의를 어기겠느냐
밭과 논을 반반씩 균형 있게 힘써 경작하오리라
일 년 풍흉은 측량치 못하야도
인력이 극진하면 천재를 면하나니
제각각 서로 권하여 게으리 굴지 마라 (후략)

                                            - 정학유, 〈농가월령가〉

* 맹춘(孟春): 이른 봄. 주로 음력 정월을 이른다.
* 천재(天災): 풍수해, 지진, 가뭄 따위와 같이 자연의 변화로 일어나는 재앙.

정답 선지 분석

① 윗글과 〈보기〉 모두 농사에 힘쓸 것을 권장하고 있다.

윗글에서는 고사를 들어 농업의 중요성을 강조하며, 농사를 지어야 한다는 교훈을 전달하고 있고, 〈보기〉 역시 임금께서 백성을 사랑하여 농사를 권장하시니 임금의 뜻을 명분으로 삼아 농사를 해야할 것을 강조하고 있다.

오답 선지 분석

② 윗글과 〈보기〉 모두 농사를 짓던 과거를 회상하고 있다.

윗글과 〈보기〉 모두 농사를 짓던 과거를 회상하고 있지 않다.

③ 윗글은 〈보기〉와 달리 계절의 변화를 제시하고 있다.

윗글에서는 겨울에서 봄, 봄에서 여름으로 넘어가는 계절의 변화를 보여 주고 있으며, 〈보기〉 역시 '산중의 물이 흐르는 골짜기의 빙설은 남았으나 / 넓은 들판의 경치가 변하기 시작하도다'라고 하며 겨울에서 봄으로 넘어가는 계절의 변화를 제시하고 있다.

④ 윗글은 〈보기〉와 달리 농사할 때의 주의점에 대해서 언급하고 있다.

〈보기〉의 '서로 권하여 게으리 굴지 마라'를 통해 농사할 때의 주의점을 언급하고 있다고 볼 수 있으나 윗글에서는 농사의 중요성을 강조하며 농사일에 매진해야 할 것을 전달하고 있을 뿐, 농사할 때의 주의점을 언급하고 있지 않다.

⑤ 〈보기〉는 윗글과 달리 농사를 통해 현실을 극복하고자 하는 의지가 드러나 있다.

윗글과 〈보기〉에서는 농사를 통해 현실을 극복하려 하지 않는다.

04 시어의 의미 파악하기

보기 와 동일한 이미지를 지닌 시어를 [A]에서 찾아 3음절로 쓰시오.

보기

바람 속에서는 / 하루종일 / 윙 윙 소리가 났다

정답

포곡성

운수 좋은 날(현진건 원작·안재훈 극본)

빠른 정답 체크 01 ④ 02 ④ 03 ④ 04 운수 좋은 날

[앞부분 줄거리] 인력거꾼 김 첨지는 아픈 아내의 만류를 뿌리치고 일을 하러 나간다. 그날따라 손님이 많아 아내에게 설렁탕을 사 줄 수 있게 되어서 기분이 좋지만, 한편으로는 아픈 아내가 걱정된다.

S# 14 남대문 정거장으로 가는 길

전차 안의 여인과 아이를 보며 아내와 개똥이를 떠올린다.

아내: 오늘은 나가지 말아요. 내가 이렇게 아픈데……. (숨을 껄떡인다.)

김 첨지: (숨을 헐떡이며 인력거를 몬다.) 하악, 하악!

아내: (딸꾹딸꾹하고 숨 모으는 소리가 난다.) 커억! 흐읍…….

『동광 학생: (VO) 왜 이러우?
『』: 불안함과 아내에 대한 걱정 때문에 인력거를 제대로 몰지 못함

동광 학생: (천을 걷으며 초조하게) 기차 놓치겠구먼.

김 첨지: (머리를 숙이며) 예, 예, 죄송합니다. (다시 달린다.)

S# 15 남대문 정거장 앞

학생이 주는 일 원 오십 전을 받아 쥔다.

김 첨지: 감사합니다요. 안녕히 다녀옵시오.

S# 16 남대문 정거장 근처 길

김 첨지: 에이, 젠장맞을 것! 이 비를 맞으며 빈 인력거를 털털거
음산한 분위기를 조성, 김 첨지의 고단한 삶을 부각, 비극적 결말을 암시
리고 돌아간담. (빗방울이 머리에 튕기자) 어이쿠! 이런 빌어먹

을! 이놈의 비가 왜 남의 상판을 때려?

인력거 동료: (VO) 첨지! 조심하게.

인력거 동료: 정거장 인력거꾼 등쌀이 얼마나 무서운데 거길 기
큰 회사에 소속된 인력거꾼들이 손님이 많은 정거장에서 텃세를 부림
웃거리나?

김 첨지: 열차 들어올 때가 안 됐나 해서…….

인력거 동료: 목 좋은 자리는 큰 회사에서 다 차지하고 저리 텃세
니…….

김 첨지: 근처를 빙빙 돌며 형세를 관망하면* 되네. 뭐 이전에도
여러 번 해 본 일일세.

인력거 동료: 조심하게. 저 치*들도 전차에게 손님 다 뺏긴다 ┐
고 화증이 나 있으니…….

김 첨지: 걱정 말게. 오늘은 괴상하게 운수가 좋아서 손님을 │ [A]
태우게 되는 요행*이 또 없으리라 누가 보증하겠나?

인력거 동료: (인력거를 끌고 자리를 옮기며) 알았으니 수고하게.

김 첨지: (인력거 친구 따라 고개를 돌리며) 내 내기를 해도 좋네. ┘

인력거 동료: (걸어가면서) 그래도 집사람에게 얼른 가 보게나.
(그냥 텀텀히 무신경하게 인사치레로) 아유, 이놈의 날씨는 재수

없게 오락가락하는가.

S# 17 시간 경과/남대문 정거장 근처

남대문 인력거꾼: (침을 뱉는다) 퉤!

김 첨지가 손님을 기다리고 있다가, 젊은 여자를 발견하고 다가
간다.

김 첨지: 아씨! 인력거 아니 타시랍시오? 아씨, 정거장 애들보담
아주 싸게 모셔다 드리겠습니다. 댁이 어디신가요?

젊은 여자: (뿌리치며) 왜 이래? 남 귀찮게…….

젊은 여자가 전차를 타러 가고, 김 첨지는 전차 쪽을 바라본다.
전차로 인해 인력꾼들의 상황이 더욱 어려워짐
전차에서 차장의 목소리가 들린다.

차장: 사람이 양심이 있지, 이 짐을 들고 탄단 말이오.

노신사: (차장에게) 어허! 이것 좀 더 싣는다고 전차가 어찌 되나?

김 첨지: (노신사에게 다가가며) 인력거를 타시랍시오. 아! (인력거
를 두고 온 것을 깨닫고) 잠시만 기다리십쇼!
정거장 인력거꾼들의 텃세를 피하기 위해 인력거를 두고 옴

S# 18 인사동 가는 길/종로

김 첨지가 인력거에 노신사(인사동 손님)를 태우고 달리기 시작
한다.

노신사: 인사동까지 육십 전이면 너무 과하지 않나?

김 첨지: 이 우중에 그런 짐까지 있으니 그 정돈 주셔야죠.

노신사: 그러지 말고 오십 전에 가세나.

김 첨지: 제가 혜화로 가는 길이라 그 정도로 싸게 드리는 것입죠.

김 첨지는 노신사를 태운 인력거를 끌고 인사동으로 기분 좋게
인력거에 손님을 태우고 달리는 동안 아내에 대한 걱정을 잊고 기분이 좋아짐
달린다.

S# 19 인사동

김 첨지: 감사합니다요. 안녕히 가십쇼.

김 첨지: (빈 인력거를 끌고 가는 김 첨지의 생각) 인력거가 무거울 땐
몸이 이상하게도 가볍더니, 인력거가 가벼워지니 몸은 다시금
무거워지고, 이젠 요행이고 뭐고 이상하게 초조하기만 하네.

S# 20 인사동에서 창경궁까지

『**행인:** 저놈의 인력거꾼이 저렇게 술이 취해 가지고 이 진 땅에 어
김 첨지가 술에 취한 것으로 보일 정도로 제대로 걷지 못하고 있음
찌 가노.

아내: (이불 속에 누워 기침한다.) 콜록, 콜록, 콜록…….

개똥이: (엄마 옆에 누워 운다.) 으앙!

김 첨지: (비틀거리며 힘겹게 인력거를 끌고 간다.)』
『』: 집에 가까워질수록 아내와 아이에 대한 걱정이 점점 심해짐

S# 21 창경궁 앞

『**김 첨지:** (생각) 집이 가까워지니 마음이 괴상하게 누그러드는구
『』: 아내에 대한 걱정과 불안감을 안고 돌아오는 김 첨지
만. 이 기적에 가까운 벌이를 하였는데 기쁨을 오래 지니고 싶

은가? 이놈의 다리가 내 힘으로 떨어지지가 않네. (불안해한다.)』
아내가 잘못되었을까봐 두려움

[뒷부분 줄거리] 김 첨지는 집으로 가는 길에 치삼을 만나 술을 마시면서도 계속해서 불안해한다. 설렁탕을 사 들고 집으로 돌아온 김 첨지는 아내의 죽음을 확인하고 "이상하게도 오늘은 운수가 좋더니만……."이라고 말하며 오열한다.

- 현진건 원작·안재훈 극본, 〈운수 좋은 날〉 -

* 관망하다(觀望하다): 한발 물러나서 어떤 일이 되어 가는 형편을 바라보다.
* 치: '사람'을 낮잡아 이르는 말.
* 요행(僥倖): 뜻밖에 얻는 행운.

01 세부 내용 파악하기   답 | ④

윗글에 대한 설명으로 적절하지 않은 것은?

정답 선지 분석

④ 김 첨지는 집에서 멀어질수록 아내와 아이에 대한 걱정이 점점 심해졌다.
　S# 21에서 김 첨지는 "집에 가까워지니 마음이 괴상하게 누그러드는구만.", "이놈의 다리가 내 힘으로 떨어지지가 않네."라고 하며 집에 가까워질수록 아내가 잘못되었을까 봐 걱정하고 있다.

오답 선지 분석

① 김 첨지의 아내는 김 첨지가 나가는 것을 만류했다.
　S# 14에서 아내는 김 첨지에게 오늘은 나가지 말라고 하며 김 첨지가 일을 하러 나가는 것을 만류하고 있다.

② 큰 회사에 소속된 인력꾼들은 정거장에서 텃세를 부렸다.
　S# 16의 "목 좋은 자리는 큰 회사에서 다 차지하고 저리 텃세니……."라는 인력거 동료의 말을 통해 큰 회사에 소속된 인력거꾼들이 정거장에서 텃세를 부리고 있음을 알 수 있다.

③ 전차의 등장으로 인해 인력꾼들의 생활이 더욱 어려워졌다.
　S# 16의 인력거 동료는 정거장 인력거꾼이 '전차에게 손님 다 뺏긴다고 화증이 나 있'다고 말하고 말하고 있으며, S# 17에서 김 첨지가 젊은 여자에게 인력거에 탈 권을 권했으나 전차를 타러 간 모습을 통해 전차의 등장으로 인해 인력꾼들의 생활이 더욱 어려워졌음을 알 수 있다.

⑤ 김 첨지는 빈 인력거를 끌 때 오히려 몸이 무거워지며 아픈 아내가 계속 떠올랐다.
　S# 19에서 김 첨지는 인력거가 무거울 땐 몸이 가벼웠으나, 인력거가 가벼워지니 몸이 무거워졌다고 말하고 있다. 이는 일할 때는 잊을 수 있었지만, 일을 하지 않을 때는 계속해서 아픈 아내가 떠올라 불안했기 때문이다.

02 배경의 기능 이해하기   답 | ④

보기 를 참고했을 때, 윗글의 '비'의 기능으로 적절하지 않은 것은?

보기

　배경은 작품 속에서 많은 의미를 내포한다. 주제를 부각할 수 있으며 작품 전체의 분위기를 형성하기도 한다. 또한 앞으로 일어날 사건이나 인물의 심리를 암시하기도 하며, 작품 속에 나타난 사회 현실이나 역사적 상황을 의미하기도 한다.

정답 선지 분석

④ 아내의 대한 불안감과 걱정을 해소하기 위한 수단이다.
　윗글에서 '비'는 아내가 죽을 것을 암시하는 기능을 하는 것이지, 아내에 대한 불안감과 걱정을 해소하는 기능을 하지 않는다.

오답 선지 분석

① 작품의 음산한 분위기를 형성한다.
　윗글에서 '비'는 음산하고 우울한 분위기를 형성하여 김 첨지의 고단한 삶을 부각하고 있다.

② 김 첨지에게 다가올 불행을 암시한다.
　윗글에서 '비'는 비극적 결말, 즉 아내의 죽음을 암시한다.

③ 일제 강점기 하층민의 궁핍한 현실을 부각한다.
　윗글에서 '비'는 일제 강점기 하층민의 궁핍한 현실을 부각한다.

⑤ 열심히 살지만 가난에서 벗어날 수 없는 김 첨지의 삶을 드러낸다.
　윗글에서 '비'는 우중에도 일을 할 정도로 열심히 살지만 가난에서 벗어날 수 없는 김 첨지의 고단한 삶을 드러낸다.

03 작품 비교하기   답 | ④

보기 는 [A]의 원작 부분이다. 윗글과 보기 의 차이점으로 적절하지 않은 것은?

보기

　그럴 즈음에 그의 머리엔 또 새로운 서광이 비쳤나니 그것은, '이러구 갈 게 아니라, 이 근처를 빙빙 돌며 차 오기를 기다리면, 또 손님을 태우게 될는지도 몰라.'란 생각이었다. 오늘은 운수가 괴상하게도 좋으니까 그런 요행이 또 한 번 없으리라고 누가 보증하랴. 꼬리를 물리는 행운이 꼭 자기를 기다리고 있다고 내기를 해도 좋을 만한 믿음을 얻게 되었다.

정답 선지 분석

④ 윗글은 〈보기〉와 달리 새로운 사건의 전개를 암시하고 있다.
　윗글과 〈보기〉 모두 새로운 사건의 전개를 암시하고 있지 않다.

오답 선지 분석

① 윗글은 〈보기〉와 달리 새로운 인물이 등장하고 있다.
　〈보기〉에서는 김 첨지만 등장하고 있으나, 윗글에서는 새로운 인물인 인력거 동료가 등장하고 있다.

② 윗글은 〈보기〉와 달리 서술자가 따로 존재하지 않는다.
　〈보기〉에서는 서술자가 김 첨지의 상황을 서술하고 있으나 윗글에서는 대사만이 존재할 뿐 서술자가 존재하지 않는다.

③ 윗글은 〈보기〉와 달리 인물의 대사를 통해 심리가 제시된다.
　〈보기〉에서는 운수가 좋아 손님을 또 태울 수 있을 거라는 김 첨지의 믿음을 서술자가 전달하고 있으나, 윗글은 인물의 대사를 통해 제시되고 있다.

⑤ 윗글은 〈보기〉와 달리 인물의 행동이 지시문을 통해 제시되고 있다.
　〈보기〉에서는 인물의 행동이 줄글로 제시되어 있지만, 윗글은 지시문을 통해 인물의 구체적인 행동이 제시되고 있다.

04 작품의 전체 내용 파악하기

빈칸에 들어갈 말을 3어절로 쓰시오.

　아이러니란 겉으로 드러난 것과 실제 사실 사이의 괴리를 나타낼 때 쓰는 표현이다. 김 첨지는 하루종일 운수가 좋다고 생각했지만, 사실 이날은 아내가 죽은 가장 비극적인 날이다. 이러한 아이러니를 작가는 '(　　　　　)'이라는 반어적 표현을 통해 비극성을 극대화한다.

정답

운수 좋은 날

|본문| 57쪽

| 문법 | 문장의 성분 (1) 주성분 |

◀ 빠른 정답 체크 **01** ③ **02** ② **03** ⑤ **04** 목적어

01 문장의 성분 구분하기   답 | ③

㉠~㉤ 중 주성분에 해당하지 <u>않는</u> 것은?

민기는   공부를   열심히   해서   반장이   되었다.
 ㉠   ㉡   ㉢   ㉣   ㉤

정답 선지 분석

③ ㉢

㉢은 부사어로 주성분에 해당하지 않는다.

오답 선지 분석

① ㉠

㉠은 주어로 주성분에 해당한다.

② ㉡

㉡은 목적어로 주성분에 해당한다.

④ ㉣

㉣은 보어로 주성분에 해당한다.

⑤ ㉤

㉤은 서술어로 주성분에 해당한다.

02 문장의 주어 파악하기   답 | ②

밑줄 친 부분 중 주어에 해당하지 <u>않는</u> 것은?

정답 선지 분석

② 돌고래는 <u>어류가</u> 아니다.

'어류가'는 체언에 보격 조사 '가'가 붙어 문장의 보어로 사용되고 있다.

오답 선지 분석

① <u>할머니께서</u> 편찮으시다.

'할머니께서'는 체언에 주격 조사 '께서'가 붙어 문장의 주어로 사용되고 있다.

③ <u>나</u> 오늘 백화점에 갈 예정이야.

'나'는 문장의 주어로, 주격 조사가 생략된 형태이다.

④ <u>하은이는</u> 우리 반에서 공부를 제일 잘한다.

'하은이는'은 체언에 보조사 '는'이 붙어 문장의 주어로 사용되고 있다.

⑤ 우리 <u>학교에서</u> 농구 대회를 개최하기로 결정했다.

'학교에서'는 체언에 주격 조사 '에서'가 붙어 문장의 주어로 사용되고 있다.

03 문장의 성분 파악하기   답 | ⑤

보기 의 ㉠, ㉡에 대한 설명으로 적절하지 <u>않은</u> 것은?

보기

㉠ 민지가 맛있는 초콜릿을 만들었다.

㉡ 윤정이는 범인이 아니다.

정답 선지 분석

⑤ ㉠과 ㉡ 모두 주성분만으로 문장이 구성되어 있다.

㉡은 주어, 보어, 서술어로 주성분만으로 문장이 구성되어 있으나, ㉠은 주어, 관형어, 목적어, 서술어로 주성분 외에도 관형어가 사용되고 있으므로 적절하지 않다.

오답 선지 분석

① ㉠의 '만들었다'는 '무엇을'을 필요로 하는 서술어이다.

㉠의 '만들었다'는 목적어를 필요로 하는 서술어에 해당한다.

② ㉠의 '민지가'는 체언에 주격 조사가 붙어 주어로 실현되고 있다.

㉠의 '민지가'는 체언에 주격 조사 '가'가 붙어 주어로 실현되고 있다.

③ ㉡의 '범인이'는 '아니다' 앞에서 사용된 보어이다.

㉡의 '범인이'는 서술어 '아니다' 앞에서 사용된 보어에 해당한다.

④ ㉡은 ㉠과 달리 목적어가 사용되지 않았다.

㉠에서는 목적어 '초콜릿을'이 사용되고 있으나, ㉡에서는 목적어가 사용되고 있지 않다.

04 문장의 주성분 파악하기

빈칸에 들어갈 성분으로 적절한 것을 쓰시오.

'나는 좋아한다'는 문장의 (   )이/가 생략되어 불완전한 문장이다.

정답

목적어

| 독서 | 탈춤 |

◀ 빠른 정답 체크 **01** ⑤ **02** ② **03** ④ **04** 서민, 평민

탈춤은 「탈로 얼굴을 가리고 다른 인물, 동물 또는 초자연적 존
         └ : 탈춤의 정의
재 등으로 분장을 한 후 음악에 맞추어 춤과 대사로써 연극하는

것을 말한다. 한국 탈춤의 기원은 <u>9세기 말엽 통일신라 때 최치
                                                └ 한국 탈춤의 기원을 기록
원의 한시 〈향악잡영〉</u>에서 살펴볼 수 있다. 작품에서는 '황금빛

탈 쓴 그 사람이 구슬 채찍 들고 귀신 부리네. 빠른 걸음 조용한

모습으로 운치 있게 춤추니 붉은 봉새가 요임금 시절 봄에 춤추

는 것 같구나.'라고 하며 탈춤을 간결하고 분명하게 묘사하였다.

이후 고려 시대에도 다양한 행상*에서 탈춤의 흔적을 찾을 수 있

으며, 조선 시대에 들어와서는 크게 성행한 것으로 보인다. 조선

시대에는 산대도감이라는 기관을 설치하여 조정의 여러 의식이

나 외국 사신의 영접 행사에서도 탈춤이 공연되었던 것으로 나타났다. 이처럼 오랜 기간 탈춤이 우리 민족의 대표적인 공연 예술로 자리 잡은 이유는 무엇일까? 다양한 이유가 있겠지만 <u>탈춤이 갖고 있는 독특한 공연 방식</u>에서 하나의 이유를 찾을 수 있다.
<u>탈춤이 우리 민족의 대표적인 공연 예술로 자리 잡은 이유</u>　▶ 1문단: 한국 탈춤의 기원

일반적으로 우리가 떠올리는 연극은 관객들이 객석에 앉아 정면의 무대에서 펼쳐지는 배우들의 연기를 바라보는 방식이다. 이는
<u>전통적인 서양극의 방식</u>

전통적인 서양극의 형태로서 <u>무대는 사각형의 구조로 배치</u>된다.
<u>전통적인 서양극의 구조적 특징 ①</u>
<u>배우들은 무대의 좌우에서 등장하고 퇴장하며, 객석은 무대의 정</u>
<u>전통적인 서양극의 구조적 특징 ②</u>　<u>전통적인 서양극의 구조적 특징 ③</u>
<u>면에 놓</u>인다. 그래서 배우들은 관객에게 등을 돌리지 않도록 주의하면서 표정이나 몸동작이 관객들에게 효과적으로 전달될 수 있도록 연기한다. 이 경우 <u>배우가 있는 무대와 관객이 있는 객석</u>
<u>전통적인 서양극의 구조적 특징 ④</u>
<u>은 철저히 분리되어 있다.</u> 반면 탈춤은 <u>객석이 무대 주위를 둘러</u>
<u>한국 탈춤의 구조적 특징 ①</u>
<u>싸는 방식으로 배치</u>된다. 따라서 <u>배우들은 무대의 어느 곳에서나</u>
<u>한국 탈춤의 구조적 특징 ②</u>
<u>등장하고 퇴장한다.</u> 이러한 <u>무대 조건은 무대와 객석의 경계를</u>
<u>한국 탈춤의 구조적 특징 ③</u>
<u>좁히거나 허물어뜨리는 효과</u>를 발휘한다. 즉, 배우들은 객석에 있는 관객과 대화를 나누고, 관객들은 배우들의 연기에 감탄하며 박수나 환호성으로 호응하다가 때로는 배우들이 있는 곳으로 뛰쳐나가 함께 춤을 추기도 한다. 이 경우 <u>관객들이 느끼는 현실감</u>
<u>한국 탈춤의 구조적 특징 ④</u>
<u>은 더욱 커진다.</u> 이런 까닭에 탈춤이 전국적으로 성행하게 된 것이다.

▶ 2문단: 탈춤과 서양극의 구조적 특징의 차이

탈춤이 전국의 평민 계층까지 즐길 수 있는 공연 예술로 성장하게 된 데에는 탈춤의 서민 지향적 사상이 큰 역할을 했다. 궁중에
<u>탈춤이 평민 계층까지 즐길 수 있는 예술로 성장한 이유</u>
<u>서 탈춤을 추던 광대들이 궁궐에서 나와 평민 관람자를 대상으로</u>
<u>서민 지향적인 탈춤의 모습 ①</u>
<u>탈놀음을 하면서 연극적인 요소들이 더 강화</u>되는 한편, <u>평민들</u>
<u>의 마음을 얻을 수 있는 내용으로 탈춤의 내용이 변화</u>되어 갔다.
<u>서민 지향적인 탈춤의 모습 ②</u>
<u>양반 등 귀족 계층에 대한 반발, 남성 중심의 세계관에 대한 비</u>
<u>변화된 탈춤의 내용</u>
<u>판, 종교 지도자의 부패에 대한 폭로, 서민 생활의 실상</u> 등이 탈춤의 내용이 되면서 평민 관객들을 흡수한 것이다. 이를 통해 탈춤은 조선 후기 민중 예술을 대표하는 장르로 자리매김하게 되었다. 다만, 『다양해진 주제들을 여러 과장*으로 나누어 하나의 탈춤
『　』: 조선 후기 탈춤의 특징
극에서 다루다 보니 각 과장의 내용이 독립성을 갖게 되었고, 전체적인 내용의 일관성은 약화되는 경향이 있었다.』

▶ 3문단: 서민 지향적 사상을 바탕으로 성장한 탈춤

* 행상(行商): 이리저리 돌아다니며 물건을 파는 일.
* 과장(科場): 현대극의 막이나 판소리의 마당에 해당하는 말.

01　서술상의 특징 파악하기　　답 | ⑤

윗글에 대한 설명으로 가장 적절한 것은?

정답 선지 분석

⑤ 탈춤의 특징을 다른 연극과 비교하여 설명하고 있다.
　윗글의 2문단에서는 탈춤의 구조적 특징을 전통적인 서양극의 구조적 특징과 비교하며 설명하고 있으므로 적절하다.

오답 선지 분석

① 탈춤의 전승 과정을 지역별로 비교하고 있다.
　윗글에서 탈춤의 전승 과정을 지역별로 설명하는 내용은 찾아볼 수 없다.

② 탈춤이 현대 연극에 미친 영향을 소개하고 있다.
　윗글에서 탈춤이 현대 연극에 미친 영향을 설명하는 내용은 찾아볼 수 없다.

③ 탈춤에 등장하는 인물들의 특징을 제시하고 있다.
　윗글에서 탈춤에 등장하는 인물에 대한 설명은 찾아볼 수 없다.

④ 탈춤에 사용된 의상과 소품을 자세히 설명하고 있다.
　윗글에서 탈춤에 사용된 의상과 소품에 대한 설명은 찾아볼 수 없다.

02　세부 내용 파악하기　　답 | ②

탈춤에 대한 이해로 적절하지 않은 것은?

정답 선지 분석

② 공연 방식이 독특하여 사상적 기반이 없어도 성행하였다.
　1문단에서 오랜 기간 탈춤이 우리 민족의 대표적인 공연 예술로 자리 잡은 이유를 탈춤이 갖고 있는 독특한 공연 방식에서 찾아볼 수 있다 하였고, 3문단에서 탈춤이 전국의 평민 계층까지 즐길 수 있는 공연 예술로 성장하게 된 데에는 탈춤의 서민 지향적 사상이 큰 역할을 했다고 하였으므로 적절하지 않다.

오답 선지 분석

① 통일신라 시대의 작품에 탈춤에 대한 기록이 남아 있다.
　1문단에서 한국의 탈춤의 기원은 9세기 말엽 통일신라 때 최치원의 한시 〈향악잡영〉에서 살펴볼 수 있다고 하였으므로 적절하다.

③ 조선 시대에는 궁중에서의 의식과 행사에서도 공연되었다.
　1문단에서 조선 시대에는 산대도감이라는 기관을 설치하여 조정의 여러 의식이나 외국 사신의 영접 행사에서도 탈춤이 공연되었던 것으로 나타났다고 하였으므로 적절하다.

④ 궁중의 광대들이 공연하면서 연극적인 요소들이 강화되기 시작했다.
　3문단에서 궁중에서 탈춤을 추던 광대들이 궁궐에서 나와 평민 관람자를 대상으로 탈놀음을 하면서 연극적인 요소들이 더 강화되었다고 하였으므로 적절하다.

⑤ 다양한 주제를 하나의 탈춤극으로 묶어 전체 내용의 일관성은 약하다.
　3문단에서 다양해진 주제들을 여러 과장으로 나누어 하나의 탈춤극에서 다루다 보니 각 과장의 내용이 독립성을 갖게 되었고, 전체적인 내용의 일관성은 약화되는 경향이 있었다고 하였으므로 적절하다.

보기 를 참고하여 윗글을 이해한 내용으로 가장 적절한 것은?

보기

　　공연 예술에서 공연장소와 극중 장소는 구분된다. 공연장소는 배우가 나와서 실제로 공연을 하는 장소로, 극장의 무대가 이에 해당한다. 반면, 극중 장소는 작품 속의 이야기가 펼쳐지는 장소를 의미한다. 공연장소가 관객이 공연을 보고 있는 실재하는 장소라면, 극중 장소는 배우의 연기를 보며 관객이 상상하는 장소인 것이다. 예를 들어, 2023년 학교 대강당에서 일제 강점기를 다룬 연극이 펼쳐진다면, 학교 대강당은 공연장소, 극중 일제 강점기의 특정한 공간은 극중 장소가 된다.

정답 선지 분석

④ 탈춤에서 관객이 배우들과 함께 춤을 추는 것은 공연장소와 극중 장소의 경계가 허물어지는 것으로 볼 수 있다.
〈보기〉에 따르면 공연장소는 공연이 진행되는 실재하는 장소이고, 극중 장소는 극중의 내용, 즉 이야기가 펼쳐지는 상상의 장소이다. 따라서 탈춤이 공연되는 장소는 공연장소가, 탈춤의 이야기 속 장소는 극중 장소가 된다. 2문단에 따르면 탈춤의 무대 조건은 무대와 객석의 경계를 좁히거나 허물뜨리는 효과를 발휘하며, 관객들이 배우들이 있는 곳으로 뛰쳐나가 함께 춤을 춘다고 하였다. 이는 곧, 공연장소와 극중 장소의 경계가 허물어져 공연장소에 있는 관객이 배우들이 펼치는 이야기의 공간인 극중 장소로 들어간 것으로 이해할 수 있다.

오답 선지 분석

① 전통적인 서양극에서 관객들이 객석에서 연기자를 바라보는 것은 극중 장소가 없기 때문이다.
〈보기〉에서 극중 장소는 작품 속의 이야기가 펼쳐지는 장소라고 하였으므로 서양극이든 탈춤이든 극중 장소는 필수적으로 존재한다. 또한 관객은 객석에서 배우의 연기를 보며 머릿속에 상상 속의 장소인 극중 장소를 그리는 과정을 거치게 되기 때문에 극중 장소가 없다는 진술은 적절하지 않다.

② 전통적인 서양극에서 배우들이 무대의 좌우에서 등장하는 것은 관객이 공연장소를 보지 못하기 때문이다.
〈보기〉에서 공연장소는 배우가 나와서 실제로 공연을 하는 장소라고 하였다. 2문단에서 전통적인 서양극은 관객이 객석에 앉아 정면의 무대에서 펼쳐지는 배우들의 연기를 바라보는 방식이라고 하였는데, 이때 정면의 무대가 공연장소에 해당하기 때문에 관객이 공연장소를 보지 못한다는 진술은 적절하지 않다.

③ 탈춤에서 연기를 보며 관객이 박수를 치는 것은 공연장소에 대한 감동의 정서를 표출한 것으로 볼 수 있다.
〈보기〉에서 배우들의 연기를 통해 관객들은 극중 장소를 상상할 수 있다고 하였다. 즉, 탈춤에서 관객이 배우들의 연기에 감탄하며 박수를 치거나 환호성으로 호응하는 것은 실제로 공연을 하는 장소인 공연장소에 대한 감탄이 아니라, 배우들의 연기를 통해 상상한 극중 장소에 대해 느끼는 감탄 때문으로 이해하는 것이 적절하다.

⑤ 탈춤에서 객석이 무대 주위를 둘러싸는 방식으로 배치되는 것은 관객이 공연장소를 정면으로 보기 때문이다.
관객이 공연장소를 정면으로 보는 것은 서양극의 특징이다. 탈춤은 객석이 무대 주위를 둘러싸는 방식으로 배치되기 때문에 공연장소를 정면에서 본다는 것은 적절하지 않다. 또한 탈춤에서는 객석을 이와 같이 배치함으로써 관객이 무대를 사방에서 볼 수 있게 한다.

보기 를 참고하여 ㉠, ㉡에 들어갈 말로 적절한 것을 윗글에서 찾아 차례대로 쓰시오.

보기

말뚝이: (가운데쯤에 나와서) 쉬이. (음악과 춤 멈춘다.) 양반 나오신다아! 양반이라고 하니까 노론, 소론, 호조, 병조, 옥당을 다 지내고 삼정승, 육판서를 다 지낸 퇴로 재상으로 계신 양반인 줄 아지 마시오. 개잘량이라는 '양' 자에 개다리소반이라는 '반'자 쓰는 양반이 나오신단 말이오.
양반들: 야아, 이놈, 뭐야아!
말뚝이: 야, 이 양반들, 어찌 듣는지 모르갔소. 노론, 소론, 호조, 병조, 옥당을 다 지내고 삼정승, 육판서 다 지내고 퇴로 재상으로 계신 이 생원네 삼 형제분이 나오신다고 그리하였소.

　　〈보기〉의 말뚝이는 위엄 있게 꾸짖는 양반에게 복종하는 척하면서 우스꽝스러운 말로 양반을 풍자하고 있다. 이를 통해 (㉠) 지향적 사상을 바탕으로 한 탈춤의 등장과, 탈춤의 향유 계층이 (㉡)(으)로 확장되있음을 알 수 있다.

정답

서민, 평민

빠른 정답 체크　　**01** ①　　**02** ②　　**03** ⑤　　**04** 지금 어둠인 사람들

□ : 반복을 통한 운율 형성
별들의 바탕은 **어둠**이 마땅하다
　　　　별을 보기 위해서는 주변이 어두워야 함
대낮에는 **보이지 않는다**

『지금 **대낮**인 사람들은
　슬픔이나 절망에 처하지 않은 사람들
별들이 **보이지 않는다**』

『지금 **어둠**인 사람들에게만 『』: 어둠인 사람들 – 현실의 슬픔과 고통을
　슬픔이나 절망에 처한 사람들　　　　극복하기 위해 희망을 품고 꿈을 꿈
별들이 보인다』

지금 어둠인 사람들만

별들을 낳을 수 있다　　　　　　　　▶ 어둠인 사람들만 별을 볼 수 있음
슬픔과 절망, 아픔 등을 이해하는 사람(지금 어둠인
사람)만이 희망과 꿈을 이야기하고 만들어 낼 수 있음

㉠지금 **대낮**인 사람들은 어둡다
　　　역설적 표현　　　　　　　　　　▶ 대낮인 사람들은 어두움
　　　　　　　　　　　　　　　　　　　　　　- 정진규, 〈별〉 -

01 표현상의 특징 파악하기

답 | ①

윗글에 대한 설명으로 적절한 것은?

정답 선지 분석

① 시어의 반복을 통해 운율을 형성하고 있다.

윗글에서는 '별들', '대낮', '어둠'과 같은 시어를 반복적으로 사용함으로써 운율을 형성하고 있다.

오답 선지 분석

② 자연물과의 교감을 통해 얻은 깨달음을 전달하고 있다.

윗글에서는 자연물과의 교감이 나타나 있지 않다.

③ 설의적 표현을 통해 말하고자 하는 바를 강조하고 있다.

윗글에서는 설의적 표현을 사용하고 있지 않다.

④ 청각적 이미지를 활용하여 대상을 실감나게 묘사하고 있다.

윗글에서는 청각적 이미지를 활용하고 있지 않다.

⑤ 다양한 음성 상징어를 사용하여 대상을 생생하게 묘사하고 있다.

윗글에서는 음성 상징어를 사용하고 있지 않다.

02 표현법 파악하기

답 | ②

⊙과 동일한 표현법이 사용된 것은?

정답 선지 분석

② 지는 게 이기는 거다

⊙은 표면적으로는 모순되지만, 그 속에는 진실이나 참된 의미를 담고 있는 표현 방식인 역설법이 사용되었다. '지는 게 이기는 거다' 또한 역설법을 사용하고 있으므로 적절하다.

오답 선지 분석

① 호수같이 맑은 하늘

'호수같이 맑은 하늘'은 비슷한 성질이나 모양을 가진 두 사물을 연결어를 활용하여 직접 비유하는 표현 방식인 직유법이 사용되고 있다.

③ 돌덩이가 나의 발을 걸었다

'돌덩이가 나의 발을 걸었다'는 사람이 아닌 것을 사람에 비겨 사람이 행동하는 것처럼 나타내는 표현 방식인 의인법이 사용되고 있다.

④ 흔들리지 않고 피는 꽃이 어디 있으랴

'흔들리지 않고 피는 꽃이 어디 있으랴'는 쉽게 판단할 수 있는 사실을 의문의 형식으로 표현하여 상대방이 스스로 판단하게 하는 표현 방식인 설의법이 사용되고 있다.

⑤ 콩 심은 데 콩 나고, 팥 심은 데 팥 난다

'콩 심은 데 콩 나고, 팥 심은 데 팥 난다'는 비슷한 어조나 어세를 가진 어구를 짝 지어 나타내는 표현 방식인 대구법이 사용되고 있다.

03 세부 내용 파악하기

답 | ⑤

보기를 참고하여 윗글을 감상한 것으로 적절하지 않은 것은?

보기

정호승 시인의 작품 〈슬픔이 기쁨에게〉에서는 '나는 이제 너에게도 슬픔을 주겠다 / 사랑보다 소중한 슬픔을 주겠다'라고 이야기한다. 보통 사랑은 긍정적인 것을, 슬픔은 부정적인 것을 나타낸다. 그러나 작품 속에서는 슬픔을 사랑보다 더 소중한 것으로 표현함으로써 시어가 지닌 일상적인 의미에서 벗어나 새로운 의미를 부여하고 있다. 작품을 제대로 이해하기 위해서는 시어가 지닌 본래의 의미 너머에 있는 화자가 전하고자 하는 참된 의미를 파악해야 한다. 즉, 시어 속에 담긴 상징적 의미를 함께 생각하며 작품을 감상해야 한다.

정답 선지 분석

⑤ '지금 대낮인 사람들은 어둡다'고 표현한 것은 '대낮인 사람들'이 보이는 것과 달리 고통스러운 상황에 놓여 있음을 상징적으로 드러내는 것이군.

'지금 대낮인 사람들은 어둡다'는 것은 역설적 표현으로 그들이 겉으로 보이는 것과 달리 고통스러운 상황에 놓여 있음을 의미하는 것이 아니라, 대낮이라는 긍정적인 상황에 처해 있으며 현실에 안주하여 희망과 꿈을 찾고 있지 않음을 의미한다.

오답 선지 분석

① 화자는 '별'이 지닌 일상적인 의미를 시에 반영하여 긍정적인 가치를 표현하고 있군.

'별'은 일반적으로 희망적인 것을 의미한다. 윗글의 '별'은 '별'이 지닌 상징적 의미를 반영하여 꿈과 희망을 드러내고 있다.

② '어둠'은 보통 절망적인 상황을 의미하지만, '별'을 보기 위해 반드시 필요하다는 점에서 화자는 '어둠'에 새로운 의미를 부여하고 있군.

'어둠'은 보통 부정적인 상황을 의미하지만, 별들, 즉 희망과 꿈을 가지기 위해서는 반드시 어두워야 한다는 점에서 화자는 '어둠'에 새로운 의미를 부여하여 긍정적으로 바라보고 있다.

③ '대낮'은 밝고 환한 이미지지만, '대낮인 사람들'은 현재의 삶에 만족하여 꿈을 꾸지 않는 부정적인 존재로 해석될 수 있군.

'대낮'은 보통 밝고 환한 긍정적인 이미지를 가지지만, 윗글의 '대낮인 사람들'은 현재의 삶에 만족하고 있기 때문에 더 이상 꿈을 갖지 않는 사람들로 부정적인 의미를 지닌다.

④ '어둠인 사람들'만 '별들이 보'인다는 것은 그들만이 슬픔과 절망을 이해하고 긍정적인 가치를 만들어낼 수 있다는 것을 의미하는군.

'어둠인 사람들'만 '별들이 보'이는 것은 슬픔과 절망적인 상황 속에서도 현실을 극복하기 위해 희망을 찾고 있기 때문이다. 그리고 이들만이 '별들을 낳을 수 있다'는 것은 곧, 그들만이 슬픔과 절망을 이해하고 있기 때문에 별과 같은 긍정적인 가치를 만들어낼 수 있다는 것이다.

04 시어의 의미 파악하기

빈칸에 들어갈 말로 적절한 것을 3어절로 쓰시오.

화자는 '(　　　　)'만이 희망과 꿈을 만들어 낼 수 있다고 보며 힘겨운 삶을 살아가는 사람들을 향한 위로를 건네고 있다.

정답

지금 어둠인 사람들

옛날 어느 마을에 혼자서 가난하게 사는 노파가 있었다. 노파는
_{민담의 시작 – 추상적인 시·공간}
이웃 장자네 집에 가서 베를 짜고 밭을 매서 얻어먹고 살았다. 어
_{덕망이 뛰어나고 세상일에 익숙한 어른, 큰 부자를 점잖게 이르는 말}
느 날 노파는 풀숲에서 이상한 알을 주워다 먹었는데 그 뒤로 자

꾸 배가 불러 오기 시작했다. 열 달 만에 아기가 태어났는데 태어
_{신선비의 기이한 탄생}
난 건 사람이 아닌 구렁이였다. 노파는 구렁이를 뒤주에 집어넣

고서 삿갓을 덮어놓았다.

할머니가 아이를 낳았다는 소문을 듣고서 장자네 세 자매가

차례로 할머니를 찾아왔다. 큰딸과 둘째 딸은 뒤주 속의 구렁
_{구렁이의 진면목을 알아보지 못한 큰딸과 둘째 딸}
이를 보고서 징그럽다며 낯을 찡그리고 돌아갔다. 그런데 막내

딸은 구렁이를 보자 환한 미소를 짓는 것이었다.
_{구렁이의 진면목을 알아본 막내딸}
"어머, 구렁덩덩신선비 님을 낳으셨네요!"

막내딸이 돌아가자 구렁이가 그 처녀한테 장가를 가겠노라
_{자신의 정체를 알아챈 막내딸에게 장가를 가고자 함}
[A] 고 했다. 노파가 머뭇거리자 구렁이는 한 손에 칼 들고 한 손
_{장가를 가기 위해 노파를 협박함}
에 불 들고 어머니 배 속으로 다시 들어가겠다고 했다. 할 수

없이 장자한테 가서 아들의 뜻을 전하자 『장자는 세 딸을 불

러서 노파의 아들한테 시집을 가겠느냐고 물었다. 위의 두 딸

은 손사래를 쳤지만 막내딸은 선뜻 시집을 가겠노라고 했다.

"그럼요. 구렁덩덩신선비 님이신걸요!"

장자는 말없이 고개를 끄덕였다.』
_{『 』: 구렁이의 본질을 파악하고 있는 막내딸과 장자}
막내딸의 혼사가 치러지는 날, 구렁이는 바지랑대*를 타고 담에

올라 빨랫줄을 타고서 초례청*에 이르렀다.

혼례를 마친 첫날밤, 『냇물에 목욕을 한 구렁이는 허물을 벗고서
_{『 』: 수려한 외모의 사람으로 변신한 구렁이}
사람이 되었다. 신선처럼 빛나는 멋진 선비였다.』 신선비는 아내

에게 허물을 건네주면서 꼭꼭 잘 간직하라고 했다. 그 허물이 없
_{설화 속 금기}
어지면 자기가 돌아올 수 없다고 했다.
_{허물이 없어져 막내딸이 위기에 처할 것을 암시}
동생이 신선 같은 신랑을 얻자, 두 언니는 동생을 질투하기 시

작했다. 신선비가 길을 떠나고 없는 즈음에 두 언니는 동생을 속
_{금기를 어기게 됨}
여 뱀 허물을 훔쳐다가 아궁이에 넣어서 태워 버렸다. 집으로 돌

아오던 신선비는 허물이 타는 냄새를 맡고서 오던 길을 돌아서서
_{자신의 허물이 사라졌음을 깨닫고 떠남}
멀리멀리 떠나가고 말았다. 남편을 잃은 막내딸은 중의 옷차림을

하고서 남편을 찾아 길을 나섰다. 농부 대신 논을 갈아 주고서 길
_{막내딸이 겪는 시련 ①   시련 극복 방법 ①}
을 묻고, 까치한테 벌레를 잡아 주고 길을 묻고, 할머니의 빨래를
_{시련 극복 방법 ②   시련 극복 방법 ③}
대신 해 주고서 길을 물었다. 할머니가 알려 준 대로 물에 복주

깨*를 띄우고 그 위에 올라선 막내딸은 홀연 낯선 세상에 이르렀

다. 각시는 새 쫓는 아이한테 길을 물어 구렁덩덩신선비 집을 찾
_{시련 극복 방법 ④}
아내 숨어들었다. 밤이 깊자 구렁덩덩신선비가 마당으로 나와서

달을 보면서,

"달은 저리 밝은데 옛 각시는 어디서 무얼 하고 있을까?"

그러자 각시가 쏙 나서면서,

"신선비 님 옛 각시 여기 있다오."
_{신선비와 막내딸의 상봉}
반가운 상봉이었으나 한 가지 문제가 있었다. 신선비가 다음 날

새 각시를 얻기로 돼 있는 것이었다. 신선비는 두 사람이 시합을
_{막내딸이 겪는 시련 ②}
해서 이기는 사람을 자기 각시로 인정하겠다고 했다. 시합은 모
_{막내딸이 겪는 시련 ③ – 다시 만나기 위해서 치러야 할 과제}
두 세 가지. 첫 번째 시합은 우물에서 물을 길어 오는 시합이었다.
_{시합 ①}
새 각시는 가벼운 꽃동이에 꽃신발을 신었고 헌 각시는 무거운

가래 동이에 나막신을 신었으나 헌 각시가 이겼다. 다음은 수수
_{시합 ②}
께끼 시합. 새 중에 제일 큰 새가 무엇이며, 고개 중에 제일 넘기

어려운 고개가 무엇이냐고 했다. 답은 '먹새'와 '보릿고개'. 헌 각

시가 맞혀서 이겼다. 세 번째 시합은 호랑이 눈썹을 구해서 망건*
_{시합 ③}
관자*를 만드는 시합이었다. 새 각시는 고양이 눈썹을 빼 왔으

나 헌 각시는 나막신을 신고 깊은 산속으로 들어가 호랑이 눈썹

을 구했다. 허름한 오두막에 사는 호호백발 할머니가 호랑이 삼

형제의 눈썹을 뽑아서 각시에게 주었다. 각시가 호랑이 눈썹으로

만든 망건 관자를 전해 주자 신선비가 선언했다.

"이 각시가 나의 진짜 각시요!"
_{세 가지 시험을 통과한 막내딸이 신선비의 각시가 됨}
그 후 장자의 막내딸은 신선 같은 남편과 함께 자식 많이 낳고

서 오래오래 행복하게 잘 살았다고 한다.

- 작자 미상, 〈구렁덩덩신선비〉 -

*바지랑대: 빨랫줄을 받치는 긴 막대기.

*초례청(醮禮廳): 초례를 치르는 장소.

*복주깨: 강원, 충청 지역 방언으로, 놋쇠로 만든 밥그릇의 뚜껑을 말함.

*망건(網巾): 상투를 튼 사람이 머리카락을 걷어 올려 흘러내리지 아니하도록 머
리에 두르는 그물처럼 생긴 물건.

*관자(貫子): 망건에 달아 당줄을 꿰는 작은 단추 모양의 고리.

01 핵심 내용 파악하기
답 | ②

윗글에 대한 설명으로 적절하지 않은 것은?

정답 선지 분석

② 노파는 장자가 준 알을 먹고 열 달 만에 아기를 낳았다.

장자네 집에서 베를 짜고 밭을 매며 얻어먹고 살던 노파는 어느 날 풀숲에서 이상한 알을 주워먹고 아기를 낳은 것이지, 장자가 준 알을 먹은 것이 아니다.

오답 선지 분석

① 구렁이는 혼례를 마친 후, 허물을 벗고 사람이 되었다.

혼례를 마친 첫날밤, 잿물에 목욕을 한 구렁이는 허물을 벗고 사람이 되었다.

③ 구렁이는 막내딸에게 장가를 가기 위해 노파를 협박하였다.

구렁이는 막내딸에게 장가를 가겠다고 노파에게 말했으나 노파가 머뭇거리자 한 손에는 칼을 들고 한 손에는 불을 들고 어머니 배 속으로 다시 들어가겠다고 협박하였다.

④ 막내딸은 구렁이의 본질을 파악하고 시집을 가겠다고 말하였다.

장자가 세 딸을 불러 노파의 아들에게 시집을 가겠느냐 물었을 때, 큰딸과 둘째 딸과 달리 막내딸은 구렁이의 본질을 파악하고 시집을 가겠다고 말하였다.

⑤ 신선비의 허물을 태운 것은 막내딸이 아닌, 큰딸과 둘째 딸이었다.

장자의 큰딸과 둘째 딸은 신선 같은 신랑을 얻은 막내딸을 시기하여 막내딸을 속여 신선비의 허물을 아궁이에 넣어서 태워 버렸다.

02 작품의 주제 파악하기
답 | ①

[A]를 통해 얻을 수 있는 교훈으로 적절한 것은?

정답 선지 분석

① 겉모습만 보고 사람을 판단해서는 안 된다.

막내딸이 구렁이를 신랑으로 받아들인 것을 통해 사람을 판단할 때는 겉모습만 보고 판단해서는 안 된다는 교훈을 얻을 수 있다.

오답 선지 분석

② 원하는 것을 얻기 위해서는 최선을 다해야 한다.

막내딸은 신선비와의 관계를 회복하기 위해 최선을 다해 노력하고 있다. 이를 통해 원하는 것을 얻기 위해서는 최선을 다해야 한다는 교훈을 얻을 수 있다. 그러나 [A]를 통해 얻을 수 있는 교훈으로 볼 수 없다.

③ 욕심내지 않고 주어진 것에 만족하며 살아야 한다.

윗글을 통해 얻을 수 있는 교훈으로 적절하지 않다.

④ 주변 사람들에게 감사할 줄 아는 사람이 되어야 한다.

윗글을 통해 얻을 수 있는 교훈으로 적절하지 않다.

⑤ 보잘것없는 일이라도 한 번 약속한 일은 반드시 지켜야 한다.

구렁이의 허물을 잘 간직해야 한다는 신선비와의 약속을 지키지 못해 막내딸에게 시련이 닥친 것을 통해 약속을 반드시 지켜야 한다는 교훈을 얻을 수 있다. 그러나 [A]를 통해 얻을 수 있는 교훈으로 볼 수 없다.

03 내용 전개 방식 파악하기
답 | ⑤

보기 는 '막내딸'이 '신선비'와 다시 만나기 위해 겪은 시련을 요약한 것이다. ㉠에 들어갈 내용으로 적절하지 않은 것은?

보기

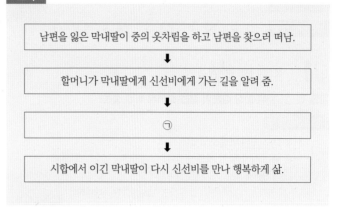

남편을 잃은 막내딸이 중의 옷차림을 하고 남편을 찾으러 떠남.

↓

할머니가 막내딸에게 신선비에게 가는 길을 알려 줌.

↓

㉠

↓

시합에서 이긴 막내딸이 다시 신선비를 만나 행복하게 삶.

정답 선지 분석

⑤ 농부 대신 논을 갈고, 까치에게 벌레를 잡아 주어 신선비의 집의 위치를 알아냄.

막내딸은 멀리 떠난 신선비를 찾기 위해 농부 대신 논을 갈아 길을 묻고, 까치에게 벌레를 잡아 주고 길을 물었다. 이는 할머니가 막내딸에게 길을 알려 준 것보다 먼저 일어난 일이므로 ㉠에 해당하지 않는다.

오답 선지 분석

① 나막신을 신고 우물에서 물을 길어 옴.

막내딸은 신선비가 낸 첫 번째 시합에서 이기기 위해 나막신을 신고 우물에서 물을 길어 왔다. 이는 ㉠에 해당하므로 적절하다.

② 낯선 세상에 도착하여 새를 쫓는 아이를 만남.

할머니가 알려 준 길을 따라 낯선 세상에 도달한 막내딸은 그곳에서 새 쫓는 아이를 만나, 아이에게 길을 물어 신선비의 집을 알아냈다. 이는 ㉠에 해당하므로 적절하다.

③ 신선비와 다시 상봉했으나 또 다른 시련을 겪음.

신선비의 집에 숨어드는 막내딸은 밤이 되자 신선비와 상봉하지만, 곧 신선비가 낸 시합에서 이겨야 하는 시련을 겪게 되었다. 이는 ㉠에 해당하므로 적절하다.

④ 깊은 산속에서 호호백발 할머니를 만나 호랑이 눈썹을 받음.

신선비가 낸 세 번째 시합은 호랑이 눈썹을 구해 망건 관자를 만드는 시합이었다. 막내딸은 깊은 산속에 들어가 허름한 오두막에 사는 호호백발 할머니를 만나 호랑이 삼 형제의 눈썹을 받았다. 이는 ㉠에 해당하므로 적절하다.

04 세부 내용 이해하기

보기 의 빈칸에 들어갈 적절한 말을 윗글에서 찾아 쓰시오.

보기

윗글에서는 신선이 인간에게 (   )을/를 잘 간직할 것을 당부하지만, 이를 지키지 못하여 그에 대한 징벌을 받게 되는 금기 모티프를 사용하여 이야기를 전개하고 있다.

정답

허물

|본문| 69쪽

| 문법 | 문장의 성분 (2) 부속 성분, 독립 성분 |

빠른 정답 체크 **01** ②   **02** ④   **03** ④   **04** 필수적 부사어

01 문장의 성분 파악하기   답 | ②

밑줄 친 ㉠, ㉡의 문장 성분이 같은 것끼리 묶인 것은?

정답 선지 분석

② ┌ 나는 ㉠지수의 연필을 빌렸다.
  └ 어제 나는 사과 ㉡한 개를 먹었다.

㉠은 체언에 관형격 조사 '의'가 결합하여 뒤에 오는 '연필'을 꾸며 주는 관형어에 해당하고, ㉡은 뒤에 오는 의존 명사 '개'를 수식하는 관형어에 해당한다.

오답 선지 분석

① ┌ 그녀는 예쁘고 성실한 ㉠학생이다.
  └ ㉡다행히 시간에 맞춰서 도착할 수 있었다.

㉠은 체언에 서술격 조사 '이다'가 결합한 서술어에 해당하고, ㉡은 문장 전체를 꾸며 주는 부사어에 해당한다.

③ ┌ 내가 ㉠산 빵 누가 먹었어?.
  └ ㉡빠르게 일을 처리해 주어서 감사합니다.

㉠은 용언의 어간에 관형사형 어미 '-ㄴ'이 결합하여 뒤에 오는 '빵'을 꾸며 주는 관형어에 해당하고, ㉡은 용언의 어간에 부사형 어미 '-게'가 결합하여 뒤에 오는 서술어 '처리해'를 수식하는 부사어에 해당한다.

④ ┌ ㉠어머나, 눈이 정말 많이 왔네!
  └ 나는 커다란 ㉡눈사람을 만들었다.

㉠은 감탄사가 그대로 독립어가 된 형태이고, ㉡은 체언에 목적격 조사 '을'이 결합한 목적어에 해당한다.

⑤ ┌ ㉠우리 언니는 연예인이다.
  └ ㉡우리나라가 월드컵 16강에 진출했다.

㉠은 뒤에 오는 '언니'를 꾸며 주는 관형어에 해당하고, ㉡은 체언에 주격 조사 '가'가 결합한 주어에 해당한다.

02 독립 성분 파악하기   답 | ④

독립 성분이 사용되지 않은 것은?

정답 선지 분석

④ 아주 멋진 식사를 대접해줘서 고마워.

독립 성분은 다른 문장 성분과 직접적인 관련이 없는 성분으로 홀로 쓰인다. 위 문장에서는 독립 성분이 사용되고 있지 않다.

오답 선지 분석

① 진아야, 내일 약속 있어?

'진아야'는 체언에 호격 조사 '야'가 결합한 독립 성분에 해당한다.

② 와, 오늘 날씨가 정말 좋다.

'와'는 감탄사로 독립 성분에 해당한다.

③ 아니요, 그것은 제 것이 아닙니다.

'아니요'는 응답을 나타내는 독립 성분에 해당한다.

⑤ 응. 이 영화는 내가 제일 좋아하는 영화야.

'응'은 응답을 나타내는 독립 성분에 해당한다.

03 문장의 성분 분석하기   답 | ④

보기 에 대한 설명으로 적절한 것은?

보기

나는 귀여운 사탕을 친구에게 주었다.
ⓐ   ⓑ   ⓒ   ⓓ   ⓔ

정답 선지 분석

④ ⓓ는 부사어로 뒤에 오는 서술어 ⓔ를 수식하고 있다.

ⓓ는 체언에 부사격 조사 '에게'가 결합한 부사어로 뒤에 오는 서술어 ⓔ를 수식하고 있다.

오답 선지 분석

① ⓐ와 ⓒ는 모두 체언에 보조사가 결합한 형태이다.

ⓐ는 체언에 보조사 '는'이 결합한 형태이지만, ⓒ는 체언에 목적격 조사 '을'이 결합한 형태이다.

② ⓑ는 용언의 어간에 부사형 어미가 결합한 형태이다.

ⓑ는 용언의 어간에 관형사형 어미 '-ㄴ'이 결합한 형태로 관형어에 해당한다.

③ ⓑ와 ⓓ는 모두 필수적인 문장 성분이다.

ⓓ는 문장에서 꼭 필요한 필수적 부사어에 해당하지만, ⓑ는 관형어로, 생략되어도 의미가 변하지 않는다.

⑤ 〈보기〉에서는 주성분이 총 네 개 사용되었다.

ⓐ는 주어, ⓑ는 관형어, ⓒ는 목적어, ⓓ는 부사어, ⓔ는 서술어이다. 즉, 〈보기〉에서는 주성분이 총 세 개 사용되었다.

04 필수 성분 파악하기

빈칸에 들어갈 적절한 말을 2어절로 쓰시오.

'장 승상 댁 부인은 심청을 수양딸로 삼았다'의 '수양딸로'는 (   ) (으)로 문장에서 필수적으로 요구되고 있다.

정답

필수적 부사어

| 독서 | 추구하는 가치에 따른 삶의 방식 |

빠른 정답 체크 **01** ③   **02** ④   **03** ⑤   **04** 소유로서의 삶

인간은 항상 무엇인가를 추구하며 살아간다. 에리히 프롬은 인간이 추구하는 가치를 소유 중심의 가치와 존재 중심의 가치로
　　　　　　　　　　　　　　　인간이 추구하는 가치
설명한다. 그리고 이렇게 서로 다른 추구의 방식에 따라 삶의 방
　　　　　　　　　　추구하는 가치에 따라 삶의 방식이 달라짐
식도 '소유로서의 삶'과 '존재로서의 삶'으로 달라진다고 하였다.
　　　　　　　　　　▶1문단: 추구하는 가치에 따라 달라지는 삶의 방식
소유로서의 삶은 자신이 가진 소유물과 소비를 통해 타인으로
　　　　　　　　소유로서의 삶의 삶의 방식
부터 자신의 정체성과 성공을 확인받는 삶의 방식이다. 내가 소
유한 것이 곧 '나'가 된다고 생각하는 것이다.『실제로 현대 사회
　　　　　　　　『』: 소유로서의 삶을 살아가는 현대 사회인의 모습

에서는 타인보다 더 많은 것을, 더 좋은 것을 소유함으로써 마음의 평안을 얻고, 개인이 갖고 있는 소유물을 통해 그 개인을 평가하는 경우도 있다. 심지어 소유로서의 삶에 치중하는 인간은 사물이나 재물뿐만 아니라 사랑이나 타인까지 소유하려 든다. 타인과 대상을 지배하거나 거기에 집착하는 것이 그 예이다.』 반면 <u>존재로서의 삶</u>은 <u>이성의 작용을 바탕으로 외부 세계와 다른 존재</u>

<u>존재로서의 삶의 삶의 방식</u>

<u>자들의 본질을 인식하고, 본질과의 진정한 합일을 통한 자아실현</u>

<u>을 목표로 한다.</u> 이는 사랑에 바탕을 두고 타인과 능동적으로 관

타인의 존재를 인정하고 교류

계를 형성하는 것이다. 이때 개인은 소비자가 아니라 실천자이자

소비가 아닌 실천과 생산을 통해 주체적으로 정체성을 확립 - 자아실현

생산자로서 자리매김한다. 또한 자신과 타인의 내면을 인식하고,

개인의 개성을 표출

이렇게 인식한 결과를 다양한 방식으로 표출하는데, 예술을 창조

하거나, 바람직한 인간관계 혹은 인간을 위한 제도를 새롭게 만

존재로서의 삶을 살아가는 개인이 인식한 결과를 표출하는 방식

들기도 하는 것이 이에 해당한다.

▶ 2문단: 소유로서의 삶과 존재로서의 삶의 삶의 방식

프롬은 서로 다른 가치 추구 방식이 인간의 삶의 태도와 감정에 커다란 영향을 미친다고 보았다. 소유로서의 삶에 치중하는 인간은 특정 대상을 타인과 공유하지 않고 가능한 많은 것을 소유하

소유 중심의 가치를 추구하는 인간의 삶의 태도

려 들고, 자신이 이미 소유한 것을 잃어버리지 않으려 한다.『이로

『 』: 소유 중심의 가치를 추구하는 인간이 느끼는 감정

인해 항상 불안감 속에 살아가게 되며, 타인과 경쟁하기도 하고 심지어 타인에 대한 적대감까지 갖게 된다. 항상 타인이 자신의 것을 빼앗길 수 있다는 생각에 두려워하고, 그 두려움에서 벗어나기 위해 타인을 경계하고 공격하는 파괴적 본성까지 갖게 되는 것이다.』

▶ 3문단: 소유 중심의 가치를 추구하는 인간의 삶의 태도와 감정

반면 존재로서의 삶을 중시하는 인간은 자신은 존재하고 있을

존재 중심의 가치를 추구하는 인간의 삶의 태도

뿐 소유하고 있는 것에 의해 자신이 좌우되지 않는다고 생각한다.

『스스로의 실천으로 성장하는 것에 만족감을 느끼고, 지식과 예술

존재로서의 삶을 살아가는 인간이 추구하는 가치 ①

을 창조하는 것처럼 자신의 존재를 발현하면서 안정감을 느낀다.

존재로서의 삶을 살아가는 인간이 추구하는 가치 ②

이는 타인과의 협력과 관계를 통해 더 강화된다. 대상을 소유하

존재로서의 삶을 살아가는 인간이 추구하는 가치 ③

기보다는 그 대상을 타인과 공유할 때 행복은 더 커지듯이 사랑과 기쁨의 경험, 진리를 깨우친 경험은 타인과 나눌 때 더 큰 감

『 』: 존재 중심의 가치를 추구하는 인간이 느끼는 감정

동을 얻게 된다.』

▶ 4문단: 존재 중심의 가치를 추구하는 인간의 삶의 태도와 감정

에리히 프롬의 이러한 관점을 통해 ㉠ 시간을 둘러싼 삶의 양

추구하는 가치에 따라 삶의 방식이 달라짐

식도 구분할 수 있다. 소유로서의 삶은 '과거'에 축적한 것에 얽

소유로서의 삶을 살아가는 사람이 자신을 발견하는 시간

매인다. 돈, 명성, 지식 등 과거에 이룬 것을 바탕으로 현재와 미래를 평가하는 것이다. 이는 소유를 위해 '시간의 노예'가 되어감을 의미한다. 그러나 존재로서의 삶은 '지금, 여기'를 중요시한

존재로서의 삶을 살아가는 사람이 자신을 발견하는 시간

다. 매 순간 내적인 충만감을 얻기 위해 노력하게 되는 것이다.

즉, 세계와 자신의 본질을 깨우치면서 자신 스스로가 성장하는 과정에서 얻는 기쁨을 즐기는 유희의 시간을 소중하게 여기는 것이다.

▶ 5문단: 추구하는 가치에 따른 삶의 양식

01 세부 내용 파악하기 답 | ③

에리히 프롬의 관점으로 볼 수 없는 것은?

정답 선지 분석

③ 소유를 통해 마음의 평안을 얻음으로써 존재로서의 삶을 구현할 수 있다.
2문단에서 소유를 통해 마음의 평안을 얻는 것은 소유로서의 삶이라고 하였으므로 적절하지 않다.

오답 선지 분석

① 가치 추구 방식의 차이로 인해 삶의 태도와 감정이 달라진다.
3문단에서 에리히 프롬은 서로 다른 가치 추구 방식이 인간의 삶의 태도와 감정에 커다란 영향을 미친다고 보았다고 하였으므로 적절하다.

② 자신이 소유한 것이 곧 나라고 생각하는 것은 바람직하지 않다.
2문단에서 소유로서의 삶은 자신이 소유한 것이 곧 나라고 생각하는 것이라 하였고, 3문단과 4문단에 따르면 에리히 프롬은 소유로서의 삶과 존재로서의 삶이 인간의 삶의 태도와 감정에 커다란 영향을 미친다고 보았으며, 소유로서의 삶보다는 존재로서의 삶을 더 긍정적으로 바라보고 있으므로 적절하다.

④ 인간을 위한 제도를 만드는 것은 존재로서의 삶을 추구하는 모습으로 볼 수 있다.
2문단에서 존재로서의 삶은 자신과 타인의 내면을 인식하고 이렇게 인식한 결과를 다양한 방식으로 표출하는데 예술을 창조하거나, 바람직한 인간관계 혹은 인간을 위한 제도를 새롭게 만들기도 한다고 하였으므로 적절하다.

⑤ 소유물의 상실에 대한 두려움 때문에 타인을 경계하는 삶의 모습이 나타날 수 있다.
3문단에서 소유로서의 삶에 치중할 경우 타인이 자신의 것을 빼앗길 수 있다는 생각에 두려워하고, 그 두려움에서 벗어나기 위해 타인을 경계한다고 하였으므로 적절하다.

02 세부 내용 추론하기 답 | ④

㉠에 대한 설명으로 가장 적절한 것은?

정답 선지 분석

④ 세계의 본질을 깨우치려는 것은 자신과 외부의 합일을 추구하는 삶의 방식이다.
㉠과 관련하여 5문단에서 존재로서의 삶은 '지금, 여기'를 중요시하면서 세계와 자신의 본질을 깨우치려 한다고 하였다. 2문단에서 존재로서의 삶은 자신을 둘러싼 외부 세계와 다른 존재자들의 본질을 인식하고, 본질과의 진정한 합일을 추구한다고 하였으므로 적절하다.

오답 선지 분석

① 과거에 축적한 것에 대한 지향은 존재를 중시하는 삶의 방식이다.
㉠과 관련하여 5문단에서 과거에 축적한 것에 얽매이는 것은 소유로서의 삶이라고 하였으므로 적절하지 않다.

② 시간의 노예가 된다는 것은 이성을 통해 표출하는 삶의 방식이다.
㉠과 관련하여 5문단에서 시간의 노예가 되는 것은 소유로서의 삶이라고 하였다. 그런데 2문단에서 이성의 작용을 바탕으로 하는 것은 존재로서의 삶이라고 하였으므로 적절하지 않다.

③ '지금, 여기'를 중요시하는 것은 사랑마저 소유하려는 삶의 방식이다.
㉠과 관련하여 5문단에서 '지금, 여기'를 중요시하는 것은 존재로서의 삶에 해당한다고 하였다. 그런데 2문단에 따르면 사랑마저 소유하려는 것은 소유로서의 삶에 해당한다.

⑤ 성장의 기쁨에서 오는 유희의 시간을 소중하게 여기는 것은 개인이 생산자로 자리매김하는 것을 방해한다.

㉠과 관련하여 5문단에서 스스로 성장하는 과정에서 얻는 기쁨을 즐기는 유희의 시간을 소중하게 여기는 것은 존재로서의 삶에 해당한다고 하였다. 그런데 개인이 생산자로 자리매김하는 것 역시 존재로서의 삶에 해당하기 때문에 존재로서의 삶이 개인이 생산자로 자리매김하는 것을 방해한다는 진술은 적절하지 않다.

03 구체적 상황에 적용하기

답 | ⑤

윗글을 바탕으로 보기를 해석한 내용으로 적절하지 않은 것은?

보기

(가)

갈라진 암벽에 피는 꽃이여
나는 그대를 갈라진 틈에서 따낸다.
나는 그대를 이처럼 뿌리째 내 손에 들고 있다.
작은 꽃이여 – 그대가 무엇인지,
뿌리뿐만 아니라 그대의 모든 것을 이해할 수 있다면
그때 나는 신이 무엇이며
인간이 무엇인지를 이해할 수 있으리라

(나)

자기가 좋아하는 음악이 녹음된 음반을 수집하여 개인의 공간에 전시하는 것 자체에 관심을 두고 있는 사람이 있는 반면 몇몇 사람은 아마 음악을 들으며 진정한 기쁨을 느끼는 사람이 있을 것이다. 책에서 얻은 지식을 통해 자신의 성공을 추구하는 사람도 있고, 그 지식을 공유하면서 새로운 지식을 창출하려는 사람도 있을 것이다.

정답 선지 분석

⑤ (나)에서 책에서 얻은 지식으로 자신의 성공을 추구하는 것은 진리를 깨우쳐 성장하면서 만족하는 삶의 방식으로 볼 수 있다.

2문단에서 소유로서의 삶은 자신이 가진 소유물과 소비를 통해 타인으로부터 자신의 정체성과 성공을 확인받는 삶의 방식이라 하였다. 따라서 성공을 추구하는 것은 소유로서의 삶으로 이해할 수 있다. 그러나 4문단에서 진리를 깨치는 것은 존재로서의 삶이라 하였으며 5문단에서 성장을 통해 만족하는 것 역시 존재로서의 삶이라 하였으므로 적절하지 않다.

오답 선지 분석

① (가)에서 꽃을 꺾는 행위는 대상을 소유하려는 삶의 방식과 관련이 있다.

3문단에서 특정 대상을 타인과 공유하지 않고 가능한 많은 것을 소유하려는 것은 소유로서의 삶이라고 하였다. (가)에서 꽃을 꺾는 행위는 그 꽃을 타인과 공유하지 않고 자신만이 가지려고 하는 것이므로 소유로서의 삶의 방식이라고 볼 수 있다.

② (가)에서 꽃을 뿌리째 손에 들고 있다는 것은 대상을 지배함으로써 마음의 평안을 얻는 삶의 방식으로 볼 수 있다.

(가)에서 꽃을 '뿌리째 내 손에 들고 있'는 것은 2문단에서 말한 타인과 대상을 지배하거나 거기에 집착하는 것으로 볼 수 있다. 이와 같은 행위는 소유로서의 삶의 방식에 해당하며, 이러한 삶의 방식을 추구하는 사람들은 소유를 함으로써 마음의 평안을 얻는다 하였으므로 적절하다.

③ (나)에서 음반을 전시하는 것 자체에 관심이 있는 것은 소유를 통해 자신의 정체성을 찾는 삶의 방식으로 볼 수 있다.

(나)에서 음반을 수집하여 전시하는 것 자체에 관심을 두는 것은 음악을 통해 진정한 기쁨을 누리는 것과 대조적인 것으로 소유로서의 삶을 추구하는 것으로 볼 수 있다. 2문단에서 자신이 가진 소유물과 소비를 통해 타인으로부터 자신의 정체성을 확인받으려 하는 것은 소유로서의 삶을 추구하는 인간의 삶의 방식이라 하였으므로 적절하다.

④ (나)에서 책에서 얻은 지식을 통해 새로운 지식을 창출하려는 것은 자신의 존재를 발현하는 삶의 방식으로 볼 수 있다.

4문단에서 존재로서의 삶을 추구하는 인간은 지식과 예술을 창조하는 것처럼 자신의 존재를 발현함으로써 안정감을 느낀다. (나)에서 책에서 얻은 지식을 통해 새로운 지식을 창출하려는 것은 이와 같은 맥락에서 이해할 수 있으므로 적절하다.

04 핵심 내용 적용하기

빈칸에 들어갈 말로 적절한 것을 골라 쓰시오.

오늘날 현대 사회에는 (소유로서의 삶 / 존재로서의 삶)을 추구하는 사람이 많아졌다. 이와 같은 경향은 언어에도 반영된다. 영어권에서는 '의심하다'라는 의미의 단어 'doubt'를 단순히 'doubt'로 표기하지 않고, '가지다'라는 의미의 'have'와 결합하여 'have doubt'로 표기한다.

정답

소유로서의 삶

문학 1   고공가(허전)

◀ 빠른 정답 체크   01 ⑤   02 ②   03 ①   04 김가, 먹으슬라

집의 옷 밥을 두고 들먹는* 저 고공*아
　　　　　　조정의 관리를 비유 – 구체적인 청자를 설정
우리 집 기별을 아는다 모르는다
조선의 역사(대유법)
비 오는 날 일 없을 제 새끼 꼬며 이르리라
비 오는 날에는 농사일을 하지 않음
처음에 할아버지 살림살이하려 할 제
　　　조선을 건국한 이성계　　나라를 경영하고자 할 때
인심을 만히 쓰니 사람이 절로 모여
　　　　조선의 건국을 비유
풀 베고 터를 닦아 큰 집을 지어내고
김매기 – 국가의 터전을 닦음
써레* 보습* 쟁기 소로 전답*을 기경하니*
밭을 갈 때 사용하는 농기구들
「올벼 논 텃밭이 ㉠ 여드래* 갈이로다」
『』: 벼를 심은 논과 밭을 가는 데 8일이 걸림 – 조선 팔도를 의미
자손에 전계하야* 대대로 나려오니
　　　　　　조선 건국 당시의 관리들
논밭도 좋거니와 ⓐ 고공도 근검터라
　　　　　　▶ 고공들(관리들)에게 우리 집의 내력(조선의 역사)을 알려 줌
㉡ 저희마다 여름지어* 가멸게* 살던 것을
요새 머슴(관리)들 – 비판의 대상
요사이 ⓑ 고공들은 혬*이 어이 아주 없어
　　　　　　　　　분별력이 전혀 없어
㉢ 밥사발 크나 작으나 동옷*이 좋거나 나쁘거나
　　　　　　사리사욕(밥사발, 동옷)을 챙기느라 바쁜 관리의 모습
마음을 다투는 듯 호수*를 새오는* 듯
　　　　　　　고공의 우두머리
무슨 일 꺼려서 흘깃흘깃 하느냐
　　　　　　상대를 노려보고 서로 미워하는 모습
㉣ 너희네 일 아니하고 시절조차 사나워
관리의 일 – 임금을 도와 정사를 다스리는 일　흉년까지 들어서
가뜩에 내 세간이 풀어지게 되었는데
　　　　　살림살이가 줄어듦
㉤ 엊그제 화강도*에 가산*이 탕진하니

집 하나 불타 붓고 먹을 것이 전혀 없다

크나큰 세사*를 어찌하여 일으키려는가

김가 이가 고공들아 새마음 먹으슬라
새로운 마음을 먹을 것을 요청하며 주제 의식을 드러냄
▶ 고공들의 탐욕과 무능함으로 인한 폐해를 지적하며 각성과 노력을 당부함
- 허전, 〈고공가〉 -

* 들먹다: 못나고도 마음이 올바르지 못하다.
* 고공(雇工): 품삯을 받고 남의 일을 해 주는 일. 또는 그런 사람.
* 써레: 갈아 놓은 논의 바닥을 고르는 데 쓰는 농기구.
* 보습: 쟁기, 극젱이, 가래 따위 농기구의 술바닥에 끼우는, 넓적한 삽 모양의 쇳조각.
* 전답(田畓): 논과 밭을 아울러 이르는 말.
* 기경하다(起耕하다): 논밭을 갈다.
* 여드레: 여덟 날.
* 전계하다(傳係하다): 재산을 누구에게 상속한다는 뜻을 문서에 적다.
* 여름짓다: 농사를 짓다. 열매를 잘 맺도록 하여 거두다.
* 가멸다: 재산이나 자원 따위가 넉넉하고 많다.
* 혬: 생각, 헤아림.
* 동옷: 남자가 입는 저고리.
* 호수(戶首): 예전에, 땅 여덟 결을 한 단위로 하여 조세를 바치는 책임을 지는 사람을 이르던 말.
* 새오다: 질투하다.
* 화강도(火強盜): 불을 든 강도. 왜적을 일컬음.
* 가산(家産): 한집안의 재산.
* 세사(世事): 세상에서 일어나는 온갖 일.

01 표현상의 특징 파악하기   답 | ⑤

윗글의 표현상 특징으로 적절하지 않은 것은?

정답 선지 분석

⑤ 설의적 표현을 사용하여 화자의 심정을 직접적으로 제시하고 있다.
윗글에서는 설의적 표현을 사용하여 화자의 심정을 제시하고 있지 않다.

오답 선지 분석

① 우의적 표현을 통해 주제 의식을 드러내고 있다.
윗글은 조정의 관리들을 '고공'에, 나랏일을 농사일에 빗대어 우의적으로 표현함으로써 주제 의식을 드러내고 있다.

② 청유형 어조를 사용하여 대상의 행동 변화를 유도하고 있다.
윗글의 화자는 '김가 이가 고공들아 새마음 먹으슬라'라고 하며 청유형 어조를 사용하여 대상에게 새로운 마음을 먹을 것을 요청하고 있다.

③ 현실의 문제를 지적하고 바람직한 삶의 태도를 제시하고 있다.
윗글의 화자는 현재의 관리들의 부정부패와 무능함을 지적하고 그들로 하여금 새로운 마음을 가지고 나라에 힘쓸 것을 강조하고 있다.

④ 청자에게 말을 건네는 방식을 활용하여 시상을 전개하고 있다.
윗글은 '고공'을 구체적인 청자로 설정하여 말을 건네는 방식으로 시상을 전개하고 있다.

02 시어의 의미 파악하기   답 | ②

ⓐ와 ⓑ에 대한 설명으로 적절한 것은?

정답 선지 분석

② ⓐ는 과거에 존재했던 이들이라면, ⓑ는 현재 존재하는 이들이다.
ⓐ는 조선이 건국할 때의 고공들에 해당하며, ⓑ는 임진왜란 직후의 고공들에 해당한다. 화자는 과거의 고공들인 ⓐ와 현재의 고공들인 ⓑ를 대비하여 현재의 고공들에게 과거의 고공들과 같이 정사에 힘쓸 것을 강조하고 있다.

오답 선지 분석

① ⓐ와 ⓑ 모두 농사일에 힘쓰느라 주변을 돌보지 못한 이들에 해당한다.
윗글은 나랏일을 농사일에 빗대어 표현하고 있는 것으로, 실제로 고공들이 농사를 짓고 있다고 볼 수 없다. ⓐ는 조선을 건국할 때의 고공으로 ⓐ가 왕을 도와 정사를 다스리는 것을 농사를 짓는 과정에 비유하고 있는 것이다.

③ ⓑ는 ⓐ와 달리 현실을 극복하고자 하는 의지를 가진 존재이다.
ⓑ는 무능하고 사리사욕을 채우기 바쁜 현재의 고공들로, 현실을 극복하고자 하는 의지를 가진 존재로 볼 수 없다.

④ ⓑ는 ⓐ와 달리 화자가 강조하는 덕목을 갖춘 존재이다.
화자는 과거의 고공들의 모습과 현재의 고공들의 모습을 비교하며 현재의 고공들에게 과거의 고공들과 같은 덕목을 갖춰야 함을 강조하고 있다. 즉, 화자가 강조하는 덕목을 갖춘 존재는 ⓐ에 해당한다.

⑤ 화자는 ⓑ의 모습을 강조하며 ⓐ에게 충고하고 있다.
ⓐ는 근면했던 과거의 고공들이며 ⓑ는 무능하고 사리사욕을 채우기 바쁜 현재의 고공들이다. 따라서 화자는 과거의 고공들인 ⓐ의 모습을 강조하며 ⓑ에게 충고하고 있다.

03 외적 준거를 참고하여 작품 이해하기   답 | ①

보기 를 참고하여 ㉠~㉤을 이해할 때, 적절하지 않은 것은?

보기

〈고공가〉는 조선의 건국부터 임진왜란 직후까지의 조선의 역사를 농사일에 빗대어 표현하고 있다. 화자는 탐욕스럽고 무능한 조정의 관리들이 나라를 곤경에 빠트리고 있음을 지적하며 현실에 대해 각성하고 조선 건국 당시의 관리들처럼 나라의 재건을 위해 충실해야 할 것을 권면하고 있다.

* 권면하다(勸勉하다): 알아듣도록 권하고 격려하여 힘쓰게 하다.

정답 선지 분석

① ㉠은 임진왜란으로 곤경에 빠진 조선 팔도를 비유적으로 나타낸 것이다.
㉠은 8일 동안 갈아야 할 만큼 큰 논밭을 의미한다. 이는 '처음에 할아버지 살림살이하려 할 제', 즉 이성계가 조선을 건국할 당시를 가리키며 풍요로움을 상징함과 동시에 조선 팔도를를 비유적으로 나타낸 것이다.

오답 선지 분석

② ㉡은 조선 개국 당시의 안정된 국가 모습을 표현한 것이다.
㉡은 '처음에 할아버지 살림살이하려 할 제', 즉 이성계가 조선을 건국하고 나라를 경영하고자 할 당시 '여름지어 가멸게 살던' 상황을 보여 주고 있다. 이는 조선 개국 당시의 안정된 국가 모습을 표현한 것으로 볼 수 있다.

③ ㉢은 사리사욕을 채우기 바쁜 관리들의 모습으로, 화자는 이와 같은 태도를 경계하고 있다.
㉢은 '밥사발'과 '동옷'과 같은 사리사욕을 채우기 바쁜 관리들의 모습이며, 화자는 이와 같은 현재의 관리들의 부정부패를 경계하고 있다.

④ ㉣은 임금을 도와 정사를 다스리는 일로, 무능한 관리들로 인해 제대로 시행되고 있지 않다.
㉣은 임금을 도와 정사를 다스리는 관리들이 해야 할 일을 말한다. 그러나 화자는 이러한 관리들이 제 일을 하지 않아 시절조차 사납다고 이야기하고 있다. 즉 무능한 관리들로 인해 정사가 혼란스러운 상황을 지적하고 있는 것이다.

⑤ ㉤을 통해 임진왜란으로 인한 피해가 상당하다는 것을 알 수 있다.
㉤의 '화강도'는 왜적을 의미한다. 즉, 왜적의 침입(임진왜란)으로 인해 가산이 탕진했다 하였기 때문에 이로 인한 피해가 상당했음을 알 수 있다.

화자의 요청과 당부를 나타내는 시행의 첫 어절과 마지막 어절을 쓰시오.

정답

김가, 먹으슬라

문학 2 **종탑 아래에서(윤흥길)**

빠른 정답 체크 **01** ④ **02** ② **03** ② **04** 명은, 건호

[앞부분 줄거리] 「환갑이 다 된 초등학교 동기들이 모교의 운동장에 모
 『 』: 액자 외부 이야기
여 모깃불을 피워 놓고 돌아가며 자신의 옛이야기를 한다. 마지막으로 최
건호가 나서서 어린 시절 명은과 있었던 이야기를 꺼내 놓는다.」「나(최건
                                                            『 』: 액자 내부 이야기
호)'는 어느 봄날 익산 군수 관사에서 눈뜬장님인 명은을 보고 놀라 도망
간다. 이후 '나'는 명은과의 만남을 이어 가고, 갈등을 겪기도 하지만 종
소리를 계기로 화해한다.」

명은이가 내게 무리한 부탁을 해 온 것은 신광 교회 종탑에서
색다른 경험을 한 바로 그다음 날이었다. 다시 만나자마자 명은
이는 나를 붙잡고 엉뚱깽뚱한 소리를 했다.

"건호야, 날 다시 교회로 데려가 줘. 내 손으로 종을 쳐 보고 싶어."
  종을 치고 싶어하는 명은의 간절한 부탁
"그랬다간 큰일 나! 딸고만이 아부지 손에 맞어 죽을 거여!"

나는 팔짝 뛰면서 그 청을 모지락스레* 거절했다. 하지만 명은
이는 나한테 검질기게* 달라붙으면서 계속 비라리* 치고 있었다.

"제발 부탁이야. 딱 한 번만 내 손으로 직접 종을 쳐 보고 싶어."

"종은 쳐서 뭣 헐라고?"

"그냥 그래! 내 손으로 울리는 종소리를 듣고 싶을 뿐이야."

말은 그렇게 했지만 나는 명은이의 **진짜 속셈**이 무엇인가를 금
                                눈을 뜨고 싶은 소원을 빌고 전쟁 중에 부모를 잃은 억울한 심정을 호소하는 것
세 알아차릴 수 있었다. ㉠ 동화 속의 늙고 병든 백마를 흉내 내
고 싶은 것이었다.

(중략)

목요일 아침이 밝았다. 목요일 낮이 지나갔다. 마침내 목요일
  시간의 경과를 빠르게 제시하여 긴장감을 형성
밤이 찾아왔다. 명은이는 시내 산보*를 구실 삼아 외할머니한테
밤마을*을 허락받았다. 어둠길을 나서는 우리를 명은이 외할머니
가 관사 밖 길가까지 따라 나와 걱정스러운 얼굴로 배웅했다. 앞
못 보는 외손녀를 걱정하는 백발 노파의 마음이 신광 교회까지
줄곧 우리와 동행하는 듯한 기분이었다.

명은이 손을 잡고 신광 교회 돌계단을 오르는 동안 내 온몸은
사뭇 떨렸다. 지레 흥분이 되는지, 아니면 두려움 때문인지 땀에

흠씬 젖은 명은이 손 또한 달달 떨리고 있었다. 「명은이가 소원을
                                        『 』: 명은을 위한 '나'의 희생적 태도
이룰 수만 있다면 딸고만이 아버지한테 맞아 죽어도 상관없다고
각오를 다지면서 나는 젖은 빨래를 쥐어짜듯 모자라는 용기를 빨
끈 쥐어짰다.」

신광 교회는 어둠 속에 고자누룩이* 가라앉아 있었다. 이제부
터 우리가 저지르려는 엄청난 짓거리에 어울리게끔 주변에 아무
        딸고만이 아버지 몰래 교회 종을 울리는 일
런 인기척이 없음을 거듭 확인하고 나서 나는 종탑 가까이 명은이
를 잡아끌었다. 「괴물처럼 네 개의 긴 다리로 일어선 철제의 종탑
                      종탑을 생물처럼 표현
이 캄캄한 밤하늘을 향해 우뚝 발돋움을 하고 있었다. 깊은 물속
             종탑이 소원(종소리)을 하늘에 이어 주는 매개체임을 상징
으로 자맥질하기* 직전의 순간처럼 나는 까마득한 종탑 꼭대기를
올려다보며 연거푸 심호흡을 해 댔다.」 그런 다음 딸고만이 아버
                    『 』: 종을 치기 전 두려움과 긴장감
지가 항상 하던 방식대로 종탑 쇠기둥을 타고 뽀르르 위로 기어
올라 철골에 매인 밧줄을 밑으로 풀어 내렸다.

"꽉 붙잡고 있어."

명은이 손에 밧줄 밑동을 쥐여 주고 나서 나는 양팔을 높이 뻗어
밧줄에다 내 몸무게를 몽땅 실었다. 그동안 늘 보아 나온 딸고만
이 아버지의 종 치는 솜씨를 흉내 내어 나는 죽을힘을 다해 밧줄
을 잡아당기기 시작했다. 종탑 꼭대기에 되똑 얹힌 거대한 놋종이
천천히 한쪽으로 기울어지는 첫 느낌이 밧줄을 타고 내 손에 얼얼
하게 전해져 왔다. 마치 한 풀 줄기에 나란히 매달려 함께 바람에
                              명은과 '나'가 힘을 모아 줄을 당기는 모습을 비유적으로 표현
흔들리는 두 마리 딱따깨비처럼 명은이 역시 밧줄에 제 몸무게를
실은 채 나랑 한통으로 건공중을 오르내리는 동작에 어느새 눈치
껏 장단을 맞추고 있었다. 어둠 때문에 잘 보이지 않았지만 내 코
끝에 훅훅 끼얹히는 명은이의 거친 숨결에 섞인 단내로 미루어 명
은이가 시방 어떤 표정을 짓고 있는지 너끈히 짐작할 수 있었다.
        명은이 자신의 소원을 빌기 위해 온 힘을 다해 줄을 잡아당기고 있음
"소원 빌 준비를 혀!"

내 말이 채 끝나기도 전에 데엥, 하고 첫 번째 종소리가 울렸다.
그 첫 소리를 울리기까지가 힘들었다. 일단 첫 소리를 울리고 나
니 그다음부터는 모든 절차가 한결 수월해졌다. 뎅그렁 뎅, 뎅그
렁 뎅, 기세 좋게 울려 대는 종소리에 귀가 갑자기 먹먹해졌다.

"소원을 빌어! 소원을 빌어!"

「종소리와 경쟁하듯 목청을 높여 명은이를 채근하는 한편 나도
 『 』: 명은이 종을 쳐서 소원을 빌 수 있도록 도와주려 함
맘속으로 소원을 빌기 시작했다. 명은이가 소원을 다 빌 때까지 딸
고만이 아버지를 잠시 귀먹쟁이로 만들어 달라고 빌고 또 빌었다.」
명은이와 내가 한 몸이 되어 밧줄에 매달린 채 땅바닥과 허공 사
이를 절굿공이처럼 오르락내리락하면서 온몸으로 방아를 찧을
적마다 놋종은 우리 머리 위에서 부르르부르르 진저리를 치며 엄

청난 목청으로 울어 댔다. 사람이 밧줄을 다루는 게 아니라 이젠 탄력이 붙을 대로 붙어 버린 밧줄이 오히려 사람을 제멋대로 갖고 노는 듯한 느낌이었다.

한창 종 치는 일에 고부라져 있었던 탓에 딸고만이 아버지가 달려오는 줄도 까맣게 몰랐다. 되알지게* 엉덩이를 한방 걷어채고 나서야 앙바틈한 그의 모습을 어둠 속에서 겨우 가늠할 수 있었다. 기차 화통 삶아 먹은 듯한 고함과 동시에 그가 와락 덤벼들어 내 손을 밧줄에서 잡아떼려 했다. 그럴수록 나는 더욱더 기를 쓰고 밧줄에 매달려 더욱더 힘차게 종소리를 울렸다. 주먹질과 발길질이 무수히 날아들었다. 마구잡이 매타작에서 명은이를 지켜 주기 위해 나는 <u>양다리를 가새질러* 명은이 허리를 감싸 안았다.</u>
명은을 보호하기 위한 행동
한데 엉클어져 악착스레 종을 쳐 대는 두 아이를 혼잣손으로 좀처럼 떼어 내기 어렵게 되자 나중에는 딸고만이 아버지도 밧줄에 함께 매달리고 말았다. 결국 종 치는 사람이 셋으로 불어난 꼴이었다. 그 어느 때보다 기운차게 느껴지는 종소리가 어둠에 잠긴 <u>세상 속으로 멀리멀리 퍼져 나가고 있었다.</u> 「명은이 입에서 별안
전쟁으로 인한 절망적인 사회 현실
간 울음이 터져 나오기 시작했다. 때때옷을 입은 어린애를 닮은
연민을 불러일으킴
듯한 그 울음소리를 무동 태운 채 종소리는 마치 하늘 끝에라도 닿으려는 기세로 독수리처럼 높이높이 솟구쳐 오르고 있었다.」
「」: 명은이 겪은 억울함의 표현이자, 억울한 상황에서 벗어나고자 하는 간절한 호소
뎅그렁 뎅 뎅그렁 뎅 뎅그렁 뎅……
종소리를 통해 독자에게 강한 여운을 남김

- 윤흥길, 〈종탑 아래에서〉 -

* 모지락스레: 보기에 억세고 모질게.
* 검질기다: 성질이나 행동이 몹시 끈덕지고 질기다.
* 비라리: 구구한 말을 하여 가며 남에게 무엇을 청하는 일.
* 산보(散步): 휴식을 취하거나 건강을 위해서 천천히 걷는 일.
* 밤마을: 밤에 이웃이나 집 가까운 곳에 놀러 가는 일.
* 고자누룩이: 한참 떠들썩하다가 조용하게.
* 자맥질하다: 물속에서 팔다리를 놀리며 떴다 잠겼다 하다.
* 되알지다: 힘주는 맛이나 억짓손이 몹시 세다.
* 가새지르다: 어긋매끼어 엇걸리게 하다.

---

01 서술상의 특징 파악하기   답 | ④

윗글의 서술상의 특징으로 적절하지 <u>않은</u> 것은?

[정답 선지 분석]

④ 서술자가 인물의 외양과 행동을 객관적으로 분석하여 서술하고 있다.
　서술자가 인물의 외양과 행동을 분석하여 서술하는 것은 전지적 작가 시점에 해당한다. 윗글은 액자식 구성에서 액자 내부의 이야기에 해당하는 부분으로, 1인칭 주인공 시점으로 전개되고 있으므로 적절하지 않다.

[오답 선지 분석]

① 사투리를 활용하여 이야기의 사실감을 높이고 있다.
　윗글에서는 "종은 쳐서 뭣 헐라고?", "소원 빌 준비를 혀!" 등 '나'의 사투리를 통해 이야기의 사실감을 높이고 있다.

② 청각적 이미지를 사용하여 강한 여운을 남기고 있다.
　'뎅그렁 뎅 뎅그렁 뎅 뎅그렁 뎅……'과 같이 울려 퍼지는 종소리로 이야기를 마무리하며 독자에게 강한 여운을 남기고 있다.

③ 시간의 경과를 빠르게 제시하여 긴장감을 형성하고 있다.
　윗글에서는 '나'와 명은이 종을 치러 가기로 한 날에 대해 '목요일 아침이 밝았다. 목요일 낮이 지나갔다'라고 하며 시간의 경과를 빠르게 제시하여 긴장감을 형성하고 있다.

⑤ 직유법을 사용하여 앞으로 일어날 일에 대한 두려움을 표현하고 있다.
　'나'는 종탑을 '괴물처럼 네 개의 긴 다리로 일어선 철제의 종탑'이라고 표현하였다. 이는 앞으로 일어날 일에 대한 두려움과 긴장감 때문에 종탑이 괴물처럼 느껴지는 상황을 직유법을 사용하여 표현한 것이다.

---

02 세부 내용 이해하기   답 | ②

윗글에 대한 설명으로 적절하지 <u>않은</u> 것은?

[정답 선지 분석]

② '나'는 명은이 눈을 뜰 수 있게 해 달라고 소원을 빌었다.
　'나'가 빈 소원은 명은이 눈을 뜰 수 있게 해 달라는 것이 아니라, 명은이 소원을 다 빌 때까지 딸고만이 아버지를 잠시 귀먹쟁이로 만들어 달라는 것이었다.

[오답 선지 분석]

① '나'는 명은이 종을 치려는 이유를 예상하고 있었다.
　'나'는 자신의 손으로 울리는 종소리를 듣고 싶다는 명은의 진짜 진짜 속셈이 '동화 속의 늙고 병든 백마를 흉내 내'고자 하는 것이라고 알아차렸다.

③ 명은은 외할머니에게 종을 치러 간다는 사실을 알리지 않았다.
　명은은 외할머니에게 종을 치러 간다는 사실을 알리지 않고 시내 산보를 구실 삼아 외할머니에게 밤마을을 허락받았다.

④ '나'는 딸고만이 아버지의 주먹질과 발길질로부터 명은을 보호하려 했다.
　'나'는 '나'와 명은을 떼어 내려는 딸고만이 아버지의 주먹질과 발길질로부터 명은을 보호하기 위해 양다리를 가새질러 명은의 허리를 감싸 안았다.

⑤ 딸고만이 아버지는 '나'와 명은을 떼어 내려 했으나 결국 같이 종을 치게 됐다.
　딸고만이 아버지는 '나'와 명은을 떼어 내려 했으나 결국 줄에 같이 매달려 같이 종을 치게 됐다.

03 작품 이해하기

답 | ②

보기는 ㉠에 해당하는 내용이다. **보기**를 참고하여 윗글을 이해한 내용으로 적절하지 <u>않은</u> 것은?

보기

옛날 어느 성에 용감한 기사와 바람처럼 빨리 달리는 **백마**가 살고 있었다. 기사는 사랑하는 백마를 타고 전쟁터마다 다니며 번번이 큰 공을 세워 **성주**로부터 푸짐한 상을 받곤 했다. 전쟁이 끝나고, 세월이 흘러 백마는 늙고 병들게 되었다. 그러자 기사는 자기와 오랫동안 생사고락을 함께한 백마를 외면한 채 전혀 돌보지 않았다. 늙고 병든 백마는 성내를 이리저리 떠돌다가 어떤 **종탑** 앞에 이르렀다. 누구든지 종을 쳐서 억울한 사연을 호소할 수 있게끔 성주가 세워 놓은 종탑이었다. 백마의 눈에 종탑을 휘휘 감고 올라간 **칡넝쿨**이 보였다. 배고픔에 못 이겨 백마는 칡넝쿨을 뜯어 먹기 시작했다. 그러다 종 줄을 잘못 건드리는 바람에 그만 종을 울리고 말았다. 종소리를 들은 성주가 무슨 사연인지 자세히 알아보도록 부하에게 지시했다. 그리하여 백마의 억울한 사연을 알게 된 성주는 은혜를 저버린 기사를 벌주고 백마를 죽을 때까지 따뜻이 보살펴 주었다.

정답 선지 분석

② '딸고만이 아버지'는 억울한 사연을 심판하는 '성주'와 같은 역할을 하고 있다.
〈보기〉의 '성주'는 백마의 억울한 사연을 듣고 이를 심판하는 역할을 하고 있다. 그러나 윗글의 '딸고만이 아버지'는 명은의 억울한 사연을 심판하는 역할을 하고 있다고 보기 어렵다. '딸고만이 아버지'는 명은과 '나'가 종을 치는 것을 방해하고 있으므로 적절하지 않다.

오답 선지 분석

① '칡넝쿨'과 '나'는 각각 '백마'와 명은을 종으로 인도하는 역할을 하고 있다.
〈보기〉의 '칡넝쿨'은 백마를 종으로 인도하고 있으며 윗글의 '나' 역시 명은을 종으로 인도하고 있다. 이는 '칡넝쿨'과 '나'를 대응시킴으로써 내용의 긴밀성을 높이고 있는 것이다.

③ 늙고 병든 '백마'의 비참한 상황은 명은의 상황과 대응되어 명은이 희망을 가지도록 유도하고 있다.
〈보기〉의 늙고 병든 '백마'가 기사에게 버려진 것은 전쟁으로 가족을 잃고 눈마저 멀게 된 윗글의 명은의 상황과 대응되고 있다. 명은은 '백마'가 종을 울림으로써 구원을 받은 것처럼 자신도 종을 울려 억울하고 고통스러운 심정을 호소하고자 하였으며, '백마'의 이야기는 명은으로 하여금 '백마'처럼 누군가 자신을 구원해줄 것이라는 희망을 가지도록 유도하고 있다.

④ 명은의 '진짜 속셈'은 억울한 심정을 호소하며 '백마'와 같이 누군가 자신을 구원해주길 바란 것이다.
명은은 종을 울려 〈보기〉의 '백마'처럼 자신의 억울하고 고통스러운 심정을 하늘에 호소하고, '백마'를 구원해준 '성주'처럼 누군가 자신을 구원해주길 바라고 있다.

⑤ 종탑은 소망이 실현되는 공간으로, '백마'와 명은의 사건은 평범한 종소리에 특별한 의미를 부여하고 있다.
〈보기〉의 '백마'는 종탑에서 종을 울림으로써 억울함을 해소할 수 있게 되었고, 이 이야기를 들은 명은은 자신 역시 종을 울림으로써 억울함을 해소하고 싶어 한다. 즉, 종탑은 억울함을 해소하고자 하는 '백마'와 명은의 소망이 실현되는 공간이자, 둘의 사건을 통해 평범한 종소리가 구원의 소리가 된다는 점에서 특별한 의미를 부여하고 있음을 알 수 있다.

04 세부 내용 파악하기

빈칸에 들어갈 말로 적절한 것을 차례대로 쓰시오.

윗글은 (건호 / 명은)을/를 통해 전쟁으로 인한 문제 상황을 제시하고, (건호 / 명은)을/를 통해 문제의 해결 방안을 제시하고 있다.

정답

명은, 건호

07 강

매체　매체 자료의 효과 판단하며 듣기

빠른 정답 체크　**01** ②　**02** ④　**03** ④　**04** 단수, 준거

여러분은 평소에 물건을 살 때 무엇을 고려하나요? 제품의 디
질문을 통해 청중의 관심을 유발함
자인, 성능이나 품질 등 사람마다 고려하는 것이 다를 수 있지만

'이것'을 고려하지 않는 사람은 거의 없을 것입니다. 과연 무엇일
가격　질문을 통해 청중이 강의에 집중하고 참여하게 함
까요? 네. 맞습니다. 바로 '가격'이에요. 우리는 가격이 얼마냐에

따라 물건을 쉽게 사기도 하고, 살까 말까 망설이기도 합니다. 그

런데 가격에 여러분의 지갑을 열게 하는 비밀이 담겨 있다는 사
판매 전략
실, 알고 있나요? 그 비밀이 무엇인지 알아보기 전에 먼저 영상을

하나 보겠습니다.
『 』: 물건의 가격에는 소비를 유도하는 판매 전략이 숨어 있음

……『물건을 팔려는 사람들은 더

많은 소비자가 지갑을 열도록 가격

과 관련한 여러 가지 판매 전략을

세운답니다.』 그럼 지금부터 가격과

[자료 1] 할인 행사장에 몰려든 사
람들_〈뉴스 데스크〉(2013. 12. 4)
ㄴ 동영상-청중의 흥미 유발, 강연의
내용을 뒷받침함

관련한 판매 전략에는 어떤 것들이
강연의 중심 내용
있는지 살펴보겠습니다.

[판매 전략 1]　단수 가격을 매겨라!

먼저 흥미로운 실험을 하나 보고 가죠. 미국에서 한 실험인데

요, 한 의류 회사에서 똑같은 옷을 두고 가격만 다르게 적은 세
단수 가격이 판매에 미치는 영향을 알아보기 위한 목적
종류의 상품 안내서를 만들었습니다. 첫 번째 안내서에는 옷의

가격을 34달러로 표시하였고, 두 번째에는 39달러로, 마지막 하
단수 가격
나에는 44달러로 표시했지요. 그리고 이 안내서들을 무작위로

고객들에게 보냈습니다. 사람들이 가장 많이 주문한 옷은 어떤

것일까요? ㉠ [자료 3]을 보면 알겠지만 놀랍게도 39달러로 표시
단수 가격이 표시된 옷이 가장 많은 주문을 받음
된 옷이 가장 많은 주문을 받았다고 합니다.

　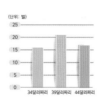

[자료 2] 세 종류의 상품 안내서
ㄴ 그림, 도표-청중으로 하여금 강연
내용의 이해를 도움

[자료 3] 가격별 의류 판매량

단수 가격이란 100원, 1,000원, 10,000원 등과 같이 딱 떨어
단수 가격의 개념
지는 가격이 아니라, 그에 조금 못 미치는 가격을 말합니다. 예를

들어 9,900원, 990원 등이 이
단수 가격의 예
에 해당합니다. 그렇다면 단수

가격을 쓰는 까닭은 무엇일까

요? 단수 가격이 매겨진 제품은
단수 가격을 활용하는 이유
소비자에게 저렴하다고 인식되

[자료 4] 상품에 단수 가격을 매긴 예
ㄴ 사진-단수 가격이 실생활에서
사용된 예시를 보여 줌

기 때문입니다.

(중략)

[판매 전략 3]　준거 가격을 이용하라!

가격과 관련한 판매 전략을 하나 더 소개하겠습니다. 바로 '준

거 가격'을 이용한 전략입니다. 준거 가격이란 소비자가 어떤 제

품을 사려고 할 때 심리적으로 적정하다고 생각하는 수준의 가격
준거 가격의 개념
을 말하는데요, 우리가 가격이 비싼지 싼지
준거 가격의 역할
를 평가할 때 비교 기준이 됩니다.

준거 가격을 이용한 판매 전략에는 무엇

이 있을까요? 자주 사용되는 전략은 바로

정가와 할인가를 함께 표시하는 것입니다.
준거 가격을 이용한 판매 전략 ①
[자료 5]를 보면 정가 28,000원짜리 셔츠를

[자료 5] 정가와 할인가를
함께 표시한 예
ㄴ 사진-준거 가격을 활용한
판매 전략의 예시를
보여 줌

22,400원에 팔고 있네요.

　준거 가격을 형성하는 데에는 다른 제품의 가격이 영향을
상대적으로 가격이 적당한지 판단하게 함
　주기도 합니다. 따라서 소비자가 어떠한 제품의 가격이 적정
[A]
　한지 판단할 때 다른 제품의 가격이 영향을 줄 수 있기 때문에

　판매자는 더 비싼 제품을 함께 보여 주는 전략을 사용합니다.
준거 가격을 이용한 판매 전략 ②
- 박정호, 〈소비자의 지갑을 여는 가격의 비밀〉 -

01　매체 자료의 효과 파악하기　　　답 | ②

위 강연에서 매체 자료를 사용할 때, 강연자가 했을 생각으로 적절하지 <u>않은</u> 것은?

정답 선지 분석

② [자료 2]를 통해 강연에서 미처 설명하지 못한, 실험의 추가적인 내용을 제시
해야겠군.

[자료 2]에서 쓰인 매체 자료는 실험 내용을 설명하는 그림으로, 실험 내용을 쉽게 이
해시키고자 사용된 것이다. 또한 [자료 2]에는 미처 설명하지 못한 실험의 추가적인 내
용이 제시되어 있지 않으므로 적절하지 않다.

① [자료 1]을 통해 청중의 흥미를 유발하고 가격이 소비에 영향을 미친다는 내용을 뒷받침해야겠군.

　[자료 1]에서 쓰인 매체 자료는 저렴한 가격으로 손님이 몰린 백화점을 취재한 동영상이다. 이를 통해 소비자가 물건을 살 때 가격이 큰 영향을 미친다는 점을 보여 주고, 청중의 흥미를 유발하고 있다.

③ [자료 3]을 통해 실험 결과인 가격별 의류 판매량을 한눈에 보여 주어야겠군.

　[자료 3]에서 쓰인 매체 자료는 가격별 의류 판매량이 나타난 도표(막대그래프)이다. 이는 강연에서 설명한 실험 결과를 한눈에 보여 주고, 청중의 이해를 돕기 위해 활용된 것이므로 적절하다.

④ [자료 4]를 통해 단수 가격이 실생활에서 흔히 접할 수 있는 판매 전략임을 보여 주어야겠군.

　[자료 4]에서 쓰인 매체 자료는 사진이다. 이는 실생활에서 단수 가격이 어떻게 사용되고 있는지 설명하기 위해 활용되었으므로, 단수 가격을 매기는 것이 실생활에서 흔히 접할 수 있는 판매 전략임을 보여 주어야겠다는 생각은 적절하다.

⑤ [자료 5]를 통해 준거 가격을 이용한 판매 전략을 이해하는 데 도움을 주어야겠군.

　[자료 5]에서 쓰인 매체 자료는 정가와 할인가를 함께 표시한 사진으로, 준거 가격을 이용한 판매 전략에 대한 이해를 돕기 위해 활용되었다.

02　정보 전달을 위한 매체 자료의 생산 이해하기　　답 | ④

㉠의 이유로 가장 적절한 것은?

④ 소비자들이 39달러짜리 옷이 가장 저렴하다고 인식하였기 때문이다.

　위 강연에서 강연자는 39달러짜리 옷이 가장 많이 팔렸다고 밝히면서, 9,900원, 990원 등의 단수 가격이 매겨진 제품이 소비자에게 저렴하다고 인식된다고 말하고 있다. 따라서 ㉠의 이유를 소비자들이 단수 가격이 매겨진 39달러짜리 옷이 가장 저렴하다고 인식하였기 때문이라 추측할 수 있다.

① 39달러짜리 옷의 할인율이 가장 높았기 때문이다.

　위 강연에서 39달러짜리 옷의 할인율이 가장 높은지에 대한 내용은 알 수 없다.

② 39달러로 표시된 가격이 옷의 원래 가격이었기 때문이다.

　위 강연에서 39달러로 표시된 옷의 가격이 원래 가격인지에 대한 내용은 알 수 없다.

③ 39달러짜리 옷이 세 종류의 옷 중에서 가장 질이 좋았기 때문이다.

　위 강연에서 39달러짜리 옷이 세 종류의 옷 중에서 가장 질이 좋은 것인지에 대한 내용은 알 수 없다.

⑤ 소비자들이 39달러짜리 옷의 상품 안내서를 제일 많이 받았기 때문이다.

　위 강연에서 강연자는 세 종류의 상품 안내서를 고객들에게 무작위로 보냈다고 했을 뿐, 소비자들이 39달러짜리 옷의 상품 안내서를 제일 많이 받았는지는 알 수 없다.

03　매체 언어의 표현 방법 파악하기　　답 | ④

보기는 [A]에 활용된 매체 자료이다. [A]를 참고하여 **보기**를 이해한 내용으로 적절하지 않은 것은?

보기

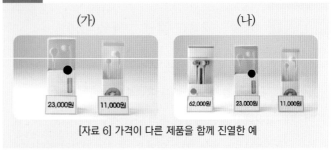

[자료 6] 가격이 다른 제품을 함께 진열한 예

④ (나)는 제품의 가격을 비교하여 가장 잘 팔리는 제품을 소비자에게 인식시키고자 하는군.

　[A]에서 소비자가 어떠한 제품의 가격이 적정한지 판단할 때 다른 제품의 가격이 영향을 줄 수 있기 때문에 판매자가 더 비싼 제품을 함께 보여 주는 전략을 사용한다고 하였다. 따라서 〈보기〉의 (나)에서 (가)와 달리 62,000원짜리 제품을 함께 진열한 것은 소비자에게 잘 팔리는 제품을 인식시키고사 하는 것이 아니라, 비싼 제품을 함께 진열함으로써 소비자가 준거 가격을 형성하는 데 영향을 주기 위해서이다.

① (나)의 경우 제품에 대한 준거 가격이 (가)의 경우보다 높아지겠군.

　[A]에서 준거 가격을 형성하는 데에는 다른 제품의 가격이 영향을 주기 때문에 판매자가 더 비싼 제품을 함께 보여 주는 전략을 사용한다고 하였다. 〈보기〉의 (가)에서는 23,000원짜리 제품과 11,000원짜리 제품이 진열되었고, (나)는 62,000원짜리, 23,000원짜리, 11,000원짜리 제품이 함께 진열되었다. 이에 따르면 (가)보다 (나)에서 더 비싼 제품이 진열되었기 때문에 소비자는 (나)의 상황에서 (가)보다 더 높은 준거 가격을 형성할 것이라 추측할 수 있다.

② 소비자는 (가)보다 (나)에서 23,000원짜리 제품이 저렴하다고 느낄 것이군.

　〈보기〉에서 (가)는 11,000원짜리 제품과 23,000원짜리 제품만 진열하고 있으므로 소비자가 23,000원짜리 제품이 제일 비싼 제품이라고 인식할 것이지만, (나)에서는 62,000원짜리 제품을 추가로 진열하고 있으므로 (가)에 비해 23,000원짜리 제품을 저렴하다고 인식할 것이다.

③ 똑같은 23,000원짜리 제품이더라도 (가)보다 (나)의 경우가 더 잘 팔리게 되겠군.

　〈보기〉의 (가)에서는 23,000원짜리 제품이 제일 비싼 제품인 것에 반해, (나)에서는 62,000원짜리 제품이 제일 비싼 제품이므로 상대적으로 저렴한 23,000원짜리 제품이 더 많이 팔리게 될 것이다.

⑤ 소비자가 어떠한 제품의 가격이 적정한지 판단할 때 다른 제품의 가격이 영향을 줄 수 있겠군.

　[A]에서 강연자는 소비자가 어떠한 제품의 가격이 적정한지 판단할 때 다른 제품의 가격이 영향을 줄 수 있기 때문에 더 비싼 제품을 함께 보여 주는 전략을 사용한다고 하였으므로 적절하다.

04　매체 자료의 주체적 수용 이해하기

빈칸에 들어갈 말로 적절한 것을 골라 차례대로 쓰시오.

　(단수 / 준거) 가격은 딱 떨어지는 가격에서 조금 못 미치는 가격을, (단수 / 준거) 가격은 소비자가 제품을 살 때 심리적으로 적정하다고 생각하는 수준의 가격을 말한다.

단수, 준거

간접광고란 영화나 드라마 등에 광고 상품을 등장시켜 간접
_{간접광고의 개념}
적으로 광고하는 기법이다. 2010년부터 간접광고가 허용되면
_{우리나라에서 간접광고가 허용된 시기}
서 많은 방송 프로그램에 간접광고가 등장하였다. 대표적인 간접
광고의 유형으로는 프로그램의 내용이나 상황과는 연계되지 않
_{단순 노출의 개념}
은 채 특정 상표나 제품을 카메라로 비추는 단순 노출과, 프로그
램의 마지막에 제작 지원임을 알리면서 특정한 상표나 이미지를
노출하는 협찬 고지가 있다. 최근에는 컴퓨터 그래픽을 활용하여
_{협찬 고지의 개념}
방송 프로그램에는 존재하지 않는 이미지로 제품을 광고하는 가
_{가상 광고의 개념}
상 광고와 프로그램의 상황과 맥락 속에 자연스럽게 녹아들도록
상표와 제품을 노출하는 기획 광고, 특정 제품의 기능을 강조하
_{기획 광고의 개념}
는 기능 소구 광고 등이 등장하였다.
_{기능 소구 광고의 개념}
▶ 1문단: 간접광고의 개념과 종류

이러한 간접광고는 기존 광고의 한계점을 어느 정도 보완해준
다. 광고가 프로그램의 일부로 포함되어 시청자들의 의도적인 광
_{기존 광고의 한계점 ①}
고 회피행위를 방지할 수 있고, 직접광고에서 느낄 수 있는 거부
감 또한 감소시킬 수 있기 때문이다. 이로 인해 간접광고는 제품
_{기존 광고의 한계점 ②}
이나 상표에 대한 호감을 자연스럽게 전달하고 시청자들의 소비
욕구를 은연중에 자극하는 매우 효과적인 광고 수단으로 각광받
_{간접광고의 효과 ①}
고 있다. ⓐ 한 방송 프로그램에서 주인공이 특정 브랜드의 음식
을 섭취하자 이후 판매량이 단기간에 4배 이상 늘어났다는 연구
도 있었다. 이러한 간접광고는 방송사의 프로그램 제작 비용 절감
_{간접광고의 효과 ②}
효과 또한 거두고 있다.
▶ 2문단: 간접광고의 효과

하지만, 프로그램의 내용과 간접광고가 자연스럽게 어울리지
못할 경우 시청자들이 프로그램에 몰입하는 것을 방해하여 거부
_{시청자의 측면에서 간접광고의 부작용}
감을 불러올 수 있다. 이와 더불어 해당 제품이나 상표에 대한 부
_{광고 기업의 측면에서 간접광고의 부작용}
정적인 이미지를 형성할 수도 있다. 간접광고를 하는 프로그램
_{방송사의 측면에서 간접광고의 부작용}
이 상업화되었다는 부정적 이미지가 형성된다면 시청률 저하도
일어날 수 있다. 이런 까닭에 ㉠ 간접광고에 대한 규제가 필요하
다는 목소리가 이어져 왔다.
▶ 3문단: 간접광고의 부작용

이에 따라 방송사들은 자율적으로 간접광고에 대한 가이드라인
을 만들고 이러한 규제가 잘 지켜지는지를 자율적으로 심의해오
고 있다. 대표적인 내용을 보면 어린이를 주 시청 대상으로 하는
_{방송사의 간접광고 규제 가이드라인 ①}
프로그램과 보도, 시사, 논평, 토론 등의 프로그램에서 간접광고
를 하지 않는다는 규정이 있다. 이는 방송의 객관성과 공정성을
지키기 위한 것으로 풀이된다. 또한 간접광고의 크기는 화면의 4
_{방송사의 간접광고 규제 가이드라인 ②}

분의 1을 초과하지 않아야 하며, 간접광고로 노출되는 상표, 로
고 등 상품을 알 수 있는 제품 표시의 노출 시간은 해당 방송 프
_{방송사의 간접광고 규제 가이드라인 ③}
로그램 시간의 5%를 초과하지 않아야 한다. 이는 간접광고로 인
해 방송 프로그램의 흐름이 왜곡되지 않도록 하기 위한 것이다.
아울러 해당 방송 프로그램이 시작되기 전에 미리 자막으로 표기
_{방송사의 간접광고 규제 가이드라인 ④}
해 시청자가 광고라는 것을 명확하게 인지할 수 있도록 하고 있
다. 또한 방송사 스스로 자체적인 모니터링 체계를 구축하여 간
_{방송사의 간접광고 규제 가이드라인 ⑤}
접광고가 포함된 프로그램이 방송되기 전 반드시 자체 가이드라
인에 따른 심의를 거칠 것을 규정하고 있다.
▶ 4문단: 방송사의 간접광고 규제 방법

01 세부 내용 파악하기   답 | ③

윗글에 대한 이해로 적절하지 않은 것은?

정답 선지 분석

③ 간접광고가 상품 판매량에 미치는 구체적인 영향은 아직 밝혀지지 않았다.

2문단에서 한 방송 프로그램에서 주인공이 섭취한 특정 브랜드의 음식이 간접광고 이
후 판매량이 단기간에 4배 이상 늘어났다는 연구도 있다고 하였으므로 적절하지 않다.

오답 선지 분석

① 간접광고가 우리나라에서 처음 등장한 시기는 2010년이다.

1문단에서 2010년부터 우리나라에서 간접광고가 허용되며 많은 방송 프로그램에서
간접광고를 볼 수 있게 되었다고 하였으므로 적절하다.

② 간접광고는 시청자들이 직접광고에서 느끼던 거부감을 감소시킨다.

2문단에서 간접광고는 직접광고에서 느낄 수 있는 거부감 또한 감소시킬 수 있다고 하
였으므로 적절하다.

④ 방송사들은 방송 프로그램이 시작되기 전에 자막으로 간접광고를 알려야
한다.

5문단에서 방송사들은 자율적으로 간접광고에 대한 가이드라인을 만들었다고 하였고,
이에 따라 방송 프로그램이 시작되기 전에 미리 자막으로 표기해 시청자가 광고라는
것을 명확하게 인지할 수 있도록 하고 있다고 하였으므로 적절하다.

⑤ 간접광고는 시청자들의 의도적인 광고 회피에서 벗어나 제품을 소개할 수
있다.

2문단에서 간접광고는 시청자들의 의도적인 광고 회피행위를 방지할 수 있다고 하였
으므로 적절하다.

02 세부 내용 추론하기   답 | ③

㉠에 대한 설명으로 적절하지 않은 것은?

정답 선지 분석

③ 방송사의 측면에서 간접광고를 하는 프로그램의 제작비를 줄이는 효과를 거
두기 위한 것이다.

3문단에 따르면 방송사의 프로그램 제작 비용 절감 효과는 간접광고로 인해 얻을 수
있는 긍정적인 효과이다. 따라서 간접광고를 규제하기 위한 이유로 보기는 어렵다.

① 시청자의 측면에서 프로그램 몰입을 방해하는 요소를 최소화하기 위한 것이다.

4문단에서 간접광고의 부작용으로 시청자들이 프로그램에 몰입하는 것을 방해하여 거부감을 불러올 수 있다는 점을 제시하였으므로, 그 방해 요소를 최소화하는 것 또한 간접광고에 대한 규제가 필요한 이유라고 할 수 있다.

② 기업의 측면에서 광고를 하는 상품의 이미지가 하락하지 않게 하기 위한 것이다.

4문단에서 간접광고의 부작용으로 간접광고가 제품이나 상표에 대한 부정적 이미지를 형성할 수 있다는 점을 제시하였으므로, 이러한 이미지 하락을 막는 것도 간접광고를 규제하는 이유라고 할 수 있다.

④ 운영방식의 측면에서 방송사들이 스스로 만든 규칙을 자율적으로 심의하는 형태로 이루어져 왔다.

5문단에서 방송사들은 자율적으로 간접광고에 대한 가이드라인을 만들고 이러한 규제가 잘 지켜지는지를 자율적으로 심의하였다고 하였으므로 적절하다.

⑤ 간접광고를 할 수 없는 프로그램의 유형을 선정하여 방송의 공정성을 확보하는 방향으로 진행되었다.

5문단에서 간접광고의 규제를 위해 방송사들이 자율적으로 가이드라인을 만들었고, 이 가이드라인의 내용 중의 하나로 방송의 객관성과 공정성을 지키기 위해 어린이를 주 시청 대상으로 하는 프로그램과 보도, 시사, 논평, 토론 등의 프로그램에서 간접광고를 하지 않는다는 규정을 만들었다고 하였으므로 적절하다.

03 구체적 사례에 적용하기   답 | ③

윗글을 바탕으로 보기 를 이해한 내용으로 적절하지 않은 것은?

보기

S# 1	남자가 서재에 앉아 서류를 보고 있다.
S# 2	카메라는 책상 위에 놓인 '△△ 커피'를 비춘다.
S# 3	남자는 두 손으로 허리를 만지더니 갑자기 자리에서 일어나 책상의 한쪽 끝으로 간다. 곧이어 책상 아래 '□□ 가구'라는 상표 옆에 있는 버튼을 누르자 책상의 높이가 높아진다.
S# 4	남자가 선 채로 서류를 보다가 깜짝 놀라더니 '◇◇ 문구'라는 상표가 보이는 볼펜을 꺼내어 메모를 하는 모습을 보여 주면서 드라마의 화면이 멈춘다.
S# 5	정지된 남자의 모습 위로 화면 전체를 차지할 정도로 크고 예쁜 인형 캐릭터가 나와 '◎◎ 타이어' 제품을 소개하는 입체형 애니메이션이 짤막하게 나오고, 뒤이어 제작 협찬이라는 문구 아래에 '◎◎ 타이어'의 이름이 소개된다.

③ S# 4에서 남자가 볼펜으로 메모하는 모습은 협찬 고지형 간접광고로 볼 수 있다.

1문단에서 협찬 고지는 프로그램의 마지막에 제작 지원임을 알리면서 특정한 상표나 이미지를 노출하는 것이라고 하였으므로, 〈보기〉의 S# 4에서 남자가 볼펜으로 메모할 때 상표가 보이는 것은 협찬 고지형 간접광고로 볼 수 없다. 메모하는 상황에서 볼펜의 상표가 보인 것이므로 1문단에 근거할 때 프로그램의 상황과 맥락 속에 자연스럽게 녹아들도록 상표와 제품을 노출한 기획 광고형 간접광고에 해당한다.

① S# 2에서 책상 위에 놓인 '△△ 커피'를 비춘 것은 단순 노출형 간접광고로 볼 수 있다.

〈보기〉의 S# 2에서 책상 위에 놓인 '△△ 커피'를 비춘 것은 프로그램의 내용과는 직접 관련이 없으므로 1문단의 내용에 근거할 때 단순 노출형 간접광고로 볼 수 있다.

② S# 3에서 책상의 높이가 높아지는 장면은 기능 소구 광고형 간접광고로 볼 수 있다.

〈보기〉의 S# 3에서 책상의 높이가 높아지는 장면은 '□□ 가구' 제품의 기능을 강조한 것이므로 1문단의 내용에 근거할 때 기능 소구 광고형 간접광고로 볼 수 있다.

④ S# 5에서 인형 캐릭터가 등장한 것은 가상 광고형 간접광고로 볼 수 있다.

〈보기〉의 S# 5에서 인형 캐릭터가 등장한 것은 프로그램에 존재하지 않는 이미지를 활용한 것이므로 1문단의 내용에 근거할 때 가상 광고형 간접광고로 볼 수 있다.

⑤ S# 5에서 인형 캐릭터를 활용한 것은 방송사의 간접광고 가이드라인이 지켜지지 않은 것으로 볼 수 있다.

〈보기〉의 S# 5에서 인형 캐릭터가 화면 전체를 차지했다고 하였는데, 4문단에서 방송사가 만든 간접광고 가이드라인에서 간접광고의 크기는 화면의 4분의 1을 초과하지 않아야 한다고 하였으므로 방송사가 만든 간접광고 가이드라인이 지켜지지 않은 것으로 볼 수 있다.

04 구체적 사례에 적용하기

보기 는 ⓐ의 사례를 설명한 내용이다. 보기 의 간접광고 종류로 적절한 것을 윗글에서 찾아 2어절로 쓰시오.

보기

A 드라마의 주인공인 B의 직업은 요리 연구가로, 새로운 김치를 개발하는 과정에서 C 기업의 D 김치를 맛보게 된다.

정답

기획 광고

문학 1   성탄제(김종길)

빠른 정답 체크   01 ④   02 ②   03 ④   04 눈

→ **어두운 방 안엔**
공간적 배경, 어두운 이미지
→ **빠알간 숯불**이 피고,   ▶ 어린 시절 화자의 기억 속 공간
밝고 따스한 분위기
└─ 색채 대비

외로이 늙으신 할머니가

애처로이 잦아드는 어린 목숨을 지키고 계시었다.
        어린 시절 화자의 모습   ▶ 아픈 화자의 애처로운 모습

『이윽고 **눈** 속을
『』: 아픈 자식을 위해 추운 겨울 약을 찾으러 나간 아버지
아버지가 **약**을 가지고 돌아오시었다.』
    산수유 열매   ▶ 눈 속을 헤치고 아들의 약을 가지고 돌아온 아버지

아 아버지가 **눈**을 헤치고 따 오신
색채 대비
그 ㉠붉은 산수유 열매 ─ ㉠: 아버지의 사랑과 희생
                  ▶ 자식을 위해 아버지가 가져온 산수유 열매

나는 한 마리 어린 짐승,

젊은 아버지의 서느런* 옷자락에

열로 상기한 볼을 말없이 부비는 것이었다.
　　　　　　　　　▶ 아버지의 희생적 사랑에 대한 화자의 애정

이따금 뒷문을 눈이 치고 있었다.
　　밝고 따스한 분위기
그날 밤이 어쩌면 성탄제*의 밤이었을지도 모른다.
　아버지의 사랑을 인류의 보편적 사랑(성탄제)으로 확대함
　　　　　▶ 아픈 아들을 위해 눈 속을 헤치고 산수유 열매를 따 오신 아버지의 사랑

『어느새 나도
『』: 화자가 어린 시절을 회상하고 있음을 알 수 있음
그때의 아버지만큼 나이를 먹었다.』
　　　　　　　　　　　　▶ 시간이 흘러 화자가 나이를 먹음

옛것이라곤 찾아볼 길 없는
아버지의 사랑을 느끼던 어린 시절과 대비되는 도시의 삭막함
성탄제 가까운 도시에는
현재 공간적, 시간적 배경(겨울)
이제 ⓐ 반가운 그 옛날의 것이 내리는데,
　　눈 – 과거 회상의 매개체　　▶ 삭막한 도시를 살아가는 화자의 상황

서러운 서른 살 나의 이마에
각박한 현실을 살아가는 화자의 현재 나이
불현듯 아버지의 서느런 옷자락을 느끼는 것은,
　　　　　　　　▶ 각박한 현실에서 눈을 통해 아버지의 사랑을 느낌

『눈 속에 따 오신 산수유 붉은 알알이
『』: 아버지의 사랑이 시간을 초월하여 화자에게 전해짐
아직도 내 혈액 속에 녹아 흐르는 까닭일까.』
　　마음　　　　　　　▶ 서러운 서른 살이 된 지금까지 잊지
　　　　　　　　　　 못하는 아버지의 사랑과 그리움
　　　　　　　　　　　　　　　　-김종길, 〈성탄제〉-

* 서느렇다: 물체의 온도나 기온이 꽤 찬 듯하다.
* 성탄제(聖誕祭): 12월 24일부터 1월 6일까지 예수의 성탄을 축하하는 명절.

01 표현상의 특징 이해하기　　　　　　　　답 | ④

윗글에 대한 설명으로 적절하지 않은 것은?

정답 선지 분석

④ 문장의 어순을 바꿔 주제를 효과적으로 강조하고 있다.
　윗글에서는 문장의 어순을 바꾸는 수사법인 도치법이 활용된 부분을 찾을 수 없다.

오답 선지 분석

① 과거에서 현재로 시상이 전환되고 있다.
　윗글의 1~6연은 화자의 어린 시절을, 7~10연은 어른이 된 화자를 나타내고 있다.
② 감각적 심상을 통해 시적 상황을 표현하고 있다.
　윗글에서는 '어두운 방 안', '빨알간 숯불', '붉은 산수유 열매' 등을 통해 시각적 심상을, '서느런 옷자락'을 통해 촉각적 심상을 드러내고 있다.
③ 감탄사를 활용하여 화자의 정서를 드러내고 있다.
　4연의 '아 아버지가 눈을 헤치고 따 오신 / 그 붉은 산수유 열매'를 통해 아버지의 사랑에 대한 화자의 애정을 드러내고 있다.
⑤ 색채의 대비를 통해 시상을 감각적으로 전개하고 있다.
　1연의 '어두운 방 안'과 '빨알간 숯불', 4연의 '눈'과 '붉은 산수유 열매'의 색채 대비를 통해 시상을 전개하고 있다.

02 시어의 의미 파악하기　　　　　　　　답 | ②

㉠에 대한 설명으로 적절한 것은?

정답 선지 분석

② 아버지의 사랑을 보여 주는 소재이다.
　㉠은 '붉은 산수유 열매'로, 아픈 화자를 위해 눈 속을 헤치고 아버지가 구해 온 것이다. 이는 아버지의 사랑과 헌신을 보여 주는 소재라 할 수 있다.

오답 선지 분석

① 화자가 도시에서 발견한 소재이다.
　화자가 도시에서 발견한 소재는 '눈'으로, 윗글에서 '눈'은 화자가 자신의 어린 시절을 돌아보게 하는 매개체로 작용한다.
③ 화자에게 찾아온 고난과 시련을 의미한다.
　㉠은 아버지의 사랑과 헌신을 의미하지, 화자에게 찾아온 고난과 시련을 의미하지는 않는다.
④ 더 이상 만날 수 없는 아버지에 대한 그리움이 담겨있다.
　㉠은 아버지에 대한 사랑과 그리움이 담겨있다고 볼 수 있으나, 화자가 아버지를 더 이상 만날 수 없는지는 윗글을 통해 알 수 없다.
⑤ 아픈 할머니를 위해 아버지가 눈 속을 헤치고 구해 온 약이다.
　㉠은 아픈 할머니가 아닌 아픈 화자를 위해 아버지가 눈 속을 헤치고 구해 온 약이다.

03 작품 비교하기　　　　　　　　답 | ④

윗글과 보기 를 비교한 내용으로 적절하지 않은 것은?

보기

오누이들의 / 정다운 얘기에
어느 집 질화로엔 / 밤알이 토실토실 익겠다.
콩기름 불 / 실고추처럼 가늘게 피어나던 밤
파묻은 불씨를 헤쳐 / 잎담배를 피우며
"고놈, 눈동자가 초롱 같애."
내 머리를 쓰다듬어 주시던 할머니,
바깥엔 연방 눈이 내리고
오늘 밤처럼 눈이 내리고
다만 이제 나 홀로 / 눈을 밟으며 간다.
오우버 자락에
구수한 할머니의 옛 이야기를 싸고,
어린 시절의 그 눈을 밟으며 간다.
오누이들의 / 정다운 얘기에
어느 집 질화로엔 / 밤알이 토실토실 익겠다.
　　　　　　　　　　　- 김용호, 〈눈 오는 밤에〉

* 오우버: 오버. 추위를 막기 위하여 겉옷 위에 입는 옷을 통틀어 이르는 말.

정답 선지 분석

④ 윗글의 '서느런 옷자락'과 〈보기〉의 '오우버 자락'은 각각 아버지와 할머니의 헌신과 정성을 의미한다.
　윗글의 '서느런 옷자락'은 산수유 열매를 구해 온 아버지의 사랑과 헌신을 의미한다고 볼 수 있으나, 〈보기〉의 '오우버 자락'은 어른이 된 화자가 입고 있는 것이므로 할머니의 헌신과 정성을 의미한다고 볼 수는 없다.

오답 선지 분석

① 윗글의 '어두운 방 안'과 〈보기〉의 '어느 집 질화로' 모두 어린 시절의 공간적 배경을 의미한다.
　윗글의 '어두운 방 안'과 〈보기〉의 '어느 집 질화로'는 모두 어린 시절의 화자가 있던 곳으로, 공간적 배경이라 볼 수 있다.

② 윗글의 '빠알간 숯불'과 〈보기〉의 '콩기름 불' 모두 작품의 밝고 따스한 분위기를 조성한다.

윗글의 '빠알간 숯불'과 〈보기〉의 '콩기름 불' 모두 빨간색의 시각적 심상을 드러내는 시어이며, 작품의 밝고 따스한 분위기를 조성한다.

③ 윗글과 〈보기〉의 '눈' 모두 화자가 과거 회상을 하게 하는 매개체로 작용한다.

윗글의 화자와 〈보기〉의 화자는 모두 어른이 된 현재, 밖에서 내리는 '눈'을 바라보며 어린 시절을 회상하고 있으므로 과거 회상을 하게 하는 매개체로 작용한다고 볼 수 있다.

⑤ 윗글의 '산수유 붉은 알알'과 〈보기〉의 '옛 이야기'는 어른이 된 화자에게 전해진 어린 시절의 사랑을 의미한다.

윗글의 화자는 '산수유 붉은 알알'이 어른이 된 자신의 혈액 속에 녹아 흐르고 있다고 하였고, 이는 아버지의 사랑이 화자에게 전해졌음을 의미한다. 〈보기〉의 '옛 이야기' 또한 어린 시절의 화자에게 할머니가 해 주신 것으로, 어른이 된 화자가 이를 오우버 자락에 감싸고 간다고 하였으므로 이 또한 할머니의 사랑이 화자에게 전해졌음을 의미한다고 볼 수 있다.

04 시어의 의미 파악하기

윗글의 ⓐ가 의미하는 것을 찾아 쓰시오.

정답

눈

문학 2 **양주 별산대놀이(작자 미상)**

빠른 정답 체크 **01** ③ **02** ② **03** ② **04** 양반

제7과장 샘님 놀이 - 제1경 의막* 사령* 놀이

(『말뚝이가 샘님, 서방님, 도령님을 데리고 등장한다. 샘님은 붉은 탈을
『 』: 양반 삼 형제의 외양을 묘사함
쓰고 도포를 입었으며, 손에는 꽃무늬 부채를 들고 머리에는 검은 베로 만든 유건*을 썼다. 서방님은 흰 탈을 쓰고 도포를 입었으며, 역시 꽃무늬 부채를 들고 머리에는 관을 썼다. 도령님은 흰 탈을 쓰고 어린아이들이 명절에 입는 전복*을 입고 손에는 꽃무늬 부채를 들었다.』 말뚝이는 패랭 이*를 쓰고 대나무로 만든 채찍을 들었다. 이때 취발이는 양반들이 임시
당시 서민들의 옷차림과 외양
로 거처할 곳을 준비하는 의막 사령인 쇠뚝이 역할을 한다.)

(말뚝이와 양반 일행이 과거를 보러 가던 중 <u>양주 땅에서 해가 넘어가
는 줄도 모르고 산대 탈놀이를 구경하다가, 객지*에서 거처할 곳을 구하</u>
극 중 공간과 실제 탈놀이를 하는 장소가 일치함
지 못하였다.)

(중략)

말뚝이: 얘, 그러나저러나 내게 좀 곤란한 일이 생겼다.
양반들의 의막을 정해야 함
쇠뚝이: 무슨 곤란한 일이 생겼단 말이냐?

말뚝이: 다름이 아니라 내가 우리 댁의 샘님, 서방님, 도령님을 데리고 과거를 보러 가는 도중에 산대놀이* 구경을 하다가 하루해가 저물었는데, 하룻밤 묵을 의막을 정하지 못하였다. 나는 여기 아는 친척도 없고, 아는 친구도 없어 곤란하던 차에 너

를 만나서 다행이다. 얘, 나를 봐서 우리 댁 양반들이 임시로 거처할 의막을 정해다오.

쇠뚝이: 옳지, 구경을 하다가 의막을 정하지 못하였구나. 그래라, 의막을 하나 정해 주마. (놀이판을 여러 번 돌고 나서 말뚝이 앞으로 다가간다.) 얘, 말뚝아, 양반들이 임시로 거처할 의막을 지었다. 얘, ㉠ <u>보아하니 거기 담배도 먹을 듯하여, 방 하나 가지고</u>
담배를 피울 때도 신분을 따지는 양반들에 대한 풍자
<u>쓸 수 없어 안팎 사랑*이 있는 집을 지었다.</u> 『바깥사랑에는 동그
『 』: 쇠뚝이가 만든 의막이 돼지우리임을 알 수 있음
랗게 말뚝을 돼지우리같이 박고, 안은 동그랗게 담을 쌓고, 문은 하늘로 냈다.』 이만하면 되겠지.

말뚝이: 그럼 ㉡ <u>고래담 같은 기와집이로구나.</u> 그 방에 들어가자
반어적 표현
면 물구나무를 서야겠구나.

쇠뚝이: 암, 그렇고말고.

말뚝이: 얘, 너하고 나하고 말하는 게 불찰이지. 미안하지만 우리 양반들을 안으로 모셔야겠다.

쇠뚝이: 야, 이놈아, 내가 무슨 상관이 있느냐. 너는 대관절 그 댁의 누구란 말이냐?

말뚝이: 나는 그 댁의 하인이다.

쇠뚝이: 그러면, 그 양반들이 어디에 있느냐?

말뚝이: 저 밖에 있다. 우리 어서 안으로 모시자.

쇠뚝이: (<u>쇠뚝이는 앞에 서고 말뚝이는 뒤에 서서, 양반을 의막 안으로</u>
쇠뚝이와 말뚝이가 돼지를 몰 듯이 양반들을 대함
<u>모는 소리를 한다.) 고이 고이 고이.</u>

말뚝이: (쇠뚝이 뒤에서 채찍을 들고 돼지를 쫓듯이 소리를 친다.) ㉢ <u>두우</u>
<u>두우 두우.</u>

샘님: (의막 안에 들어가서 앉으며) 얘, 말뚝아.

말뚝이: 네이—.

샘님: 이 의막을 네가 정하였느냐? 누가 정해 주었느냐?

말뚝이: (쇠뚝이를 보고) 얘, 우리 댁 샘님께서, "우리가 거처할 이 의막을 누가 잡았느냐? 네가 얻었느냐, 누가 다른 사람이 얻었느냐?"하고 말씀하시기에 "이 동네 아는 친구 쇠뚝이가 얻었습니다." 하고 말씀드리니, "그럼 걔 좀 보자꾸나." 하시는데, 들어가서 네가 샘님을 한번 뵙는 게 좋겠다.

쇠뚝이: 내가 그런 양반들을 왜 뵙느냐?

말뚝이: 너, 그렇지 않다. ㉣ <u>나중에 벼슬을 하려면 꼭 뵈어야 한다.</u>
부패하고 부조리한 양반들의 생활상을 알 수 있음
쇠뚝이: 그러면 네 말대로 보고 오마.

말뚝이: 어서 갔다 오너라.

쇠뚝이: 쳐라. (악사들이 타령 장단을 연주하면, 쇠뚝이가 춤을 추면서
관객의 흥을 돋우며 분위기를 고조시킴
<u>양반 일행 앞뒤를 돈다.</u> 연주를 중지하면, 말뚝이 앞으로 와서) 얘, 내

가 가서 양반들을 자세히 보니 그놈들은 양반의 자식들이 아니더라. 샌님을 보니 도포는 입었으나 전대띠를 두르고, ⑩ '두부 보자기'를 쓰고 꽃 그림이 그려진 부채를 들었는데, 그게 무슨

_{양반들이 쓴 유건의 모양을 두부 보자기에 견주어 양반을 조롱함}

양반의 자식이냐? 한량*의 자식이지. 또 서방님이란 자를 보니 관은 썼으나 그놈도 꽃 그림이 그려진 부채를 들고 있으니, 그게 무슨 양반의 자식이냐? 잡종이더라. 또 도령님이란 놈은 전복에 전대띠를 매고 '사당* 보자기'를 썼으니, 그놈도 양반의

_{도령이 쓴 복건을 사당패가 쓰는 보자기에 견주어 양반을 조롱함}

자식이 아니더라.

말뚝이: 아니다.『그 댁이 무척 가난하여 세물전*에서 빌려 입고

_{『 』: 양반 계층의 몰락으로 시대 상황에 적응하지 못하는 모습을 희화화함}

와서, 구색을 맞추어 의관을 입지 않아서 그렇다.』

쇠뚝이: 옳거니, 세물전에서 빌려 입고 와서 구색이 맞지 않아서 그렇다고.

(중략)

샌님: (앞에 꿇어앉아 있는 쇠뚝이를 향하여) 여봐라— 이놈—.

쇠뚝이: 내 이름이 버젓이 있는데, 어떤 놈이 나더러 '이놈'이래?

_{쇠뚝이가 양반에게 직접 대들고 있음 – 양반의 권위 하락}

샌님: 네 이름이 무엇이란 말이냐?

쇠뚝이: 내 이름은 아첨 아 자, 번개 번 자요. 샌님이 부르시

_{언어유희를 통해 양반의 무지함을 폭로함}

기에 아주 적당한 이름이오. 한번 불러 보시오.

샌님: 얘, 이놈의 이름이 왜 이리 평평하냐? 번아—.

쇠뚝이: 샌님은 글을 배우셨으니, 붙여서 불러 보시오.

_{쇠뚝이를 아버지라 부르게 하여 양반을 조롱함}

샌님: (이름을 불러 보지도 못하고 쩔쩔매면서) 아—. 이놈의 이름이 왜 이리 팽팽하냐? 번아—.

쇠뚝이: 아니라니까요, 그러지 말고 어서 불러요. 글을 배우셨으니 바로 붙여서 불러요. 어서, 빨리, 왜 질질 매세요?

샌님: 아 자, 번 자야—.

쇠뚝이: 이것 보게? 아 자, 번 자가 무엇이오? 도대체 샌님이 글을 배웠소? 어서 그러지 말고 붙여 불러요.

샌님: (붙여서 불러 보지 못하고 쩔쩔매며) 아—.

쇠뚝이: 어서 붙여서 불러 봐요.

샌님: 아, 이상한 이름도 다 보았다. 왜 이리 팽팽하냐? 아—. 아 번(아버지)—.

말뚝이: (샌님이 '아버지'라고 부르자 샌님을 향하여 대답한다.) 왜 그러

_{쇠뚝이를 아버지라고 부른 양반에게 반말로 대답함으로써 양반을 모욕함}

느냐?

– 작자 미상, 〈양주 별산대놀이〉 –

＊**의막(依幕):** 막사로 쓰는 천막이나 장막이라는 뜻으로, 임시로 거처하게 된 곳을 이르는 말.

＊**사령(使令):** 조선 시대에, 각 관아에서 심부름하던 사람.

＊**유건(儒巾):** 조선 시대 유생들이 쓰던 실내용 두건의 하나.

＊**전복(戰服):** 조선 후기에, 무관들이 입던 옷. 깃, 소매, 섶이 없고 등솔기가 허리에서부터 끝까지 트여 있다.

＊**패랭이:** 댓개비로 엮어 만든 갓.

＊**객지(客地):** 자기 집을 멀리 떠나 임시로 있는 곳.

＊**산대놀이(山臺놀이):** 탈을 쓰고 큰길가나 빈터에 만든 무대에서 하는 복합적인 구성의 탈놀음.

＊**사랑(舍廊):** 집의 안채와 떨어져 있는, 바깥주인이 거처하며 손님을 접대하는 곳.

＊**한량(閑良):** 일정한 직업이 없이 놀고먹던 말단 양반 계층.

＊**사당:** 조선 시대에, 무리를 지어 떠돌아다니면서 노래와 춤을 파는 여자.

＊**세물전(貰物廛):** 예전에, 일정한 삯을 받고 혼인이나 장사 때에 쓰는 물건을 빌려주던 가게.

01 서술상의 특징 파악하기　　　　　　　　답 | ③

윗글에 대한 설명으로 적절하지 <u>않은</u> 것은?

정답 선지 분석

③ 가면을 활용하여 이중적인 주제 의식을 드러내고 있다.

　윗글의 갈래는 가면극으로, 배우들이 가면을 쓰고 연극을 진행하지만, 이중적인 주제 의식을 드러내고 있지는 않다. 윗글의 주제는 양반들의 허위와 무능에 대한 비판이다.

오답 선지 분석

① 서민들의 비판 의식이 반영되어 있다.

　윗글에서 서민 계층으로 대표되는 말뚝이와 쇠뚝이는 양반을 희화화하며 풍자하고 있다. 이는 조선 후기 지배층에 대한 서민들의 비판과 풍자를 나타낸 것으로, 양반 계층에 대한 조선 후기 서민들의 비판 의식이 반영되어 있음을 알 수 있다.

② 과장되고 해학적인 표현과 비속어가 사용되고 있다.

　쇠뚝이가 지은 의막에 대해 말뚝이가 "고래담 같은 기와집이로구나, 그 방에 들어가자면 물구나무를 서야겠구나."라고 한 것을 통해 과장되고 해학적인 표현이, 쇠뚝이가 말뚝이에게 "야 이놈아, 내가 무슨 상관이 있느냐."라고 한 것을 통해 비속어가 사용되었음을 확인할 수 있다.

④ 특별한 무대 장치 없이 인물의 말이나 행동만으로 공간과 무대 장치를 설정한다.

　양반들을 위한 의막을 정해달라는 말뚝이의 부탁에 쇠뚝이가 "바깥사랑에는 동그랗게 말뚝을 돼지우리같이 박고, 안은 동그랗게 담을 쌓고, 문은 하늘로 냈다."라는 대사를 함으로써 의막이 지어졌음을 알 수 있으므로 적절하다.

⑤ 무대 공간과 객석, 배우와 악사들의 공간이 구분되어 있지 않아 자유롭게 소통할 수 있다.

　쇠뚝이가 악사들이 타령 장단을 연주할 때 춤을 추면서 양반 일행 앞뒤를 돌고, 악사들이 연주를 중지하면 말뚝이 앞으로 와서 대사를 하는 것으로 보아 무대 공간이 따로 구분되어 있지 않아 자유롭게 소통하고 있음을 알 수 있다.

02 구절의 의미 파악하기　　　　　　　　答 | ②

㉠~㉤에 대한 설명으로 적절하지 <u>않은</u> 것은?

정답 선지 분석

② ㉡: 양반들의 형편에 맞지 않게 큰 의막을 지었음을 알 수 있다.

　㉡은 돼지우리 같은 의막을 지은 쇠뚝이를 보고 말뚝이가 한 말로, 큰 의막을 지었음을 알 수 있는 것이 아니라, 허름한 의막에 대한 말뚝이의 반어적 표현이다.

오답 선지 분석

① ㉠: 담배를 피울 때마저도 신분 질서를 따지는 양반들의 모습이 드러난다.

　㉠은 양반들이 담배를 피우기 때문에 방 하나가 아니라 안팎 사랑채가 있는 집을 지었다는 내용으로, 이를 통해 담배를 피울 때에도 신분 질서를 따지는 양반들의 모습을 드러내고 있다.

③ ©: 의막에 들어가는 양반들을 돼지와 같은 존재로 취급하며 조롱하고 있다.

©은 의막에 들어가는 양반들을 향해 돼지를 모는 것처럼 소리를 낸 것으로, 말뚝이와 쇠뚝이는 이를 통해 양반들을 돼지와 같은 존재로 취급하며 조롱하고 있다.

④ ®: 출세를 위해서는 양반들에게 잘 보여야 한다는 당시 사회상을 알 수 있다.

®은 나중에 벼슬을 하기 위해 양반들을 꼭 뵈어야 한다는 말로, 당시 부패하고 부조리한 양반들의 생활상을 알 수 있다.

⑤ ®: 양반들의 차림새가 서민과 다를 바 없음을 드러내고 있다.

®은 양반들이 쓰고 있던 복건이 '두부 보자기'와 다를 바 없음을 드러내며, 양반들의 모습이 서민들의 차림새와 유사하다는 것을 통해 양반들을 조롱하고 있다.

04 소재의 의미 파악하기

빈칸에 들어갈 말로 적절한 것을 윗글에서 찾아 2음절로 쓰시오.

가면극에서 등장인물이 쓰고 있는 가면은 다양한 기능을 하는데, 〈양주 별산대놀이〉에서는 풍자의 대상인 (　　) 의 부정적인 면모를 극적으로 표현하고 있다.

정답

양반

03 작품 비교하기 답 | ②

[A]와 보기 의 공통적인 특징으로 적절한 것은?

보기

말뚝이: (가운데쯤에 나와서) 쉬이. (음악과 춤 멈춘다.) 양반 나오신다아! 양반이라고 하니까 노론, 소론, 호조, 병조, 옥당을 다 지내고 삼정승, 육판서를 다 지낸 퇴로 재상으로 계신 양반인 줄 알지 마시오. 개잘량이라는 '양' 자에 개다리소반이라는 '반' 자 쓰는 양반이 나오신단 말이오.

양반들: 야아, 이놈, 뭐야아!

말뚝이: 아, 이 양반들, 어찌 듣는지 모르갔소. 노론, 소론, 호조, 병조, 옥당을 다 지내고 삼정승, 육판서 다 지내고 퇴로 재상으로 계신 이 생원네 삼 형제분이 나오신다고 그리하였소.

양반들: (합창) 이 생원이라네. (굿거리장단으로 모두 춤을 춘다.)

- 작자 미상, 〈봉산 탈춤〉

정답 선지 분석

② 언어유희를 통해 양반의 무지함을 폭로하며 조롱하고 있다.

[A]에서 쇠뚝이는 자신의 이름을 '아첨 아 자, 번개 번 자'라고 말하며, 샌님더러 이를 부르게 함으로써 양반을 조롱하려 하고 있다. 쇠뚝이가 말한 이름의 뜻을 해석하면 '아첨을 번개같이 능숙하게 하는 사람'이라는 뜻으로 언어유희를 통해 양반의 무지함을 드러내고 있다. 〈보기〉 또한 말뚝이가 양반의 뜻을 '개잘량이라는 '양' 자에 개다리소반이라는 '반' 자'를 쓴다고 말함으로써 언어유희를 통해 양반을 조롱하며, 이를 듣고 화를 내는 양반에게 천연덕스럽게 말을 바꿈으로써 양반의 무지함을 폭로하고 있다.

오답 선지 분석

① 경제적으로 무능한 양반들의 모습을 풍자하고 있다.

[A]와 〈보기〉 모두 언어유희를 통해 양반을 조롱하는 모습을 드러내고 있지, 경제적으로 무능한 양반들의 모습을 풍자하고 있지는 않다.

③ 부패하고 부조리한 양반들의 생활상을 직접적으로 드러내고 있다.

[A]와 〈보기〉 모두 언어유희를 통해 양반을 조롱하는 모습을 드러내고 있지, 부패하고 부조리한 양반들의 생활상을 직접적으로 드러내고 있지는 않다.

④ 양반을 조롱한 뒤 천연덕스럽게 말을 바꿔 양반을 안심시키고 있다.

〈보기〉에서는 말뚝이가 언어유희를 통해 양반을 조롱하며, 이를 듣고 화를 내는 양반에게 천연덕스럽게 말을 바꿈으로써 양반을 안심시키고 있으나, [A]에서는 양반을 조롱한 뒤 말을 바꾸는 모습을 찾을 수 없다.

⑤ 시대 상황에 적응하지 못하는 권위적인 양반의 모습을 희화화하고 있다.

[A]와 〈보기〉 모두 언어유희를 통해 양반을 조롱하는 모습을 드러내고 있지, 시대 상황에 적응하지 못하는 권위적인 양반의 모습을 희화화하고 있지는 않다.

08강

| 본문 | 93쪽

| 문법 | 문장의 구조 (1) 홑문장, 이어진문장 |

빠른 정답 체크 **01** ④ **02** ② **03** ⑤ **04** 양보, 조건

01 대등하게 이어진문장 이해하기
답 | ④

다음 중 대등하게 이어진문장과 그 의미 관계가 적절하게 연결되지 않은 것은?

정답 선지 분석

④ 나는 우유를 마셨지만 엄마는 커피를 마셨다. - 선택

'나는 우유를 마셨지만'의 '-지만'은 대조의 의미를 나타내는 연결 어미이므로 적절하지 않다.

오답 선지 분석

① 봄이 가고 여름이 왔다. - 나열

'봄이 가고'의 '-고'는 나열의 의미를 나타내는 연결 어미이므로 적절하다.

② 옷을 입거나 양말을 신어라. - 선택

'옷을 입거나'의 '-거나'는 선택의 의미를 나타내는 연결 어미이므로 적절하다.

③ 나는 동생을 깨우며 나갈 준비를 했다. - 나열

'나는 동생을 깨우며'의 '-며'는 나열의 의미를 나타내는 연결 어미이므로 적절하다.

⑤ 오늘은 맑았으나 내일은 비가 올 예정입니다. - 대조

'오늘은 맑았으나'의 '-으나'는 대조의 의미를 나타내는 연결 어미이므로 적절하다.

02 이어진문장의 의미 관계 파악하기
답 | ②

보기 와 같은 의미 관계가 나타나는 문장으로 적절한 것은?

보기

고기를 잡고자 하거든 돌아가 그물을 떠라.

정답 선지 분석

② 사공이 많으면 배가 산으로 간다.

〈보기〉의 '고기를 잡고자 하거든'에서 쓰인 '-거든'은 조건의 의미를 나타내는 연결 어미이고, '사공이 많으면'의 '-으면' 또한 조건을 나타내는 연결 어미가 사용된 문장이므로 적절하다.

오답 선지 분석

① 낫 놓고 기역 자도 모른다.

'낫 놓고'에서 '-고'는 나열의 의미를 나타내는 연결 어미이므로 적절하지 않다.

③ 구슬이 서 말이라도 꿰어야 보배다.

'구슬이 서 말이라도'에서 '-라도'는 양보의 의미를 나타내는 연결 어미이므로 적절하지 않다.

④ 바위를 베개 삼고 가랑잎을 이불로 삼는다.

'바위를 베개 삼고'에서 '-고'는 나열의 의미를 나타내는 연결 어미이므로 적절하지 않다.

⑤ 떡 줄 사람은 꿈도 안 꾸는데 김칫국부터 마신다.

'떡 줄 사람은 꿈도 안 꾸는데'에서 '-는데'는 배경의 의미를 나타내는 연결 어미이므로 적절하지 않다.

03 이어진문장의 분류 기준 이해하기
답 | ⑤

보기 의 ㉠에 들어갈 내용으로 적절한 것은?

보기

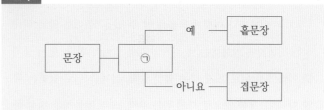

정답 선지 분석

⑤ 주어와 서술어의 관계가 한 번만 나타나는가?

홑문장은 주어와 서술어의 관계가 한 번만 나타나는 문장이고, 겹문장은 주어와 서술어의 관계가 두 번 이상 나타나는 문장이다. 따라서 주어와 서술어의 관계가 얼마나 나타나는지에 따라 홑문장과 겹문장이 구분된다.

오답 선지 분석

① 주절의 의미를 제한하는가?

주절의 의미를 제한하는 문장은 종속절로, 홑문장과 겹문장을 구분하는 기준이 될 수 없다.

② 주성분으로만 이루어져 있는가?

홑문장과 겹문장은 주어와 서술어의 관계가 몇 번 나타나는지에 따라 구분된다. 문장의 구성성분은 홑문장과 겹문장을 구분하는 기준이 될 수 없다.

③ 앞 절과 뒤 절의 의미 관계가 대등한가?

앞 절과 뒤 절의 의미 관계가 대등한 것은 대등하게 이어진문장이다. 대등하게 이어진문장은 겹문장의 종류 중 하나이므로, 홑문장과 겹문장을 구분하는 기준이 될 수 없다.

④ 앞 절과 뒤 절의 서술어를 생략할 수 있는가?

앞 절과 뒤 절의 서술어를 생략하는 것은 대등하게 이어진문장과 종속적으로 이어진문장을 구분하는 기준으로, 홑문장과 겹문장을 구분하는 기준이 될 수 없다.

04 종속적으로 이어진문장의 의미 관계 이해하기

다음은 보기 의 문장에 대한 설명이다. 빈칸에 들어갈 말로 적절한 의미 관계를 차례대로 쓰시오.

보기

호랑이에게 ⓐ 물려가도 ⓑ 정신만 차리면 산다.

〈보기〉는 종속적으로 이어진문장으로, ⓐ는 (   ), ⓑ는 (   )의 의미를 나타내는 연결 어미가 사용되었다.

정답

양보, 조건

무거운 비행기가 어떻게 하늘을 날 수 있을까? 이를 알기 위해서는 비행기에 작용하는 네 가지의 힘을 알아야 한다. 먼저 『물체를 아래에서 위로 뜨게 하는 힘인 양력, 물체를 뒤로 당기는 힘인 항력, 물체를 앞으로 가게 하는 추력, 그리고 물체를 지상 등 아래로 당기는 중력이 있다.』 비행기가 하늘로 오르기 위해서는
『』: 비행기에 작용하는 네 가지의 힘
중력보다 양력이 커야 하는데, 이때 양력이 발생하는 원인으로는
물체를 아래로 당기는 힘보다 물체를 아래에서 위로 뜨게 하는 힘이 커야 함
㉠ 베르누이의 원리가 가장 설득력 있는 이론으로 알려져 있다.
비행기에 양력을 일으키는 원리 ①　▶ 1문단: 비행기에 작용하는 네 가지의 힘

　베르누이의 원리는 기체나 액체가 흐르는 속도, 즉 유속이 빨라지면 그 부분의 압력이 감소하고 유속이 느려지면 압력
베르누이의 원리의 개념
이 증가한다는 것이다. 이 원리가 비행기에 적용되기 위해선 먼저 '동시 통과 이론'이 전제가 되어야 한다. 동시 통과 이론은 『비행기의 날개 윗면으로 흐르는 공기와 아랫면으로 흐르
『』: 동시 통과 이론의 개념
는 공기가 날개를 동시에 통과하기 때문에 상대적으로 길이가 더 긴 비행기 윗면에 흐르는 공기의 속력이 아랫면에 흐르는 공기의 속력보다 빠르다는 것이다.』
▶ 2문단: 베르누이의 원리와 동시 통과 이론
　이를 비행기에 적용해보자. 비행기 날개의 윗면은 불룩하게 되어 있어 아랫면보다 윗면이 더 길다. 먼저 양력을 발생시키기 위해선 공기가 흘러야 하는데, 일반적으로 바람은 비행기
양력이 자연적으로 발생하지 않는 이유
를 띄울 정도로 불지 않으므로 엔진이나 프로펠러를 이용해 비행기를 앞으로 이동시키는 추력을 발생시켜야 한다. 이렇
[A]
게 비행기가 앞으로 나가면서 생기는 바람을 '상대풍'이라고 한다. 비행기가 이륙하기 위해 활주로를 빠른 속도로 달려가는 이유가 이 때문이다. 이렇게 발생한 추력으로 인해 비행기 주변에 공기가 흐르게 되면 동시 통과 이론에 따라 비행기 날개 윗면으로 흐르는 공기가 아랫면으로 흐르는 공기의 속도보다 빨라지고, 이러한 상황에서 윗면에 흐르는 공기가 빠르게 이동하면 공기 입자의 간격이 멀어져 아랫면보다 상대적으로 압력이 낮아진다. 양력은 공기가 압력이 높은 곳에서
윗면의 압력이 아랫면의 압력보다 낮은 이유
낮은 곳으로 흐르는 원리에 따라 발생하기 때문이다. 이러한 원리를 통해 비행기가 날게 된다는 것이다.
▶ 3문단: 베르누이의 원리에 따른 비행기의 양력 형성 과정
　그러나 이러한 가설은 비행기 날개의 윗면을 흐르는 공기가 아랫면을 흐르는 공기보다 더 빨리 날개를 흘러 지나가는 것은 맞으나, 두 공기가 만나지는 않는다는 미국 항공 우주국의 반박에 의해 오류임이 밝혀졌다. 그러나 베르누이의 원리가 밝혀낸 압력 차이에 의해 양력이 발생한다는 점은 여전히 유효하다.
▶ 4문단: 동시 통과 이론의 오류
　어떤 물체가 다른 물체에 힘을 작용했다면, 그 다른 물체 또한 어떤 물체에 반대 방향으로 같은 힘을 작용한다는 뉴턴의 ㉡ 작용 반작용 법칙 역시 양력을 일으키는 원리에 대한 설득력 있는 이
비행기에 양력을 일으키는 원리 ②
론 중 하나이다. 우주로 쏘아 올리는 로켓의 추진체가 아래로 분사되면 그 반작용으로 인해 로켓이 위로 떠오르게 되는 것이 바로 작용 반작용 법칙 때문이다. 『비행기의 날개는 보통 앞부분이
『』: 작용 반작용 법칙에 따른 비행기의 양력 형성 과정
들린 형태이므로 이로 인해 날개의 윗면으로 흐르는 공기는 그 면을 따라 위로 올라가는 상승 기류를 형성했다가 다시 아래로 내려가는 하강 기류를 형성한다. 이때 하강 기류가 만드는 힘에 대한 반작용으로 힘이 작용해 양력이 형성되는 것이다.』
▶ 5문단: 작용 반작용 법칙에 따른 비행기의 양력 형성 과정

01　핵심 내용 이해하기　답 | ②

윗글에 대한 이해로 적절하지 않은 것은?

정답 선지 분석

② 하강 기류가 형성하는 힘이 클수록 양력은 작아진다.
　5문단에서 뉴턴의 작용 반작용 법칙은 어떤 물체가 다른 물체에 힘을 작용했다면, 그 다른 물체도 어떤 물체에 반대 방향으로 같은 힘을 작용하는 것이라고 하였다. 또한 하강 기류가 만드는 힘에 대한 반작용으로 힘이 작용해 양력이 형성된다고 하였다. 따라서 양력은 하강 기류가 만드는 힘과 동일한 크기의 힘이 발생한다고 볼 수 있다.

오답 선지 분석

① 비행기에서 추력과 항력은 반대 방향으로 작용한다.
　1문단에서 물체가 앞으로 가게 하는 힘을 추력이라고 하였고, 물체를 뒤로 당기는 힘을 항력이라고 하였으므로 추력과 항력이 반대 방향으로 작용함을 알 수 있다.

③ 미국 항공 우주국은 동시 통과 이론이 적절하지 않다고 보았다.
　2문단에서 날개 앞쪽에서 시작된 공기의 흐름이 날개 뒤쪽에서 만나는 것을 동시 통과 이론이라고 하였다. 그런데 4문단에서 미국 항공 우주국이 비행기 날개의 윗면을 흐르는 공기와 아랫면을 흐르는 공기는 만나지 않는다는 것을 밝혀냈다고 하였으므로 이는 동시 통과 이론이 적절하지 않다고 지적한 것으로 볼 수 있다.

④ 로켓은 추진체가 분사되는 힘과 동일한 크기의 양력을 통해 떠오른다.
　5문단에 따르면 뉴턴의 작용 반작용 법칙은 어떤 물체가 다른 물체에 힘을 작용했다면, 다른 물체도 어떤 물체에 반대 방향으로 같은 힘을 작용한다는 이론이다. 로켓의 경우 아래로 분사되는 추진체에 대한 반작용으로 위로 떠오르는 것이기 때문에 양력은 추진체가 분사되는 힘과 동일하다고 볼 수 있다.

⑤ 비행기의 상승 기류와 하강 기류가 만들어지는 원인은 날개의 형태와 관련 있다.
　5문단에서 비행기의 날개는 보통 앞부분이 들려 있는 형체이기 때문에 날개의 윗면으로 흐르는 공기는 그 면을 따라 위로 올라가는 상승 기류를 형성했다가 다시 아래로 내려가는 하강 기류를 형성한다고 하였으므로 적절하다.

02

세부 내용 파악하기 답 | ③

㉠에 대한 이해로 적절하지 <u>않은</u> 것은?

정답 선지 분석

③ 공기의 이동 속도가 느릴수록 공기 입자의 간격은 멀어진다.

3문단에서 공기가 빠르게 이동하면 공기 입자의 간격이 멀어진다고 하였으므로 적절하지 않다.

오답 선지 분석

① 상대풍이 없다고 가정할 경우 비행기는 이륙할 수 없다.

3문단에서 비행기에서 양력이 생기려면 공기가 흘러야 한다고 하였고, 비행기가 앞으로 나가면서 생기는 바람을 '상대풍'이라고 하였다. 따라서 상대풍이 없으면 비행기는 이륙할 수 없다고 보아야 한다.

② 비행기에 추력이 발생하기 위해서는 장치를 활용해야 한다.

3문단에서 일반적으로 바람은 비행기를 띄울 정도로 불지 않으므로 엔진이나 프로펠러를 이용해 비행기를 앞으로 이동시키는 추력을 발생시킨다고 하였으므로 적절하다.

④ 비행기 날개의 윗면과 아랫면의 길이 차이는 압력 차를 일으킨다.

3문단에서 윗면의 공기가 빠르게 이동하면 공기 입자의 간격이 멀어져 아랫면보다 상대적으로 압력이 낮아진다고 하였으므로 적절하다.

⑤ 비행기에 양력이 생기는 원리는 비행기 날개의 형태와 관련 있다.

3문단에서 비행 날개의 윗면은 볼록하게 되어 있어 아랫면보다 윗면이 더 길다고 하였고, 이로 인해 공기의 흐름이 달라져 압력 차이가 생겨 양력이 생긴다고 하였으므로 적절하다.

03

특정 이론에 적용하기 답 | ②

[A]를 바탕으로 보기 의 빈칸에 들어갈 말로 가장 적절한 것은?

보기

선생님: 부력은 물체의 위·아래에 작용하는 액체 또는 기체 즉, 유체의 압력의 차이에서 발생합니다. 따라서 유체의 흐름과 관계없이 물 위로 물체를 띄우는 부력은 항상 작용합니다. 이를 통해 알 수 있는 부력과 양력의 차이는 무엇일까요?

학생 : _____

정답 선지 분석

② 부력은 추력이 없어도 발생하지만, 양력은 추력이 없으면 발생하지 않습니다.

〈보기〉에서 부력은 유체의 흐름과 관계없이 항상 작용한다고 하였으므로 추력이 없어도 발생한다. 그러나 윗글의 3문단에서 비행기에서 양력이 생기려면 공기가 흘러야 한다고 하였고, 이를 위해 비행기를 앞으로 이동시키는 추력을 발생시킨다고 하였으므로 양력은 추력이 없으면 발생하지 않는다고 볼 수 있다.

오답 선지 분석

① 부력은 파도가 칠 때에는 형성되지 않지만, 양력은 바람이 불 때 형성됩니다.

〈보기〉에서 부력은 유체의 흐름과 관계없이 항상 작용한다고 하였으므로 부력은 파도의 여부와 상관없이 발생한다고 보아야 한다.

③ 부력은 공기의 압력과 무관하지만, 양력은 공기의 압력 차이에 의해 발생합니다.

3문단에 따르면 양력은 비행기 날개의 윗면에 흐르는 공기와 아랫면의 압력 차에 의해 발생한다. 〈보기〉 또한 부력이 유체의 압력 차이에서 발생한다고 하였으므로 적절하지 않다.

④ 부력은 중력과 동일한 방향으로 작용하지만, 양력은 중력과 반대 방향으로 작용합니다.

1문단에 따르면 양력은 물체를 아래에서 위로 뜨게 하는 힘으로, 물체를 아래로 당기는 중력과 반대 방향으로 작용한다. 그러나 〈보기〉에서 부력은 물 위로 물체를 띄우는 것이라고 하였으므로 물체를 아래로 당기는 중력과 반대 방향으로 작용한다고 볼 수 있다.

⑤ 부력은 배가 물 위에 떠 있는 이유를 알려주지만, 양력은 비행기가 앞으로 나아가는 이유를 알려줍니다.

〈보기〉에 따르면 부력은 물 위로 물체를 띄우는 힘으로, 배가 물 위에 떠 있을 수 있는 원인이지만 양력은 물체를 아래에서 위로 뜨게 하는 힘이므로 비행기가 앞으로 나아가는 이유를 알려주지는 않는다.

04

세부 내용 파악하기

다음은 ㉡을 통한 양력의 형성 과정이다. 빈칸에 들어갈 말로 적절한 것을 차례대로 쓰시오.

(상승 / 하강) 기류를 형성했다가 (상승 / 하강) 기류를 형성하는 과정에서 (상승 / 하강) 기류가 만드는 힘에 대한 반작용으로 힘이 작용해 양력이 형성된다.

정답

상승, 하강, 하강

문학 1 | 만보(이황)

빠른 정답 체크 01 ⑤ 02 ④ 03 ④ 04 밥 짓는 연기

잊기를 자주 하여 **어지러이 뽑아 놓은 책들**
　　　　　　　　화자가 회한에 잠기는 이유와 관련된 소재
흩어진 걸 다시 또 정리하자니

해는 문득 서쪽으로 기울고
시간적 배경: 노을이 지는 저녁→성찰의 시간
강 위에 숲 그림자 흔들린다.
　　　　　　　　　　　　　　　▶ 흩어진 책들을 정리하며 하루를 보냄
막대 짚고 **마당** 가운데 내려서서
　　　　자신의 삶을 성찰하는 공간
고개 들어 구름 낀 고개 바라보니
　　　　　　　　　　　　화자의 상황 – 마당에서
아득히 **밥 짓는 연기**가 피어나고　　수확을 앞둔 마을의
　　　　　저녁 식사를 준비하는 모습　　풍경을 바라봄
쓸쓸히 들판은 서늘하구나.

농삿집 **가을걷이*** 가까워지니　　　▶ 가을 들판과 마을의 풍경
　　계절적 배경: 가을
절구질 우물가에 기쁜 빛 돌아
　　수확의 기쁨을 만끽하는 마을 사람들
갈까마귀 돌아오니 절기가 무르익고
해오라기 서 있는 모습 우뚝하고 흰다.
　　　　　　　▶ 수확의 기쁨을 만끽하는 사람들과 풍요로운 자연의 모습
내 인생은 홀로 무얼 하는 것인지
풍요로운 마을의 모습과 달리 이룬 것 없는 자신을 대조하며 자책함
숙원*이 오래도록 풀리질 않네.
학문적 성취
이 **회포*** **털어놓**을 사람 아무도 없어
결실을 맺지 못한 데서 오는 공허함
거문고만 둥둥 탄다, 고요한 밤에.
화자의 답답한 내면을 드러내는 소재 ▶ 학문적 숙원을 이루지 못한 자신에 대한 회한

苦忘亂抽書 　　(고망난추서)

散亂還復整 　　(산난환복정)

曜靈忽西頹 　　(요령홀서퇴)

江光搖林影	(강광요림영)
扶筇下中庭	(부공하중정)
矯首望雲嶺	(교수망운령)
漠漠炊烟生	(막막취연생)
蕭蕭原野冷	(소소원야랭)
田家近秋穫	(전가근추확)
喜色動臼井	(희색동구정)
鴉還天機熟	(아환천기숙)
鷺立風標逈	(로입풍표동)
我生獨何爲	(아생독하위)
宿願久相梗	(숙원구상경)
無人語此懷	(무인어차회)
瑤琴彈夜靜	(요금탄야정)

- 이황, 〈만보*〉 -

* 가을걷이: 가을에 익은 곡식을 거두어들임.
* 숙원(宿願): 오래전부터 품어 온 염원이나 소망.
* 회포(懷抱): 마음속에 품은 생각이나 정.
* 만보(漫步): 한가롭게 슬슬 걷는 걸음.

01 표현상의 특징 파악하기 답 | ⑤

윗글에 대한 설명으로 적절한 것은?

정답 선지 분석

⑤ 경치를 묘사한 뒤 자신의 감정을 드러내는 방식으로 시상을 전개하고 있다.
　윗글은 1~12행에서 가을 저녁의 정경을 묘사하고, 13~16행에서 화자의 정서를 드러내는 선경후정의 시상 전개 방식을 사용하고 있다.

오답 선지 분석

① 동일한 시구를 반복하여 운율을 형성하고 있다.
　윗글에서 동일한 시구를 반복한 부분을 찾을 수 없다.

② 말을 건네는 형식을 통해 읽는 이의 공감을 유도하고 있다.
　윗글은 말을 건네는 형식이 아닌, 혼자서 중얼거리는 독백의 형식을 취하고 있다.

③ 비유적 표현을 통해 대상의 이미지를 선명하게 드러내고 있다.
　윗글에서 비유적 표현을 사용한 부분을 찾을 수 없다.

④ 색채 이미지를 활용하여 화자의 상황을 효과적으로 나타내고 있다.
　윗글에서 색채 이미지를 활용한 부분을 찾을 수 없다.

02 시어의 의미 파악하기 답 | ④

윗글을 감상한 내용으로 적절하지 않은 것은?

정답 선지 분석

④ '갈까마귀'와 '해오라기'는 화자와 처지와 상반되는 소재로, 화자의 감정이 이입된 소재이군.
　'갈까마귀'와 '해오라기' 모두 가을을 드러내는 소재로, 결실의 계절인 가을과 달리, 숙원을 이루지 못해 답답함을 느끼며 안타까워하는 화자와 대조되는 대상이다.

오답 선지 분석

① '어지러이 뽑아 놓은 책들'은 화자의 '숙원'과 관련된 소재겠군.
　윗글에서 화자는 학문적 성취를 이루지 못한 것을 자책하고 있다. 이는 '어지러이 뽑아 놓은 책들'과 관련이 있으며, '숙원' 또한 화자가 바라왔던 학문적 성취를 의미하므로 적절하다.

② '마당'은 화자가 자신의 처지와 풍요로운 자연의 모습을 대조하는 공간이겠군.
　윗글에서 화자는 노을이 지는 저녁에 마당에 올라가 마을의 정경을 바라보고 있다. 이곳에서 화자는 농사의 결실을 수확하는 마을 사람들의 풍요로운 모습과 아무것도 이루지 못한 자신을 대조하며 자책하고 있으므로 적절하다.

③ '절구질 우물가에 기쁜 빛'이 도는 것은 '가을걷이'하는 사람들의 기쁨을 의미하는군.
　윗글의 계절적 배경은 '농삿집'의 '가을걷이'가 가까워지는 가을이다. 따라서 '절구질 우물가에 기쁜 빛'이 도는 것은 '가을걷이'로 곡식을 수확하는 사람들의 기쁨을 의미한다고 할 수 있으므로 적절하다.

⑤ '거문고'를 타는 것은 '회포'를 '털어놓'지 못한 화자의 심정을 표출한 행위라고 볼 수 있군.
　화자는 '숙원'을 이루지 못한 것에 대한 '회포'를 아무에게도 털어놓지 못해 '거문고만 둥둥 탄다'고 하였으므로 이는 화자의 답답한 심정을 표출한 행위라고 볼 수 있다.

03 작품 비교하기 답 | ④

윗글과 보기 의 공통점으로 적절하지 않은 것은?

보기

쓸쓸한 가을바람에 괴로워 읊조린다.
이 세상 뉘라서 내 마음을 알아주리.
창밖에는 밤 깊도록 비만 내리는데
등불 앞에 마음은 만 리 밖을 내닫네.

- 최치원, 〈추야우중〉

정답 선지 분석

④ 자신을 알아주지 않는 세상에 대한 작가의 비판을 드러내고 있다.
　〈보기〉의 '이 세상 뉘라서 내 마음을 알아주리'를 통해 화자가 자신을 알아주지 않는 것에 대해 외로움을 느끼고 있음을 알 수 있으나, 세상에 대한 작가의 비판적 인식을 알 수는 없다.

오답 선지 분석

① 화자가 자연물을 통해 애상과 회한을 느끼고 있다.
　윗글의 화자는 자신과 대조되는 자연물인 '갈까마귀'와 '해오라기'를 통해 아무것도 이룬 것이 없는 자신에 대한 회한과 자책을 드러내며, 〈보기〉의 화자 또한 '쓸쓸한 가을바람'에 괴로움을 느껴 시를 읊조리고 있으므로 적절하다.

② 시간적 배경을 통해 화자의 심정을 드러내고 있다.
　윗글에서 화자는 노을이 지는 저녁에 자신을 성찰하고 있으며, 〈보기〉에서 화자는 '밤' 깊은 시간에 자신의 심정을 토로하고 있으므로 적절하다.

③ 화자가 고뇌하는 원인이 작품에 직접적으로 드러나고 있다.
　윗글에서 화자는 '내 인생은 홀로 무얼 하는 것인지', '숙원이 오래도록 풀리질 않네'를 통해 이룬 것이 없는 자신으로부터 느끼는 고뇌를, 〈보기〉는 '이 세상 뉘라서 내 마음을 알아주리'를 통해 자신을 알아주지 않는 사람들로 인한 고뇌를 드러내고 있으므로 적절하다.

⑤ 가을을 계절적 배경으로 설정하여 작품의 분위기를 강조하고 있다.
　윗글의 계절적 배경은 '가을걷이'가 가까워지는 가을이고, 〈보기〉 또한 '가을바람'을 통해 계절적 배경이 가을임을 알 수 있다.

윗글에서 저녁 무렵 마을의 평화롭고 풍요로운 분위기를 형성하는 시구를 찾아 3어절로 쓰시오.

정답

밥 짓는 연기

문학 2 **당신이 나무를 더 사랑하는 까닭(신영복)**

▶ 빠른 정답 체크 **01** ② **02** ③ **03** ② **04** 체념, 저력

오늘은 당신이 가르쳐 준 태백산맥 속의 소광리 소나무 숲에
당신에게 엽서를 보내는 형식을 통해 글을 전개함
서 이 엽서를 띄웁니다. 아침 햇살에 빛나는 소나무 숲에 들어서
니 당신이 사람보다 나무를 더 사랑하는 까닭을 알 것 같습니다.
200년, 300년, 더러는 500년의 풍상*을 겪은 소나무들이 골짜기
에 가득합니다. 그 긴 세월을 온전히 바위 위에서 버티어 온 것에
글쓴이가 소나무들로부터 경이를 느낀 이유
이르러서는 차라리 경이*였습니다. 바쁘게 뛰어다니는 우리들과
는 달리 오직 '신발 한 켤레의 토지'에 서서 이처럼 우람할 수 있
소나무가 우리들과 대조되는 점
다는 것이 충격이고 경이였습니다. 생각하면 소나무보다 훨씬 더
많은 것을 소비하면서도 무엇 하나 변변히 이루어 내지 못하고
있는 나에게 ⑦ 소광리의 솔숲은 마치 회초리를 들고 기다리는
많은 것을 소비하지만 무엇 하나 이루지 못한 글쓴이의 삶을 반성하고 성찰하게 함
엄한 스승 같았습니다.

어젯밤 별 한 개 쳐다볼 때마다 100원씩 내라던 당신의 말이 생
당신의 말을 인용하여 제시함으로써 독자와의 상호 작용을 고려함 ①
각납니다. 오늘은 소나무 한 그루 만져 볼 때마다 돈을 내야겠지
요. 사실 서울에서는 그보다 못한 것을 그보다 비싼 값을 치르며
별, 소나무
살아가고 있다는 생각이 듭니다. 언젠가 경복궁 복원 공사 현장에
가 본 적이 있습니다. 일제가 파괴하고 변형시킨 조선 정궁의 기
소광리 소나무 숲에 오기 전 경복궁 복원 공사에 대한 글쓴이의 생각
본 궁제*를 되찾는 일이 당연하다고 생각하였습니다. 그러나 막
상 오늘 이곳 소광리 소나무 숲에 와서는 그러한 생각을 반성하게
됩니다. 경복궁의 복원에 소요되는 나무가 원목으로 200만 재,
경복궁 복원에 소요되는 소나무의 양
11톤 트럭으로 500대라는 엄청난 양이라고 합니다. 소나무가 없
어져 가고 있는 지금에 와서도 기어이 소나무로 복원한다는 것이
무리한 고집이라고 생각됩니다. 수많은 소나무들이 베어져 눕혀
진 광경이라니 감히 상상할 수가 없습니다. 그것은 이를테면 고난
에 찬 몇백만 년의 세월을 잘라 내는 것이나 마찬가지입니다.
경복궁 복원을 위해 대량으로 소비되는 나무에 대한 글쓴이의 비판적 인식
「우리가 생각 없이 잘라 내고 있는 것이 어찌 소나무만이겠습니
「」: 소나무를 자르는 것을 인간의 삶으로 확대함으로써 비판 의식을 드러냄
까. 없어도 되는 물건을 만들기 위하여 없어서는 안 될 것들을 마
구 잘라 내고 있는가 하면 아예 사람을 잘라 내는 일마저 서슴지

않는 것이 우리의 현실이기 때문입니다.」우리가 살고 있는 이 지
구 위의 유일한 생산자는 식물이라던 당신의 말이 생각납니다.
당신의 말을 인용하여 제시함으로써 독자와의 상호 작용을 고려함 ②
동물은 완벽한 소비자입니다. 그중에서도 최대의 소비자가 바로
사람입니다. ⑥ 사람들의 생산이란 고작 식물들이 만들어 좋은 것
소나무들과 달리 소비만 하는 인간에 대한 비판적 태도가 드러남
이나 땅속에 묻힌 것을 파내어 소비하는 것에 지나지 않습니다.
쌀로 밥을 짓는 일을 두고 밥의 생산이라고 할 수 없는 것이나 마
찬가지입니다. 생산의 주체가 아니라 소비의 주체이며 급기야는
소비를 넘어 소비의 객체로 전락한 인간의 폭력성에 대한 문제의식을 드러냄
소비의 객체로 전락되고 있는 것이 바로 사람입니다. 자연을 오
로지 생산의 요소로 규정하는* 경제학의 폭력성이 이 소광리에서
자연을 생산의 요소로 인식하고 소비하는 인간의 이기심
만큼 분명하게 부각되는 것이 달리 없을 듯합니다.

산판일*을 하는 사람들은 큰 나무를 베어 낸 그루터기*에 올라서
지 않는 것이 불문율*로 되어 있다고 합니다. 잘린 부분에서 올라
오는 나무의 노기*가 사람을 해치기 때문입니다. ⑥ 어찌 노하는
것이 소나무뿐이겠습니까. 온 산천의 아우성이 들리는 듯합니다.
인간의 폭력성이 나무뿐만 아니라 온 산천에 확대되었음을 나타냄
당신의 말처럼 소나무는 우리의 삶과 가장 가까운 자리에서 우리
당신의 말을 인용하여 제시함으로써 독자와의 상호 작용을 고려함 ③
와 함께 풍상을 겪어 온 혈육 같은 나무입니다.「사람이 태어나면
금줄에 솔가지를 꽂아 부정*을 물리고 사람이 죽으면 소나무 관
속에 누워 솔밭에 묻히는 것이 우리의 일생이라 하였습니다. 그리
고 그 무덤 속의 한을 달래 주는 것이 바로 은은한 솔바람입니다.」
「」: 사람과 소나무의 긴밀한 관계를 구체적 예시를 통해 드러냄
솔바람뿐만이 아니라 솔빛, 솔향 등 어느 것 하나 우리의 정서 깊
숙이 들어와 있지 않은 것이 없습니다. 더구나 소나무는 고절*의
상징으로 우리의 정신을 지탱하는 기둥이 되고 있습니다. 금강송
소나무의 전통적 가치
의 곧은 둥치*에서뿐만 아니라 암석지의 굽고 뒤틀린 나무에서도
소나무가 겪은 고난
우리는 곧은 지조*를 읽어 낼 줄 압니다. 오늘날의 상품 미학*과
상품의 가치만을 생각하는 오늘날의 상품 미학
는 전혀 다른 미학을 우리는 일찍부터 가꾸어 놓고 있었습니다.

나는 문득 당신이 진정 사랑하는 것이 소나무가 아니라 소나무
같은 '사람'이라는 생각이 들었습니다. 메마른 땅을 지키고 있는
고난 속에서 지조의 가치를 지켜내며 살아가는 사람들
수많은 사람들이라는 생각이 들었습니다. 문득 지금쯤 서울 거리
의 자동차 속에 앉아 있을 당신을 생각했습니다. 그리고 외딴섬
에 갇혀 목말라하는 남산의 소나무들을 생각했습니다.「남산의 소
「」: 당신의 말을 인용하여 제시함으로써 독자와의 상호 작용을 고려함 ④
나무가 이제는 더 이상 살아남기를 포기하고 자손이나 기르겠
다는 체념으로 무수한 솔방울을 달고 있다는 당신의 이야기는 우
리를 슬프게 합니다.」더구나 그 솔방울들이 싹을 키울 땅마저 황
폐해 버렸다는 사실이 우리를 더욱 암담하게 합니다. ⑧ 그러나
솔방울들이 자라야 할 땅이 황폐해진 이유
그보다 더 무서운 것이 아카시아와 활엽수*의 침습*이라니 놀라
지 않을 수 없습니다. 척박한 땅을 겨우겨우 가꾸어 놓으면 이내
다른 경쟁수들이 쳐들어와 소나무를 몰아내고 만다는 것입니다.

무한 경쟁의 비정한 논리가 뻗어 오지 않는 곳이 없습니다.
인간의 삶뿐만 아니라 소나무까지 무한 경쟁의 논리가 적용됨

ⓜ 나는 마치 꾸중 듣고 집 나오는 아이처럼 산을 나왔습니다.
소광리 솔숲에서 인간의 폭력성과 무한 경쟁의 논리를 인식하고 반성함

솔방울 한 개를 주워 들고 내려오면서 생각하였습니다. 거인에게

잡아먹힌 소년이 솔방울을 손에 쥐고 있었기 때문에 다시 소생했

다는* 신화를 생각하였습니다. 당신이 나무를 사랑한다면 솔방울

도 사랑해야 합니다. 무수한 솔방울들의 끈질긴 저력*을 신뢰해
당신에게 솔방울을 척박한 환경에서도 소생할 수 있는 저력과 희망으로 봐야 한다고 권유함

야 합니다.

언젠가 붓글씨로 써 드렸던 글귀를 엽서 끝에 적습니다.

┌─ 『"처음으로 쇠가 만들어졌을 때 세상의 모든 나무들이 두려
│
│   움에 떨었다. 그러나 어느 생각 깊은 나무가 말했다. 두려워
[A]│
│   할 것 없다. 우리들이 자루가 되어 주지 않는 한 쇠는 결코
│   『』: 우리 스스로 문명의 폭력성을 휘두
└─ 우리를 해칠 수 없는 법이다."』   르는 자루가 되지 않는다면 문명의 폭
                                        력성 또한 우리를 해칠 수 없을 것임
                              - 신영복, 〈당신이 나무를 더 사랑하는 까닭〉 -

* 풍상(風霜): 바람과 서리를 아울러 이르는 말. 많이 겪은 세상의 어려움과 고생
  을 비유적으로 이르는 말.
* 경이(驚異): 놀랍고 신기하게 여김. 또는 그럴 만한 일.
* 궁제(宮制): 궁궐의 형태.
* 규정하다(規定하다): 규칙으로 정하다.
* 산판일(山坂일): 산판(산의 일대)에서 나무를 베는 따위의 일.
* 그루터기: 풀이나 나무 따위의 아랫동아리. 또는 그것들을 베고 남은 아랫동아리.
* 불문율(不文律): 문서의 형식을 갖추지 않은 법.
* 노기(怒氣): 성난 얼굴빛. 또는 그런 기색이나 기세.
* 부정(不淨): 사람이 죽는 따위의 불길한 일.
* 고절(孤節): 홀로 깨끗하게 지키는 절개.
* 둥치: 큰 나무의 밑동.
* 지조(志操): 원칙과 신념을 굽히지 아니하고 끝까지 지켜 나가는 꿋꿋한 의지.
  또는 그런 기개.
* 미학(美學): 자연이나 인생 및 예술 따위에 담긴 미의 본질과 구조를 해명하는 학문.
* 활엽수(闊葉樹): 잎이 넓은 나무의 종류.
* 침습(侵襲): 갑자기 침범하여 공격함.
* 소생하다(蘇生하다): 거의 죽어 가다가 다시 살아나다.
* 저력(底力): 속에 간직하고 있는 든든한 힘.

01 구절의 의미 파악하기   답 | ②

㉠~ⓜ에 대한 설명으로 적절하지 않은 것은?

정답 선지 분석

② ㉡: 사람들의 생산 능력이 식물보다 뒤떨어진다는 겸손을 드러내고 있다.
  ㉡에서 사람들의 생산은 그저 식물들이 만들어 놓은 것이나 이미 있던 것을 소비하는
  것에 지나지 않는다고 하였는데, 이는 겸손을 드러내는 것이 아니라 소나무들과 달리
  소비만 하는 인간을 비판하는 것이다.

오답 선지 분석

① ㉠: 소나무보다 더 많은 것을 소비하면서도 무엇 하나 변변히 이루어 내지
  못한 자신을 반성하고 있다.
  ㉠은 소광리의 풀숲이 회초리를 들고 기다리는 스승과 같아 '소나무보다 훨씬 더 많은
  것을 소비하면서도 무엇 하나 변변히 이루어 내지 못하고 있는 나'를 반성하게 한다는
  의미이다.

③ ㉢: 인간의 폭력성이 나무뿐만 아니라 자연 전체로 확대되고 있음을 의미한다.
  글쓴이는 나무를 베면 그 나무의 노기가 사람을 해친다고 하였고, ㉢은 이러한 노기가
  나무를 넘어 온 산천에 퍼진다는 것을 의미하므로, 인간의 폭력성이 나무뿐만 아니라
  온 산천에 확대되고 있음을 나타낸다.

④ ㉣: 비정한 경쟁의 논리가 자연에까지 확산되고 있음을 비판하고 있다.
  ㉣은 아카시아와 활엽수가 소나무가 자라난 자리를 침입하는 것을 의미하며, 이는 무
  한 경쟁의 비정한 논리가 자연에게까지 확산되고 있음을 의미한다.

⑤ ⓜ: 산에서 현실의 문제점에 대한 깨달음을 얻고 깊이 반성했음을 알 수 있다.
  ⓜ에서 '꾸중 듣고 집 나오는 아이처럼 산을 나왔'다는 것은 소광리 솔숲에서 인간의
  폭력성과 무한 경쟁의 논리를 인식하고, 이에 대해 반성하는 태도를 가지게 되었음을
  의미한다.

02 작품의 내용 이해하기   답 | ③

[A]에 대한 반응으로 적절하지 않은 것은?

정답 선지 분석

③ '쇠'는 언젠가 '나무'가 '자루'가 될 것이라는 희망을 가지고 끊임없이 노력하
  는 존재이군.
  [A]에서 '쇠'는 '나무'를 해칠 수 있는 대상이지, '나무'가 '자루'가 될 것이라는 희망을
  가지고 끊임없이 노력하는 존재라고 볼 수는 없다.

오답 선지 분석

① '생각 깊은 나무'는 글쓴이가 말하고자 하는 바를 집약적으로 전달해주는군.
  [A]에서 쇠가 만들어지자 나무들이 두려움에 떨지만, '생각 깊은 나무'만이 '우리들이
  자루가 되어 주지 않는 한 쇠는 결코 우리를 해칠 수 없는 법'이라고 말하고 있다. 이는
  곧 우리 스스로가 문명의 폭력성을 휘두르는 자루가 되지 않는다면, 문명의 폭력성이
  우리들을 해칠 수 없을 것을 의미하므로, 글쓴이의 주장을 전달한다고 볼 수 있다.

② '나무'는 쇠가 해칠 수 있는 대상이면서 다른 것들을 해치는 수단이 될 수도 있군.
  [A]에서 '나무'는 '쇠'가 자신들을 해칠 수 있다는 걱정에 두려워한다. 또한 '자루'가 되
  어 주지 않는 한 쇠는 결코 '나무'를 해치지 못한다는 점을 볼 때 만약 '나무'가 '쇠'에게
  '자루'가 되어 준다면 도끼가 만들어지므로, 다른 것들을 해치는 수단이 될 수도 있음
  을 추측할 수 있다.

④ '나무'들이 '쇠'를 두려워 한 이유는 '쇠'가 도끼가 되어 자신들을 베어 낼 것
  이라 생각했기 때문이겠군.
  [A]에서 '나무'들은 '쇠'가 만들어지자 두려움에 떨었는데, '생각 깊은 나무'의 말에 의
  하면 '우리들이 자루가 되어 주지 않는 한 쇠는 결코 우리를 해칠 수 없는 법'이라 하였
  으므로 '쇠'가 자신들을 해칠 것이라는, 즉 베어 낼 것이라는 염려로 인해 두려움에 떨
  었던 것을 알 수 있다.

⑤ '나무'를 인간으로, '쇠'를 폭력으로 본다면 '자루'는 인간 스스로 폭력을 휘
  두르게 하는 도구라고 볼 수 있겠군.
  [A]의 '나무'를 인간으로, '쇠'를 폭력으로 본다면 인간이 '자루'가 되어 폭력성을 휘두
  르게 하지 않는다면 폭력은 인간을 해치지 못할 것이라 했으므로 '자루'는 인간 스스로
  폭력을 휘두르게 하는 도구로 볼 수 있다.

03 작품 비교하기

답 | ②

윗글과 보기를 비교한 내용으로 적절하지 않은 것은?

> **보기**
>
> 나무는 덕을 지녔다. 나무는 주어진 분수에 만족할 줄 안다. 나무로 태어난 것을 탓하지 아니하고, 왜 여기 놓이고 저기 놓이지 않았는가를 탓하지 아니한다. 골짜기에 내려서면 물이 좋을까 하여, 새로운 자리를 엿보는 일도 없다. 물과 흙과 태양의 아들로, 물과 흙과 태양이 주는 대로 받고, 득박과 불만족을 말하지 아니한다. 이웃 친구의 처지에 눈떠 보는 일도 없다. 소나무는 소나무대로 스스로 족하고, 진달래는 진달래대로 스스로 족하다.
>
> - 이양하, 〈나무〉
>
> *득박(得薄): 자신에게 주어진 것이 적음.

정답 선지 분석

② 윗글과 〈보기〉 모두 나무를 통해 글쓴이가 바라는 이상세계를 제시하고 있다.

윗글과 〈보기〉 모두 나무를 예찬하고 있으나, 이를 통해 글쓴이가 바라는 이상세계를 제시하고 있지는 않다.

오답 선지 분석

① 윗글과 〈보기〉 모두 나무를 의인화하여 표현함으로써 주제를 강조하고 있다.

윗글에서는 나무를 인간의 폭력성으로 인해 노하기도 하는, 지조를 지닌 존재로 제시되고 있다. 〈보기〉 또한 나무를 덕을 지닌 존재로 의인화하여 표현함으로써 나무가 지닌 덕성과 나무를 통해 본받을만한 점을 주제로 강조하고 있으므로 적절하다.

③ 윗글은 〈보기〉와 달리 나무와 관련된 일화를 중심으로 주제를 형상화하고 있다.

윗글에서는 글쓴이가 소광리 소나무 숲에 방문한 일과 경복궁 재건 사업 등에 관한 일화를 중심으로 인간의 폭력성과 무한 경쟁의 논리에 대한 비판적 인식을 형상화하고 있다.

④ 윗글은 〈보기〉와 달리 타인의 말을 인용하여 읽는 이로 하여금 친근감을 느끼게 하고 있다.

윗글에서 글쓴이는 '당신'의 말을 인용함으로써 읽는 이와의 상호 작용을 고려한 글쓰기를 하고 있다.

⑤ 〈보기〉는 윗글과 달리 비슷한 문장을 반복적으로 사용함으로써 나무의 특성을 예찬하고 있다.

〈보기〉에서는 '나무는 ~다'와 같은 표현을 반복하여 사용하고 있는데, 이를 통해 나무의 특성을 예찬하고 있음을 알 수 있다.

04 작품의 내용 파악하기

다음은 솔방울에 대한 '당신'과 '나'의 생각이다. ⓐ, ⓑ에 들어갈 말로 적절한 것을 윗글에서 찾아 차례대로 쓰시오. (단, ⓐ, ⓑ 모두 2음절로 쓸 것.)

당신	나
더 이상 살아남기를 포기한 소나무의 (ⓐ)	거인에게 잡아먹힌 소년을 소생하게 한 끈질긴 (ⓑ)

정답

체념, 저력

문법 ┃ 문장의 구조 (2) 안은문장과 안긴문장

빠른 정답 체크 **01** ② **02** ③ **03** ③ **04** 그는 인사도 없이 떠났다.

01 안은문장의 개념 이해하기
답 | ②

다음 중 안은문장의 종류가 적절하게 연결되지 않은 것은?

정답 선지 분석

② 어느새 눈이 소리도 없이 쌓였다. - 명사절

'어느새 눈이 소리도 없이 쌓였다.'는 '소리도 없이'라는 부사절이 '어느새 눈이 쌓였다.'에 안긴문장으로 기능하고 있으므로 적절하지 않다.

오답 선지 분석

① 민주는 항상 성격이 밝다. - 서술절

'민주는 항상 성격이 밝다.'는 '성격이 밝다'라는 서술절이 '민주는 (어떠하다).'에 안긴문장으로 기능하고 있으므로 적절하다.

③ 지희는 동생이 읽은 책을 정리했다. - 관형절

'지희는 동생이 읽은 책을 정리했다.'는 '동생이 읽은'이라는 관형절이 '지희는 책을 정리했다.'에 안긴문장으로 기능하고 있으므로 적절하다.

④ 그는 어제 범인을 목격했다고 진술했다. - 인용절

'그는 어제 범인을 목격했다고 진술했다.'는 '어제 범인을 목격했다고'라는 인용절이 '그는 진술했다.'에 안긴문장으로 기능하고 있으므로 적절하다.

⑤ 삼촌은 밤이 새도록 축구 경기를 보았다. - 부사절

'삼촌은 밤이 새도록 축구 경기를 보았다.'는 '밤이 새도록'이라는 부사절이 '삼촌은 축구 경기를 보았다.'에 안긴문장으로 기능하고 있으므로 적절하다.

02 안은문장의 종류 파악하기
답 | ③

보기 에서 밑줄 친 부분과 같은 종류의 안긴문장이 포함된 문장으로 적절한 것은?

보기

할머니가 돌아가신 작년 여름엔 유난히 비가 많이 내렸다.

정답 선지 분석

③ 그녀는 그가 전쟁에서 돌아왔다는 소식을 듣지 못했다.

〈보기〉에서 '할머니가 돌아가신'은 '작년 여름'을 꾸미는 관형절의 역할을 한다. '그녀는 그가 전쟁에서 돌아왔다는 소식을 듣지 못했다.' 또한 '그가 전쟁에서 돌아왔다는'이 '소식'을 꾸며 주는 관형절의 기능을 하고 있으므로 적절하다.

오답 선지 분석

① 북극고래는 거북이만큼 수명이 길다.

'북극고래는 거북이만큼 수명이 길다.'는 '수명이 길다'라는 서술절을 안은문장이므로 적절하지 않다.

② 아버지께서는 말씀도 없이 신문만 읽고 계셨다.

'아버지께서는 말씀도 없이 신문만 읽고 계셨다.'는 '말씀도 없이'라는 부사절을 안은문장이므로 적절하지 않다.

④ 할머니께서는 나에게 항상 몸가짐을 단정히 하라고 말씀하셨다.

'할머니께서는 나에게 항상 몸가짐을 단정히 하라고 말씀하셨다.'는 '항상 몸가짐을 단정히 하라고'라는 인용절을 안은문장이므로 적절하지 않다.

⑤ 수많은 연구 끝에, 과학자들은 인류의 기원이 어디서 시작되었는지를 밝혀냈다.

'수많은 연구 끝에, 과학자들은 인류의 기원이 어디서 시작되었는지를 밝혀냈다.'는 '인류의 기원이 어디서 시작되었는지'라는 명사절을 안은문장이므로 적절하지 않다.

03 안은문장의 개념 적용하기
답 | ③

㉠~㉣에 대한 설명으로 적절하지 않은 것은?

㉠ 어머니께서 사 오신 과일은 달고 맛있었다.
㉡ 사람들은 새싹이 자라나는 봄이 오기를 기다린다.
㉢ 어제 본 영화는 배꼽이 빠질 만큼 정말 재미있었다.
㉣ 선생님은 친구들과 사이가 좋은 철수가 반장이 되어야 한다고 생각했다.

정답 선지 분석

③ ㉢에서 '어제 본'은 '재미있었다'를 꾸며주고 있다.

㉢의 '어제 본'은 용언인 '재미있었다'가 아닌, 체언인 '영화'를 꾸며주고 있으므로 적절하지 않다.

오답 선지 분석

① ㉠은 문장 성분 중 하나가 생략된 안은문장이다.

㉠은 '과일은 달고 맛있었다'에 '어머니께서 사 오신'이 안긴문장의 기능을 하는 안은문장이다. 이때 '어머니께서 사 오신'의 원래 문장은 '어머니께서 과일을 사 오셨다'로, 안긴문장이 되는 과정에서 '과일'이 생략되었으므로 적절하다.

② ㉡은 두 개의 안긴문장이 들어간 안은문장이다.

㉡에서는 '사람들은 기다린다'에 '새싹이 자라나는 봄이 빨리 오기를'이 안긴문장의 기능을 하며, 이때 '새싹이 자라나는 봄이 빨리 오기를'의 '새싹이 자라나는' 또한 '봄'을 꾸미는 관형절의 기능을 하는 안긴문장으로 들어가 있으므로 두 개의 안긴문장이 들어간 안은문장이다.

④ ㉣은 간접 인용절을 안은문장이다.

간접 인용절은 '고'라는 절 표지를 사용하여 타인의 생각이나 말을 인용한 것으로, ㉣에서는 간접 인용절인 '친구들과 사이가 좋은 철수가 반장이 되어야 한다고'가 들어가 있으므로 적절하다.

⑤ ㉠~㉣ 모두 관형어의 기능을 하는 안긴문장이 들어가 있다.

㉠에서는 '어머니께서 사 오신'이 체언 '과일'을, ㉡에서는 '새싹이 자라나는'이 체언 '봄'을, ㉢에서는 '어제 본'이 '영화'를, ㉣에서는 '친구들과 사이가 좋은'이 체언 '철수'를 꾸미는 관형어의 기능을 하고 있다.

04 부사절을 안은문장 파악하기

보기 의 두 문장을, 부사형 어미 '-이'를 사용하여 부사절을 안은문장으로 만들어 쓰시오.

보기

• 그는 떠났다.   • 인사도 없다.

정답

그는 인사도 없이 떠났다.

국가 전력의 사용에는 변수가 많다. 만약 날씨의 급격한 변화로 냉난방을 위한 전력 수요가 급증할 때마다 멈추었던 발전소를 다시 가동한다면 엄청난 에너지가 필요하며, <u>발전기의 발전량 또한 조절할 수 없기 때문이다.</u> 따라서 발전소는 전력이 불필요한
전력 사용 시 문제점 ①-에너지의 낭비
상황에도 가동을 계속할 수밖에 없어 ⓐ <u>에너지의 낭비가 불가피한 측면이 있다.</u> 또한 최근 주목을 받는 신재생 에너지 생산도 태양광 발전이나 풍력 발전의 경우 햇빛이 강하거나 바람이 충분할 때만 발전이 이루어지는 등 <u>기후 조건이 맞지 않으면 전력을 생산하기가 어렵다.</u>
전력 사용 시 문제점 ②-신재생 에너지 생산의 어려움
이런 문제점을 극복하기 위해 친환경 발전소를 포함해 <u>발전소에서 남아도는 전기를 미리 저장해 두었다가 전력 수요가 많을 때 전기를 제공하는 에너지 저장 장치(ESS)</u>가 주목
전력 사용 시 생기는 문제점의 해결 방안
받고 있다.

▶ 1문단: 전력 사용 시 일어나는 문제점

일반 가정에서 사용되는 건전지나 소형 배터리도 전기에너지를 다른 에너지 형태로 변환하여 저장하기는 하나, 일반적으로 에너지 저장 장치는 소형 배터리를 제외한 <u>수백 kWh 이상의 전력을 저장하는 대형 저장 장치</u>를 뜻한다. 에너지 저장 장치는 배터리,
에너지 저장 장치의 개념
전력 변환 장치(PCS), 전력 관리 시스템(EMS)으로 구성된다. 우선 배터리는 <u>전력을 저장하는 장치</u>로 리튬이온배터리나 납축전
배터리의 역할
지가 주로 활용된다. 다음으로 전력 변환 장치는 <u>발전소에서 공급된 교류 전류를 수신하면서 이를 직류 전류로 전환해 배터리에</u>
전력 변환 장치의 역할 ①
<u>저장하는 역할</u>과 <u>저장된 직류 전류를 교류 전류로 변환해 방전시</u>
전력 변환 장치의 역할 ②
<u>켜 적절한 곳으로 전력을 송신하는*</u> 역할을 한다. 그리고 전력 관리 시스템은 <u>전력의 수요를 예측하여 에너지 저장 장치 전체를</u>
전력 관리 시스템의 역할
<u>제어하는</u> 역할을 한다.

▶ 2문단: 에너지 저장 장치의 종류와 역할

㉠ <u>에너지 저장과 송수신 과정에서의 에너지 효율성을 위해서는 전력 변환 장치의 역할이 매우 크다.</u> 발전소에서 생산된 전기를 보급하기 위해서는 <u>전압을 상황에 따라 변환해야 하기 때문에</u>
전력 변환 장치에서 교류 전기를 사용하는 목적
주로 교류 전기를 사용한다. 예를 들어 일반 가정에 들어가는 전기는 220V로 공급하고, 송전탑으로 향하는 전기는 그보다 훨씬 높은 고압으로 공급해야 하는 것이다. 그런데 <u>직류는 전압을 바</u>
전력 변환 장치에서 직류 전기를 사용할 수 없는 이유
<u>꾸기가 교류보다 훨씬 어렵다.</u> 따라서 전기의 송신과 배급이 용이하도록* 교류 전기를 사용하는 것이다. 또한 에너지 저장 장치의 배터리는 충전이 가능해야 하므로, 에너지 저장 장치에 전기를 저장할 때는 직류 전기를 사용해야 한다. <u>직류 전기는 전류가</u>

<u>한 방향으로만 흐르기 때문에 충전이 가능한 반면,</u> 교류 전기는
직류 전기의 특징
<u>전류의 방향이 주기적으로 변하기 때문에 충전이 되다가 금세 방전이 되어 전기의 저장이 불가능하기 때문이다.</u> 이러한 이유로
교류 전기의 특징
인해 전력 변환 장치가 전류의 특성을 바꾸어 주는 역할을 한다.
교류 전기 → 직류 전기

▶ 3문단: 전력 변환 장치에서 교류 전기를 사용하는 이유

에너지 저장 장치의 기술 개발과 활용은 전 세계에서 활발히 이루어지고 있다. 미국의 캘리포니아주는 2010년 에너지 저장 장치 설치를 의무화하는 법안을 제정했으며, 일본 역시 2011년 동일본 대지진 이후 비상시를 대비해 에너지 저장 장치 사업을 적극적으로 지원하고 있다.

▶ 4문단: 에너지 저장 장치의 활용

* 송신하다(送信하다): 주로 전기적 수단을 이용하여 전신이나 전화, 라디오, 텔레비전 방송 따위의 신호를 보내다.

* 용이하다(容易하다): 어렵지 아니하고 매우 쉽다.

---

01   핵심 내용 이해하기   답 | ②

윗글에 대한 설명으로 적절하지 <u>않은</u> 것은?

정답 선지 분석

② 리튬이온을 이용한 소형 배터리는 에너지 저장 장치 중 하나이다.

  2문단에서 일반적으로 에너지 저장 장치는 소형 배터리를 제외하고 수백 kWh 이상의 전력을 저장하는 대형 저장 장치를 의미한다고 하였으므로 적절하지 않다.

오답 선지 분석

① 신재생 에너지의 생산은 기후 조건의 영향을 받는다.

  1문단에서 신재생 에너지는 전력 수요가 있더라도 기후 조건이 맞지 않으면 전력을 생산하기가 어렵다고 하였으므로 적절하다.

③ 에너지 저장 장치는 일반적으로 수백 kWh 이상의 전력을 저장한다.

  2문단에서 일반적으로 에너지 저장 장치라고 할 때는 소형 배터리는 제외하고 수백 kWh 이상의 전력을 저장하는 대형 저장 장치를 뜻한다고 하였으므로 적절하다.

④ 다양한 국가에서 에너지 저장 장치를 활성화하기 위한 시도가 이루어지고 있다.

  4문단에서 미국의 캘리포니아주는 2010년 에너지 저장 장치 설치를 의무화하는 법안을 제정했으며, 일본 역시 2011년 동일본 대지진 이후 비상시를 대비해 에너지 저장 장치 사업을 적극적으로 지원한다고 하였으므로 적절하다.

⑤ 에너지 저장 장치는 전력 수요의 변화에 따른 대응의 필요성으로 인해 주목받게 되었다.

  1문단에서 날씨의 급격한 변화로 전력 수요가 급증할 때마다 멈추었던 발전소를 다시 가동하거나 발전기의 발전량을 조절할 수 없어 이를 극복하기 위해 에너지 저장 장치가 주목받고 있다고 하였으므로 적절하다.

02 세부 내용 추론하기
답 | ②

⊙과 관련된 내용으로 가장 적절한 것은?

정답 선지 분석

② 전류의 방향이 주기적으로 변할 경우 충전이 어려워 에너지 저장의 효율성이 낮다.

3문단에서 교류 전기는 전류의 방향이 주기적으로 변하기 때문에 충전이 되다가 금세 방전이 되어 전기의 저장이 불가능하다고 하였으므로 에너지 저장의 효율성이 낮다고 볼 수 있다.

오답 선지 분석

① 전류가 한 방향으로만 흐르면 방전이 되어 전기 저장의 효율성이 낮다.

3문단에서 직류 전기는 전류가 한 방향으로만 흐르기 때문에 충전이 가능하다고 하였으므로 적절하지 않다.

③ 교류 전기보다 직류 전기의 전압 변환이 훨씬 간편해 에너지 저장의 효율성이 높다.

3문단에서 발전소에서 생산된 전기를 보급하기 위해서는 전압을 상황에 따라 변환해야 하기 때문에 주로 교류 전기를 사용한다고 하였으므로 적절하지 않다.

④ 일반 가정에 들어가는 전압을 쉽게 변환할 수 있을 때 에너지 송신의 효율성이 높다.

3문단에 따르면 발전소에서 생산된 전기를 보급하기 위해 교류 전기를 사용하는 이유는 전압을 일반 가정에 들어가는 경우, 송전탑으로 향하는 경우 등 다양한 상황에 따라 변환해야 하기 때문이다. 따라서 일반 가정에 들어가는 전압을 쉽게 변환할 수 있을 때 에너지 송신의 효율성이 높다는 진술은 적절하지 않다.

⑤ 에너지 저장 장치에 전기를 저장할 때는 교류 전기를 사용해야 에너지 저장의 효율성이 높다.

3문단에서 에너지 저장 장치에 전기를 저장할 때는 직류 전기를 사용한다고 하였으므로 적절하지 않다.

03 구체적 사례에 적용하기
답 | ⑤

윗글을 바탕으로 보기 를 이해한 내용으로 적절하지 않은 것은?

보기

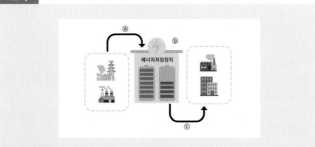

정답 선지 분석

⑤ ⓐ와 ⓒ로 전기를 수신하고 송신하는 과정은 전력 변환 장치를 통해 제어된다.

2문단에서 에너지 저장 장치의 한 요소인 전력 변환 장치가 발전소에서 공급된 교류 전류를 수신한다고 하였으므로 〈보기〉의 ⓐ는 발전소에서 남는 전기가 에너지 저장 장치로 가는 과정이고, ⓑ는 에너지 저장 장치이다. 그리고 2문단에서 전력 변환 장치는 직류 전류를 교류 전류로 변환해 방전시켜 적절한 곳으로 전력을 송신하는 역할을 한다고 하였으므로 ⓒ는 에너지 저장 장치에 저장되었던 전기가 가정과 사무실로 송신되는 과정이다. 그런데 2문단에서 에너지 저장 장치 전체를 제어하는 역할을 하는 것은 전력 변환 장치가 아니라 전력 관리 시스템이라고 하였으므로 적절하지 않다.

오답 선지 분석

① ⓐ는 발전소에서 남는 전기를 저장하기 위해 수신하는 과정을 의미한다.

2문단에서 에너지 저장 장치의 한 요소인 전력 변환 장치가 발전소에서 공급된 교류 전류를 수신한다고 하였으므로 ⓐ는 에너지 저장 장치로 전기가 들어가는 과정이므로 발전소에서 남는 전기를 에너지 저장 장치가 저장하기 위해 수신하는 과정으로 볼 수 있다.

② ⓐ를 통해 수신되는 교류 전기는 ⓑ의 전력 변환 장치를 통해 직류 전기로 변환된다.

2문단에서 전력 변환 장치는 발전소에서 공급된 교류 전류를 수신하면서 이를 직류 전류로 전환한다 하였으므로 ⓐ를 통해 수신되는 교류 전기는 ⓑ에 있는 전력 변환 장치를 통해 직류 전기로 변환된다고 볼 수 있다.

③ 전력 변환 장치를 통해 변환된 전기는 ⓑ에 위치한 배터리에 저장된다.

2문단에서 전력 변환 장치는 직류 전류로 전환해 배터리에 저장하는 역할을 한다고 하였고, 배터리는 에너지 저장 장치의 한 요소이므로 적절하다.

④ ⓑ에서 교류로 전환된 전기는 ⓒ의 과정을 통해 가정과 사무실 등으로 공급된다.

2문단에서 전력 변환 장치는 배터리에 저장된 직류 전류를 교류 전류로 변환해 방전시켜 적절한 곳으로 전력을 송신하는 역할을 한다고 하였으므로 적절하다.

04 세부 내용 이해하기

다음은 ⓐ의 이유를 설명한 내용이다. 빈칸에 들어갈 말로 적절한 것을 윗글에서 찾아 쓰시오.

급변하는 전력 수요에 대응하기 위해 (　　　)을/를 항상 가동해야 하였기 때문이다.

정답

발전소

빠른 정답 체크　　01 ③　02 ①　03 ③　04 아무도 없는 집 썰렁한 내 방까지

┌ 어둠이 한기*처럼 스며들고
[A]　　　촉각적 심상
└ 배 속에 붕어 새끼 두어 마리 요동을 칠 때
　　　　　화자는 배고픈 상태임
▶ 저녁 무렵 배고픔을 느낀 '나'

┌ 학교 앞 버스 정류장을 지나는데
[B]　먼저 와 기다리던 선재가
　　　　　　　'나'(화자)의 친구
└ ⊙ 내가 멘 책가방 지퍼가 열렸다며 닫아 주었다.
　　'나'에게 붕어빵을 몰래 전해주기 위한 선재의 배려
▶ 선재가 '나'의 책가방 지퍼를 닫아 줌

┌ 아무도 없는 집 썰렁한 내 방까지
[C]　　　　'나'의 처지-외로움
└ 붕어빵 냄새가 따라왔다.
　　후각적 심상
▶ '나'는 선재가 몰래 넣어 준 붕어빵 냄새를 맡으며 집에 감

┌ 학교에서 받은 우유 꺼내려 가방을 여는데
│　　경제적으로 풍족하지 않은 '나'의 처지
[D]　아직 온기가 식지 않은 종이봉투에
│　　선재의 따뜻한 마음과 우정(촉각적 심상)
└ 붕어가 다섯 마리
친구의 따뜻한 마음과 우정, 사랑
▶ 가방 안에서 발견한 붕어빵 다섯 개

┌ 내 열여섯 세상에
[E]　　　당시 '나'의 나이
└

└ 가장 따뜻했던 저녁
'나'는 선재의 따뜻한 마음을 느끼고 감동을 받음

▶ 열여섯의 '나'에게 있어 가장 따뜻했던 저녁
- 복효근, 〈세상에서 가장 따뜻했던 저녁〉 -

* 한기(寒氣): 추운 기운.

01 표현상의 특징 파악하기 답 | ③

윗글에 대한 설명으로 적절하지 않은 것은?

정답 선지 분석

③ 비슷한 시어를 반복하여 작품의 주제를 강조하고 있다.
윗글은 비슷한 시어를 반복하고 있지 않다.

오답 선지 분석

① 화자가 작품에 직접적으로 드러나고 있다.
윗글의 '내가 멘 책가방', '아무도 없는 집 썰렁한 내 방까지' 등을 통해 작품에 화자인 '나'가 직접적으로 드러나고 있음을 알 수 있다.

② 화자의 경험을 회상하며 시상을 전개하고 있다.
윗글에서 화자는 열여섯 살 당시의 경험을 회상하며 시상을 전개하고 있음을 알 수 있다.

④ 감각적 심상을 통해 화자의 정서가 효과적으로 드러나고 있다.
윗글은 '어둠이 한기처럼 스며들고', '아무도 없는 집 썰렁한 내 방까지'라는 촉각적 심상을 통해 화자의 외로움을 드러내고 있다.

⑤ 어둡고 차가운 이미지에서 밝고 따뜻한 이미지로 작품의 분위기가 변화하고 있다.
윗글의 1~3연에서는 '어둠', '한기', '썰렁한 내 방' 등을 통해 어둡고 차가운 분위기를, 4~5연에서는 '온기', '따뜻했던 저녁' 등을 통해 밝고 따뜻한 이미지가 드러나고 있으므로 이를 통해 작품의 분위기가 변화하고 있음을 알 수 있다.

02 작품의 내용 파악하기 답 | ①

[A]~[E]를 통해 알 수 있는 화자에 대한 설명으로 적절하지 않은 것은?

정답 선지 분석

① [A]: 선재에게 붕어빵을 받기 전 이미 붕어빵을 먹었다.
[A]에서 '배 속에 붕어 새끼 두어 마리 요동'을 친다는 것은 그만큼 화자가 배고픔을 느끼고 있음을 비유적으로 표현한 것이지, 선재에게 붕어빵을 받기 전 이미 붕어빵을 먹었다는 것은 아니다.

오답 선지 분석

② [B]: 학교가 끝나고 집에 가는 길에 선재를 만났다.
[B]의 '학교 앞 버스 정류장을 지나는데 / 먼저 와 기다리던 선재가' 화자의 책가방 지퍼를 닫아 준 것을 통해 집에 가는 길에 친구인 선재를 만났음을 알 수 있다.

③ [C]: 집에 돌아와도 반겨주는 사람이 없다.
[C]의 '아무도 없는 집 썰렁한 내 방'을 통해 화자가 집에 돌아와도 반겨주는 사람이 아무도 없었음을 알 수 있다.

④ [D]: 학교에서 받은 우유로 배고픔을 달래려 했다.
[D]에서 화자는 '배 속에 붕어 새끼 두어 마리 요동' 치는 것처럼 배고픔을 느끼고 있고, 집에 돌아와 '학교에서 받은 우유'를 꺼내려 가방을 열었으므로 이를 통해 화자가 우유로 배고픔을 달래려 했음을 알 수 있다.

⑤ [E]: 친구의 따뜻한 마음을 느끼고 있다.
[E]에서 화자는 친구가 몰래 넣어 준 붕어빵에 대해 '가장 따뜻했던 저녁'이라고 하며 친구의 따뜻한 마음을 느끼고 있다.

03 외적 준거를 통해 작품 감상하기 답 | ③

윗글의 ㉠과 보기 의 ㉡을 통해 알 수 있는 내용으로 적절한 것은?

보기

아직 너무 어려서 '돈'의 개념을 모르던 소년은 어머니가 상인들에게 뭔가를 주면, 그 사람은 그걸 받고 뭔가를 내주는 것을 보고 그것이 물건을 사고파는 행위라고 그 나름대로 이해하게 되었다. 어느 날 위그든 씨의 사탕 가게로 홀로 간 소년이 사탕을 잔뜩 골라 계산대에 올려놓자, 위그든 씨는 꼬마에게 소년에게 이만큼 살 돈이 있는지 물었다. 소년은 돈이 있다고 대답하고, 위그든 씨 손에 은박지로 정성스럽게 싼 버찌 씨 여섯 개를 조심스레 건넸다. 위그든 씨가 머뭇거리는 것을 보고 소년은 근심스럽게 모자라느냐고 물었다. 위그든 씨는 한숨을 쉬고는 말했다.
㉡ "돈이 좀 남는구나. 거슬러 주어야겠는데…."
- 폴 빌라드, 〈위그든 씨의 사탕 가게〉

정답 선지 분석

③ 상대가 무안해하지 않게 배려하는 마음을 알 수 있다.
㉠에서 선재는 '나'에게 붕어빵을 주고 싶지만 무안해할까 봐 일부러 '책가방 지퍼가 열렸다'는 거짓말을 함으로써 '나'의 가방에 붕어빵을 넣어주고 있다. 〈보기〉의 ㉡ 또한 위그든 씨가 돈 대신 버찌 씨를 가져온 소년을 꾸짖는 것이 아니라, 오히려 '돈이 좀 남는'다고 함으로써 소년이 무안해할까 봐 배려하여 거짓말을 하고 있다. 따라서 ㉠과 ㉡ 모두 상대가 무안하지 않게 배려하는 마음을 파악할 수 있다.

오답 선지 분석

① 남들의 잘못을 보고도 묵인하고 있음을 알 수 있다.
㉠, ㉡에서 각각 '나'와 '소년'의 잘못을 보고 묵인하는 모습이 드러나지 않는다.

② 거짓말을 하지 못하는 정의로운 성격임을 알 수 있다.
㉠, ㉡ 모두 말하는 이가 상대를 배려하여 거짓말을 하고 있다. 따라서 거짓말을 하지 못하는 정의로운 성격이라는 내용은 알 수 없다.

④ 친구와의 우정을 무엇보다도 중요시하고 있음을 알 수 있다.
㉠에서 배고픈 '나'를 위해 붕어빵을 몰래 넣어주는 것을 통해 친구에 대한 말하는 이의 사랑과 배려를 알 수 있으나, ㉡에서는 어린 소년을 위한 가게 주인의 배려가 드러날 뿐, 친구와의 우정은 드러나지 않았다.

⑤ 경제적으로 불우한 사람을 그냥 지나치지 못하는 따뜻한 마음씨를 지녔음을 알 수 있다.
㉠에서 말하는 이는 경제적으로 불우한 처지인 '나'에게 붕어빵을 전해주고 있으나, ㉡에서 소년이 버찌 씨를 낸 것을 보고 위그든 씨가 거짓말을 한 것이 소년이 경제적으로 불우하기 때문인지는 알 수 없다.

04 시행의 의미 파악하기

윗글에서 화자가 외로운 처지임을 알 수 있는 시행을 찾아 쓰시오.

정답

아무도 없는 집 썰렁한 내 방까지

[앞부분 줄거리] 세종 때 평안도 철산군의 좌수 배무룡과 부인 장 씨는 슬하에 자식이 없어 슬퍼하다가 태몽을 꾸고 장화와 홍련을 낳는다. 그러나 얼마 지나지 않아 장 씨가 병을 얻게 되어, 배 좌수에게 자신이 죽은 뒤 결혼하지 말고 두 딸을 잘 키우라는 유언을 남기고 죽게 된다.

결혼하지 말고 두 딸을 잘 키우라는 장 씨의 유언   아들
이때 ㉠ 좌수 비록 망처*의 유언을 생각하나, 후사*를 아니 돌아볼 수 없는지라, 이에 혼처를 두루 구하되, 원하는 자 없음에 부득이하여 허 씨로 장가드니, 그 용모를 의논할진대『두 볼은 한 자가 넘고 눈은 퉁방울 같고 코는 질병 같고, 입은 메기 같고, 머리털은 돼지털 같고, 키는 장승만 하고, 소리는 이리 같고, 허리는 두 아름이나 되는 것이, 게다가 곰배팔이*요 얽기는 콩멍석 같으니,』그 형용은 차마 바로 보기 어려운 중에 그 심사가 더욱 불량하여 남의 못할 노릇을 골라가며 행하니, 집에 두기 일시가 난감하되, 그래도 그것이 계집이라고 그 달부터 태기 있어 아들 삼 형제를 낳으매, ㉡ 좌수 그로 말미암아 적이* 부지하나,『매양 여아로 더불어 장 부인을 생각하며, 일시라도 두 딸을 못 보면 삼추*같이 여기고, 들어오면 먼저 딸의 침소로 들어가 손을 잡고 눈물을 흘리며 가로되,

"너의 형제 깊이 규중에 있으면서, 어미 그리워함을 이 늙은 아비도 매양 슬퍼하노라."

하니 애연히* 여기는지라,』허 씨 이러하므로 시기하는 마음이 대발하여* 장화와 홍련을 모해하고자* 꾀를 생각하더니, 좌수 허 씨의 시기함을 짐작하고 허 씨를 불러 크게 꾸짖어 가로되,

"우리 본디 빈곤히 지내더니, 전처의 재물이 많으므로 지금 풍부히 살매, 그대의 먹는 것이 다 전처의 재물이라. 그 은혜를 생각하면 크게 감동할 바이어늘, 저 여아들을 심히 괴롭게 하니 무슨 도리뇨? 다시 그리 말라."

하고 조용히 개유하나*, 시랑* 같은 그 마음이 어찌 회과함*이 있으리오. 그 후로는 더욱 불측하여* 장화 형제 죽일 뜻을 주야로 생각하더라.

하루는 좌수 내당으로 들어와 딸의 방에 앉으며, 두 딸을 살펴보니, 딸의 형제 손을 서로 잡고 슬픔을 머금고 눈물을 흘려 옷깃을 적시거늘, 좌수 이것을 보고 매우 자닝히* 여겨 탄식하여 가로되,

"이는 반드시 너희들 죽은 모친을 생각하고 슬퍼함이로다."

하고 역시 눈물을 흘리며 위로하여 이르되,

"너희 이렇듯 장성하였으니, 너희 모친이 있었던들 오죽 기쁘랴마는 팔자 기구하여 허 씨를 만나 구박이 자심하니*, 너희들의 슬퍼함을 짐작하리라. 이후에 이런 연고 또 있으면 내 처치하여 너희 마음을 편케 하리라."

하고 나왔더니, 이때의 흉녀 창틈으로 이 광경을 엿보고 더욱 분노하여 흉계*를 생각하다가 문득 깨닫고,『제 자식 장쇠를 시켜 큰 쥐를 한 마리 잡아 오라 하여, 가만히 튀하여* 피를 바르고 낙태한 모양으로 만들어 장화 자는 방에 들어가 이불 밑에 넣고 나와 좌수 들어오기를 기다려 이것을 보이려 하더니,』마침 좌수가 외당에서 들어오거늘, 허 씨 좌수를 보고 정색하며 혀를 차는지라, 좌수 괴이하게 여겨 그 연고를 묻는데, 허 씨 가로되,

『"가중*에 불측한 변이 있으나, 낭군은 반드시 첩의 모해라 하실 듯기로 처음에 감히 발설치 못하였거니와, 낭군은 친어버이라 나면 이르고 들면 반기는 정을 자식들은 전혀 모르고 부정한 일이 많으나, 내 또한 친어미 아닌고로 짐작만 하고 잠잠하더니, 오늘은 늦도록 기동치* 아니하기로 몸이 불편한가 하여 들어가 본즉, 과연 낙태하고 누웠다가 첩을 미처 수습치 못하여 황망하기로 첩의 마음에 놀라움이 크나, 저와 나만 알고 있거니와 우리는 대대 양반이라 이런 일이 누설되면 무슨 면목으로 세상에 서리오."』

하고 가장 분분한지라*, 좌수 크게 놀라 이에 부인의 손을 이끌고 여아의 방으로 들어가 이불을 들치고 보니, 이때 장화 형제는 잠이 깊이 들었는지라. 허 씨 그 피 묻은 쥐를 가지고 여러 가지로 비양하거늘*, 용렬한 좌수는 그 흉계를 모르고 가장 놀라며 이르되,

"이 일을 장차 어찌하리오."

하며 애를 쓰거늘, 이때 흉녀 가로되,

"이 일이 가장 중난하니*,『이 일을 남이 모르게 죽여 흔적을 없이 하면 남은 이런 줄을 모르고 첩이 심하게 애매한* 전실* 자식을 모해하여 죽였다 할 것이요, 남이 이 일을 알면 부끄러움을 면치 못하리니, 차라리 첩이 먼저 죽어 모름이 나올까 하나이다."』

하고, ㉢ 거짓 자결하는 체하니 저 미련한 좌수는 그 흉계를 모르고 곧이들어 급히 붙잡고 빌어 가로되,

"그대의 진중한 덕은 내 이미 아는 바이나, 빨리 방법을 가르치면 저를 처리하리라."

하며 울거늘, 흉녀 이 말을 듣고,

장화와 홍련을 죽이는 것
㉣ '이제는 원을 이룰 때가 왔다.'

하고, 마음에 기꺼이하여 겉으로 탄식하여 가로되,

"내 죽어 모르고자 하였더니, 낭군이 이다지 과념하시매* 부득이

참거니와, 저를 죽이지 아니하면 문호*에 화를 면치 못하리니, 기

세양난*이니 빨리 처치하여 이 일이 탄로치 않게 하소서."
장화와 홍련을 잘 키워달라는 것
한데, ㉤ 좌수 망처의 유언을 생각하고 망극하나 일변 분노하여

처치할 묘책을 의논하니, 흉녀 기뻐하여 가로되,

『"장화를 불러 거짓말로 속여 저의 외삼촌 집에 다녀오라 하고,
『 』: 장화를 죽이기 위한 허 씨의 묘책
장쇠를 시켜 같이 가다가 뒤 연못에 밀쳐 넣어 죽이는 것이 상

책일까 하나이다."』

좌수 듣고 옳게 여겨 장쇠를 불러 이리이리 하라 하고 계교를

가르치더라. 이때 두 소저*는 망모*를 생각하고 슬픔을 금치 못

하다가 잠을 깊이 들었으니, 어찌 흉녀의 이런 불측함을 알았으
서술자의 개입-편집자적 논평
리오?

– 작자 미상, 〈장화홍련전〉 –

* 망처(亡妻): 죽은 아내.
* 후사(後嗣): 대를 잇는 자식.
* 곰배팔이: 팔이 꼬부라져 붙어 펴지 못하거나 팔뚝이 없는 사람을 낮잡아 이르는 말.
* 적이: 꽤 어지간한 정도로.
* 삼추(三秋): 긴 세월을 비유적으로 이르는 말.
* 애연히(哀然히): 슬픈 듯하게.
* 대발하다(大發하다): 크게 일어나다.
* 모해하다(謀害하다): 꾀를 써서 남을 해치다.
* 개유하다(開諭하다): 사리를 알아듣도록 잘 타이르다.
* 시랑(豺狼): 승냥이와 이리를 아울러 이르는 말.
* 회과하다(悔過하다): 잘못을 뉘우치다.
* 불측하다(不測하다): 생각이나 행동 따위가 괘씸하고 엉큼하다.
* 자닝히: 애처롭고 불쌍하여 차마 보기 어렵게.
* 자심하다(滋甚하다): 더욱 심하다.
* 흉계(兇計): 흉악한 계략.
* 튀하다: 새나 짐승을 잡아 뜨거운 물에 잠깐 넣었다가 꺼내어 털을 뽑다.
* 가중(家中): 한 집안의 안.
* 기동하다(起動하다): 몸을 일으켜 움직이다.
* 분분하다(忿憤하다): 분하고 원통하게 여기다.
* 비양하다: 얄미운 태도로 빈정거리다.
* 중난하다(重難하다): 중대하고도 어렵다.
* 애매하다: 아무 잘못 없이 꾸중을 듣거나 벌을 받아 억울하다.
* 전실(前室): 남의 전처를 높여 이르는 말.
* 과념하다(過念하다): 지나치게 염려하다.
* 문호(門戶): 대대로 내려오는 그 집안의 사회적 신분이나 지위.
* 기세양난(其勢兩難): 이럴 수도 없고 저럴 수도 없어 그 형세가 딱함.
* 소저(小姐): '아가씨'를 한문 투로 이르는 말.
* 망모(亡母): 죽은 어머니.

01 서술상의 특징 파악하기　　답 | ②

윗글에 대한 설명으로 가장 적절한 것은?

정답 선지 분석

② 등장인물에 대한 서술자의 주관적 평가가 드러나고 있다.

윗글에서 서술자는 허 씨에 대해, '시랑 같은 그 마음이 어찌 회과함이 있으리오'라며 부정적으로 평가하고 있고, 허 씨의 흉계를 모르고 잠이 든 장화와 홍련에게 '어찌 흉녀의 이런 불측함을 알았으리오?'라고 서술하고 있으므로 적절하다.

오답 선지 분석

① 역순행적 구성을 통해 작품에 긴장감을 조성하고 있다.

역순행적 구성은 시간의 흐름을 뒤바꾸어 사건을 전개하는 방식이다. 윗글은 역순행적 구성이 아닌 시간의 흐름에 따라 사건이 전개되고 있다.

③ 서술자의 비판적 어조를 통해 당시 사회를 풍자하고 있다.

윗글의 '시랑 같은 그 마음이 어찌 회과함이 있으리오'를 통해 서술자가 등장인물인 허 씨에 대해 비판적으로 평가하고 있음을 알 수 있으나, 이를 통해 사회를 풍자하고 있지는 않다.

④ 작품의 배경을 허구적으로 제시함으로써 사실성을 약화하고 있다.

윗글의 배경은 조선 세종 시기 평안도 철산군이므로 작품의 배경을 사실적으로 제시하고 있다.

⑤ 사회의 구조적 모순으로 인한 갈등을 중심으로 사건을 전개하고 있다.

윗글은 사회의 구조적 모순이 아닌, 장화 자매와 허 씨, 즉 인물 간의 갈등을 중심으로 사건을 전개하고 있다.

02 구절의 의미 파악하기　　답 | ④

㉠~㉤에 대한 설명으로 적절하지 않은 것은?

정답 선지 분석

④ ㉣: 장화와 홍련이 허 씨를 어머니로 인정하게 되는 것을 의미한다.

㉣에서 허 씨의 '원'이란 장화와 홍련이 허 씨를 어머니로 인정하게 되는 것이 아니라, 장화와 홍련을 죽이는 것이므로 적절하지 않다.

오답 선지 분석

① ㉠: 죽은 부인의 유언보다 아들을 낳는 것을 중요시하는 배 좌수의 가부장적 가치관이 드러난다.

결혼하지 말고 두 딸을 잘 키워달라는 죽은 부인의 유언에도 불구하고, 후사를 보려 재혼을 한 배 좌수의 모습에서 아들을 낳아 대를 잇는 것을 더 중요시하는 가부장적 가치관이 드러난다.

② ㉡: 배 좌수는 재혼을 하였음에도 죽은 부인을 잊지 못하고 그리워하고 있다.

㉡에서 재혼한 허 씨가 아들 삼 형제를 낳았음에도 여전히 죽은 '장 부인을 생각하'고 있다 하였으므로 배 좌수는 허 씨와 재혼한 뒤에도 죽은 전 부인을 잊지 못하고 있다.

③ ㉢: 허 씨는 자결하려는 행동을 취함으로써 좌수가 장화를 죽이게끔 유도하고 있다.

㉢에서 허 씨가 거짓 자결하는 체하자, 배 좌수는 그 흉계를 눈치채지 못하고 허 씨를 말리면서 허 씨에 말에 따라 장화를 죽이려 하고 있으므로 적절하다.

⑤ ㉤: 배 좌수는 자식의 생명보다는 가문의 체면을 중시하고 있다.

장화가 아이를 낙태했다고 거짓말을 한 뒤, '남이 이 일을 알면 부끄러움을 면치 못'할 것이라는 허 씨의 말에 속아 넘어간 배 좌수가 ㉤에서 죽은 부인의 유언을 무시하고 장화를 죽일 계책을 생각하고 있으므로 배 좌수가 자식의 생명보다는 가문의 체면을 더 중시하고 있음을 알 수 있다.

보기 는 〈김인향전〉의 앞부분 줄거리이다. 윗글과 **보기** 의 공통점으로 적절하지 <u>않은</u> 것은?

보기

> 태종 때 평안도 안주성에 살던 좌수 김석곡의 부인 왕 씨가 병을 얻어 죽게 되자, 김석곡은 정 씨와 재혼하게 된다. 계모 정 씨는 전 부인의 자식인 인형과 인향, 인함을 몹시 구박한다. 정 씨가 자식을 낳게 되자 인향 남매를 죽일 흉계를 품은 정 씨는 간악한 노파의 꾀를 빌려 인향이 처녀의 몸으로 외간 남자와 정을 통해 임신한 것으로 꾸민다. 이에 아버지는 분노하여 아들 인형을 시켜 인향을 죽이게 한다. 인향은 못에 빠져 죽고 동생 인함도 뒤따라 목매어 죽는다. 두 딸을 잃은 아버지는 상심하여 죽고, 고아가 된 인형은 외가에 맡겨진다.

정답 선지 분석

④ 주인공의 죽음에 친오빠가 연관됨으로써 비극성이 강화된다.

    〈보기〉에서 주인공 인향의 오빠인 인형은 아버지의 명에 의해 인향을 죽이게 한다고 하였으므로 주인공의 죽음에 친오빠가 연관되어 있으나, 윗글에서는 장화의 의붓동생인 '장쇠를 시켜 같이 가다가 뒤 연못에 밀쳐 넣어 죽이'려 한다고 하였으므로 적절하지 않다.

오답 선지 분석

① 계모를 악인으로 설정하고 있다.

    윗글의 계모 허 씨는 장화 자매를 시기하여 죽일 계략을 꾸미고, 〈보기〉의 정 씨 또한 전 부인의 자식들을 죽일 계략을 꾸며 죽음에 이르게 하고 있으므로 윗글과 〈보기〉 모두 계모를 악인으로 설정하였다.

② 전 부인의 죽음으로 인해 사건이 시작된다.

    윗글에서는 부인 장 씨가 병을 얻어 죽게 되고, 〈보기〉에서는 부인 왕 씨가 병을 얻어 죽게 되어 후처를 들이게 되므로 윗글과 〈보기〉 모두 전 부인의 죽음으로 인해 사건이 시작된다.

③ 주인공이 계모와의 갈등으로 인해 위기에 처한다.

    윗글과 〈보기〉 모두 계모의 시기로 인해 주인공이 위기에 처했으므로 적절하다.

⑤ 계모가 여성의 부정이 용납되지 않던 당시 사회적 분위기를 이용해 계교를 꾸민다.

    윗글에서 계모 허 씨는 장화를 죽이기 위해 장화가 낙태한 것처럼 계교를 꾸미고, 〈보기〉에서는 계모 정 씨가 인향이 외간 남자와 정을 통해 임신한 것처럼 계교를 꾸며 죽음에 이르게 하고 있다. 이는 당시 여성의 부정이 용납되지 않았던 사회적 분위기를 이용해 계교를 꾸민 것이라 할 수 있다.

04   소재의 의미 파악하기

허 씨가 흉계에 사용한 소재를 윗글에서 찾아 2어절로 쓰시오.

큰 쥐

| 본문 | 117쪽

| 화법 | 설득 전략 분석하며 듣기

빠른 정답 체크 01 ② 02 ⑤ 03 ③ 04 피, 역사

"네 소원이 무엇이냐?" 하고 하나님이 내게 물으시면, 나는 서 <u>문답의 방식을 통해 문장의 단조로움을 탈피하고 독자의 관심을 유도함</u>
습지 않고 "<u>내 소원은 대한 독립이오.</u>" 하고 대답할 것이다. "그다 <u>~ : 점층법: 내용을 강조하고 감정을 고조시킴</u>
음 소원은 무엇이냐?" 하면, 나는 또 "우리나라의 독립이오." 할 <u>내용을 반복하여 강조함</u>
것이요, 또 "그다음 소원이 무엇이냐?" 하는 셋째 번 물음에도 나
는 더욱 소리를 높여서, "<u>나의 소원은 우리나라 대한의 완전한 자</u>
<u>주독립이오.</u>" 하고 대답할 것이다.

<u>동포 여러분!</u>
<u>청자의 정체, 연설문의 성격을 드러내면서 독자의 주의를 환기함</u> 『나 김구의 소원은 이것 하나밖에 없다.『㉠ 내 칠십 평생을 이 소 <u>대한의 자주독립</u>   『 』: 인성적 설득 전략
원을 위해 살아왔고, 현재에도 이 소원 때문에 살고 있으며, 미래 <u>김구 자신의 소원을 강조함</u>
에도 나는 이 소원을 이루려고 살 것이다. ㉡ 칠십 평생을 독립이
없는 나라의 백성으로 서러움과 부끄러움과 애타는 마음을 가졌
던 나에게, 세상에서 가장 좋은 것은 완전하게 자주독립한 나라
의 백성으로 살아 보다가 죽는 일이다. 나는 일찍이 우리 독립 정
부의 문지기가 되기를 원하였는데, 그것은 우리나라가 독립국만
되면 나는 그 나라에 가장 미천한* 자가 되어도 좋다는 뜻이다.
왜냐하면, 독립한 제 나라의 빈천*이 남의 밑에 사는 부귀보다 기
쁘고, 영광스럽고, 희망이 많기 때문이다.』

┌ 『옛날 일본에 갔던 신라의 충신 박제상이, "차라리 계림*의
│ 『 』: 일화를 삽입하여 자신이 앞에서 한 말의 설득력을 높임
│ 개, 돼지가 될지언정 왜왕의 신하로 부귀를 누리지 않겠다."
│   <u>남의 나라에 복종하는 것보다 독립된 나라의 백성으로 살고 싶음을 의미함</u>
│ 라고 한 것이 그의 진정이었던 것을 나는 안다. 왜왕이 높은
[A] │ 벼슬과 많은 재물을 준다는 것도 거절하고 제상이 기꺼이 죽
│ 음을 택한 것은, "차라리 내 나라의 귀신이 되리라."는 의지
└ 때문이었다.』

『근래, 우리 동포 중에는 우리나라가 어느 <u>이웃 나라</u>의 연방*이
                                           <u>일본</u>
되기를 소원하는 사람이 있다 하니 나는 그 말을 차마 믿지 않지
만, 만일 정말로 그러한 사람이 있다고 한다면 그는 제정신을 잃은
미친놈이라고밖에 볼 수 없다. ㉢ 나는 공자·석가·예수의 도를 배
웠고 그들을 성인으로 숭배하지만, 그들이 합하여 세운 천당·극락
          <u>위대한 성인들이 세운 나라일지라도 그곳에서 살 수 없는 이유</u>
이 있다 하더라도 그것이 우리 민족이 세운 나라가 아니기 때문에
나는 우리 민족을 그 나라로 끌고 들어가지 않을 것이다.
          <u>김구가 생각하는 민족의 의미</u>
㉣ 왜냐하면 피와 역사를 같이 하는 민족이란 완연히* 있는 것

이어서, 내 몸이 남의 몸이 될 수 없는 것과 같이 이 민족이 저 민
족이 될 수 없는 것은, 마치 형제도 한집에서 살기 어려운 것과
같은 것이다. 둘 이상이 합하여서 하나가 되자면 하나는 높고 하
나는 낮아서, 하나는 위에 있어서 명령하고 하나는 밑에 있어서
복종하는 것이 근본 문제가 되는 것이다.』
『 』: 이성적 설득 전략-일본과 연방이 되면 안 되는 이유를 구체적인 근거를 바탕으로 논증함
(중략)

지금까지 말한 것은 내가 바라는 새 나라의 모습의 한 부분을
그린 것이지만, 동포 여러분! 『㉤ 이러한 나라가 된다면 얼마나 좋
『 』: 감성적 설득 전략-아름다운 나라를 만들기 위한 청중의 욕구를 이용하여 공감대를 이끌어 냄
겠는가. 우리 자손을 이러한 나라에 남기고 가면 얼마나 만족하
겠는가.』 옛날 한나라의 기자가 우리나라를 사모하여 왔고, 공자
께서도 우리 민족이 사는데 오고 싶다고 하셨으며 우리 민족을
인을 좋아하는 민족이라 하였다. 옛날에도 그러하였지만, 앞으로
도 세계 인류가 모두 우리 민족의 문화를 이렇게 사모하도록 하
지 아니하려는가.

— 김구, 〈백범일지〉 —

---

* 미천하다(微賤하다): 신분이나 지위 따위가 하찮고 천하다.
* 빈천(貧賤): 가난하고 천함.
* 계림(鷄林): '신라'의 다른 이름.
* 연방(聯邦): 자치권을 가진 다수의 나라가 공통의 정치 이념 아래에서 연합하여 구성하는 국가.
* 완연하다(宛然하다): 눈에 보이는 것처럼 아주 뚜렷하다.

---

01 연설 말하기 방법 파악하기   답 | ②

위 연설에서 활용된 말하기 방법으로 적절하지 않은 것은?

정답 선지 분석

② 역사적 사건을 예로 들어 평소 청중이 궁금해하던 정보를 전달하고 있다.

위 연설에서 화자는 박제상의 일화를 예로 들어 화자가 앞서 말했던 내용에 대한 설득
력을 부여하고 주장을 강조하고 있을 뿐, 평소 청중이 궁금해하던 정보를 전달하고 있
지는 않다.

오답 선지 분석

① 구체적으로 청중을 호명함으로써 청중의 주의를 환기하고 있다.

위 연설에서 화자는 연설 중간에 '동포 여러분!'이라고 호명함으로써 청중의 주의를 환
기하고 집중을 유도하고 있다.

③ 독립에 관련된 점층적 표현을 통해 내용을 강조하며 감정을 고조시키고 있다.

위 연설에서 화자는 자신의 소원을 '대한 독립', '우리나라의 독립', '우리나라 대한의
완전한 자주독립'이라고 답하며 점층적으로 표현하고 있다. 이를 통해 화자는 내용을
강조하며 감정을 고조시키고 있다.

④ 묻고 답하는 방식을 통해 연설의 단조로움을 피하고, 독자의 관심을 유발하
고 있다.

위 연설에서 화자는 '"네 소원이 무엇이냐?"라고 하나님이 내게 물으시면~하고 대답
할 것이다.'와 같이 묻고 답하는 방식을 통해 연설의 단조로움을 피하고 독자의 관심을
유발하고 있다.

⑤ 단어를 반복적으로 사용하여 내용을 강조하고, 말하는 이의 의지를 분명하
게 드러내고 있다.

위 연설의 처음 부분에서 화자는 '소원'과 '독립'이라는 단어를 반복적으로 사용함으로
써 내용을 강조하고, 독립에 대한 의지를 분명하게 드러내고 있다.

02 연설 표현 전략 이해하기   답ㅣ⑤

[A]를 활용한 목적으로 가장 적절한 것은?

정답 선지 분석

⑤ 자신이 한 말의 설득력을 높이고 주장을 강조하기 위해서이다.

[A]는 신라의 충신 박제상의 일화로, 이를 통해 화자는 앞서 '독립한 제 나라의 빈천이 남의 밑에 사는 부귀보다 기쁘고, 영광스럽고, 희망이 많'다는 자신의 말에 대한 설득력을 높이고, 독립의 소망을 강조하였다.

오답 선지 분석

① 청중의 적극적인 참여를 유도하기 위해서이다.

[A]는 화자의 주장을 뒷받침하여 독립의 소망을 강조하기 위한 것이지, 청중의 적극적인 참여를 유도하기 위한 것은 아니다.

② 지금까지의 연설 내용을 요약하여 전달하기 위해서이다.

[A]에서 지금까지의 연설 내용을 요약한 부분을 찾을 수 없다.

③ 분위기를 반전시켜 청중의 집중을 유도하기 위해서이다.

[A]를 활용한 목적은 화자의 주장에 대한 설득력을 높이기 위한 것이지, 분위기를 반전시키기 위해서는 아니다.

④ 이어질 내용을 안내하여 청중의 이해를 돕기 위해서이다.

[A]에서 이어질 내용을 안내한 부분을 찾을 수 없다.

03 연설 표현 전략 사용하기   답ㅣ③

보기 를 참고하여 ㉠~㉤을 이해한 것으로 적절하지 않은 것은?

보기

선생님: 이 연설문에서는 세 가지 설득 전략이 사용되었습니다. 먼저, 청중의 심리적 경향이나 욕구, 정서, 공감대 등을 이용하여 주장하는 감성적 설득, 구체적인 근거를 바탕으로 논증의 방식을 사용하는 이성적 설득, 마지막으로 화자의 인품이나 지식, 전문성이나 경험 등을 설득의 근거로 제시하는 인성적 설득이 그것이지요.

정답 선지 분석

③ ㉢: 청중들이 숭배하는 여러 성인을 나열하여 청중의 정서를 변화시키고 있군.

㉢은 일본과 연방이 되면 안 된다는 화자의 주장과 관련된 문장으로, 아무리 대단한 성인이 모여 세운 나라이더라도, '우리 민족이 세운 나라가 아니기 때문에' '우리 민족을 그 나라로 끌고 들어가지 않을 것'이라는 구체적 근거를 바탕으로 논증하고 있다. 따라서 청중의 정서를 변화시키는 감성적 설득 전략이 아닌, 인성적 설득 전략이 사용되었음을 알 수 있다.

오답 선지 분석

① ㉠: 민족의 독립을 위해 헌신하였던 독립운동가 김구의 인품을 설득의 근거로 제시하고 있군.

㉠의 '칠십 평생을 이 소원(대한의 자주독립)을 위해 살아왔고, 현재에도 이 소원 때문에 살고 있으며, 미래에도 나는 이 소원을 이루려고 살 것'이라는 화자의 말을 통해 독립운동가인 김구의 전문성과 인품을 근거로 청중을 설득하는 인성적 설득 전략이 사용되었음을 알 수 있다.

② ㉡: 칠십 평생을 독립이 없는 나라의 백성으로 살았던 화자의 경험을 설득의 근거로 하는 설득 전략이 사용되었군.

㉡의 '칠십 평생을 독립이 없는 나라의 백성으로' 살아왔다는 화자의 말을 통해 화자의 경험을 설득의 근거로 제시하는 인성적 설득 전략이 사용되었음을 알 수 있다.

④ ㉣: 일본과 연방이 되면 안 되는 구체적인 근거를 바탕으로 논증하는 설득 전략이 사용되었군.

㉣은 일본과 연방이 되면 안 되는 이유를 '피와 역사를 같이 하'지 않았기 때문이라고 구체적인 근거를 밝히며 제시하고 있다. 따라서 이성적 설득 전략이 사용되었음을 알 수 있다.

⑤ ㉤: 청중이 바라는 새 나라의 모습을 제시하여 설득함으로써 청중의 공감대를 이끌어 내고 있군.

㉤은 이러한 나라, 즉 앞서 화자가 바라는 새 나라의 모습이 된다면 얼마나 좋겠느냐는 말을 통해 청중의 정서를 변화시키고, 공감대를 이끌어 내는 공감적 설득 전략이 사용되었음을 알 수 있다.

04 연설 맥락 분석하기

ⓐ, ⓑ에 들어갈 말로 적절한 것을 찾아, 윗글에 등장한 순서대로 쓰시오.

김구가 생각하는 진정한 민족이란, (ⓐ)와/과 (ⓑ)을/를 같이 하는 것이다.

정답

피, 역사

독서   인상주의 미술

◀ 빠른 정답 체크   **01** ①   **02** ③   **03** ③   **04** 윤곽선, 사진기

18세기 후반 유럽 사회에서 과학이 발전하면서, 예술 분야에서
_{인상주의 미술이 등장하게 된 근본적 배경}
도 신화나 역사적 사건에 영감*을 얻었던 과거와 달리 생활 주변에 관심을 갖게 되었다. 이에 따라 인상주의 미술이 나타났고, 이러한
_{인상주의}
사조를 따르는 화가들은 풍속화나 풍경화를 많이 그렸으며 풍부한 색채 표현을 추구하였다.

▶ 1문단: 인상주의의 등장

㉠ 마네를 필두로 한 인상주의 화가들은 색채, 색조, 질감 자체
_{대표적인 인상주의 화가}
에 관심을 두었다. 자연을 하나의 색채 현상으로 보고, 빛과 함께 움직이는 색채의 변화 속에 있는 자연을 묘사했다. 과거 ⓐ 사실주의 화가들이 '아는 방식'대로 그림을 그리려 했다면, ⓑ 인상주의 화가들은 '눈이 본 그대로', 즉 인상을 그리고자 한 것이다. 따
_{대상을 사실 그대로 묘사하는 것}   _{화가의 주관적 인식}
라서 물체의 고유색을 부정하고, 야외로 나가 태양광선의 변화와
_{인상주의의 특징 ①}   _{인상주의의 특징 ②}
순간적 색채나 색조의 효과에 주목하여, 태양의 빛 아래 진동하는 자연의 빛을 있는 그대로 표현하고자 하였다. 이를 통해 순간
_{인상주의의 특징 ③}
적으로 빛이 만들어내는 색을 극대화함으로써 가장 순간적인 대상의 모습을 그리고자 하였다.

▶ 2문단: 인상주의의 특징 ①

이런 까닭에 인상주의 화가들은 선명하고 화사한 느낌을 구현하기 위해 밝은 빛깔의 원색을 자주 사용하였고, 이는 회화 방식
_{인상주의의 특징 ④}
의 변화를 불러왔다. 그들은 팔레트에서 섞은 색채는 어두워진다는 것을 알고, 팔레트에서 색을 섞지 않고 캔버스 위에 색채를 터
_{인상주의의 특징 ⑤}
치하는 표현으로 그림을 그렸다. 그래서 인상주의 이전 그림의 특징인 어두움에서 벗어나 밝고 선명한 표현이 가능하게 되었다.
_{캔버스 위에 색채를 터치하는 표현의 효과}

인상주의에 와서 모든 대상은 빛에 의해 '인상'을 가질 때마다 다른 색채의 표현이 나타남으로써 이전의 미술과 차이를 갖게 된 것이다.

▶ 3문단: 인상주의의 특징 ②

화사한 색채에 대한 인상주의의 관심은 신인상주의로 계승*·발전되었는데, 이들은 <u>과학 이론을 미술에 접목하고자 했다.</u> 신인상주의의 특징
주의의 대표적 화법인 점묘법은 신인상주의 화가 ⓒ <u>조르주 쇠라</u>에 의해 도입된 기법으로, 동일계열의 색이나 보색을 분리한 다음 병치하면* 색들이 시각적으로 통합되어 선명한 색을 지각할 수 있다는 과학 이론을 그림에 적용한 것이다. 예컨대 빨간색과 점묘법에 적용된 과학 이론
파란색을 병치하면 녹색을, 빨간색과 주황색을 병치하면 다홍색을 시각적으로 느낄 수 있다는 논리이다. 물감을 섞어 색을 만드는 것이 아닌,『균일한 크기의 작은 원색을 캔버스에 점으로 찍어 『』: 점묘법의 개념
그것을 보는 사람의 눈과 망막에서 혼색*이 이루어져 그림에는 없는 색을 느끼게 하는 회화 기법이다.』

▶ 4문단: 신인상주의의 대표적 화법인 점묘법

이렇듯 강렬한 빛의 색채 효과를 추구했던 까닭에 인상주의와 신인상주의 화가들은 빛의 아름다움을 포착하기 위해 빛이 밝고 인상주의와 신인상주의 화가들의 공통점
풍부한 야외풍경을 선호하였다. 이 때문에 몇몇 인상주의 화가들을 가리켜 '외광파'라고 부르기도 했다. 사실 이들이 빛에 관심을 갖고 이를 색채로 표현하려 했던 또 다른 이유는 사진기의 발명으로 현실을 있는 그대로 표현하는 사실적인 묘사는 의미를 갖지 못 사진기의 발명으로 인한 예술 사조의 영향
하게 되었기 때문이다. 이런 이유 때문인지 인상주의의 작품들은 윤곽선이 흐릿해지거나 형태가 잘 드러나지 않는 경향을 보였다. 인상주의의 특징 ⑥ ▶ 5문단: 인상주의와 신인상주의의 특징

* 영감(靈感): 창조적인 일의 계기가 되는 기발한 착상이나 자극.
* 계승(繼承): 조상의 전통이나 문화유산, 업적 따위를 물려받아 이어 나감.
* 병치하다(竝置하다): 두 가지 이상의 것을 한곳에 나란히 두거나 설치하다.
* 혼색(混色): 색을 섞음. 또는 그 색.

01 세부 내용 파악하기   답 | ①

인상주의 미술에 대한 이해로 적절하지 않은 것은?

정답 선지 분석

① 과학의 발달을 불러일으켰다.

1문단에 따르면 과학의 발전에 따라 예술 분야에서도 새로운 사조가 등장하였다. 즉 과학이 인상주의를 불러일으킨 것이지 인상주의가 과학의 발달을 불러일으킨 것이 아니므로 적절하지 않다.

오답 선지 분석

② 풍속화나 풍경화를 많이 그렸다.

1문단에서 인상주의 미술이 나타났고, 이러한 사조를 따르는 화가들은 풍속화나 풍경화를 많이 그렸다고 하였으므로 적절하다.

③ 물체가 가진 고유색을 부정하였다.

2문단에서 인상주의 화가들은 물체의 고유색을 부정하였다고 하였으므로 적절하다.

④ 자연을 하나의 색채 현상으로 보았다.

2문단에서 인상주의 화가들은 자연을 하나의 색채 현상으로 보았다고 하였으므로 적절하다.

⑤ 현실을 그대로 표현하려 하지 않았다.

5문단에서 인상주의 화가들이 빛과 색채 표현에 관심을 가진 이유는 사진기의 등장으로 현실을 있는 그대로 표현하는 묘사가 의미를 갖지 못하게 되었기 때문이라고 하였으므로 적절하다.

02 세부 내용 파악하기   답 | ③

㉠과 ㉡에 대한 설명으로 가장 적절한 것은?

정답 선지 분석

③ ㉠과 ㉡ 모두 색을 섞지 않고 캔버스 위에 직접 색채를 표현하는 방식으로 그림을 그렸다.

㉠은 마네로, 인상주의 화가이고 ㉡은 조르주 쇠라로, 신인상주의 화가이다. 3문단에서 인상주의 화가들은 팔레트에서 색을 섞지 않고 캔버스 위에 색채를 터치하였다고 하였고, 4문단에서 신인상주의의 대표적 화법인 점묘법은 물감을 섞어 색을 만드는 것이 아닌 균일한 크기의 작은 원색을 캔버스에 점으로 찍은 것이라고 하였으므로 적절하다.

오답 선지 분석

① ㉠은 선명하고 화사한 느낌을, ㉡은 어둡고 깊은 느낌을 색채로 구현하고자 하였다.

4문단에서 화사한 색채에 대한 인상주의의 관심은 신인상주의로 계승·발전되었다고 하였으므로 ㉡이 어둡고 깊은 느낌을 색채로 구현했다는 진술은 적절하지 않다.

② ㉠은 대상에 대한 화가의 인상을, ㉡은 대상에 대한 과학자의 인상을 중심으로 하였다.

2문단에 따르면 인상주의 화가들은 '눈이 본 그대로', 즉 인상을 그리고자 하였고 ㉠은 인상주의 화가인 마네이므로 이에 대한 설명은 적절하다. 그러나 ㉡은 신인상주의 화가인 조르주 쇠라이고, 4문단에 따르면 신인상주의 화가들은 과학 이론을 미술에 접목하고자 하였을 뿐, 과학자가 대상에 가진 인상에 초점을 둔 것은 아니므로 적절하지 않다.

④ ㉠은 ㉡과 달리 동일 계열의 색이나 보색을 분리하고 병치하여 대상을 표현하고자 하였다.

4문단에 따르면 동일 계열의 색이나 보색을 분리한 다음 병치하면 색들이 시각적으로 통합되어 선명한 색을 지각할 수 있다는 과학 이론을 그림에 적용한 것은 ㉡이므로 적절하지 않다.

⑤ ㉡은 ㉠과 달리 밝은 빛깔의 원색을 활용하여 대상에 대한 주관적 인상을 그림으로 표현하고자 하였다.

2문단에 따르면 인상주의 화가 또한 '눈이 본 그대로', 즉 인상을 그리고자 하였으므로 적절하지 않다.

03 구체적 사례에 적용하기   답 | ③

윗글을 바탕으로 보기 의 '세잔'의 작품을 이해한 내용으로 적절하지 않은 것은?

보기

세잔은 인상주의의 영향을 받았으나, 인상주의 미술이 대상의 본질을 잃어버리는 결과를 낳았다고 하며 극복해야 할 것으로 보았다. 그는 밝은색을 자주 활용하였지만, 빛에 따라 매 순간 변화하는 인상을 원색으로 그릴 경우 그 대상의 현실감이 상실된다고 생각하여 끝없이 변화하는 색 대신 어떤 상황에서도 변하지 않는 사물의 본질을 화면에 담고자 했다. 따라서 세잔은 모든 형태를 구, 원통, 원추라는 형태들로 단순화했고, 자연의 모든 물체가 이 세 가지 기본 형태로 이루어져 있다고 생각해 형태와 윤곽선이 또렷해지는 경향을 보였다.

③ 모든 형태를 단순화해 표현했다는 점에서 선명한 표현을 중시한 인상주의의 영향을 받았다.

5문단에서 인상주의는 형태가 잘 드러나지 않는 경향이 있었다고 하였다. 〈보기〉에서 세잔은 자연의 모든 물체가 구, 원통, 원추의 세 가지 기본 형태로 이루어져 있다고 생각하여 형태와 윤곽선을 뚜렷하게 그렸다고 하였으므로 형태를 단순화해 표현한 세잔의 화법이 인상주의의 영향을 받았다는 진술은 적절하지 않다.

① 밝은색을 자주 활용하였다는 점에서 인상주의의 영향을 받았다.

3문단에서 인상주의 화가들은 선명하고 화사한 느낌을 구현하기 위해 밝은 빛깔의 원색을 자주 사용하였다고 하였고, 〈보기〉에서 세잔 또한 인상주의의 영향을 받으면서 밝은색을 자주 활용하였다고 하였으므로 적절하다.

② 윤곽선이 뚜렷해지는 경향을 추구했다는 점에서 인상주의를 극복하려는 시도가 담겨 있다.

5문단에서 인상주의 작품들은 윤곽선이 흐릿해지는 경향이 있다고 하였고 〈보기〉에서 인상주의가 현실감을 상실하고 있으므로 사물의 본질을 담기 위한 방법 중의 하나로 윤곽선이 뚜렷해지는 경향이 있다고 하였으므로 적절하다.

④ 어떤 상황에서도 변하지 않는 사물의 본질을 담고자 했다는 점에서 인상주의와는 구별된다.

2문단에 따르면 인상주의 화가들은 빛과 함께 움직이는 색채의 변화 속에 있는 자연을 묘사했다고 하였다. 반면 〈보기〉에서 세잔은 변화하는 색 대신 어떤 상황에서도 변하지 않는 사물의 본질을 화면에 담고자 했다고 하였으므로 인상주의와는 구별된다.

⑤ 빛에 따라 매 순간 변화하는 인상을 표현한 것을 비판했다는 점에서 인상주의와 차이가 있다.

2문단에 따르면 인상주의 화가들은 '눈이 본 그대로' 즉 인상을 그리고자 하였다. 〈보기〉에서 세잔은 빛에 따라 매 순간 변화하는 인상을 원색으로 그릴 경우, 그 대상의 현실감이 상실된다고 하였는데, 이는 앞서 말한 인상주의 화가들의 기법을 비판한 것이다. 따라서 세잔의 관점과 인상주의의 기법은 차이가 있다고 할 수 있다.

04 구체적 사례에 적용하기

다음은 ⓐ와 ⓑ에 대한 설명이다. 보기 **를 참고하여 빈칸에 들어갈 말로 적절한 것을 윗글에서 찾아 차례대로 쓰시오.**

보기

▲ 장 프랑수아 밀레,
〈이삭 줍는 사람들〉

▲ 카미유 피사로,
〈에라니의 건초 수확〉

　ⓐ와 달리 ⓑ의 작품에서는 (　　　)이/가 흐릿하거나 형태가 잘 드러나지 않는데, 이는 (　　　)의 발명으로 단순하게 사물을 똑같이 그리는 일은 더 이상 의미가 없어졌기 때문이다.

정답

윤곽선, 사진기

빠른 정답 체크　**01** ④　**02** ③　**03** ④　**04** 동정유승

㉠ 서산*이 좋다 함은 들은 지 오래더니
　　　1861년
신유년 서양국 놈 작변하여*
　　　서산의 궁궐이 파괴된 원인
아까운 해전대궐 몇천 간 좋은 집을
　　　　　서산(원명원)
모두 다 불을 놓아 일망무제* 터뿐이라
　　　아편 전쟁으로 인해 전소되어 터만 남았음
보기에 수창*하여 광색*이 쓸쓸하다
　　　　　　　　▶ 서산의 궁궐을 파괴한 서양 세력에 대한 비판
(중략)

십칠교 긴 다리는 섬으로 건너가니
　다리의 이름　　　　　다리가 섬과 연결됨
㉡ 넓이는 삼 간이요 길이는 칠십여 간
　　　약 5~6미터　　　　약 130미터
좌우의 옥난간에 돌사자는 간간 있고

다리 아래 굽어보니 열일곱 홍예* 구멍

㉢ 한 홍예가 얼마만 한지 우리나라 남대문만

아무리 큰 배라도 그 구멍으로 다닌다네
　　　　　　　　　　홍예
연못가에 구리 소는 어찌하여 누웠으며
　　　호수 남쪽에 있는 소 모양의 동상
섬 속의 층층월대* 동정유승* 정자터라

남편 섬에 들어가는 굽은 다리 놓았으니
남쪽
옥으로 높이 쌓아 길로 치면 수십여 장

층층계야 십여 층 한 마루에 올라서서
　　　계단을 올라 꼭대기로 올라감(이동 경로 제시)
또 층층계 사십여 층 넘어서 내려가니

그 안은 섬이라 다리 구멍 볼작시면
　　　　　　　　　　홍예
둥그런 홍예문이 높기도 굉장하다

아무리 긴 돛대도 세운 채로 드나들며
　　　긴 돛대를 세운 배도 드나들 수 있을 정도로 높음
좌우의 옥난간도 다리와 같이 굽어
서산의 굽은 다리를 멀리서 바라본 모습을 비유함
㉣ 백룡이 오르는 듯 멀리 보매 더욱 좋다
　　　　　　　　　▶ 십칠교와 홍예문의 웅장한 모습에 대한 감탄
서산 구경 다한 후에 가만히 생각하니
견문을 나열한 뒤 화자의 감상이 제시됨을 알 수 있음
처음 볼 때 당황하여 안광이 희미하더니

자세히 보매 사치함이 심계*가 자연 방탕
　　　　　　　　　서산에 대한 부정적 인식
상천옥경* 집 좋아도 이러할 수 전혀 없고

왕모요지* 좋다 해도 저렇든 못하리라

㉤ 아무리 구변*이 좋다 해도 형용을 다 못하니
　　　서산이 너무나 화려하여 말로 다 표현할 수 없음
신유년 회록* 이후 오히려 저렇거든
　　　아편 전쟁 이후 재건되었음을 알 수 있음
그전의 전성시야 오죽이 장할쏘냐
전성하였을 때(파괴되기 전)의 서산은 얼마나 아름다웠겠느냐
천하 재물 허비하고 백성 인력 궁진하여*

쓸데없는 궁사극치* 이것이 무슨 짓인고
서산을 짓기 위해 물자를 낭비하고 백성들을 착취한 일에 분노함
『진시황의 아방궁*은 초인*이 불 지르고
『』: 역사적 고사를 삽입하여 서산이 불탄 것이 과도한 사치에 대한 인과응보라는 생각을 드러냄

송나라 **옥정궁**은 천화*로 재앙 나니

전감*이 소소하여* **하늘의 이치**가 마땅하도다」
　　　　　　　▶ 서산의 화려한 풍경을 만든 청나라의 사치에 대한 비판
　　　　　　　　　　　　　　　　　　　　　　　- 홍순학, 〈연행가〉 -

* 서산(西山): 청나라 황궁 정원인 '원명원'이 있던 곳을 가리킴.
* 작변하다(作變하다): 변란을 일으키다.
* 일망무제(一望無際): 한눈에 바라볼 수 없을 정도로 아득하게 멀고 넓어서 끝이 없음.
* 수창하다: '수참하다'의 오기로 보임. 을씨년스럽고 구슬프다. 또는 몹시 비참하다.
* 광색(光色): 아름답고 찬란한 빛.
* 홍예(虹霓): 문의 윗부분을 무지개 모양으로 반쯤 둥글게 만든 문.
* 월대(月臺): 궁궐의 정전, 묘단, 향교 등 주요 건물 앞에 설치하는 넓은 기단 형식의 대.
* 동정유승(洞庭猶勝): 동정 호수(중국 호남성 동북에 있는 호수)보다 더 낫다는 뜻.
* 심계(心界): 마음의 세계.
* 상천옥경(上天玉京): 하늘 위 옥황상제가 사는 곳.
* 왕모요지(王母瑤池): 전설상의 선녀인 서왕모가 거처하는 곤륜산 꼭대기의 아름다운 연못.
* 구변(口辯): 말을 잘하는 재주나 솜씨.
* 회록(回祿): 불이 나는 재앙. 또는 불로 인한 재난.
* 궁진하다(窮盡하다): 다하여 없어지다.
* 궁사극치(窮奢極侈): 사치가 극도에 달함. 또는 아주 심한 사치.
* 아방궁(阿房宮): 중국 진나라 시황제가 세운 궁전으로, 매우 화려하고 사치스러운 건물을 의미함.
* 초인(楚人): 초나라의 항우를 가리킴.
* 천화(天禍): 하늘에서 내리는 재앙.
* 전감(前鑑): 거울로 삼을 만한 지난날의 경험이나 사실.
* 소소하다(昭昭하다): 사리가 밝고 또렷하다.

01　표현상의 특징 이해하기　　　답 | ④

윗글에 대한 설명으로 적절하지 않은 것은?

정답 선지 분석

④ 대상을 의인화하여 대상이 지닌 특성을 강조하고 있다.

윗글에서 대상을 의인화한 부분을 찾을 수 없다.

오답 선지 분석

① 화자의 시선에 따라 시상이 전개되고 있다.

윗글의 화자는 십칠교를 방문한 뒤 그 감상을 제시하고, 홍예문으로 이동하여 그에 대한 감상을 제시하고 있으므로 시선의 이동을 통해 시상이 전개되고 있다.

② 고사를 인용하여 대상에 대한 인식을 드러내고 있다.

윗글은 초나라의 항우가 진시황의 아방궁을 불태운 고사를 인용함으로써 서산의 사치스러움을 비판하고 있으므로 적절하다.

③ 비유적 표현을 통해 풍경의 웅장함을 전달하고 있다.

윗글은 서산의 굽은 다리를 '백룡이 오르는 듯'하다고 비유함으로써 그 풍경의 웅장함을 전달하고 있다.

⑤ 설의법을 활용하여 화자의 감상을 직접적으로 나타내고 있다.

윗글에서 화자는 신유년 회록 이후 재건된 서산에 대해 '그전의 전성시야 오죽이 장할쏘냐'라고 하며 설의법을 통해 자신의 감상을 직접적으로 나타내고 있다.

02　구절의 의미 파악하기　　　답 | ③

㉠~㉤을 이해한 내용으로 적절하지 않은 것은?

정답 선지 분석

③ ㉢: 홍예의 크기를 우리나라의 남대문에 비유함으로써 조선의 우월성을 드러내고 있다.

㉢에서 화자가 홍예의 크기를 '우리나라 남대문'에 비유한 것은 홍예를 친숙한 대상과 비교하여 독자의 이해를 돕기 위한 것이지, 조선의 우월성을 드러내는 것으로 볼 수 없다.

오답 선지 분석

① ㉠: 화자가 예전부터 대상의 뛰어난 모습에 대해 들어 왔음을 의미한다.

㉠에서 화자가 '서산이 좋다 함'을 '들은 지 오래'라고 한 것은 화자가 예전부터 서산의 뛰어난 아름다움을 들어 왔음을 의미한다.

② ㉡: 구체적 수치를 통해 십칠교의 크기를 사실적으로 제시하고 있다.

㉡에서 화자는 십칠교의 넓이를 '삼 간', 길이를 '칠십여 간'이라고 하며 구체적 수치를 통해 십칠교의 크기를 사실적으로 제시하고 있다.

④ ㉣: 굽은 다리의 모습이 백룡이 올라가는 모습처럼 웅장하고 위엄 있음을 의미한다.

㉣에서 화자는 서산의 굽은 다리를 멀리서 바라보며 '백룡이 오르는 듯' 좋다고 하였으므로 굽은 다리의 모습을 백룡이 올라가는 모습에 비유하여 그 웅장함과 위엄을 드러내고 있다.

⑤ ㉤: 서산의 풍경이 너무 화려해서 차마 화자의 말주변으로는 다 표현할 수 없음을 의미한다.

㉤에서 화자는 '구변이 좋다 해도' 서산에 대한 '형용을 다 못'한다고 말함으로써 서산의 화려함과 아름다움을 드러내고 있다.

03　외적 준거를 통해 작품 감상하기　　　답 | ④

보기를 참고하여 윗글을 감상한 내용으로 적절하지 않은 것은?

보기

〈연행가〉의 작가인 홍순학은 당시 청나라에 대한 부정적 인식을 가진 서인 출신이다. 윗글에서 홍순학은 아편 전쟁으로 파괴되었다가 재건된 원명원을 둘러보며, 청나라의 앞선 문물에 대하여 경탄 어린 시선을 보내고 있다. 그러나 이는 여행지에서 처음으로 경험한 견문에 대한 놀라움일 뿐, 대체로 청나라의 문화는 야만적이고 사치스러운 오랑캐의 것이라 인식하고 있다.

정답 선지 분석

④ '신유년 회록'이 '하늘의 이치'라 하는 것은 화자가 아편 전쟁이 일어날 것임을 예상하였다는 것이겠군.

〈보기〉에 따르면 작가는 아편 전쟁으로 인해 파괴되어 재건된 '서산'을 방문하였고, 아편 전쟁을 의미하는 '신유년 회록'을 '하늘의 이치'라 본 것은 청나라의 문화를 부정적으로 인식하였기 때문에 필연적으로 일어난 결과라고 본 것이다. 따라서 작가가 아편 전쟁이 일어날 것임을 예상하였다는 것을 의미하는 것은 아니다.

오답 선지 분석

① '해전대궐'을 다 태워버린 '서양국 놈'의 '작변'은 아편 전쟁을 의미하겠군.

〈보기〉에 따르면 원명원이 아편 전쟁으로 파괴되어 재건되었다고 하였으므로 윗글의 '신유년 서양국 놈'의 '작변'은 아편 전쟁을 의미한다고 이해할 수 있다.

② 서산을 처음 감상했을 때 '당황하여 안광이 희미'했던 것은 어디까지나 여행지에서 처음으로 경험한 견문에 대한 놀라움에 지나지 않겠군.

〈보기〉에서 윗글의 작가인 홍순학이 청나라의 문물에 경탄 어린 시선을 보낸 것은 여행지에서 처음으로 경험한 견문에 대한 놀라움을 드러낸 것이라고 하였다. 따라서 '당황하여 안광이 희미'했다는 것은 어디까지나 여행지에서 처음으로 경험한 견문에 대한 놀라움에 지나지 않을 것이라 이해할 수 있다.

③ 작가는 서산을 '상천옥경'과 '왕모요지'에 비유함으로써 청나라의 문화를 예
찬하는 것이 아닌, 사치스러움을 비판하고 있군.

윗글에서 작가는 서산을 '상천옥경'과 '왕모요지'에 비유하고 있다. 〈보기〉에서 윗글의
작가인 홍순학이 청나라의 문화를 야만적이고 사치스러운 오랑캐의 것이라 보았다는
관점을 고려한다면, 이는 청나라의 문화를 예찬하는 것이 아니라 사치스러움을 비판하
고 있는 것이라 이해할 수 있다.

⑤ '아방궁'과 '옥정궁'이 타 버린 것이 하늘의 재앙이라 생각하는 것에서 청나
라에 대한 작가의 부정적 인식이 드러나는군.

〈보기〉에 따르면 작가는 청나라의 문화를 야만적이고 사치스러운 오랑캐의 것이라고
인식하고 있고, 전쟁으로 인해 불에 타버린 서산을 불에 타버린 '아방궁'과 '옥정궁'에
비유함으로써 과도한 사치를 부린 데 대한 인과응보라는 생각을 드러내고 있다. 따라
서 이를 통해 청나라에 대한 작가의 부정적 인식을 파악할 수 있다.

04 시구의 의미 파악하기

빈칸에 들어갈 말로 적절한 것을 윗글에서 찾아 4음절로 쓰시오.

> 동정호는 중국 호남성 동북쪽에 있는 호수로, 경치가 아름답기로 유명
> 하다. 윗글의 화자는 자신이 바라보는 호수의 풍경이 동정호보다 더 아
> 름답다는 생각을 (   )(이)라는 표현을 통해 드러내고 있다.

정답

동정유승

문학 2 일가(공선옥)

빠른 정답 체크 **01** ④ **02** ② **03** ② **04** 사촌 형님, 당숙

엄마는 아버지가 있는 우사로 갔다. 나는 내 방으로 얼른 들어가
버렸다. 마루에서 아저씨가 우렁우렁한* 목소리로 나를 부른다.

"야야, 내가 무섭네? 무서워할 것 없다. 나는 너의 일가*니까니."
      '아저씨'가 '나'에게 자신을 소개함

일가니까니? 일가니까니가 뭐람. 나는 미옥이의 편지를 뜯어보
고 싶었지만 마루에 있는 '일가니까니'라는 사람이 신경이 쓰여
                              아저씨
편지를 뜯어보지도 못하고 책상 앞에 멍하니 앉아 있었다.

"오오, 형님, 어서 오세요."
아버지가 아저씨를 반갑게 맞이함

"아아, 일가가 좋긴 좋구만이. 첨 보는데도 고저 피가 확 땡기는
                            혈연관계이므로 더욱 친밀하게 느껴짐
거이."

"그러게 말입니다, 형님. 안으로 들어가시지요."

ⓞ 바야흐로 혈육 상봉의 감격적인 순간인가? 나가서 사진이라
'나'는 아버지와 아저씨가 만나는 것에 냉소적인 태도를 보임
도 찍어줘야 하나? 아버지와 아저씨는 방으로 들어가고 엄마는 다
시 부엌으로 들어갔다. 나는 살금살금 마루를 지나 부엌으로 갔다.

"엄마, 누구예요?"

"누구긴 누구야, 일가지."

그러고 있는데 아버지가 나를 불렀다.

"창이야, 이리 들어와서 아저씨께 인사드려라."

ⓛ 엄마는 우리 식구만 있을 때 쓰는 도리밥상*을 접고 손님 올
                                          엄마는 아저씨의 방문이 반갑지 않음
때 쓰는 교자상*을 폈다. 그러면서 벌써 얼굴에 수심이 깔리고 있
      아저씨를 손님으로써 극진하게 대접함
었다. 엄마의 그런 얼굴을 보고 내 마음이 편할 리 없었다. ⓒ 나는

떨떠름한 기분으로 방에 들어가 고개를 꾸벅 숙여 인사를 했다.

"야야, 조선 민족의 인사법이 무에 그리니. 좀 정식으로 하라우."
            아저씨의 성격 ①-예의범절을 중시함
"요새 애들이 통 버릇이 없어서요. 뭐 하니, 정식으로 하지 않고."
                              아저씨에게 절을 올리라는 의미임
나는 무릎을 꿇고 아저씨한테 절을 했다.

"엎드려 절 받아먹기가 바로 요런 것이로구만그래, 이? 허허허."

ⓔ 『아버지가 무슨 잘못이라도 저지른 사람처럼 안절부절못했다.
『 』: 아버지와 '나' 모두 아저씨의 눈치를 보고 있음
절만 하고 냉큼 일어서고 싶었지만 그러면 또 버릇없는 한국 아
이라는 소리 들을까 무서워 가만히 앉아 있을 수밖에 없었다.』

"이분이 누구시냐면, 내 큰아버지의 아드님이야. 나에게는 사촌
                                      아저씨의 정체
형님이 되니까 너에게는 당숙*이시란다."

할아버지의 큰형님이 일제 강점기 때 만주로 가셨는데 해방이
되고도 돌아오지 않아 소식이 끊겼다는 말을 나도 언젠가 듣긴
들었다.

"그런데, 우리 집을 어떻게 알고 찾아오셨어요?"
형식적으로 예의를 갖추기 위해 '나'가 아저씨에게 한 질문
인사만 하고 말 한마디 안 하고 일어서면 그것도 예의가 아닐

것 같아서 한 질문이다.

"으응, 고거이는 말이지,『우리 아버님께서 돌아가시기 전에 아
                  『 』: 아저씨가 '나'의 집을 찾아올 수 있었던 이유
버님 고향 얘기를 안 하는 날이 없었다이. 고래서 내가 내 본적

지인 이곳 주소를 달달 외우고 있지 않았갔니.』"

"한국에 들어오기는 진작에 들어오셨는데, 그동안 경황이 없으

셔서 못 오시다가 이번에 오시게 된 거야."

아버지의 보충 설명이었다. 드디어 밥상이 들어왔다.

"형님 많이 드시지요."

"히야아, 고향에 오니 차암, 밥상 다리 부러지갔네! 이거이 고

향의 정이라넌 거갔지? 허허허."

밥상에는 술도 올라왔다. 엄마가 지난여름에 담근 매실주였다.

"야야, 글라스 하나 가져오라우."

엄마가, 유리컵 말이야, 하고 말했다. 아저씨는 도자기로 된 조

그만 술잔은 상 밑으로 싹 치워 버리고 내가 가져다준 맥주 유리

컵에 넘치도록 술을 따랐다.
아저씨가 아버지를 만나 매우 기뻐하고 있음
"자아, 동생, 이거 우리 오늘이 력사적인 형제 상봉의 날이 아니

웨까. 한잔 쭉 들이키자우요."

"아이고, 형님 말씀 놓으십쇼."

(중략)

어쩐 일인지 다음 날이 되어도 아저씨는 떠날 기미를 보이지 않았다.

『시키지도 않았는데 아침에 일어나 아버지가 평소에 우사 입구
『』: '나'의 예상과 달리 아저씨가 '나'의 집에 오래 머물 것처럼 행동함
에 걸어 놓는 아버지의 작업복을 입고서 우사로 가더니 소먹이를
준다, 바닥을 청소한다, 과수원에 거름을 낸다, 분주하게 돌아치
는* 것이었다.』ⓜ 그리고 다음 날도, 그다음 날도 아저씨는 아버
지를 따라다니며 혹은 혼자서 마치 우리 집 일꾼으로 들어온 사
람처럼 구는 것이었다. 밥때가 되면, 마당을 들어서며 "제수씨 밥
　　　　　　　　　아저씨의 성격 ② – 넉살이 좋음
안 줍니까? 뱃가죽이 아주 등가죽에 가 붙었습네."라고 우렁우
렁하게 소리를 치는 것이었다.

나는 사실 우리 식구 말고 다른 사람이 오면 반갑기는 하지만
그것은 순전히 손님으로 왔을 때뿐이다. 손님으로 왔으니 금방
가야 할 사람이 몇 날 며칠을 가지 않고 아예 눌러앉아 살 기색을
보이니, 나는 답답해서 견딜 수가 없었다. 내가 답답한 것은 우리
　　　　　　　　'나'는 아저씨가 떠나지 않아 불편함
식구만 있을 때처럼 말이나 행동이 자연스럽거나 자유롭지 못하
기 때문이다. 더구나 내 말, 내 행동 하나하나에 '조선 사람의 예
'나'가 아저씨를 불편해하는 이유
의범절'을 따지는 손님이니, 신경이 보통으로 쓰이는 것이 아니
었다.

"아버지, 아저씨 언제 가요?"
'나'는 아저씨가 떠나기를 바라고 있음
나는 지나가는 말투로 슬쩍 아버지에게 물었다. 그랬는데,

"창이 너 이제 보니 아주 버릇없는 놈이구나.『손님이 오셨으면
　　　　　　　　　　　　　　　『』: '아버지'는 손님에 대한 예의범절을 중시하는 성격임
계시는 동안 불편하지 않도록 잘 모실 생각만 해도 모자랄 판국
에 뭐? 언제 가? 예끼, 이놈.』"

아버지에게는 손님에 관한 말은 아예 꺼내지 않는 게 좋을 것
　　　　　　　　　　아저씨에 대해 말해봤자 꾸중만 들을 것이기 때문에
같았다.

"엄마, 저 아저씨 언제 간대요?"

"낸들 아니?"

그러고 보니 엄마도 답답하기는 마찬가지인 것 같았다. 엄마를
　　　　　　　　　　　　엄마 또한 아저씨를 불편해함
답답하게 하는 것은 사실 내가 느끼는 답답함보다도 더 심각한
것이었다.

『"원, 아무리 일가래도 저건 몰상식*이야."
『』: 엄마와 '나' 모두 아저씨를 못마땅하게 생각함
"맞아, 몰상식."

"아무리 일가래도 엄연히 손님으로 와 놓구선 날마다 술을 달래
　　　　　　　　'나'보다 엄마의 답답함이 더 심각한 이유
지 않나, 옷을 빨아 달래지 않나."

"맞아, 아무리 일가래도."』

- 공선옥, 〈일가〉 -

* 우렁우렁하다: 울리는 소리가 매우 크다.
* 일가(一家): 성(姓)과 본이 같은 겨레붙이.
* 도리밥상(도리밥床): 어린아이용의 나지막하고 둥근 밥상.
* 교자상(交子床): 음식을 차려 놓는 사각형의 큰 상.
* 당숙(堂叔): 아버지의 사촌 형제.
* 돌아치다: 나대며 여기저기 다니다.
* 몰상식(沒常識): 상식이 전혀 없음.

01 핵심 내용 파악하기　　　　　　　　　　답 | ④

아저씨에 대한 설명으로 적절하지 **않은** 것은?

정답 선지 분석

④ 이전에 '나'의 집에 방문한 적이 있다.

아저씨가 아버지에게 '첨 보는데도 고저 피가 확 땡기는거이.'라고 한 것으로 보아 아저씨와 아버지가 처음 보는 사이임을 알 수 있으며, 우리 집에 어떻게 왔냐는 '나'의 물음에 '우리 아버님께서 돌아가시기 전에 아버님 고향 얘기를 안 하는 날이 없었다이. 고래서 내가 내 본적지인 이곳 주소를 달달 외우고 있지 않았갔니.'라고 답함으로써 처음 오는 것인데도 '나'의 집을 찾아올 수 있던 이유를 말하고 있다.

오답 선지 분석

① 예의범절을 중요시한다.

'나'가 아저씨에게 인사하자, "야야, 조선 민족의 인사법이 무에 그리니. 좀 정식으로 하라우."라 하는 것을 통해 아저씨가 예의범절을 중요시하는 사람임을 알 수 있다.

② 능청스럽고 넉살이 좋다.

아저씨가 '나'의 집에서 떠날 생각을 하지 않고, 오히려 우리 집의 일꾼으로 들어온 사람처럼 우사의 일을 도맡아 하는 것을 통해 능청스러운 모습을 확인할 수 있으며, 엄마에게 "제수씨 밥 안 줍니까? 뱃가죽이 아주 등가죽에 가 붙었습네."라며 식사를 요구하는 것을 통해 넉살이 좋음을 확인할 수 있다.

③ 아버지와 '나'의 일가이다.

아버지의 "이분이 누구시냐면, 내 큰아버지의 아드님이야. 나에게는 사촌 형님이 되니까 너에게는 당숙이시란다."라는 말을 통해 아저씨가 아버지와 '나'의 일가임을 알 수 있다.

⑤ 아버지의 작업복을 입고 일꾼처럼 우사 일을 돕는다.

아저씨는 '나'의 집에 온 다음 날이 되어서도 떠날 기미를 보이지 않으며, 오히려 아버지의 작업복을 입고서 우사에서 소 먹이를 주거나 청소를 하는 등 마치 우리 집에 고용된 일꾼처럼 일을 돕는다고 하였으므로 적절하다.

02 인물의 심리 파악하기　　　　　　　　　답 | ②

㉠~㉭에 대한 설명으로 적절한 것은?

정답 선지 분석

② ㉡: 엄마는 아저씨를 못마땅해하면서도 손님으로 극진히 대접하고 있다.

㉡에서 엄마는 우리 식구만 있을 때 쓰는 도리밥상이 아닌, 손님 올 때 쓰는 교자상을 폈으므로 아저씨를 손님으로 대접하고 있음을 알 수 있다. 그러나 '얼굴에 수심이 깔리고 있었다'는 '나'의 서술로 미뤄보아 아저씨의 방문을 못마땅해함을 알 수 있다.

오답 선지 분석

① ㉠: '나'는 아버지와 아저씨의 만남을 감격스럽게 바라보고 있다.

㉠에서 '나'는 아버지와 아저씨가 만나는 모습을 보며 '나가서 사진이라도 찍어줘야 하나?'라고 생각하고 있는데, 이는 아버지와 아저씨의 만남을 감격스럽게 바라보는 것이 아니라 냉소적으로 바라보는 것이므로 적절하지 않다.

③ ㉢: 처음 본 사람에게도 깍듯하게 인사하는 예의 바른 '나'의 태도가 드러난다.

㉢에서 '나'는 떨떠름한 기분으로 고개를 꾸벅 숙였고, 이에 대해 아저씨는 '조선 민족의 인사법이 무에 그러'냐면서 '나'에게 다시 인사를 받았으므로 적절하지 않다.

④ ㉣: '나'는 아저씨가 아버지에게 '나'의 잘못을 말할까 봐 안절부절못하고 있다.

㉣에서 '나'가 안절부절못한 것은 자리를 떠나고 싶지만 아저씨에게 '버릇없는 한국 아이라는 소리'를 들을까 무서웠기 때문이므로 적절하지 않다.

⑤ ㉤: '나'의 가족의 환대에 감격한 아저씨가 은혜에 보답하기 위해 노동을 자처하고 있다.

㉤에서 아저씨가 노동을 자처하여 우사 일을 돕고 있는 것은 맞으나, '나'의 가족의 은혜에 보답하기 위해 그랬는지는 윗글을 통해 알 수 없다.

03 외적 준거를 참고하여 작품 이해하기   답 | ②

보기 를 참고하여 윗글을 이해한 것으로 적절하지 않은 것은?

보기

〈일가〉는 청소년인 '나'의 시선으로 가족 이기주의가 만연해지면서 일가친척의 의미가 퇴색되어 가는 현대 사회에 대한 비판을 전달하고 있다. 가족 이기주의가 만연해진 현대인에게 일가가 불필요한 가족애를 강요하는 귀찮고 짜증스러운 존재로 전락했다는 것을 드러냄으로써 현재 우리의 모습을 반성하게끔 하는 것이다.

정답 선지 분석

② '나'가 아버지에게 아저씨에 관한 말을 '꺼내지 않'을 것이라 한 것은 가족 이기주의에 대한 반성에서 비롯된 것이다.

'나'가 아버지에게 아저씨에 관한 말을 '꺼내지 않'을 것이라 다짐한 것은 아버지가 '나'에게 꾸중을 할 것이라 예상했기 때문으로, 가족 이기주의에 대한 반성에서 비롯된 것은 아니다.

오답 선지 분석

① '나'가 아버지에게 아저씨가 '언제 가'는지 묻는 것은 가족 이기주의가 만연해진 현대 사회를 반영한다.

'나'가 아버지에게 아저씨가 '언제 가'는지 묻는 것은 아저씨가 어서 '나'의 집에서 떠나길 바라는 것으로, 가족 이기주의가 만연해진 현대 사회를 반영한다고 볼 수 있다.

③ 엄마가 아저씨를 '몰상식'이라 부르는 것은 일가가 귀찮고 짜증스러운 존재로 전락했다는 것을 보여준다.

'나'의 집에서 떠나지 않는 아저씨에 대해 엄마가 '몰상식'이라 부르는 것은 아저씨를 못마땅하게 생각하는 것으로, 일가가 귀찮고 짜증스러운 존재로 전락했다는 것을 보여준다.

④ '아무리 일가래도' 아저씨의 행동을 용납하지 못하는 것은 일가친척의 의미가 퇴색되어 가는 것을 의미한다.

일가친척이지만 손님과 같은 불편함을 느끼며, 술과 빨래를 요구하는 아저씨의 행동을 용납하지 않는 '나'와 엄마의 모습을 통해 일가친척이 불필요한 가족애를 강요하는 짜증스러운 존재로 전락했다는 것을 알 수 있다.

⑤ 엄마가 '술'과 빨래를 요구하는 아저씨를 부정적으로 바라보는 것은 일가가 불필요한 가족애를 강요하는 존재임을 드러낸다.

엄마는 '술'과 빨래를 요구하는 아저씨에 대해, '몰상식'이라 부르며 부정적으로 인식하고 있다. 〈보기〉에 따르면 윗글은 일가가 불필요한 가족애를 강요하는 귀찮고 짜증스러운 존재로 전락했다는 것을 드러낸다고 하였으므로 적절하다.

04 문장의 의미 파악하기

빈칸에 들어갈 말로 적절한 것을 골라 차례대로 쓰시오.

일가인 '아저씨'는 아버지와 (당숙 / 사촌 형님) 관계이고, 나와 (당숙 / 사촌 형님) 관계이다.

정답

사촌 형님, 당숙

11강

작문 | 보고하는 글 쓰기

학생들이 음료수로 당류를 섭취하는 실태 조사 보고서

모둠원: 강태우, 김나연, 유희준, 이수현

1. 조사 목적 및 주제

우리 학교 학생들의 건강을 위해 음료수로 당류를 지나치게 섭
_{조사 목적}　　　　　　　　　　_{보고서의 주제}
취하는 문제를 조사함.

2. 조사 기간, 대상 및 방법
_{조사 절차가 구체적으로 드러남}
(1) 조사 기간: 10월 5일부터 10일까지

(2) 조사 대상: 책과 인터넷 등 각종 자료, 다양한 음료수, 우리

　　　학교 학생 및 보건 선생님

3. 조사 결과

(1) 우리 학교 학생들이 음료수를 마시는 실태

　설문 조사 결과 우리 학교 학생들

이 일주일에 음료수를 마시는 횟수

는 3~4회가 42퍼센트로 가장 많

고, 5~6회가 28퍼센트, 1~2회가

20퍼센트, 7회 이상이 10퍼센트로,

조사 대상의 80퍼센트 이상이 일주일에 3회 이상 음료수를 마시
_{우리 학교 학생들이 음료수를 마시는 횟수}
는 것으로 나타남.

⊙ ▲ 일주일에 음료수를 마시는 횟수
└ 도표(그래프)를 통해 설문 조사 결과를 한눈에 알아볼 수 있음

(2) 학생들이 즐겨 마시는 음료수에 들어 있는 당류의 양
_{학생들이 즐겨 마시는 음료 ①}
250밀리리터 기준으로, 당류가 탄산음료에는 26그램, 초코우유
　　　　　　　　　　　　　　　　　　　　　　_{학생들이 즐겨 마시는 음료 ②}
에는 32그램, 에너지 음료에는 27그램, 과일주스에는 20그램이
_{학생들이 즐겨 마시는 음료 ③}　　_{학생들이 즐겨 마시는 음료 ④}
들어 있음.

(3) 하루 동안 가공식품으로 섭취하는 당류의 적정량

　하루 동안 가공식품으로 섭취하는 당류의 적정량은 하루 섭취

열량의 10퍼센트(약 50그램) 이내임.
_{학생들이 즐겨 마시는 음료수에는 적정량의 절반이 넘는 당류가 들어 있음}
(4) 당류를 지나치게 섭취하면 생기는 문제와 당류 섭취를 줄이

는 방법

　① 당류를 지나치게 섭취하면 생기는 문제: 비만 위험 증가, 기억력

　　감퇴, 피부 노화 촉진, 당뇨병과 간 질환 등의 발생 위험 증가.

　② 당류 섭취를 줄이는 방법: 물을 자주 마셔서 음료수를 마시는

　　횟수 줄이기, 음료수에 들어 있는 당류의 양을 확인하며 마시

　　는 습관 기르기.

4. 결론

　우리 학교 학생들은 음료수를 많이 마시고 있으며 학생들이 즐

겨 마시는 음료수에는 당류가 하루 동안 가공식품으로 섭취하는

적정량의 반 이상 들어 있다. 당류를 지나치게 섭취하면 건강에

나쁜 영향을 줄 수 있으므로 당류 섭취를 줄이려는 다양한 노력
　　　　　　　　　　　_{보고서의 결론}
을 해야 한다. 이번 조사가 학생들이 음료수로 당류를 지나치게

섭취하는 문제를 인식하여 건강하게 생활하는 데 도움이 되기를

기대한다.

---

01 보고 글쓰기 내용 생성하기 답 | ④

윗글을 쓸 때 유의할 점으로 적절하지 <u>않은</u> 것은?

정답 선지 분석

④ 조사, 실험의 내용과 결과를 보고서의 주제에 맞게 수정하여 제시해야 한다.
　보고하는 글을 쓸 때는 조사, 실험 내용과 결과를 과장, 축소, 변형, 왜곡하지 않고 명
　확하게 제시해야 한다.

오답 선지 분석

① 조사 절차와 과정을 보고서에 명확하게 드러내야 한다.
　윗글의 갈래는 보고하는 글로, 보고하는 글을 쓸 때는 조사 절차와 과정을 사실 그대로
　정확하고 명료하게 제시해야 한다.

② 다른 사람의 자료를 인용할 때는 반드시 출처를 밝혀야 한다.
　보고하는 글을 쓸 때는 쓰기 윤리를 준수해야 하므로 다른 사람의 자료를 인용할 때는
　반드시 출처를 밝혀야 한다.

③ 간결하고 명료한 표현을 활용하여 조사 내용을 알기 쉽게 전달해야 한다.
　보고하는 글은 간결하고 명료한 표현을 사용하여 독자가 조사 내용을 알기 쉽게 전달
　해야 한다.

⑤ 조사 내용을 효과적으로 전달할 수 있는 매체 자료를 적절하게 활용해야 한다.
　보고하는 글은 사진, 도표 등의 매체 자료를 적절히 활용하여 독자의 흥미를 유발하고
　이해를 도와야 한다.

---

02 보고 글쓰기 자료, 매체 활용하기 답 | ①

⊙을 활용했을 때의 효과로 적절한 것은?

정답 선지 분석

① 설문 조사 결과를 한눈에 쉽게 파악할 수 있다.
　윗글의 ⊙은 우리 학교 학생들이 일주일에 음료를 마시는 횟수를 도표로 나타낸 것으
　로, 이를 통해 글을 통해 이해하지 못했던 독자들도 조사 결과를 한눈에 파악하여 내용
　을 이해하는 데 도움이 될 수 있다.

오답 선지 분석

② 제시하고 싶은 내용만 부분적으로 나타낼 수 있다.
　⊙은 조사 결과를 시각 이미지인 도표로 나타낸 것으로, 제시하고 싶은 내용만 부분적으
　로 나타낼 수 있다는 설명은 적절하지 않다.

③ 의도에 맞는 설문 조사 결과만 골라서 제시할 수 있다.

　㉠은 우리 학교 학생들이 음료수를 마시는 실태를 도표로 제시한 것으로 이를 통해 독자의 이해를 도울 수 있다. 의도에 맞는 설문 조사 결과만 골라서 제시할 수 있다는 설명은 적절하지 않다.

④ 이해하기 어려운 내용을 자세하게 풀어 설명할 수 있다.

　㉠은 글의 내용을 시각 이미지로 표현한 것일 뿐, 이해하기 어려운 내용을 자세하게 풀어 설명하고 있지 않다.

⑤ 글에서 제시하지 않은 내용을 추가적으로 전달할 수 있다.

　㉠에서는 글에서 제시하지 않은 내용을 추가적으로 전달하고 있지 않다.

03　보고 글쓰기 표현 전략 사용하기　　답 | ②

보기 의 내용을 준수하여 보고서를 올바르게 계획한 학생으로 적절하지 않은 것은?

보기

　보고서에 활용되는 자료를 수집하기 위한 방법에는 여러 가지가 있는데, 먼저 ⓐ 설문 조사는 주제와 관련된 질문을 하는 조사 방법이다. ⓑ 현장 조사는 주제와 관련된 장소를 직접 방문하는 조사 방법이고, ⓒ 자료 조사는 책, 신문, 인터넷 등과 같은 자료를 활용하는 조사 방법이다. ⓓ 면담 조사는 주제를 잘 알고 있는 전문가를 직접 만나 정보를 수집하는 조사 방법이다.

정답 선지 분석

② 보건 선생님으로부터 당류 섭취를 줄이는 방법을 조사하기 위해서는 ⓑ를 활용해야겠군.

　ⓑ는 현장 조사로, 보건 선생님으로부터 정보를 수집하는 것은 ⓓ에 해당한다.

오답 선지 분석

① ⓐ를 통해 우리 학교 학생 100명을 대상으로 설문지를 배부하여 음료수를 마시는 실태를 조사해야겠군.

　ⓐ는 설문 조사로, 우리 학교 학생들이 음료수를 마시는 실태를 조사하기 위해 주제와 관련된 인물들에 대해 질문을 하는 방법을 통해 조사하는 것은 ⓐ에 해당한다.

③ 학생들이 즐겨 마시는 음료수의 대표적인 제품의 영양 제품 표를 조사하는 것은 ⓑ와 ⓒ를 통해 가능하겠군.

　제품의 영양 제품 표를 알아보기 위해서는 학교 근처 편의점에 들러 직접 제품의 영양 제품 표를 조사하는 ⓑ, 인터넷 검색을 통해 정보를 수집하는 ⓒ 모두 활용할 수 있다.

④ 식품의약품안전처 누리집에서 하루 동안 가공식품으로 섭취하는 당류의 적정량을 확인하는 방법은 ⓒ에 해당하겠군.

　식품의약품안전처 누리집에서 당류의 적정량을 확인하는 것은 인터넷을 활용하여 정보를 조사하는 방법이므로 ⓒ에 해당한다.

⑤ 당류를 지나치게 섭취하면 생기는 문제점을 알기 위해선 ⓒ와 ⓓ를 활용해야겠군.

　당류 섭취를 통해 발생하는 문제점을 알기 위해선 책, 인터넷을 통한 자료를 수집하는 ⓒ와, 학교 보건 선생님이나 전문가를 직접 만나 정보를 수집하는 ⓓ를 활용하여야 한다.

04　보고 글쓰기 내용 이해, 평가하기

학생들이 즐겨 마시는 음료수 중, 당류가 가장 많이 포함된 음료수는 무엇인지 윗글에서 찾아 쓰시오.

정답

초코우유

빠른 정답 체크　**01** ④　**02** ⑤　**03** ④　**04** 불평등, 지배

　우리는 어려움에 처한 사람들을 보살피는 일의 책임이 개인에게 있는지, 아니면 사회에 있는지를 놓고 갈등하곤 한다. 이에 대해 미국의 철학자 에바 키테이는 공공의 책임을 강조한다. 키테
　　　　　　　　　　　　　　보살핌의 책임이 개인과 사회 모두에게 있음
이는 모든 이들이 엄마의 아이라는 사실에서부터 보살핌이 출발
　　　　모든 이들은 보살핌을 받던 시절을 거쳤음
한다고 보았다. 즉, 모든 인간은 누군가의 보살핌을 통해서만 삶
　　　　　　　　　　　　인간에게 보살핌은 필수적인 존재임
을 유지할 수 있다는 것이다. 따라서 우리는 이러한 의존관계에 근거하여 보살핌을 윤리적으로 접근할 수 있다. ㉠ 그렇다면 의존관계로부터 보살핌의 윤리가 어떻게 생성되는가?

　　　　　▶ 1문단: 보살핌의 책임에 대한 에바 키테이의 주장
　키테이에 따르면 의존관계는 ⓐ 1차적 의존관계와 ⓑ 2차적 의존관계로 나뉜다. 1차적 의존관계는 보살핌을 받는 의존자와 보
　　　　　　　　　　　　1차적 의존관계의 개념
살핌을 제공하는 의존 노동자 사이의 관계이다. 의존자는 생애 주기적인 이유, 육체적 제약*, 정신적 제약 등 주어진 환경에서 누군가의 보살핌과 보호가 없이는 스스로 삶을 유지하기 어려운
　　　　　　　　　　　　　　　　　　　의존자의 개념
사람이다. 어린아이, 청소년, 노인, 장애인, 혹은 육체적·정신적
　　　　　　　　　　　　　　　　의존자가 되는 대상
으로 아픈 사람이 해당한다. 의존 노동자는 의존하는 사람에게 자신의 노력과 관심, 즉 보살핌을 주는 사람이다. 이렇게 본다면
　　　　　　　　　　　　　　의존 노동자의 개념
모든 인간은 1차적 의존관계를 필연적으로 경험하게 된다. 이때 의존자는 의존 노동자에게 전적*으로 의존해야 하기 때문에 본질
　　　　　　　　　　1차적 의존관계가 불평등한 관계인 이유
적으로 불평등한 관계이다. 그렇다고 이 관계가 지배 관계는 아니다. 보살핌이 필요한 사람의 이익에 위배되지 않게 의존 노동자가 노력과 관심을 집중하기 때문이다.

　　　　　▶ 2문단: 에바 키테이가 주장한 1차적 의존관계
　2차적 의존관계는 의존 노동자와 이들을 보살피는 조력자의 관계
　　　　　　　　　　　　　　　　　　2차적 의존관계의 개념
로 1차적 의존관계에서 파생된 것이다. 주목할 것은 『1차적 의존
　　　　　　　　　　　　　　　　『 』: 1차적 의존관계와 2차적 의존관계의 차이
관계에서는 보살핌이 삶의 유지를 위한 지원이라면, 2차적 의존 관계에서 보살핌은 의존 노동자에 대한 경제적이고 물질적인 지원이 된다는 것이다.』 그리고 이때도 불평등한 관계가 형성된다.
　　　　　　　　　　　　　　　1차적 의존관계와 2차적 의존관계의 공통점
다만 조력자가 단순히 자원을 제공하는 것을 넘어 자원의 흐름을
　　　　　　　　　　　　1차적 의존관계와 구별되는 2차적 의존관계의 특징
통제할 수 있다는 점은 불평등 관계에서 지배 관계로 변질될 수 있는 여지가 있다는 점에서 차이가 있다.

　　　　　▶ 3문단: 에바 키테이가 주장한 2차적 의존관계
　키테이는 의존관계의 불평등성에서 보살핌의 윤리적인 책임이
　　　　　　　　　　　　　　　보살핌의 윤리가 생성되는 배경
나온다고 설명한다. 보살핌이 필요한 사람은 취약성*을 갖고 있
　　　　　　　　　　　　　　　　의존자, 의존 노동자
으며, 이로 인해 보살핌을 제공하는 사람에게 기대는 의존관계
　　　　　　　　　　　　　　　　의존 노동자, 조력자
가 생길 수밖에 없다. 그리고 이렇게 취약성을 가진 사람들에 대해 보살핌을 주어야 하는 사람들은 '사람으로서 마땅히 행하거나

지켜야 할 도리'라는 의미를 갖는 윤리를 지켜야 할 의무와 책임
_{의존 노동자와 조력자에게 요구되는 것}
이 요구된다는 주장이다. 이렇게 본다면 인간의 의존관계에서 윤리적 책임은 의존 노동자뿐만 아니라 사회에게도 존재한다. 다시 말해 인간의 의존성은 사회의 윤리적 책임을 요구한다는 것이다. 결국 키테이는 보살핌의 윤리는 사회적 책임이라는 공공윤리의 필요성에 대한 근거를 마련하는 것이라고 역설한다*.
▶ 4문단: 의존관계의 불평등성에 따른 보살핌의 윤리

* 제약(制約): 조건을 붙여 내용을 제한함. 또는 그 조건.
* 전적(全的): 하나도 남김없이 모두 다인 것.
* 취약성(脆弱性): 무르고 약한 성질이나 특성.
* 역설하다(力說하다): 자기의 뜻을 힘주어 말하다.

01 핵심 내용 파악하기
답 | ④

에바 키테이의 주장으로 적절하지 않은 것은?

정답 선지 분석

④ 인간의 의존성은 개인 간의 윤리적 책임을 요구한다.
　4문단에서 키테이는 보살핌이 필요한 사람은 취약성을 갖고 있고, 이들에게 보살핌을 주어야 하는 사람들은 윤리를 지켜야 하는 의무와 책임이 요구된다고 하면서, 인간의 의존성은 사회의 윤리적 책임을 요구한다고 하였으므로 적절하지 않다.

오답 선지 분석

① 인간은 엄마의 아이라는 데서 보살핌이 출발한다.
　1문단에서 키테이는 모든 이들은 엄마의 아이라는 사실에서 보살핌이 출발한다고 하였으므로 적절하다.

② 모든 인간은 보살핌을 통해서 삶을 유지할 수 있다.
　1문단에서 키테이는 모든 인간은 누군가의 보살핌을 통해서만 삶을 유지할 수 있다고 하였으므로 적절하다.

③ 의존자는 스스로 삶을 유지하기 어려운 사람들이다.
　2문단에서 키테이는 의존자를 생애 주기적 이유, 육체적 제약, 정신적 제약 등 주어진 환경에서 누군가의 보살핌과 보호가 없이는 스스로 삶을 유지하기 어려운 사람이라고 하였으므로 적절하다.

⑤ 의존관계는 본질적으로 불평등한 관계를 전제로 한다.
　2문단에서 키테이는 의존자는 의존 노동자에게 전적으로 의존할 수밖에 없어 의존자와 의존 노동자의 관계가 본질적으로 불평등한 관계라고 하였고, 3문단에서 2차적 의존관계에서도 불평등한 관계가 형성된다고 하였으므로 적절하다.

02 세부 내용 파악하기
답 | ⑤

㉠에 대한 답변으로 가장 적절한 것은?

정답 선지 분석

⑤ 보살핌이 필요한 사람의 취약성에서 의존관계가 형성되면서 이루어진다.
　키테이는 의존관계의 불평등성에서 보살핌의 윤리적인 책임이 나온다고 주장하면서, 보살핌이 필요한 사람은 취약성을 갖고 있으며, 이로 인해 보살핌을 제공하는 사람에게 기대는 의존관계가 생길 수밖에 없으므로 취약성을 가진 사람들에 대해 보살핌을 주어야 하는 사람들은 '사람으로서 마땅히 행하거나 지켜야 할 도리'라는 의미를 갖는 윤리를 지켜야 할 의무와 책임이 요구된다고 하였다.

오답 선지 분석

① 의존 노동자가 자원을 제공받음으로써 이루어진다.
　의존 노동자가 조력자로부터 자원을 제공받는 것은 조력자가 의존 노동자를 보살피는 2차적 의존관계의 특징이다. 그러나 보살핌의 윤리는 의존 노동자가 지켜야 할 의무와 책임이므로 적절하지 않다.

② 보살핌이 필요한 사람의 이익을 위배함으로써 이루어진다.
　키테이가 주장한 1차적 의존관계는 보살핌을 받는 의존자와 보살핌을 제공하는 의존 노동자 사이의 관계로, 이때 의존 노동자는 보살핌이 필요한 사람의 이익에 위배되지 않게 노력과 관심을 집중한다고 하였고, 또한 이것이 보살핌의 윤리가 생성되는 방식이라 보기도 어렵다.

③ 조력자에 대한 의존 노동자의 필수적인 보살핌으로 이루어진다.
　2차적 의존관계는 조력자가 의존 노동자를 보살피는 것이라고 하였다. ㉠에서 언급한 '보살핌의 윤리'는 의존 노동자가 의존자에게 지켜야 할 의무와 책임을 의미하므로 적절하지 않다.

④ 보살핌이 필요한 사람의 범위를 매우 넓게 한정함으로써 이루어진다.
　보살핌은 윤리는 취약성을 가진 사람과의 의존관계에서 비롯되는 것이므로, 보살핌이 필요한 사람의 범위로 인해 생성된다고 볼 수 없다.

03 구체적 사례에 적용하기
답 | ④

윗글을 바탕으로 보기 의 ㉮, ㉯, ㉰에 들어갈 말을 짝지은 것으로 적절한 것은?

보기

> **학습 자료**
>
> 　고대 그리스에서 산모를 돌보는 도우미를 '둘라'라고 하였다. 둘라는 직접 아이를 돌보기보다는 산모가 아이에게 진정한 돌봄을 제공할 수 있는 주체로서 자리를 잡을 수 있도록 산모를 도와주는 역할을 수행하는 존재이다. 키테이는 이러한 둘라의 개념을 바탕으로 한 '둘리아'라는 복지정책을 제안하였다. 다른 사람의 생존과 성장을 위해 돌봄을 제공하는 사람들에 대한 돌봄을 제공해야 한다는 것이다. 그리고 이는 개인 간의 합의를 통해 대가를 주고받기보다는 서로가 조건 없이 돌봄을 주고받는 상호 돌봄 사회로 전환하는 것이라고 하였다.
>
> **선생님:** 키테이의 주장에 따라 학습 자료를 이해한다면, 둘라와 산모의 관계는 ＿＿＿㉮＿＿＿ 에 해당하고, 둘리아는 ＿＿＿㉯＿＿＿ 을 중심으로 이루어지며, 이때 둘리아는 ＿＿＿㉰＿＿＿ 에 도달하지 않아야 할 것입니다.

정답 선지 분석

	㉮	㉯	㉰
④	2차적 의존관계	물질적 지원	지배 관계

㉮ '학습 자료'에 따르면 둘라는 아이를 직접 돌보지 않고, 아이를 돌보는 산모를 돌본다. 또한 윗글의 2~3문단을 통해 키테이는 조력자는 의존 노동자를 돌보고, 의존 노동자는 의존자를 돌본다고 하였음을 알 수 있다. 이에 따르면 둘라와 산모의 관계는 조력자와 의존 노동자의 관계로 볼 수 있으며, 이는 2차적 의존관계이다.

㉯ '학습 자료'에 따르면 둘리아는 다른 사람의 생존과 성장을 위해 돌봄을 제공하는 사람에 대한 돌봄을 제공하는 것이다. 이를 3문단의 내용과 관련지어 보면 둘리아는 의존자를 위해 돌봄을 제공하는 사람인 의존 노동자에 대한 돌봄, 즉 조력자의 보살핌이라 할 수 있다. 이는 2차적 의존관계에서 제공하는 보살핌이다. 이 경우의 지원은 물질적 경제적 지원이 이루어진다.

㉰ 둘리아는 2차적 의존 관계에서 제공되는 보살핌이다. 3문단에 따르면 키테이는 2차적 의존 관계에서 조력자가 단순히 자원을 제공하는 것을 넘어 자원의 흐름을 통제할 수 있다는 점은 불평등 관계에서 지배 관계로 변질될 수 있는 여지가 있다고 보았다. 따라서 지배 관계로까지 도달해서는 안 된다고 보는 것으로 이해할 수 있다.

04 세부 내용 파악하기

다음은 ⓐ와 ⓑ를 설명한 것이다. 빈칸에 들어갈 말로 적절한 것을 골라 차례대로 쓰시오.

> ⓐ와 ⓑ는 본질적으로 (평등 / 불평등) 관계가 형성된다는 점에서 공통적이나, ⓑ는 (지배 / 의존) 관계로 변질될 수 있다는 점에서 ⓐ와 차이가 있다.

정답

불평등, 지배

문학 1	하급반 교과서(김명수)

◀ 빠른 정답 체크   **01** ④   **02** ⑤   **03** ④   **04** 아이들

아이들이 큰 소리로 <u>책</u>을 읽는다
　　민중　　　　아이들을 획일화시키는 수단
나는 물끄러미 그 소리를 듣고 있다

한 아이가 소리 내어 책을 읽으면

딴 아이도 따라서 책을 읽는다

청아한* 목소리로 **꾸밈없는 목소리**로
　　　　　무지하고 무비판적인 목소리
"아니다 아니다!" 하고 읽으니 ┐

"아니다 아니다!" 따라서 읽는다 │

"그렇다 그렇다!" 하고 읽으니 ┘　교과서를 맹목적으로
　　　　　　　　　　　　　　따라 읽는 아이들의 모습
"그렇다 그렇다!" 따라서 읽는다　－ 비판성이 결여된
　　　　　　　　　　　　　　　　무지한 민중들

　┌ 외우기도 좋아라 하급반 교과서
[A]　　　반어적 표현
　└ 활자*도 커다랗고 읽기에도 좋아라
　　　　　　　　　　　　반어적 표현
목소리 하나도 흐트러지지 않고
　　　일사불란하고 획일적인 모습
한 아이가 읽는 대로 따라 읽는다
　　　　　　　　　▶ 교과서를 획일적으로 따라 읽는 아이들

이 봄날 **쓸쓸**한 **우리의 책 읽기**여
　획일적이고 맹목적인 민중에 대한 화자의 심정－쓸쓸함
우리나라 아이들의 목청이여
　　　　　▶ 맹목적인 아이들의 책 읽기에 대한 안타까움
　　　　　　　　　　　　　－ 김명수, 〈하급반 교과서〉 －

* 청아하다(淸雅하다): 속된 티가 없이 맑고 아름답다.
* 활자(活字): 활판이나 워드 프로세서 따위로 찍어 낸 글자.

---

01 표현상의 특징 이해하기
답 | ④

윗글에 대한 설명으로 적절하지 <u>않은</u> 것은?

정답 선지 분석

④ 공간의 이동에 따라 대상에 대한 화자의 태도가 변화하고 있다.
　'하급반 교과서'를 따라 읽는 '아이들'을 통해 교실을 공간적 배경으로 볼 수 있으나, 공간의 이동이 제시되어 있지는 않다.

오답 선지 분석

① 화자가 작품에 직접적으로 드러나고 있다.
　윗글의 '나는 물끄러미 그 소리를 듣고 있다'라는 시행을 통해 화자가 작품에 직접적으로 드러나고 있음을 알 수 있다.

② 유사한 문장 구조의 반복을 통해 시상을 전개하고 있다.
　윗글의 "아니다 아니다!" 하고 읽으니 / "아니다 아니다!" 따라서 읽는다 / "그렇다 그렇다!" 하고 읽으니 / "그렇다 그렇다!" 따라서 읽는다'에서 책을 읽는 아이들의 모습을 유사한 문장 구조를 통해 드러내고 있다.

③ 시어를 일정하게 끊어 읽음으로써 운율을 형성하고 있다.
　윗글은 4음보의 율격을 활용하여 운율을 형성하고 있다.

⑤ 연의 이동에 따라 어조를 변화시킴으로써 작품의 분위기를 반전시키고 있다.
　1연에서는 책을 읽는 아이들의 모습을 밝고 명랑한 어조로 표현하고, 2연에서는 부정적이고 비판적 어조로 시상을 전개함으로써 작품의 분위기를 반전시키고 있다.

---

02 표현상의 특징 파악하기
답 | ⑤

[A]와 동일한 표현법이 쓰인 작품으로 가장 적절한 것은?

정답 선지 분석

⑤ 아직은 암회색 스모그가 그래도 맑고 희고, 폐수가 너무 깨끗한 까닭에 숨을 쉴 수가 없어 움직이지 못하고 눈만 뜬 채 잠들어 있는지 몰라.
　　　　　　　　　　　　　　　　　　　－ 김기택, 〈바퀴벌레는 진화 중〉
　[A]는 민중들의 자유를 억압하고 획일화시키는 교과서에 대한 반어적 표현으로, '암회색 스모그'를 '맑고 희'다고 표현하고, '폐수'를 '너무 깨끗'하다고 표현함으로써 '숨을 쉴 수' 조차 없는 환경오염의 심각성을 반어적으로 강조하고 있으므로 [A]와 같은 반어법이 사용되었다.

오답 선지 분석

① 모가지가 길어서 슬픈 짐승이여 / 언제나 점잖은 편 말이 없구나
　　　　　　　　　　　　　　　　　　　　　－ 노천명, 〈사슴〉
　이 시의 화자는 사슴을 슬프고 말이 없다고 표현함으로써 사람이 아닌 것을 사람처럼 표현하는 의인법을 활용하였으나, [A]에서는 의인법이 활용되지 않았으므로 적절하지 않다.

② 그대는 반짝거리면서 하늘 아래에서 / 간간히 / 자유를 말하는데 / 우스워라 나의 영(靈)은 죽어 있는 것이 아니냐
　　　　　　　　　　　　　　　　　　　　　－ 김수영, 〈사령〉
　화자는 '나의 영은 죽어 있는 것이 아니냐'라고 물음으로써 자유를 추구하지 못하는 자신에 대한 성찰과 반성을 드러내고 있다. 따라서 반어법이 아닌 설의법이 사용되었다.

③ 남들이 열고 들어오는 문을 통해 / 내 가슴이 쿵쿵거리는 모든 발자국 따라 / 너를 기다리는 동안 나는 너에게 가고 있다
　　　　　　　　　　　　　　　　　　　　　－ 황지우, 〈너를 기다리는 동안〉
　화자는 '너를 기다리'고 있음에도 '가고 있다'는 역설적 표현을 사용함으로써 만남에 대한 의지를 강조하고 있다. [A]에서는 역설법이 아닌 반어법이 사용되었으므로 적절하지 않다.

④ 집에 돌아오면 / 하루종일 발을 물고 놓아주지 않던 / 가죽구두를 벗고 / 살껍질에 달라붙어 떨어지지 않던 / 검정 양말을 벗고
　　　　　　　　　　　　　　　　　　　　　－ 김기택, 〈맨발〉
　이 시의 화자는 무생물을 살아 있는 것처럼 표현하는 활유법을 사용함으로써 '가죽구두'가 발을 물고 놓아주지 않다고 표현하고 있다. [A]에서는 활유법이 아닌 반어법이 사용되었으므로 적절하지 않다.

[보기]를 참고하여 윗글을 이해한 내용으로 적절하지 않은 것은?

[보기]

김명수의 〈하급반 교과서〉는 군부 독재 시절, 표현의 자유가 억압된 상황에서 강요된 획일주의와, 잘못된 권위에 맹목적으로 복종하는 민중들의 주체적이지 못한 삶을 하급반 아이들의 책 읽기와 반어적 표현을 통해 비판하였다.

[정답 선지 분석]

④ '아이들'의 '청아'하고 '꾸밈없는 목소리'는 암울한 시대 상황에도 불구하고 변화된 미래를 꿈꾸는 화자의 소망이 드러나는 시어다.

〈보기〉에서 화자는 민중들의 주체적이지 못한 삶을 반어적 표현을 통해 비판하였다고 하였다. 이에 따르면 교과서를 따라 읽는 '아이들'의 '청아'하고 '꾸밈없는 목소리'는 민중들의 무지함과 무비판성을 반어적으로 표현한 것이지, 변화된 미래를 꿈꾸는 화자의 소망이 드러나는 시어로 볼 수 없다.

[오답 선지 분석]

① '아이들'은 권위에 예속되어 획일적인 삶을 사는 무지한 민중을 의미한다.

〈보기〉에 따르면 윗글은 권위에 맹목적으로 복종하는 민중들을 비판하였다고 하였으므로, 윗글에서 교과서를 따라 읽는 '아이들'은 권위에 복종하고 획일적인 삶을 사는 무지한 민중을 의미한다고 볼 수 있다.

② '책'은 '아이들'이 무비판적으로 따라 읽는 대상으로, 사회의 획일주의와 권위를 의미한다.

〈보기〉에서 윗글은 민중들이 강요된 획일주의와 권위에 맹목적으로 복종하는 모습을 비판하고 있다 하였으므로, 민중을 의미하는 '아이들'이 따라 읽는 '책'은 사회의 획일주의와 권위를 의미한다고 볼 수 있다.

③ 시대적 상황을 고려할 때, '한 아이'는 '아이들'이 맹목적으로 추종하는 대상인 권위자, 즉 지도자를 의미한다.

〈보기〉에서 윗글은 군부 독재 시절의 현실 상황을 비판하고 있다고 하였다. 이에 따르면 민중인 '아이들'이 맹목적으로 따르는 '한 아이'는 지도자를 의미한다고 볼 수 있다.

⑤ '우리의 책 읽기'가 '쓸쓸'하다고 한 이유는 비판 의식 없이 현실에 순응하며 살아가는 민중에 대한 화자의 비판적 시선이 반영되었기 때문이다.

〈보기〉에서 화자는 권위에 복종하는 민중을 비판하고 있다고 하였다. 이에 따르면 민중이 맹목적으로 행하는 '책 읽기'는 화자에게 있어 비판 대상이며, 이를 '쓸쓸'하다고 한 것은 민중에 대한 화자의 비판적 시선과 안타까움을 드러낸 것이라 볼 수 있다.

04 시어의 의미 파악하기

㉠, ㉡과 유사한 의미를 나타내는 시어 한 개를 윗글에서 찾아 3음절로 쓰시오.

사회자가 외쳤다
여기 일생 동안 이웃을 위해 산 분이 계시다
이웃의 슬픔은 이분의 슬픔이었고
이분의 슬픔은 이글거리는 빛이었다
　　　　　　(중략)
보라, 이분은 당신들을 위해 청춘을 버렸다
당신들을 위해 죽을 수도 있다
그분은 일어서서 흐느끼는 사회자를 제지했다
군중들은 일제히 그분에게 박수를 쳤다
㉠ 사내들은 울먹였고 감동한 ㉡ 여인들은 실신했다

　　　　　　　　　　　- 기형도, 〈홀린 사람〉

[정답]

아이들

[앞부분 줄거리] 자신의 부모인 오구 대왕과 갈대 부인이 큰 병에 걸렸다는 사실을 알게 된 바리공주는 남장을 하고 서천 서역국에 가 약수와 나뭇가지를 구해 오기로 한다.

"여섯 형님이여, 삼천 궁녀들아 대왕 양마마님께서 한날한시에
바리공주의 여섯 언니들
승하하실지라도* 나 돌아올 때까지 기다려서 인산* 거동 내지 마라."

양전*마마께 하직하고 여섯 형님께 하직하고 궐문 밖을 내달으
어디로 가야할 지 모르는 바리공주의 막막한 심정
니 갈 바를 알지 못할러라.

우여 슬프다. 선후망의 아무 망자* 칠 공주 뒤를 좇으면은 서방
서술자의 개입 ①
정토* 극락세계 후세 발원* 남자되어 연화대*로 가시는 날이로성이다.

「아기가 주장을 한 번 휘둘러 짚으시니 한 천 리를 가나이다. 두
『」: 바리공주의 비범한 능력 ①
번을 휘둘러 짚으시니 두 천 리를 가나이다. 세 번을 휘둘러 짚으
시니 세 천 리를 가나이다.」

㉠ 이때가 어느 때냐 춘삼월 호시절이라. 이화 도화 만발하고
향화 방초* 흩날리고 누른 꾀꼬리는 양류* 간에 날아들고 앵무
공작 깃 다듬는다. 뻐꾹새는 벗 부르며 서산에 해는 지고 월출동
령* 달이 솟네. 앉아서 멀리 바라보니 어렁성 금바위에 반송*이
덮였는데 석가세존*님이 지장보살*님과 아미타불*님과 설법*을
하시는구나.

아기가 가까이 가서 삼배나삼배 삼삼구배*를 드리니,

「㉡ 네가 사람이냐 귀신이냐? 날짐승 길버러지도 못 들어오는
『」: 바리공주의 비범한 능력 ②-인간이 갈 수 없는 곳에 들어감
곳이어든 어찌하여 들어왔느냐?」

아기 하는 말이,

"국왕의 세자이옵더니 부모 소양 나왔다가 길을 잃었사오니 부
남장을 하고 세자인 듯 행세함
처님 은덕으로 길을 인도하옵소서."

석가세존님 하시는 말씀이,

"국왕에 칠 공주가 있다는 말은 들었어도 세자 대군 있다는 말
은 금시초문이다. ㉢ 너를 대양 서촌에 버렸을 때에 너의 잔명
을 구해 주었거든 그도 그러하려니 평지 삼천 리에 왔지마는
험로 삼천 리를 어찌 가려느냐?"

"가다가 죽사와도 가겠나이다."
죽음을 불사하고서라도 부모를 구하겠다는 바리공주의 지극한 효심이 드러남
"라화를 줄 것이니 이것을 가지고 가다가 큰 바다가 있을 테니
바리공주가 바다를 건널 수 있게 도와주는 것

이것을 흔들면은 대해가 육지가 되나니라."

『가시성 철성이 하늘에 닿은 듯하니, 부처님 말씀을 생각하고 라
『』: 바리공주의 험난한 여정
화를 흔드니 팔 없는 귀신, 눈 없는 귀신 억만 귀졸*이 앙마구리*

끌 듯하는구나.』 칼산 지옥 불산 지옥문과 팔만 사천 제 지옥문을

열어, 십왕 갈 이 십왕으로, 지옥 갈 이 지옥으로 보내일 때, 우여
서술자의 개입 ②
슬프다 선후망의 아무 망자 썩은 귀 썩은 입에 자세히 들었다가

제 보살님께 외우시면 바리공주 뒤를 따라 서방 정토 극락세계로

가시는 날이로성이다.

　아기가 한곳을 바라보니, 동쪽에는 청유리 장문이 서 있고 북

쪽에는 흑유리 장문이 서 있고, 한가운데는 정렬문*이 서 있는데

무상 신선 이 서 계시다.
악수를 가진 인물, 바리공주의 고난을 의미함
『키는 하늘에 닿은 듯하고, 얼굴은 쟁반만 하고 눈은 등잔만 하
『』: 무상 신선의 외형을 과장하여 묘사함으로써 위압적인 분위기를 조성함
고, 코는 줄병 매달린 것 같고, 손은 솥뚜껑만 하고 발은 석 자 세

치라.』

　하도 무섭고 끔찍하야 물러나 삼배를 드리니, 무상 신선 하는

말이,

　"그대가 사람이뇨 귀신이뇨? 날짐승 길버러지도 못 들어오

　는 곳에 어떻게 들어왔으며 어데서 왔느뇨?"

　"나는 국왕마마의 세자로서 부모 봉양 왔나이다."

　"부모 봉양 왔으면은 물값 가지고 왔소? 나뭇값 가지고 왔소?"
　　　　악수를 얻기 위해 치러야 할 값　　나무가지(살살이 뼈살이)를 얻기
　"총망* 길에 잊었나이다."　　　　　　　위해 치러야 할 값

　"물 삼 년 길어 주소, 불 삼 년 때어 주소, 나무 삼 년 베어

　　　　9년 간의 노동, 과도한 노동으로 인한 여성의 고통을 의미함
주소."

[A]　　석 삼 년 아홉 해를 살고 나니 무상 신선 하는 말이,

　"그대가 앞으로 보면 여자의 몸이 되어 보이고 뒤로 보면

　국왕의 몸이 되어 보이니, 그대하고 나하고 백년가약을 맺

　어 일곱 아들 낳아 주고 가면 어떠하뇨?"
　　　다산으로 인한 여성의 고통, 남아 선호 사상
　"그도 부모 봉양할 수 있다면은 그리하성이다."
　　　부모를 살리고자 하는 바리공주의 의지와 효심이 드러남
　『천지로 장막을 삼고, 등나무로 베개 삼고, 잔디로 요를 삼
　　『』: 바리공주가 무상 신선과 함께 지낸 시간을 요약적으로 제시함
　고, 떼구름으로 차일* 삼고, 샛별로 등촉을 삼어, 초경에 허락

　하고, 이경에 머무시고, 삼경에 사경 오경에 근연* 맺고, 일곱

　아들 낳아 준 연후』, 아기 하는 말씀이,

　"아무리 부부 정도 중하거니와 부모 소양 늦어 갑네. ㉣ 초경에

　꿈을 꾸니 은그릇이 깨어져 보입디다. 이경에 꿈을 꾸니 은수저
　　　　　　부모님의 죽음을 암시함
가 부러져 보입니다. 양전마마 한날한시에 승하하옵신 게 분명

하오. 부모 봉양 늦어 가오."
　　　바리공주의 초조함

　"㉤ 그대 깃든 물 약려수이니 금장군*에 지고 가오. 그대 베든

나무는 살살이 뼈살이*니 가지고 가오."

　"앞바다 물 구경하고 가오."
　바리공주와 헤어지기 싫은 무상 신선의 마음 ①
　"물 구경도 경이 없소."

　"뒷동산의 꽃구경하고 가오."
　바리공주와 헤어지기 싫은 무상 신선의 마음 ②
　"꽃구경도 경이 없소."

　"전에는 혼자 홀아비로 살아왔거니와 이제는 여덟 홀아비가 되
　　　　　　　　　　　　　　　　　무상 신선과 일곱 아들
어 어찌 살나오?"

　"일곱 아기 데리고 가오."

　"그도 부모 효양이면 그리하여이다."

　큰 아기는 걷게 하고 어린 아기 업으시고.

　무상 신선 하시는 말씀이,

　"그대 뒤를 좇으면은 어떠하오?"

　"여필종부*라 하였으니 그도 부모 소양이면 그리하여이다. 한
　　　　바리공주가 무상 신선, 일곱 아들과 함께 부모를 구하기 위해 돌아감
몸이 와서 아홉 몸이 돌아가오."

　　　　　　　　　　　　　- 작자 미상, 〈바리공주〉 -

* 승하하다(昇遐하다): 임금이나 존귀한 사람이 세상을 떠나다.
* 인산(因山): 상왕, 왕, 왕세자, 왕세손과 그 비들의 장례.
* 양전(兩殿): 임금과 왕비를 아울러 이르는 말.
* 선후망의 아무 망자(先後亡의 아무 亡子): 먼저 죽은 사람이든 나중 죽은 사람이든 어느 죽은 사람이나.
* 서방 정토(西方淨土): 서쪽으로 십만 억의 국토를 지나면 있는 아미타불의 세계.
* 후세 발원(後世發源): 후세를 위해 신에게 빎.
* 연화대(蓮花臺): 연꽃 모양으로 만든 불상의 자리.
* 방초(香花): 향기롭고 꽃다운 풀.
* 양류(楊柳): 버드나무.
* 월출동령(月出東嶺): 동쪽 산에서 달이 떠오름.
* 반송(盤松): 키가 작고 가지가 옆으로 퍼진 소나무.
* 석가세존(釋迦世尊): '석가모니(부처)'를 높여 이르는 말.
* 지장보살(地藏菩薩): 미륵불이 올 때까지 속세에 머물면서 중생을 교화하는 보살.
* 아미타불(阿彌陀佛): 서방 정토에 있는 부처.
* 설법(說法): 불교의 이치나 가르침을 풀어 밝힘.
* 삼삼구배(三三九拜): 세 번씩 세 번. 아홉 번 절함.
* 귀졸(鬼卒): 온갖 잡스러운 귀신을 통틀어 이르는 말.
* 앙마구리: 악머구리의 방언. 잘 우는 개구리라는 뜻으로, '참개구리'를 이르는 말.
* 정렬문(貞烈門): 여성의 행실이나 지조가 곧음을 표창하기 위해 세운 문.
* 총망(悤忙): 매우 급하고 바쁨.
* 차일(遮日): 햇볕을 가리기 위하여 치는 포장.
* 근연(近緣): 가까이 하여 인연을 맺음.
* 금장군(金장군): 금으로 만든 장군. 장군은 물, 술, 간장 따위의 액체를 담아서 옮길 때에 쓰는 그릇.
* 살살이 뼈살이: 살을 살아나게 하는 것과 뼈를 살아나게 하는 것.
* 여필종부(女必從夫): 아내는 반드시 남편을 따라야 한다는 말.

01 서술상의 특징 파악하기　　　　　　답 | ③

윗글에 대한 설명으로 가장 적절하지 <u>않은</u> 것은?

③ 실제 역사적 사건을 삽입함으로써 시대적 상황을 드러내고 있다.

　　윗글의 갈래는 구전 설화로, 실제 역사적 사건이 아닌 전해 내려오는 이야기를 서술한 것이므로 적절하지 않다.

① 불교 용어와 한자어가 빈번하게 사용되고 있다.

　　윗글의 갈래는 서사 무가로, '석가세존', '지장보살', '아미타불' 등 불교적 색채를 지닌 등장인물이 등장하며, 한자어가 빈번하게 사용되고 있다.

② 서술자가 작품에 개입하는 구비 문학의 특징이 드러나고 있다.

　　윗글의 '우여 슬프다'에서 서술자가 직접 작품에 개입하여 작품을 전개하고 있다.

④ 주인공이 고난을 극복하는 과정을 중심으로 이야기가 전개되고 있다.

　　윗글은 바리공주가 아버지의 병을 낫게 하기 위해 약수를 찾으러 가는 여정을 중심으로 이야기가 전개되고 있다.

⑤ 한국 서사 문학의 특징 중 하나인 영웅의 일대기적 구조를 따르고 있다.

　　윗글의 주인공은 공주라는 고귀한 혈통을 가지고 태어나 어려서 버려진 뒤 조력자 석가세존의 도움으로 길러졌으며, 지팡이를 한 번 짚을 때마다 천 리씩 앞서 가고 인간이 갈 수 없는 곳에 들어가는 등의 비범한 능력을 지녔으며, 부모의 병을 고치기 위해 여정을 떠나 고난을 극복하는 등의 서사 구조를 따르고 있다.

02 구절의 의미 파악하기　　　　　　답 | ①

㉠~㉤에 대한 설명으로 적절하지 <u>않은</u> 것은?

① ㉠: 앞으로 바리공주의 앞날이 순탄하게 진행될 것을 의미한다.

　　㉠에서 '춘삼월 호시절'은 바리공주가 여정을 떠나는 시기를 의미할 뿐, 앞날이 순탄하게 진행될 것을 의미하지는 않는다.

② ㉡: 바리공주의 비범한 능력을 나타낸다.

　　㉡에서 바리공주는 '날짐승 길버러지도 못 들오는 곳'에 들어가 석가세존의 놀라움을 샀으므로 이는 바리공주의 비범한 능력을 나타낸다고 볼 수 있다.

③ ㉢: 바리공주의 잔명을 구해 주었다는 서술을 통해 조력자로서의 석가세존의 면모가 드러난다.

　　㉢에서 바리공주의 부모가 바리공주를 '대양 서촌에 버렸을 때' 석가세존이 바리공주의 '잔명을 구해 주었다'는 내용을 통해 석가세존이 바리공주의 조력자임을 알 수 있다.

④ ㉣: 왕과 왕비의 안위에 문제가 생겼음을 의미한다.

　　㉣에서 '은그릇이 깨'지고 '은수저가 부러져 보'이는 것을 통해 바리공주는 부모님이 돌아가셨음을 직감하였으므로 적절하다.

⑤ ㉤: 약려수와 살살이 뼈살이는 바리공주가 부모의 병을 낫게 할 수 있는 수단이다.

　　㉤에서 무상 신선이 바리공주에게 건넨 '약려수'와 '살살이 뼈살이'는 바리공주의 노동에 따른 대가로, 부모를 살리게 하는 수단이다.

03 외적 준거를 통해 작품 감상하기　　　　답 | ③

<u>보기</u>를 참고하여 [A]를 감상한 내용으로 적절하지 <u>않은</u> 것은?

> **보기**
>
> 　〈바리공주〉는 버려진 여성이 모든 고통을 이겨 내고 끝내 업적을 이룩한다는 점에서 '여성의 수난과 극복'이라는 한국 문학의 전통적인 모티프를 따르고 있다. 이 모티프를 통해 여성이 전통 사회의 유교 윤리를 충실히 따르면서도 과중한 가사 노동과 다산으로 인한 고통을 받고 있음을 고발하는 한편, 남아 선호 사상이 만연했던 사회를 비판한다. 또한 이러한 수난은 극복과 성취를 위해 필수적으로 필요한 장치라는 점에서 그 의의가 있다.

③ 무상 신선이 요구한 노동을 마친 뒤 무상 신선과 '백년가약'을 맺게 된다는 점에서 바리공주의 노동은 성취를 위한 필수적인 장치라 볼 수 있겠군.

　　〈보기〉에서 여성의 수난은 극복과 성취를 위해 필수적으로 필요한 장치라고 하였으나, 윗글에서 무상 신선이 요구한 '백년가약'은 바리공주가 일곱 아들을 낳아야 함을 의미하는 것으로, 이를 성취라고 볼 수 없다.

① 부모에게 버림받았음에도 '부모 봉양'을 위해 고난을 자처하는 바리공주는 전통 사회의 유교 윤리를 충실히 따르고 있다고 볼 수 있겠군.

　　〈보기〉에서 윗글은 여성이 전통 사회의 유교 윤리를 충실히 따르면서도 사회 문제로 인한 고통을 받고 있음을 고발한다고 하였으므로, 부모에게 버려졌음에도 '부모 봉양', 즉 부모를 살리기 위해 무상 신선의 요구를 수용하는 바리공주는 전통 사회의 유교 윤리를 충실히 따르고 있다고 볼 수 있다.

② 바리공주가 '물'을 기르고 '불'을 때고 '나무'를 베는 것은 당시 여성들이 행했던 노동으로, 과중한 가사 노동으로 인한 여성의 고통을 상징하겠군.

　　〈보기〉에서 윗글은 과중한 가사 노동으로 인한 여성의 고통을 고발한다고 하였으므로, 무상 신선이 바리공주에게 요구한 구 년간의 노동은 당대 여성의 과중한 가사 노동을 상징한다고 볼 수 있다.

④ 바리공주가 낳은 '일곱' 명의 자식들은 당대 사회에서 여성들이 겪어야 했던 희생 중 하나인 다산의 고통을 상징하겠군.

　　〈보기〉에 따르면 윗글은 '여성의 수난과 극복' 모티프를 통해 다산으로 인한 여성의 고통을 고발한다고 하였으므로, 바리공주가 무상 신선의 요구로 낳은 일곱 명의 자식은 다산의 고통을 상징한다고 볼 수 있다.

⑤ 무상 신선이 바리공주에게 '아들'을 낳아달라 요구한 것은 당시 남아 선호 사상이 만연했던 전통 사회의 모습을 보여 주는군.

　　〈보기〉에서 '여성의 수난과 극복' 모티프는 남아 선호 사상이 만연했던 사회를 비판한다고 하였으므로, 이를 바탕으로 무상 신선이 바리공주에게 아들을 낳아달라 요구한 것을 이해한다면 남아 선호 사상이 만연했던 전통 사회의 모습을 비판하는 것이라 볼 수 있다.

04 소재의 의미 파악하기

바리공주가 석가세존으로부터 받은, 큰 바다를 건널 수 있게 하는 물건을 윗글에서 찾아 2음절로 쓰시오.

라화

③ 삼촌이 할머니를 <u>모시고</u> 집에 가셨다. → 데리고

문장의 객체인 '할머니'는 화자가 높여야 할 대상으로, '할머니'를 높이기 위해 객체를 높이는 특수 어휘인 '모시고'가 사용된 것은 적절하다. 따라서 '모시고' 대신 '데리고'라고 고치는 것은 적절하지 않다.

⑤ 손님, 결제하실 금액은 총 <u>5만 원입니다</u>. → 5만 원이십니다

'5만 원이십니다'는 '손님'이 아닌 '금액'을 높이는 표현이므로 '5만 원입니다'라고 표현하는 것이 적절하다.

문법

문법 요소 (1) 종결 표현, 높임 표현, 시간 표현

빠른 정답 체크   01 ③   02 ④   03 ③   04 미래, 주체

01 종결 표현 이해하기

답 | ③

다음 중 종결 표현이 적절하게 연결되지 <u>않은</u> 것은?

정답 선지 분석

③ 이번 가을엔 함께 등산을 가자. - 평서문

평서문은 화자가 청자에게 특별히 요구하는 바 없이 단순하게 진술하는 문장으로, '-(ㄴ)다', '-ㅂ니다'와 같은 종결 어미가 사용된다. '이번 가을엔 함께 등산을 가자.'에서는 화자가 청자에게 등산을 함께 가자는 요구를 하며 '-자'라는 어미로 문장을 종결하고 있는데, 이는 화자가 청자에게 어떤 행동을 함께 하도록 요청하거나 제안하는 청유문에 해당한다.

오답 선지 분석

① 정말 아름다운 꽃이구나! - 감탄문

감탄문은 자신의 느낌을 표현하는 문장으로, '-군', '-구나'와 같은 종결 어미가 사용된다. '정말 아름다운 꽃이구나!'에서 화자는 꽃에 대한 자신의 느낌을 표현함과 동시에 '-구나'라는 어미로 문장을 종결하고 있으므로 적절하다.

② 시간이 늦었으니 어서 자라. - 명령문

명령문은 화자가 청자에게 어떤 행동을 강하게 요구하는 문장으로, '-아라/어라', '-게'와 같은 종결 어미가 사용된다. '시간이 늦었으니 어서 자라.'에서는 화자가 청자에게 자라는 행동을 강하게 요구하며 '-아라'라는 종결 어미를 활용하고 있으므로 적절하다.

④ 일회용품 대신 다회용품을 사용합시다. - 청유문

청유문은 화자가 청자에게 어떤 행동을 함께 하도록 요청하거나 제안하는 문장으로, '-자', '-ㅂ시다'와 같은 종결 어미가 사용된다. '일회용품 대신 다회용품을 사용합시다.'에서 화자는 청자에게 다회용품을 사용하는 행동을 요청하며, '-ㅂ시다'라는 어미로 문장을 종결하고 있으므로 적절하다.

⑤ 숭례문에 가려면 몇 번 출구로 가야 할까요? - 의문문

의문문은 화자가 청자에게 질문하며 대답을 요구하는 문장으로, '-니', '-느냐/냐', '-느가', '-ㄹ까' 등의 종결 어미가 사용된다. '숭례문에 가려면 몇 번 출구로 가야 할까요?'에서 화자는 숭례문에 가려면 몇 번 출구로 가야 하는지에 대해 청자에게 대답을 요구하며, '-ㄹ까요'라는 어미로 문장을 종결하고 있으므로 적절하다.

02 높임 표현 이해하기

답 | ④

다음 중 높임 표현을 적절하게 고친 것은?

정답 선지 분석

④ 곧이어 회장님의 말씀이 <u>계시겠습니다</u>. → 있겠습니다

문장에서는 교장 선생님에 대한 간접 높임인 '말씀'을 사용하고 있다. 이때 '계시다'는 문장의 주체인 '회장님'을 높이는 표현이므로 '있겠습니다' 혹은 '있으시겠습니다'라고 고쳐야 한다.

오답 선지 분석

① 동생이 안방에서 <u>자고 있다</u>. → 주무시고

문장의 주체인 '동생'은 화자가 높여야 할 대상이 아니므로, '자고' 대신 주체를 높이는 단어인 '주무시다'로 고치는 것은 적절하지 않다.

② 민지야, 선생님께서 교무실로 <u>오래</u>. → 오시래

문장에서 높여야 할 대상은 '선생님'이다. 그러나 '오시래'는 '선생님'이 아닌 '민지'를 높인 표현이므로 '오라고 하셔', 또는 '오라셔'라고 해야 한다.

03 시간 표현 이해하기

답 | ③

보기 에서 ㉠~㉤을 통해 알 수 있는 시간 표현에 대한 설명으로 적절하지 <u>않은</u> 것은?

보기

삼촌: ㉠ 민지야, 지난 겨울 방학 동안 가장 기억에 남는 일이 무엇이니?
민지: ㉡ 저는 친구들과 함께 제주도에 갔던 일이 기억에 남아요.
삼촌: ㉢ 제주도라니, 정말 재밌었겠구나!
민지: 네. ㉣ 지금도 그곳에서 재밌게 놀던 기억이 생생하게 떠올라요.
삼촌: 민지의 말을 들으니 삼촌도 제주도에 가고 싶구나. ㉤ <u>삼촌은 내년에 갈 계획이야.</u>

정답 선지 분석

③ ㉢: 선어말 어미 '-겠-'을 통해 말하는 시점이 사건이 일어난 시점보다 나중인 시제임을 알 수 있다.

선어말 어미 '-겠-'은 미래 시제를 나타내는 표현이지만, ㉢의 '재밌었겠구나!'에서 사용된 '-겠-'은 미래 시제가 아닌, 추측을 나타내는 선어말 어미이므로 적절하지 않다.

오답 선지 분석

① ㉠: 과거를 나타내는 부사어를 통해 겨울 방학이 말하는 시점보다 앞서 일어났음을 알 수 있다.

과거 시제는 사건이 일어난 시점이 말하는 시점보다 앞선 시제를 가리킨다. ㉠에서 '지난 겨울 방학'은 과거를 나타내므로 '겨울 방학'이 말하는 시점보다 앞서 일어났음을 알 수 있다.

② ㉡: 관형사형 어미 '-던'을 통해 제주도에 간 일이 과거에 일어난 것임을 알 수 있다.

'-던'은 과거 시제를 의미하는 관형사형 어미이므로 ㉡에서 '제주도를 갔던 일'은 말하는 시점보다 앞서 일어난 일이므로 과거에 일어난 것이다.

④ ㉣: 부사어 '지금'을 통해 제주도에서의 기억을 떠올리는 시점과 말하는 시점이 일치하고 있음을 알 수 있다.

현재 시제는 사건이 일어난 시점과 말하는 시점이 일치하는 시제로, 시간 부사어 '지금'을 통해 실현된다. 따라서 ㉣에서 '그곳(제주도)에서 재밌게 놀던 기억'을 떠올리는 시점과 말하는 시점이 일치하고 있다.

⑤ ㉤: 관형사형 어미 '-(으)ㄹ'을 통해 제주도에 가는 일이 말하는 시점보다 나중에 일어날 것을 알 수 있다.

미래 시제는 사건이 일어나는 시점이 말하는 시점보다 나중인 시제로, 관형사형 어미 '-(으)ㄹ'로 실현된다. 따라서 ㉤의 '내년에 (제주도에) 갈 계획'은 삼촌이 제주도에 가는 일이 말하는 시점보다 나중에 일어날 것임을 의미한다.

ⓐ, ⓑ에 들어갈 말로 적절한 것을 차례대로 쓰시오.

보기

나 보기가 역겨워 / 가실 때에는
말없이 고이 보내드리오리다

영변에 약산 / 진달래꽃
아름 따다 가실 길에 뿌리오리다 (후략)

― 김소월, 〈진달래꽃〉

〈보기〉는 선어말 어미 '- (으)리 -'로 보아 (ⓐ) 시제이며, 선어말 어미 '-(으)시-'를 통해 (ⓑ) 높임 표현을 실현하고 있군.

정답

미래, 주체

독서 　미디어 배양 이론

빠른 정답 체크　**01** ⑤　**02** ④　**03** ⑤　**04** 주류화, 공명 효과

미디어가 수용자들의 건강에 미치는 영향에 대한 연구는 세계적인 언론학자들에 의해 오래전부터 진행되어 왔으며, 이를 통해 <u>미디어가 수용자들의 신체적, 정신적 건강에 부정적인 영향을 미</u>
　　　　연구를 통해 밝혀낸 미디어가 수용자들의 건강에 미치는 영향
친다는 것을 밝혀냈다. 이를 바탕으로 거브너 교수는 <u>수용자들이</u>
　　　　　　　　　　　　　　　　　　　　배양 이론의 핵심
<u>미디어가 생산·공급한 잘못된 정보를 실제 사실로 믿게 된다는</u> 배양* 이론을 주장하였고, 이러한 주장을 따르는 학파를 <u>거브너</u> <u>학파</u>라고 명칭했다.
　배양 이론
▶1문단: 거브너 학파가 주장한 배양 이론

거브너 학파가 주창한 초기 배양 이론의 내용은 『미디어는 사실
　　　　　　　　　　　　　　　　　　　　『』: 초기 배양 이론의 내용
적이지 않은 이미지를 갖는 세계, 다시 말해 상징적 세계를 창조하고, 이를 일관적이고 지속적으로 재생산함으로써 수용자들의 생각을 확장하는 배양 효과가 일어난다는 것이다.』이에 따라 현대 사회의 수용자들은 <u>미디어가 사회를 이해하고 적응하는 데 꼭</u>
　　　　　　　　　　　　　　미디어에 대한 수용자의 반응 ①
<u>필요한 해설자라고 인식하고 있으며, 미디어가 재생산한 상징적</u>
　　　　　　　　　　　　　　　미디어에 대한 수용자의 반응 ②
<u>세계의 이미지를 실제 세계보다 더 신뢰하는 경향을 보인다.</u> 그러나 둡스와 맥도널드는 이러한 배양 이론에 대해,『사람들이 세
　　　　　　　　　　　　　　『』: 둡스와 맥도널드의 비판-실제 세계를 인식하는 요인은 개인마다 다름
상을 위험하다고 여기는 것은 미디어에 대한 노출뿐만 아니라 범죄율과 같은 사람들이 거주하는 환경 유인과 성별, 연령, 교육 수준, 수입과 같은 수용자의 특성에 더 큰 영향을 받기 때문에 배양 이론이 주장하는 배양 효과가 사람에 따라 다르게 나타날 수 있

다고 지적했다. 거브너 학파는 이러한 비판을 수용하여 '주류화'
　　　　　　　　　　　　　둡스와 맥도널드의 비판에 대한 거브너 학파의 대응
와 '공명* 효과'를 근거로 한 새로운 배양 이론을 제시하였다.
▶2문단: 초기 배양 이론의 내용과 그에 대한 비판

새로운 배양 이론에서는 미디어 수용자를 하루 텔레비전 시청
<u>시간이 4시간 이상인 중시청자</u>와 <u>텔레비전 시청 시간이 2시간</u>
　　　　중시청자의 특징　　　　　　　　　　　경시청자의 특징
<u>미만인 경시청자</u>로 구분하였고, 이 두 종류의 시청자들이 세상을 바라보는 관점에 큰 차이가 있다고 주장하였다. 즉 <u>경시청자는</u>
<u>미디어의 내용에 대해 다양한 견해를 갖지만, 중시청자들 사이에</u>
　　　　경시청자의 미디어 수용 방식
<u>는 견해의 차이가 거의 없어져 미디어에 의한 배양 효과가 커진</u>
　　　　중시청자의 미디어 수용 방식
<u>다</u>는 것이다. 거브너 학파는 이렇게 <u>중시청자들이 공통적인 견해</u>
　　　　　　　　　　　　　　　　　　주류화의 개념
<u>를 갖게 되는 것</u>을 주류화라고 불렀다.
▶3문단: 새로운 배양 이론에 도입된 개념 ①-주류화

또한 중시청자들은 미디어에서 시청한 내용이 그들의 일상생활 속에서 지각된 현실과 관련성이 있을 때 공명이 일어나 배양 효과가 증폭된다고 하였다. 다시 말해『<u>자신이 직접 경험한 내용과</u>
　　　　　　　　　　　　　　　　　　『』: 공명 효과의 개념
<u>미디어의 내용이 관련이 있을 경우 비록 미디어의 내용이 현실과</u>
<u>동떨어진 것이라 할지라도 그 내용을 사실처럼 믿게 되는 등 배</u>
<u>양 효과가 더 강력해진다</u>는 것이다.』이처럼 주류화와 공명이라는 두 개념을 배양 이론에 도입한 것은 배양 효과가 일률적으로 일어나는 것이 아니라 수용자의 환경적이고 심리적 요인에 의해 달리 나타날 수 있다는 것을 의미한다.
▶4문단: 새로운 배양 이론에 도입된 개념 ②-공명 효과

이 같은 주장에도 여전히 동의하지 않는 학자들도 있었는데, 대표적으로 짐머만은『<u>미디어가 다른 위험이 익숙한 것일 때는 상대</u>
　　　　　　　　　　『』: 배양 이론에 대한 짐머만의 비판-미디어의 신뢰도는 개인의 경험에 따라 달라짐
<u>적으로 안전하다고 인지해 미디어의 내용을 그대로 믿지 않지만,</u>
<u>자신이 겪어보지 못한 생소한 위험은 실제보다 더 위험한 것으로</u>
<u>판단해 미디어의 내용을 신뢰하는 경향이 있다</u>』면서 ㉠ 공명 효과 이론이 타당하지 않다는 견해를 보였다.
▶5문단: 새로운 배양 이론에 대한 짐머만의 비판

* 배양(培養): 식물을 북돋아 기름.
* 공명(共鳴): 남의 사상이나 감정, 행동 따위에 공감하여 자기도 그와 같이 따르려 함.

---

01 세부 내용 파악하기　　　　　　　　　　　　　답 | ⑤

<u>거브너 학파</u>에 대한 설명으로 적절하지 <u>않은</u> 것은?

정답 선지 분석

⑤ 둡스의 비판과 관련해 수용자의 심리적 요인과 배양 효과는 관련이 없다고 보았다.

2문단에서 둡스와 맥도널드는 배양 효과가 사람마다 다르게 나타날 수 있다고 지적하였고, 이러한 비판을 수용한 거브너 학파는 3문단에서 수용자의 환경적이고 심리적 요인에 의해 배양 효과가 달라질 수 있다는 관점에서 새로운 배양 이론을 제시하였다고 하였으므로 적절하지 않다.

① 미디어는 상징적 세계를 지속적으로 재생산한다고 보았다.

　2문단에 따르면 거브너 학파가 주장한 초기 배양 이론은 미디어가 상징적 세계를 창조하고, 이를 일관적이고 지속적으로 재생산한다는 것을 바탕으로 하므로 적절하다.

② 수용자의 특성에 따라 배양 효과가 다르다는 비판을 수용했다.

　2문단에서 둡스와 맥도널드는 배양 이론이 말한 배양 효과가 다르게 나타날 수 있다고 지적하였고, 거브너 학파는 이러한 비판을 수용하여 '주류화'와 '공명 효과'를 근거로 새로운 배양 이론을 제시하였다고 하였으므로 적절하다.

③ 미디어가 수용자들의 생각을 확장하는 것을 배양이라고 보았다.

　2문단에서 거브너 학파가 주창한 초기 배양 이론은 미디어가 수용자들의 생각을 확장하는 배양 효과가 일어난다고 하였으므로 적절하다.

④ 중시청자와 경시청자는 세상을 바라보는 관점이 서로 다르다고 보았다.

　3문단에서 거브너 학파는 미디어 수용자를 하루 텔레비전 시청 시간이 4시간 이상인 중시청자와 2시간 미만인 경시청자로 구분하고, 이 두 종류의 시청자들이 세상을 보는 관점에 큰 차이가 있다고 하였으므로 적절하다.

---

02 세부 내용 추론하기

답 | ④

윗글을 참고할 때, ㉠의 근거로 볼 수 있는 것은?

④ 자신이 직접 경험한 사건이 익숙한 위험일 수도 있기 때문이다.

　5문단에서 짐머만은 미디어가 다룬 위험이 익숙한 것일 때에는 상대적으로 안전하다고 인지하여 미디어의 내용을 그대로 받아들이지 않고, 자신이 겪어보지 못한 생소한 위험을 더 위험한 것으로 인지해 미디어의 내용을 신뢰하는 경향이 있다고 하였다. 또한 4문단에 따르면 공명 효과는 미디어의 내용이 비록 현실과 동떨어진 것일지라도 자신이 직접 경험한 것과 관련이 있을 경우 이를 사실처럼 믿는 것이다. 따라서 짐머만은 비록 미디어에서 제시한 위험과 관련된 내용이 자신의 경험과 관련이 있더라도 자신에게 익숙할 경우 안전하다고 인지하게 될 것이므로 미디어의 내용을 사실처럼 믿지 않을 것이고, 오히려 자신이 겪지 못한 생소한 위험이 미디어에서 제시될 때 더 위험한 것으로 인지하고 이를 믿게 된다고 지적할 것이다.

① 배양 효과가 증폭되는 사건을 겪었기 때문이다.

　㉠은 배양 이론에 대한 비판적 견해이므로 배양 효과가 증폭되는 사건을 근거로 하였다는 것은 적절하지 않다.

② 미디어의 내용이 현실과 동떨어진 것일 수도 있기 때문이다.

　㉠은 미디어에서 다룬 위험에 대한 내용이 자신에게 익숙한지 아닌지의 여부에 따라 미디어의 내용에 대한 신뢰가 달라진다는 짐머만의 견해이다. 현실과 동떨어진 것인지에 대한 여부와는 관련이 없으므로 적절하지 않다.

③ 미디어의 내용을 사실이라고 여기는 것은 불가피하기 때문이다.

　㉠은 미디어에서 다룬 위험에 대한 내용이 자신에게 익숙한지 아닌지의 여부에 따라 미디어의 내용에 대한 신뢰가 달라진다는 것이고, 미디어의 내용을 사실이라고 여기는 것이 불가피하다는 것은 짐머만의 견해와는 관련이 없으므로 적절하지 않다.

⑤ 상대적으로 안전하다고 인지되는 사건은 존재하지 않기 때문이다.

　㉠과 같은 짐머만의 견해는 미디어에서 다룬 위험과 관련된 내용이 익숙한 것일 경우에는 상대적으로 안전하다고 인지하는 경향이 있다고 하였으므로 적절하지 않다.

---

03 구체적 사례에 적용하기

답 | ⑤

윗글을 바탕으로 보기 를 이해한 내용으로 적절하지 않은 것은?

　미국 A 지역의 주시청시간대 텔레비전에서 방영되는 내용의 60%는 살인과 절도 사건으로 인해 시민들이 삶의 위협을 느끼는 모습과 관계되는 것으로 나타났으나, 실제로 일어난 살인 및 절도 사건은 전체 범죄의 2% 미만이었고 대부분의 범죄는 가벼운 경범죄에 지나지 않았으며, 범죄율도 미국의 다른 지역에 비해 매우 낮았다.

⑤ 공명 효과에 따르면 A 지역의 TV 시청자들은 절도 사건을 당하지 않은 경우라도 수용자들은 자신의 사회가 매우 위험하다고 보는 경향이 증폭될 것이다.

　4문단에 따르면 공명 효과는 자신이 직접 경험한 내용과 미디어의 내용이 관련이 있을 경우 비록 미디어의 내용이 현실과 동떨어진 것이라 할지라도 그 내용을 사실이라 믿게 되는 등 배양 효과가 더 강력해지는 것으로, 하루 4시간 이상 텔레비전을 시청하는 중시청자에게서 나타난다. 따라서 〈보기〉의 A 지역의 경시청자나 절도 사건을 직접 경험하지 않은 사람들에게 배양 효과는 증폭되지 않을 것이다.

① 초기 배양 이론에 따르면 A 지역의 텔레비전 수용자들은 자신이 사는 지역이 살인과 절도 사건이 많은 사회라고 인식할 것이다.

　2문단에 따르면 초기 배양 이론은 미디어는 사실적이지 않은 이미지를 갖는 세계를 창조하고, 이를 일관적이고 지속적으로 재생산함으로써 수용자들의 생각을 확장하여 미디어가 전달하는 내용을 실제보다 더 신뢰하게 만든다는 것을 핵심으로 한다. 〈보기〉에서 A 지역의 살인과 절도 사건의 발생률은 2% 미만으로 낮았지만 텔레비전에서는 살인과 절도 사건이 많은 비중을 차지한다. 따라서 초기 배양 이론에 따르면 A 지역의 수용자들은 자신이 사는 지역이 살인과 절도 사건이 많은 사회라고 인식할 것이다.

② 맥도널드의 주장에 따르면 A 지역의 텔레비전 수용자들은 교육 수준에 따라 자신이 사는 지역의 위험성에 대해 다르게 인식할 것이다.

　2문단에 따르면 맥도널드는 교육 수준과 같은 수용자의 특성에 영향을 받아 배양 효과가 달라질 것이라고 보았다. 따라서 〈보기〉의 A 지역에 있는 텔레비전 수용자들도 교육 수준에 따라 자신이 사는 지역의 위험성에 대해 다르게 인식할 것으로 볼 수 있다.

③ 둡스의 주장에 따르면 A 지역의 낮은 범죄율은 텔레비전 수용자들이 자신이 사는 지역에 대한 위험성 여부를 인식하는 데 영향을 미칠 것이다.

　2문단에 따르면 둡스는 범죄율과 같은 사람들이 거주하는 환경 요인의 영향으로 배양 효과는 달라질 수 있다고 보았다. 〈보기〉에서 A 지역의 범죄율은 전체 범죄의 2% 미만에 지나지 않았으므로 둡스의 주장에 따르면 A 지역의 낮은 범죄율은 텔레비전 수용자들이 자신이 사는 지역에 대한 위험성 여부를 인식하는 데 영향을 미칠 것으로 볼 수 있다.

④ 주류화에 따르면 A 지역에서 하루 2시간 미만으로 TV를 시청하는 수용자들 사이에는 자신들이 사는 지역의 위험성에 대해 견해가 서로 다를 것이다.

　3문단에 따르면 주류화는 하루 텔레비전 시청 시간이 4시간 이상인 중시청자에게서 나타나며, 2시간 미만인 경시청자는 중시청자와 달리 다양한 견해를 갖는다. 따라서 〈보기〉의 A 지역의 경시청자들은 미디어의 내용을 그대로 믿지 않을 것이고, 이로 인해 자신의 지역의 위험에 대해서도 견해가 다를 것이라고 볼 수 있다.

---

04 세부 내용 파악하기

빈칸에 들어갈 말로 적절한 것을 골라 차례대로 쓰시오.

　거브너 학파의 배양 이론에서 (주류화 / 공명 효과)는 시청자들이 공통적인 견해를 갖게 되는 것이고, (주류화 / 공명 효과)는 자신이 직접 경험한 내용과 미디어의 내용이 관련될 경우, 미디어의 내용이 현실과 다르더라도 그 내용을 사실로 믿게 되는 것이다.

주류화, 공명 효과

┌──┐
│　　　┌─ 풀이면 다 **뿌리**가 있는데
│ [A]
│　　　└─ **부평초**만은 매달린 **꼭지**가 없이
│　　　　① 유배지에 있는 화자 ② 핍박받는 백성들   ▶ 뿌리가 없는 부평초의 삶
│　　　┌─ 『**물 위**에 둥둥 **떠다니**며 『 』: 자신의 의지가 아닌 외부의 힘에 의해서
│ [B]　　　　　　　　　　　　　　　　　　좌지우지되는 삶 – 자신 혹은 백성의 처지
│　　　└─ 언제나 **바람**에 **끌려다**닌다네』
│　　　　　　　외부의 영향   ▶ 바람에 이리저리 떠다니는 부평초
│　　　┌─ **목숨**은 비록 붙어 있지만
│ [C]
│　　　└─ **더부살이 신세**처럼 갸냘프기만 해
│　　　　　　　　　　　　　　　　　　　　　　▶ 가냘픈 부평초의 삶
│　　　┌─ **연잎**은 너무 괄시*를 하고
│ [D]　△: ① 자신을 괴롭히는 외부 세력 ② 지배 계층의 횡포
│　　　└─ **행채***도 이리저리 가리기만 해
│　　　　　　같은 나라, 사회   ▶ 부평초를 괴롭히는 연잎과 행채
│　　　┌─ 『똑같이 **한 못 안**에 살면서
│ [E]　『 』: 평화로운 공동체를 이루지 못하는 안타까움
│　　　└─ 어쩌면 그리 서로 **어그러지**기만 할까』
│　　　　　　　　　　　　　　　　　　　▶ 더불어 살아가지 못하는 현실에 대한 안타까움
│
│　　百草皆有根   (백초개유근)
│　　浮萍獨無蔕   (부평독무체)
│　　汎汎水上行   (범범수상행)
│　　常爲風所曳   (상위풍소예)
│　　生意雖不泯   (생의수불민)
│　　寄命良瑣細   (기명량소세)
│　　蓮葉太凌藉   (연엽태릉적)
│　　荇帶亦交蔽   (행대역교폐)
│　　同生一池中   (동생일지중)
│　　何乃苦相戾   (하내고상려)
│
│　　　　　　　　　　　　　　　　　- 정약용, 〈고시 7〉 -
│
│ *괄시(恝視): 업신여겨 하찮게 대함.
│ *행채(荇菜): 연못이나 늪에 나는 마름과의 한해살이 풀.
└──┘

01 표현상의 특징 파악하기   답 | ②

윗글에 대한 설명으로 적절한 것은?

정답 선지 분석

② 자연물의 대비를 통해 주제를 강조하고 있다.

윗글에서는 지배층을 의미하는 '연잎', '행채'와 힘 없는 백성을 의미하는 '부평초'를 대비함으로써 지배층의 수탈로 인한 백성들의 고통을 드러내고 있다.

오답 선지 분석

① 시어의 반복을 통해 운율을 드러내고 있다.

윗글에서는 시어를 반복해서 사용하고 있지 않다.

③ 반어적 표현을 통해 화자의 정서를 나타내고 있다.

윗글에서는 반어적 표현을 사용한 부분을 찾을 수 없다.

---

④ 화자와 시적 대상 모두 시의 표면에 드러나고 있다.

윗글에서는 시적 대상인 '부평초'만 시의 표면에 드러날 뿐, 화자가 드러나지는 않는다.

⑤ 설의법을 통해 시적 대상에 대한 친근감을 표현하고 있다.

윗글에서 '어쩌면 그리 서로 어그러지기만 할까'를 통해 설의법을 활용하였음을 알 수 있으나, 시적 대상인 '부평초'에 대한 친근감을 표현했다고 볼 수는 없다.

02 작품의 내용 이해하기   답 | ①

윗글의 시어와 시구에 대한 설명으로 적절하지 않은 것은?

정답 선지 분석

① '풀'은 '뿌리가 있'으나 겨우 '목숨'만을 유지하는 약한 존재를 상징한다.

겨우 '목숨'만을 유지하는 존재는 '풀'이 아닌 '부평초'이다.

오답 선지 분석

② '바람'은 '뿌리'가 없는 '부평초'를 '끌려다'니게 하는 외부 세력을 상징한다.

'부평초'는 '언제나 바람에 끌려다닌다'고 하였으므로 적절하다.

③ '물 위'는 '꼭지가 없'는 '부평초'가 정착하지 못하고 '떠다니'는 장소를 상징한다.

'부평초'는 '풀'과 달리 '매달린 꼭지가 없'어 '물 위'를 '떠다니'므로 적절하다.

④ '더부살이 신세'는 '물 위'에서 '바람'에 의해 떠다니는 '부평초'의 모습을 상징한다.

'물 위에 둥둥 떠다니며' '바람에 끌려다'니는 '부평초'에 대해 화자는 '더부살이 신세처럼 갸냘프'다고 하였으므로 적절하다.

⑤ '연잎'과 '행채'는 '부평초'를 괄시하여 '못 안'을 '어그러지'게 하는 주된 원인을 제공하는 존재를 상징한다.

'연잎'은 '부평초'를 괄시하며, '행채'는 '부평초'를 가리는 존재이다. 이러한 모습에 대해 화자는 '한 못 안에 살면서' '서로 어그러지'고 있다 하였으므로 적절하다.

03 외적 준거를 통해 작품 감상하기   답 | ③

보기 를 참고하여 [A]~[E]를 이해한 것으로 적절하지 않은 것은?

보기

정약용은 늘 자신의 든든한 후원자가 되어 주었던 정조가 승하한 직후, 정치 세력의 모함으로 경상도 장기로 유배되었다. 이 시기에 정약용은 자신의 처지를 돌아보고 시국을 비평하며 연작시 27수를 지었다. 이 시에서 정약용은 주로 당쟁의 폐해와 중상모략을 일삼는 조정의 무리를 우의적으로 비판하였다.

* 우의(寓意): 다른 사물에 빗대어 비유적인 뜻을 나타내거나 풍자함.

정답 선지 분석

③ [C]: 부정적 상황에 처해 있지만 목숨만은 붙어 있음을 다행으로 여기는 화자의 심정이 드러나고 있다.

[C]의 '목숨'이 붙어 있다는 것은 가까스로 생을 살아간다는 의미이며, 이에 대해 '더부살이 신세처럼 갸냘프'다고 하였으므로 부정적 상황을 긍정적으로 여기는 심정이라 볼 수 없다.

오답 선지 분석

① [A]: 꼭지가 없는 부평초는 정조의 승하 후 의지할 곳이 없어진 자신의 상황을 비유한 표현이다.

〈보기〉에서 정약용은 자신의 후원자였던 정조의 승하 이후 모함에 의해 유배되었으므로, 이를 고려한다면 '꼭지가 없'는 부평초는 정조의 승하 이후 의지할 곳이 없어진 자신의 상황을 의미한다고 볼 수 있다.

② [B]: 정치 세력의 모함으로 인해 유배된 자신의 상황을 자조하고 있다.

〈보기〉에서 정약용은 유배 이후 자신의 처지를 돌아보았다고 하였으므로 [B]에서 '물 위에 둥둥 떠다니며' '언제나 바람에 끌려다'니는 '부평초'의 모습을 정약용에 대입한다면 자신의 상황을 자조하는 것으로 볼 수 있다.

④ [D]: 연잎과 행채는 자신을 모함하고 배척하는 조정의 신하들에 대한 우의적 표현이다.

[D]에서 '연잎'과 '행채'는 '부평초'를 괴롭히는 존재이다. 따라서 이를 〈보기〉의 상황에 대입한다면 자신을 모함한 정치 세력, 즉 조정의 신하들이라 볼 수 있다.

⑤ [E]: 한 임금을 섬기면서도 화합하지 못하는 공동체에 대한 안타까움이 드러난다.

〈보기〉에 따르면 정약용은 당쟁의 폐해와 중상모략을 일삼는 조정의 무리를 비판하였다고 하였으므로 [E]의 '한 못'은 같은 나라, 같은 임금을 섬기는 집단을 의미하고, '서로 어그러'진다는 것은 서로 화합하지 못한다는 것을 의미하므로 적절하다.

04 시어의 의미 파악하기

윗글에서 두꺼비와 유사한 시어 두 개를 찾아 윗글에 등장한 순서대로 쓰시오.

> 두꺼비 파리를 물고 두엄 위에 뛰어 올라가 앉아
> 건너편 산을 바라보니 흰 송골매가 떠 있거늘 가슴이 섬뜩하여 풀쩍 뛰어 내리다가 두엄 아래 자빠졌구나
> 마침 날쌘 나이기에 망정이지 다칠 뻔 했구나
> — 작자 미상, 〈두꺼비 파리를 물고〉

정답

연잎, 행채

문학 2 소나기(황순원 원작·염일호 각본)

빠른 정답 체크 01 ③ 02 ① 03 ① 04 대추

[앞부분 줄거리] '소년'은 자신의 반으로 전학을 온 '소녀'에게 마음이 가고, 개울가에서 다시 만난 소년과 소녀는 함께 산으로 놀러 갔다가 소나기를 만난다. 수숫단 속에서 함께 비를 피한 이후 둘은 더욱 가까워진다.

㉠ S# 83 개울가

흰 조약돌만 만지작거리며 오던 소년, 멈칫 서서 마른침을 삼킨다.
소녀에 대한 소년의 그리움을 상징   소녀를 발견했기 때문에
핼쑥한 얼굴로 나무 아래 앉아 돌을 쌓고 있는 소녀.

소년: ㉡ (반가우면서도 어색하고 부끄러운 듯) 학교에 왜 안 나왔니?

/ **소녀:** 좀 아팠어.

소년: 그날, 소나기 맞아서? / **소녀:** (가만히 고개를 끄덕인다.)

소년: 인제 다 나은 거야? / **소녀:** (기침하며) 아직……

소년: 그럼 누워 있어야지. / **소녀:** 하두 답답해서 나왔어. (다시
소녀를 걱정하는 소년의 마음 ①
기침한다.)

소년: (걱정스럽게 본다.)

소녀: 괜찮대두. 참, 그날 재밌었어. 근데 그날 어디서 이런 물이
검붉은 진흙물
들었는지 잘 지지 않는다.

분홍 스웨터 앞자락에 물든 검붉은 진흙물.

소녀: (가만히 웃으며) 무슨 물 같니? / **소년:** (보기만 하며) ……
소년과의 추억을 떠올리고   무슨 물인지 알 수 없어 대답하지 못함

소녀: 그날, 도랑을 건너면서 내가 업힌 일이 있지? 그때, 네 등에
서 옮은 물이다.
소녀의 내성적인 성격이 드러남

㉢ 소년, 부끄러워 고개를 돌리는데, 소녀, 손수건에 싼 것을 건
네다. 곱게 싼 꽃무늬 손수건에서 나오는 대추.
소년을 위하는 소녀의 마음, 소년에 대한 소녀의 친밀감

소녀: 먹어 봐. 우리 증조할아버지가 심으신 거래. / **소년:** 알이
크네. (먹어 본다.)

소녀: …… 우리 이사 갈 거 같애. / **소년:** (맛있게 먹다 멈춘다.)
소녀의 말을 듣고 충격을 받음

소녀: 난 이사 가는 거 정말 싫은데……. / **소년:** 어디루? 어디루
가는데?

『**소녀:** (고개를 젓다 엷게 미소를 지으며) 또 비 왔음 좋겠다. 전엔 비
『 』: 원작에 없는 내용으로, 대본에서 새롭게 추가됨
오는 게 싫었는데 이제 비가 좋아졌거든.
소년과 함께 비를 피했던 일을 좋은 추억으로 생각하고 있음

소년: 나두……. / **소녀:** (웃는다.)

조약돌 하나를 소년에게 건네는 소녀. 소년은 소녀의 뜻을 알고
조약돌에 소원을 빌라는 의미
소녀가 내려놓은 조약돌 옆에 나란히 돌을 놓는다.

소년: 무슨 소원 빌었어?

소년: 응? 아…… 아무것도…….

소녀: 난 빌었는데. / **소년:** (눈으로 묻듯 바라본다.)

소녀: (비밀이라는 듯 웃는다.)』

S# 89 윤 초시 집 대문 앞

양평댁 문을 열면, 헉헉거리고 서 있는 소년.

양평댁: 니가 으쩐 일이냐? 심부름 왔니?

소년: (숨 가쁘게) 아…… 아니요, 하…… 학교에 안 와서요.

양평댁: (한숨을 푹 쉬며) 으응, 많이 아프다. 선생님껜 학교 당분
소녀가 당분간 학교에 가지 못한다고
간 공친다고 좀 전해 드리렴. (들어가려고 한다.)

소년: (붙잡으며) 어디가 아파요? 얼마나요?
소녀를 걱정하는 소년의 마음 ②

양평댁: 어디가 아픈지나 알면 속이나 시원하지. 이건 읍내 의원
도 도통 무슨 병인지 모른다니 미치고 팔딱 뛸 일이지. (들어가
려고 한다.)

소년: 잠깐 들어가 보면 안 돼요? 꼭 해야 할 말이 있거든요.

양평댁: 가 있어. 낮거들랑 내 알려 줄게.

소년: (뭔가 불안하고 걱정스러운 표정)

S# 95 소년의 집

자리에 누워 소녀 걱정으로 이리저리 뒤척이다 잠이 든 소년,
비몽사몽간 눈을 떴다 감는다. 옷 갈아입는 아버지를 돕고 있는
엄마. 벽 쪽으로 등 돌리고 누워 있는 소년.

엄마: 윤 초시 그 어른한테 증손이라곤 <u>개</u> 하나뿐이었죠?
소녀

아버지: 그렇지, 사내애 둘 있던 건 어려서 잃고……

엄마: 어쩌면 그렇게 자식 복이 없을까? 완전히 대가 끊긴 셈
<u>이네.</u>
소녀의 죽음을 의미함

소년: (눈을 반짝 뜬다.)
소녀에 대한 이야기임을 알고

아버지: (소리) 그러게나 말이야. 이젠 증손녀까지 죽어 가슴
화면에 아버지의 모습이 드러나지 않고 소년의 귀에 목소리만 들려옴
에 묻어야 하니……

[A]

소년: (불안하게 돌아가는 눈동자.)

엄마: (소리) 양평댁한테 들었는데 계집애가 여간 잔망스럽
지* 않더라구요.

아버지: (소리, 조심스럽지 않다는 듯) 허, 참……

엄마: (소리) 자기가 죽거든 입던 옷을 꼭 그대로 입혀서 묻어
달랬다니 하는 말이에요.
소년과의 추억을 간직하기 위해

소년: (숨이 제대로 쉬어지지 않는다.)
소녀의 죽음을 듣고 충격에 빠짐

S# 98 개울가

『와르르 무너지는 돌탑. 저만큼 떨어져 나가는 하얀 조약돌. 소
『』: 소녀의 죽음을 믿지 못하는 소년의 행동-슬픔, 절망감
년은 화가 난 사람처럼 흩어진 **돌들을 개울에 집어 던**진다.

소년: 다…… **거짓말**이야! 다! 다…… 거짓말이라구! 다 거…… 짓
소녀의 죽음을 받아들이지 못하고 있음
말이야…….

무릎을 모아 고개를 박은 채 서럽게 우는 소년.』ⓔ <u>원경*</u>으로 잡
아 커다란 나무 아래 아주 작고 외롭게 보이는 소년.

S# 106 개울가

<u>하얗게 쌓인 눈</u> 위로 나타나는 검정 고무신. 징검다리를 건너간
시간의 흐름을 보여 줌
다. 뽀드득. 소년이 지날 때마다 돌다리엔 선명하게 발자국이 찍
힌다. 징검다리 중간, <u>소녀가 앉았던 그 자리에 앉는 소년.</u> 소년,
소녀를 그리워하는 소년의 마음이 드러남 ①
벙어리장갑에서 손을 빼면 하얀 조약돌도 함께 나온다. <u>얼음장</u>
<u>처럼 차가운 **개울에 손을 담**그고 소녀가 **했던 대로** 따라 해 본다.</u>
소녀를 그리워하는 소년의 마음이 드러남 ②
소년의 손에서 물방울이 떨어질 때마다 징검다리에 쌓인 눈이 사
르락 녹아내린다. 그 자리에 **조약돌**을 가만히 내려놓는 소년. 눈
꽃이 핀 나무 아래 두루미 한 마리 날아든다. 놀라서 일어서는 바
람에 소년의 발에 밀려 개울로 떨어지는 조약돌. ⓜ『다급히 조약
『』: 소녀의 죽음 이후 정신적으로 성숙해진 소년을 나타냄

돌을 꺼내려다 물속에 그대로 둔 채 <u>동그마니*</u> 앉아 있는 소년의
뒷모습 길게 보이며 끝.

- 황순원 원작·염일호 각본, 〈소나기〉 -

* 잔망스럽다(孱妄스럽다): 얄밉도록 맹랑한 데가 있다.
* 원경(遠景): 사진이나 그림에서 먼 곳에 있는 것으로 찍히거나 그려진 대상.
* 동그마니: 사람이나 사물이 외따로 오뚝하게 있는 모양.

---

01 갈래의 특성 이해하기 답 | ③

윗글을 쓸 때 ㉠~㉤에서 작가가 고려했을 사항으로 적절하지 않은 것은?

정답 선지 분석

③ ㉢: 인물의 동작과 몸짓을 서술자가 직접 서술함으로써 구체적으로 드러내
야겠어.
㉢은 지시문으로, 지시문을 통해 인물이 동작과 몸짓을 직접 나타내고 있다. 인물의 동
작과 몸짓을 서술자가 직접 서술하는 것은 소설의 특징이다.

오답 선지 분석

① ㉠: 장면 번호 뒤에 구체적 공간을 제시하여 공간적 배경을 나타내야겠어.
윗글은 드라마 대본으로, ㉠의 'S# 83 개울가'와 같이 장면 번호와 공간을 제시함으로
써 사건이 벌어지는 공간적 배경을 드러낸다.

② ㉡: 지시문을 통해 소년의 표정을 자세하게 표현해야겠어.
㉡의 '반가우면서도 어색하고 부끄러운 듯'은 소년의 표정을 정확하게 지시하기 위한
지시문에 해당한다.

④ ㉣: 큰 나무와 작은 소년의 모습을 대비함으로써 소년의 외로움을 강조해야
겠어.
㉣에서 대상을 멀리서 바라보는 듯한 연출을 통해 커다란 나무와 소년을 대비하고, 이
를 통해 소녀의 죽음으로 인한 소년의 외로움을 강조하고 있다.

⑤ ㉤: 소년의 뒷모습을 길게 보여 주는 카메라 기법을 통해 마지막 장면 부분
을 인상적으로 연출해야겠어.
㉤에서 카메라 기법을 통해 소년의 뒷모습을 길게 보여 준 것은 소년의 정신적 성숙을
나타내고, 마지막 결말 장면을 인상적으로 연출하기 위한 것이다.

---

02 장면의 의미 파악하기 답 | ①

장면에 대한 설명으로 적절하지 않은 것은?

정답 선지 분석

① S# 83에서 대추를 '맛있게 먹다 멈'추는 소년의 행동은 소녀의 건강에 대한
소년의 걱정과 안타까움을 의미한다.
S# 83에서 소년이 대추를 '맛있게 먹다 멈'추는 것은 이사 갈 것 같다는 소녀의 말을
듣고 충격을 받았음을 의미한다.

오답 선지 분석

② S# 83에서 '비 오는 게 싫었는데 이제 비가 좋아졌'다는 소녀의 말은 소년과
의 추억을 좋은 추억으로 생각하고 있음을 의미한다.
S# 83에서 '이제 비가 좋아졌'다는 소녀의 말을 통해 소년과 비를 함께 피했던 추억을
긍정적으로 인식하고 있음을 파악할 수 있다.

③ S# 98에서 '돌들을 개울에 집어 던'지며 '거짓말'이라 외치는 소년의 행동은
소년이 소녀의 죽음을 받아들이지 못하고 있음을 의미한다.
소녀의 죽음을 듣게 된 뒤 S# 98에서 '돌들을 개울에 집어 던'지고 '거짓말'이라 외치며
서럽게 우는 소년의 행동은 소녀의 죽음을 받아들이지 못하고 있음을 나타내고 있다.

④ S# 106에서 '눈'은 소녀가 죽은 뒤 계절이 바뀔 만큼의 시간이 흘렀음을 의미한다.

S# 83에서 소녀가 소년에게 '대추'를 건넸으므로, 이때의 계절적 배경은 가을이라 추측할 수 있다. 그러나 소녀의 죽음 이후 S# 106에서 소년이 '눈' 내린 징검다리를 건너간다는 내용을 통해 소녀의 죽음 이후 계절이 가을에서 겨울로 변화했음을 알 수 있다.

⑤ S# 106에서 '소녀가 했던 대로' '개울에 손을 담그'는 소년의 행동은 소녀에 대한 소년의 그리움을 의미한다.

S# 106에서 소녀가 죽은 뒤, 소년이 '소녀가 했던 대로' '개울에 손을 담그'는 것은 소녀와의 추억을 떠올리는 것으로, 소녀에 대한 소년의 그리움을 의미한다.

03 외적 준거를 통해 작품 비교하기   답 | ①

보기 는 [A]의 원작 부분이다. 보기 와 [A]를 비교한 것으로 가장 적절한 것은?

보기

"글쎄 말이지. 이번 앤 꽤 여러 날 앓는 걸 약두 변변히 못 써 봤다더군. 지금 같아서는 윤 초시네두 대가 끊긴 셈이지. 그런데 참, 이번 계집애는 어린 것이 여간 잔망스럽지가 않어. 글쎄, 죽기 전에 이런 말을 했다지 않어? 자기가 죽거든 자기 입던 옷을 꼭 그대루 입혀서 묻어 달라구……."

정답 선지 분석

① [A]는 〈보기〉와 달리 소녀의 죽음에 대한 소년의 반응이 드러나고 있다.

부모님의 말을 통해 소녀의 죽음을 나타내고 이야기를 끝맺은 〈보기〉와 달리 [A]에는 소녀가 죽었다는 부모님의 말을 들으며 '눈을 반짝' 뜨고, 눈동자가 '불안정하게 돌아가'면서 '숨이 제대로 쉬어지지 않는' 소년의 행동을 삽입함으로써 소녀의 죽음에 대한 소년의 반응을 드러내고 있다.

오답 선지 분석

② [A]는 〈보기〉와 달리 소녀에 대한 소년 부모님의 주관적 판단이 드러나고 있다.

〈보기〉와 [A] 모두 소년의 부모님이 소녀에 대해 '잔망스'러운 아이라고 평가함으로써, 주관적 판단을 드러내고 있다.

③ [A]는 〈보기〉와 달리 원작에 없는 새로운 소재를 활용하여 소년의 감정을 극대화하고 있다.

[A]가 원작에 없는 새로운 소재를 활용하였다는 것은 〈보기〉를 통해 알 수 없다.

④ [A]와 〈보기〉 모두 소녀가 남긴 유언의 내용이 상징적으로 제시되어 독자의 추측을 불러일으키고 있다.

[A]와 〈보기〉에서 모두 자신이 입던 옷을 그대로 입혀 묻혀달라는 소녀의 유언이 직접적으로 드러나 있다.

⑤ [A]와 〈보기〉 모두 소녀의 죽음이라는 뜻밖의 소식을 남긴 채로 작품을 끝맺음으로써 독자에게 여운을 주고 있다.

윗글에서는 [A]에서 소녀의 죽음을 알게 된 소년이 이후 현실을 부정하다 소녀의 죽음을 받아들이고 정신적으로 성숙해진 모습으로 작품을 끝맺고 있으므로 적절하지 않다.

04 소재의 의미 파악하기

빈칸에 들어갈 말로 적절한 것을 윗글에서 찾아 쓰시오.

S# 83에서 (   )은/는 소녀가 소년을 위해 가져온 것으로, 소년을 위한 소녀의 마음과 친밀감을 드러내는 소재이다.

정답

대추

13강

| 본문 | 153쪽

| 문법 | 문법 요소 (2) 피동 표현과 사동 표현 |

빠른 정답 체크 **01** ② **02** ③ **03** ③ **04** 부사어, 불렸다

01 이중 피동 이해하기 답 | ②

밑줄 친 부분에 이중 피동이 사용되지 <u>않은</u> 것은?

정답 선지 분석

② 사과는 건강에 좋다고 알려져 있다.

'알려지다'는 '알-+-리-+-어지다'로 분석할 수 있으며, 사동 접미사 '-리-'에 보조 용언 '-어지다'가 결합한 것이므로 이중 피동이 아니다.

오답 선지 분석

① 아직도 조가 다 짜여지지 않았다.

'짜여지다'는 '짜-+-이-+-어지다'로 분석할 수 있으며, 피동 접미사 '-이-'에 보조 용언 '-어지다'가 결합한 경우이므로 이중 피동이다.

③ 이번 겨울도 무척 추울 것으로 보여진다.

'보여지다'는 '보-+-이-+-어지다'로 분석할 수 있으며, 피동 접미사 '-이-'에 보조 용언 '-어지다'가 결합한 경우이므로 이중 피동이다.

④ 그가 시험에 떨어졌다니 믿겨지지 않는다.

'믿겨지다'는 '믿-+-기-+-어지다'로 분석할 수 있으며, 피동 접미사 '-기-'에 보조 용언 '-어지다'가 결합한 경우이므로 이중 피동이다.

⑤ 책에는 유명 작가의 추천사가 쓰여져 있다.

'쓰여지다'는 '쓰-+-이-+-어지다'로 분석할 수 있으며, 피동 접미사 '-이-'에 보조 용언 '-어지다'가 결합한 경우이므로 이중 피동이다.

02 주동문과 사동문 이해하기 답 | ③

〈보기〉의 ㉠~㉤에 대한 설명으로 적절하지 <u>않은</u> 것은?

보기

㉠ 연우가 책을 읽는다.
㉡ 엄마가 연우에게 책을 읽힌다.
㉢ 엄마가 연우에게 책을 읽게 한다.
㉣ 연우가 책을 찾는다.
㉤ 언니가 연우에게 책을 찾게 한다.

정답 선지 분석

③ ㉣의 주어는 ㉤의 목적어가 된다.

주동문 ㉣의 주어는 '연우가'이다. ㉣이 사동문 ㉤으로 바뀌면서 ㉣의 주어 '연우가'는 ㉤의 부사어 '연우에게'가 되었으므로 ㉣의 주어는 ㉤의 목적어가 된다는 설명은 적절하지 않다. ㉤의 목적어는 '책을'로, ㉣에서도 목적어로 쓰였다.

오답 선지 분석

① ㉠과 ㉣은 주동문이다.

㉠과 ㉣은 주동사, 즉 문장의 주체가 스스로 행하는 동작을 나타내는 동사인 '읽다'와 '찾다'가 서술어로 쓰인 주동문이다.

② ㉡은 두 가지로 해석될 수 있다.

㉡은 '엄마가 연우에게 직접 책을 읽어 주었다'와, '엄마가 연우 스스로 책을 읽도록 시켰다'의 두 가지 의미로 해석될 수 있는 중의적인 문장이다.

④ ㉣은 파생적 사동문으로 바꿀 수 없다.

㉣의 동사 '찾다'에는 사동 접미사가 결합할 수 없으므로 ㉣은 파생적 사동문으로 바꿀 수 없다.

⑤ ㉡, ㉢, ㉤에는 ㉠, ㉣과 다른 새로운 주어가 나타난다.

㉠과 ㉣의 주어는 '연우가'이다. 그러나 ㉠을 사동문으로 바꾼 ㉡, ㉢에는 새로운 주어인 '엄마가'가, ㉣을 사동문으로 바꾼 ㉤에는 새로운 주어인 '언니가'가 나타난다.

03 피동사와 사동사 구분하기 답 | ③

보기 의 밑줄 친 부분에 쓰인 접사와 기능이 다른 것은?

보기

장난을 치다가 동생을 울렸다.

정답 선지 분석

③ 친구와의 오해가 드디어 풀렸다.

〈보기〉의 '울렸다'는 '울-+-리-+-었-+-다'로 분석할 수 있는데, 이때 접사 '-리-'는 주어가 '동생'을 울게 했음을 나타내는 사동 접미사이다. 그러나 '친구와의 오해가 드디어 풀렸다.'에서 '풀렸다'의 접사 '-리-'는 주어인 '오해가'가 풀리게 되었음을 나타내는 피동 접미사이므로 〈보기〉의 접사와 기능이 다르다.

오답 선지 분석

① 뜨거운 물에 얼음을 녹였다.

'뜨거운 물에 얼음을 녹였다.'에서 '녹였다'의 접사 '-이-'는 주어가 '얼음'을 녹게 했음을 나타내는 사동 접미사이다.

② 정원의 담을 높이기로 했다.

'정원의 담을 높이기로 했다.'에서 '높이기로'의 접사 '-이-'는 주어가 '담'을 높아지게 하기로 했음을 나타내는 사동 접미사이다.

④ 잘못 쓴 글씨를 지우개로 지웠다.

'잘못 쓴 글씨를 지우개로 지웠다.'에서 '지웠다'의 접사 '-우-'는 주어가 '글씨'를 지워지게 했음을 나타내는 사동 접미사이다.

⑤ 밤에는 음악 소리를 낮춰야 한다.

'밤에는 음악 소리를 낮춰야 한다.'에서 '낮춰야'의 접사 '-추-'는 주어가 '음악 소리'를 낮아지게 해야 한다고 말하고 있음을 나타내는 사동 접미사이다.

04 능동문과 피동문 이해하기

ⓐ, ⓑ에 들어갈 말을 차례대로 쓰시오.

'아빠는 딸의 이름을 불렀다.'라는 문장을 피동문으로 바꾼다면, 능동문의 목적어 '딸의 이름을'은 피동문의 주어 '딸의 이름이'가, 능동문의 주어 '아빠는'은 피동문의 (ⓐ) '아빠에게'가 된다. 그리고 서술어는 능동사에 피동 접미사를 결합한 '(ⓑ)'을/를 쓸 수 있다.

정답

부사어, 불렸다

세상을 바꿀 신소재로 그래핀이 주목받고 있다. 그래핀은 연필에 있는 흑연으로부터 만들어진다. 흑연은 탄소 원자가 육각형의 벌집 구조로 결합해 있는 얇은 탄소막이 수백만 겹 이상 쌓여서 만들어진 물질인데, 탄소막은 서로 분리가 잘 된다. 이러한 흑연을 구성하고 있는 탄소막을 한 겹으로 벗겨내 만든 것이 바로 그래핀이다.

└ 흑연의 개념

└ 그래핀의 개념
그래핀은 두께가 탄소 원자 하나에 불과하다. 300만 장을 겹쳐도 1mm밖에 되지 않아 세계 최초의 2차원 물질이라고도 불린다.

└ 매우 얇은 두께임
원자보다 더 얇은 두께를 가진 물질을 만드는 것은 사실상 불가능하기 때문이다.

▶ 1문단: 그래핀의 개념

그래핀은 이론상으로는 1940년대부터 존재했고, 전자 현미경으로 관찰도 가능했다. 하지만 많은 과학자들의 노력에도 불구하고 그래핀을 만들어내기 위한 시도는 계속 실패를 맛보았다. 그러다

└ 2004년 전에는 그래핀을 만들어내지 못했음
2004년, 가임과 노보셀로프 연구팀은 여러 시도 끝에 ㉠ 테이프 박리*법을 개발했다. 『긴 직사각형 모양의 스카치테이프의 끝부분에

└ 그래핀을 만드는 방법 ①
흑연 샘플을 붙인 후, 반대쪽 끝부분과 맞닿게 테이프를 접었다가

『』: 테이프 박리법으로 그래핀을 만드는 방식
손으로 꾹 누르고 다시 떼는 행위를 반복하면 흑연 층이 많이 줄어

└ 테이프 박리법은 수작업임
들면서 얇아져 그래핀에 가까운 상태가 되었다. 이 상태에서 흑연을 평평한 실리콘에 붙이고 손으로 세게 눌러준 뒤 살살 떼어 내면 그래핀을 얻을 수 있었다.』

▶ 2문단: 그래핀을 만드는 방법

그런데 왜 그래핀이 세상을 바꿀 수 있는 꿈의 신소재로 불리는 것일까? 먼저, 그래핀은 강철보다 200배 이상 단단하다는 평가를

└ 그래핀의 장점 ①
받는다. 모든 물질은 고유의 갈라짐이 있지만, 그래핀은 탄소 결합이 빼곡해 물리적 강도가 아주 크기 때문이다. 다음으로 열전도*

└ 그래핀이 단단한 이유
율과 전기전도율이 매우 높다. 물질 중에서 열전도율이 가장 높은

└ 그래핀의 장점 ②
다이아몬드보다 열전도율이 2배 이상 높고, 전선으로 사용되는 구리보다 전기전도율은 100배 이상 높다. 그러면서 유연성도 뛰어나

└ 그래핀의 장점 ③
다. 그래핀은 10% 이상 면적을 늘리거나, 휘거나 접어도 전기전도성을 잃지 않는다. 이러한 특징 때문에 그래핀의 활용 분야는 매우 무궁무진하다. 대표적으로, 그래핀으로 제작한 둥근 관 모양의 탄

└ 그래핀을 활용하는 예시
소나노튜브는 그래핀이 가진 높은 열전도율로 인해 배터리, 반도체, 필름 등 다양한 분야에 활용되고 있다.

└ 탄소나노튜브의 활용 분야

▶ 3문단: 그래핀의 장점

하지만 그래핀을 산업 현장이나 실생활에 광범위하게 사용하는 데는 아직 한계가 있다. 스카치테이프를 이용하여 그래핀을 만드는 전통적인 방식으로는 『개인 작업자의 숙련도에 따라 그 결과가

『』: 테이프 박리법의 한계

달라졌고, 그 과정에서 그래핀의 균열의 크기와 방향도 마음대로 제어하기 힘들었다.』 이로 인해 고품질의 그래핀을 대량으로 생산

└ 그래핀 활용의 한계
하기 힘든 문제에 봉착했다. 그런데 우리나라의 한 연구팀은 많은 연구를 거듭한 끝에 최근 ㉡ 금속 코팅 박리법을 개발해 눈길을 끌

└ 그래핀을 만드는 방법 ②
고 있다. 『금으로 흑연 표면을 코팅한 후 테이프로 뜯어내면 균열이

『』: 금속 코팅 박리법으로 그래핀을 만드는 방식
표면과 평행한 방향으로 전파되어 단층의 그래핀을 분리할 수 있게 되었고,』 이를 기계화함으로써 그래핀의 상용화를 한 발 더 앞당겼다는 평가를 받고 있다.

▶ 4문단: 그래핀 활용의 한계와 극복 방법

* 박리(剝離): 벗겨 냄.

* 전도(傳導): 열 또는 전기가 물체 속을 이동하는 일. 또는 그런 현상. 열전도, 전기 전도 따위가 있다.

---

01 세부 내용 파악하기   답 | ②

윗글에서 알 수 있는 내용으로 적절하지 않은 것은?

정답 선지 분석

② 그래핀은 접힌 상태에서 전기전도성이 사라진다는 한계가 있다.

  3문단에서 그래핀은 10% 이상 면적을 늘리거나, 휘거나 접어도 전기전도성을 잃지 않는다고 하였으므로 적절하지 않다.

오답 선지 분석

① 물리적 강도의 측면에서 그래핀은 강철보다도 훨씬 단단하다.

  3문단에서 그래핀은 강철보다 200배 이상 단단하다는 평가를 받으며, 탄소 결합이 빼곡해 물리적 강도가 아주 크다고 했으므로 적절하다.

③ 흑연은 얇은 탄소막이 수백만 겹 이상 쌓여서 만들어진 물질이다.

  1문단에서 흑연은 탄소 원자가 육각형의 벌집 구조로 결합해 있는 얇은 탄소막이 수백만 겹 이상 쌓여서 만들어진 물질이라고 하였으므로 적절하다.

④ 흑연과 그래핀은 모두 탄소 원자가 육각형의 벌집 구조로 결합해 있다.

  1문단에서 흑연은 탄소 원자가 육각형의 벌집 구조로 결합해 있는 얇은 탄소막이 수백만 겹 이상 쌓여서 만들어진 물질이라고 하였고, 그래핀은 흑연의 탄소막을 한 겹으로 벗겨내 만든 것이라고 하였으므로 그래핀 역시 육각형의 벌집 구조임을 알 수 있다.

⑤ 가임과 노보셀로프 연구팀의 방식으로는 그래핀의 균열 방향을 제어하기 힘들다.

  2문단에서 가임과 노보셀로프 연구팀은 테이프 박리법을 개발했다고 하였는데, 4문단에서 테이프 박리법으로는 그래핀의 균열의 크기와 방향을 마음대로 제어하기 힘들었다고 하였으므로 적절하다.

---

02 세부 내용 파악하기   답 | ①

㉠과 ㉡에 대한 이해로 가장 적절한 것은?

정답 선지 분석

① ㉠은 기계화되지 않은 방식이고, ㉡은 기계화된 방식이다.

  2문단을 통해 테이프 박리법은 사람의 손을 이용하는 것임을 알 수 있고, 4문단에서 테이프 박리법은 개인 작업자의 숙련도에 따라 그 결과가 달라진다고 하였다. 이에 따라 금속 코팅 박리법을 기계화함으로써 그래핀의 상용화를 앞당겼다는 평가를 받았다고 하였으므로 ㉠은 기계화되지 않은 방식이고, ㉡은 기계화된 방식이다.

② ㉠은 이론상으로 존재한 방식이고, ㉡은 실제로 구현한 방식이다.

㉠과 ㉡ 모두 실제로 구현한 방식이다.

③ ㉠은 우연히 찾아낸 방식이고, ㉡은 연구를 통해 찾아낸 방식이다.

㉠과 ㉡ 모두 연구를 통해 찾아낸 방식이다.

④ ㉠은 현미경을 이용하는 방식이고, ㉡은 금속을 이용하는 방식이다.

㉠은 현미경이 아닌, 테이프를 이용하는 방식이다.

⑤ ㉠은 다른 물질로부터 추출하는 방식이고, ㉡은 여러 물질을 합성하는 방식이다.

㉠과 ㉡ 모두 흑연으로부터 그래핀을 추출하는 방식이다.

03 구체적 사례에 적용하기　　　　　　　　답 | ③

윗글을 바탕으로 보기 를 이해한 내용으로 적절하지 않은 것은?

보기

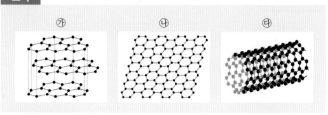

③ ㉡와 같은 성질로 인해 ㉮는 2차원 물질이라고도 불린다.

㉮는 여러 겹으로 되어 있고 육각형의 벌집 구조인 것으로 보아 흑연이고, ㉡는 한 겹으로 되어 있고 육각형의 벌집 구조인 것으로 보아 그래핀이다. 1문단에 따르면, 2차원 물질이라고 불리는 것은 그래핀이므로 적절하지 않다.

① ㉮를 이루는 겹들은 서로 분리가 잘 되는 성질을 갖고 있다.

1문단에서 흑연을 구성하는 수백만 겹의 탄소막은 서로 분리가 잘된다고 하였으므로 적절하다.

② ㉮에서 벗겨낸 ㉡는 두께가 탄소 원자 하나에 불과하다.

1문단에서 그래핀은 흑연의 탄소막을 한 겹으로 벗겨낸 것이라고 하였고, 두께가 탄소 원자 하나에 불과하다고 하였으므로 적절하다.

④ ㉡의 유연성으로 인해 ㉱와 같은 모양의 물질을 만들 수 있었다.

㉱는 둥근 관 모양이고 그래핀과 같은 구조인 것으로 보아 탄소나노튜브이다. 3문단에서 그래핀은 유연성이 뛰어나며 접히는 등의 변형을 가해도 전기전도성을 잃지 않는다고 하였고, 이러한 특성을 이용한 활용 예시로 탄소나노튜브를 제시하고 있다. 이를 고려할 때 그래핀이 가진 유연성으로 인해 탄소나노튜브와 같은 모양의 물질을 만들 수 있었다고 볼 수 있다.

⑤ ㉱의 높은 활용성은 ㉡가 가진 우수한 열전도성을 바탕으로 한다.

3문단에서 그래핀으로 제작한 탄소나노튜브는 높은 열전도율로 인해 다양한 분야에 활용되고 있다고 하였으므로 적절하다.

04 인과 관계 파악하기

빈칸에 들어갈 말을 골라 차례대로 쓰시오.

그래핀은 탄소 결합이 (빼곡하여 / 느슨하여) 물리적 강도가 (크기 / 작기) 때문에 굉장히 (단단하다 / 유연하다).

빼곡하여, 크기, 단단하다

가야 할 때가 언제인지를
　　　　　　이별
분명히 알고 가는 이의
이별을 받아들이고 떠나는 이
뒷모습은 얼마나 아름다운가.
　설의법 → 성숙한 이별의 아름다움 강조　　　　　▶ 낙화(이별)의 아름다움

봄 한철
화자의 청춘
격정*을 인내한

㉠ 나의 사랑은 지고 있다.
화자의 상황 – 사랑하는 사람과 이별함　　　　　▶ 이별의 상황

분분한* 낙화……
꽃잎이 뒤섞여 떨어지는 모습
결별이 이룩하는 축복에 싸여
역설법 → 결별은 고통스럽지만 내적 성숙에 이르게 하므로 축복임
㉡ 지금은 가야 할 때.
　이별을 자연의 순리로 받아들임　　　　　　▶ 낙화를 통해 인식한 이별의 때

무성한 녹음*과 그리고
□ : 낙화(이별)를 통한 결실
머지않아 열매 맺는

가을을 향하여
성숙의 계절　　　　　　　　　　　　　　　▶ 낙화의 결과인 녹음과 열매

㉢ 나의 청춘은 꽃답게 죽는다.
　내적 성숙을 위해서는 이별이 필요함　　　　　▶ 결실을 얻기 위한 희생

헤어지자.

㉣ 섬세한 손길을 흔들며
　꽃잎이 지는 모습을 의인화함
하롱하롱* 꽃잎이 지는 어느 날
꽃잎이 떨어지는 모양　　　　　　　　　　　▶ 낙화의 모습

나의 사랑, 나의 결별,
　반복법 → 운율 형성
『샘터에 물 고인 듯 성숙하는
직유법 → 조금씩 끊임없이 영혼이 성숙해짐
㉤ 내 영혼의 슬픈 눈.』
『』: 이별의 슬픔 속에서 영혼의 성숙이 이루어짐　▶ 이별을 통한 내적 성숙
　　　　　　　　　　　　　　　　　－ 이형기, 〈낙화〉 －

* 격정(激情): 강렬하고 갑작스러워 누르기 어려운 감정.

* 분분하다(紛紛하다): 여럿이 한데 뒤섞여 어수선하다.

* 녹음(綠): 푸른 잎이 우거진 나무나 수풀. 또는 그 나무의 그늘.

* 하롱하롱: 작고 가벼운 물체가 떨어지면서 잇따라 흔들리는 모양.

01 표현상의 특징 파악하기 답 | ②

윗글의 표현상의 특징으로 가장 적절한 것은?

정답 선지 분석

② 의태어를 활용하여 자연물의 움직임을 표현하고 있다.

6연의 '하롱하롱 꽃잎이 지는 어느 날'에서 의태어인 '하롱하롱'을 활용하여 꽃잎의 움직임을 표현하고 있다.

오답 선지 분석

① 설의법을 활용하여 이별의 슬픔을 표현하고 있다.

1연의 '뒷모습은 얼마나 아름다운가'에서 설의법을 활용하기는 하지만, 이를 통해 이별의 슬픔을 표현하는 것이 아니라 이별의 아름다움을 강조하고 있다.

③ 비유법을 활용하여 재회에 대한 희망을 표현하고 있다.

7연의 '샘터에 물 고인 듯 성숙하는'에서 비유법을 활용하기는 하지만, 이를 통해 재회에 대한 희망을 표현하는 것이 아니라 영혼의 성숙을 표현하고 있다.

④ 청각적 심상을 활용하여 화자의 정서를 표현하고 있다.

윗글에 청각적 심상은 활용되지 않았다.

⑤ 반복법을 활용하여 사랑하는 이에 대한 원망을 표현하고 있다.

7연의 '나의 사랑, 나의 결별'에서 반복법을 활용하기는 하지만, 이를 통해 사랑하는 이에 대한 원망을 표현하는 것은 아니다. 윗글의 화자는 사랑하는 이를 원망하고 있지 않다.

02 시구의 의미 파악하기 답 | ④

㉠~㉤에 대한 설명으로 적절하지 않은 것은?

정답 선지 분석

④ ㉣: 사랑하는 이에 대한 화자의 묘사를 알 수 있다.

㉣은 화자가 사랑하는 이를 묘사하는 것이 아니라, 꽃이 떨어지는 모습을 의인화하여 표현한 것이다.

오답 선지 분석

① ㉠: 화자가 사랑하는 이와 이별한 상황임을 알 수 있다.

화자가 '나의 사랑'이 '지고 있다'고 표현한 것을 통해, 화자가 사랑하는 이와 이별한 상황임을 알 수 있다.

② ㉡: 이별을 받아들이는 화자의 태도를 알 수 있다.

화자가 이별에 대해 '지금은 가야 할 때'라고 표현한 것을 통해, 이별을 자연의 순리로 받아들이는 화자의 태도를 알 수 있다.

③ ㉢: 성숙을 위해서는 청춘의 희생이 필요함을 알 수 있다.

4연과 이어 해석했을 때, '가을', 즉 내적 성숙의 시간으로 향하기 위해서 '나의 청춘'은 '꽃답게 죽'어야 한다고 하고 있으므로 성숙을 위해서는 청춘의 희생이 필요함을 알 수 있다.

⑤ ㉤: 이별의 슬픔 속에서 화자가 자신을 성찰하고 있음을 알 수 있다.

사랑하는 이와 이별한 화자가 '내 영혼의 슬픈 눈'이라는 표현을 사용한 것은 이별의 아픔 속에서 화자의 영혼이 성숙해졌음을 의미하는 것으로, 이별의 슬픔 속에서 화자가 자신을 성찰하고 있음을 알 수 있다.

03 작품의 구성 파악하기 답 | ④

보기 의 ⓐ, ⓑ에 들어갈 시어로 가장 적절한 것은?

보기

〈낙화〉에서는 '꽃'이라는 자연현상과 '사랑'이라는 인간의 삶이 대응 관계를 이루고 있다. 화자는 영혼의 성숙이 결별의 아픔을 통해 이루어질 수 있음을 낙화에 빗대어 나타내고 있다. 따라서 윗글의 구성을 다음과 같이 나타낼 수 있다.

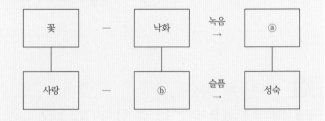

정답 선지 분석

	ⓐ	ⓑ
④	열매	결별

ⓐ '꽃'은 '낙화'함으로써 '녹음'을 거쳐 '열매'라는 결과를 얻으므로 ⓐ에 들어갈 시어는 '열매'이다.

ⓑ '사랑'은 '결별'함으로써 '슬픔'을 거쳐 '성숙'이라는 결과를 얻으므로 ⓑ에 들어갈 시어는 '결별'이다.

04 표현상의 특징 파악하기

윗글에서 역설법이 쓰인 부분을 찾아 3어절로 쓰시오.

정답

결별이 이룩하는 축복

문학 2 **적성의전(작자 미상)**

◀ 빠른 정답 체크 **01** ③ **02** ② **03** ③ **04** 일영주

화설*. 강남에 안평국이 있으니 『산천이 수려하고 기름진 들과
　　　　　　　　　　　　　　　　　　『　』: 안평국에 대한 묘사
밭이 천 리요, 보화 많은 고로 나라가 부유하고 강하며, 문화와

문물이 번화하며 남방에 유명하더라. 국왕의 성은 적(狄)이니 적

문공의 후예라. 나라를 다스리는 데 있어 요순을 본받으매 인심

이 순박하며 나라가 태평하고 백성이 편안하며 산에 도적이 없고

밤에 대문을 닫지 않더라.』 국왕이 왕비로 동주 20년에 두 아들을

두었으니 장자의 이름은 항의요, 차자의 이름은 성의더라.

성의의 됨됨이가 순후하고* 기골이 준수하며 왕의 부부 매우 사
　　　　　　　　　　성의의 선인으로서의 면모
랑하고 여러 나라가 사모하니 ㉠ 항의 매양 불측한* 마음으로 동
　　　　　　　　　　　　　　　　항의의 악인으로서의 면모 → 갈등을 예고함
생 성의의 인덕을 시기하며 음해할 뜻을 두더라.

차시* 성의 점점 자라매 재주와 덕을 겸비하여 요순을 본받으매
　　　　　　　　　　　　　　　　　　　　둘째이지만 세자의 덕을 갖춤

왕이 성의로 세자를 봉하고자 하지만 조정의 모든 신하들이 간하여 가로되,

"자고로 국가는 <u>장자</u>로 세자를 봉하는 것이 옳거늘 이제 전하께옵서 <u>차자</u>를 봉하여 세자를 삼고자 하심이 윤리와 기강을 상함
_{항의}
_{성의}
이니 불가하나이다." _{장자가 세자가 되는 것이 이치에 맞기 때문}

라고 하자, ⓛ <u>왕이 속으로 깊이 생각한 뒤에 항의를 세워 세자를 봉하니라.</u>

차시 <u>왕비 우연히 병을 얻어 십분 위태하매 일국이 황황하니*</u>
_{새로운 사건이 생김}
마침내 백약이 무효한지라. 왕이 초조하여 각 읍에 왕명을 전하여 명의를 구하되 어찌할 수 없더라. <u>항의는 조금도 돌아보는 일이 없으나</u> 성의는 주야로 옷을 벗고 편히 지내지 않으며 탕약을
_{병든 왕비를 걱정하지 않음 → 불효}
<u>끓여 바치며 하늘께 빌어 가로되,</u>
_{병든 왕비를 걱정함 → 효}

"불초자 성의로 대신 목숨을 바치게 하고 모후의 병을 낫게 하여 주소서."

하고 빌더니 하루는 궐문 밖에 한 도사가 뵙고자 청한다 하거늘 왕이 듣고 도사를 바삐 부르니 도사 완연히 들어와 예를 마치고 단정하게 앉은 후에 왕 물어 가로되,

"도사는 어디로부터 오며 무슨 허물을 이르고자 왔느뇨."

도사 공수하여* 가로되,

"빈도*가 듣사오니 왕비 병세 극중하시고 왕자 성의 효성이 지극하시다 하옵기에 왔사오니 전하는 마땅히 노끈으로 왕비의 오른손을 매시고 노끈 끝을 주시면 진맥하고자 하나이다."

왕이 내시로 내전에 통하니 성의 듣고, 즉시 노끈을 매어 끝을 밖으로 내어 보내니 도사가 노끈을 잡아 진맥하고 물러 나와 왕께 고하여 가로되,

"내전 환후*를 진맥하오니 만일 일영주가 아니면 회복하기 어렵도소이다." _{① 왕비의 병을 낫게 하기 위한 약 ② 성의와 항의 간 갈등의 원인}

왕이 가로되,

"일영주가 어디 있느뇨."

도사가 크게 가로되,

ⓒ "<u>서역 청룡사에 있사오나 만일 적성의가 아니면 얻지 못하리이다.</u>" _{성의가 일영주를 구하러 떠나야 하는 필연성 부여}

하고 팔을 들어 읍하며 옥계*를 내리더니 문득 간데없는지라. 성의 크게 신기히 여겨 가로되, _{비현실적인 장면}

"소자가 비록 어리나 서천에 가서 일영주를 얻어올까 하나이다."

왕이 가로되,

"효성이 지극하나 서역은 하늘가이라. <u>만경창파*에 어찌 인간</u>
_{성의를 걱정하여 서역으로 떠나는 것을 말림 ①}

배로 도달하며 삼천 리를 어찌 건너리요. 오활한* 말 말라."

하고, 내전으로 들어가 도사의 말을 전하니 왕비 가로되,

"<u>허탄한*</u> 도사의 말을 듣고 서역을 어이 득달하리요*. 인명은
_{성의를 걱정하여 서역으로 떠나는 것을 말림 ②}
재천이니 일영주가 어찌 사람을 살리리요. 아이는 망령된 의사
_{운명에 순응하려는 태도}
를 두지 말라."

"옛날에 택황산 운림처에 사는 일광로의 명으로 한 공주의 명을 구하였으니 도사의 말이 비록 허탄하나 소자가 또 신통*을 얻었으니 결단코 <u>소자가 약을 얻어 모후의 환후를 구하옵고 소자의</u>
_{일영주를 얻어오기 위해 서천으로 떠나고자 할 만큼 효심이 깊음}
<u>불효를 만분의 일이나 면할까 하나이다.</u>"

왕비 탄식하여 가로되,

"너의 효성이 지극하니 <u>지성이면 감천이라.</u> 요행 약을 얻어온들
_{정성이 지극하면 하늘도 감동하게 됨}
차도를 바라리요. 너를 보내고 병중에 심려되리로다."

하니, 성의 크게 가로되,

"모후께서는 염려하지 마소서. 소자의 왕환*이 오래지 아니하오리니 그간 보중하옵소서*."

하고 즉시 배를 준비하고 격군* 10여 명을 데리고 떠날 새 부왕과 모후께 하직하는데 왕비 가로되,

"<u>너의 지성을 막지 못하나</u> 어찌 주야에 의문지망*을 억제하리요.
_{떠나려는 성의를 붙잡지 못함} _{성의에 대한 왕비의 사랑이 드러남}
다만 천우신조*를 얻어 무사히 돌아오길 바라거니와 만일 불행하여 다시 못 보면 지하에 가도 눈을 감지 못하리로다."

하시고 눈물을 흘리시거늘 성의 몇 번이고 위로하고 길을 떠날 새 동문 밖에 나와 배를 타고 순풍을 얻어 행군한 지 7일 만에 홀연 태풍이 일어나 한 섬에 다다르며 배를 머무르고 성의 물어 가로되,

"서역이 얼마나 남았느뇨."

(중략)

즉시 노를 저어 한 곳에 다다르니 홀연 풍랑이 일어나며 우레 같은 소리 바다에 진동하거늘 배의 모든 사람들이 당황하여 어찌할 줄 모를 즈음에 ⓔ <u>이름 모르는 짐승이 수중에서 차차 나오며</u>
_{성의가 위기에 빠짐}
<u>머리를 들어 입으로 물을 토하니 파도 흉용하여*</u> 배를 요동하니 격군 등이 혼비백산하여 어찌할 줄 몰라 하거늘 성의 하늘을 우러러 축수하여 가로되,

"<u>소자는 안평국 왕자 적성의니 모친의 병이 위중하와 서천에 일</u>
_{하늘을 향해 자신이 여행을 떠난 이유를 밝힘}
<u>영주를 얻으러 가오니</u> 천지신명과 사해 용왕은 소자의 절박한 사정을 살피사 서역에 득달하여 약을 얻어오게 하소서."

하니, 그 짐승이 문득 들어가고 물결이 고요하더니 ⓜ <u>홀연 일엽</u>
<u>편주*에 한 선관이 붉은 소매의 푸른 옷에 봉미선*을 가리고 청</u>
_{성의가 선경에 가까워졌다고 생각하게 되는 근거}

의동자*가 뱃머리에서 옥적을 청아하게 불고 뒤에 또 한 선관이

사자를 타고 백우선*을 쥐고 나는 듯이 지나며 한 곡조를 읊조려

하였으되,

"태행산 높은 봉은 하늘에 닿았고, 약수 엷은 물은 날짐승의 깃을

잠그도다. 망령된 저 아해는 일엽편주를 타고 어디를 향하는고."

　　　　　　　성의

하거늘, 성의 슬프고 깨달아 외어 가로되,

"신선께서는 길 잃은 사람을 구하여 주소서."

하니, 선관이 듣고도 듣지 못한 체하고 가거늘 성의 탄식하여 가

　　　　　　성의를 돕지 않고 떠남

로되,

"물 위에 선관이 왕래하니 선경*이 멀지 않았으나 누구더러 물

어보며 어디로 향하리오."

- 작자 미상, 〈적성의전〉 -

* 화설(話說): 고대 소설에서 이야기를 시작할 때 쓰는 말.
* 순후하다(淳厚하다): 온순하고 인정이 두텁다.
* 불측하다(不測하다): 생각이나 행동 따위가 괘씸하고 엉큼하다.
* 차시(此時): 이때.
* 황황하다(皇皇하다): 갈팡질팡 어쩔 줄 모르게 급하다.
* 공수하다(拱手하다): 왼손을 오른손 위에 놓고 두 손을 마주 잡아 공경의 뜻을 나타내다.
* 빈도(貧道): 승려나 도사가 자기를 낮추어 이르는 일인칭 대명사.
* 환후(患候): 웃어른의 병을 높여 이르는 말.
* 옥계(玉階): 대궐 안의 섬돌.
* 만경창파(萬頃蒼波): 만 이랑의 푸른 물결이라는 뜻으로, 한없이 넓고 넓은 바다를 이르는 말.
* 오활하다(迂闊하다): 사리에 어둡고 세상 물정을 잘 모르다.
* 허탄하다(虛誕하다): 거짓되고 미덥지 아니하다.
* 득달하다(得達하다): 목적한 곳에 도달하다.
* 신통(神通): 불가사의한 힘이나 능력.
* 왕환(往還): 갔다가 돌아옴.
* 보중하다(保重하다): 몸의 관리를 잘하여 건강하게 유지하다.
* 격군(格軍): 조선 시대에, 사공의 일을 돕던 사람.
* 의문지망(倚門之望): 어머니가 대문에 기대어 서서 자식이 돌아오기를 기다림.
* 천우신조(天佑神助): 하늘이 돕고 신령이 도움.
* 흉용하다(洶湧하다): 물결이 매우 세차게 일어나다.
* 일엽편주(一葉片舟): 한 척의 조그마한 배.
* 봉미선(鳳尾扇): 봉황의 꼬리 모양의 부채.
* 청의동자(靑衣童子): 신선의 시중을 든다는 푸른 옷을 입은 사내아이.
* 백우선(白羽扇): 새의 흰 깃으로 만든 부채.
* 선경(仙境): 신선이 산다는 곳.

01 작품의 내용 파악하기

답 | ③

윗글의 내용에 대한 이해로 가장 적절한 것은?

정답 선지 분석

③ 도사는 성의에 대한 긍정적인 평가를 알고 있었다.

도사가 '빈도가 듣사오니~왕자 성의 효성이 지극하시다 하옵기에 왔사오니'라고 한 것을 통해, 성의에 대한 긍정적인 평가를 알고 있었음을 파악할 수 있다.

오답 선지 분석

① 왕비는 성의에게 약을 구해오라고 부탁했다.

성의만이 약을 얻을 수 있다는 도사의 말을 왕이 왕비에게 전하자, 왕비는 "허탄한 도사의 말을 듣고 서역을 어이 득달하리요.~아이는 망령된 의사를 두지 말라."라고 하면서 성의가 약을 구하러 서역에 가는 것을 말리고 있다.

② 성의는 바다에서 만난 선관의 도움을 받았다.

성의는 바다에서 만난 선관에게 "신선께서는 길 잃은 사람을 구하여 주소서."라고 하였으나, 선관은 '듣고도 듣지 못한 체하고' 갔으므로 도움을 받았다고 할 수 없다.

④ 신하들은 왕에게 성의를 세자로 봉해야 한다고 말했다.

왕이 성의로 세자를 봉하고자 하자, 조정의 모든 신하들은 왕에게 장자로 세자를 봉하는 것이 옳다고 말하였다. 즉, 신하들은 왕에게 항의를 세자로 봉해야 한다고 말했다.

⑤ 항의는 왕비의 병을 걱정하며 약을 구하기 위해 노력했다.

왕비가 병을 얻자, 항의는 '조금도 돌아보는 일이 없었다'고 하였으므로 왕비의 병을 걱정하며 약을 구하기 위해 노력했다고 할 수 없다.

02 구절의 의미 파악하기

답 | ②

㉠~㉤에 대한 설명으로 적절하지 않은 것은?

정답 선지 분석

② ㉡: 성의가 왕의 사랑을 잃게 되었음을 의미한다.

왕은 처음에 성의로 세자를 봉하고자 했으나, 신하들이 "차자를 봉하여 세자를 삼고자 하심이 윤리와 기강을 상함이니 불가하나이다."라고 간하자 깊이 생각한 끝에 항의로 세자를 봉한다. 이는 성의가 왕의 사랑을 잃게 되었음을 의미하는 것이 아니라, 왕이 신하들이 내세운 유교적 이유를 받아들였음을 의미한다.

오답 선지 분석

① ㉠: 성의가 항의에 의해 고난을 겪게 될 것을 암시한다.

성의는 '됨됨이가 순수하고 기골이 준수하며 왕의 부부 매우 사랑하고 여러 나라가 사모'하는 인물인데, 항의는 성의를 시기하여 '음해할 뜻'을 둔다고 하였다. 이는 사건이 진행되면서 선인인 성의가 악인인 항의에 의해 고난을 겪게 될 것을 암시한다.

③ ㉢: 성의가 서역으로 떠나게 되는 필연성을 제공한다.

도사는 왕비의 병에 대해 "만일 일영주가 아니면 회복하기 어렵도소이다."라고 하고, 왕이 일영주가 있는 곳을 묻자 "서역 청룡사에 있사오나 만일 적성의가 아니면 얻지 못하리이다."라고 대답한다. 따라서 도사는 성의만이 일영주를 얻을 수 있다고 말하며 성의가 서역으로 떠나게 되는 필연성을 제공하고 있다.

④ ㉣: 성의가 여행의 과정에서 위기에 빠졌음을 의미한다.

성의가 일영주를 구하기 위해 배를 타고 가던 중, '이름 모르는 짐승'이 수중에서 나와 '머리를 들어 입으로 물을 토하'여 배가 크게 흔들리는 사건이 생긴다. 이는 성의가 여행의 과정에서 위기에 빠졌음을 의미한다.

⑤ ㉤: 성의가 목적지에 가까워졌음을 암시한다.

짐승이 돌아간 후, 성의는 '붉은 소매의 푸른 옷에 봉미선을 가'린 선관과 '뱃머리에서 옥적을 청아하게 불고' 있는 청의동자, '사자를 타고 백우선을 쥐고 나는 듯이 지나'는 선관을 마주친다. 성의는 이에 대해 '물 위에 선관이 왕래하니 선경이 멀지 않았'다고 말하므로, 이는 성의가 목적지에 가까워졌음을 암시하는 것이다.

윗글과 보기 를 비교한 내용으로 적절하지 않은 것은?

보기

바리공주는 오귀대왕과 길대부인 사이에서 태어난 일곱 번째 딸이다. 아들이 없이 딸만 줄줄이 태어나자 오귀대왕은 바리공주를 내다 버린다. 함에 담겨 바다에 버려진 바리공주는 자식 없이 살아가던 노부부에 의해 구출되어 자란다.

바리공주가 열다섯 살 되던 해, 오귀대왕은 병에 걸린다. 점쟁이는 서천 서역국의 생명수만이 대왕을 살릴 수 있다고 알리고, 오귀대왕은 여섯 공주에게 부탁해 보았으나 여섯 명 모두 핑계를 대며 가지 않으려 한다. 오귀대왕은 어쩔 수 없이 시종을 보내 바리공주를 찾게 한다. 시종으로부터 사정을 들은 바리공주는 아버지를 위해 생명수를 구해오겠다면서 기꺼이 떠난다. 바리공주는 온갖 시련을 겪은 뒤 생명수를 구해 돌아와 병든 오귀대왕을 살려낸다.

정답 선지 분석

③ 윗글의 주인공은 〈보기〉의 주인공과 달리 부모에게 인정받으려는 목적을 가진다.

윗글의 성의는 왕비가 '우연히 병을 얻'고, 도사가 '일영주가 아니면 회복하기 어'려우며 '적성의가 아니면 얻지 못'할 것이라고 말하자 "도사의 말이 비록 허탄하나 소자가 또 신통을 얻었으니 결단코 소자가 약을 얻어 모후의 환후를 구하옵고 소자의 불효를 만분의 일이나 면할까 하나이다."라고 말한다. 즉, 성의가 일영주를 얻어오기 위해 떠난 것은 부모에게 인정받기 위해서가 아니라 효심에서 비롯된 것이다.

오답 선지 분석

① 윗글과 〈보기〉의 주인공은 모두 약을 찾기 위해 길을 떠난다.

윗글의 성의는 왕비의 병을 고치기 위해 일영주가 필요하다고 하자 "소자가 비록 어리나 서천에 가서 일영주를 얻어올까 하나이다."라고 말하고, 〈보기〉의 바리공주 역시 생명수만이 오귀대왕을 살릴 수 있다고 하자 아버지를 위해 생명수를 구해오겠다면서 기꺼이 떠난다.

② 윗글과 〈보기〉의 주인공은 모두 형제자매와 대비되는 모습을 보인다.

윗글의 성의는 '조금도 돌아보는 일이 없'는 항의와 달리 '주야로 옷을 벗고 편히 지내지 않으며 탕약을 끓여 바치'고 일영주를 얻어오기 위해 서천으로 떠난다. 〈보기〉의 바리공주 역시 '핑계를 대며 가지 않으려' 하는 여섯 공주와 달리 생명수를 구해오겠다면서 기꺼이 떠난다.

④ 〈보기〉의 주인공은 윗글의 주인공과 달리 부모로부터 사랑받지 못하고 자란다.

〈보기〉의 바리공주는 아버지인 오귀대왕에 의해 '내다 버'려져 노부부에 의해 구출되어 자란다. 반면, 윗글은 '왕의 부부'가 성의를 '매우 사랑하'였다고 했다.

⑤ 〈보기〉의 주인공은 윗글의 주인공과 달리 성장 과정에서 구출자를 만나 고비를 벗어난다.

〈보기〉의 바리공주는 '함에 담겨 바다에 버려'졌다가 '자식 없이 살아가던 노부부에 의해 구출되어 자란다'. 윗글의 성의가 성장 과정에서 만난 구출자에 대한 언급은 찾아볼 수 없다.

04 소재의 의미 파악하기

빈칸에 들어갈 말을 윗글에서 찾아 쓰시오.

(   )은/는 왕비의 병을 낮게 하기 위한 것이자, 성의가 고난을 감수하는 이유가 되는 소재이다.

정답

일영주

| 본문 | 165쪽

| 매체 | 매체의 표현 방법과 의도 평가하기 |

코끼리는 볼 수 있지만, 상아는 볼 수 없다
대조법 → 상반되는 내용을 제시하여 주제를 강조함

1 상아가 없는 코끼리를 본 적이 있는가?
의문문 → 이어질 내용을 예측할 수 있게 함

길게 뻗은 상아와 기다란 코, 펄럭이는 귀, 바로 우리가 아는 아
_{아프리카코끼리의 외양적 특징}
프리카코끼리의 모습이다. '상아'란 '코끼리의 엄니'를 말하는데,

최근 남아프리카 공화국에서는 암컷 코끼리의 98퍼센트가 상아
_{문제 상황 제시}
없이 태어나고 있다. 《더 타임즈》는 "상아가 있어도 그 크기가 현
_{상아를 가지고 태어나는 코끼리는 상아의 크기가 줄어듦}
저하게 줄었다. 그나마 있는 상아도 그 크기가 100년 사이 절반

으로 줄었다."라고 보도했다.
『 』: 인용 ① – 다른 신문의 보도를 직접 인용함

2 왜 상아 없는 코끼리가 늘어나는가?

「코끼리 연구·보호 단체 '코끼리의목소리'의 대표인 조이스 폴
『 』: 인용 ② – 전문가의 견해를 간접 인용함
박사는 상아가 없는 코끼리가 많아진 까닭을 밀렵 때문이라고 설

명한다.」

코끼리의 상아는 그 조직이 다른 동물들의 엄니와 비교했을 때
_{코끼리의 상아가 공예품이나 조각의 재료로 사용되는 이유}
잘 발달되어 있고 단단하여 오래전부터 공예품이나 조각의 재료
_{상아를 찾는 사람들이 줄지 않는 이유 ①}
로 널리 사용되어 왔다. 지금도 상아는 암시장에서 고가에 거래

된다. 상아는 '하얀색 금'인 셈이다. 특히 일부 아시아 국가에서

상아 가공품은 예로부터 부와 높은 지위의 상징으로 통한다. 그
_{상아를 찾는 사람들이 줄지 않는 이유 ②}
국가의 사람들은 상아로 만든 물건을 가지고 있으면 행운이 온다
_{상아를 찾는 사람들이 줄지 않는 이유 ③}
는 맹목적인 믿음을 가졌다. 이러한 까닭으로 상아를 찾는 사람

들은 여전히 줄지 않고 있다.

「상아를 얻기 위해 사람들은 상아가 있는 코끼리를 사냥하였고,
『 』: 상아 없이 태어나는 아프리카코끼리의 숫자가 늘어난 이유
상아가 없는 코끼리만 살아남았다. 그 결과 상아가 없는 코끼리

의 유전자가 후대로 전해져 상아 없이 태어나는 아프리카코끼리

의 숫자가 늘어난 것이다.」실제「1997부터 15년간 내전을 치른

모잠비크에서는 코끼리의 90퍼센트가 밀렵으로 학살당했고, 내

전이 끝난 뒤 태어난 암컷 코끼리의 30퍼센트는 상아가 없었다.」
『 』: 실제 사례와 구체적인 수치를 제시함 → 신뢰성 높임

3 상아를 위한 탐욕의 결과는?

상아를 향한 인간의 탐욕으로「하루 85마리의 코끼리가 밀렵을
『 』: 같은 의미의 내용 반복 제시 → 문제 상황 강조
당한다. 즉 17분에 한 번꼴로 밀렵꾼의 코끼리 사냥이 일어나고

있는 셈이다.」그 결과 해마다 약 3만 마리에 달하는 코끼리가 희

생되고 있다.「코끼리 보호 단체인 '국경없는코끼리'는 "2007년
『 』: 인용 ③ – 전문 기관의 분석 결과를 직접 인용함
부터 2014년 사이에 아프리카코끼리 약 14만 4,000마리가 죽었

고, 이로 인해 일부 지역에서는 코끼리가 멸종 위기에 처했다."라

고 전했다.」앞으로 10년간 아프리카코끼리의 5분의 1이 사라질

것이라는 전망도 있다.

코끼리가 없어진다면 그 영향은 적지 않을 것이다. 코끼리는 나

무든 덤불이든 가리지 않고 밟거나 무너뜨리고 부수는데 그 결과
_{초식 동물의 서식지가 만들어짐}
다른 초식 동물들이 살아갈 수 있는 다양한 환경이 마련된다. 지

금처럼 코끼리의 개체 수가 점점 줄어들면 초식 동물들이 살아가

는 다양한 서식지가 없어지게 되고, 이는 초식 동물을 먹고 살아
_{초식 동물이 살아가는 서식지가 없어지면 육식 동물의 수도 줄어들 것임}
가는 육식 동물에게도 영향을 미치게 된다.

01 매체의 내용 파악하기
답 | ②

윗글을 통해 알 수 있는 내용으로 가장 적절한 것은?

정답 선지 분석

② 인간의 행동으로 인해 상아 없는 코끼리가 늘어났다.

　2에서 '코끼리의목소리'의 설명을 인용한 부분을 통해 상아가 없는 코끼리가 많아진 까닭이 밀렵 때문임을 알 수 있고, 사람들이 상아가 있는 코끼리를 사냥하자 상아가 없는 코끼리만 살아남아 그 유전자가 후대로 전해져 상아 없이 태어나는 아프리카코끼리의 숫자가 늘어났음을 알 수 있다. 따라서 인간의 행동, 즉 밀렵으로 인해 상아 없는 코끼리가 늘어났음을 알 수 있다.

오답 선지 분석

① 과거에 비해 코끼리의 상아 크기가 커졌다.

　1에서 《더 타임즈》의 보도를 인용하여 코끼리의 상아가 100년 사이 절반으로 줄었다고 하였다. 과거에 비해 코끼리의 상아 크기가 커진 것이 아니라, 작아진 것이다.

③ 10년 안에 아프리카에서 코끼리가 멸종될 수도 있다.

　3에서 일부 지역에서는 코끼리가 멸종 위기에 처했다는 분석 결과와 앞으로 10년간 아프리카코끼리의 5분의 1이 사라질 것이라는 전망을 제시했을 뿐, 10년 안에 아프리카에서 코끼리가 멸종될 수도 있다고는 하지 않았다.

④ 육식 동물의 개체 수는 코끼리의 개체 수에 반비례한다.

　3에서 코끼리의 개체 수가 점점 줄어들면 초식 동물들이 살아가는 서식지가 없어지고, 이는 초식 동물을 먹고 살아가는 육식 동물에게도 영향을 미친다고 하였다. 따라서 코끼리의 개체 수가 줄어들면 육식 동물의 개체 수도 줄어들 수 있는 것이다.

⑤ 일부 나라에서는 코끼리를 불길한 동물로 여겨 학살했다.

　2에서 일부 아시아 국가의 사람들은 상아로 만든 물건을 가지고 있으면 행운이 온다는 맹목적인 믿음을 가졌다고 했을 뿐, 코끼리를 불길한 동물로 여겨 학살한 나라가 있는지는 윗글을 통해 알 수 없다.

02 매체 표현 방식의 효과 파악하기 답|②

보기는 윗글의 제목과 소제목의 효과를 설명한 것이다. ㉠, ㉡에 들어갈 말로 가장 적절한 것은?

보기

윗글의 제목은 (㉠)을 활용하여 주제를 강조하였고, 소제목은 (㉡)을 활용하여 이어질 내용을 예측할 수 있게 하였다.

정답 선지 분석

	㉠	㉡
②	대조법	의문문

㉠ 윗글의 제목은 '코끼리는 볼 수 있지만, 상아는 볼 수 없다'이다. 제목에서 '코끼리는 볼 수 있다'와 '상아는 볼 수 없다'라고 하여, 상반되는 내용을 제시하는 대조법을 활용하여 주제를 강조하였다.
㉡ 윗글의 소제목은 '상아가 없는 코끼리를 본 적이 있는가?', '왜 상아 없는 코끼리가 늘어나는가?', '상아를 위한 탐욕의 결과는?'이다. 소제목에서 의문문을 활용하고, 질문에 대한 답을 이어지는 내용의 핵심 내용으로 하여 이어질 내용을 예측할 수 있게 하였다.

03 매체 자료의 활용 효과 파악하기 답|④

윗글의 **3**에 **보기**의 자료를 추가했을 때의 효과로 가장 적절한 것은?

보기

아프리카코끼리의 개체 수 변화 (단위: 마리)

130만 1979년 / 49만 2007년 / 35만 2014년

– 국경없는코끼리 외, 〈아프리카 코끼리 개체 수 총조사 결과 보고〉, 2016.

정답 선지 분석

④ 밀렵으로 희생되는 코끼리의 개체 수를 구체적으로 인식하게 한다.
〈보기〉에서는 아프리카코끼리의 개체 수가 1979년에는 130만 마리였지만 2007년에는 49만 마리, 2014년에는 35만 마리로 줄어들었음을 그림으로 보여 주고 있다. 독자는 이를 통해 밀렵으로 희생되는 코끼리의 개체 수를 구체적으로 인식할 수 있다.

오답 선지 분석

① 상아가 없는 코끼리가 겪는 어려움을 강조한다.
〈보기〉를 통해 상아가 없는 코끼리가 겪는 어려움을 알 수는 없다.

② 코끼리의 개체 수가 줄어들 때의 생태계 변화를 제시한다.
〈보기〉를 통해 코끼리의 개체 수가 줄어들었음은 알 수 있지만, 이에 따른 생태계 변화는 알 수 없다.

③ 코끼리가 상아를 사용하는 상황을 나열하여 이해를 돕는다.
〈보기〉에서는 코끼리가 상아를 사용하는 상황을 설명하지 않았다.

⑤ 상아 없이 태어나는 코끼리의 수가 늘어나고 있다는 사실을 뒷받침한다.
〈보기〉를 통해 아프리카코끼리의 개체 수가 줄어들었음은 알 수 있지만, 상아 없이 태어나는 코끼리의 수가 늘어나고 있는지는 알 수 없다.

04 매체의 표현 방식 파악하기

2에서 상아를 빗댄 표현을 찾아 2어절로 쓰시오.

정답

하얀색 금

독서 압전 효과

빠른 정답 체크 **01** ④ **02** ① **03** ⑤ **04** 인장력, 교류 전압

우리나라의 한 지하철역에는 사람들이 걸어 다니면 전기가 만
〔압전 효과의 활용 예시 ①〕
들어지는 특수 보도블록이 만들어진 적이 있다. 네덜란드에는 발
을 구르며 춤추면 바닥에서 화려한 조명이 들어오는 댄스 클럽이
〔압전 효과의 활용 예시 ②〕
생긴 적이 있다. 두 곳에서 선보인 기술의 공통점은 바닥을 누르
는 압력으로 전기를 만드는 압전 효과를 활용했다는 것이다. 그
렇다면 압전 효과는 어떻게 일어나는 것일까?
▶1문단: 압전 효과의 활용 예시
압전 효과는 어떤 물질에 압력을 가했을 때 전기적인 변화가 생
〔압전 효과의 개념〕
기는 현상을 말한다. 일반적으로 결정을 이루는 물질 대부분은
양전하를 가진 입자와 음전하를 가지고 있는 입자가 규칙적으로
배열되어 전기적 성질이 나타나지 않는다. 그런데 어떤 물질은
『압력을 받거나 바깥으로 잡아당기는 힘인 인장력이 가해지면 결
『」: 정압전 효과의 개념 〔인장력의 개념〕
정 구조가 깨지면서 양전하와 음전하의 상대적인 위치가 변하여
한쪽은 양극, 또 다른 한쪽은 음극의 성질을 갖는 분극 현상이 일
〔분극 현상의 개념〕
어나면서 전기에너지가 발생하게 된다.』 이를 '정압전 효과'라고
부른다.
▶2문단: 압전 효과의 개념과 정압전 효과
그런데 반대의 현상도 가능하다. 다시 말해, 전기를 흘려보내면
〔역압전 효과의 개념〕
물질의 모양이 변하는 기계적 변형이 일어나기도 한다. 이를 '역
압전 효과'라고 부른다. 이처럼 원리 자체는 간단하지만『압전 효
과를 잘 나타내는 물질이 많지 않고, 너무 큰 힘을 가하면 물질이
부서져 버릴 수 있기 때문에』정압전 효과와 역압전 효과를 실험
『」: 정압전, 역압전 효과를 구현하기 어려운 이유
적으로 구현하기는 쉽지 않다. 따라서 압전 효과를 충분히 거둘
〔정압전 효과와 역압전 효과가 충분한 소재〕
수 있는 소재를 개발하기 위해 많은 연구가 진행되었다. 수정, 로
〔압전체의 예시〕
셸염, 티탄산바륨, PZT와 같은 물질이 그러한 소재에 해당한다.
이러한 물질들은 정압전 효과와 역압전 효과가 충분히 일어나 압
전체라고 불리며 여러 산업 분야에 활용되고 있다.
▶3문단: 역압전 효과와 압전체
역압전 효과를 이용한 사례 중 대표적인 것이 ㉠ 초음파를 활용
한 가습기이다. 역압전 효과를 이용하여 압전 소자*에 전기의 방
〔초음파를 활용한 가습기의 원리 ①〕
향이 바뀌는 교류 전압을 걸어주면 압전체가 압축과 팽창을 반복
〔초음파를 활용한 가습기의 원리 ②〕

하면서 규칙적으로 진동하게 된다. 그리고 이를 전기 신호로 통제할 수 있기 때문에 매우 정밀한 진동이나 매우 높은 주파수의 진동, 즉 초음파를 만들어 낼 수 있다. 그런데 가습기의 구조를 보면 진동판이 물의 바닥 면에 설치되어 있고, 그 뒷면에 초음파 진동자*가 붙어 있다. 교류 전기가 흐르면 진동자가 진동하고 동
                              초음파를 활용한 가습기의 원리 ③
시에 진동판이 진동하면서 초음파가 발생해 물에 진동을 일으킨
                              초음파를 활용한 가습기의 원리 ④
다. 이로 인해 물속의 물 분자들이 서로 부딪치면서 분자들 사이
                              초음파를 활용한 가습기의 원리 ⑤
에 진동을 전하고 그 진동이 물의 표면까지 닿으면, 물 표면에 있
던 물 입자들이 미세한 알갱이 상태로 물 표면 위로 튀어나온다.
                              초음파를 활용한 가습기의 원리 ⑥
이렇게 발생한 작은 물방울들이 가습기 내의 송풍기에서 바람을
                              초음파를 활용한 가습기의 원리 ⑦
따라 관을 타고 밖으로 나오게 되는 것이다. 이 방식으로 물을 끓이지 않고도 가습 효과를 거둘 수 있다.

▶ 4문단: 역압전 효과를 이용한 가습기의 원리

* 압전 소자(壓電素子): 외부에서 기계적 변형을 가하면 전기 분극이 나타나는 현상을 이용한 소자.
* 진동자(振動子): 아주 작은 진동체.

01 세부 내용 파악하기
답 | ④

윗글에서 알 수 있는 내용으로 적절하지 <u>않은</u> 것은?

정답 선지 분석

④ 모든 물질은 압력을 받거나 인장력이 가해지면 결정 구조가 깨진다.
  2문단에서 어떤 물질은 압력을 받거나 인장력이 가해지면 결정 구조가 깨진다고 했을 뿐, 모든 물질이 그렇다고 하지는 않았다.

오답 선지 분석

① PZT는 정압전 효과와 역압전 효과가 충분해 압전체라고 불린다.
  3문단에서 PZT와 같은 물질은 정압전 효과와 역압전 효과가 충분히 일어나 압전체라고 불린다고 하였다.

② 바닥을 누르는 압력으로 전기를 만드는 것을 압전 효과라고 한다.
  1문단에서 압전 효과는 바닥을 누르는 압력으로 전기를 만드는 것이라고 하였다.

③ 압전 효과의 원리는 간단하지만 구현할 수 있는 소재는 많지 않다.
  3문단에서 압전 효과의 원리 자체는 간단하지만 이를 잘 나타내는 물질이 많지는 않다고 하였다.

⑤ 전기 신호의 통제로 형성된 높은 주파수의 진동을 초음파라고 한다.
  4문단에서 압전 소자에 교류 전압을 걸어주면 압전체가 규칙적으로 진동하게 되는데, 이를 전기 신호로 통제할 수 있기 때문에 매우 정밀한 진동이나 매우 높은 주파수의 진동, 즉 초음파를 만들어 낼 수 있다고 하였다.

02 세부 내용 파악하기
답 | ①

⊙에 대한 이해로 가장 적절한 것은?

정답 선지 분석

① 교류 전기를 압전체에 흘려보낼 때 구현이 가능하다.
  4문단에서 역압전 효과를 이용하여 압전 소자에 교류 전압을 걸어주면 압전체가 규칙적으로 진동하게 되고, 이를 이용하여 가습 효과를 거둘 수 있다고 하였다.

오답 선지 분석

② 초음파의 발생이 압전체의 구조를 변화시켜 구현된다.
  압전체의 진동이 초음파를 발생시키는 것이므로 적절하지 않다.

---

③ 큰 힘을 받은 물질이 부서질 때 발생한 힘을 이용한다.
  ⊙은 역압전 효과를 이용한 사례인데, 3문단에서 너무 큰 힘을 가하면 물질이 부서져 버릴 수 있기 때문에 역압적 효과를 구현할 수 없다고 하였으므로 적절하지 않다.

④ 물속 분자가 부딪쳐 진동판을 움직이게 만들어 구현된다.
  교류 전기가 흐르면 진동자와 진동판이 진동하면서 초음파가 발생해 물에 진동을 일으키고, 이로 인해 물속의 물 분자들이 서로 부딪친다고 하였으므로 적절하지 않다.

⑤ 물을 끓이는 방식과 혼합하면 가습 효과를 더욱 향상시킬 수 있다.
  물을 끓이지 않고도 가습 효과를 거둘 수 있다고 하였을 뿐, 물을 끓이는 방식과 혼합하면 가습 효과를 더욱 향상시킬 수 있는지는 알 수 없다.

03 구체적 사례에 적용하기
답 | ⑤

윗글을 바탕으로 보기 를 이해한 내용으로 적절하지 <u>않은</u> 것은?

보기

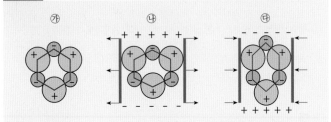

정답 선지 분석

⑤ ㉰는 전기에너지로 물질의 모양이 변하는 기계적 변형이 일어난 상태이다.
  ㉰는 힘의 방향이 물체로 향하고 있어 압력을 받고 있으며, 위쪽은 음극이고 아래쪽은 양극으로 표시되어 있다. 이는 2문단에 따르면, 압력을 받아 분극 현상이 일어나서 전기에너지가 발생한 것으로, 정압전 효과가 발생한 것이다. 3, 4문단에 따르면 기계적 변형이 일어나는 것은 정압전 효과가 아닌, 역압전 효과와 관련이 있으므로 적절하지 않다.

오답 선지 분석

① ㉮는 양전하와 음전하 입자가 규칙적으로 배열된 상태이다.
  ㉮는 양전하와 음전하가 몰려 있지 않아 전기적 성질이 없는 상태이다. 2문단에 따르면 이는 양전하가 음전하가 규칙적으로 배열된 상태이다.

② ㉯는 양전하와 음전하의 상대적인 위치가 변한 상태이다.
  ㉯는 바깥으로 잡아당기는 힘인 인장력이 가해지고 있고 위쪽은 양극, 아래쪽은 음극으로 표시되어 있다. 2문단에 따르면, 이는 전기적 성질이 발생한 것으로 결정 구조가 깨지면서 양전하와 음전하의 상대적 위치가 변하여 전기에너지가 발생하는 정압전 효과이다.

③ ㉯는 물질의 정압전 효과로 전기적 성질이 나타난 상태이다.
  ㉯는 바깥으로 잡아당기는 힘인 인장력이 가해지고 있고 위쪽은 양극, 아래쪽은 음극으로 표시되어 있다. 2문단에 따르면, 이는 전기적 성질이 발생한 것으로 결정 구조가 깨지면서 양전하와 음전하의 상대적 위치가 변하여 전기에너지가 발생하는 정압전 효과이다.

④ ㉰는 양전하와 음전하가 한쪽으로 몰리는 분극 현상이 일어난 상태이다.
  ㉰는 힘의 방향이 물체로 향하고 있어 압력을 받고 있으며, 위쪽은 음극이고 아래쪽은 양극으로 표시되어 있다. 2문단에 따르면 한쪽은 양극, 또 다른 한쪽은 음극의 성질을 갖는 것은 분극 현상이다.

04 세부 내용 파악하기

@, ⓑ에 들어갈 용어를 윗글에서 찾아 차례대로 쓰시오.

- (@): 바깥으로 잡아당기는 힘.
- (ⓑ): 전기의 방향이 바뀌는 전압.

정답

인장력, 교류 전압

징이여 돌이여 당금*에 계십니다. / 징이여 돌이여 당금에 계십
① 금속 악기의 의인화 ② 임의 이름(정석)
니다.

이 좋은 태평성대에 놀고 싶습니다.
화자가 소망하는 세계   ▶ 태평성대에 대한 소망

『바삭바삭한 ㉠ 세모래* 벼랑에 **나난*** / 바삭바삭한 세모래 벼랑
『 』: 불가능한 상황 ① – 구운 밤에 싹이 날 리 없음
에 나난

구운 밤 닷 되를 심습니다.
□: 임과 이별하지 않겠다는 화자의 의지를 드러내는 소재
그 밤이 움*이 돋아 ㉡ 싹이 나야만 / 그 밤이 움이 돋아 싹이 나

야만』
① 사랑하는 임 ② 임금
『유덕하신 임과 이별하고 싶습니다.』
『 』: 반어법 → 임과 이별하고 싶지 않음   ▶ 임과의 영원한 사랑에 대한 소망 ①
반복법 → 화자의 정서 강조(후렴구)

『옥으로 연꽃을 새깁니다. / 옥으로 연꽃을 새깁니다.
『 』: 불가능한 상황 ② – 옥으로 새긴 연꽃이 바위 위에서 피어날 리 없음
㉢ 바위 위에 접*을 붙입니다.

그 꽃이 세 묶음이 피어야만 / 그 꽃이 세 묶음이 피어야만』

유덕하신 임과 이별하고 싶습니다.
                              ▶ 임과의 영원한 사랑에 대한 소망 ②

『무쇠로 철릭*을 재단하여 **나난** / 무쇠로 철릭을 재단하여 나난
임의 신분이 무관임을 짐작할 수 있음
㉣ 철사로 주름을 박습니다.

그 옷이 다 헐어야만 / 그 옷이 다 헐어야만』
『 』: 불가능한 상황 ③ – 무쇠로 재단한 옷이 헐 리 없음
유덕하신 임과 이별하고 싶습니다.
                              ▶ 임과의 영원한 사랑에 대한 소망 ③

『무쇠로 큰 소를 지어다가 / 무쇠로 큰 소를 지어다가
『 』: 불가능한 상황 ④ – 무쇠로 지은 소가 쇠로 된 풀을 먹을 리 없음
쇠로 된 나무가 있는 산에 놓습니다.

그 소가 쇠로 된 풀을 먹어야만 / 그 소가 쇠로 된 풀을 먹어야만』

유덕하신 임과 이별하고 싶습니다.
                              ▶ 임과의 영원한 사랑에 대한 소망 ④

구슬이 ㉤ 바위에 떨어진들 / 구슬이 바위에 떨어진들
사랑   시련
끈이야 끊어지겠습니까?

천 년을 외로이 살아간들 / 천 년을 외로이 살아간들
              과장법
믿음이야 끊어지겠습니까?   ┐ 끈 = 믿음
                           │ 비유법, 설의법
                           │ → 임에 대한
                           ┘ 믿음 강조
                    ▶ 임에 대한 영원한 사랑과 믿음
                    - 작자 미상, 〈정석가〉 -

* 당금(當今): 일이 있는 바로 지금.
* 세모래(細모래): 잘고 고운 모래.
* 나난: 여음.

* 움: 풀이나 나무에 새로 돋아 나오는 싹.
* 접(椄): 나무의 품종 개량 또는 번식을 위하여 한 나무에 다른 나무의 가지나 눈을 따다 붙이는 일.
* 철릭: 무관이 입던 옷. 허리에 주름이 잡히고 큰 소매가 달렸다.

01   표현상의 특징 파악하기   답 | ④

윗글의 표현상의 특징으로 적절하지 않은 것은?

정답 선지 분석

④ 각 연을 동일하게 구성하여 통일감을 획득하고 있다.
  2~5연은 불가능한 상황을 가정하고 마지막 행에 '유덕하신 임과 이별하고 싶습니다.' 라고 하는 구성을 반복하고 있지만, 1연과 6연은 다르게 구성되어 있으므로 각 연을 동일하게 구성하였다는 설명은 옳지 않다.

오답 선지 분석

① 시구를 반복하여 운율을 형성하고 있다.
  1연의 1행을 2행에서, 2~6연의 1행과 4행을 각각 2행과 5행에서 반복하여 운율을 형성하고 있다.

② 역설법을 활용하여 화자의 정서를 강조하고 있다.
  2~5연에서 구운 밤이 움이 돋아 싹이 나는 상황, 옥으로 새겨 바위에 접붙인 연꽃이 피어나는 상황, 무쇠로 재단하여 철사로 주름을 박은 철릭이 헐는 상황, 무쇠로 지은 소가 쇠로 된 풀을 먹는 상황 등 불가능한 상황을 가정하는 역설법을 활용하여 임과 헤어지고 싶지 않아 하는 화자의 정서를 강조하고 있다.

③ 반어법을 활용하여 영원한 사랑을 소망하고 있다.
  2~5연의 마지막 행인 '유덕하신 임과 이별하고 싶습니다.'는 불가능한 상황을 전제로 하는 것으로, 임과 이별하지 않고 영원히 사랑하기를 바라는 화자의 소망이 반영된 반어법이다.

⑤ 설의법을 활용하여 임에 대한 믿음을 강조하고 있다.
  6연의 '끈이야 끊어지겠습니까?', '믿음이야 끊어지겠습니까?'에서 설의법을 활용하여 임에 대한 믿음이 끊어지지 않을 것이라고 강조하고 있다.

02   시어의 의미 파악하기   답 | ①

㉠~㉤을 이해한 것으로 가장 적절한 것은?

정답 선지 분석

① ㉠과 ㉢은 불가능한 상황의 배경이다.
  '세모래 벼랑'은 구운 밤이 싹이 난다는 불가능한 상황의 배경이고, '바위 위'는 옥으로 새긴 연꽃이 피어난다는 불가능한 상황의 배경이다.

오답 선지 분석

② ㉠과 ㉤은 화자가 겪는 시련을 의미한다.
  '바위'는 화자의 사랑이 겪는 시련을 의미하지만, '세모래 벼랑'은 화자가 겪는 시련을 의미하지 않는다.

③ ㉡과 ㉣은 끊어지지 않는다는 점에서 유사하다.
  '철사'로 박은 주름은 끊어지지 않는다는 속성을 갖지만, '싹'은 그렇지 않다.

④ ㉡과 ㉤은 임에 대한 화자의 정성을 의미한다.
  '싹'과 '바위'는 모두 임에 대한 화자의 정성을 의미하지 않는다.

⑤ ㉢과 ㉣은 변함없는 화자의 사랑을 빗댄 것이다.
  '바위 위'와 '철사'는 모두 변함없는 화자의 사랑을 빗댄 것이 아니다. 변함없는 화자의 사랑을 빗댄 시어는 6연의 '구슬'이다.

보기를 바탕으로 하여 윗글을 이해한 내용으로 적절하지 <u>않은</u> 것은?

> **보기**
>
> 〈정석가〉와 같은 고려 가요는 대개 여러 개의 연으로 나뉘어 있으며, 악기의 소리를 흉내 낸 것으로 보이는 여음이 있다. 당시의 사회상이 반영되어 있고 인간의 감정, 그중에서도 남녀 간의 사랑을 주제로 하는 것이 많다. 한편으로는 고려 가요가 궁중에서 쓰이던 음악이었으며, 남녀 간의 사랑을 임금과 신하의 구도로 치환하여 해석해야 한다는 의견도 있다.

정답 선지 분석

⑤ 윗글의 주제를 남녀 간의 사랑으로 본다면, 6연의 '구슬'과 '믿음'은 서로 대조되는 시어겠군.
　〈보기〉를 통해 윗글의 주제를 남녀 간의 사랑으로 볼 수 있음을 알 수 있다. 이러한 관점에서 본다면, 6연의 '구슬'은 사랑을 의미하고 '믿음'은 '천 년을 외로이 살아간'다고 해도 끊어지지 않을, 사랑하는 남녀 간의 믿음을 의미한다. 따라서 '구슬'과 '믿음'이 서로 대조되는 시어라고 할 수 없다.

오답 선지 분석

① 1연의 '이 좋은 태평성대에 놀고 싶습니다'는 윗글이 궁중에서 쓰이던 음악이라는 의견의 근거가 되는군.
　〈보기〉를 통해 윗글을 궁중에서 쓰이던 음악으로 보는 견해도 있음을 알 수 있다. 1연 3행의 '이 좋은 태평성대에 놀고 싶습니다.'는 다른 연과는 이질적인 느낌을 주는데, '태평성대'란 곧 '어진 임금이 잘 다스리어 태평한 세상이나 시대'를 뜻하므로 윗글이 궁중에서 쓰이던 음악이라는 의견의 근거라고 할 수 있다.

② 2연과 4연의 '나난'은 특별한 의미 없이 악기의 소리를 흉내 낸 것이겠군.
　〈보기〉를 통해 윗글과 같은 고려 가요는 악기의 소리를 흉내 낸 것으로 보이는 여음이 있음을 알 수 있다. 2연과 4연의 '나난'은 여음이므로, 특별한 의미 없이 악기의 소리를 흉내 낸 것이라고 이해할 수 있다.

③ '구운 밤', '연꽃', '철릭', '큰 소'는 각 연을 구분하는 중심 소재라고 할 수 있군.
　〈보기〉를 통해 윗글과 같은 고려 가요는 대개 여러 개의 연으로 나뉘어 있음을 알 수 있다. 2연의 '구운 밤', 3연의 '연꽃', 4연의 '철릭', 5연의 '큰 소'는 임과 이별하지 않겠다는 화자의 의지를 드러내는 소재로, 각 연을 구분하는 중심 소재로서 기능한다.

④ '유덕하신 임'을 임금으로 해석한다면, 윗글은 어진 임금의 장수를 기원하는 노래로 볼 수 있군.
　〈보기〉를 통해 윗글에서 드러나는 남녀 간의 사랑을 임금과 신하의 구도로 해석해야 한다는 의견이 있음을 알 수 있다. 후렴구의 '유덕하신 임'을 임금으로 해석한다면, 불가능한 상황이 실현되어야 '유덕하신 임과 이별하고 싶'다고 하는 것은 곧 임과 이별하고 싶지 않음을 의미하므로 윗글을 어진 임금의 장수를 기원하는 노래로 볼 수 있다.

04 시어의 의미 파악하기

6연에서 '끈'과 동일한 의미를 갖는 시어를 찾아 쓰시오.

정답
믿음

빠른 정답 체크   **01** ④   **02** ③   **03** ④   **04** 크레파스, 회색

0

그러다가 다시 군민 체전이 열리는 5월이 돌아왔어. 군 전체 초중고 학생들이 참가하는 학예 대회도 당연히 함께 열렸지. 모든 게 작년하고 비슷했어. 내가 떳떳이 반 대표로 사생 대회에 참가
〔작년과 다른 점 ① – 작년에는 4학년 5반 대표의 이름으로 나감〕
하게 되었다는 것이나 대회 장소가 우리 학교라는 게 달랐지. 이
〔작년과 다른 점 ② – 작년에는 대회가 교육청 마당에서 열림〕
번에 장원 상을 받으면 상품으로 그림 연습을 마음껏 할 수 있게
될 거라고 생각했어. 크레파스 다섯 통과 스케치북 열 권을 다 쓰
〔장원 상을 받았을 때의 상품〕
기도 전에 다음 대회가 열리게 되겠지. (중략)

내 앞에는 언제부터인가 여자아이가 두 명 앉아 있었어. 한 아이
〔'1'의 '나'〕
는 낯이 익었어. 같은 반을 한 적은 없지만 천수기 선생님하고 같
〔'1'의 '나'는 천수기 선생님의 문예반에서 활동함〕
이 가는 걸 몇 번 본 적이 있었지. 『자주색 원피스에 검은 에나멜
〔『 』: 여자아이에 대한 '나'의 인상 ① – 넉넉한 집 자식임을 짐작하게 하는 외모〕
구두를 신고 있었고 머리에 푸른 구슬 리본을 매고 있는데 무척
얼굴이 희고 예뻤지. 『나하고 한 반이었다고 해도 나 같은 촌뜨기
〔여자아이에 대한 '나'의 인상 ② – 자신과 달리 부유한 환경임〕
에게는 말을 걸지도 않았겠지.』

『그 여자애와 나는 비슷한 점이 하나도 없었어. 크레파스부터
〔『 』: 여자아이에 대한 '나'의 인상 ③ – '나'와 처지가 대조됨〕
한 번도 쓰지 않은 새 것, 한 번만 더 쓰면 쓸 수 없도록 닳은 것
〔부잣집 아이인 '1'의 '나'의 크레파스〕　〔가난한 집 아이인 '0'의 '나'의 크레파스〕
이라는 차이가 있었어.』 처음부터 다른 길에서 출발해서 가다가
우연히 두어 시간 동안 같은 장소에서 비슷한 그림을 그리게 되
〔사생 대회에서의 만남〕
겠지만 앞으로 영원히 만날 일이 없을 것 같은 사람이야. 그 여자
아이도 그걸 의식하고 있는 것 같았어. ⓐ 나를 한 번 힐끗 넘겨
다보고는 코를 찡그리더니 더 이상 눈길을 주지 않았어. 자리를
〔'나'에 대한 여자아이의 부정적인 인식이 드러남〕
뜰 것 같았는데 계속 그리기는 하더군. 나를 의식하기 전에 밑그
〔여자아이는 '나'가 오기 전에 이미 밑그림을 그리고 있음〕
림을 그렸던 게 아까웠겠지. (중략)

아이들이 가 버리자 학교는 조용해졌어. 그러고도 한 삼십 분은
〔'나'는 학교에 남아 심사 결과를 기다림〕
있다가 다른 군의 학교에서 온 심사 위원들이 걸어 나왔어. 물론
나한테 관심을 가진 사람은 아무도 없었지. 주 선생님이 보였어.
〔'나'의 학교의 미술반 담당 교사〕
심사를 한 건 아니고 우리 학교의 미술 지도 교사로 참관을 하고
있었던 것 같았어.

교문 조금 못 미친 곳에서 심사 위원들과 인사를 나눈 주 선생
님은 뒤돌아서서 내가 앉아 있는 쪽으로 걸어왔어. 『새하얀 시멘
트 길에 떨어지던 새하얀 햇빛, 그 위에 또각또각 찍히던 그 발소
리를 나는 아직도 잊지 못해.』 선생님은 히말라야시다 앞 시멘트
〔『 』: 시각적·청각적 심상을 활용하여 묘사함〕
의자에 숨은 듯이 앉은 내게 와서는 불쑥 손을 내밀었지.

"백선규, 축하한다." / 나는 못 잊어. / "장원이다."
〔'0'의 '나'의 이름〕　　　　　　　　　　　　　　〔'나'가 원하던 결과를 얻음〕

ⓛ 나는 목이 메어서 아무 말도 할 수 없었어. 「그렇게 목이 죄는
<u>기쁨 때문에 목이 멤</u>
듯한 느낌은 평생 다시 없었어. 그 뒤에 수십 번, 이런저런 상을
「」: 서술자가 현재 시점에서 과거의 사건을 회상하고 있음을 알 수 있음
받고 수상을 통보받았지만,」 / 나는 선생님 앞에서 눈물을 보이고
<u>장원을 한 것에 대한 기쁨의 눈물</u>
말았어. 내가 우는 것을 보고 선생님은 무척 놀라고 당황했어. 하
지만 곧 내 어깨를 잡고는 내 얼굴을 가슴에 가만히 안아 주었어.

<u>그 따뜻하고 기분 좋은 냄새, 못 잊어.</u>
<u>후각적 심상을 활용하여 묘사함</u>

1

나는 한 번도 상 같은 건 받아 본 적 없어. 학교 다닐 때 그 흔한
개근상도 못 받았으니까. 상에 욕심을 부려 본 적도 없어. 내게
는 모자란 게 없어서 그랬는지도 몰라. 「어릴 때는 부유한 집안에
<u>'나'가 여유롭게 자라고 살았음이 드러남</u>　「」: '나'의 삶을 요약적으로 제시함
서 단 하나밖에 없는 딸로 사랑을 받으며 자랐고 여자 대학에서
가정학을 공부하다가 판사인 남편을 중매로 만나서 결혼했지. 내
가 권력이나 돈을 손에 쥔 건 아니라도 그런 것 때문에 불편한 적
도 없어. 아이들은 예쁘고 별문제 없이 잘 자라 주었지. 큰아이가
중학교부터 미국에 가서 공부할 때는 적응에 힘이 들었지만 결국
학생회장까지 지내서 신문에도 여러 번 났지.」 나는 상을 못 받았
지만 내가 타고난 행운, 삶 자체가 상이다 싶어.
<u>자신의 삶에 만족하는 태도</u>
　그렇지만 단 한 번 상을 받을 뻔한 적은 있지. 스스로의 실수 때
<u>초등학교 4학년 때의 사생 대회</u>　　<u>종이에 번호를 잘못 씀</u>
문에 못 받은 거니까 누구를 원망할 수도 없지만. 그 실수를 인정
하고 내가 받을 상이 남에게 간 것을 바로잡을 수 있었을까. 할 수
있었을지도 몰라. 아버지에게 이야기했다면. 아니면 천수기 선생
<u>실수를 정정하고 상을 받을 기회가 있었음</u>
님한테라도.
　왜 안 했을까. <u>그때 나를 스쳐 가던 그 아이, 그 아이의 표정 때</u>
<u>'0'의 '나'</u>
문인지도 몰라. <u>땟국물이 흐르던 목덜미, 전신에서 풍겨 나던 뭔</u>
<u>'0'의 '나'가 가난한 집 아이임을 알고 있었음</u>
가 찌든 듯한 그 냄새, 그 너절한 인상이 내 실수와 잘못된 과정을
바로잡는 게 너절하고 귀찮은 일이라는 생각을 갖게 했을 거야.
<u>실수를 바로잡지 않은 이유 ① - 귀찮음</u>
어쩌면 그 결과 한 아이가 가지게 될지도 모르는 씻지 못할 좌절
<u>실수를 바로잡지 않은 이유 ② - '0'의 '나'가 느낄 좌절감</u>
감이 내게도 약간 느껴졌는지도 모르지. 상관없어. 나는 그런 상
하고는 담을 쌓고 살아도 행복해. 그런 스트레스를 받는 것 자체
<u>'나'는 귀찮고 힘든 것을 싫어하고 현재에 만족하며 살아가는 성격임</u>
가 싫어. 왜 내가 그렇게 살아야 하는데?

0

부임한 지 얼마 안 되어서 그런지 흥분한 교장 선생님은 전례가
없이 그해 학예 대회 입상작을 찾아와서 강당에서 전시회를 가지
기로 결정했어. (중략) ⓒ 나는 천천히 그림이 전시된 곳으로 걸
어갔지. 「내 그림은 맨 안쪽에 걸려 있었지. 입선작 여덟 점을 지
「」: 장원 그림이 전시된 모습을 묘사하여 '나'의 우쭐함을 간접적으로 드러냄

나서 특선작 세 점을 지나고 나서 황금색 종이 리본을 매달고 좀
떨어진 곳에, 검정색 붓글씨로 '壯元(장원)'이라고 크게 쓰인 종
이를 거느리고, 다른 작품보다 세 뼘쯤 더 높이, 초등학교에 다니
는 아이들이라면 우러러볼 수밖에 없는 높이에.」
<u>'나'는 자신의 재능이 또래보다 뛰어나다는 우월감을 가지고 있음</u>
　그런데, 그런데, 그런데, 그런데 그 그림은 내가 그린 그림이 아
<u>사건의 반전 → 장원 그림은 '나'가 그린 그림이 아니었음</u>
니었어. 풍경은 내가 그린 것과 비슷했지만 절대로, 절대로 내가
그린 그림이 아니야. 아버지가 사 준 내 오래된 크레파스에는 진
작에 떨어지고 없는 회색이 히말라야시다 가지 끝 앞부분에 살짝
<u>'나'의 그림이 아니라는 증거 ① - '나'의 크레파스에는 없는 색이 사용됨</u>
칠해진 그림이었어. ⓔ 나는 가슴이 후들후들 떨려서 두 손으로
<u>큰 충격과 당혹감을 느낌</u>
가슴을 가렸어. 사방을 둘러봤지만 아무도 없었어. 네모진 칸 안
에 쓰인 숫자는 분명히 124였어. 124, 북한에서 무장간첩을 훈련
<u>124는 '나'의 고유 번호임 → '1'의 '나'가 번호를 잘못 쓴 것</u>
시킨 그 124군 부대의 124. 그렇지만 그건 내 글씨가 아니었어.
<u>'나'의 그림이 아니라는 증거 ② - 번호를 쓴 글씨가 '나'의 것이 아님</u>
누가, 왜 제 번호를 쓰지 않고 내 번호를 썼을까. 실수로? 이런
실수를 하고, 제가 받을 상을 다른 사람이 받았다는 걸 알면 가만
히 있을까. 그렇지는 않을 거야. (중략) 그 그림은 구도로 봐서 내
가 그렸던 바로 그 장소에서 아주 가까운 데서 그린 그림이었어.
<u>'나'가 장원 그림을 그린 사람이 '1'의 '나'라는 것을 짐작하는 근거</u>
그 그림을 그린 아이는 천수기 선생님과 함께 다니던 그 아이인
<u>'1'의 '나'</u>
게 틀림없었어. 그러니까 나와 같은 학교에 다니는 아이라는 거
지. 그러면 그 아이는 제가 그린 그림을 봤을 거야. 그런데 왜? 왜
<u>같은 학교 학생이기 때문에 강당에 걸린 그림을 볼 수 있음</u>
아무 말을 하지 않은 거지? (중략)
<u>'1'의 '나' 시점에서 이 질문에 대한 답을 알 수 있음</u>
┌　나는 가슴이 찢어질 것 같은 통증을 느끼면서 강당을 걸어
│　나왔어. 열 걸음쯤 떼었을 때 강당 문으로 어떤 여자아이가
│　　　　　　　　　　　　　　　　　　　　　　<u>'1'의 '나'</u>
[A] 걸어 들어왔어. 자주색 원피스를 입고 있었어. 검정색 에나멜
│　　　　　　　　　　　　　　<u>사생 대회 때의 그 여자아이와 옷차림이 같음</u>
│　구두를 신고 있었지. ⓜ 나는 그 여자아이를 지나칠 때 눈을
│　　　　　　　　　　　<u>장원 그림의 진짜 주인을 마주치자 부끄러움을 느낌</u>
└　감았어. 눈을 감은 채 열 걸음쯤 걸어가서 다시 눈을 떴어.

　　　　　　　　　　　　　　　- 성석제, 〈내가 그린 히말라야시다 그림〉 -

01 작품의 내용 파악하기　　　　　　　　　　　답 | ④

윗글의 내용으로 적절하지 않은 것은?

④ '1'의 '나'는 상이 '0'의 '나'에게 간 것을 억울해했다.
　'그때 나를 스쳐 가던 그 아이,~생각을 갖게 했을 거야.'를 통해 '1'의 '나'가 자신이 받아야 할 상이 '0'의 '나'에게 갔다는 것을 알고 있었음을 알 수 있고, '나는 그런 상하고는 담을 쌓고 살아도 행복해.'를 통해 그 사실을 억울해하지 않았음을 알 수 있다.

① '0'의 '나'는 학교에 남아 심사 결과를 들었다.
　'아이들이 가 버리고~심사 위원들이 걸어 나왔어.'를 통해 '0'의 '나'가 사생 대회가 끝나고 나서도 심사 위원들을 기다리느라 학교에 남아 있었음을 알 수 있고, 주 선생님이 "장원이다."라고 말하는 장면을 통해 심사 결과를 들었음을 알 수 있다.

② '1'의 '나'는 자신의 삶에 만족하며 살고 있다.
　'나는 상은 못 받았지만 내가 타고난 행운, 삶 자체가 상이다 싶어.'를 통해 '1'의 '나'가
자신의 삶에 만족하며 살고 있음을 알 수 있다.

③ '0'의 '나'는 '1'의 '나'가 부잣집 아이임을 짐작했다.
　'자주색 원피스에 검은 에나멜 구두를~영원히 만날 일이 없을 것 같은 사람이야.'를 통
해 '0'의 '나'는 '1'의 '나', 즉 여자아이가 자신과는 달리 부잣집 아이라는 것을 짐작했
음을 알 수 있다.

⑤ '0'의 '나'는 '1'의 '나'가 그린 그림으로 상을 받았다.
　'같은 반을 한 적은 없지만 천수기 선생님하고 같이 가는 걸 몇 번 본 적이 있었지.', '그
그림을 그린 아이는 천수기 선생님과 함께 다니던 그 아이인 게 틀림없었어.'를 통해
'0'의 '나'가 '1'의 '나'가 그린 그림으로 상을 받았음을 알 수 있다.

02 　인물의 심리 파악하기　　　　　답 | ③

㉠~㉤에서 알 수 있는 인물의 심리로 적절하지 않은 것은?

정답 선지 분석

③ ㉢: '나'가 자신의 그림을 보기 쑥스러워하고 있음을 알 수 있다.
　'나'가 그림이 전시된 곳으로 천천히 걸어간 것이 자신의 그림을 보기 쑥스러워서였는
지는 알 수 없다.

오답 선지 분석

① ㉠: 여자아이가 '나'에 대해 부정적인 인상을 가졌음을 알 수 있다.
　여자아이가 '나'를 한 번 보고는 '코를 찡그리더니 더 이상 눈길을 주지 않았'다는 것
은, 여자아이가 '촌뜨기'인 '나'에게 불쾌감을 느끼고 부정적인 인상을 받았음을 의미
한다.

② ㉡: '나'가 기대하던 결과가 이루어져 기뻐하고 있음을 알 수 있다.
　'나'가 "장원이다."라는 주 선생님의 말을 듣고 '목이 메어서 아무 말도 할 수 없었'다는
것은, '나'가 기대하던 결과, 즉 장원 상을 받는 것이 이루어져 기뻐하고 있음을 의미한다.

④ ㉣: '나'가 그림을 확인하고 큰 충격과 당혹감을 느꼈음을 알 수 있다.
　'나'가 자신의 크레파스에는 없는 회색이 칠해진 그림을 보고 '가슴이 후들후들 떨려서
두 손으로 가슴을 가렸'다는 것은, 자신이 남의 그림으로 장원을 했음을 알고 큰 충격
과 당혹감을 느꼈음을 의미한다.

⑤ ㉤: '나'가 여자아이 앞에서 부끄러움을 느끼고 있음을 알 수 있다.
　'나'는 자신이 여자아이의 그림으로 장원을 했다는 것을 알아차리고 강당을 나왔다. 따
라서 '나'가 '여자아이를 지나칠 때 눈을 감았'다는 것은, 그림의 진짜 주인을 똑바로
볼 수 없을 만큼 부끄러움을 느꼈음을 의미한다.

03 　서술상의 특징 파악하기　　　　　답 | ④

[A]를 보기 처럼 바꾸었다고 했을 때, 보기 에 대한 설명으로 가장 적절한 것은?

보기

　나는 전시된 그림을 보러 강당으로 갔어. 그러다가 한 아이를 마주쳤
지. 사생 대회 때 나와 같은 장소에서 그림을 그리던 아이였어. 그 아이는
날 지나치면서 눈을 감았어. 나도 그 아이를 지나쳤어. 그리고 장원을 한
그림 앞에 선 순간, 놀랄 수밖에 없었어. 백선규라는 이름이 붙어 있었지
만, 그 그림은 내가 그린 것이었거든.

정답 선지 분석

④ 같은 사건에 대해 다른 인물의 관점에서 서술하고 있다.
　[A]는 '0'의 '나'가 장원을 받은 그림이 사생 대회 때 같은 장소에 있었던 여자아이('1'
의 '나')라는 것을 알아차리고, 강당을 나가다가 '1'의 '나'와 마주치는 장면이다. [A]에
서 이 사건은 '0'의 '나'의 관점에서 서술하였지만, 〈보기〉는 이 사건을 '1'의 '나'의 관
점에서 서술하고 있다.

오답 선지 분석

① 현재의 시점에서 과거의 사건을 회상하고 있다.
　[A]와 〈보기〉는 모두 현재의 시점에서 과거의 사건을 회상하며 서술하고 있다.

② 서술자를 바꾸지 않고 시각적인 묘사를 추가하고 있다.
　[A]의 서술자는 '0'의 '나'이지만, 〈보기〉의 서술자는 '1'의 '나'이다. 또한 시각적인 묘
사가 추가되지도 않았다.

③ 작품 안의 서술자가 인물을 객관적으로 묘사하고 있다.
　〈보기〉의 서술자가 작품 안의 인물인 '1'의 '나'인 것은 맞지만, 인물을 객관적으로 묘
사한 것이 아니라 '1'의 '나'의 심리를 드러내고 있다.

⑤ 작품 밖의 서술자가 인물의 심리를 직접 서술하고 있다.
　〈보기〉에서 '놀랄 수밖에 없었어.'라고 하는 등 인물의 심리를 직접 서술하고 있기는
하지만, 서술자는 작품 안의 인물인 '1'의 '나'이다.

04 　소재의 기능 파악하기

ⓐ, ⓑ에 들어갈 말을 윗글에서 찾아 차례대로 쓰시오.

　'0'의 '나'는 '1'의 '나'와 자신의 (　ⓐ　)을/를 비교하며 자신이 '1'의
'나'와 닮은 점이 없다고 생각하고, 장원을 한 그림의 가지 끝에 자신의
크레파스에는 떨어지고 없는 (　ⓑ　)이/가 칠해진 것을 보고 이 그림
이 남의 것이라는 사실을 알아차린다.

정답

크레파스, 회색

| 문법 | 문법 요소 (3) 부정 표현과 중의적 표현 |

빠른 정답 체크 **01** ⑤ **02** ③ **03** ② **04** 수식 범위

01 부정 표현의 쓰임 파악하기 답 | ⑤

부정 표현이 적절하게 쓰인 것은?

정답 선지 분석

⑤ 나는 시간에 쫓겨서 시험지에 이름을 못 썼다.

'나는 시간에 쫓겨서 시험지에 이름을 못 썼다.'는 동작 주체인 '나'의 능력 부족 때문에 시험지에 이름을 쓰는 행위가 일어나지 못했음을 의미하는 문장이므로, '못' 부정문을 사용하는 것은 적절하다.

오답 선지 분석

① 동생이 쓰는 방은 못 깨끗하다.

'동생이 쓰는 방은 못 깨끗하다.'는 '못' 부정문으로 쓰여 있으나, 객관적인 사실을 부정하는 문장이므로 '안' 부정문을 사용해야 한다. 따라서 '동생이 쓰는 방은 안 깨끗하다.', '동생이 쓰는 방은 깨끗하지 않다.'라고 하는 것이 적절하다.

② 주말에 비가 오지 못했으면 좋겠다.

'주말에 비가 오지 못했으면 좋겠다.'는 '못' 부정문으로 쓰여 있으나, 객관적인 사실을 부정하는 문장이므로 '안' 부정문을 사용해야 한다. 따라서 '주말에 비가 안 왔으면 좋겠다.', '주말에 비가 오지 않으면 좋겠다.'라고 하는 것이 적절하다.

③ 새 직원은 기대와 달리 못 부지런하다.

'새 직원은 기대와 달리 못 부지런하다.'는 '못' 부정문으로 쓰여 있으나, 화자의 기대에 미치지 못했음을 나타내기 위해서는 긴 부정문 형태의 '못' 부정문을 사용해야 한다. 따라서 '새 직원은 기대와 달리 부지런하지 못하다.'라고 하거나, '안' 부정문을 사용하여 '새 직원은 기대와 달리 안 부지런하다.', '새 직원은 기대와 달리 부지런하지 않다.'라고 하는 것이 적절하다.

④ 오늘은 날씨가 나쁘니 밖에 나가지 못해라.

'오늘은 날씨가 나쁘니 밖에 나가지 못해라.'는 '못' 부정문으로 쓰여 있으나, 명령문에서는 부정 용언 '-지 마(라)'를 사용해야 한다. 따라서 '오늘은 날씨가 나쁘니 밖에 나가지 마라.'라고 하는 것이 적절하다.

02 문장의 중의성 해소하기 답 | ③

문장에서 중의성을 해소한 예시로 적절하지 <u>않은</u> 것은?

정답 선지 분석

③ 학생들이 급식을 전부 먹지 않았다. → 학생들은 급식을 전부 먹지 않았다.

'학생들이 급식을 전부 먹지 않았다.'는 부정이 미치는 범위에 따라 중의적으로 해석될 수 있다. 따라서 '학생들이 급식을 일부만 먹음'을 나타내려면 '학생들이 급식을 전부 먹지는 않았다.' 등으로, '학생들이 급식을 하나도 먹지 않음'을 나타내려면 '학생들이 급식을 하나도 먹지 않았다.' 등으로 수정해야 한다. 주격 조사 '이'를 보조사 '은'으로 바꾸어 '학생들은 급식을 전부 먹지 않았다.'로 수정한다고 해서 중의성이 해소되는 것은 아니다.

오답 선지 분석

① 민수와 영희는 겨울에 결혼했다. → 민수는 영희와 겨울에 결혼했다.

'민수와 영희는 겨울에 결혼했다.'는 '와'가 격 조사로 쓰였는지, 접속 조사로 쓰였는지에 따라 '민수와 영희가 겨울에 결혼해서 부부가 되었다.'와 '민수도 겨울에 결혼했고, 영희도 겨울에 결혼했다.'의 의미로 해석될 수 있다. 따라서 '민수는 영희와 겨울에 결혼했다.'로 수정하여 '민수와 영희가 겨울에 결혼해서 부부가 되었다.'의 의미로만 해석되게 하는 것은 적절하다.

② 아빠는 엄마보다 나를 좋아한다. → 엄마보다 아빠가 나를 더 좋아한다.

'아빠는 엄마보다 나를 좋아한다.'는 비교 대상에 따라 '엄마가 나를 좋아하는 것보다 아빠가 나를 더 좋아한다.'와 '아빠는 엄마와 나 중 나를 더 좋아한다.'의 의미로 해석될 수 있다. 따라서 '엄마보다 아빠가 나를 더 좋아한다.'로 수정하여 '엄마가 나를 좋아하는 것보다 아빠가 나를 더 좋아한다.'의 의미로만 해석되게 하는 것은 적절하다.

④ 나는 귀여운 친구의 강아지와 놀았다. → 나는 친구의 귀여운 강아지와 놀았다.

'나는 귀여운 친구의 강아지와 놀았다.'는 수식 대상에 따라 '친구의 강아지가 귀엽다.'와 '친구가 귀엽다.'의 의미로 해석될 수 있다. 따라서 '나는 친구의 귀여운 강아지와 놀았다.'로 수정하여 '친구의 강아지가 귀엽다.'의 의미로만 해석되게 하는 것은 적절하다.

⑤ 나는 언니와 오빠가 추천한 영화를 보았다. → 나는 언니와 함께 오빠가 추천한 영화를 보았다.

'나는 언니와 오빠가 추천한 영화를 보았다.'는 '와'가 격 조사로 쓰였는지, 접속 조사로 쓰였는지에 따라 '오빠가 추천한 영화를 언니와 보았다.'와 '언니와 오빠 둘 다 추천한 영화를 보았다.'의 의미로 해석될 수 있다. 따라서 '나는 언니와 함께 오빠가 추천한 영화를 보았다.'로 수정하여 '오빠가 추천한 영화를 언니와 보았다.'의 의미로만 해석되게 하는 것은 적절하다.

03 부정 표현의 종류 이해하기 답 | ②

보기 의 ㉠에 들어갈 예로 가장 적절한 것은?

보기

선생님: 부정문에는 부정 부사를 사용하는 짧은 부정문과 부정 용언을 사용하는 긴 부정문이 있어요. 의미에 따라 '안' 부정문과 '못' 부정문으로 나눌 수도 있지요. '안' 부정문에는 동작 주체의 의지가 작용할 수 있는 행위를 부정하는 의지 부정과, 객관적인 사실을 부정하는 단순 부정이 있어요. 그리고 '못' 부정문에는 동작 주체의 능력 부족 때문에 행위가 일어나지 못한 능력 부정과, 외부의 요인 때문에 행위가 일어나지 못한 타의 부정이 있어요.

조건		부정문
긴 부정문, 단순 부정	➡	㉠

정답 선지 분석

② 그 학생은 선생님께 거짓말을 하지 않았다.

'그 학생은 선생님께 거짓말을 하지 않았다.'는 부정 용언 '-지 않다'를 사용한 긴 부정문이고, 객관적인 사실을 부정하는 단순 부정이다.

오답 선지 분석

① 올해는 겨울이 되었는데도 별로 안 춥다.

'올해는 겨울이 되었는데도 별로 안 춥다.'는 '객관적인 사실을 부정하는 단순 부정이지만, 부정 부사 '안'을 사용한 짧은 부정문이다.

③ 철수는 키는 남들보다 크지만 농구는 못 한다.

'철수는 키는 남들보다 크지만 농구는 못 한다.'는 부정 부사 '못'을 사용한 짧은 부정문이고, 동작 주체인 '철수'의 능력 부족으로 농구를 하지 못함을 의미하는 능력 부정이다.

④ 나는 수학 공부를 하느라 국어 공부를 안 했다.

'나는 수학 공부를 하느라 국어 공부를 안 했다.'는 부정 부사 '안'을 사용한 짧은 부정문이고, 동작 주체인 '나'의 의지가 작용하여 국어 공부를 하지 않았음을 의미하는 의지 부정이다.

⑤ 고층 빌딩이 햇빛을 가려 꽃이 잘 자라지 못한다.

'고층 빌딩이 햇빛을 가려 꽃이 잘 자라지 못한다.'는 부정 용언 '-지 못하다'를 사용한 긴 부정문이지만, 고층 빌딩이 햇빛을 가린다는 외부 요인 때문에 꽃이 자라는 행위가 일어나지 못함을 의미하는 타의 부정이다.

04 중의적 표현의 종류 이해하기

빈칸에 들어갈 말로 적절한 것을 골라 쓰시오.

> '그는 아름다운 고향의 바다를 떠올렸다.'는 (조사 / 수식 범위 / 비교 대상 / 부정 표현)(으)로 인해 중의성이 생긴 문장이다.

정답

수식 범위

빠른 정답 체크 **01** ② **02** ⑤ **03** ④ **04** 만화 영화

오랫동안 사랑을 받아 온 만화는 크게 인쇄 만화와 만화 영화 _{만화의 종류} 두 가지로 분류된다. 이중 인터넷을 통해 자주 접할 수 있는 웹툰은 매체만 달라졌을 뿐 메시지의 구성 방식의 측면에서는 인쇄 만화와 유사성이 크다. 그렇다면 인쇄 만화와 만화 영화의 메시지 구성 방식은 어떤 차이가 있을까?
▶ 1문단: 만화의 종류

공간적 차원에서 보면 ㉠ 인쇄 만화와 ㉡ 만화 영화는 '프레임'을 통해 메시지를 구성한다. 인쇄 만화에서는 소위 '컷'이라고 불리는 칸이, 만화 영화에서는 스크린 화면의 틀이 해당한다. 둘 모두 _{인쇄 만화의 프레임 / 만화 영화의 프레임} 「어떤 현실 중에서 의미가 있는 것만을 골라 일부분만을 포착하여 「 」: 인쇄 만화와 만화 영화의 공통점 프레임에 담아 사건의 흐름과 주제를 제시한다는 점에서는 공통적이다. 그런데 만화 영화의 프레임에서 제시되는 영상은 인물의 행위와 사건의 흐름이 연속적인 동작으로 나타나지만, 인쇄 만화 _{만화 영화의 프레임의 특징 ①} 의 프레임은 불연속적인 이미지들을 담은 칸을 차례로 배열한다는 _{인쇄 만화의 프레임의 특징 ①} 점에서 차이가 있다. 또 만화 영화의 프레임은 고정되어 있지만, _{만화 영화의 프레임의 특징 ②} 인쇄 만화의 프레임은 크기나 모양을 자유자재로 바꿀 수 있는 _{인쇄 만화의 프레임의 특징 ②} 등 유연성을 갖고 있다. 칸의 크기나 모양 자체가 어떤 의미를 갖 _{인쇄 만화의 프레임의 유연성} 기도 하고 분위기와 상황을 조성하는 역할을 하기도 한다. 그뿐만 아니라, 인쇄 만화는 한 페이지에서 여러 개의 칸을 동시에 볼 _{인쇄 만화의 프레임의 특징 ③} 수 있는 통합성이 있어 같은 시간대의 여러 인물이나 상황을 제시할 수도 있다. 칸의 배열은 보통 순차적으로 드러나지만 「한 페이 「 」: 인쇄 만화의 프레임의 통합성 지를 채우고 있는 칸들의 전체적인 조합이 모자이크처럼 이루어져 특정한 장면을 구체화하거나 또 하나의 완결된 장면을 이루기도 한다.」 물론 만화 영화에서도 「여러 장면을 동시에 제시할 수 「 」: 만화 영화의 프레임의 특징 ③ 있지만, 이는 인쇄 만화처럼 여러 프레임을 조합한 것이 아니라 프레임을 분할한 것이다.
▶ 2문단: 공간적 차원에서의 인쇄 만화와 만화 영화의 차이

시간적 차원은 물리적 시간, 극적 시간으로 나누어 보아야 한다. 물리적 시간은 만화가 수용자에게 제공되는 실제 시간을 의미하 _{물리적 시간의 개념} 고, 극적 시간은 만화 작품 안에서 사건이 흘러가는 시간을 의미 _{극적 시간의 개념} 한다. 만화 영화는 실제 상영 시간이 정해져 있어 물리적 시간이 _{만화 영화의 물리적 시간} 고정적이지만, 인쇄 만화는 독자에 따라 읽는 속도가 달라 물리 _{인쇄 만화의 물리적 시간} 적 시간이 유동적이다. 극적 시간의 측면에서 보면 인쇄 만화는 하나의 연결된 사건을 몇 개의 컷으로 분할하여 배열하는데, 이 컷들은 비록 정지된 그림이지만 거기에는 일정한 시간이 응축되어* 있으며 컷과 컷 사이에는 시간이 생략되어 있다. 따라서 인쇄 만화의 극적 시간은 하나의 컷 장면 안에 축약된 시간, 컷 장면 _{인쇄 만화의 극적 시간} 사이에 생략된 시간까지 모두 포함한 것이 된다. 만화 영화의 경우 장면을 분절하고*, 그 장면들 사이에 시간이 생략되어 있으므로 장면 속 시간과 장면 사이의 생략된 시간까지를 포함해야 극 _{만화 영화의 극적 시간} 적 시간이 된다는 점에서는 인쇄 만화와 유사성이 있다. 그러나 만화 영화는 연속된 동작의 흐름이 있기 때문에 인쇄 만화에 비 _{극적 시간의 면에서 인쇄 영화와 만화 영화의 차이} 해 시간의 응축과 축약이 덜하다는 점에서는 차이가 있다.
▶ 3문단: 시간적 차원에서의 인쇄 만화와 만화 영화의 차이

* 응축되다(凝縮되다): 내용의 핵심이 어느 한곳에 집중되어 쌓여 있게 되다.
* 분절하다(分節하다): 사물을 마디로 나누다.

---

01 내용 전개 방식 파악하기   답 | ②

윗글에 대한 설명으로 가장 적절한 것은?

정답 선지 분석

② 인쇄 만화와 만화 영화의 특징을 기준에 따라 비교하고 있다.
   인쇄 만화와 만화 영화의 특징을 공간적 차원과 시간적 차원이라는 두 기준에 따라 비교하여 설명하고 있다.

오답 선지 분석

① 만화 산업이 다양한 분야에서 성장한 과정을 제시하고 있다.
   만화 산업의 성장 과정에 대해 다룬 내용은 나타나지 않는다.

③ 인쇄 만화의 발전 방향을 만화 영화에 비추어 제시하고 있다.
   인쇄 만화의 발전 방향에 대해 제시한 내용은 나타나지 않는다.

④ 인쇄 만화와 만화 영화가 상호 작용하는 과정을 설명하고 있다.
   인쇄 만화와 만화 영화가 상호 작용하는 과정에 대한 내용은 나타나지 않는다.

⑤ 인쇄 만화와 만화 영화의 문제점과 해결 방안을 제안하고 있다.
   인쇄 만화와 만화 영화의 문제점이나 해결 방안을 제안한 내용은 나타나지 않는다.

---

02 핵심 내용 파악하기   답 | ⑤

㉠, ㉡에 대한 이해로 적절하지 않은 것은?

정답 선지 분석

⑤ ㉡은 ㉠과 달리 프레임을 분할하는 것은 불가능하지만 조합하는 것은 가능하다.
   ㉠은 인쇄 만화, ㉡은 만화 영화이다. 2문단에 따르면, 만화 영화에서도 여러 장면을 동시에 제시할 수 있지만, 이는 인쇄 만화처럼 여러 프레임을 조합한 것이 아니라 프레임을 분할한 것이다. 따라서 프레임을 조합할 수 있는 ㉠과 달리, ㉡은 프레임을 분할하는 것만이 가능함을 알 수 있다.

① ㉠과 ㉡은 프레임을 통해 메시지를 구성한다는 점에서 공통적이다.

2문단에서 인쇄 만화와 만화 영화는 프레임을 통해 메시지를 구성한다고 하였다.

② ㉠과 ㉡은 어떤 현실 중에서 의미가 있는 것만을 골라 일부분만을 프레임에 담는다는 점에서 공통적이다.

2문단에서 인쇄 만화와 만화 영화 모두 어떤 현실 중에서 의미가 있는 것만을 골라 일부분만을 포착하여 프레임에 담는다고 하였다.

③ ㉠과 ㉡은 프레임의 장면 속 시간과 장면 사이의 생략된 시간을 포함해야 극적 시간이 된다는 점에서 공통적이다.

3문단에서 인쇄 만화의 극적 시간은 하나의 컷 장면 안에 축약된 시간, 컷 장면 사이에 생략된 시간까지 모두 포함한 것이 된다고 하였고, 만화 영화 역시 장면 속 시간과 장면 사이의 생략된 시간까지 포함해야 극적 시간이 된다고 하였다.

④ ㉠은 ㉡과 달리 프레임의 크기나 모양 자체가 상황을 조성하는 역할을 한다.

2문단에서 만화 영화의 프레임은 고정되어 있지만, 인쇄 만화의 프레임은 크기나 모양 자체가 분위기나 상황을 조성하는 역할을 하기도 한다고 하였다.

03 실제 사례에 적용하기 답 | ④

윗글을 바탕으로 보기 를 해석한 내용으로 적절하지 않은 것은?

보기

㉮

㉯

㉰

④ ㉰는 물리적 시간이 고정되어 있는 인쇄 만화의 특징을 보여 준다.

㉰는 인쇄 만화이다. 3문단에서 인쇄 만화는 독자에 따라 읽는 속도가 달라 물리적 시간이 유동적이라고 하였고, 물리적 시간이 고정적인 것은 만화 영화라고 하였으므로 적절하지 않다.

① ㉮는 인쇄 만화가 가진 프레임의 유연성을 보여 주고 있다.

㉮는 인쇄 만화로, 칸의 크기와 모양이 제각각이다. 2문단에서 인쇄 만화의 프레임은 크기나 모양을 자유자재로 바꿀 수 있는 등 유연성을 갖고 있다고 하였으므로 적절하다.

② ㉮는 인쇄 만화가 가진 프레임의 통합성을 보여 주고 있다.

㉮는 네 개의 컷이 조합되어 마치 하나의 컷처럼 구성되어 있다. 2문단에서 인쇄 만화는 한 페이지에서 여러 개의 칸을 동시에 볼 수 있는 통합성이 있다고 하였으므로 적절하다.

③ ㉯는 컷 속에 일정한 시간이 응축된 인쇄 만화의 특징을 보여 준다.

㉯에서는 여러 인물의 말과 행동을 제시하고 있는데, 이들의 말과 행동은 약간의 시간 차이를 두고 일어난 것이다. 3문단에서 인쇄 만화의 컷들은 비록 정지된 그림이지만 거기에는 일정한 시간이 응축되어 있으며 컷과 컷 사이에는 시간이 생략되어 있다고 하였으므로 적절하다.

⑤ ㉰는 불연속적 이미지들을 배열하는 인쇄 만화의 특징을 보여 준다.

㉰에서는 동일한 인물이 화를 내는 장면과 등을 보인 채 걸어가고 있는 장면이 이어져 있다. 이 사이에 인물이 등을 돌리는 장면은 생략되어 있는데, 이는 두 장면이 연속적이지 않음을 의미한다. 2문단에서 인쇄 만화의 프레임은 불연속적인 이미지들을 담은 칸을 차례로 배열한다고 하였으므로 적절하다.

04 핵심 내용 파악하기

빈칸에 들어갈 말을 골라 쓰시오.

(인쇄 만화 / 만화 영화)의 프레임은 고정되어 있으며, 인물의 행위가 연속적으로 나타난다.

만화 영화

문학 1 빌려줄 몸 한 채(김선우)

빠른 정답 체크 01 ③ 02 ④ 03 ② 04 처음, 거였다

속이 꽉 찬 배추가 본디 속부터
　　성숙한 생명체
단단하게 옹이 지며 자라는 줄 알았는데
　　　　　　　　　　　　　　　▶ 배추를 관찰하기 전의 생각

㉠ 겉잎 속잎이랄 것 없이

저 벌어지고 싶은 마음대로 벌려져 자라다가
　　　　　　　성숙해지기 전의 상태
그중 땅에 가까운 잎 몇 장이 스스로 겉잎 되어
　　　　배추의 성숙을 위해 희생하는 존재　　자발적으로 희생함
『㉡ 나비에게도 몸을 주고 벌레에게도 몸을 주고』
『』: 나비와 벌레를 위한 배추의 희생
즐거이 자기 몸을 빌려 주는 사이
배추의 희생을 몸을 빌려주는 것으로 표현함
『㉢ 결구*가 생기기 시작하는 거라
『』: 희생을 통해 속이 차오르는 배추
알불*을 달 듯 속이 차오르는 거라』
　　　　　　　　　　　　▶ 겉잎의 희생으로 속이 차오르는 배추

『마음이 이미 길 떠나 있어
『』: 화자의 상황 - 마음과 몸이 방황하고 있음
몸도 곧 길 위에 있게 될』늦은 계절에

채마*밭 조금 빌려 무심코 배추 모종 심어 본 후에
　　　　　　　　　　화자가 깨달음을 얻게 되는 계기
『알게 된 것이다
『』: 도치법
빌려줄 몸 없이는 ㉣ 저녁이 없다는 걸
희생과 나눔　　　평화와 안식, 내적 성숙의 시간
내 몸으로 짓는 공양간* 없이는
　　　　자발적인 희생과 나눔
㉤ 등불 하나 오지 않는다는 걸』
　　구원, 희망
처음 자리에 길은 없는 거였다
　　처음부터 길이 있는 것은 아님　　▶ 희생과 나눔을 통해 얻게 되는 삶의 결실
　→ 희생하고 나누는 삶을 통해　　　　- 김선우, 〈빌려줄 몸 한 채〉 -
　　　진정한 길을 찾을 수 있음

* 결구(結球): 배추 따위의 채소 잎이 여러 겹으로 겹쳐서 둥글게 속이 드는 일.

* 알불: 무엇에 싸이거나 담기지 않은 불등걸.

* 채마(菜麻): 먹을거리나 입을 거리로 심어서 가꾸는 식물.

* 공양간(供養間): 절의 부엌을 이르는 말.

01 작품 종합적으로 이해하기 답 | ③

윗글에 대한 설명으로 가장 적절한 것은?

정답 선지 분석

③ 자연물의 성장 과정을 묘사하여 삶의 방향을 제시하고 있다.

윗글은 자연물인 배추의 성장 과정을 묘사하여 희생과 나눔을 통해 진정한 삶의 길을 찾을 수 있다는 주제 의식을 드러내고 있다.

오답 선지 분석

① 경험을 통해 자연물에 대한 기존의 생각을 강화하고 있다.

배추를 기른 경험을 언급하고 있기는 하지만, 이를 통해 '속이 꽉 찬 배추가 본디 속부터 / 단단하게 옹이 지며 자라는 줄 알았'다는 기존의 생각을 강화하는 것이 아니라 수정하고 있다.

② 자연 현상을 삶에 빗대어 부정적인 현실을 비판하고 있다.

배추의 성장이라는 자연 현상을 삶에 빗대고 있기는 하지만, 이를 통해 부정적인 현실을 비판하는 것이 아니라 삶의 방향을 제시하고 있다.

④ 계절에 따른 자연의 변화를 통해 삶의 무상함을 드러내고 있다.

배추의 변화를 언급하고 있기는 하지만, 이를 통해 삶의 무상함을 드러내고 있지 않다.

⑤ 자연물과 인공물을 비교하여 자연 파괴에 대한 경각심을 일깨우고 있다.

자연물과 인공물을 비교하지 않으며, 자연 파괴에 대한 경각심을 일깨우고 있지도 않다.

02 시어의 의미 파악하기 답 | ④

㉠~㉤에 대한 설명으로 가장 적절한 것은?

정답 선지 분석

④ ㉣: 내적 성숙을 이루는 시간을 의미한다.

'저녁'은 '빌려준 몸'이 있어야 도달할 수 있는 시간으로, 희생과 나눔을 통해 내적 성숙을 이루는 시간을 의미한다.

오답 선지 분석

① ㉠: 배추의 희생으로 자란 존재를 의미한다.

'땅에 가까운 잎 몇 장이 스스로 겉잎 되어' 몸을 준다고 했으므로 '겉잎'은 배추의 희생으로 자란 존재가 아닌, 나비와 벌레에게 희생을 베푸는 대상을 의미한다.

② ㉡: 화자가 추구하는 삶을 의미한다.

'나비'는 화자가 추구하는 삶이 아닌, 배추의 희생을 받는 존재를 의미한다.

③ ㉢: 성숙해지기 전의 배추를 의미한다.

'결구'는 성숙해지기 전의 배추가 아닌, 희생과 나눔을 통해 성숙해진 배추를 의미한다.

⑤ ㉤: 자발적인 희생과 베풂을 의미한다.

'등불'은 자발적인 희생과 베풂이 아닌, 자발적인 희생과 베풂을 통해 얻을 수 있는 가치를 의미한다.

03 작품 간의 공통점, 차이점 파악하기 답 | ②

윗글과 보기 를 비교하여 감상한 내용으로 가장 적절한 것은?

보기

그 잎 위에 흘러내리는 햇빛과 입맞추며
나무는 그의 힘을 꿈꾸고
그 위에 내리는 비와 뺨 비비며 나무는
소리 내어 그의 피를 꿈꾸고
가지에 부는 바람의 푸른 힘으로 나무는
자기의 생(生)이 흔들리는 소리를 듣는다.

- 정현종, 〈사물의 꿈 1 - 나무의 꿈〉

정답 선지 분석

② 윗글과 〈보기〉는 모두 대상을 의인화하여 표현하고 있다.

윗글은 '배추'가 '나비에게도 몸을 주고 벌레에게도 몸을 주고 / 즐거이 자기 몸을 빌려'준다고 하며 '배추'를 의인화하여 표현하고 있다. 〈보기〉도 '나무'가 '그의 힘을 꿈꾸고' '그의 피를 꿈꾸고' '자기의 생(生)이 흔들리는 소리를 듣는다'고 하며 '나무'를 의인화하여 표현하고 있다.

오답 선지 분석

① 윗글과 〈보기〉는 모두 화자가 시의 표면에 드러나 있다.

윗글은 '내 몸으로 짓는 공양간 없이는'에서 화자가 시의 표면에 드러나 있지만, 〈보기〉는 화자가 시의 표면에 드러나 있지 않다.

③ 윗글과 〈보기〉는 모두 방황하는 화자의 모습이 나타나 있다.

윗글은 '마음이 이미 길 떠나 있어 / 몸도 곧 길 위에 있게 될 늦은 계절에'에서 방황하는 화자의 모습이 나타나 있지만, 〈보기〉는 방황하는 화자의 모습이 나타나 있지 않다.

④ 윗글은 〈보기〉와 달리 대상의 물질적 가치에 주목하고 있다.

윗글과 〈보기〉 모두 대상의 물질적 가치에 주목하고 있지 않다. 윗글은 '배추'가 희생과 나눔으로 성장한다는 점에, 〈보기〉는 '나무'가 다른 자연물과의 교류로 자신의 내면을 찾는다는 점에 주목하고 있다.

⑤ 〈보기〉는 윗글과 달리 종교적인 시어를 통해 엄숙한 분위기를 형성하고 있다.

종교적인 시어를 사용한 것은 윗글로, 불교적 성격을 띤 시어인 '공양간'을 사용하였다.

04 시구의 의미 파악하기

보기 에서 설명하고 있는 시행을 찾아 첫 어절과 마지막 어절을 쓰시오.

보기

화자의 깨달음이 집약된 시행으로, 희생하고 나누는 삶을 통해 진정한 길을 찾을 수 있다는 의미이다.

정답

처음, 거였다

빠른 정답 체크 01 ⑤ 02 ④ 03 ② 04 정욱

[아니리*]

불 쬐고 늘어앉아 조조 산 쪽을 가만히 둘러보더니, 또 공연한 웃음을 내어 '히히 하하하하' 웃거늘, 중관이 여짜오되, / "승상님, 왜 또 웃소?"
조조가 웃은 것이 처음이 아님

"너 이놈들, 승상이니 망상이니 하면서, 내 평생 즐겨 하는 웃음
언어유희 – 같은 음절로 끝나는 낱말 반복
도 못 웃게 한단 말이냐?"

"승상님만 웃으시면 꼭꼭 복병*이 일어납니다."
이전에 조조의 웃음 뒤에 복병이 일어났음
㉠ "이놈들아, 내 집에서는 날마다 웃어도, 복병은커녕 뱃병도
언어유희 – 같은 음절로 끝나는 낱말 반복
안 나고, 술병만 들오더라."

헛된 장담 이 말 끝에,
조조의 말과 달리 복병이 일어남

[자진모리*]

뜻밖에 산 위에서 북소리 꿍 두리둥 둥 둥 둥 둥. 한 장수 나온
의성어의 사용   장비
다. 한 장수 나와. 얼굴이 먹장* 같고, 고리눈 다복수염, 긴 창을
장비의 얼굴을 묘사함
비껴들고, 우레 같은 큰 소리를 벼락같이 뒤지르며*,

㉡ "네 이놈, 조조야! 닫지 말고 창 받아라!"

불꽃 같은 급한 성정 번개같이 달려들어 좌우익*을 몰아치니,
조조 진영 장졸* 주검 산처럼 쌓였구나. 장비의 호통 소리 나는
새도 떨어지고, 길짐승도 머무르니, 조조 정신 있을쏘냐.
과장법

"아이고, 정욱아! 저기 오는 장수 뉜가 보아라!"

정욱이도 겁이 나서 끝만 따서 하는 말이,
장익덕의 '덕'
㉢ "아이고, 승상님. 떡이요. 떡이로소이다!"
언어유희 – 발음의 유사성 활용
"떡이라니, 먹는 떡이란 말이냐? 이 판에 무슨 떡이냐?"

"장비, 장익덕이란 말이오!"

"아이고, 이 무서운 떡이로구나!"

조조가 황급하여 말 아래 뚝 떨어져 거의 죽게 되었는데, 허저,
조조를 별 볼 일 없게 표현함
장요, 장합 등이 죽도록 구원하여 간신히 도망을 하는구나.

(중략)

[아니리]

"히히히히히히히해해!"
조조의 경망스러운 웃음 → 희화화
크게 웃으니, 정욱이 기가 막혀,
급박하게 도망치고 있는 상황이므로 웃을 때가 아님
"아이고, 얘들아. 승상님이 또 웃으셨구나! 적벽에서 한 번 웃어
조조가 적벽에서 적을 비웃었을 때 군사 대부분이 죽음
백만 군사 몰사하고*, 오림에서 두 번 웃어 죽을 봉변 당하고,
조조가 오림에서 적을 비웃었을 때 조자룡의 습격을 받음
이 병 속 같은 데서 또 웃어 놓았으니, 이제는 씨도 없이 다 죽
조조의 웃음소리를 불길하게 생각함

는구나!"

조조 듣고 기가 막혀,

"아, 이놈들아. 나만 웃는다고 원망하지 말고 너희도 생각들을
해 봐라. 만일 주유 공명이가 이곳에다가 병든 군사라도 스무
군사가 매복하지 않았다고 생각함 → 주유, 공명을 낮잡아봄
명만 갖다 묻어 두었더라도, 조조는 말고 비조*라도 살아갈 수
언어유희 – 같은 음절로 끝나는 낱말 반복
있겠느냐? 히히히히히히해해해해!"

크게 웃으니,

[자진모리]

웃음이 끝나자마자 복병이 일어난다. 『화용도 산 위에서 대포 소
정욱의 우려가 현실이 됨   『 』: 의성어의 사용
리 '꿍!' 이 너머에서도 '꿍!' 저 너머에서도 '꿍 궁그르르르르르르르
르!' 산악이 무너지고, 천지가 뒤바뀐 듯, 뇌고* 나팔 우, 쿵 쾡 처
르르르르르르르르 화용도 산골짜기 뒤끓으니,』위나라 장졸들이 정신
조조의 군사
이 나가 얼굴만 쳐다보고 서 있을 때, 오백 도끼 부대가 양편으로
갑작스러운 적의 공격에 제대로 대처하지 못함
갈라서서 대장 깃발 들었는데, '대원수 관우 삼군 사명기라!' 뚜
관우가 지휘하는 군대임을 알 수 있음
렷하게 새겼는데, 늠름하다 붉은 얼굴, 긴 눈썹, 삼각 수염, 봉황
관우의 얼굴을 묘사함
눈을 부릅뜨고, 청룡도 비껴들고, 적토마 달려오며, 우레 같은 소
관우의 무기   관우가 탄 말
리를 벽력*같이 내지르며,

"네 이놈, 조조야! 네 어디로 도망을 가느냐? 짧은 목 길게 빼어
청룡도 받아라!"

조조 기가 막혀, / "여봐라, 정욱아! 오는 장수 누구냐?"

정욱이도 정신 잃고,

㉣ "호통 소리 장비 같고, 날랜 모양 자룡 같소!"
정신이 없어 깃발의 이름조차 확인하지 못함
"아, 이 녀석아. 좀 자세히 살펴봐라!"

정욱이 정신 차려, / "깃발 색깔 홍색이요, 풍채가 인자하니 관
장수가 관우임을 확신하는 근거
우임이 분명하오."

"더욱 관우라면 도망갈 곳 없고 벗어날 도리 없다."
관우를 두려워함

[아니리]

"형편이 이렇게 되니 어떻든지 한번 싸워 볼 수밖에는 수가 없
조조는 관우와 맞서 싸우고자 함
구나. 너는 아무쪼록 힘을 써서 우리 싸움 한번 해 보자."

정욱이 여쭈오되,

[중모리*]

"장군님의 높은 재주,『호통 소리 한 번 하면 길짐승도 갈 수 없
관우   『 』: 과장법으로 관우의 용맹을 강조함
고, 칼 빛 번뜻하면 나는 새도 뚝 떨어지니,』단검 한 자루로 다
관우는 조조를 떠나 유비에게 가면서 조조의 장수들을 죽임
섯 장수 베던 솜씨, 사람도 말도 기진맥진하였으니 감히 어찌

당하리까? 만일 적에 맞서려 하면 씨도 없이 모두 죽을 테니,

옛날 장군님이 승상 은혜를 입었으니, 어서 빌어나 보옵소서."
　　　　조조가 관우와 관우가 돌보고 있던 유비의 부인들을 거두어 준 일
"빌 마음도 있다마는, 나의 이름이 삼국에 으뜸이라. 죽을지언

정 이제 내가 비는 것은 후세의 웃음이 되리로다."
　　　조조는 죽을 위기 앞에서도 체면을 생각함

　

[아니리]

ⓓ "허허허허허, 야야야야야 야 야들아. 신통한 꾀 하나 생각했다."
　　　죽기를 각오하고 싸울 것처럼 말해 놓고 살아보겠다고 꾀를 냄 → 조조의 이중성
"거, 무슨 꾀를 생각하셨소?"

"나를 죽었다고 홑이불로 덮어라. 덮어 놓고 군대에 알리고,『너

희 모두 앉아 울면 송장이라고 피해 갈 것이니, 홑이불 둘러씩

우고 살살 기다가 한번 달음박질로 달아나자.』
　　　　　　　　　　　　　　　　　『』: 죽은 척하는 꾀를 냄 → 조조의 비굴함
정욱이 여쭈오되,

"아, 지금 산 승상 잡으려고 양국 명장이 다투는데, 죽은 승상
　　　　　　　　　　　　　　유비의 촉나라와 손권의 오나라
목 베기야, 청룡도 그 잘 드는 칼로 누운 목 얼마나 그리 힘들
　　　　　　　　관우가 죽은 척하는 조조의 목을 진짜로 벨 수도 있음
여 베오리까? 공연한 꾀 냈다가 목만 낭비하고 보면, 다시 싹도

길어날 수 없고, 화용도 귀신 될 터이니, 얕은꾀 내지 말고 어서

빌어나 보옵소서."

- 작자 미상, 〈적벽가〉-

* 아니리: 판소리에서, 창을 하는 중간중간에 가락을 붙이지 않고 이야기하듯 엮어 나가는 사설.
* 복병(伏兵): 적을 기습하기 위하여 적이 지날 만한 길목에 군사를 숨김. 또는 그 군사.
* 자진모리: 판소리 및 산조 장단의 하나. 휘모리장단보다 좀 느리고 중중모리장단보다 빠른 속도로, 섬세하면서도 명랑하고 차분하면서 상쾌하다.
* 먹장: 먹의 조각.
* 뒤지르다: 마구 소리를 지르다.
* 좌우익(左右翼): 진을 칠 때에, 좌우로 날개 모양으로 벌여 있는 군대.
* 장졸(將卒): 예전에, 장수와 병졸을 아울러 이르던 말.
* 몰사하다(沒死하다): 모조리 다 죽다.
* 비조(飛鳥): 날아다니는 새.
* 뇌고(雷鼓): 타악기의 하나. 검은 칠을 한 여섯 개의 북을 한 묶음으로 하여 틀에 매달아 친다.
* 벽력(霹靂): 벼락.
* 중모리: 판소리 및 산조 장단의 하나. 진양조장단보다 조금 빠르고 중중모리장단보다 조금 느린 중간 빠르기이다.

---

01 서술상의 특징 파악하기　　　　　답 | ⑤

윗글에 대한 설명으로 적절하지 않은 것은?

정답 선지 분석

⑤ 고사를 언급하여 인물의 행동에 정당성을 부여하고 있다.

윗글에서 고사를 언급한 부분은 찾아볼 수 없다.

오답 선지 분석

① 비유적 표현을 활용하여 인물을 묘사하고 있다.

장비를 묘사할 때 '얼굴이 먹장 같고', '우레 같은 큰 소리를 벼락같이 뒤지르며', '불꽃 같은 급한 성정 번개같이 달려들어'라고 하며 비유적 표현을 활용하였다.

② 과장법을 활용하여 인물의 능력을 강조하고 있다.

장비에 대해 '호통 소리 나는 새도 떨어지고, 길짐승도 머무르니'라고 하고, 관우에 대해 '호통 소리 한 번 하면 길짐승도 갈 수 없고, 칼 빛 번뜻하면 나는 새도 뚝 떨어지니'라고 하며 과장법을 활용하여 장비와 관우의 능력을 강조하고 있다.

③ 반복적인 사건을 제시하여 인물을 희화화하고 있다.

'조조가 웃음 → 웃는 이유를 묻자 복병이 없기 때문이라고 대답함 → 조조를 공격하는 장수가 나타남'이라는 사건을 반복적으로 제시하여 조조의 어리석음을 희화화하고 있다.

④ 의성어를 사용하여 장면을 생동감 있게 표현하고 있다.

'뜻밖에 산 위에서 북소리 꿍 두리둥 둥 둥 둥 둥'에서 의성어를 사용하여 장비가 등장하는 장면을, '화용도 산 위에서 대포 소리 '꿍!' 이 너머에서도 '꿍!' 저 너머에서도 '꿍 궁그르르르르르르르!' 산악이 무너지고, 천지가 뒤바뀐 듯, 뇌고 나팔 우, 쿵 쾅 처르르르르르르르 화용도 산골짜기 뒤끓으니'에서 의성어를 사용하여 관우가 등장하는 장면을 생동감 있게 표현하고 있다.

---

02 작품의 내용 파악하기　　　　　답 | ④

윗글의 내용으로 적절하지 않은 것은?

정답 선지 분석

④ 정욱은 조조에게 관우와 맞서 싸우라고 간언한다.

정욱은 "만일 적에 맞서려 하면 씨도 없이 모두 죽을 테니, 옛날 장군님이 승상 은혜를 입었으니, 어서 빌어나 보옵소서.", "공연한 꾀 냈다가 목만 낭비하고 보면, 다시 싹도 길어날 수 없고, 화용도 귀신 될 터이니, 얕은꾀 내지 말고 어서 빌어나 보옵소서."라고 말한다. 즉, 조조에게 관우와 맞서 싸우라고 간언하는 것이 아니라, 관우 앞에서 빌어나 보라고 조언하고 있다.

오답 선지 분석

① 조조는 주유와 공명을 낮잡아본다.

조조가 "만일 주유 공명이 이곳에다가 병든 군사라도 스무 명만 갖다 묻어 두었더라도, 조조는 말고 비조라도 살아갈 수 있겠느냐?"라고 한 것을 통해, 주유와 공명이 복병을 두지 않았다고 생각하고 낮잡아보고 있음을 알 수 있다.

② 정욱은 조조의 웃음소리를 불길하게 여긴다.

조조가 크게 웃자 정욱이 기막혀하며 적벽과 오림에서 조조의 웃음 뒤에 군사들이 죽은 것을 언급하고, "이 병 속 같은 데서 또 웃어 놓았으니, 이제는 씨도 없이 다 죽는구나!"라고 한 것을 통해, 정욱이 조조의 웃음소리를 불길하게 여기고 있음을 알 수 있다.

③ 조조는 과거에 관우에게 은혜를 베푼 적이 있다.

정욱이 관우와 싸우는 것은 승산이 없다고 말하며 "옛날 장군님이 승상 은혜를 입었으니, 어서 빌어나 보옵소서."라고 말한 것을 통해, 조조가 과거에 관우에게 은혜를 베푼 적이 있음을 알 수 있다.

⑤ 조조는 목숨이 걸린 상황에서도 체면을 차리려 한다.

정욱이 조조에게 관우 앞에서 빌어나 보라고 조언하자, 조조가 "빌 마음도 있다마는, 나의 이름이 삼국에 으뜸이라. 죽을지언정 이제 내가 비는 것은 후세의 웃음이 되리로다."라고 하는 것을 통해, 조조가 관우에게 죽임을 당할지도 모르는 상황에서도 체면을 차리고 있음을 알 수 있다.

외적 준거를 참고하여 작품 감상하기   답 | ②

㉠~㉤ 중 보기 의 밑줄 친 요소가 드러난 부분으로 적절한 것만을 고른 것은?

보기

판소리의 특징 하나는 골계미로, 풍자나 해학을 통해 우스꽝스러운 상황을 연출할 때 드러난다. 해학은 단어의 발음, 중의성, 언어유희를 주로 사용하는 '언어적 해학'과 몸짓, 태도, 음악적 분위기를 주로 활용하는 '비언어적 해학'으로 분류할 수 있다.

정답 선지 분석

② ㉠, ㉢

㉠ 같은 음절로 끝나는 낱말인 '복병', '뱃병', '술병'을 나열한 것에서 언어적 해학 중 하나인 언어유희를 확인할 수 있다.

㉢ '장익덕'이라는 이름의 끝 글자인 '덕'을 따서 발음이 비슷한 '떡'으로 표현하는 것에서 언어적 해학 중 하나인 언어유희를 확인할 수 있다.

오답 선지 분석

㉡ 장비가 조조에게 호령하는 것으로, 언어적 해학이 드러나지 않는다.

㉣ 관우의 등장에 당황하여 깃발에 쓰인 이름조차 제대로 확인하지 못하는 정욱의 모습을 통해 웃음을 유발하고 있지만, 언어적 해학이 드러나지는 않는다.

㉤ 죽기를 각오하고 관우와 싸울 것처럼 말했으면서 살아보겠다고 꾀를 내는 조조의 모습을 통해 조조의 이중성을 강조하고 조조를 희화화하고 있지만, 언어적 해학이 드러나지는 않는다.

04 인물의 특징 파악하기

보기 를 참고하여 '방자형 인물'에 해당하는 인물의 이름을 윗글에서 찾아 쓰시오.

보기

방자형 인물은 판소리계 소설 〈춘향전〉의 등장인물 방자와 같은 유형의 인물을 뜻한다. 방자형 인물은 중심인물의 부수적 존재로서, 중심인물을 보조하며 사건에 개입한다. 또한 신분적으로는 상전보다 낮지만, 작품 내에서 상전으로 관계를 맺는 인물을 조롱하고 풍자함으로써 주종 관계를 무너뜨린다. 주로 안내자의 역할을 담당하고, 조언자의 기능 또한 존재한다.

＊ **상전(上典)**: 예전에, 종에 상대하여 그 주인을 이르던 말.

정답

정욱

| 본문 | 189쪽

| 문법 | **언어의 본질과 기능** |

빠른 정답 체크 **01** ⑤ **02** ③ **03** ⑤ **04** 정보적 기능

01 언어의 본질 이해하기 답 | ⑤

언어의 본질과 예시가 적절하게 연결된 것은?

정답 선지 분석

⑤ 역사성: 원래는 '자장면'만이 표준어였지만, 2011년 국립국어원은 '짜장면'도 복수 표준어로 인정하기로 하였다.

비교적 최근에 새롭게 표준어로 추가된 단어가 있다는 것은, 언어가 시간이 지남에 따라 생성되기도 함을 의미하는 언어의 역사성의 예시로 적절하다.

오답 선지 분석

① 창조성: 검은 옷을 가리켜 "무지개색 옷이네."라고 말한다면 아무도 알아듣지 못한다.

'검은색'을 가리켜 '무지개색'이라고 했을 때 아무도 알아듣지 못하는 것은, 그 색을 '검은색'이라고 부르기로 사회적인 약속을 했기 때문이므로 언어는 그 언어를 사용하는 사람들 사이의 사회적 약속임을 의미하는 언어의 사회성의 예시에 해당한다.

② 규칙성: 한국에서 '개'라고 부르는 동물을 프랑스에서는 '시엥', 독일에서는 '훈트'라고 부른다.

'개'의 의미를 가진 단어가 프랑스에서는 '시엥', 독일에서는 '훈트'라고 불린다는 것은, 언어의 의미와 말소리는 우연히 결합된 것임을 의미하므로 언어의 자의성의 예시에 해당한다.

③ 기호성: '꽃'과 '피다'를 활용하여 '꽃이 피었다', '꽃은 아직 피지 않았다' 등의 문장을 만들 수 있다.

이미 알고 있는 언어인 '꽃'과 '피다'를 활용하여 여러 가지 문장을 만드는 것은, 사람은 알고 있는 언어를 바탕으로 새로운 표현을 무한히 만들 수 있음을 의미하는 언어의 창조성의 예시에 해당한다.

④ 자의성: 일본어는 '주어-목적어-서술어'의 순서로 쓰지만, 중국어는 '주어-서술어-목적어'의 순서로 쓴다.

일본어와 중국어에는 각자의 문장 구조가 존재한다는 것이므로, 언어에는 저마다 일정한 규칙이 존재함을 의미하는 언어의 규칙성의 예시에 해당한다.

02 언어의 기능 이해하기 답 | ③

정서적 기능의 예시로 가장 적절한 것은?

정답 선지 분석

③ 영화가 재미있어서 기분이 좋았어.

'기분이 좋았어'라고 하며 화자의 감정을 드러내고 있으므로 정서적 기능의 예시로 적절하다.

오답 선지 분석

① 저 사람의 이름은 민주라고 해.

'저 사람'이라는 대상을 가리키고 있으므로 지시적 기능의 예시이다.

② 언니가 공부 중일 땐 조용히 해라.

청자에게 '조용히 해라'라고 하며 어떠한 행동을 하게 하고 있으므로 명령적 기능의 예시이다.

④ 선생님, 겨울에는 감기 조심하세요.

'감기 조심하세요'에서 청자를 걱정하며 친밀한 관계를 맺게 하고 있으므로 친교적 기능의 예시이다.

⑤ 사신 물건은 다 합쳐서 만 이천 원입니다.

'다 합쳐서 만 이천 원'이라는 정보를 전달하고 있으므로 정보적 기능의 예시이다.

03 언어의 본질 이해하기 답 | ⑤

보기 **의 (가), (나)에 나타난 언어의 본질로 가장 적절한 것은?**

보기

(가) '고양이'라는 의미를 가진 단어는 일본어로는 '네코', 러시아어로는 '코슈카', 영어로는 '캣'이다.

(나) 그는 책상을 '양탄자'라고 불렀다. … 잿빛 외투를 입은 그 나이 많은 남자는 사람들이 하는 말을 더 이상 이해할 수 없게 되었다. 그건 그리 심각한 문제는 아니었다. 그보다 더 심각한 것은 사람들이 그를 더 이상 이해할 수 없게 된 것이었다.

— 페터 빅셀, 〈책상은 책상이다〉

정답 선지 분석

	(가)	(나)
⑤	자의성	사회성

(가) '고양이'라는 동일한 대상을 부르는 이름이 국가별로 다르다는 점을 언급하고 있으므로, 언어의 의미와 말소리는 우연히 결합된 것임을 의미하는 언어의 자의성을 나타내고 있다.

(나) 남자가 책상을 '책상'이라고 부르지 않고 '양탄자'라고 부르자 다른 사람들이 이해할 수 없게 되었고, 다른 사람들 또한 남자를 이해할 수 없게 되었다는 점을 언급하고 있으므로, 언어는 그 언어를 사용하는 사람들 사이의 사회적 약속임을 의미하는 언어의 사회성을 나타내고 있다.

04 언어의 기능 이해하기

㉠에서 확인할 수 있는 언어의 기능을 쓰시오.

2002년, 국가인권위원회는 기술표준원이 정한 '살색'이란 색깔 이름이 황인종이 아닌 인종을 배제한다는 근거를 들어 "크레파스와 수채물감의 특정 색을 '살색'으로 이름 붙인 것은 헌법 제11조의 평등권을 침해한 것이다."라고 하며 개정을 권고했다. ㉠ 이에 따라 기술표준원은 관용적으로 받아들여지고 있던 색상의 이름을 대폭 손질해 새롭게 발표했다.

정답

정보적 기능

| 독서 | **성선설과 성악설** |

빠른 정답 체크 **01** ⑤ **02** ④ **03** ③ **04** 무단 연장

「중국의 전국시대에는 여러 제후가 패권*을 다투느라 혼란이 심
「 」: 성선설과 성악설의 등장 배경
했다. 당시 사람들은 자기 생존을 위해 수단과 방법을 가리지 않
았으므로 도덕적 타락이 극심했다.」이에 학자들은 도덕성을 회복
할 방법으로 인성론을 찾기 시작했다. 인성론이란 사람이 타고난
품성을 어떻게 보는가에 관한 논의로, 인간의 본질에 대한 철학
            인성론의 개념
적 사고로부터 발전해 왔다. 인성론은 크게 두 가지로 구분할 수
있는데, 성선설과 성악설이 그것이다.
        인성론의 종류   ▶ 1문단: 성선설과 성악설의 등장 배경

유교 경전인 〈중용〉에서는 "천명을 성이라 이른다."고 하여 성은 하늘이 사람에게 부여한 것, 즉 사람이 날 때부터 갖추고 있는 것 으로 규정하였다. ㉠ 맹자는 성을 선이라고 보고, 어린아이가 우 물에 막 빠지려는 것을 본다면 모두가 깜짝 놀라고 걱정하는 마 음이 생긴다는 것을 예로 들며 사람이라면 『누구나 남을 불쌍히 여기는 마음(측은지심), 자기의 옳지 못함을 부끄러워하고 남의 옳지 못함을 미워하는 마음(수오지심), 사양하는 마음(사양지심), 옳고 그름을 아는 마음(시비지심)이 있다고 하였다. 이는 모두 본 성에서 나오는 선한 마음으로, 맹자는 그 선한 본성을 잘 보존하 면 누구나 선하게 될 수 있다는 성선설을 주장하였다.

▶ 2문단: 맹자의 성선설 ①

맹자는 사람들이 자기 이익과 욕망만 추구하여 서로 다투면 세 상이 어지러워진다고 생각하였다. 하지만 인간은 스스로 노력하 여 본성을 회복할 수 있는 존재이며 이것은 자신의 노력에 의해 서만 가능하다고 주장하였다. 또한 현실에서 이를 실천하려는 노 력이 중요하다고 주장하였다.

▶ 3문단: 맹자의 성선설 ②

반면, ㉡ 순자는 맹자의 성선설을 비판하며 성악설을 주장하였 다. 순자는 『사람이라면 누구나 자신의 욕망을 충족하려 하고 이 익을 추구하며 시기하고 미워하는 본성을 가지고 있다고 주장하 였다. 그러므로 현실에 존재하는 악은 이런 본성이 자연스럽게 표출된 결과라고 보고 이를 그대로 두면 갈등과 투쟁으로 사회가 혼란스러워진다고 여겼다.

▶ 4문단: 순자의 성악설 ①

순자는 "굽은 나무는 반드시 굽은 것을 바로잡는 도구를 사용하 고 수증기에 쪄서 바로잡은 다음에 곧게 되고, 무딘 연장은 반드 시 연마하는* 과정을 거친 다음에 날카로워진다."라고 하며 같은 이치로 인간의 본성이 악한 것은 반드시 스승을 본받은 다음에 바르게 되고, 예의를 얻은 후에 다스려지는 것이라고 말했다. 순 자는 선천적인 인간의 본성을 후천적으로 교정하면 혼란스러운 상태에서 벗어날 수 있다고 주장했는데, 이를 위해 국가가 '예'를 정하여 백성들의 욕망을 조절해야 한다고 보았다. 순자는 『사람들 이 개인적으로 노력하는 동시에 국가 권력이나 전통적 제도, 교 육 등 외적인 강제력을 통해 개인의 본성을 개조하고 사회질서를 유지할 수 있다고 생각했다.

▶ 5문단: 순자의 성악설 ②

* 패권(霸權): 어떤 분야에서 우두머리나 으뜸의 자리를 차지하여 누리는 공인된 권리와 힘.
* 연마하다(研磨하다): 주로 돌이나 쇠붙이, 보석, 유리 따위의 고체를 갈고 닦아 서 표면을 반질반질하게 하다.

01 내용 전개 방식 파악하기   답 | ⑤

윗글에 대한 설명으로 적절하지 않은 것은?

정답 선지 분석

⑤ 인간의 본성에 대해 대립하는 이론을 설명하고 절충안을 제시하고 있다.

인간의 본성에 대해 대립하는 이론인 성선설과 성악설을 설명하고 있지만, 절충안을 제시하고 있지는 않다.

오답 선지 분석

① 인간의 본성을 사례를 제시하며 설명하고 있다.

2문단에서 맹자는 어린아이가 우물에 막 빠지려는 것을 본다면 모두가 깜짝 놀라고 걱 정하는 마음이 생긴다는 것을 예로 들며 인간의 본성을 설명하고 있다.

② 인간의 본성에 대한 사상가의 말을 인용하여 설명하고 있다.

5문단에서 "굽은 나무는 반드시 굽은 것을 바로잡는 도구를 사용하고 수증기에 쪄서 바로잡은 다음에 곧게 되고, 무딘 연장은 반드시 연마하는 과정을 거친 다음에 날카로 워진다."라는 순자의 말을 인용하여 설명하고 있다.

③ 인간의 본성에 대한 이론이 등장하게 된 배경을 드러내고 있다.

1문단에서 중국의 전국시대에는 여러 제후가 패권을 다투느라 혼란이 심했으며, 당시 사람들의 도덕적 타락이 극심했기 때문에 학자들이 도덕성을 회복할 방법으로 인성론 을 찾기 시작했다는 배경을 드러내고 있다.

④ 인간의 본성에 대한 주요 이론을 두 가지로 나누어 설명하고 있다.

1문단에서 인성론은 크게 성선설과 성악설로 구분할 수 있다고 하고, 2~3문단에서 맹 자의 성선설을, 4~5문단에서 순자의 성악설을 설명하고 있다.

02 핵심 내용 파악하기   답 | ④

㉠, ㉡의 주장을 이해한 내용으로 적절하지 않은 것은?

정답 선지 분석

④ ㉡은 ㉠과 달리 선한 행동을 실천하는 노력의 필요성을 강조하였다.

㉠은 맹자, ㉡은 순자이다. 5문단에서 순자가 사람들이 악한 본성을 교정하기 위해 개 인적으로 노력해야 한다고 주장하였음을 알 수 있다. 그리고 3문단에 따르면, 맹자 또 한 현실에서 선한 본성의 회복을 실천하려는 노력이 중요하다고 주장하였다.

오답 선지 분석

① ㉠과 ㉡은 모두 인간에게는 타고난 본성이 있다고 주장하였다.

1문단에 따르면, 맹자의 성선설과 순자의 성악설은 모두 인성론의 종류이며, 인성론이 란 사람이 타고난 품성을 어떻게 보는가에 관한 논의이다.

② ㉠과 ㉡은 모두 인간의 욕망을 사회질서 유지에 부정적인 것으로 보았다.

3문단에 따르면, 맹자는 사람들이 자기 이익과 욕망만 추구하여 서로 다투면 세상이 어지러워진다고 생각하였다. 그리고 4문단에 따르면, 순자는 사람이라면 누구나 자신 의 욕망을 충족하려 하는 본성을 가지고 있는데, 이를 그대로 두면 갈등과 투쟁으로 사 회가 혼란스러워진다고 하였다.

③ ㉠은 ㉡과 달리 인간에게는 네 가지 선한 본성이 있다고 주장하였다.

2문단에 따르면, 성악설을 주장한 순자와 달리 맹자는 인간에게는 본성에서 나오는 선 한 마음인 측은지심, 수오지심, 사양지심, 시비지심이 있다고 하였다.

⑤ ㉡은 ㉠과 달리 인간의 본성을 그대로 두면 사회가 혼란해진다고 보았다.

4문단에 따르면, 순자는 현실에 존재하는 악은 악한 본성이 자연스럽게 표출된 결과 로, 이를 그대로 두면 사회가 혼란스러워진다고 여겼다.

03 구체적 사례에 적용하기

답 | ③

윗글과 보기를 이해한 내용으로 적절하지 않은 것은?

보기

가난과 배고픔 때문에 빵을 훔친 장발장은 체포되어 19년 동안 감옥 생활을 한다. 출소한 장발장은 신분증에 적힌 전과 기록 때문에 잠잘 곳도 일자리도 구할 수 없게 된다. 미리엘 주교가 그를 따뜻하게 맞아 주었으나, 장발장은 주교의 은촛대를 훔치다가 경관에게 붙잡힌다. 하지만 미리엘 주교는 경관에게 장발장이 은촛대를 훔친 것이 아니라 자신이 직접 선물로 준 것이라 말하고, 이에 감동한 장발장은 자신의 정체를 숨기고 선행을 베풀며 살아간다.

정답 선지 분석

③ 맹자는 장발장이 물건을 훔친 것은 옳고 그름을 아는 마음이 없었기 때문이라고 보겠군.

2문단에서 맹자는 사람이라면 누구나 옳고 그름을 아는 마음이 있다고 보았다. 따라서 맹자가 장발장이 물건을 훔친 이유를 옳고 그름을 아는 마음이 없었기 때문이라고 본다는 것은 적절하지 않다.

오답 선지 분석

① 순자는 장발장을 수감하는 것은 개인의 본성을 개조하기 위한 것이라고 보겠군.

5문단에 따르면, 순자는 국가 권력 등 외적인 강제력을 통해 개인의 본성을 개조하고 사회질서를 유지할 수 있다고 생각했으므로 적절하다.

② 순자는 장발장이 자신의 이익을 추구하려는 본성 때문에 죄를 저질렀다고 보겠군.

4문단에 따르면, 순자는 사람이라면 누구나 자신의 이익을 추구하는 본성을 가지고 있다고 주장하였으므로 적절하다.

④ 맹자는 미리엘 주교가 장발장을 도운 것은 그를 불쌍히 여기는 마음이 있었기 때문이라고 보겠군.

2문단에 따르면, 맹자는 사람이라면 누구나 남을 불쌍히 여기는 마음이 있다고 하였으므로 적절하다.

⑤ 맹자는 장발장이 선행을 베풀며 살아가는 것은 그가 스스로 노력하여 선한 본성을 회복했기 때문이라고 보겠군.

3문단에 따르면, 맹자는 인간이 스스로 노력하여 선한 본성을 회복할 수 있는 존재라고 보았다.

04 세부 내용 파악하기

@에 들어갈 말을 윗글에서 찾아 2어절로 쓰시오.

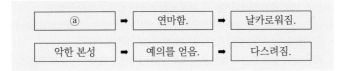

ⓐ	→	연마함.	→	날카로워짐.
악한 본성	→	예의를 얻음.	→	다스려짐.

정답

무딘 연장

문학 1 　잠 노래(작자 미상)

빠른 정답 체크　01 ③　02 ③　03 ⑤　04 원치, 자심하뇨

『잠아 잠아/짙은 잠아/이내 눈에/쌓인 잠아 　4음보의 율격
잠을 의인화하여 시적 청자로 삼음
염치 불구 이내 잠아 검치 두덕* 이내 잠아　　▶ 염치없이 찾아오는 잠
　　　　　　　잠의 욕심이 언덕처럼 쌓임
㉠ 어제 간밤 오던 잠이 오늘 아침 다시 오네
　　자고 일어나 아침이 되었는데도 여전히 졸림
잠아 잠아 무슨 잠고 가라 가라 멀리 가라
『』: 시어의 반복 → '잠아'와 '가라'가 반복됨
세상 사람 무수한데 구테 너란 간 데 없어

원치 않는 이내 눈에 이렇듯이 자심하뇨*
설의법. 잠에 대한 화자의 원망이 직접적으로 드러남
『주야에 한가하여 월명동창* 혼자 앉아
『』: 화자와 대조되는 처지의 사람 → 잠이 오기를 바람
㉡ 삼사경* 깊은 밤을 허도이* 보내면서

잠 못 들어 한하는데 그런 사람』 있건마는

무상* 불청* 원망 소리 온 때마다 듣난고니　▶ 자신에게 찾아오는
잠이 정작 자고 싶어 하는 사람에게는 가지고 자면 안 되는 화자에게 옴　잠에 대한 원망
석반*을 거두치고 황혼이 대듯마듯

㉢ 낮에 못한 남은 일을 밤에 할랴 마음먹고
　　낮에 다 끝낼 수 없을 정도로 해야 하는 일이 많음
언하당* 황혼이라 섬섬옥수 바삐 들어

등잔 앞에 고개 숙여 실 한 바람 불어 내어

㉣ 드문드문 질긋 바늘 두엇 땀 뜨듯마듯
　　　바느질을 막 시작함
난데없는 이내 잠이 소리 없이 달려드네
　　　　　　　　▶ 저녁을 먹고 바느질을 시작하자마자 다시 오는 잠
눈썹 속에 숨었는가 눈 아래로 솟아온가
　　잠이 오는 상황을 해학적으로 표현함
이 눈 저 눈 왕래하며 무슨 요수* 피우든고
　　　　　　　　　　잠이 쉽게 물러가지 않음
㉤ 맑고 맑은 이내 눈이 절로절로 희미하다
　　　　　　　　　　▶ 잠으로 인해 감기는 눈
　　　　　　　　　　　- 작자 미상, 〈잠 노래〉 -

* 검치 두덕: 욕심 언덕.
* 자심하다(滋甚하다): 더욱 심하다.
* 월명동창(月明東窓): 달이 밝은 동쪽의 창.
* 삼사경(三四更): 삼경과 사경. 밤 11시에서 새벽 3시의 시간.
* 허도하다(虛度하다): 하는 일 없이 시간을 헛되이 보내다.
* 무상(無常): 모든 것이 덧없음.
* 불청(不聽): 청하지 않음.
* 석반(夕飯): 저녁에 끼니로 먹는 밥.
* 언하당(言下當): 말을 마치자마자 바로. 여기에서는 '이런 생각을 하자마자'의 뜻으로 쓰임.
* 요수: 요상한 수단.

01 표현상의 특징 파악하기

답 | ③

윗글의 표현상의 특징으로 적절하지 않은 것은?

정답 선지 분석

③ 자연물에 감정을 이입하여 표현하고 있다.

윗글에서 자연물에 감정을 이입한 부분은 찾을 수 없다.

① 시어를 반복하여 운율을 형성하고 있다.

'잠아 잠아 깊은 잠아', '가라 가라 멀리 가라' 등에서 시어를 반복하여 운율을 형성하고 있다.

② 잠을 의인화하여 시적 청자로 삼고 있다.

'잠아 잠아'에서 잠을 의인화하여 시적 청자로 삼고, 잠에게 이야기하는 방식을 취하고 있음을 알 수 있다.

④ 해학적인 표현으로 웃음을 유발하고 있다.

잠이 오는 상황을 '눈썹 속에 숨었는가 눈 아래로 솟아온가'라고 해학적으로 표현하여 웃음을 유발하고 있다.

⑤ 4음보의 율격으로 리듬감을 형성하고 있다.

'잠아 잠아 / 깊은 잠아 / 이내 눈에 / 쌓인 잠아' 등 4음보의 율격으로 리듬감을 형성하고 있다.

02 시구의 의미 파악하기 답 | ③

㉠~㉤에서 알 수 있는 화자의 상황으로 가장 적절한 것은?

③ ㉢: 밤이 되자 낮에 끝내지 못한 일을 하려고 하고 있다.

'낮에 못한 남은 일'에서 화자가 낮에도 일을 했으나 다 끝내지 못했음을 알 수 있고, '밤에 할랴 마음먹고'에서 낮에 끝내지 못한 일을 밤에 하려고 마음먹고 있음을 알 수 있다.

① ㉠: 자주 찾아오는 잠에게 친근감을 느끼고 있다.

화자는 자주 찾아오는 잠에게 친근감을 느끼는 것이 아니라, 아침에 일어나도 계속 졸린 것을 익살스럽게 표현하며 잠을 원망하고 있다.

② ㉡: 간밤에 시간을 헛되이 보낸 것을 후회하고 있다.

'삼사경 깊은 밤을 허도이 보내'는 사람은 화자가 아닌, '주야에 한가하여' '잠 못 들어 한하는' 사람이다.

④ ㉣: 오늘 해야 할 바느질을 거의 마쳐 가고 있다.

화자는 '바늘 두엇 땀'을 떴을 뿐, 오늘 해야 할 바느질을 거의 마쳐 가고 있는 것은 아니다.

⑤ ㉤: 나이가 들어 눈이 어두워진 것을 한탄하고 있다.

화자는 나이가 들어 눈이 어두워진 것을 한탄하고 있는 것이 아니라, 잠으로 인해 눈앞이 희미해지는 것을 한탄하고 있다.

03 작품의 공통점, 차이점 파악하기 답 | ⑤

윗글과 보기 를 비교한 내용으로 가장 적절한 것은?

보기

밤이 깊어도 짜는 손 멈추지 않고
짤깍짤깍 바디 소리 차가운 울림
베틀에 짜여가는 이 한 필 비단
필경 어느 색시의 옷이 되려나

가위로 싹둑싹둑 옷 마르노라면
추운 밤에 손끝이 호호 불리네
시집살이 길옷은 밤낮이건만
이내 몸은 해마다 새우잠인가

- 허난설헌, 〈빈녀음〉

* 바디: 베틀, 가마니틀, 방직기 따위에 딸린 기구의 하나.
* 필경(畢竟): 끝장에 가서는.

⑤ 윗글과 〈보기〉의 화자는 모두 다른 사람과 자신의 처지를 대조하고 있다.

윗글의 화자는 '주야에 한가하여~잠 못 들어 한하'는 사람과 잠을 '원치 않는' 자신의 처지를 대조하고 있고, 〈보기〉의 화자는 시집을 가는 '어느 색시'와 '해마다 새우잠인' 자신의 처지를 대조하고 있다.

① 윗글은 〈보기〉와 달리 계절적 배경이 드러나 있다.

계절적 배경이 드러나 있는 것은 〈보기〉로, '추운 밤'에서 겨울을 배경으로 하고 있음을 짐작할 수 있다.

② 〈보기〉는 윗글과 달리 화자의 정서 변화를 표현하고 있다.

윗글과 〈보기〉 모두 화자의 정서 변화는 표현되지 않는다.

③ 윗글과 〈보기〉는 모두 청각적 심상을 사용하여 상황을 묘사하고 있다.

〈보기〉에서는 '짤깍짤깍 바디 소리'에서 청각적 심상을 사용하여 베를 짜고 있는 상황을 묘사하였지만, 윗글에는 청각적 심상이 사용되지 않았다.

④ 윗글과 〈보기〉의 화자는 모두 자신의 상황을 긍정적으로 바라보고 있다.

윗글의 화자는 '낮에 못한 남은 일을 밤에' 해야 하지만 자꾸만 잠이 오는 자신의 상황을 한탄하고 있고, 〈보기〉의 화자는 남이 시집갈 때 입을 옷을 만들어 주면서도 '해마다 새우잠'인 자신의 상황을 한탄하고 있으므로 윗글과 〈보기〉의 화자 모두 자신의 상황을 긍정적으로 바라보고 있다고 할 수 없다.

04 시구의 의미 파악하기

보기 의 설명에 해당하는 시구를 찾아 첫 어절과 마지막 어절을 쓰시오.

보기

• 설의법을 활용함.
• 화자의 원망이 직접적으로 드러남.

정답

원치, 자심하뇨

문학 2   들판에서(이강백)

빠른 정답 체크   01 ③   02 ④   03 ①   04 민들레꽃

[앞부분 줄거리] 부모님이 물려주신 들판에서 함께 사이좋게 살던 형제 앞에 측량 기사와 조수들이 나타나 들판을 반으로 나누는 밧줄을 친다. 형제가 각자의 소유권을 주장하며 싸우게 됨 들판 오른쪽의 형은 집의 소유권을, 들판 왼쪽의 아우는 젖소들의 소유권을 주장한다. 형은 아우에게 집은 자신의 것이니 들어오지 말라고 말하고, 젖소에 대한 욕심을 드러낸다.
                    아우가 벽을 쌓기로 하는 이유

아우: 형님은 내 일에 상관하지 마세요! (측량 기사에게) 철조망보   형과의 대화를 거부함
다는 벽이 좋겠어요. (손을 머리 위로 높이 들어 올리며) 이 정도
높은 벽을 쌓아 올리면 아무것도 넘어가지 못하겠죠!
         형이 들판 왼쪽으로 넘어오지 못하게 하기 위함
형: 뭐, 높은 벽? 너와 나 사이를 완전히 가로막겠다고?

측량 기사: 우리 조수들은 유능해서 여러 가지 부업을 하고 있죠.

(조수들을 손짓으로 부른다.) 이리 와! 이분에게 자네들이 잘 설명

해 드려!

조수들, 아우에게 다가간다.

「조수 1: 이런 들판에는 조립식 벽이 좋습니다.
「」: 아우를 충동질하여 벽을 세우게 함
조수 2: 설치하는 시간도 얼마 안 걸리고, 비용도 저렴합니다.

측량 기사: 그럼요. 벽돌로 쌓는 것 못지않게 튼튼하고요.

조수들: 품질은 우리가 보장해 드립니다.」

아우: 비용이 얼마나 들까요? 난 현금이 없어서……

측량 기사: 당장 현금이 없으면 땅으로 주셔도 돼요.
　　　　　　　　　　형제의 들판을 빼앗으려는 속셈이 드러남
아우: 땅으로?

측량 기사: 네, 지금 **가지고 계신 땅의 반절을 주세요.**
　　　　　　　　　벽을 설치해 주면서 자신의 이익을 챙김
아우: (망설이는 태도로) 하지만, 부모님에게서 물려받은 땅은……

측량 기사: 그래도 땅을 주고 벽을 만드는 게 낫습니다. 젖소들이

저쪽으로 넘어가 버리면 당신만 큰 손해 아닙니까?
　　　　　　아우를 충동질하여 들판을 주고 벽을 설치하게 함
아우: 좋아요. 땅 반절을 드릴 테니 벽을 설치해 주세요.
　　　　　　　측량 기사의 계략에 넘어감

조수들, 벽 공사를 시작한다. 그들은 칸막이 형태의 벽을 운반

해 오더니 재빠르게 조립해서 밧줄을 따라 세워 놓는다. 형과 아

우 사이에 **벽이 가로놓인다.**
형과 아우의 단절 → 남북한의 분단

[중간 부분 줄거리] 측량 기사는 형과 아우를 이간질한다. 측량 기사에

게서 형은 아우를 감시할 전망대를 사고, 아우는 형으로부터 자신을 지킬

장총을 산다. 아우가 형을 위협하기 위해 총을 쏘자, 형은 측량 기사에

서 장총까지 산다.
　　　　　　　형제간의 갈등이 심화됨

측량 기사, 퇴장한다. ㉠ 번개가 치고 천둥이 울리면서 비가 쏟
　　　　　　　　형제가 자신의 행동을 반성하는 계기가 됨
아진다. 형과 아우, 비를 맞으며 벽을 지킨다. 긴장한 모습으로

경계하면서 벽 앞을 오고 간다. 그러나 차츰차츰 걸음이 느려지
　　　　　　　　　　　　　　　　　　심리적 변화
더니, 벽을 사이에 두고 멈추어 선다.

형: 어쩌다가 이런 꼴이 된 걸까! **아름답던 들판**은 거의 다 빼앗
　　　　　　　　　　　전망대와 총을 산 값으로 측량 기사에게 땅을 줌
기고, 나 혼자 벽 앞에 있어.

아우: 내가 왜 이렇게 됐지? 비를 맞으며 벽을 지키고 있다니……

형: 저 요란한 천둥소리! 부모님께서 날 꾸짖는 거야!
　　　　　　　　자책감으로 괴로워함
아우: 빗물이 눈물처럼 느껴져!

형과 아우, 탄식하면서 나누어진 들판을 바라본다.
　　　　　　　분단된 한반도

형: 아아, 이 들판의 풍경은 내 마음속의 풍경이야. 옹졸한 내

마음이 벽을 만들었고, 의심 많은 내 마음이 전망대를 만들

었어. 측량 기사는 내 마음속을 훤히 알고 있었지. 내가 들

고 있는 이 총마저도 그렇잖아. 동생에 대한 내 마음의 불

안함을 알고, 그는 마치 나 자신의 분신처럼 내가 바라는

것만을 가져다줬던 거야.

아우: 난 이 들판을 나눠 가지면 행복할 줄 알았어. 형님과 공
　　　　실제로는 들판을 나눠 가지고 더 불행해짐
동 소유가 아닌, 반절이나마 내 땅을 가지기를 바랐지. 그
　　　　자신 몫의 들판을 가지고 독립하기를 원함
래서 측량 기사가 하자는 대로 했던 거야. 하지만, 나에게

남은 건 벽과 총뿐, 그는 나를 철저히 이용만 했어.
측량 기사는 처음엔 들판에 말뚝을 박으며 실습이라고 말함　　　　　　[A]
형: 처음엔 실습이라고 했지. 그러나 실습이 아니었어……
　　　　　　　　　　　　　　　들판을 빼앗으려는 계략이었음
그런데 지금은 동생을 죽이고 싶어! **벽 너머에서 마구 총까**
　　　　　　　　　동생은 측량 기사로부터 산 총을 쏘아 형을 위협했음
지 쏘아 대는 동생이 미워서…… 하지만, 동생을 죽인다고

내 마음이 편해질까? 아냐, 더 괴로울 거야. (총구를 자신의

머리에 겨눈다.) 차라리 내가 죽는 게 낫겠어!
　　　　　내적 갈등이 최고조에 이름
아우: 이젠 늦었어. 너무 늦은 거야! 벽이 생겼던 바로 그때,
　　　　　　　　　　　　　　현재의 상황을 자신의 탓으로 돌림
내가 형님께 잘못했다고 말해야 했어. 하지만, 인제 형님은

내 말이라면 믿지 않을 테고, 나 역시 형님 말을 믿지 못해.
　　　　　　　형제간에 불신만이 남음
(고개를 숙이고 흐느껴 운다.) 이래서는 안 돼, 안 되는데 하면

서도…… 어쩔 수가 없어.
　　　　　　　　　　　군사적 대립이 사라짐 ①
형: 들판에는 아직도 **민들레꽃이 피어 있군!** (총을 내려놓고 허리를
□: 형제의 우애 상징. 통일에 대한 염원. 갈등 해소의 매개체
숙여 발밑의 민들레꽃을 바라본다.) 우리가 언제나 다정히 지내기
　　　　　　　　　　　　　　　민들레꽃을 가리킴
로 맹세했던 이 꽃……

아우: 형님과 내가 믿을 수 있는 건 무엇일까? 그것이 단 하나라
　　　　　　　=민들레꽃
도 남아 있다면 좋을 텐데…… 그렇구나, 민들레꽃이 남아 있

어! (총을 내던지고, 민들레꽃을 꺾어 든다.) 이 꽃을 보니까 그 시
　　군사적 대립이 사라짐 ②
절이 그립다. 형님과 함께 행복하게 지냈던 시절이 그리워……

형: 벽 너머 저쪽에도 민들레꽃은 피어 있겠지……
　　　　　　　　아우와의 화해를 소망함
아우: 형님이 보고 싶어!

형: 동생 얼굴이 보고 싶구나!

형과 아우, 그들 사이를 가로막은 벽을 안타까운 표정으로 바라

본다. ㉡ 비가 그치면서 구름 사이로 한 줄기 햇빛이 비친다.
　　　　　　　　형제의 갈등 해소 암시
- 이강백, 〈들판에서〉 -

01 작품의 내용 파악하기   답 | ③

[A]를 통해 알 수 있는 사실로 적절하지 않은 것은?

③ 아우는 들판을 나누는 벽을 세운 뒤 오히려 행복해졌다.

     아우가 "난 이 들판을 나눠 가지면 행복할 줄 알았어."라고 말하는 것을 통해, 들판을 나누는 벽을 세우면 행복해질 줄 알았지만 실제로는 그렇지 않았음을 알 수 있다.

① 형은 아우와의 관계로 인해 내적 갈등을 겪는다.

     아우와의 관계가 돌이킬 수 없을 만큼 악화되었다고 생각하는 형이 "차라리 내가 죽는 게 낫겠어!"라고 말하는 것을 통해, 심각한 내적 갈등을 겪고 있음을 알 수 있다.

② 아우는 자신 몫의 들판을 소유할 수 있기를 바랐다.

     아우가 "형님과 공동 소유가 아닌, 반절이나마 내 땅을 가지기를 바랐지."라고 말하는 것을 통해, 자신 몫의 들판을 소유하여 독립하기를 바랐음을 알 수 있다.

④ 측량 기사는 형의 불안감을 이용하여 형제를 이간질했다.

     형이 "측량 기사는 내 마음속을 훤히 알고 있었지.~동생에 대한 내 마음의 불안함을 알고, 그는 마치 나 자신의 분신처럼 내가 바라는 것만을 가져다줬던 거야."라고 말하는 것을 통해, 측량 기사가 형의 불안감을 이용하여 형제를 이간질하고 사이가 나빠지게 했음을 알 수 있다.

⑤ 아우는 형제간의 불신이 깊어진 이유를 자신의 탓으로 돌린다.

     아우가 "인제 형님은 내 말이라면 믿지 않을 테고, 나 역시 형님 말을 믿지 못해."라고 말하는 것에서 형제간의 불신이 깊어졌음을, "벽이 생겼던 바로 그때, 내가 형님께 잘못했다고 말해야 했어."라고 말하는 것에서 그 이유를 자신의 탓으로 돌리고 있음을 알 수 있다.

02 배경의 역할 파악하기   답 | ④

㉠, ㉡의 기능으로 가장 적절한 것은?

④ ㉠은 형제가 자신의 행동을 반성하는 계기가 되고, ㉡은 형제가 화해하게 될 것을 암시한다.

     형제는 "저 요란한 천둥소리! 부모님께서 날 꾸짖는 거야!", "빗물이 눈물처럼 느껴져!"라고 하면서 들판에 벽을 세우고 전망대와 총을 사는 등 서로를 미워했던 과거를 반성하고 있으므로, ㉠은 형제가 자신의 행동을 반성하는 계기가 된다. 또한 들판에 핀 민들레꽃을 보며 함께 행복하게 지냈던 시절을 떠올리고, 서로를 그리워하고 있으므로 ㉡은 형제가 화해하게 될 것을 암시한다.

① ㉠은 극도로 긴장된 분위기를 조성하고, ㉡은 형제의 관계가 회복되는 이유가 된다.

     ㉠은 극도로 긴장된 분위기를 조성하는 것이 아니라, 긴장된 분위기가 완화되고 형제가 자신의 행동을 반성하게 하고 있다. ㉡은 형제의 관계가 회복되는 이유가 아닌, 형제의 관계 회복을 암시하는 것이다.

② ㉠은 형제의 갈등이 고조되고 있음을 의미하고, ㉡은 갈등 해소의 실마리를 제공한다.

     ㉠은 형제의 갈등이 고조되고 있음을 의미하는 것이 아니라, 형제의 갈등이 해소되는 계기를 제공한다.

③ ㉠은 형제 사이의 의심과 불안감을 드러내고, ㉡은 평화롭고 따뜻한 분위기를 조성한다.

     ㉡이 평화롭고 따뜻한 분위기를 조성하는 것은 맞으나, ㉠은 형제 사이의 의심과 불안감을 드러내는 것이 아니라 의심과 불안감으로 인해 대립하던 상황의 변화를 예고한다.

⑤ ㉠은 형제의 심리 상태에 변화를 유발하고, ㉡은 인간과 대비되는 자연의 긍정적인 가치를 강조한다.

     ㉠ 이전의 형제는 서로를 미워했으나 ㉠ 이후에는 반성하고 다시 예전의 관계를 회복하려 하고 있으므로 ㉠이 형제의 심리 상태에 변화를 유발하는 것은 맞다. 그러나 ㉡은 자연의 긍정적인 가치를 강조하는 것이 아니라 화해의 분위기가 형성될 것을 암시한다.

03 외적 준거를 바탕으로 작품 감상하기   답 | ①

보기를 바탕으로 윗글을 감상한 내용으로 적절하지 않은 것은?

     1945년 광복 이후, 한반도는 반으로 나뉘어 남쪽은 미국이, 북쪽은 소련이 통치하게 되었다. 남한과 북한은 단절된 채 서로에 대한 적개심을 키웠고, 결국 6·25전쟁이 발발하였다. 휴전 협정을 맺었지만 남한과 북한 사이에는 휴전선이 생겨 분단되었으며, 군사적 대립이 지속되었다. 그뿐만 아니라 휴전 과정에서 외세가 개입하여 이권을 챙기려 하기도 했다. 〈들판에서〉는 표면적으로는 형제간의 갈등과 화해를 다루지만, 동시에 형제의 관계에 빗대어 한반도의 분단 상황을 우의적으로 표현하면서 통일에 대한 염원을 드러내고 있다.

① '아우'가 '높은 벽을 쌓아 올리면 아무것도 넘어가지 못하겠'다고 하는 것은, 외세로부터 한반도를 지키려는 의지를 의미하는군.

     '아우'가 "이 정도 높은 벽을 쌓아 올리면 아무것도 넘어가지 못하겠죠!"라고 하는 것은, 자신의 소유라고 생각하는 젖소에 대해 형이 욕심을 드러내자 형이 젖소를 가지지 못하게 하기 위해서이다. 즉, 벽으로 형과 자신 사이를 가로막으려는 의도가 있으므로 이는 외세로부터 한반도를 지키려는 의지가 아닌, 남한과 북한 사이의 단절과 적개심을 의미한다.

② '측량 기사'가 '아우'에게 '가지고 계신 땅의 반절을 주'라고 하는 것은, 한반도를 통해 이권을 챙기려는 외세를 의미하는군.

     '측량 기사'는 '아우'에게 조립식 벽을 설치해 주겠다면서 "지금 가지고 계신 땅의 반절을 주세요."라고 말한다. 〈보기〉에 따르면, 이는 휴전 과정에서 개입하여 한반도를 통해 이권을 챙기려 하는 외세를 의미한다.

③ '아름다운 들판'에 '벽이 가로놓'이는 것은, 전쟁 이후 휴전선으로 인해 분단된 한반도의 상황을 의미하는군.

     형제는 부모님으로부터 '들판'을 물려받았으나, 측량 기사와 조수들의 꾐에 넘어가 들판을 반으로 나누고 그 사이에 벽을 세우게 된다. 〈보기〉에 따르면, 이는 전쟁 이후 휴전선으로 인해 분단된 한반도의 상황을 의미한다.

④ '아우'가 '벽 너머에서 마구 총까지 쏘아 대'었다는 것은, 남한과 북한의 군사적 대립을 의미하는군.

     '아우'는 측량 기사에게서 형으로부터 자신을 지킬 장총을 사고, '벽 너머에서 마구 총까지 쏘아 대'었다. 〈보기〉에 따르면, 이는 휴전선이 생긴 이후에도 군사적 대립이 지속되는 남한과 북한의 상황을 의미한다.

⑤ '들판에는 아직도 민들레꽃이 피어 있'다는 것은, 분단 상황을 극복할 수 있다는 희망을 의미하는군.

     서로를 적대하던 형제는 '들판에는 아직도 민들레꽃이 피어 있'다는 것을 발견하는데, '민들레꽃'은 형제가 '언제나 다정히 지내기로 맹세했던' 꽃이다. 〈보기〉에 따르면, 이는 분단 상황을 극복할 수 있다는 희망을 의미한다.

04 소재의 기능 파악하기

빈칸에 들어갈 말을 윗글에서 찾아 쓰시오.

     형제는 측량 기사의 이간질에 넘어가 서로 대립하지만, 벽 앞에서 (   )을/를 보며 행복했던 시절을 떠올리고 화해하려고 하고 있다.

민들레꽃

빠른 정답 체크　01 ③　02 ④　03 ②　04 찬성, 집중할까요?

사회자: 안녕하세요. <u>이번 토론의 사회를 맡은 양세민입니다.</u>「우리
　　　　　　　　　　　　　사회자 본인을 소개함
학교는 전체 학급의 냉방 상태를 중앙에서 제어하는데요. 최근
에 중앙 냉방 방식에 불만이 있는 학생들이 많아지면서 학생들
스스로 에어컨의 온도를 조절할 수 있게 해 달라는 목소리가
높아지고 있습니다.」그래서 오늘은 '<u>교실에서의 에어컨 사용을</u>
「」: 토론의 배경　　　　　　　　　토론의 논제
<u>자율화해야 한다.</u>'라는 논제로 토론을 하겠습니다. <u>토론자들은</u>
<u>토론 규칙과 예절을 잘 지켜 주십시오.</u> 그럼 먼저 찬성 측의 입
　　토론자를 향한 당부
론을 들어 보겠습니다.
발언 순서 지정 ① – 찬성 측 입론 1

나현: 「얼마 전 우리 학교 학생들을 대상으로 실시한 설문 조사에
「」: 주장의 근거 ① – 학생들을 대상으로 실시한 설문 조사 결과
서 약 72퍼센트의 학생들이 교실이 너무 덥다고 응답했습니다.」

<u>학생 대부분이 교실 온도에 만족하지 못하는 것이죠.</u>「우리나라
　　　중앙에서 정하는 교실 온도를 불만족스러워함
헌법 제10조는 "모든 국민은 인간으로서의 존엄과 가치를 가
지며, 행복을 추구할 권리를 가진다."라고 하여 행복 추구권을
규정하고 있습니다. 국민은 누구나 자신이 좋아하는 환경에서
만족스럽게 생활할 권리가 있다는 것입니다.」하지만 <u>우리는 에</u>
「」: 주장의 근거 ② – 헌법에서 규정한 행복 추구권
<u>어컨을 자유롭게 사용하지 못한 채 더위에 고통받고 있습니다.</u>
　　　　　　　　행복 추구권이 침해당함
따라서 저는 <u>학생들이 행복 추구권을 실현할 수 있도록 에어컨</u>
　　　　　　　　　　　나현의 주장
<u>사용을 자율화해야 한다고 생각합니다.</u>

(중략)

사회자: 지금까지 '<u>학생들의 권리를 보호하기 위해 에어컨 사용을</u>
　　　　　　　　　　　토론의 쟁점 ①
<u>자율화해야 한다.</u>'라는 쟁점으로 찬성 측과 반대 측이 각각 입
론을 펼쳤습니다. 그럼 <u>찬성 측 두 번째 입론을 발표해 주세요.</u>
발언 순서 지정 ② – 찬성 측 입론 2

미르: 반대 측에서도 말씀하셨다시피 쾌적한 환경일 때 우리는
공부에 더욱 집중할 수 있습니다. 이를 뒷받침하는 연구 결과
도 있는데요. 「미국의 한 경제 연구소에서 2005년부터 2011년
「」: 주장의 근거 – 권위 있는 기관의 연구 결과
까지 시행된 중국의 입학시험 점수를 분석한 결과, 온도가 낮
을 때 학생들의 시험 점수가 높아졌다고 합니다. 이는 미국 학
생들을 대상으로 조사한 결과에서도 마찬가지였고요. 온도가
높을 때 시험 점수가 낮아진 까닭은 우리 몸이 두뇌 활동에 쓸
에너지를 체온을 낮추는 데 썼기 때문이라고 합니다.」따라서
<u>학습 효과를 높이기 위해서라도 에어컨 사용을 자율화하여 쾌</u>
　　　　　　　　　　　　미르의 주장
<u>적한 교실 환경을 유지해야 합니다.</u>

(중략)

사회자: '<u>학습 효과를 높이기 위해 에어컨 사용을 자율화해야 한다.</u>'
　　　　　　　　　　　　토론의 쟁점 ②
라는 쟁점에 대해 찬성 측과 반대 측이 두 번째 입론을 펼쳤습
니다. 그럼 지금부터 반론을 시작하겠습니다. <u>반대 측 토론자</u>
발언 순서 지정 ③ – 반대 측 반론
<u>발표해 주세요.</u>

현중: 「학습 효과를 높이기 위해 온도를 낮추어야 한다니 어이가
「」: 반론의 근거 ① – 논제와 상관없는 토론자의 학습 태도를 지적하여 설득력이 떨어짐
없습니다. <u>찬성 측 토론자</u>는 평소 수업 시간에 딴짓을 많이 하
　　　　　　미르
는데, 실내 온도가 낮아진다고 공부에 집중할까요? 저는 그 점
이 매우 의문스럽습니다.」또한 <u>찬성 측 토론자</u>께서는 학생들의
　　　　　　　　　　　　나현
행복 추구권을 근거로 들었지만, <u>에어컨을 자율적으로 사용한</u>
　　　　　　　　　　　찬성 측 주장의 허점 – 공평하지 않음
<u>다고 모든 학생이 만족할 수 있을까요?</u>「네덜란드의 한 의과 대
「」: 반론의 근거 ② – 권위 있는 기관의 연구 결과
학 연구팀의 연구 결과에 따르면, 같은 옷차림을 했을 때 남성
은 22도를, 여성은 24.5도를 적당한 실내 온도로 여겼다고 합
니다.」이는 사람마다 추위나 더위를 느끼는 온도가 다르다는
　　　　에어컨의 온도를 자율적으로 조절한다고 해도 모두가 만족할 수는 없음
것을 뜻합니다.　　　　　　　　　[A]

01　토론 맥락 파악하기　답 | ③

윗글에서 사회자가 수행한 역할로 가장 적절한 것은?

정답 선지 분석

③ 토론의 논제를 정하게 된 배경을 설명하였다.

　사회자는 "우리 학교는 전체 학급의 냉방 상태를 중앙에서 제어하는데요, 최근에 중앙
냉방 방식에 불만이 있는 학생들이 많아지면서 학생들 스스로 에어컨의 온도를 조절할
수 있게 해 달라는 목소리가 높아지고 있습니다."라고 말하며 '교실에서의 에어컨 사용
을 자율화해야 한다.'라는 논제를 정하게 된 배경을 설명하고 있다.

오답 선지 분석

① 자신과 토론자들을 청중에게 소개하였다.

　사회자는 "안녕하세요. 이번 토론의 사회를 맡은 양세민입니다."라고 말하며 자신을
청중에게 소개했지만, 토론자들을 청중에게 소개하지는 않았다.

② 찬반 입장을 요약하여 청중에게 전달하였다.

　사회자는 두 차례의 입론의 쟁점을 청중에게 전달했지만, 찬반 입장을 요약하지는 않
았다.

④ 토론 규칙을 어긴 토론자에게 주의를 주었다.

　사회자는 "토론자들은 토론 규칙과 예절을 잘 지켜 주십시오."라고 말하며 토론자들에
게 토론 규칙과 예절을 지킬 것을 당부했을 뿐, 토론 규칙을 어긴 토론자에게 주의를
주지는 않았다.

⑤ 토론에 앞서 전체적인 발언 순서를 지정하였다.

　사회자는 토론에 앞서 "그럼 먼저 찬성 측의 입론을 들어 보겠습니다."라고 말했을 뿐,
전체적인 발언 순서를 지정하지는 않았다.

토론 내용 생성하기 답 | ④

[A]에 들어갈 내용으로 가장 적절한 것은?

정답 선지 분석

④ 따라서 학생들이 에어컨의 온도를 자율적으로 조정한다고 해도 모두를 만족시킬 수는 없습니다.

현중은 '교실에서의 에어컨 사용을 자율화해야 한다.'라는 논제에 반대하는 입장으로, "에어컨을 자율적으로 사용한다고 모든 학생이 만족할 수 있을까요?"라고 질문하며 에어컨을 자율적으로 사용한다고 해서 모든 학생이 만족하지는 못할 것이라는 주장을 드러내고 있다. 또한 네덜란드 의과 대학 연구팀의 연구를 근거로 들어 사람마다 추위나 더위가 다르다는 점을 언급하였다. 이를 종합하여 생각해 보면, [A]에 들어갈 내용으로는 '따라서 학생들이 에어컨의 온도를 자율적으로 조절한다고 해도 모두를 만족시킬 수는 없습니다.'가 적절하다.

오답 선지 분석

① 따라서 평균적인 실내 온도에 교실의 온도를 맞추는 것이 제일 건강에 좋습니다.

사람마다 추위나 더위를 느끼는 온도가 다르다는 점을 근거로 들어 평균적인 실내 온도에 교실의 온도를 맞춰야 한다고 주장할 수는 있지만, 현중의 반론에서 건강에 대해서는 언급되지 않았으므로 적절하지 않다.

② 따라서 더위를 잘 타는 학생과 추위를 잘 타는 학생을 나누어 반 배정을 해야 합니다.

사람마다 추위나 더위를 느끼는 온도가 다르다는 점을 근거로 들어 더위를 잘 타는 학생과 추위를 잘 타는 학생을 나누어 반 배정을 해야 한다고 주장할 수는 있지만, 이는 토론의 논제와 관련이 없으므로 적절하지 않다.

③ 따라서 학생들이 각자의 기호에 맞게 에어컨의 온도를 자율적으로 조절하게 해야 합니다.

현중은 '교실에서의 에어컨 사용을 자율화해야 한다.'라는 논제에 반대하는 입장이므로, 학생들이 각자의 기호에 맞게 에어컨의 온도를 자율적으로 조절하게 해야 한다고 주장하는 것은 적절하지 않다.

⑤ 따라서 에어컨 사용을 자율화하여 생기는 갈등 상황을 슬기롭게 헤쳐 나갈 방법을 배울 수 있습니다.

현중은 '교실에서의 에어컨 사용을 자율화해야 한다.'라는 논제에 반대하는 입장이며, 갈등 상황의 해결 방법을 배울 수 있다는 것은 현중이 든 근거와 관련이 없으므로 적절하지 않다.

03 **토론에서 자료 활용하기** 답 | ②

보기 **의 자료를 활용한 방식으로 가장 적절한 것은?**

보기

전미경제연구소에 소개된 논문에 따르면, 기온이 21℃보다 높은 날과 그렇지 않은 날을 구분해 통계로 나타냈을 때, 21℃보다 높은 날의 성적이 시원했을 때보다 0.21등(100명 기준) 낮은 것으로 나타났다. 기온이 올라갈수록 수학 점수가 하락하는 현상이 확인된 것이다.

정답 선지 분석

② 찬성 측: 에어컨 사용을 자율화하여 학습에 적합한 환경을 만들 수 있다는 주장을 뒷받침하는 데 활용할 수 있겠어.

찬성 측 입론자인 미르는 "학습 효과를 높이기 위해서라도 에어컨 사용을 자율화하여 쾌적한 교실 환경을 유지해야 합니다."라고 주장하고 있다. 〈보기〉는 기온이 21℃보다 높을 때 수학 점수가 하락한다는 논문의 내용을 소개하고 있으므로, 에어컨 사용을 자율화하여 기온을 21℃보다 낮게 유지함으로써 학습에 적합한 환경을 만들고 성적을 높일 수 있다는 주장의 근거로 활용할 수 있다.

오답 선지 분석

① 찬성 측: 기온과 학습 효과는 관련이 없다는 주장을 뒷받침하는 데 활용할 수 있겠어.

찬성 측 입론자인 미르는 기온을 낮춤으로써 학습 효과를 높일 수 있다고 주장하고 있고, 〈보기〉는 기온과 학습 효과의 상관관계를 다루고 있으므로 적절하지 않다.

③ 찬성 측: 교실 온도를 지나치게 낮게 설정한다면 오히려 학습 효과가 떨어질 수 있다는 주장을 뒷받침하는 데 활용할 수 있겠어.

찬성 측 입론자인 나현이나 미르는 교실 온도를 지나치게 낮게 설정하는 경우에 대해 언급하지 않았고, 〈보기〉 또한 온도가 지나치게 낮을 때의 학습 효과에 대해 다루고 있지 않으므로 적절하지 않다.

④ 반대 측: 중앙에서 적절한 교실 온도를 유지한다면 학습에 도움이 될 것이라는 주장을 뒷받침하는 데 활용할 수 있겠어.

〈보기〉를 적절한 교실 온도가 학습에 도움이 될 것이라는 주장을 뒷받침하는 근거로 활용할 수 있다고 볼 여지는 있지만, 반대 측 반론자인 현중은 "학습 효과를 높이기 위해 온도를 낮추어야 한다니 어이가 없습니다."라고 말하며 교실 온도와 학습 효과의 연관성을 부정하고 있으므로 적절하지 않다.

⑤ 반대 측: 기온이 높은 날에는 그만큼 교실 온도를 낮춰야 한다는 주장을 뒷받침하는 데 활용할 수 있겠어.

〈보기〉에서는 기온이 올라갈수록 수학 점수가 하락한다고 했으므로 기온이 높은 날에는 그만큼 교실 온도를 낮춰야 한다는 주장을 뒷받침하는 근거로 활용할 수 있지만, 반대 측 반론자인 현중은 실내 온도가 낮아진다고 해서 공부에 집중하지는 않을 것이라고 반론하고 있으므로 적절하지 않다.

04 **토론 내용 평가하기**

다음은 한 학생이 토론을 평가한 내용이다. ㉠에 해당하는 문장의 첫 어절과 마지막 어절을 쓰시오.

찬성 측과 반대 측 모두 신뢰 있는 기간의 연구 결과를 주장의 근거로 든 점은 칭찬할 만하다고 생각해. 하지만 ㉠ 논제와 관련 없는 근거를 들어 설득력이 떨어지는 반론을 제기한 것은 아쉬워.

정답

찬성, 집중할까요?

독서 **재화의 유형**

빠른 정답 체크 **01** ③ **02** ③ **03** ④ **04** 클럽재

재화란 <u>사람이 원하는 바를 충족시켜 주는 모든 물건을 의미한</u>
재화의 개념
다. 재화에는 두 가지 특성이 존재하는데, 먼저 배제성이란 <u>대가</u>
<u>를 지불하지 않은 사람은 사용할 수 없도록 만들 수 있는 특성이</u>
배제성의 개념
다. <u>돈을 내지 않으면 들어갈 수 없는 놀이공원이나 호텔 등은 배</u>
배제성이 강한 재화의 예시
제성이 매우 강력한 재화라고 볼 수 있다. <u>친구에게 빌려줄 수 있</u>
배제성이 약한 재화의 예시
<u>는 책 같은 경우</u>, 배제성이 있기는 하지만 대가를 지불하지 않고
도 사용할 수 있는 방법이 있기 때문에 그 정도가 약한 편이다.

반면 <u>가로등이나 도로와 같은 재화는 특정한 누군가만 사용하지</u>
배제성이 없는 재화의 예시
<u>못하도록 막을 수 없기에 비배제성을 띤다고 할 수 있다.</u>
▶ 1문단: 재화의 특성 ① – 배제성

재화를 나누는 두 번째 특성은 경합성이다. 경합성이란 <u>한 사람이 더 많이 소비하는 것이 다른 사람의 소비를 줄이게 되는 특성</u>이다. <u>석유, 석탄과 같은 자원은 그 양이 한정되어 있어 이를 차</u>
경합성의 개념
<u>지하기 위해 경합*을 벌여야 하므로 경합성이 매우 강한 재화이</u>
경합성이 강한 재화의 예시
다. 그러나 <u>TV 드라마나 컴퓨터 게임처럼 많은 사람이 사용해도</u>
경합성이 없는 재화의 예시
그 양이 줄어들지 않는 재화도 있는데, 이런 재화는 비경합성을
띤다고 할 수 있다.

▶ 2문단: 재화의 특성 ② - 경합성

재화는 이 두 가지 특성의 정도에 따라 네 가지 유형으로 나뉜
다. 먼저 사적 재화는 배제성과 경합성이 모두 있는 재화다. 사적
사적 재화의 개념
재화는 대가를 지불하지 않으면 사용할 수 없도록 막을 수 있으
며 그 양이 한정되어 있다. <u>옷, 핸드폰 등 우리가 시장에서 돈을</u>
사적 재화의 예시
<u>주고 사야 하는 재화는 대부분 사적 재화이다.</u>

▶ 3문단: 재화의 유형 ① - 사적 재화

클럽재는 배제성은 있지만 경합성은 없는 재화로, 그 양이 한
클럽재의 개념
정된 것은 아니지만 필요에 따라서 특정한 누군가는 사용하지 못
하도록 막을 수 있는 재화이다. <u>무선 인터넷의 경우, 다른 사람이</u>
클럽재의 예시
<u>아무리 많이 사용해도 여전히 사용할 수 있으나 암호를 걸어 아</u>
<u>무나 사용하지 못하게 막을 수 있다.</u>

▶ 4문단: 재화의 유형 ② - 클럽재

공유자원은 배제성은 없지만 경합성은 있는 재화다. 그 양이 한
공유자원의 개념
정되어 있지만 사용이 자유롭다는 것이다. <u>하천이나 바닷속 물고</u>
<u>기와 같은 자연의 자원들은 대표적인 공유자원에 속한다.</u> 누구든
공유자원의 예시
지 사용할 수 있지만 그 양이 무한하지 않기 때문이다. 공유자원은
<u>사람들이 각자 사적인 이익만 추구하다 보면 언젠가는 고갈된다</u>
공유자원의 문제점
는 문제점이 있다. 이 때문에『정부에서는 공유자원의 사용 자체
『』: 공유자원의 문제점을 해결하기 위한 방법
를 막거나, 공유자원을 사용하는 데 세금을 부과하는 방법을 사
용하기도 한다.』

▶ 5문단: 재화의 유형 ③ - 공유자원

공공재는 배제성과 경합성이 모두 없는 재화다. 사용을 막을 수
공공재의 개념
도 없고 양이 제한되어 있지도 않아서 모두가 공동으로 사용할 수
있다는 특성이 있다. <u>공공 도서관, 공원과 같은 재화는 대표적인</u>
<u>공공재이다.</u> 공공재는 <u>대가를 지불하지 않고 사용하기 때문에</u> 이
공공재의 예시   배제성이 없음
익을 볼 수 없어 기업에서는 공공재를 생산하지 않으려 한다. 따
라서 공공재는 정부가 직접 생산하여 공급하는 것이 일반적이다.
공공재의 특징   ▶ 6문단: 재화의 유형 ④ - 공공재

* 경합(競合): 서로 맞서 겨룸.

01 내용 전개 방식 파악하기   답 | ③

윗글의 내용 전개 방식으로 적절한 것은?

정답 선지 분석

③ 재화의 특성에 따라 네 가지 유형으로 분류하여 설명하고 있다.

윗글은 재화의 유형을 배제성과 경합성이라는 두 가지 특성에 따라 사적 재화, 클럽재, 공유자원, 공공재로 분류하고 있으므로 적절하다.

오답 선지 분석

① 재화의 발전 과정을 시간의 흐름에 따라 서술하고 있다.

윗글에 시간의 흐름에 따른 재화의 발전 과정은 등장하지 않는다.

② 재화를 바라보는 전문가의 상반된 견해를 제시하고 있다.

윗글에는 전문가의 견해가 등장하지 않는다.

④ 재화로 인해 사회가 발전된 실제 사례를 다양한 관점에서 분석하고 있다.

윗글은 재화로 인해 사회가 발전된 실제 사례를 다양한 관점에서 분석하고 있지 않다.

⑤ 재화의 종류에 따른 장단점을 각각 제시하고 이에 대한 절충안을 설명하고 있다.

3문단에서 재화의 네 가지 종류인 사적 재화, 클럽재, 공유자원, 공공재를 분류하며 그 특징을 서술하고 있으나, 장단점과 그에 대한 절충안을 설명하고 있지는 않다.

02 세부 내용 파악하기   답 | ③

윗글에 대한 설명으로 적절하지 않은 것은?

정답 선지 분석

③ 배재성이 강할수록 대가를 지불해야 하는 의무는 약해진다.

1문단에서 재화의 두 가지 특성 중 하나인 배제성은 대가를 지불하지 않은 사람은 사용할 수 없도록 만들 수 있는 특성이며, 돈을 내지 않으면 들어갈 수 없는 놀이공원이나 호텔 등은 배제성이 매우 강력한 재화라고 하였다. 따라서 배재성이 강할수록 대가를 지불해야 하는 의무는 강해질 것이라고 추론할 수 있다.

오답 선지 분석

① 대가를 지불해야만 사용할 수 있는 재화가 존재한다.

3문단에서 재화의 한 종류인 사적 재화의 경우 배재성과 경합성이 모두 있으며, 대가를 지불하지 않으면 사용할 수 없도록 막을 수 있다고 하였다.

② 배제성과 경합성은 재화의 유형을 분류하는 기준이다.

3문단에서 재화는 배제성과 경합성의 특성에 따라 네 가지 유형으로 나뉜다고 하였다.

④ 경합성이 약할수록 재화를 차지하기 위한 노력이 불필요하다.

2문단에서 재화를 나누는 두 번째 특성인 경합성은 한 사람이 더 많이 소비하는 것이 다른 사람의 소비를 줄이게 되는 특성이지만, TV 드라마나 컴퓨터 게임처럼 많은 사람이 사용해도 그 양이 줄어들지 않는 경우 비경합성을 띤다고 하였다. 따라서 경합성이 약할수록 재화를 차지하기 위한 노력이 불필요할 것이다.

⑤ 공유자원의 경우, 사적인 이익 추구를 방지하기 위해 정부에서 관리한다.

4문단에서 공유자원은 사람들이 각자 사적인 이익만 추구하다 보면 언젠가는 고갈된다는 문제점이 있으며, 이 때문에 정부에서는 공유자원의 사용 자체를 막거나 공유자원을 사용하는 데 세금을 부과하는 방법을 사용하기도 한다고 하였다.

03 구체적 사례에 적용하기

답 | ④

보기 는 경합성과 배제성에 따라 재화를 구분한 것이다. **보기** 에 대한 설명으로 적절하지 <u>않은</u> 것은?

보기

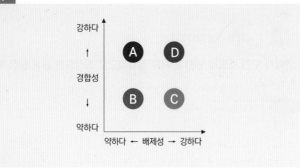

정답 선지 분석

④ 백화점에서 판매하는 의류와 식료품은 C에 해당한다.

C는 배제성이 강한 반면 경합성은 약한 특성을 지녔으므로 클럽재에 해당한다. 그러나 백화점에서 판매하는 의류와 식료품은 우리가 시장에서 돈을 주고 사야 하는 재화인 사적 재화에 해당한다.

오답 선지 분석

① A와 B에 해당하는 재화는 비교적 사용이 자유롭다.

A와 B는 대가를 지불하지 않은 사람은 사용할 수 없도록 만들 수 있는 특성인 배제성이 낮다는 특성을 지닌다. 재화의 네 종류 중 배제성이 없는 재화는 공유자원과 공공재로, 이들은 사적 재화와 클럽재보다 비교적 사용이 자유롭다.

② 무료로 잡을 수 있는 강가의 물고기는 A에 해당한다.

A는 배제성이 약한 반면 경합성이 강하다. 이는 재화의 종류 중에서 공유자원에 해당하며, 4문단에서 하천이나 바닷속 물고기와 같은 자연의 자원들은 대표적인 공유자원에 속한다고 하였으므로 적절하다.

③ B는 기업보다 정부에서 공급하는 것이 일반적이다.

B는 배제성과 경합성이 모두 낮은 재화다. 이는 재화의 종류 중 공공재에 속하며, 4문단에서 공공재는 사용하는 대가를 지불하지 않고 사용하기 때문에 이익을 볼 수 없어 정부가 직접 생산하여 공급하는 것이 일반적이라 하였으므로 적절하다.

⑤ D는 그 양이 한정되어 있다는 점에서 B와 차이를 가진다.

D는 배제성과 경합성이 모두 강한 재화인 사적 재화로 그 양이 한정되어 있다는 것이 특징이다. 반면 B는 공공재로 양이 제한되어 있지 않다고 하였으므로 적절하다.

04 세부 내용 파악하기

다음의 재화가 재화의 유형 네 가지 중 어느 유형에 속하는지 쓰시오.

- 회원제로 운영되는 OTT 사이트
- 특정 아파트 주민들만 이용할 수 있는 헬스장

정답

클럽재

문학 1 모진 소리(황인숙)

빠른 정답 체크 **01** ③ **02** ② **03** ② **04** 쩌어엉

<u>모진 소리를 들으면</u>
　누군가에게 상처를 주는 말
<u>내 입에서 나온 소리가 아니더라도</u>
　내가 한 모진 소리가 아니더라도
<u>내 귀를 겨냥한 소리가 아니더라도</u>
　내게 하는 모진 소리가 아니더라도
<u>모진 소리를 들으면</u>

㉠ 가슴이 쩌엉 한다.
□: 모진 소리로 인한 상처를 형상화하는 음성 상징어
온몸이 쿡쿡 아파 온다

『누군가의 온몸을
『』: 다른 사람에게 상처를 주는 모진 소리
가슴속부터 쩡 금 가게 했을

모진 소리』

　　　　　　　　　▶ 사람들에게 상처를 주는 모진 소리

나와 헤어져

덜컹거리는 지하철에서

<u>고개를 수그리고</u>
모진 소리로 인해 상처받은 사람의 모습
<u>내 모진 소리를 자꾸 생각했을</u>
　화자의 시선이 자신의 내부로 향함
<u>내 모진 소리에 무수히 정 맞았을</u>

<u>누군가를 생각하면</u>
화자가 자신의 모진 소리를 들은 사람을 떠올림
모진 소리,

늑골*에 정을 친다
모진 소리로 인해 가슴에 상처가 생김
쩌어엉 세상에 금이 간다.
모진 소리로 인해 사회 전체가 아플 수 있음
　　　　　　　　▶ 타인과 세상을 아프게 하는 모진 소리
　　　　　　　　　　　　　- 황인숙, 〈모진 소리〉 -

* 늑골(肋骨): 갈비뼈.

01 화자의 심리, 태도 파악하기

답 | ③

윗글의 화자에 대한 설명으로 적절하지 <u>않은</u> 것은?

정답 선지 분석

③ 소중한 사람에게 모진 소리를 듣고 상처를 받았다.

윗글의 화자는 다른 사람이 들은 모진 소리에 상처를 받았을 뿐, 소중한 사람에게 모진 소리를 듣고 상처를 받지는 않았다.

오답 선지 분석

① 자신의 모진 소리를 들었던 사람을 떠올렸다.

'내 모진 소리를 자꾸 생각했을 / 내 모진 소리에 무수히 정 맞았을 / 누군가를 생각하면'에서 자신의 모진 소리를 들었던 사람을 떠올리고 있음을 알 수 있다.

② 다른 사람이 들은 모진 소리에 아픔을 느꼈다.

'내 귀를 겨냥한 소리가 아니더라도 / 모진 소리를 들으면 / 가슴이 쩌엉한다.'에서 다른 사람이 들은 모진 소리에 아픔을 느끼고 있음을 알 수 있다.

④ 모진 소리가 세상을 아프게 한다는 깨달음을 얻었다.

'모진 소리, / 늑골에 정을 친다 / 쩌어엉 세상에 금이 간다.'에서 모진 소리가 세상을 아프게 한다는 깨달음을 얻었음을 알 수 있다.

⑤ 모진 소리가 다른 사람에게 상처를 준다는 것을 알았다.

'누군가의 온몸을 / 가슴속부터 쩡 금 가게 했을 / 모진 소리'에서 모진 소리가 다른 사람에게 상처를 준다는 것을 알았음을 알 수 있다.

02 감상의 적절성 평가하기   답 | ②

윗글에 대한 감상으로 가장 적절한 것은?

정답 선지 분석

② 친구와 싸우다가 모진 소리를 했던 것을 후회했어.

2연에서 화자는 '내 모진 소리를 자꾸 생각했을 / 내 모진 소리에 무수히 정 맞았을 / 누군가를 생각하'며 반성하고 있다. 따라서 윗글을 읽고 친구와 싸우다가 모진 소리를 했던 것을 후회했다는 감상은 적절하다.

오답 선지 분석

① 상황에 따라 모진 소리가 필요할 때도 있구나.

윗글은 모진 소리로 인한 아픔을 다루고 있으므로 상황에 따라 모진 소리가 필요할 때도 있다는 감상은 적절하지 않다.

③ 모진 소리를 들은 사람은 결국 모진 소리를 하게 되네.

윗글에 모진 소리를 들은 사람의 아픔에 대해서는 나와 있지만, 모진 소리를 들은 사람이 결국 모진 소리를 하게 되는지는 알 수 없다.

④ 자신을 향한 모진 소리가 아니라면 상처받지 말아야겠어.

1연에서 '내 귀를 겨냥한 소리가 아니더라도 / 모진 소리를 들으면 / 가슴이 쩌엉한다.'라고 했으므로 자신을 향한 모진 소리가 아니라면 상처받지 말아야겠다는 감상은 적절하지 않다.

⑤ 모진 소리를 한 사람보다는 들은 사람이 더 상처받았을 거야.

윗글을 읽고 모진 소리를 들은 사람보다 모진 소리를 한 사람이 더 상처받았는지는 알 수 없다.

03 표현상의 특징 파악하기   답 | ②

보기 를 참고했을 때, ㉠에 쓰인 표현 방식과 거리가 먼 것은?

보기

시에서는 어법에 어긋나는 표현이 허용되는데, 이를 '시적 허용'이라고 부른다. 맞춤법이나 띄어쓰기를 어긴 표현, 문법적으로 올바르지 않은 문장 등이 해당한다.

정답 선지 분석

② 짐승들도 집 찾아드는 / 저문 들길에서도 / 그리운 그 사람 보이지 않네.
                                        - 김용택, 〈그리운 그 사람〉

㉠에서 '쩌엉'의 표준어는 '쩡'으로, 맞춤법을 어긴 시적 허용이 사용되었다. 그러나 ②에는 시적 허용이 사용되지 않았다.

오답 선지 분석

① 얼음을 깬다 / 강에는 얼은 물 / 깰수록 청청한 / 소리가 난다
                                        - 정희성, 〈얼은 강을 건너며〉

'얼은'의 표준어는 '언'이므로 시적 허용이 사용되었다.

③ 노오란 우산 깃 아래 서 있으면 / 희망 또한 형상으로 우리 가슴에 적힐 것이다.
                                        - 곽재구, 〈은행나무〉

'노오란'의 표준어는 '노란'이므로 시적 허용이 사용되었다.

④ 모든 순간이 다아 / 꽃봉오리인 것을, / 내 열심에 따라 피어날 / 꽃봉오리인 것을!
                                        - 정현종, 〈모든 순간이 꽃봉오리인 것을〉

'다아'의 표준어는 '다'이므로 시적 허용이 사용되었다.

---

⑤ 차단—한 등불이 하나 비인 하늘에 걸려 있다. / 내 호올로 어딜 가라는 슬픈 신호냐.
                                        - 김광균, 〈와사등〉

'비인'의 표준어는 '빈', '호올로'의 표준어는 '홀로'이므로 시적 허용이 사용되었다.

04 시어의 기능 파악하기

2연에서 모진 소리로 인한 상처를 감각적으로 형상화한 음성 상징어를 찾아 쓰시오.

정답

쩌어엉

문학 2 | 최척전(조위한)

빠른 정답 체크   **01** ⑤   **02** ④   **03** ③   **04** 백금 세 덩이

최척과 학천은 배를 타고 이곳저곳을 돌아다니며 차를 팔다가
명나라 사람으로, 최척의 친구   작품의 공간이 확장됨
마침내 **안남***에 이르게 되었다. 이때 일본인 상선 10여 척도 강
                 옥영은 왜병인 돈우와 함께 상선을 타고 안남으로 옴
어귀에 정박하여 10여 일을 함께 머물게 되었다.

날짜는 어느덧 4월 보름이 되어 있었다.『하늘에는 구름 한 점
                                    『』: 고요하고 애상적인 분위기 → 인물들의 외로움을 심화함
없고 물은 비단결처럼 빛났으며, 바람이 불지 않아 물결 또한 잔

잔하였다. 이날 밤이 장차 깊어 가면서 밝은 달이 강에 비추고 옅

은 안개가 물 위에 어리었으며, 뱃사람들은 모두 깊은 잠에 빠지

고 물새만이 간간이 울고 있었다.』이때 문득 일본인 배 안에서

ⓐ 염불하는 소리가 은은히 들려왔는데, 그 소리가 매우 구슬펐
최척이 자신의 신세를 처량하게 느끼게 함
다. 최척은 홀로 선창*에 기대어 있다가 이 소리를 듣고 자신의

신세가 처량하게 느껴졌다. 그래서 즉시 행장*에서 피리를 꺼내
가족과 헤어져 타국을 떠돌고 있음
몇 곡을 불어서 가슴속에 맺힌 회한을 풀었다. 때마침 바다와 하

늘은 고요하고 구름과 안개가 걷히니, 애절한 가락과 그윽한 흐
                    피리 소리가 멀리 퍼짐   최척의 슬픔이 드러남
느낌이 ⓑ 피리 소리에 뒤섞이어 맑게 퍼져 나갔다. 이에 수많은

뱃사람들이 놀라 잠에서 깨어났으며, 그들은 처연하게 앉아 피리
                                    이후 뱃사람들은 최척의 사연을 듣게 됨
소리에 조용히 귀를 기울였다. 격분해서 머리가 곧추선 사람도
                        피리 소리가 그만큼 애절했기 때문
피리 소리에 분을 가라앉힐 정도였다.

잠시 후에 일본인 배 안에서 조선말로 칠언절구*를 읊었다.

『王子吹簫月欲底 왕자진*의 피리 소리에 달마저 떨어지려 하는데,
『』: 옥영이 자신이 지은 시를 읊음
碧天如海露凄凄 바다처럼 푸른 하늘엔 이슬만 서늘하구나.』

ⓒ 시를 읊는 소리는 처절하여 마치 원망하는 듯, 호소하는 듯
                                    옥영 또한 회한을 느끼고 있음
하였다. 시를 다 읊더니, 그 사람은 길게 한숨을 내쉬었다. 최척

은 그 시를 듣고 크게 놀라서 피리를 땅에 떨어뜨린 것도 깨닫지
        옥영의 시였기 때문

못한 채, 마치 실성한 사람처럼 멍하니 서 있었다. 이를 보고 학
행동을 구체적으로 묘사하여 최척이 받은 충격을 강조함
천이 말했다.

"어디 안 좋은 곳이라도 있는가?"

최척은 대답을 하고 싶었으나 목이 메고 눈물이 떨어져 말을 할
옥영을 떠올리고 감정이 복받침
수 없었다. 시간이 조금 흐른 뒤에 최척은 기운을 차려 말했다.

"조금 전에 저 배 안에서 들려왔던 시구는 바로 내 아내가 손수
최척이 시를 읊은 사람이 옥영이라고 생각하는 근거 ①
지은 것이라네. 다른 사람은 평생 저 시를 들어도 절대 알아내
최척만이 시를 지은 사람이 옥영임을 알 수 있음
지 못할 것일세. 게다가 시를 읊는 소리마저 내 아내의 목소리
최척이 시를 읊은 사람이 옥영이라고 생각하는 근거 ②
와 너무 비슷해 절로 마음이 슬퍼진 것이라네. 어떻게 내 아내

가 여기까지 와서 저 배 안에 있을 수 있겠는가?"

이어서 온 가족이 포로로 잡혀간 일을 말하자, 배 안에 있던 사
최척의 가족들은 왜적의 습격을 받아 포로로 잡혀감
람들 가운데 비탄에 젖지 않은 사람이 없었다. 그 가운데는 두홍
사람들이 최척의 슬픔에 공감함
이라는 사람이 있었는데, 젊고 용맹한 장정이었다. 그는 최척의
두홍의 성격을 직접적으로 제시함
말을 듣더니, 얼굴에 의기*를 띠고 주먹으로 노를 치면서 분연히
두홍의 성급한 성격이 드러남
말했다.

"내가 가서 알아보고 오겠소."

학천이 저지하며 말했다.

"㉠ 깊은 밤에 시끄럽게 굴면 많은 사람들이 동요할까 두렵네.
학천이 두홍을 설득하는 근거
내일 아침에 조용히 물어보아도 늦지 않을 것일세."

주위 사람들이 모두 말했다. / "그럽시다."

최척은 앉은 채로 아침이 되기를 기다렸다. 동방*이 밝아오자,
옥영을 만날 수 있다는 희망에 잠들지 못함
즉시 강둑을 내려가 일본인 배에 이르러 조선말로 물었다.

"어젯밤에 시조를 읊었던 사람은 조선 사람 아닙니까? 나도 조
근거 – 조선말로 시를 읊었음
선 사람이기 때문에 한 번 만나 보았으면 합니다. ㉡ 멀리 다른

나라를 떠도는 사람이 비슷하게 생긴 고국 사람을 만나는 것이
자신의 처지를 설명하며 시를 읊었던 사람을 만나게 해 달라고 요청함
어찌 기쁘기만 한 일이겠습니까?"

옥영도 어젯밤에 들려왔던 피리 소리가 조선의 곡조인 데다, 평
옥영 또한 최척의 피리 소리를 듣고 최척을 떠올림
소에 익히 들었던 것과 너무나 흡사하였다. 그래서 남편 생각에

감회*가 일어 저절로 시를 읊게 되었던 것이다. 옥영은 자기를 찾

는 사람의 목소리를 듣고는 황망하게 뛰어나와 최척을 보았다.

『두 사람은 서로 마주 바라보고는 놀라서 소리를 지르며 끌어안고
『』: 최척과 옥영의 극적인 재회
백사장을 뒹굴었다. 목이 메고 기가 막혀 마음을 안정할 수가 없

었으며, 말도 할 수 없었다. 눈에서는 눈물이 다하자 피가 흘러내
재회의 감격을 강조함
려 서로를 볼 수도 없을 지경이었다.』 두 나라의 뱃사람들이 저잣

거리처럼 모여들어 구경하였는데, 처음에는 다만 친척이나 잘 아
옥영이 남장을 하고 있었기 때문
는 친구인 줄로만 알았다. 뒤에 그들이 부부 사이라는 것을 알고

사람마다 서로 돌아보며 소리쳐 말했다.

"이상하고 기이한 일이로다! 이것은 하늘의 뜻이요, 사람이 이룰
최척과 옥영의 재회가 우연적임을 나타냄
수 있는 일이 아니로다. 이런 일은 옛날에도 들어보지 못하였다."

최척은 옥영에게 그간의 소식을 물으며 말했다.
가족이 흩어진 뒤의 소식
"㉢ 산속에서 붙들리어 강가로 끌려갔다는데, 그때 아버님과 장

모님은 어떻게 되었소?"

옥영이 말했다.

"날이 어두워진 뒤에 배에 오른 데다 정신이 없어 서로 잃어버

리게 되었으니, 제가 두 분의 안위를 어떻게 알겠습니까?"
옥영도 다른 가족들의 행방을 모름
두 사람이 손을 붙들고 통곡하자, 옆에서 지켜보던 사람들도 슬
사람들이 최척과 옥영의 슬픔에 공감함
퍼하며 눈물을 닦지 않는 이가 없었다.

학천은 돈우를 만나 백금 세 덩이를 주고 옥영을 사서 데려오려
최척을 위해 돈우에게 대가를 치르고 옥영을 데려오려고 함 → 최척의 조력자로서의 모습
고 하였다. 그러자 돈우가 얼굴을 붉히며 말했다.
대가를 받지 않고자 함
"내가 이 사람을 얻은 지 이제 4년 되었는데, 그의 단정하고 고
옥영이 돈우에게 의지한 지 4년이 됨
운 마음씨를 사랑하여 친자식처럼 생각해 왔습니다. ㉣ 그래서
돈우는 왜적이기는 했으나 옥영을 아꼈음
침식*을 함께하는 등 잠시도 떨어진 적이 없었으나, 지금까지
남장을 한 옥영을 남자라고 생각함
그가 아낙네인 것을 몰랐습니다. 오늘 이런 일을 직접 겪고 보
최척과 옥영의 재회
니, 이는 천지신명*도 오히려 감동할 일입니다. 내가 비록 어리

석고 무디기는 하지만 진실로 목석*은 아닙니다. 그런데 차마

어떻게 그를 팔아서 먹고살 수 있겠습니까?"
대가를 받지 않고 옥영을 보내 줌
돈우는 즉시 주머니 속에서 은자* 10냥을 꺼내어 전별금*으로
옥영을 위한 선물을 줌 → 옥영의 조력자로서의 모습
주면서 말했다.

"4년을 함께 살다가 하루아침에 이별하게 되니, 슬픈 마음에 가

슴이 저리기만 하오. 온갖 고생 끝에 살아남아 다시 배우자를 만
옥영은 절망하여 자결하려고 하기도 했음
나게 된 것은 실로 기이한 일이며, 이 세상에는 없었던 일일 것

이오. 내가 그대를 막는다면 하늘이 반드시 나를 미워할 것이오.
옥영을 보내 주는 것이 하늘의 뜻이라고 여김
사우여! 사우여! 잘 가시게! 잘 가시게!"
돈우가 옥영에게 지어 준 이름
옥영이 손을 들어 감사를 드리며 말했다.

"일찍이 주인 영감님께서 보호해주신 덕분에 지금까지 죽지 않
돈우   돈우는 옥영에게 많은 호의를 베풀었음
고 살아오다가 뜻밖에 낭군을 만나게 되었으니, 제가 받은 은

혜가 이미 끝없이 많기만 합니다. ㉤ 게다가 이렇듯이 기뻐하며

전별금까지 주시니 진실로 그 은혜를 잊지 않겠으며, 백 번 절
돈우에 대한 감사함을 드러냄
하여 감사드립니다."

— 조위한, 〈최척전〉 —

* 안남(安南): '베트남'의 다른 이름.
* 선창(船艙): 물가에 다리처럼 만들어 배가 닿을 수 있게 한 곳.
* 행장(行裝): 여행할 때 쓰는 물건과 차림.
* 칠언절구(七言絕句): 한시에서, 한 구가 칠언으로 된 절구.
* 왕자진: 주나라 영왕의 태자로, 관악기 중 하나인 생황을 잘 불었으며 신선이 되

었다고 전해짐.
* 의기(意氣): 기세가 좋은 적극적인 마음.
* 동방(東方): 네 방위의 하나. 해가 떠오르는 쪽이다.
* 감회(感懷): 지난 일을 돌이켜 볼 때 느껴지는 회포.
* 침식(寢食): 잠자는 일과 먹는 일.
* 천지신명(天地神明): 천지의 조화를 주재하는 온갖 신령.
* 목석(木石): 나무나 돌처럼 아무런 감정도 없는 사람을 비유적으로 이르는 말.
* 은자(銀子): 은으로 만든 돈.
* 전별금(餞別金): 보내는 쪽에서 예를 차려 작별할 때에 떠나는 사람을 위로하는 뜻에서 주는 돈.

01 소재의 기능 파악하기   답 | ⑤

ⓐ~ⓒ에 대한 설명으로 가장 적절한 것은?

정답 선지 분석

⑤ ⓒ: 최척이 옥영을 떠올리고 눈물을 흘린 이유이다.

최척은 '시구를 읊는 소리'를 듣고 눈물을 흘렸는데, 그 이유는 시구가 옥영이 손수 지은 것이었던 데다가 목소리 또한 옥영의 목소리와 비슷하다고 생각했기 때문이다. 따라서 ⓒ는 최척이 옥영을 떠올리고 눈물을 흘린 이유로 적절하다.

오답 선지 분석

① ⓐ: 최척이 옥영을 떠올리는 계기이다.

최척은 염불하는 소리를 듣고 옥영을 떠올린 것이 아니라, 자신의 신세를 처량하게 생각하였다.

② ⓑ: 옥영이 다음날 최척을 찾아가는 계기이다.

피리 소리를 들은 옥영이 최척을 떠올리기는 했으나, 다음날 옥영이 최척을 찾아간 것이 아니라 최척이 옥영을 찾아갔다.

③ ⓑ: 최척이 옥영이 듣기를 원하고 낸 소리이다.

피리를 불 때 최척은 옥영이 가까이 있다고 생각하지 못했으므로, 옥영이 듣기를 원하고 낸 소리가 아니다. 최척은 피리를 불어 회한을 풀려고 했을 뿐이다.

④ ⓒ: 옥영이 돈우로부터 배운 시를 읊는 소리이다.

옥영이 읊은 시는 돈우로부터 배운 시가 아니라, 옥영 자신이 손수 지은 시였다.

02 인물의 말하기 방식 파악하기   답 | ④

⊙~⑩에 대한 설명으로 적절하지 않은 것은?

정답 선지 분석

④ ⓔ: 자신이 알 수 없었던 사실을 내세우며 실수에 대해 변명하고 있다.

돈우는 지금까지 옥영이 아낙네인 것을 몰랐다는 점을 언급하고는 있지만, 자신의 실수에 대해 변명하고 있는 것은 아니다.

오답 선지 분석

① ⊙: 행동으로 인해 일어날 수 있는 부정적 결과를 들며 상대방을 설득하고 있다.

⊙은 깊은 밤에 시끄럽게 구는 행동으로 인해 많은 사람들이 동요할 수 있다는 부정적 결과를 들며 두홍을 설득하고 있다.

② ⓛ: 자신의 처지를 설명하여 감정에 호소하며 요청 사항을 전달하고 있다.

ⓛ은 멀리 다른 나라를 떠돌고 있는 자신의 처지를 설명하여 감정에 호소하며 조선 사람을 만나게 해 달라는 요청 사항을 전달하고 있다.

③ ⓒ: 전해 들은 내용을 말하며 자신이 원하는 정보를 얻으려 하고 있다.

ⓒ은 옥영이 산속에서 붙들리어 강가로 끌려갔다는, 전해 들은 내용을 말하며 아버님과 장모님의 행방에 대한 정보를 얻으려 하고 있다.

⑤ ⑩: 상대방이 베푼 호의를 언급하며 감사의 마음을 표현하고 있다.

⑩은 옥영과 최척의 재회에 대해 돈우가 기뻐하며 전별금까지 주는 호의를 베푼 것을 언급하며 이에 대한 감사의 마음을 표현하고 있다.

03 외적 준거를 바탕으로 작품 이해하기   답 | ③

보기 를 바탕으로 윗글을 이해한 내용으로 적절하지 않은 것은?

보기

〈최척전〉은 임진왜란과 정유재란을 배경으로 한다. 전쟁의 참상과 이로 인한 민중의 고통을 사실적으로 전달하며 이러한 고통이 당시에 보편적인 경험이었음을 나타내는 한편, 최척 일가가 재회하는 과정에서는 우연성이 드러나기도 한다. 또한 소설의 공간이 다양한 국가에 걸쳐 있으며, 최척과 옥영을 돕는 조력자가 여럿 등장한다.

* 참상(慘狀): 비참하고 끔찍한 상태나 상황.

정답 선지 분석

③ 최척과 옥영을 본 사람들이 '처음에는 다만 친척이나 잘 아는 친구인 줄' 알았다는 것은, 둘의 재회가 우연적임을 보여 주는군.

최척과 옥영을 본 사람들은 둘이 '처음에는 다만 친척이나 잘 아는 친구인 줄로만 알았'다고 하였으나, 이는 둘의 재회가 우연적임을 보여 주는 것이 아니다. 최척과 옥영이 타국인 안남에서 피리 소리와 시 읊는 소리를 매개로 재회하는 것 자체가 우연적인 사건이다.

오답 선지 분석

① 최척이 '안남에 이르게 되었'다는 것은, 소설의 공간이 다양한 국가에 걸쳐 있음을 보여 주는군.

〈보기〉에서 윗글의 공간은 다양한 국가에 걸쳐 있다고 하였다. 최척은 학천과 함께 '배를 타고 이곳저곳을 돌아다니며 차를 팔다가 마침내 안남에 이르게 되었'다고 하였는데, 안남은 지금의 베트남을 뜻하므로 적절하다.

② 최척이 가족 이야기를 하자 '비탄에 젖지 않은 사람이 없었'다는 것은, 전쟁으로 인한 고통의 보편성을 보여 주는군.

〈보기〉에서 윗글은 전쟁으로 인한 민중의 고통이 당시에 보편적인 경험이었음을 나타낸다고 하였다. 최척이 온 가족이 포로로 잡혀간 일을 말하자 '배 안에 있던 사람들 가운데 비탄에 젖지 않은 사람이 없었'다고 하였는데, 이는 최척의 경험이 사람들의 공감을 이끌어 냈음을 뜻하므로 적절하다.

④ 옥영이 최척의 가족들과 함께 있으나 '서로 잃어버리게 되었'다는 것은, 전쟁으로 인한 민중의 고통을 보여 주는군.

〈보기〉에서 윗글은 전쟁의 참상과 이로 인한 민중의 고통을 사실적으로 전달한다고 하였다. 최척이 산속에서 붙들리어 강가로 끌려간 뒤 아버님과 장모님은 어떻게 되었는지 묻자, 옥영은 '정신이 없어 서로 잃어버리게 되었'기 때문에 두 분의 안위를 알 수 없다고 하였으므로 적절하다.

⑤ 돈우가 옥영에게 '은자 10냥을 꺼내어 전별금으로 주'는 것은, 옥영을 돕는 조력자로서의 모습을 보여 주는군.

〈보기〉에서 윗글에는 최척과 옥영을 돕는 조력자가 여럿 등장한다고 하였다. 학천이 '돈우를 만나 백금 세 덩이를 주고 옥영을 사서 데려오려고 하였'던 것은 최척의 조력자로서의 모습을 보여 주고, 돈우가 이를 거절하고 '은자 10냥을 꺼내어 전별금으로 주'는 것은 옥영의 조력자로서의 모습을 보여 주므로 적절하다.

04 작품의 내용 파악하기

학천이 최척을 돕기 위해 준비한 물건을 3어절로 쓰시오.

정답

백금 세 덩이

작문   주장하는 글의 특징 이해하기

[A]
국내에 등록된 승용차는 2017년에 1800만 대를 돌파했다.
국내에 등록된 승용차 수가 매우 많음
1903년 고종 황제가 국내에 최초로 자동차를 도입한 이후
114년 만이다. 그동안 도로와 주차장의 면적도 계속 늘어났
다. 그러나 건설에 아무리 많이 투자해도 늘어나는 자동차를
도로와 주차장의 면적이 자동차의 수보다 부족함
도저히 따라갈 수 없는 게 현실이다.

심각한 문제는 등록 차량의 수 그 자체가 아니다. 『서울의 경우
차량의 주행 시간이 세계에서 가장 높다. 전체 자동차의 62퍼센트
가 매일 시내 도로로 쏟아져 나온다.』 그런데 더 놀라운 통계가 있
『』: 자동차 이용자도 유의미하게 많음
다. 이 62퍼센트의 자동차 가운데 78퍼센트가 나 홀로 운전 차량
78%의 자동차에는 운전자 한 명만 타 있음
이라는 것이다.

『만일 급성 호흡기 증후군(사스·SARS) 같은 전염병이 전국에 번
『』: 유사한 사례를 가정하여 이해를 도움
져 하루에 20~30명씩 죽어 간다고 상상해 보자.』 온 나라가 벌
집 쑤셔 놓은 것처럼 난리가 날 것이다. 사람들은 자신과 가족의
목숨을 지키기 위해 모든 방법을 강구할* 테고, 정부는 정부대로
사태 해결에 총력을 기울일 것이다.

그런데 여기에서 전염병 대신 교통사고를 대입해 보자. 이 생각
교통사고 사망 사건은 일상적으로 받아들여짐
은 그냥 상상이 아니라, 우리가 매일 겪고 있는 현실이다. 교통사
고로 2017년 한 해에 하루 평균 11명이 목숨을 잃었고 884명이
자동차 이용의 문제점 ① - 교통사고로 죽거나 다치는 사람들
다쳤다. 다친 사람 가운데 상당수가 장애인으로 여생*을 살아간다.

자동차로 인해 치러야 하는 대가는 여기서 그치지 않는다. 과거
에는 난방 시설과 각종 산업 및 발전소 시설 등이 대기 오염의 주
범으로 꼽혔다. 그러나 이제는 자동차에서 배출되는 유독 물질이
자동차 이용의 문제점 ② - 대기 오염
전체 대기 오염 물질의 3분의 1 이상을 차지한다. 서울 등 대도시
는 그 비율이 훨씬 높다. 더구나 자동차는 한 대로 볼 때는 공장이
나 빌딩 등 대형 배출원보다 배출량이 훨씬 적지만, 사람의 코앞
에 바로 가스를 내뿜기 때문에 그 피해가 한층 심각하다고 한다.
자동차의 유독 물질 배출량은 상대적으로 적지만, 피해는 더 심각함
자동차 운전에 드는 경제적 시간적 비용도 만만치 않다. 도시
자동차 이용의 문제점 ③ - 경제적, 시간적 비용
에서 웬만한 승용차를 한 대 굴리는 데 들어가는 비용은 2016년
기준으로 가구당 월평균 78만 원 정도다. 시간적 비용은 어떤가.
자동차 운전에 드는 경제적 비용
도로 정체가 심각해지면서 자동차의 주행 속도는 점점 떨어진다.
자동차 운전에 드는 시간적 비용
편리함과 경제성이 자꾸만 줄어드는 것이다. 자동차로 인해 소비
되는 돈과 시간, 그 때문에 받는 스트레스, 가끔 일어나는 교통사

고 등 일체*의 비용을 종합해 보면 결코 만만치 않은 비용이 들어
가는 셈이다.

자동차 이용이 늘어나면서 운동이 부족해지고 그 결과 성인병
자동차 이용의 문제점 ④ - 건강 약화
이 늘어나는 것도 빼놓을 수 없다. 우리 생활에서 에너지 과소비
는 악순환 구조를 이루고 있다. 『운동을 통해 신체를 단련하지 않
으니 다리가 약해지고 걷기가 싫어져 자꾸만 자동차에 의존한
다. 자기 몸으로 만들어 내는 에너지가 줄어들수록 바깥의 에너지
에 의존하게 되고 그것이 또한 몸의 기력을 더욱 약하게 만든다.』
『』: 자동차 이용 증가 → 운동 부족 → 자동차 의존
『냉난방 기구가 발달하면서 추위와 더위에 적응하는 신체적인 조
『』: 냉난방 기구 발달 → 신체 조절 능력 상실 → 전기 에너지 의존
절 능력을 잃어버려 전기 에너지에 더 의존하게 되는 현상과 마
찬가지다.』 바로 에너지 과소비의 악순환인 것이다.

걷는다는 것은 자기 몸을 움직이는 능동적인 행위다. 사람은 그
자동차 이용(수동적) ↔ 걷기(능동적)
러한 적극적인 활동을 통해 큰 기쁨을 누린다. 실제로 자동차를
타고 가는 것에 비해 걷거나 자전거를 타고 가는 것은 여러 면에
글쓴이가 추천하는 것
서 유쾌하다. 길 위에서 마주치는 사람이나 주변 사물, 함께 걷는
사람들 사이에 자연스럽게 일어나는 율동 등을 자동차에서는 맛
볼 수 없다. 우리는 이러한 산보의 미학을 회복해야 한다. 속도를
강요하는 사회 속에서 느림의 가치를 재평가하면서 스스로의 힘
걷기의 가치
으로 이동하는 문화를 되살려야 한다.

* 강구하다(講究하다): 좋은 대책과 방법을 궁리하여 찾아내거나 좋은 대책을 세우다.
* 여생(餘生): 앞으로 남은 인생.
* 일체(一切): 모든 것.

01   설득 글쓰기 내용 이해하기   답 | ②

윗글에서 제시된 근거로 적절하지 않은 것은?

정답 선지 분석

② 자동차 배기가스는 호흡기 증후군을 유발한다.

     5문단에서 자동차에서 배출되는 유독 물질이 대기를 오염시킨다고 했지만, 자동차 배기가스가 호흡기 증후군을 유발한다고 하지는 않았다.

오답 선지 분석

① 자동차는 경제적, 시간적 비용을 요구한다.

     6문단에서 자동차 운전에 드는 경제적, 시간적 비용이 만만치 않다고 하였다.

③ 자동차 교통사고로 인해 많은 사람이 희생된다.

     4문단에서 2017년에 교통사고로 하루 평균 11명이 죽고, 884명이 다쳤다고 하였다.

④ 자동차에서 배출되는 유독 물질이 큰 피해를 준다.

     5문단에서 자동차에서 배출되는 유독 물질이 전체 대기 오염 물질의 3분의 1 이상을 차지하고, 사람의 코앞에서 바로 가스를 내뿜기 때문에 그 피해가 한층 심각하다고 하였다.

⑤ 자동차 이용이 늘어나면서 성인병 환자가 늘어난다.

     7문단에서 자동차 이용이 늘어나면서 운동이 부족해지고 그 결과 성인병이 늘어난다고 하였다.

02 설득 글쓰기 내용 조직하기 답 | ③

윗글에서 드러난 유추의 방식을 다음과 같이 정리했을 때, ㉠, ㉡에 들어갈 말로 가장 적절한 것은?

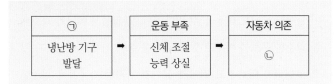

㉠	→	운동 부족	→	자동차 의존
냉난방 기구 발달		신체 조절 능력 상실		㉡

정답 선지 분석

	㉠	㉡
③	자동차 이용 증가	전기 에너지 의존

[A]는 둘 이상의 대상이나 현상의 유사점을 근거로 결론을 이끌어 내는 방법인 유추를 활용한 부분이다. 즉, '자동차 이용이 늘어나면서 운동이 부족해지고~다리가 약해지고 걷기가 싫어져 자꾸만 자동차에 의존'하는 상황과 '냉난방 기구가 발달하면서 추위와 더위에 적응하는 신체적인 조절 능력을 잃어버려 전기 에너지에 더 의존'하는 현상의 유사점을 파악해야 한다. 이에 따르면, '냉난방 기구 발달'은 '자동차 이용 증가'와 유사하고, '자동차 의존'은 '전기 에너지 의존'과 유사하다. 따라서 ㉠에는 '자동차 이용 증가', ㉡에는 '전기 에너지 의존'이 들어가야 한다.

03 설득 글쓰기 내용 평가하기 답 | ④

보기 는 [A]의 초고이다. 보기 를 고쳐 쓰기 위해 친구들이 조언한 내용 중 반영되지 않은 것은?

보기

국내에 등록된 승용차는 매우 많다. 이는 1903년 고종 황제가 국내에 최초로 자동차를 도입한 이후부터 생긴 변화이다. 고종 황제는 미국을 통해 의전용 자동차를 들여왔다. 그동안 도로와 주차장의 면적도 계속 끊임없이 늘어났다. 그래서 건설에 아무리 많이 투자해도 늘어나는 자동차를 도저히 따라갈 수 없는 게 현실이다.

* 의전용(儀典用): 정해진 격식에 따라 치르는 행사에 쓰는 것.

정답 선지 분석

④ 독자의 이해를 돕기 위해 비유적인 표현을 사용하는 게 어때?
　[A]에서 비유적인 표현을 사용한 부분은 찾을 수 없다.

오답 선지 분석

① 의미가 중복되는 표현이 있으니 삭제하는 게 어때?
　〈보기〉의 '계속 끊임없이'는 의미가 중복된 표현이며, [A]에서 '끊임없이'를 삭제하였다.

② 통일성을 위해 흐름에 어긋나는 문장을 삭제하는 게 어때?
　〈보기〉의 '고종 황제는 미국을 통해 의전용 자동차를 들여왔다.'는 흐름에 어긋나는 문장이며, [A]에서 이 문장을 삭제하였다.

③ 앞 문장과의 관계를 고려하여 연결 표현을 수정하는 게 어때?
　〈보기〉의 '그래서'는 '그래서' 이후의 내용이 앞 문장과 인과 관계로 연결되어 있지 않다는 점에서 부적절하며, [A]에서 '그래서'를 '그러나'로 수정하였다.

⑤ 현재 상황을 정확하게 전달하기 위해 구체적인 수치를 추가하는 게 어때?
　〈보기〉는 구체적인 수치를 제시하지 않았다. [A]에서 국내에 등록된 승용차가 2017년에 1800만 대를 돌파하였으며, 이는 1903년 고종 황제가 국내에 최초로 자동차를 도입한 이후 114년 만이라는 수치를 추가하였다.

04 설득 글쓰기 내용 이해하기

다음은 윗글의 주장을 정리한 것이다. 빈칸에 들어갈 말을 골라 차례대로 쓰시오.

자동차를 이용하는 것에 비해, 걷는 것은 (능동적 / 수동적)인 행위이며 (빠름 / 느림)의 미학을 가르쳐 준다.

정답

능동적, 느림

독서　이종 장기 이식

빠른 정답 체크　01 ③　02 ②　03 ④　04 사람, 동물

장기 이식을 통해서만 생명을 유지할 수 있는 환자들이 많다. 장기 이식이란 질병이나 사고로 기능을 잃은 장기를 다른 사람에게서 받은 건강한 장기로 대체하는 수술이다. [장기 이식의 개념] 하지만 장기를 이식받고자 하는 사람에 비해 장기 기증자는 턱없이 부족하다. [장기 이식 현황] 이로 인해 많은 환자가 대기 명단에만 이름을 올린 채 자기 순번을 [장기 기증자의 부족으로 인한 문제 ①] 받지 못하고 사망하고, 불법적인 장기 거래로 인한 사회 문제도 [장기 기증자의 부족으로 인한 문제 ②] 발생한다.

▶ 1문단: 장기 이식의 개념과 현황

이종 장기 이식은 이러한 문제를 해결할 수 있는 대책 중 하나이다. 이종 장기는 종이 다른 동물의 장기를 말하며, 사람에게 이식할 장기를 공급할 동물로 주로 돼지가 선호된다. 「돼지는 기르기에 [「」: 장기를 공급할 동물로 돼지가 선호되는 이유 ①] 편하고 한 번에 여러 마리의 새끼를 낳으므로 장기를 쉽게 얻을 수 있다.」 특히 사람의 유전자를 주입해 탄생시킨 미니돼지는 100kg 정도까지만 자라고 더 이상 자라지 않는데, 그 때문에 미니돼지의 장기는 사람의 장기와 크기가 비슷하다. [미니돼지의 특징 → 장기 이식에 용이함] 돼지는 또 「인간과 오랫동안 함께 살았기 때문에 생리나 질병 등의 정보가 많이 알려져 있다. 따라서 이종 장기의 이식에 따른 감염병과 면역 거부 반응을 연구할 때 다른 동물보다 어려움이 적다.」 [「」: 장기를 공급할 동물로 돼지가 선호되는 이유 ②] 만약 이종 장기 이식이 임상 시험*을 통과하고 활성화된다면 적어도 지금보다 많은 [이종 장기 이식이 활성화될 때의 긍정적 효과] 사람이 장기 이식의 혜택을 받아 생명을 지킬 수 있게 된다.

▶ 2문단: 이종 장기 이식에 선호되는 돼지

하지만 ㉠ 해결해야 할 문제도 많다. 먼저 면역 거부 반응이 있 [이종 장기 이식의 문제점 ①] 다. 면역 거부 반응은 우리 몸의 기본적인 방어체계인 면역계가 [면역 거부 반응의 개념] 이식된 장기를 침입자로 간주해 공격하는 현상이다. 이 현상은 하루 이내에 나타나는 초급성, 10일 이후에 나타나는 급성, 그리고 수개월에서 수년에 걸쳐 나타나는 만성*에 이르기까지 다양하다. 최근에는 유전자 조작을 통해 초급성 거부 반응까지는 막

을 수 있는 기술이 나왔으나 급성, 만성 거부 반응까지 없애지는 못하는 실정이다. 게다가 <u>기본적으로 사람과 동물 간의 장기 크</u> _이종 장기 이식의 문제점 ②_ <u>기가 다르기에 이종 장기 이식을 받는 환자가 제한된다.</u> 또 <u>일반</u> _적으로 돼지의 수명은 15년인데 이식받은 장기가 15년 이상 지_ _이종 장기 이식의 문제점 ③_ <u>속될지에 대한 의문이나, 돼지가 내재적*으로 가지고 있는 여러</u> _이종 장기 이식의 문제점 ④_ <u>전염병이 인간에게 전염될 수 있다는 가능성도 문제로 제기된</u> 다. 그뿐만 아니라 <u>동물 윤리의 문제도 있다.</u> 결국 이종 장기 이 _이종 장기 이식의 문제점 ⑤_ 식을 하기 위해서는 해당 동물을 희생하여 장기를 얻어내야 하는 데, 이는 인간의 이익을 위해 동물을 희생하는 것이기에 동물 권 리 단체들은 이러한 이슈에 민감하게 반응하고 있다. 마지막으로 <u>이종 이식이 가능한 장기를 어디까지로 정하느냐 하는 과제도 있</u> _이종 장기 이식의 문제점 ⑥_ 다. 정자와 난자를 만들어 내는 생식선*과 뇌의 이식은 인간끼리 의 이식도 윤리적 문제를 일으키므로 반대의 목소리가 높다.

▶ 3문단: 이종 장기 이식의 문제점

따라서 이종 장기 이식의 문제는 이밖에도 숱한 요소들을 모두 고려해야 하는 장기적이고 포괄적인 과제이므로 사회적 논의를 거쳐 신중하게 결정할 필요가 있다.

▶ 4문단: 이종 장기 이식에 신중해야 하는 이유

* 임상 시험(臨床試驗): 개발 중인 약이나 진단 및 치료 방법 따위의 효과와 안전성 을 알아보기 위하여 사람을 대상으로 행하는 시험.
* 만성(慢性): 병이 급하거나 심하지도 아니하면서 쉽게 낫지도 아니하는 성질.
* 내재적(內在的): 어떤 현상이 안에 존재하는 것.
* 생식선(生殖腺): 배우자를 형성하는 기관. 수컷에서는 정소, 암컷에서는 난소를 말한다.

01 세부 내용 파악하기 답 | ③

윗글을 통해 해결할 수 있는 질문이 <u>아닌</u> 것은?

정답 선지 분석

③ 이종 장기 이식에 따른 경제적 문제점은?
윗글에서는 이종 장기 이식에 따른 경제적 문제를 언급하지 않았다.

오답 선지 분석

① 면역 거부 반응의 개념은?
3문단에서 면역 거부 반응은 우리 몸의 기본적인 방어체계인 면역계가 이식된 장기를 침입자로 간주해 공격하는 현상이라고 하였다.

② 이종 장기 이식이 필요한 이유는?
1문단에서 장기를 이식받고자 하는 사람에 비해 장기 기증자는 턱없이 부족하며, 이로 인해 많은 환자가 장기 기증을 받지 못한 채 사망하고 불법적인 장기 거래로 인한 사회 문제가 발생한다고 하였다.

④ 이종 장기 이식이 가능해졌을 때의 긍정적인 효과는?
2문단에서 이종 장기 이식이 임상 실험을 통과하고 활성화된다면 적어도 지금보다 많 은 사람이 장기 이식의 혜택을 받아 생명을 지킬 수 있게 된다고 하였다.

⑤ 사람에게 장기를 공급할 동물로 돼지를 선호하는 이유는?
2문단에서 돼지는 장기를 비교적 쉽게 얻을 수 있고, 미니돼지의 장기는 사람의 장기 와 크기가 비슷하며, 인간과 오랫동안 함께 살았기 때문에 정보가 많이 알려져 있어 감 염병과 면역 거부 반응 연구의 어려움이 적기 때문에 선호된다고 하였다.

02 핵심 내용 파악하기 답 | ②

윗글에서 ㉠에 해당하는 내용으로 언급하지 <u>않은</u> 것은?

정답 선지 분석

② 장기를 이식하려는 동물의 뇌를 인간에게 이식하는 것은 위험이 따를 수 있다.
3문단에서는 생식선과 뇌의 이식은 인간끼리의 이식도 윤리적 문제를 일으키므로 이 종 이식이 가능한 장기를 어디까지로 정하느냐 하는 과제가 있다고 했을 뿐, 장기를 이 식하려는 동물의 뇌를 인간에게 이식하는 것은 위험이 따를 수 있다는 내용은 언급하 지 않았다.

오답 선지 분석

① 장기를 이식하려는 동물이 가지고 있는 전염병이 인간에게 전염될 수 있다.
3문단에서 돼지가 내재적으로 가지고 있는 여러 전염병이 인간에게 전염될 수 있는 가 능성이 제기된다고 하였다.

③ 장기를 이식하려는 동물의 장기 크기가 인간에게 필요한 장기 크기와 다를 수 있다.
3문단에서 기본적으로 사람과 동물 간의 장기 크기가 다르기에 이종 장기 이식을 받는 환자가 제한된다고 하였다.

④ 장기를 이식하려는 동물이 필연적으로 희생됨에 따라 윤리 문제가 제기될 수 있다.
3문단에서 동물 윤리의 문제를 들며, 이종 장기 이식은 결국 인간의 이익을 위해 동물을 희생하는 것이기에 동물 권리 단체들은 이러한 이슈에 민감하게 반응하고 있다고 하였다.

⑤ 장기를 이식하려는 동물의 평균 수명 이상의 기간 동안 장기가 기능할지 확 신할 수 없다.
3문단에서 일반적으로 돼지의 수명은 15년인데 이식받은 장기가 15년 이상 지속될지 에 대한 의문이 있다고 하였다.

03 구체적 사례에 적용하기 답 | ④

윗글과 보기 를 읽은 학생의 반응으로 적절하지 <u>않은</u> 것은?

보기

알파인 생명공학연구소 이종 장기 센터 기자 회견장에 나타난 여성 라 미아의 얼굴에는 웃음꽃이 피어 있었다. 불과 한 달 전만 해도 상상할 수 없는 표정이다. 라미아는 선천성 심장 질환으로 여러 차례 인공 심장을 이식받았다. 하지만 이제 라미아의 가슴에는 인공 심장 대신 돼지의 심 장이 뛰고 있다.

라미아의 가슴에 있는 심장은 돼지의 몸에서 자랐다. 유전자를 조작해 사람과 동물의 유전자가 섞인 수정란을 만들어 암돼지에 착상한 것이다. 그렇게 세상 밖으로 나온 미니돼지는 초급성 면역 거부 유전자도 제거된 상태였다. 이런 미니돼지는 사람의 장기 공급용으로 죽음이 예정된 셈이 다. 안타깝기는 하지만 미니돼지의 희생으로 사람의 생명이 연장된다는 것은 틀림없는 사실이다.

정답 선지 분석

④ 돼지에게 사람의 유전자를 주입했으니 면역 거부 반응에 대한 걱정은 없겠군.
〈보기〉에서 라미아가 이식받은 심장의 원래 주인이었던 돼지는 유전자를 조작해 사람 과 동물의 유전자가 섞인 수정란을 만들어 암돼지에 착상한 것이라고 하였다. 그러나 3문단에서 유전자 조작을 통해 초급성 거부 반응까지는 막을 수 있는 기술이 나왔으나 급성, 만성 거부 반응까지 없애지는 못한다고 하였으므로 적절하지 않다.

오답 선지 분석

① 동물 권리 단체의 반발이 예상되는군.
〈보기〉에서 라미아에게 이식된 심장은 미니돼지의 몸에서 자란 것인데, 이 미니돼지는 사람의 장기 공급용으로 죽음이 예정되었다고 하였다. 3문단에서 이종 장기 이식은 인 간의 이익을 위해 동물을 희생하는 것이기에 동물 권리 단체들이 민감하게 반응하고 있다고 하였으므로 적절하다.

② 이식받은 심장이 15년 이상 유지될지는 두고 봐야겠군.

〈보기〉에서 라미아는 미니돼지의 심장을 이식받았다고 하였다. 3문단에서 일반적으로 돼지의 수명은 15년인데 이식받은 장기가 15년 이상 지속될지에 대한 의문이 제기된다고 하였으므로 적절하다.

③ 미니돼지의 심장 크기는 라미아의 심장 크기와 유사했겠군.

〈보기〉에서 라미아는 미니돼지의 심장을 이식받았다고 하였다. 3문단에서 사람과 동물 간의 장기 크기가 다르기에 이종 장기 이식을 받는 환자가 제한된다고 하였는데, 이는 곧 사람에게 필요한 장기와 동물의 장기 크기가 유사하다면 이식이 가능하다는 의미이므로 적절하다.

⑤ 이와 같은 사례가 더 많아지고 활성화된다면 지금보다 많은 사람이 도움을 받겠군.

〈보기〉는 돼지의 심장을 이식받아 생명을 연장하게 된 사람의 사례가 제시되어 있다. 2문단에서 이종 장기 이식이 임상 실험을 통과하고 활성화된다면 지금보다 많은 사람이 장기 이식의 혜택을 받아 생명을 지킬 수 있게 된다고 하였으므로 적절하다.

04 세부 내용 파악하기

빈칸에 들어갈 말을 골라 차례대로 쓰시오.

> 장기 이식은 (사람 / 동물)의 장기를 사람에게 이식하는 것이고, 이종 장기 이식은 (사람 / 동물)의 장기를 사람에게 이식하는 것이다.

정답

사람, 동물

문학 1 **보리타작(정약용)**

빠른 정답 체크 **01** ⑤ **02** ④ **03** ④ **04** 낙원

새로 거른 막걸리 젖빛처럼 뿌옇고
□: 농민들의 생활과 관련된 시어   비유법
㉠ 큰 사발에 보리밥, 높기가 한 자*로세.
                        과장법
밥 먹자 도리깨* 잡고 마당에 나서니   선경
                                    (풍경 관찰)
㉡ 검게 탄 두 어깨 햇볕 받아 번쩍이네.
    시각적 이미지
옹혜야* 소리 내며 발맞추어 두드리니   ▶ 농민의 건강한 삶의 모습
   노동요   청각적 이미지
삽시간에 보리 낱알 온 마당에 가득하네.

㉢ 주고받는 노랫가락 점점 높아지는데
        청각적 이미지
보이느니 지붕 위에 보리 티끌뿐이로다.   ▶ 보리타작하는 마당의 모습

그 기색 살펴보니 즐겁기 짝이 없어   후정
                                    (화자의 깨달음)
㉣ 마음이 몸의 노예 되지 않았네.
   농민들의 삶 → 마음과 몸이 조화를 이룸   ▶ 마음과 몸이 조화된
낙원이 먼 곳에 있는 게 아닌데   농민의 삶

㉤ 무엇하려 벼슬길에 헤매고 있으리오.
                                    ▶ 자신의 삶에 대한 반성

新篘濁酒如湩白   (신추탁주여동백)

大碗麥飯高一尺   (대완맥반고일척)

飯罷取耞登場立   (반파취가등장립)

雙肩漆澤翻日赤   (쌍견칠택번일적)

呼邪作聲擧趾齊   (호야작성거지제)

須臾麥穗都狼藉   (수유맥수도랑자)

雜歌互答聲轉高   (잡가호답성전고)

但見屋角紛飛麥   (단견옥각분비맥)

觀其氣色樂莫樂   (관기기색락막락)

了不以心爲形役   (료불이심위형역)

樂園樂郊不遠有   (락원락교불원유)

何苦去作風塵客   (하고거작풍진객)

- 정약용, 〈보리타작〉 -

* 자: 길이의 단위. 한 자는 한 치의 열 배로 약 30.3cm에 해당한다.
* 도리깨: 곡식의 낟알을 떠는 데 쓰는 농구.
* 옹혜야: 영남 지방에서 널리 불리는 일노래의 하나. 보리타작할 때 도리깨질하면서 부르는 노래로, 자진모리장단이다.

01 작품의 내용 파악하기   답 | ⑤

윗글의 화자에 대한 설명으로 가장 적절한 것은?

정답 선지 분석

⑤ 관직에 얽매여 살아왔던 자신의 삶을 반성하고 있다.

'낙원이 먼 곳에 있는 게 아닌데 / 무엇하여 벼슬길에 헤매고 있으리오.'에서 화자가 진정한 삶의 공간이 먼 곳에 있지 않음에도 관직에 얽매여 살아왔던 자신의 삶을 반성하고 있음을 알 수 있다.

오답 선지 분석

① 농민들과 함께 농사를 짓는 경험을 하고 있다.

화자는 농사를 짓는 농민들을 관찰하고 있을 뿐, 농민들과 함께 농사를 짓고 있지는 않다.

② 농민들을 위한 정치를 펼칠 것을 다짐하고 있다.

화자는 농민들을 보고 벼슬에 집착했던 자신을 반성하고 있을 뿐, 농민들을 위한 정치를 펼칠 것을 다짐하고 있지는 않다.

③ 고된 노동에 시달리는 농민들을 안타까워하고 있다.

화자는 노동하는 농민들의 모습이 건강하다고 여기고 있지, 고된 노동에 시달리는 농민들을 안타까워하고 있지 않다.

④ 쇠약한 몸이 농민들처럼 건강해지기를 바라고 있다.

화자는 농민들의 건강을 예찬하고 있지만, 쇠약한 몸이 농민들처럼 건강해지기를 바라고 있지는 않다.

02 표현상의 특징 파악하기   답 | ④

㉠~㉤을 이해한 내용으로 적절하지 않은 것은?

정답 선지 분석

④ ㉣: 비유법을 사용하여 농민들의 부정적 현실을 드러내고 있다.

㉣은 농민들의 부정적 현실을 드러내는 것이 아니라, 심신이 조화를 이룬 농민들의 모습을 예찬하고 있다.

① ㉠: 과장법을 사용하여 농민의 건강함을 강조하고 있다.

㉠은 '보리밥'이 '높기가 한 자'라고 하며 과장법을 사용하여 농민의 건강함을 강조하고 있다.

② ㉡: 시각적 이미지를 사용하여 농민의 건강한 삶의 모습을 표현하고 있다.

㉡은 '검게 탄 두 어깨'에서 시각적 이미지를 사용하여 농민의 건강한 삶의 모습을 표현하고 있다.

③ ㉢: 청각적 이미지를 사용하여 신명 나게 노동하는 풍경을 표현하고 있다.

㉢은 '주고받는 노랫가락'에서 청각적 이미지를 사용하여 노래를 부르며 신명 나게 노동하는 풍경을 표현하고 있다.

⑤ ㉺: 설의법을 사용하여 화자의 반성을 드러내고 있다.

㉺은 '있으리오'에서 설의법을 사용하여 벼슬에 얽매였던 삶을 반성하고 있다.

03 시상 전개 방식 파악하기 답 | ④

윗글의 구성을 고려할 때, 보기 의 [A]~[D]에 대한 설명으로 가장 적절한 것은?

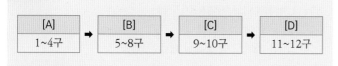

[A]	→	[B]	→	[C]	→	[D]
1~4구		5~8구		9~10구		11~12구

④ 화자는 [A], [B]에서 대상을 관찰하고, [C], [D]에서 깨달음을 제시하고 있다.

화자는 [A]에서 농민의 건강한 삶의 모습을, [B]에서 보리타작을 하는 마당의 모습을 관찰하고 있다. 그리고 이를 바탕으로 하여 [C]에서 마음과 몸이 조화된 삶의 중요성을 깨닫고, [D]에서 벼슬에 얽매였던 자신의 삶을 반성하고 있다.

① 화자는 [A]~[D]에서 공간을 옮겨 가며 상황을 서술하고 있다.

[A]에서 '마당에 나서니'라고 하여 공간의 이동을 나타내고는 있지만, [A]~[D]에서 공간을 옮겨 가며 상황을 서술하고 있는 것은 아니다.

② 화자는 [A], [B]에서 자연을, [C], [D]에서 인간 세상을 나타내고 있다.

화자는 [A], [B]에서 농민의 삶을, [C], [D]에서 자신의 깨달음을 나타내고 있다.

③ 화자는 [A], [B]에서 풍경을 묘사하고, [C], [D]에서 현실을 비판하고 있다.

화자가 [A], [B]에서 농촌의 풍경을 묘사한 것은 맞지만, [C], [D]에서 현실을 비판한 것이 아니라 자신의 깨달음을 제시하고 있다.

⑤ 화자는 [A], [B]에서 문제점을 지적하고, [C], [D]에서 해결 방법을 제시하고 있다.

화자는 [A], [B]에서 문제점을 지적하지 않았다.

04 시어의 의미 파악하기

보기 에서 설명하는 시어를 윗글에서 찾아 쓰시오.

• '벼슬길'과 대조적인 의미의 공간
• 마음과 몸이 조화된 진정한 삶의 공간

낙원

두근두근 내 인생(김애란)

01 ③ **02** ② **03** ⑤ **04** 육체적, 정신적

방송은 정확하게 여섯 시에 시작됐다. 우리는 거실에 앉아 멀뚱
└ '나'가 나오는 다큐멘터리 프로그램
히 티브이를 바라봤다. ㉠ 영화 관람이라도 하는 양 숨을 죽인 채
                                     └ 방송을 앞둔 '나'와 가족들의 긴장감이 드러남
였다. 화면 위로 광고 몇 개가 지나갔다.

"엄마, 쥐포 없어?"
└ 방송에 대한 부담감을 떨치기 위한 말
실없는 말에, 바로 핀잔이 돌아왔다. / "축구 보냐?"

아버지는 여느 때처럼 한쪽 팔에 턱을 괴고 눕는 대신 내무실*
의 이등병처럼 정좌로 앉아 있었다.
└ 방송에 대한 기대와 걱정으로 평소와 다른 모습임
나는 어머니와 아버지 사이에 오도카니 앉아 두 눈을 끔벅였다.

잠시 후, "이웃에게 희망을"이란 글자가 오케스트라 음악과 함
     └ 방송의 제목 → 어려운 이웃을 돕자는 취지가 드러남
께 브라운관 위로 떠올랐다. '아무렴, 인생은 드라마지, 그렇고말
                        └ 음악을 통해 방송의 분위기를 조성함
고.' 주장하는 듯한 느낌의 웅장한 협주곡이었다. 프로그램 제목
뒤로, 하트 모양의 연둣빛 새싹이 둥글게 돋아났다. 이윽고 낭창
              └ 방송의 제목과 어울림
하게* 들려오는 성우의 목소리.

"이웃에게 희망을!"

㉡ 순간 나는 "으음" 하고 낮게 신음했지만, 재빨리 스스로를 타
                    └ 방송의 방향이 자신이 원하는 것과 다를 것을 짐작함
일렀다.

'뭘 바란 거야, 바보야. 불평하지 마.'

짧은 사이. 곧이어 내 모습이 나타났다. 해 질 녘 병원 앞에서
붉게 물든 구름을 배경으로 상체를 클로즈업해 찍은 거였다. 얼
굴 아래론 "한아름, 17세"라는 자막이 짧게 떴다. 앵글 밖, 작가
              └ 방송의 특징 - 자막 사용 ①
누나의 목소리가 조그맣게 들려왔다.

"뭐가 되고 싶어요, 아름인?"

승찬 아저씨는 처음부터 음악도, 설명도 없이 바로 훅*을 날리
└ 미라의 친구, 방송국 PD   └ 처음부터 중요한 질문을 제시하여 시청자가 집중하게 함
는 전략을 취한 듯했다. 우선 질문으로 시청자를 집중하게 만든
뒤, 이야기를 풀어나가려는 모양이었다. 작가 누나의 질문은 고
                              └ 방송의 특징 - 자막 사용 ②
스란히 자막 처리돼 화면 아래 떴다. 순간 티브이 속의 내가 알
듯 말 듯한 미소를 지었다. 그러곤 망설이다 천천히 입을 뗐다.

"저는……."

나머지 말이 전해지려는 찰나, 경쾌한 피아노 반주와 함께 곧바
                    └ 바로 대답을 제시하지 않아 시청자의 호기심을 이끌어 냄
로 다음 장면이 이어졌다. 내 대답은 중간이나 마지막에 끼운 모
                              └ 방송에 있어 중요한 질문임을 알 수 있음
양이었다. 우리 동네를 원경으로 잡은 화면 위로 "누구보다 키 큰
                          └ 방송의 소제목 → 또래보다 정신적으로 성숙한 '나'를 가리킴
아이, 아름"이란 소제목이 드러났다. 곧이어 내가 책을 읽는 장면
이 이어졌다. 그러곤 작가 누나와 나눈 짧은 대화가 나왔다. 일전
에 사전 인터뷰 때 나온 말들이었다.

"아름이는 올해 열일곱 살이다. 『독서와 농담, 팥빙수를 좋아하
『』: 평범한 열일곱 살의 모습
고 콩이 들어간 밥과 추위, 유원지를 싫어한다. 하지만 아름이가

무엇보다도 좋아하는 건 엄마, 아빠다.』 아름이의 바람은 내년에

열여덟 살 생일을 맞는 것. ⓒ 얼핏 보면 평범한 꿈이지만, 아름
평범한 아이들에게는 평범한 꿈임   꿈과 관련된 '아픔'이 무엇일지 관심을 갖게 함
이에겐 오래전부터 혼자 감당해 온 아픔이 있다."

이어서 어머니의 왼쪽 얼굴이 비쳤다.

"세 살 때 애가 자꾸 열이 나고 설사를 했어요. 병원에선 그냥
'나'가 조로증 증세를 보일 때의 모습
감기라 하고, 배탈이라 하고……."

아버지의 얼굴은 어머니와 반대로 카메라 오른쪽에서 잡혀 있

었다.

"내가 뭘 느껴야 할지 모르겠더라고요. 일단 제일 먼저 든 생각
아버지의 부성애가 드러남
은……, 점심때가 됐으니 밥을 먹여야겠다는 거였어요."

이어서 내 어릴 때 사진이 한 장, 한 장 슬로 모션으로 지나갔
조로증에 걸리기 전의 '나'의 사진
다. 『돌잡이 때 명주실을 잡고 배시시 웃고 있는 얼굴, 커다란 기저
『』: 조로증에 걸리기 전의 '나'의 모습
귀를 찬 채 엉덩이를 번쩍 들고 카메라를 돌아보는 모습, 대야 속

에 담기기 전 엄마 손 위에서 눈을 질끈 감고 있는 사진 등이었다.』

어느 집 앨범에나 있는 보통의 풍경들. 하지만 그 뒤에 나온 사진
조로증에 걸린 후의 '나'의 사진
들은 좀 달랐다. 내 몸이 갓 태어났을 때로 다시 돌아가듯 급격히
조로증에 걸린 후의 '나'의 모습
쪼그라들고 있었기 때문이다. 마치 한 사람이 순식간에 폭삭 늙
조로증에 걸리기 전후의 사진을 대비하여 시각적 효과를 극대화함
는 과정을 보여 주는 것 같았다.

"남들보다 네 배에서 열 배까지 빠른 성장 속도를 보이게 되죠.
『』: 전문가 인터뷰 – '나'의 병(조로증)을 설명함
외모만 그런 게 아니라 뼈와 장기의 노화도 동반되고요.』 하지만

아름이가 가장 힘든 부분은……."

'어? 김숙진 원장님이다!'

나는 소아 청소년과 진료실에 있는 선생님을 보고 반색했다. 티
열일곱 살다운 순수한 반응
브이로 보니 괜히 신기한 게 알은체를 하고 싶었다. 선생님의 말

씀과 함께 내가 엠아르아이* 기계에 들어가는 모습이 오버랩됐다.

ⓔ 아마 정서적인 부분일 겁니다."

그리고 뒤이어, 이런저런 검사 장면과 함께 차분한 내레이션이

이어졌다.

"조로증은 아이들에게 조기 노화 현상이 나타나는 치명적이고 희

귀한 질환이다. 지금까지 세계에 보고된 것만 백 건 정도. 한국에

서도 사례를 찾아보기 힘들다. 『하루를 십 년처럼 살고 있는 아름
『』: '나'가 현재 처한 상황을 설명함
이는 현재 심장 마비와 각종 합병증의 위험을 안고 있다. 최근에

는 황반 변성*으로 한쪽 시력마저 잃은 상태. 병원에서는 입원

을 하루속히 권하지만 현재 아름이네 형편으론 쉽지 않은데,』
방송을 통해 모금을 받고자 함

"오랫동안 치료받으면서 무슨 생각을 했니?"

"그게…… 음, 혼자라는 생각요."
육체적 고통은 쉽게 나눌 수 없기 때문
"그래?"

┌ 『아니요, 부모님이 저를 외롭게 두셨다는 뜻이 아니고, 아
│ 『』: 조로증으로 인한 육체적 고통을 통해 또래보다 정신적으로 성숙해짐
│ 플 때는 그냥 그런 기분이 들어요. 철저하게 혼자라는. 고
[A]
│ 통은 사랑만큼 쉽게 나눌 수 있는 게 아니라는. 더욱이 그게
│
└ 육체적 고통이라면 그런 것 같아요.』"

"하느님을 원망한 적은 없니?"

"솔직하게 말해도 돼요?" / "그럼."

"사실 저는 아직도 잘 모르겠어요." / "뭘를?"

"ⓓ 완전한 존재가 어떻게 불완전한 존재를 이해할 수 있는
하느님(완전한 존재)은 자신(불완전한 존재)을 이해할 수 없다고 생각함
지……. 그건 정말 어려운 일 같거든요." / "……."

"그래서 아직 기도를 못 했어요. 이해하실 수 없을 것 같아서."
하느님이 자신을 이해하지 못하기 때문
그런 뒤 나는 겸연쩍은 듯 말을 보탰다.

"하느님은 감기도 안 걸리실 텐데. 그렇죠?"

그리고 다시 성우의 목소리.

"조로증의 원인은 아직 알려지지 않았다."
원인조차 모르는 병으로 고통받는 '나'의 상황을 강조함
질문은 사연 사이사이, 드문드문, 적절하게 안배됐다*. 문맥과
방송의 문맥과 리듬을 고려하여 질문과 사연을 교차함
리듬에 신경 쓴 승찬 아저씨의 노력이 엿보이는 편집이었다.

- 김애란, 〈두근두근 내 인생〉 -

* 내무실(內務室): 병영 안에서 병사들이 기거하는 곳.

* 낭창하다(朗暢하다): 성격 따위가 밝고 명랑하여 구김살이 없다.

* 훅: 권투에서, 팔을 구부린 채 허리의 회전을 이용하여 상대편에게 가하는 타격.

* 엠아르아이: MRI. 자기장을 활용하여 인체의 내부를 컴퓨터를 통해 영상화하는 기술.

* 황반 변성: 눈 안쪽, 망막 중심부에 있는 황반부터 변화가 생겨 시력 장애가 생기는 질환.

* 안배되다(按排되다): 알맞게 잘 배치되거나 처리되다.

01 작품의 내용 이해하기   답 | ③

다음은 방송을 계획하며 세운 전략이다. 이 중 방송에 반영되지 않은 것은?

정답 선지 분석

③ 음악을 활용하여 대상이 겪고 있는 고통을 부각한다.
'경쾌한 피아노 반주와 함께 곧바로 다음 장면이 이어졌다.'에서 음악을 활용했음을 알 수 있지만, 이를 통해 방송 대상인 '나'가 겪고 있는 고통을 부각하는 것이 아니라 장면을 전환하여 시청자의 호기심을 자극하고 있다.

오답 선지 분석

① 자막을 활용하여 대상에 대한 정보를 제시한다.
'얼굴 아래론 "한아름, 17세"라는 자막이 짧게 떴다.'를 통해 자막을 활용하여 대상에 대한 정보를 제시하고 있음을 알 수 있다.

② 사진 자료를 활용하여 시각적 효과를 극대화한다.

'이어서 내 어릴 때 사진이 한 장, 한 장 슬로 모션으로 지나갔다.'에서는 조로증에 걸리기 전의 '나'의 사진을 보여 주고, '하지만 그 뒤에 나온 사진들은 좀 달랐다.'에서는 조로증에 걸린 후의 '나'의 사진을 보여 준다. 따라서 다른 아이들과 다르게 성장한 '나'의 모습을 이전의 모습과 대비하여 시각적 효과를 극대화했음을 알 수 있다.

④ 내레이션을 통해 대상이 현재 처한 상황을 설명한다.

'차분한 내레이션'이 "하루를 십 년처럼 살고 있는 아름이는~현재 아름이네 형편으론 쉽지가 않은데."라고 하는 부분에서 '나'가 조로증에 걸렸으며 건강이 좋지 않고 한쪽 시력마저 잃었지만, 형편이 좋지 않아 바로 입원할 수 없는 상황임을 설명하고 있다.

⑤ 질문의 대답을 바로 제시하지 않아 호기심을 자극한다.

"뭐가 되고 싶어요, 아름인?"이라는 질문의 대답을 바로 제시하지 않은 것에 대해 '나'가 '우선 질문으로 시청자를 집중하게 만든 뒤, 이야기를 풀어나가려는 모양이었다.'라고 생각하는 것을 통해 알 수 있다.

02 구절의 의미 파악하기　　　　답 | ②

⊙~⊚에 대한 설명으로 적절하지 않은 것은?

정답 선지 분석

② ⓛ: 방송의 방향을 짐작하고 이에 만족하는 '나'의 모습을 보여 준다.

'나'가 "이웃에게 희망"이라는 방송 제목을 보고 '낮게 신음'하는 것은 방송의 방향이 자신이 원하던 것과 다름을 짐작하고 불만족을 표현하는 것으로, '뭘 바란 거야, 바보야. 불평하지 마.'를 통해서도 알 수 있다.

오답 선지 분석

① ⊙: 방송이 시작되기 전 '나'의 가족이 느끼는 긴장감이 나타난다.

방송이 시작되기 직전 '나'의 가족은 티브이를 바라보며 '영화 관람이라도 하는 양 숨을 죽'이는데, 이를 통해 '나'의 가족이 긴장하고 있음이 나타난다.

③ ⓒ: '나'의 아픔이 무엇일지에 대해 시청자가 관심을 가지도록 만든다.

"아름이의 바람은 내년에 열여덟 살 생일을 맞는 것."이라고 하며 '나'가 평범한 꿈을 가지고 있음을 알려 주고, 이에 대해 "얼핏 보면 평범한 꿈이지만, 아름이에겐 오래전부터 혼자 감당해 온 아픔이 있다."라고 하여 '나'의 아픔이 무엇일지에 대해 시청자가 관심을 가지도록 만들고 있다.

④ ⓔ: '나'의 육체적 고통보다 정서적 고통이 더 클 것이라는 점을 알려 준다.

의사는 '외모만 그런 게 아니라 뼈와 장기의 노화도 동반되'는 조로증의 특징을 설명하고, "하지만 아름이가 가장 힘든 부분은…….", "아마 정서적인 부분일 겁니다."라고 하면서 조로증으로 인한 '나'의 육체적 고통보다 정서적 고통이 더 클 것이라는 점을 알려 준다.

⑤ ⓜ: 하느님이 자신의 고통을 이해하지 못할 것이라는 '나'의 생각이 드러난다.

'나'는 "사실 저는 아직도 잘 모르겠어요.", "완전한 존재가 어떻게 불완전한 존재를 이해할 수 있는지……."라고 말하는데, 이때 '완전한 존재'는 하느님, '불완전한 존재'는 자신을 비롯한 인간을 가리킨다. 따라서 '나'는 하느님이 자신의 고통을 이해하지 못할 것이라고 생각하고 있다.

03 작품의 재구성 이해하기　　　　답 | ⑤

보기 는 윗글을 영화 시나리오로 재구성한 것이다. 윗글과 보기 를 비교한 내용으로 적절하지 않은 것은?

보기

S# 10-2. 병원 휴게실(저녁) / 휴게실에 모여 티브이를 보는 사람들. 티브이에 아름이 주치의가 나온다.

S# 10-3. 티브이 화면(주치의 인터뷰)

주치의: 아름이의 나이는 이제 열여섯 살이지만, 신체 나이는 팔십 세가 넘습니다. 선천성 조로증 환자는 일반인보다 열 배 이상 노화 속도가 빠르죠. 외모뿐만 아니라 뼈, 장기도 마찬가지고요. 이 병의 원인은 정

확하게 밝혀지지 않았습니다.

S# 10-4. 병원 휴게실(저녁)

환자: 아유, 저 선생님 화면이 잘 안 받네.

S# 12-1. 티브이 화면 / 세탁 공장에서 일하는 미라의 모습.

성우: NA) 남편 대수 씨는 택시 운전을 하고, 아내 미라 씨는 세탁 공장에 나간다. 다들 열심히 일을 하지만 아름이의 치료비를 대기엔 턱없이 부족하다.

S# 12-2. 세탁 공장 휴게실(저녁) / 자리에 앉아 커피를 마시며 티브이를 보는 회사 동료들.

회사 동료: (안타까운 표정으로) 어휴, 저 정도인 줄 몰랐네.

정답 선지 분석

⑤ 윗글은 객관적인 서술을, 〈보기〉는 '나'의 심리를 중심으로 하고 있다.

윗글은 1인칭 주인공 시점으로, '나'(아름)의 관점에서의 서술과 심리를 중심으로 하고 있다. 반면, 〈보기〉는 '나'의 심리보다 주위 인물인 환자와 세탁 공장의 회사 동료가 방송에 대해 보이는 반응을 중심으로 하고 있다.

오답 선지 분석

① 〈보기〉는 빈번한 장면 전환이 나타나 있다.

〈보기〉에서 'S# 10-3'과 'S# 12-1'은 방송의 내용이고, 'S# 10-2', 'S# 10-4', 'S# 12-2'는 방송을 시청하고 있는 사람들의 모습을 보여 주는 장면이다. 〈보기〉는 빈번한 장면 전환을 통해 방송 화면과 방송을 시청하는 사람들의 반응을 교차하여 보여 주고 있다.

② 〈보기〉는 장면 번호로 각 장면이 나뉘어 있다.

〈보기〉는 'S# 10-2', 'S# 12-1' 등의 장면 번호로 장면이 나뉘어 있다.

③ 〈보기〉는 윗글에서는 알 수 없는 내용이 삽입되어 있다.

윗글은 1인칭 주인공 시점이기 때문에, '나'의 집에서 있었던 일과 '나'의 심리만이 드러나 있다. 그러나 〈보기〉는 병원 휴게실과 세탁 공장 휴게실도 배경으로 하여 환자와 회사 동료의 반응을 보여 주고 있다.

④ 윗글과 〈보기〉 모두 특정 인물에 대한 반응이 드러나 있다.

윗글에서 '나'는 '소아 청소년과 진료실에 있는 선생님'의 등장에 대해 "어? 김숙진 원장님이다!"라고 하며 반가워한다. 〈보기〉에서 '환자' 역시 '주치의'의 인터뷰를 보고 "아유, 저 선생님 화면이 잘 안 받네."라는 반응을 보이고 있다.

04 작품의 내용 이해하기

다음은 [A]의 의미를 해석한 것이다. 빈칸에 들어갈 말을 골라 차례대로 쓰시오.

[A]에는 조로증으로 인한 (육체적 / 정신적) 고통을 통해 또래보다 (육체적 / 정신적)으로 성숙해진 '나'의 모습이 드러난다.

정답

육체적, 정신적

| 본문 | 225쪽

| 문법 | 로마자 표기법과 외래어 표기법 |

빠른 정답 체크 **01** ① **02** ② **03** ② **04** 케이크, 플루트

01 로마자 표기법 이해하기

답 | ①

우리말의 로마자 표기로 적절하지 <u>않은</u> 것은?

정답 선지 분석

① 길음 Gileum

'길음'은 [기름]으로 발음되므로 표기에 이를 반영하여 'Gireum'으로 적어야 한다.

오답 선지 분석

② 백암 Baegam

'백암'은 [배감]으로 발음되므로 표기에 이를 반영하여 'Baegam'으로 적는다.

③ 종로 Jongno

'종로'는 'ㄹ'이 'ㅇ' 뒤에서 'ㄴ'으로 바뀌는 비음화가 일어나 [종노]로 발음되므로 표기에 이를 반영하여 'Jongno'로 적는다.

④ 답십리 Dapsimni

'답십리'는 'ㄹ'이 'ㅂ' 뒤에서 'ㄴ'이 되고, 'ㅂ'이 'ㄴ' 앞에서 'ㅁ'이 되는 비음화가 일어나 [답심니]로 발음되므로 표기에 이를 반영하여 'Dapsimni'로 적는다.

⑤ 학여울 Hangnyeoul

'학여울'은 'ㄴ' 첨가 후([학녀울]) 'ㄱ'이 'ㄴ' 앞에서 'ㅇ'이 되는 비음화가 일어나 [항녀울]로 발음되므로 표기에 이를 반영하여 'Hangnyeoul'로 적는다.

02 로마자 표기법 이해하기

답 | ②

보기 의 ㄱ~ㅁ 중 우리말의 로마자 표기로 적절한 것만을 고른 것은?

보기

ㄱ. 공릉 Gongneung   ㄴ. 망원 Mang-won
ㄷ. 묵호 Muko   ㄹ. 신림 Sillim
ㅁ. 팔당 Palddang

정답 선지 분석

② ㄱ, ㄴ, ㄹ

ㄱ. '공릉'은 'ㅇ' 뒤에서 'ㄹ'이 'ㄴ'으로 변하는 비음화가 일어나 [공능]으로 발음되므로 표기에 이를 반영하여 'Gongneung'으로 적는다.

ㄴ. '망원'은 'Mangwon'으로 적으며, 이 경우 '만권('Man-gwon')'으로도 읽을 수 있으므로 로마자 표기법 제3장 제2항에 따라 발음상 혼동의 우려를 피하기 위해 음절 사이에 붙임표를 사용하여 'Mang-won'으로 적을 수 있다.

ㄹ. '신림'은 'ㄹ'의 앞에서 원래의 음운인 'ㄴ'이 'ㄹ'로 변하는 유음화가 일어나 [실림]으로 발음되므로 표기에 이를 반영하여 'Sillim'으로 적는다.

오답 선지 분석

ㄷ. '묵호'는 [무코]로 발음되지만, 로마자 표기법 제3장 제1항 4의 '다만'에서 체언에서 'ㄱ, ㄷ, ㅂ' 뒤에 'ㅎ'이 따를 때에는 'ㅎ'을 밝혀 적는다고 하였으므로 'Mukho'로 적어야 한다.

ㅁ. '팔당'은 [팔땅]으로 발음되지만, 로마자 표기법 제3장 제1항 [붙임]에서 된소리되기는 표기에 반영되지 않는다고 하였으므로 'Paldang'으로 적어야 한다.

03 외래어 표기법 이해하기

답 | ②

보기 의 외래어 표기법에 대한 설명으로 가장 적절한 것은?

보기

제1항 외래어는 국어의 현용 24 자모만으로 적는다.
제2항 외래어의 1 음운은 원칙적으로 1 기호로 적는다.
제3항 받침에는 'ㄱ, ㄴ, ㄹ, ㅁ, ㅂ, ㅅ, ㅇ'만을 쓴다.
제4항 파열음 표기에는 된소리를 쓰지 않는 것을 원칙으로 한다.
제5항 이미 굳어진 외래어는 관용을 존중하되, 그 범위와 용례는 따로 정한다.

정답 선지 분석

② 제2항의 예외로 'shop'은 '숍', 'pulp'는 '펄프'로 적는 것을 들 수 있다.

제2항에서 외래어의 1 음운은 원칙적으로 1 기호로 적는다고 하였다. 그러나 'shop'의 음운 'p'는 'ㅂ'로, 'pulp'의 음운 'p'는 각각 'ㅍ', '프'로 적었으므로 제2항의 예외로 들 수 있다.

오답 선지 분석

① 제1항은 국어에 없는 외국어의 소리를 정확하게 반영하기 위해 정해진 것이다.

제1항은 국어에 없는 외국어의 소리를 반영하기 위해 따로 외래어 표기용 문자를 만들지 않는다는 의미이다.

③ 제3항을 통해 외래어에도 국어와 같은 음절의 끝소리 규칙이 적용됨을 알 수 있다.

국어에서의 음절의 끝소리 규칙은 음절의 끝소리 자리에 'ㄱ, ㄴ, ㄷ, ㄹ, ㅁ, ㅂ, ㅇ'만을 사용한다는 것이다. 외래어를 표기할 때의 받침은 'ㄱ, ㄴ, ㄹ, ㅁ, ㅂ, ㅅ, ㅇ'을 사용한다고 했으므로 국어의 음절의 끝소리 규칙과는 차이가 있다.

④ 제4항에 따라 'cafe'는 '까페', 'back'은 '빽'으로도 적을 수 있다.

제4항에서 파열음 표기에는 된소리를 쓰지 않는 것을 원칙으로 한다고 하였으므로, 'cafe'는 '카페', 'back'은 '백'으로 적어야 한다.

⑤ 제5항에 따라 'pizza'는 '핏자'라고 적는 것만을 허용한다.

제5항에서 이미 굳어진 외래어는 관용을 존중한다고 하였다. 'pizza'의 발음을 살려 적으면 '핏자'이지만 '피자'라는 표기가 더 오래 쓰여 굳어졌기 때문에 관용을 존중하여 '피자'라고 적는다.

04 외래어 표기법 이해하기

다음은 영어의 외래어 표기법을 설명한 것이다. 적절한 표기를 골라 차례대로 쓰시오.

• 어말이나 자음 앞에 올 때, 단모음 다음의 [p], [t], [k]는 받침 'ㅂ, ㅅ, ㄱ'으로 적는다.
• 어말이나 자음 앞에 올 때, 이중 모음이나 장모음 다음의 [p], [t], [k]는 '으'를 붙여서 적는다.

예

• cat [kæt] : 캣
• cake [keɪk] : (케익 / 케잌 / 케이크)
• flute [fluːt] : (플룻 / 플루트)

정답

케이크, 플루트

　　손톱만 한 크기에 붓으로 쓰기도 어려울 것 같은 가느다란 획까지 글자로 구현한 활자는 당시 수공 기술의 결정체이다. 이러한 무형의 유산은 오늘날 그 실체를 확인하기가 어렵지만, 과학적 방법과 기록을 통해 조선의 활자에 대해 알아볼 수 있다.
▶ 1문단: 조선의 활자에 대해 알아보는 방법

　　《태종실록》에는 조선 최초의 활자인 계미자를 만들기 위해 태종이 내부에 소장하고 있던 <u>동철을 내놓았다는 이야기가 나온</u>　《태종실록》의 기록
다. 오늘날 동과 철은 분명히 다른 금속이지만, 태종이 금속활자를 만들기 위해 내놓았다는 동철은 동과 철, 두 금속을 뜻하지 않는다. '동철'에서 철은 금속을 대표하는 단어로 쓰인 것이다. 국립중앙박물관에 소장된 활자와 최근 인사동에서 출토된 활자들의 금속 성분을 분석한 결과, <u>철은 극소량이며 구리가 주성분인</u>　금속활자의 성분
것으로 밝혀졌다. 그러나 순수한 구리는 물러서 활자에 적합하지 않기 때문에 100% 구리로만 활자를 만들 수는 없다.
▶ 2문단: 《태종실록》의 기록과 금속활자의 성분

　　<u>구리는 1085℃에 가까운 고온에서 녹여야 하기 때문에 주물*</u>　구리가 녹는 온도
과정이 쉽지 않았을 것이다. 합금 비율을 맞추는 것도 쉽지 않다. 서양에서 만든 <u>납 활자</u>와 비교하면 이것이 어느 정도의 정성이 드는 일인지 금방 알 수 있다. 구텐베르크가 발명한 서양의 활자는 납이 주성분인데, 납은 <u>327℃ 정도에서 녹기 때문에 활자 주</u>　납이 녹는 온도
조 작업이 훨씬 더 수월했다.「서양의 납 활자는 형태와 주조 방식
구리보다 낮은 온도에서도 녹음　「」: 서양의 납 활자 주조 방식
도 조선의 활자와 달랐다. 서양의 수동식 활자 주조기로 활자를 만들 때는 먼저 강철에 양각으로 글자를 새긴다. 이렇게 만들어진 부형*을 패트릭스라고 한다. 패트릭스를 더 무른 금속에 대고 누르면 패트릭스에 새긴 글자가 음각이 되는데 이것은 모형* 혹은 어미자로, 매트릭스라고 부른다. 매트릭스를 수동식 활자 주조기 틀의 아래쪽에 물린 다음 금속물을 국자 같은 것으로 더 넣어 활자를 만들 수 있다.」이 방식은 조선의 활자 주조 방식에 비해 한결 간단하다.
▶ 3문단: 서양의 납 활자 주조 방식

　　전통적인 금속활자 주조 방식에는 밀랍주조법과 사형주조법이 있다. <u>밀랍주조법</u>은「밀랍으로 만들고자 하는 활자 모양대로 어미　「」: 밀랍주조법의 금속활자 주조 방식
자를 만들고, 이것을 흙으로 만든 거푸집으로 감싼 후 가열한다. 그러면 밀랍이 녹으면서 만들고자 하는 어미자의 형태만 남게 된다. 그 자리에 녹인 금속을 부어 식힌 후 거푸집을 깨고 완성품을 얻는다.」어미자는 거푸집을 가열할 때 녹아 없어져 재사용할 수
밀랍주조법의 특징
없기 때문에 밀랍주조법으로 만든 활자는 모양이 모두 다르다.
▶ 4문단: 조선의 금속활자 주조 방식 ① – 밀랍주조법

　　<u>사형주조법</u>은 조선 전기 문신이자 학자인 성현이 쓴 《용재총화》에 기록되어 전해진다.「구리보다 높은 온도를 견디는 철로 거푸
「」: 사형주조법의 금속활자 주조 방식
집을 만들고 그 안에 주물사*라고 부르는 부드러운 모래를 채워 넣은 후, 금속활자와 똑같은 모양의 나무 활자를 어미자로 만들어 꾹 눌러주면 글자의 흔적만 남는다. 상하 두 부분으로 나누어진 거푸집에서 나무 활자를 빼내고, 그 자리에 금속을 녹인 액체를 넣어 금속활자를 만든다. 이때, 금속 액체가 들어갈 주입구를 만들어주어야 한다. 한 번에 여러 개의 활자를 만들었으므로 주입구는 여러 갈래이고, 그 끝에 활자가 붙어 있었다. 금속 액체가 식으면 합쳤던 판을 분리하여 주입구 끝에 붙어 있는 활자를 떼어 낸다. 주조 과정에서 생긴 이물질이나 거친 표면을 깎고 잘라내어 정리하면 활자의 모양을 갖추게 된다.」
▶ 5문단: 조선의 금속활자 주조 방식 ② – 사형주조법

* 주물(鑄物): 쇠붙이를 녹여 거푸집에 부은 다음, 굳혀서 만든 물건.
* 부형(父型): 활자의 모형을 만드는 데 쓰는 구멍 뚫는 기계.
* 모형(母型): 납을 부어 활자의 모양이 나타나도록 하기 위하여 글자를 새긴 판.
* 주물사(鑄物沙): 거푸집을 만드는 데 쓰는 모래.

01　내용 전개 방식 파악하기　답 | ③

윗글의 내용 전개 방식으로 적절하지 <u>않은</u> 것은?

정답 선지 분석

③ 금속활자의 발달 과정을 시간의 흐름에 따라 설명하고 있다.
　윗글에서는 금속활자의 발달 과정을 시간의 흐름에 따라 설명하고 있지는 않다.

오답 선지 분석

① 활자의 주조 방식을 순서에 따라 설명하고 있다.
　3문단에서 서양의 납 활자 주조 방식을, 4~5문단에서 조선의 금속활자 주조 방식을 순서에 따라 설명하고 있다.

② 활자의 기록에 관한 서적을 참고하여 설명하고 있다.
　2문단에서 《태종실록》, 5문단에서 《용재총화》를 참고하여 설명하고 있다.

④ 전통적인 금속활자 주조 방식을 두 가지로 나누어 설명하고 있다.
　4문단에서 전통적인 금속활자 주조 방식에는 밀랍주조법과 사형주조법이 있다고 하며 4문단에서는 밀랍주조법을, 5문단에서는 사형주조법을 설명하고 있다.

⑤ 조선과 서양의 금속활자 주조 방식을 비교, 대조하여 설명하고 있다.
　3문단에서 서양의 납 활자 주조 방식을 설명하고 이를 조선의 금속활자 주조 방식과 비교, 대조하고 있다.

윗글을 읽고 이해한 내용으로 적절하지 않은 것은?

정답 선지 분석

⑤ 구리로만 활자를 만들면 다른 금속을 섞어 만들 때보다 더 단단한 활자를 얻을 수 있다.

2문단에서 순동은 물러서 활자에 적합하지 않기 때문에 100% 구리로만 활자를 만들 수 없다고 하였으므로 적절하지 않다.

오답 선지 분석

① 납은 구리보다 더 낮은 온도에서 녹는다.

3문단에서 구리는 1085℃에 가까운 고온에서, 납은 327℃ 정도에서 녹는다고 하였다.

② 밀랍주조법으로 만든 활자는 글자 모양이 모두 다르다.

4문단에서 밀랍주조법에서는 어미자가 거푸집을 가열할 때 녹아 없어져 재사용할 수 없기 때문에 밀랍주조법으로 만든 활자는 글자 모양이 모두 다르다고 하였다.

③ 밀랍주조법과 사형주조법에서 사용하는 거푸집의 재료는 서로 다르다.

4문단에서 밀랍주조법에서는 흙으로 거푸집을 만든다고 하였고, 5문단에서 사형주조법에서는 철로 거푸집을 만든다고 하였다.

④ 서양의 활자 주조 방식은 조선의 활자 주조 방식보다 활자를 만들기가 더 쉽다.

3문단에서 서양의 금속활자 주조 방식은 조선의 활자 주조 방식에 비해 한결 간단하다고 하였다.

03 자료의 내용 파악하기　　　　　　　　답 | ④

윗글과 보기 를 이해한 내용으로 적절하지 않은 것은?

보기

대개 글자를 주조하는 법은 먼저 황양목을 써서 글자를 새기고, 물가의 부드러운 모래를 평평하게 인판에다 폈다가 나무에 새긴 글자를 모래 속에 찍으면 찍힌 곳이 패어 글자가 되니, 이때 두 인판을 합치고 녹은 구리를 한 구멍으로 쏟아부어 흐르는 구리 액이 파인 곳에 들어가서 하나하나 글자가 되면 이를 깎고 또 깎아서 정제한다.

* 인판(印版): 인쇄하는 데 쓰는 판.
* 정제하다(精製하다): 정성을 들여 정밀하게 잘 만들다.

정답 선지 분석

④ 〈보기〉와 같은 주조 방식은 한 번에 한 개의 활자만 만들 수 있다.

〈보기〉는 나무에 새긴 글자를 모래에 찍고, 구리 액이 파인 곳에 들어가 글자가 되면 이를 정제한다고 한 것으로 보아 사형주조법이다. 5문단에 따르면, 사형주조법은 한 번에 여러 개의 활자를 만들 수 있다.

오답 선지 분석

① 〈보기〉는 전통 금속 주조 방식 중 사형주조법이다.

〈보기〉에서는 나무 활자를 어미자로 활용한다고 하였다. 5문단에 따르면, 나무 활자를 어미자로 만든 것은 사형주조법이다.

② 〈보기〉와 같은 주조 방식은 《용재총화》에 기록되어 있다.

5문단에서 사형주조법은 《용재총화》에 기록되어 전해진다고 하였다.

③ 〈보기〉와 같은 주조 방식은 조선 전기 때부터 사용되었다.

5문단에서 사형주조법은 《용재총화》에 기록되어 전해진다고 하였는데, 《용재총화》는 조선 전기의 서적이므로 사형주조법 역시 조선 전기 때부터 사용되었을 것이라고 파악할 수 있다.

⑤ 〈보기〉와 같은 주조 방식에서 나무 활자와 완성된 금속활자의 형태는 같다.

5문단에 따르면, 사형주조법은 거푸집에서 나무 활자를 빼내고, 그 자리에 금속을 녹인 액체를 넣어 금속활자를 만드므로 목활자와 완성된 금속활자의 형태가 같을 것이다.

04 세부 내용 파악하기

㉠, ㉡에 들어갈 말을 윗글에서 찾아 차례대로 쓰시오.

밀랍주조법에서는 어미자를 (㉠)(으)로 만들고, 사형주조법에서는 (㉡)(으)로 만든다.

정답

밀랍, 나무

문학 1	푸른 밤(나희덕)

빠른 정답 체크　　**01** ③　　**02** ②　　**03** ④　　**04** 1연

　『너에게로 가지 않으려고 미친 듯 걸었던
　『 』: '너'에게서 벗어나려고 걸었던 길이 '너'를 향한 길이었음 → 역설적 표현
[A]　그 무수한 길도

　실은 네게로 향한 것이었다』
　▶ 벗어날 수 없는 '너'에 대한 사랑의 감정

　까마득한 **밤길**을 혼자 걸어갈 때에도
　'너'와 떨어져 있던 시간
　내 응시에 날아간 **별**은
　□: '너'를 향한 나의 마음, 그리움
[B]　네 머리 위에서 반짝였을 것이고

　내 **한숨**과 입김에 **꽃들**은
　'너'와 떨어져 있을 때 겪는 슬픔과 힘겨움
　네게로 몸을 기울여 흔들렸을 것이다
　▶ 항상 '너'를 향했던 '나'의 사랑

　『사랑에서 치욕으로,
　『 』: '나'의 내적 갈등
[C]　다시 치욕에서 사랑으로,』

　하루에도 몇 번씩 네게로 드리웠던 **두레박**
　▶ '너'를 사랑하면서 겪는 내적 갈등

　그러나 매양 퍼 올린 것은

　수만 갈래의 길이었을 따름이다
　'너'와의 사랑에 이르기 위한 길
[D]

　은하수의 한 별이 또 하나의 별을 찾아가는
　멀고 험하여 이르기 어려움
　그 수만의 길을 나는 걷고 있는 것이다
　'너'와의 사랑에 이르기 위한 어려운 길을 걷고 있음
　▶ '너'와의 사랑에 이르는 험한 길

　나의 생애는

[E]　모든 지름길을 돌아서
　쉬운 사랑의 길
　네게로 난 단 하나의 **에움길***이었다
　'너'만을 향한 나의 사랑　어려운 사랑의 길　▶ '너'를 향하는 '나'의 생애
　- 나희덕, 〈푸른 밤〉 -

* 에움길: 굽은 길. 또는 에워서 돌아가는 길.

01 화자의 심리, 태도 파악하기 답 | ③

윗글의 화자에 대한 설명으로 가장 적절한 것은?

③ 현실을 자각하고 절대적인 사랑을 표현하고 있다.

　윗글의 1연과 6연에서 현실 자각이 드러나며, 화자는 이를 통해 '너'를 향한 절대적인 사랑을 표현하고 있다.

① 자연물을 관찰하며 인생의 진리를 깨닫고 있다.

　윗글에서 '별', '꽃들' 등의 자연물이 언급되기는 하지만 이러한 자연물을 관찰하는 것은 아니며, 인생의 진리를 깨닫고 있는 것도 아니다.

② 상황을 가정하여 공동체적 가치를 강조하고 있다.

　윗글에서는 상황을 가정하고 있지 않고, 공동체적 가치를 강조하고 있지도 않다.

④ 부정적인 상황을 긍정적인 시선으로 바라보고 있다.

　윗글에는 부정적인 상황이 드러나지 않는다.

⑤ 부재하는 대상에 대해 비판적인 태도를 드러내고 있다.

　윗글에서 '너'가 부재하는 대상이라고 할 수는 있지만, '너'에 대해 비판적인 태도를 드러내고 있지는 않다.

02 시어의 의미 파악하기 답 | ②

윗글의 시어에 대한 설명으로 적절하지 않은 것은?

② '한숨'은 '너'의 외면으로 인한 슬픔을 의미한다.

　윗글에서 '너'가 화자를 외면했는지는 알 수 없다. '한숨과 입김'은 '너'의 외면으로 인한 슬픔이 아닌, '너'와 떨어져 있으면서 화자가 느낀 슬픔을 의미한다.

① '밤길'은 '너'와 함께하지 않은 시간을 의미한다.

　화자는 '까마득한 밤길'을 '혼자' 걸어가며 '너'를 떠올렸던 일을 회상하고 있다. 따라서 '밤길'은 화자가 '너'와 함께하지 않은 시간을 의미한다.

③ '두레박'은 '너'를 떠올리며 느끼는 그리움을 의미한다.

　화자는 '하루에도 몇 번씩' '너'에게 '두레박'을 드리웠다고 하였다. 따라서 '두레박'은 화자가 '너'를 떠올리며 느끼는 그리움을 의미한다.

④ '수만 갈래의 길'은 '너'와의 사랑을 향한 길을 의미한다.

　화자는 '두레박'으로 '수만 갈래의 길', '은하수의 한 별이 또 하나의 별을 찾아가는 / 그 수만의 길'을 퍼 올렸다고 하였다. 따라서 '수만 갈래의 길'은 화자가 '너'와의 사랑을 향한, '너'와의 사랑에 도달하기 위한 길을 의미한다.

⑤ '에움길'은 '너'와의 사랑을 이루는 것이 쉽지 않음을 의미한다.

　화자는 자신의 생애를 '모든 지름길을 돌아서' '너'에게로 난 '단 하나의 에움길'로 정의하고 있다. '에움길'은 빠른 길인 '지름길'과 대조적인 시어로, 에워서 돌아가야 하는 길을 의미한다. 따라서 '에움길'은 화자가 '너'와의 사랑을 이루는 것이 쉽지 않음을 의미한다.

03 외적 준거를 바탕으로 작품 이해하기 답 | ④

보기 는 시인의 말이다. 보기 를 바탕으로 윗글을 이해한 내용으로 적절하지 않은 것은?

　서른 살 무렵 〈푸른 밤〉이라는 시를 썼는데요. 서른 살은 이십 대의 무모한 열정이나 낭만적 환상 대신 사랑의 이면이 치욕이라는 사실을 깨닫기 시작하는 나이라고 할 수 있지요. 치욕을 길어 올린 마음의 두레박을 다시 깊은 우물에 던져 맑은 사랑의 물을 길어 올릴 수 있는 나이이기도 하구요. 그러면서 '나'와 '너' 사이의 까마득한 거리는 단순한 단절을 넘어섰습니다.

　'나'의 발길이 '너'를 향해 있는 한 '너'는 결코 멀리 있는 게 아닙니다. '나'의 시선과 한숨과 입김 속에 이미 '너'는 깃들어 있습니다. 그러기에 혼자 밤길을 걸어가도 '검은 밤'이 아니라 '푸른 밤'이 될 수 있는 것이죠. 어둡지만 '너'라는 존재를 알아볼 수 있는 푸른 밤 말입니다.

④ [D]: '나'와 '너' 사이에 깊은 단절이 있음을 의미한다.

　〈보기〉에 따르면, '나'가 치욕을 길어 올린 마음의 두레박을 다시 깊은 우물에 던져 맑은 사랑의 물을 길어 올리면서 '나'와 '너' 사이의 까마득한 거리는 단순한 단절을 넘어서게 된다. [D]에서는 '나'가 '두레박'으로 '은하수의 한 별이 또 하나의 별을 찾아가는 / 그 수만의 길'을 퍼 올리고 있으므로, [D]는 '나'와 '너' 사이의 거리가 단순한 단절을 넘어섬을 의미한다고 이해할 수 있다. 그러나 이것이 '나'와 '너' 사이에 깊은 단절이 있음을 의미하는 것은 아니다.

① [A]: '너'가 '나'에게서 멀리 떨어져 있는 것이 아님을 의미한다.

　〈보기〉에 따르면, '나'의 발길이 '너'를 향해 있는 한 '너'는 결코 멀리 있는 게 아니다. [A]에서는 '나'가 '네게로 향한' 길을 걷고 있었다는 것, 즉 '나'의 발길이 '너'를 향해 있었음이 드러나므로 '너'가 '나'에게서 멀리 떨어져 있는 것이 아님을 의미한다고 이해할 수 있다.

② [B]: '나'가 걷는 길이 '푸른 밤'이 될 수 있음을 의미한다.

　〈보기〉에 따르면, '나'의 시선과 한숨과 입김 속에 이미 '너'가 깃들어 있기 때문에 혼자 밤길을 걸어가도 '검은 밤'이 아니라 '푸른 밤'이 될 수 있다. [B]에서는 '나'가 '까마득한 밤길을 혼자 걸어갈 때'에도 '응시'와 '한숨과 입김'에 '너'가 깃들어 있었음이 드러나므로 [B]는 '나'가 걷는 길이 '푸른 밤'이 될 수 있음을 의미한다고 이해할 수 있다.

③ [C]: 사랑이 늘 낭만적이기만 한 것은 아님을 의미한다.

　〈보기〉에 따르면, 시인이 시를 쓴 나이인 서른 살은 사랑의 이면이 치욕이라는 사실을 깨닫고, 치욕을 길어 올린 마음의 두레박을 다시 깊은 우물에 던져 맑은 사랑의 물을 길어 올릴 수 있는 나이이다. [C]에서는 '나'가 '하루에도 몇 번씩' '너'에게 '사랑에서 치욕으로, / 다시 치욕에서 사랑으로' '두레박'을 드리우고 있으므로 [C]는 사랑이 늘 낭만적이기만 한 것은 아님을 의미한다고 이해할 수 있다.

⑤ [E]: '나'의 생애에 '너'가 깃들어 있음을 의미한다.

　〈보기〉에 따르면, '나'의 시선과 한숨과 입김 속에 이미 '너'는 깃들어 있다. [E]에서는 '나'가 자신의 생애를 '모든 지름길을 돌아서 / 네게로 난 단 하나의 에움길'이라고 정의하고 있으므로, [E]는 '나'의 생애에 '너'가 깃들어 있음을 의미한다고 이해할 수 있다.

04 표현상의 특징 파악하기

1연~6연 중 보기 와 같은 표현법이 쓰인 연을 골라 쓰시오.

- 어리석고도 은밀한 기쁨을 가졌어라 　　　　　　　- 나희덕, 〈뿌리에게〉
- 가는 대잎에 초생달 매달려 애틋한 밝은 어둠을 　　-김영랑, 〈두견〉

1연

빠른 정답 체크 　01 ④ 　02 ⑤ 　03 ③ 　04 저녁 까치

[앞부분 줄거리] 숙향은 부모와 헤어져 떠돌다가 장 승상 부부의 양녀로 자라게 된다. 승상 부부는 숙향을 사랑하여 집안을 맡기고 후사를 부탁하고자 하고, 이를 시기한 여종 사향은 숙향을 해칠 뜻을 품는다.

이때 숙향의 나이 십오 세였다. 하루는 승상 양위*를 모시고 영춘당에 올라 봄 경치를 구경하다가 문득 저녁 까치 한 마리가 낭자의 앞을 향하여 세 마디를 울고 가거늘 낭자가 놀라 말했다.
　숙향에게 좋지 않은 일이 일어날 것을 예고함

"저녁 까치는 계집의 넋이라 모든 사람 중에 유독 나를 향해 울고 가니, 장차 내게 무슨 불길한 일이 있을 징조로다." / 하고 잔치를 파하였다.

이날 사향이 틈을 타서 부인의 침소*에 들어가 금봉차*와 옥장도*를 훔쳐 낭자의 사사로운 그릇 속에 감추어 두었다. 그 후에
　숙향이 부인의 물건을 훔친 것으로 꾸미기 위함
부인이 잔치를 가기 위해 봉차를 찾으니 간데없는지라 괴이하게 여기고 세간을 내어 살펴보니, 장도 또한 없거늘 모든 시녀를 죄 주었다. 이때 사향이 들어오며 말하기를,

"무슨 일로 이렇게 요란하십니까?" / 하니 부인이 말하였다.
　자신이 꾸민 일이지만 모른 척함

"옥장도와 금봉차가 없으니 어찌 찾지 않겠느냐?"

사향이 부인 곁에 나아가 가만히 고하여 말하기를,

"저번에 숙향 아씨께서 부인의 침소에 들어가 세간을 뒤지더니
　『 』: 숙향을 모함하는 사향의 말 ①
무엇인가 치마 앞에 감추어 자기의 침방*으로 갔으니 수상합
옥봉차와 금장도
니다." / 하였다. 부인이 말하기를,

"숙향의 빙옥*같은 마음에 어찌 그런 일이 있겠느냐?" / 하니
　숙향을 의심하지 않음
사향이 또 말하기를,

"숙향 아씨가 예전에는 그런 일이 없었으나 근간 혼인 의논을
　『 』: 숙향을 모함하는 사향의 말 ② - 부인이 숙향을 의심하게 됨
들은 후로는 당신의 세간을 굳히노라 그러하온지 가장 부정함

이 많습니다. 어쨌든 숙향 아씨 세간을 뒤져보십시오."』

하였다. 부인이 또한 의심하여 숙향을 불러 말하였다.

"봉차와 장도가 혹 네 방에 있나 살펴보아라."
　숙향을 의심하여 추궁함

숙향이 말하기를, / "소녀의 손으로 가져온 일이 없사오니 어찌
　숙향은 봉차와 장도를 가져온 적이 없음 → 자신의 방에 있을 리 없다고 생각함
소녀의 방에 있겠습니까?"

하고, 그릇을 내어놓고 친히 찾게 하니 과연 봉차와 장도가 그릇
　사향이 감추어 두었기 때문
속에 있는지라 부인이 크게 노하여 말하기를,

"네 아니 가져 왔으면 어찌 장도와 봉차가 네 그릇에 들어 있느냐?"

하고 승상께 들어가 말하기를,

"숙향을 친딸같이 길렀으나 이제 장도와 봉차를 가져다 제 함 속에 넣고 종시* 몰라라 하다가 제게 들켰사오니 봉차는 계집의 노리개니 이상하지 않으나 장도는 계집에게 어울리지 않는 물건이
　장도는 남성의 물건 → 외간 남자가 드나든다고 의심함
라 그 일이 가장 수상합니다. 어찌 처치하면 마땅하겠습니까?"

하였다. 사향이 곁에 있다가 고하여 말하였다.

"요사이 숙향 아씨 거동을 보오니 혹 글자도 지으며, 바깥사람
　『 』: 숙향을 모함하는 사향의 말 ③ - 숙향이 외간 남자를 만난다고 암시함 　외간 남자
이 자주 드나드니 그 뜻을 모르겠습니다.』"

승상이 대경하여* 말하기를,

"제 나이가 찼음에 필연* 바깥사람과 상통하는* 것입니다. 그냥 두

었다가는 집안에 불측한* 일이 있을 것이니 빨리 쫓아내십시오."
　부인에게 숙향을 쫓아내라고 명령함
하였다. 부인이 나와서 숙향을 보니 머리를 싸고 누워 있거늘 부인이 불러 탄식하여 말하기를,

"우리 부부가 자녀 없기로 너를 친자식처럼 길러 어진 배필을 얻어 네 몸도 의탁하고 우리의 후사와 허다한* 가산을 맡기고
　승상 부부는 숙향을 친자식처럼 기름
자 하였으나 네 마음이 가장 불량하니 장차 어찌하겠느냐? 나
　숙향이 장도와 봉차를 훔쳤다고 의심함
는 너를 오히려 아끼나 승상께서는 크게 노하셨으니, 이제 의복

을 가지고 근처에 가 있으면 내 조용히 말씀드려서 다시 데려오
　숙향에 대한 애정을 잃지 않음
겠다." / 하며 눈물을 흘리니 숙향이 울며 말하기를,

"소녀 다섯 살 때 부모를 잃고 동서로 유리하옵다가* 천행*으로
　도적의 난 때문에 부모와 헤어짐
승상과 부인의 애휼하심*을 입사옴에 그 은혜 망극하온지라 종

신토록* 지성으로 받들기를 소원하였는데 천만의외*로 이런 일

이 있사오니 모두 소녀의 팔자입니다. 이제 누구를 원망하고 누

구를 탓하겠습니까? 그러나 이는 요인*의 간계*로 소녀를 죽이려

하옴이니 부인은 살펴주십시오.『이제 소녀의 누명을 드러내 밝히
　『 』: 억울하게 사느니 차라리 죽어서 누명을 씻고자 함
기 어려운지라 차라리 부인의 눈앞에서 죽고자 합니다. 부인은

소녀의 원대로 배를 헤쳐 저잣거리에 달아 주십시오. 지나다니는

사람 중에 한 사람이라도 소녀의 억울함을 알아줄 것이니 더러운

이름을 씻으면 지하에 가서라도 눈을 감을까 하나이다.』"

하거늘, 부인이 그 경색*을 보고 문득 크게 깨달아 말하였다.
　숙향이 진실로 억울해하고 있음을 깨달음

"너를 시기하는 자가 음해한* 것이로다. 내 미처 이것을 생각지 못
　숙향을 시기하는 자가 음해했다는 것
하여 네 심사*를 상하게 하였으니 어찌 내 불찰*이 아니겠느냐?"

사향이 거짓 승상의 말로 고하여 말하였다.
　승상의 말을 지어내어 숙향을 얼른 내쫓고자 함

"숙향의 행실이 불측하여 내 벌써 내치라 하였거늘 뉘라서 감
　사향이 지어낸 승상의 말 ①
히 내 뜻을 거역하느냐?'하고 대로하시더이다*."

부인이 말하기를,

"승상이 저렇게 노하시니 잠깐 몸을 피하여 있으면 사세*를 보아 너를 데려오겠다. 조금도 염려하지 말라." / 하니 숙향이 거

듭 절하며 말하였다.

"부인의 두호하심*이 간절하시나 승상의 노책*이 엄절하시니*
　　부인은 숙향을 도우려 하나 (사향이 전한 바에 따르면) 승상은 크게 화가 났음
소녀의 죄를 용서받을 길이 없을 듯합니다."

사향이 또 고하여 말하였다. / "승상께서 '숙향을 바삐 보내고
　　　　　　　　　　　　　　사향이 지어낸 승상의 말 ②
아뢰라.' 하시더이다."

부인이 더욱 애련하여* 시녀 금향을 명하여,

"숙향이 입던 의복과 쓰던 기물*을 다 주라." / 하니 숙향이 울
숙향이 몸을 피해 있는 동안 불편 없이 지내게 하려 함
며 말하기를,

"부모를 다시 못 뵈옵고 오늘은 또 이러한 누명을 쓰고 죽게 되오니
억울함을 풀기 위해 죽으려 함
다만 이것이 한이 될 뿐입니다." / 하였다. 부인이 말하기를,

"내 승상께 여쭈어 무사토록 하리라."
승상에게 숙향의 결백을 알리려 함
하니, 사향이 그 모습을 보고 부인이 주선할까* 겁내어 말하기를,
　　　　　　　　　　　　　자신의 모함이 밝혀질 것을 겁냄
"승상이 '숙향을 그냥 두었다.' 하여 대로하시더이다." / 하였
사향이 지어낸 승상의 말 ③
다. 부인이 말하기를,

"아직 가지 말라." / 하고 승상께 들어가니 승상이 부인을 보고

말하기를,

"내 지난밤 꿈 에『벽도 가지에 ㉠ 앵무새가 깃들었더니, 한 ㉡ 중
『　』: 사향이 숙향을 음해하여 쫓아낸 것을 상징함
이 도끼를 가지고 가지를 베어 내리쳐 앵무새가 놀라서 날아가

버리니, 꿈이 불길하여 마음이 편하지 않습니다. 부인은 술을

가져오십시오." / 하였다.

　　　　　　　　　　　　　　　　　- 작자 미상, 〈숙향전〉 -

* 양위(兩位): 부모나 부모처럼 섬기는 사람의 내외분.
* 침소(寢所): 사람이 잠을 자는 곳.
* 금봉차(金鳳釵): 머리 부분에 봉황의 모양을 새긴 금비녀.
* 옥장도(玉粧刀): 자루와 칼집을 옥으로 만들거나 꾸민 작은 칼.
* 침방(寢房): 잠을 자는 방.
* 빙옥(氷玉): 맑고 깨끗하여 아무 티가 없음을 비유적으로 이르는 말.
* 종시(終是): 끝까지 내내.
* 대경하다(大驚하다): 크게 놀라다.
* 필연(必然): 틀림없이 꼭.
* 상통하다(相通하다): 서로 마음과 뜻이 통하다.
* 불측하다(不測하다): 생각이나 행동 따위가 괘씸하고 엉큼하다.
* 허다하다(許多하다): 수효가 매우 많다.
* 유리하다(流離하다): 일정한 집과 직업이 없이 이곳저곳으로 떠돌아다니다.
* 천행(天幸): 하늘이 준 큰 행운.
* 애휼하다(愛恤하다): 불쌍히 여기어 은혜를 베풀다.
* 종신토록(終身토록): 살아서 목숨이 다할 때까지.
* 천만의외(千萬意外): 전혀 생각하지 아니한 상태.
* 요인(妖人): 바른 도리를 어지럽게 하는 요사스러운 사람.
* 간계(奸計): 간사한 꾀.
* 경색(哽塞): 지나치게 소리를 내어 울어 목이 막힘.
* 음해하다(陰害하다): 몸을 드러내지 아니한 채 음흉한 방법으로 남에게 해를 가하다.
* 심사(心思): 어떤 일에 대한 여러 가지 마음의 작용.
* 불찰(不察): 조심해서 잘 살피지 아니한 탓으로 생긴 잘못.
* 대로하다(大怒하다): 크게 화를 내다.
* 사세(事勢): 일이 되어 가는 형세.

* 두호하다(斗護하다): 남을 두둔하여 보호하다.
* 노책(怒責): 성내어 꾸짖음.
* 엄절하다(嚴切하다): 태도가 매우 엄격하다.
* 애련하다(哀憐하다): 애처롭고 가엾다.
* 기물(器物): 살림살이에 쓰는 그릇.
* 주선하다(周旋하다): 일이 잘되도록 여러 가지 방법으로 힘쓰다.

01 서술상의 특징 파악하기　　　　　　　　　답 | ④

윗글에 대한 설명으로 가장 적절한 것은?

정답 선지 분석

④ 대사를 통해 과거에 있었던 일을 드러내고 있다.
　　부인이 "우리 부부가 자녀 없기로~장차 어찌하겠느냐?"라고 말하는 것이나, 숙향이
　　"소녀 다섯 살 때~모두 소녀의 팔자입니다."라고 말하는 것을 통해 과거에 있었던 일
　　을 드러내고 있다.

오답 선지 분석

① 비현실적 요소를 통해 갈등이 해소되고 있다.
　　윗글에서 부인과 숙향의 갈등이 해소되기는 하지만, 이는 비현실적 요소를 통한 것이 아
　　니라 부인이 억울함을 호소하는 숙향의 모습을 보고 숙향의 결백을 깨달았기 때문이다.

② 서술자가 개입하여 인물에 대해 평가하고 있다.
　　윗글에 서술자가 개입하여 인물에 대해 평가하는 편집자적 논평은 드러나지 않는다.

③ 외양 묘사를 통해 인물의 심리를 암시하고 있다.
　　윗글에서는 인물의 외양을 묘사하지 않았다.

⑤ 과장된 행동 묘사로 해학적 분위기를 조성하고 있다.
　　윗글에는 과장된 행동 묘사가 드러나지 않으며, 해학적 분위기가 아닌 비극적 분위기
　　가 조성되어 있다.

02 작품의 내용 파악하기　　　　　　　　　답 | ⑤

윗글의 내용으로 적절하지 않은 것은?

정답 선지 분석

⑤ 숙향은 자신으로 인해 승상 부부의 사이가 틀어질 것을 걱정했다.
　　숙향은 억울한 누명을 쓴 채 죽는 것과 부모를 다시 보지 못하고 죽는 것을 한스러워하
　　기는 했으나, 자신으로 인해 승상 부부의 사이가 틀어질 것을 걱정하지는 않았다.

오답 선지 분석

① 승상은 부인에게 숙향을 쫓아내라고 말했다.
　　숙향이 장도와 봉차를 훔쳤다는 부인의 과과, 요사이 숙향의 방에 바깥사람이 자주 드
　　나든다는 사향의 말을 들은 승상은 부인에게 "그냥 두었다가는 집안에 불측한 일이 있
　　을 것이니 빨리 쫓아내십시오."라고 말했다.

② 사향은 숙향을 모함하기 위해 부인의 물건을 훔쳤다.
　　사향은 '틈을 타서 부인의 침소에 들어가 금봉차와 옥장도를 훔쳐 낭자의 사사로운 그
　　릇 속에 감추어 두었'는데, 이는 숙향이 부인의 물건을 훔친 것처럼 꾸며 숙향을 모함
　　하려는 것이었다.

③ 부인은 숙향이 옥장도를 가지고 있는 것을 이상하게 여겼다.
　　부인은 "봉차는 계집의 노리개니 이상하지 않으나 장도는 계집에게 어울리지 않는 물
　　건이라 그 일이 가장 수상합니다."라고 말했다.

④ 부인은 승상의 화가 풀린 뒤 숙향을 다시 데려오려고 생각했다.
　　부인이 "나는 너를 오히려 아끼나 승상께서는 크게 노하셨으니, 이제 의복을 가지고 근
　　처에 가 있으면 내 조용히 말씀드려 다시 데려오겠다.", "승상이 저렇게 노하시니 잠깐
　　몸을 피하여 있으면 사세를 보아 너를 데려오겠다."라고 말한 것을 통해 승상의 화가
　　풀린 뒤 숙향을 다시 데려오려 했음을 알 수 있다.

보기 를 참고하여 승상의 꿈을 이해했을 때, ㉠과 ㉡이 상징하는 것으로 가장 적절한 것은?

보기

꿈은 고전소설에서 주요한 소재로 빈번히 등장하며, 작품 내에서 다양한 문학적 기능을 발휘하기도 한다. 〈숙향전〉에서 꿈은 숙향의 출생을 예고하기도 하고, 승상의 부인에게 숙향과의 만남을 예고하기도 하며, 숙향이 처한 현실적 상황을 상징적으로 나타내기도 한다.

정답 선지 분석

	㉠	㉡
③	숙향	사향

승상의 꿈은 숙향이 처한 현실적 상황을 상징적으로 나타낸 것으로 이해할 수 있다. 꿈 속에서 승상은 중(㉡)이 앵무새(㉠)가 깃들어 있던 가지를 베어 내리쳐 앵무새를 쫓아 버렸다고 하였는데, 이는 사향이 숙향을 음해하여 승상의 집에서 숙향을 쫓아 버린 것에 대응할 수 있다. 따라서 ㉠은 숙향, ㉡은 사향을 상징한다.

04 소재의 기능 파악하기

다음 내용과 관련 있는 소재를 윗글에서 찾아 2어절로 쓰시오.

- 불길한 분위기를 조성함.
- 앞으로 일어날 일을 암시함.

정답

저녁 까치

| 본문 | 237쪽

| 문법 | 한글의 창제 원리와 가치 |

빠른 정답 체크 **01** ⑤ **02** ② **03** ④ **04** 과학성

01 자음의 창제 원리 이해하기 답 | ⑤

보기 는 학생과 선생님의 대화이다. 빈칸에 들어갈 말로 가장 적절한 것은?

보기

> 학생: 선생님, 'ㄹ'은 'ㄴ'과 모양이 닮았으니 'ㄴ'의 가획자이죠?
> 선생님: _____

정답 선지 분석

⑤ 아니에요, 'ㄹ'은 'ㄴ'보다 소리의 세기가 커지지 않았으니 이체자예요.

가획자는 기본자에 획을 더해 만든 글자로, 기본자보다 소리의 세기가 커진다. 그러나 'ㄹ'은 'ㄴ'과 모양이 닮기는 했으나 소리의 세기가 커지지 않았으므로 이체자로 보아야 한다.

오답 선지 분석

① 맞아요, 'ㄹ'은 'ㄴ'과 모양이 닮은 가획자예요.

'ㄹ'은 'ㄴ'과 모양이 닮기는 했으나 'ㄴ'의 가획자가 아닌 이체자이다.

② 맞아요, 'ㄹ'은 'ㄴ'에 획을 더해 만든 가획자예요.

'ㄹ'은 'ㄴ'에 획을 더해 만든 글자가 아니다.

③ 아니에요, 'ㄹ'은 목구멍의 모양을 본 따 만든 기본자예요.

목구멍의 모양을 본 따 만든 기본자는 'ㄹ'이 아닌 'ㅇ'이다.

④ 아니에요, 'ㄹ'은 'ㄴ'에 획 두 개를 더해 만들었으니 재출자예요.

'ㄹ'은 'ㄴ'에 획 두 개를 더해 만든 글자가 아니다.

02 모음의 창제 원리 이해하기 답 | ②

보기 의 ㉠~㉢에 해당하는 글자로 가장 적절한 것은?

보기

> 한글의 모음은 상형의 원리로 만든 ㉠ 기본자 세 개와 합성의 원리로 만든 ㉡ 초출자 네 개, ㉢ 재출자 네 개가 있다.

정답 선지 분석

	㉠	㉡	㉢
②	ㅡ	ㅗ	ㅕ

㉠ 모음의 기본자는 'ㆍ, ㅡ, ㅣ'이다.
㉡ 모음의 초출자는 'ㅗ, ㅏ, ㅜ, ㅓ'이다.
㉢ 모음의 재출자는 'ㅛ, ㅑ, ㅠ, ㅕ'이다.

03 한글 창제의 정신 이해하기 답 | ④

보기 에 대한 설명으로 적절하지 <u>않은</u> 것은?

보기

> 나라의 말이 중국과 달라 문자끼리 서로 통하지 아니하므로 이런 까닭으로 어리석은 백성이 이르고자 할 바가 있어도 마침내 제 뜻을 능히 펴지 못하는 사람이 많으니라. 내 이를 위하여 가엾게 여겨 새로 스물여덟 자를 만드노니 사람마다 하여금 쉽게 익혀 날로 쓰기에 편안하게 하고자 할 따름이니라.

정답 선지 분석

④ 백성이 한글로 뜻을 펴지 못하는 것을 안타까워했다.

한글 창제 이전에는 중국의 문자를 빌려 썼는데, 〈보기〉는 이 때문에 뜻을 펴지 못하는 백성이 많음을 안타까워하여 새롭게 글자를 만들었음을 밝히고 있다. 따라서 백성이 한글로 뜻을 펴지 못하는 것을 안타까워한 것이 아니라, 한자를 모르는 백성이 뜻을 펴지 못하는 것을 안타까워한 것이다.

오답 선지 분석

① 한글을 만든 이유를 밝히고 있다.

'나라의 말이 중국과 달라~내 이를 위하여 가엾게 여겨'에서 한자를 모르는 백성들을 가엾게 여겨 한글을 만들었음을 밝히고 있다.

② 한글은 배우기 편한 글자로 만들어졌다.

'사람마다 하여금 쉽게 익혀 날로 쓰기에 편안하게 하고자 할 따름이니라.'에서 한글은 배우기 편한 글자로 만들어졌음을 알 수 있다.

③ 문자를 모르는 백성이 많았음을 알 수 있다.

'나라의 말이 중국과 달라 문자끼리 서로 통하지 아니하'고, '어리석은 백성이 이르고자 할 바가 있어도 마침내 제 뜻을 능히 펴지 못하는 사람이 많'다고 한 것을 통해 문자를 모르는 백성이 많았음을 알 수 있다.

⑤ 처음 만들어진 한글은 스물여덟 자였음을 알 수 있다.

'내 이를 위하여 가엾게 여겨 새로 스물여덟 자를 만드노니'에서 처음 만들어진 한글은 스물여덟 자였음을 알 수 있다.

04 한글의 가치 이해하기

한글의 우수성 중 다음 내용과 관련 있는 것은 무엇인지 쓰시오.

> ㅋ은 ㄱ에 비하여 소리가 남이 조금 세므로 획수를 더하였는데, ㄴ에서 ㄷ, ㄷ에서 ㅌ, ㅁ에서 ㅂ, ㅂ에서 ㅍ, ㅅ에서 ㅈ, ㅈ에서 ㅊ, ㅇ에서 ㆆ, ㆆ에서 ㅎ도 그 소리로 인하여 획을 더한 뜻이 다 같다.
> – 〈훈민정음 해례본〉

정답

과학성

　수천 년간 서양 미술은 물감을 주재료로 시각적인 아름다움을
추구해 왔다. 그러나 그런 전통적인 방법과 달리 비물질인 전파
　　　　　전통적인 서양 미술의 특징
　　　　　　　　　　　　　　　　　　전통적이지 않은 방식
를 이용해 작품을 만드는 이가 나타났는데, 그가 바로 비디오 아
트로 유명한 백남준이다. 미술과 함께 현대 음악을 전공한 백남
준은 미국의 작곡가 존 케이지가 발표한 〈4분 33초〉라는 무음 음
　　　　　　백남준이 행위 예술을 하게 된 계기
악의 파격에 감동했다. 그는 공연 도중 바이올린을 내리쳐 부숴
　　　　　　　　　　　　백남준이 요셉 보이스를 만난 계기
버리는 〈존 케이지에 대한 오마주〉란 행위를 선보였고, 이를 계
기로 평생의 예술적 동료가 될 요셉 보이스를 만나게 된다. 그리
고 이들은 함께 수많은 행위 예술*을 해 나갔다.
　　　　　　　　　　　　▶ 1문단: 백남준과 요셉 보이스의 만남
　본인의 경험을 바탕으로 작품을 구성한 보이스는 펠트 천과 지
　　　　　　　　　　　　　　　　　　　보이스가 사용한 재료
방 덩어리 같은 재료를 자신의 상징처럼 활용했다면, 백남준을
상징하는 표현 매체는 단연 텔레비전이었다. 1960년대 당시의
　　　　　　　　　백남준이 사용한 재료
최첨단 매체였던 브라운관 텔레비전에 매료된 백남준은 그 시대
를 상징하는 매체인 텔레비전을 이용하면 고정된 이미지가 아닌
살아 움직이는 작품을 보여 줄 수 있으리라고 생각했고,「텔레비
백남준이 텔레비전을 이용한 이유
전을 쌓아 올려 사람 혹은 정물과 같은 조각의 형상을 만들었다.
여기에 마치 그림을 그리듯 직접 제작한 영상 이미지를 브라운관
에 투사하여* 작품을 완성했다.」그는 위성을 이용하면 지구 반대
　　　　　　　　　「」: 백남준 예술의 특징
편에 있는 사람도 텔레비전이라는 매체를 통해 똑같은 예술 작품
　　　　　　　　　　　　장소는 달라도 같은 작품을 볼 수 있음
을 보고 감상하며 소통과 공감을 할 수 있을 것이라고 상상했다.
그리고 이러한 그의 상상이 실현된 작품이 1988년 서울 올림픽
대회 개최를 기념해 제작한 ㉠ 〈세계와 손잡고〉이다.「이처럼 보
　　　　　　　　　　　　　　　　　　「」: 백남준과 보이스의 차이점
이스가 자연의 매체를 기반으로 대중과 소통했다면 백남준은 인
공의 매체인 텔레비전을 기반으로 대중에게 다가갔다.」
　　　　　　　　　　　　　　　▶ 2문단: 백남준 예술의 특징
　〈세계와 손잡고〉에서 백남준은 동서양 문화를 대표하는 이미
　　　　　　　　　　　　　　　　〈세계와 손잡고〉의 특징
지들을 섞어 영상을 만든 후 위성을 통해 전 세계에 생중계했다.
이를 시청한 전 세계 사람들은 같은 시대, 같은 시간, 다른 장소
에 있는 다른 인종의 문화를, 그리고 그 화합의 순간을 보고 느끼
　　　　　　　　　　　　　　　　〈세계와 손잡고〉의 감상
며 생각해볼 수 있었다. 백남준의 예술은 보이스와는 다른 듯 닮
은 방식을 취하면서도 특정 누군가만 소장하는 형태가 아니라,
그 시간에 방송을 시청한 모두가 같은 경험과 감상을 느낄 수 있
　　　　　　　　　　　　　　　　백남준 예술의 의의
는 화합의 예술이었다.
　　　　　　　　　　　　　　　▶ 3문단: 백남준 예술의 의의
　"앞으로 우리 모두는 아마추어 텔레비전 방송을 하게 될 것이다."
　　　　　　　　　　　　　　백남준의 말을 직접 인용함
백남준이 예견한 대로 30여 년 만에 우리는「누구나 길에서 위성
　　　　　　　　　　　　　　　　　「」: 백남준이 상상한 미래(=우리의 현재)

을 통해 지구 반대편에 있는 타인의 정보를 확인하고, 또 자신의
모습을 송출할* 수 있는 시대를 살고 있다. 그가 상상한 미래가
바로 우리의 현재이다. 백남준은 인터넷 시대가 오기 전에 이를
예측한 선각자*였다.
　　　　　　　　　　　　　　　▶ 4문단: 선각자로서의 백남준

* 행위 예술(行爲藝術): 표현하고자 하는 관념이나 내용을 신체를 통하여 구체적으
　로 보여 주는 예술.
* 투사하다(透射하다): 빛이 물건을 꿰뚫고 들어가다.
* 송출하다(送出하다): 물품, 전기, 전파, 정보 따위를 기계적으로 전달하다.
* 선각자(先覺者): 남보다 먼저 사물이나 세상일을 깨달은 사람.

01　세부 내용 파악하기　　　　　　　　　　답 | ③

윗글의 내용과 일치하지 않는 것은?

정답 선지 분석

③ 백남준은 보이스와 달리 대중과 소통하는 예술을 추구하였다.
　2문단에서 보이스는 자연의 매체를 기반으로 대중과 소통하고, 백남준은 인공의 매체
　인 텔레비전을 기반으로 대중에게 다가갔다고 하였다. 즉, 백남준과 보이스 모두 대중
　과 소통하는 예술을 추구하였다.

오답 선지 분석

① 백남준은 존 케이지의 무음 음악에 깊은 감명을 받았다.
　1문단에서 백남준은 미국의 작곡가 존 케이지가 발표한 〈4분 33초〉라는 무음 음악의
　파격에 감동했다고 하였다.

② 백남준은 전통적이지 않은 방식으로 작품활동을 하였다.
　1문단에서 백남준은 전통적인 방법과 달리 비물질인 전파를 이용해 작품을 만들었다
　고 하였다.

④ 백남준은 텔레비전을 통해 전 세계 사람들의 공감을 이끌어 냈다.
　2문단에서 백남준은 위성을 이용하면 지구 반대편에 있는 사람도 텔레비전이라는 매
　체를 통해 똑같은 예술 작품을 보고 감상하며 소통과 공감을 할 수 있을 것이라고 상상
　했다고 하였고, 3문단에서 위성을 통해 전 세계로 생중계된 백남준의 영상을 시청한
　전 세계 사람들은 화합의 순간을 보고 느낄 수 있었다고 하였다.

⑤ 백남준은 살아 움직이는 작품을 만들기 위해 텔레비전을 이용했다.
　2문단에서 백남준은 텔레비전을 이용하면 살아 움직이는 작품을 보여 줄 수 있으리라
　고 생각했다고 하였다.

02　세부 내용 파악하기　　　　　　　　　　답 | ②

㉠에 대한 설명으로 적절하지 않은 것은?

정답 선지 분석

② 감상자들이 직접 자신의 모습을 송출할 수도 있었다.
　㉠은 백남준의 작품인 〈세계와 손잡고〉이다. 4문단에서 우리의 현재는 누구나 자신의
　모습을 송출할 수 있는 시대라고 했을 뿐, 〈세계와 손잡고〉의 감상자들이 직접 자신의
　모습을 송출할 수 있었다고는 하지 않았다.

오답 선지 분석

① 다양한 국적의 사람들이 화합을 느끼게 하였다.
　3문단에서 〈세계와 손잡고〉를 시청한 전 세계 사람들은 화합의 순간을 보고 느끼며 생
　각해볼 수 있었다고 하였다.

③ 1988년 서울 올림픽 대회 개최를 기념하여 제작되었다.
　2문단에서 〈세계와 손잡고〉는 1988년 서울 올림픽 대회 개최를 기념해 제작했다고 하
　였다.

④ 감상자들이 동일한 시간대에 같은 경험을 할 수 있었다.

　3문단에서 〈세계와 손잡고〉는 그 시간에 방송을 시청한 모두가 같은 경험과 감상을 느낄 수 있는 화합의 예술이었다고 하였다.

⑤ 영상에 동서양의 문화와 관련 있는 이미지를 활용하였다.

　3문단에서 〈세계와 손잡고〉에서 백남준은 동서양 문화를 대표하는 이미지들을 섞어 영상을 만들었다고 하였다.

03　다른 사례에 적용하기　　답 | ⑤

윗글과 보기 를 읽은 학생의 반응으로 가장 적절한 것은?

보기

백남준의 대표적 작품 〈노마드〉는 강화플라스틱으로 만든 버스 조형물 위에 추상적인 색감을 자유분방하게 채색했다. 그리고 그 중간중간 텔레비전을 설치하고 위에는 의자와 위성 접시와 같은 형상을 매달았다. 작품의 제목인 '노마드(유목민)'처럼 전 세계를 떠돌아다니며 예술을 전파했던 본인의 삶을 녹여낸 듯한 작품이다. 작품에 설치된 텔레비전에서는 끊임없이 변화하고 움직이는 백남준의 영상 작품들이, 운전석 쪽 텔레비전에서는 있지도 않은 핸들을 붙잡고 천연덕스럽게 운전하는 그의 모습이 보인다.

정답 선지 분석

⑤ 직접 제작한 영상을 텔레비전으로 송출하여 생동감을 살렸군.

　〈보기〉에서 〈노마드〉에 설치된 텔레비전에서는 끊임없이 변화하고 움직이는 백남준의 영상 작품들이 보인다고 했으므로, 직접 제작한 영상을 텔레비전으로 송출했음을 알 수 있다. 또한 2문단에서 백남준은 텔레비전을 이용하여 살아 움직이는 작품, 즉 생동감이 넘치는 작품을 보여 줄 수 있으리라고 생각했다고 하였다.

오답 선지 분석

① 고정된 이미지의 작품을 보여 주려고 한 것이군.

　〈보기〉에서 〈노마드〉는 전 세계를 떠돌아다니며 예술을 전파했던 백남준의 삶을 녹여낸 듯한 작품이라고 하였고, 2문단에서 백남준은 텔레비전을 이용해 살아 움직이는 작품을 보여 주려 했다고 하였으므로 〈노마드〉를 통해 고정된 이미지의 작품을 보여 주려고 하였다는 반응은 적절하지 않다.

② 기존 예술이 추구하던 아름다움을 잘 느낄 수 있겠군.

　〈보기〉에서 〈노마드〉는 텔레비전이나 의자, 위성 접시 등 인공적인 요소를 활용했음을 알 수 있고, 1문단에서 백남준은 물감을 주재료로 하는 전통적 방법을 따르지 않았다고 하였으므로 기존 예술이 추구하던 아름다움을 잘 느낄 수 있다는 반응은 적절하지 않다.

③ 물감을 주재료로 한 것으로 보아 전통적인 방식을 따랐군.

　〈보기〉에서 〈노마드〉가 강화플라스틱으로 만든 버스 조형물 위에 추상적인 색감을 자유분방하게 채색했다고는 했지만, 〈노마드〉에서 중심이 되는 것은 텔레비전의 영상이다. 1문단에 따르면, 이는 전통적인 방법과 달리 비물질적 전파를 이용해 작품을 만든 것이므로 전통적인 방식을 따랐다는 반응은 적절하지 않다.

④ 인공적인 요소보다 자연의 매체를 사용하여 주제를 전달했군.

　〈보기〉에서 〈노마드〉는 텔레비전이나 의자, 위성 접시 등 인공적인 요소를 활용했음을 알 수 있고, 2문단에서도 자연의 매체를 기반으로 대중과 소통한 보이스와 달리 백남준은 인공의 매체인 텔레비전을 기반으로 대중에게 다가갔다고 했으므로 인공적인 요소보다 자연의 매체를 사용하여 주제를 전달했다는 반응은 적절하지 않다.

04　세부 내용 파악하기

빈칸에 들어갈 말을 윗글에서 찾아 쓰시오.

　백남준은 (　　　)을/를 이용해 조각의 형상을 만들고, 영상을 투사하여 작품을 완성했다.

정답

텔레비전

문학 1	곡자(허난설헌)

빠른 정답 체크　**01** ③　**02** ④　**03** ③　**04** 아아, 있으리.

『지난해 사랑하는 딸을 잃었고
『』: 화자(작가)의 두 아이가 죽음
올해는 사랑하는 아들을 잃었네.』　[A]
　　　　　　　　　　▶ 두 아이의 죽음

슬프디 슬픈 광릉의 땅이여
경기도 광주(허난설헌의 시댁)
두 무덤이 마주 보고 서 있구나.
두 아이의 무덤
　　　　　　　　　　▶ 무덤에서 느끼는 슬픔

『백양나무에는 쓸쓸히 바람 불고
무덤가에 주로 심는 나무　　　　[B]
숲에서는 도깨비불 반짝이는데』
『』: 외롭고 스산한 무덤가의 풍경

지전*으로 너희 혼을 부르고
　　초혼　　　　　　　　　　[C]
너희 무덤에 술을 따르네.
제사 때 쓰는 술
　　　　　　　　　　▶ 죽은 아이들에 대한 슬픔

『아아, ㉠ 너희들 남매의 혼은
『』: 화자의 바람
밤마다 정답게 놀고 있으리.』
　　　　　　　　　　▶ 죽은 아이들에 대한 소망

비록 뱃속에는 아이가 있다 하지만
두 아이를 잃은 상황과 대조적 → 화자의 슬픔 부각　[D]
어찌 그 녀석이 제대로 자라기를 바라리오.
　　　이미 두 아이를 잃은 슬픔 때문
　　　　　　　　　　▶ 삶의 의욕을 잃은 화자

황태사*를 부질없이 부르며
자식을 죽게 만든 부모를 책망하는 노래　[E]
피눈물로 울다가 목이 메이도다.
　　　화자의 정서가 직접적으로 드러남
　　　　　　　　　　▶ 한 맺힌 화자의 마음

去年喪愛女　（거년상애녀）

今年喪愛子　（금년상애자）

哀哀廣陵土　（애애광능토）

雙墳相對起　（쌍분상대기）

蕭蕭白楊風　（소소백양풍）

鬼火明松楸　（귀화명송추）

紙錢招汝魄　（지전초여백）

玄酒尊汝丘　（현주존여구）

應知弟兄魂　（응지제형혼）

夜夜相追遊　（야야상추유）

縱有腹中孩　　（종유복중해）

安可冀長成　　（안가기장성）

浪吟黃臺詞　　（낭음황대사）

血泣悲吞聲　　（혈읍비탄성）

－ 허난설헌, 〈곡자〉 －

* 지전(紙錢): 돈 모양으로 오린 종이. 죽은 사람이 저승 가는 길에 노자로 쓰라는
뜻으로 관 속에 넣는다.
* 황대사(黃臺辭): 황대 밑에 심은 오이를 두고 쓴 가사. 당나라 고종의 후궁 무측천
이 고종의 맏아들 홍을 독살하자, 둘째 아들 현이 무측천을 책망하기 위해 지음.

01 표현상의 특징 파악하기　　답 | ③

윗글에 대한 설명으로 가장 적절한 것은?

정답 선지 분석

③ 시적 대상에 대한 화자의 정서가 드러나 있다.
　'슬프디 슬픈 광릉의 땅이여', '피눈물로 울다가 목이 메이도다.'에는 시적 대상인 두
　아이에 대한 화자의 슬픔이 드러나 있다.

오답 선지 분석

① 시적 대상을 다른 대상에 비유하고 있다.
　윗글에서 두 아이를 다른 대상에 비유하지는 않았다.

② 시적 대상에게 질문하는 형식을 취하고 있다.
　윗글의 화자는 독백조로 말하고 있지, 두 아이에게 질문하는 형식을 취하고 있지 않다.

④ 공간이 이동하며 화자의 태도가 변화하고 있다.
　윗글에서 공간의 이동은 확인할 수 없으며, 화자의 태도가 변화하고 있지도 않다.

⑤ 부정적인 현실에 대한 비판 의식이 나타나 있다.
　화자의 현실을 부정적이라고 할 수는 있으나 이에 대한 비판 의식이 나타나 있지는 않다.

02 작품의 내용 파악하기　　답 | ④

[A]~[E]에 대한 설명으로 적절하지 않은 것은?

정답 선지 분석

④ [D]: 다른 자식으로 슬픔을 잊으려는 화자의 마음을 드러내고 있다.
　[D]에서는 화자가 아이를 배고 있으나, 이미 두 아이를 잃었다는 슬픔 때문에 뱃속의
　아이 또한 잘 자랄 수 없을 것이라고 생각하고 있음이 드러난다. 다른 자식으로 슬픔을
　잊으려는 화자의 마음을 드러내는 것은 아니다.

오답 선지 분석

① [A]: 화자가 처한 상황을 제시하고 있다.
　[A]는 지난해에는 딸을, 올해에는 아들을 잃은 화자의 상황을 제시하고 있다.

② [B]: 외롭고 스산한 무덤가의 풍경을 묘사하고 있다.
　[B]는 '쓸쓸히', '도깨비불' 등의 시어로 외롭고 스산한 무덤가의 풍경을 묘사하고 있다.

③ [C]: 자식의 제사를 지내는 화자의 모습을 묘사하고 있다.
　[C]는 '지전으로' '혼을 부르고', '무덤에 술을 따'른다는 것을 통해 화자가 자식의 제사
　를 지내고 있음을 알 수 있다.

⑤ [E]: 고사를 활용하고 화자의 슬픔을 행동을 묘사하여 제시하고 있다.
　[E]는 '황대사'와 얽힌 고사를 활용하고, '피눈물로 울다가 목이 메이도다.'라고 하며
　화자의 슬픔을 행동 묘사를 통해 제시하고 있다.

03 시어의 의미 파악하기　　답 | ③

〈보기〉의 시어 중 ⑦과 유사한 의미로 볼 수 없는 것은?

보기

유리(琉璃)에 **차고 슬픈 것**이 어른거린다
열없이 붙어 서서 입김을 흐리우니
길들은 양 **언 날개**를 파닥거린다.
지우고 보고 지우고 보아도
새까만 밤이 밀려나가고 밀려와 부딪히고,
물 먹은 별이, 반짝, 보석처럼 박힌다.
밤에 홀로 유리를 닦는 것은
외로운 황홀한 심사이어니,
고흔 폐혈관(肺血管)이 찢어진 채로
아아, 늬는 **산(山)ㅅ새**처럼 날아갔구나!

－ 정지용, 〈유리창 1〉

* 열없이: 어설프고 짜임새가 없이.
* 심사(心思): 어떤 일에 대한 여러 가지 마음의 작용.
* 고흔: 고운.

정답 선지 분석

③ 새까만 밤
　〈보기〉는 자식을 잃은 아버지의 슬픔을 노래한 작품으로, 죽은 어린 자식의 모습을 '차
　고 슬픈 것', '언 날개', '물 먹은 별', '산(山)ㅅ새'로 형상화하고 있다. 따라서 ⑦, 즉 죽
　은 아이들의 혼과 유사한 의미를 갖는다. 그러나 '새까만 밤'은 죽은 아이가 있을 저승,
　혹은 죽음 그 자체를 의미한다.

04 시구의 의미 파악하기

**윗글에는 화자의 바람이 2행에 걸쳐 표현되어 있다. 해당하는 부분의 첫 어
절과 마지막 어절을 쓰시오.**

정답

아아, 있으리.

양식이 없어 하루 종일 굶은 다음 날이었다. 수를 놓고 있었는
〈'나'와 허생은 가난하게 살고 있음〉
데, 흉배* 앞뒤 짝을 완성해야 삯을 받을 터였으므로 마음이 급했
〈'나'는 품을 팔아 삯을 받음〉
다. 현기증도 나고 눈이 자꾸 침침해져 학의 부리를 번번이 고쳐
새로 놓아야 했다. 약 오르는 일이었다. 울화*가 쌓이는데, 나중
〈자신만 돈을 벌고 있기 때문〉
엔 뭐하러 말도 못 하고 지내랴 폭발하였다. ㉠ 어차피 앞도 뒤도
〈절망적인 현실에 대한 인식〉
캄캄할 뿐이 아닌가?

"당신은 **밤낮없이 글을 읽는데**, **과거에 응시하지 않**으니 어찌
〈공부를 하면서도 벼슬을 하지 않음 → 생계를 해결하지 못함〉
된 것입니까?"

남편은 여전히 책에 시선을 둔 채 가볍게 대꾸했다.
〈'나'의 질문을 대수롭지 않게 생각함〉

"공부가 미숙한 때문이오."

「그럼 장사라도 하여 먹고 살아야지요."
〈『』: '나'는 생계를 꾸릴 방법을 제시하지만, 남편은 이를 거절함〉
"장사는 밑천이 없는데 어찌하겠소."

"그럼 공장이* 일이라도 하시지요."

"공장이는 기술이 없으니 어찌하겠소.」

┌ "당신은 주야로 독서하더니 배운 것이 고작 어찌하겠소 타
│   〈공부만 하는 남편에 대한 비판〉
│ 령입니까? 사람은 생명이 있은 다음에야 무엇이든 할 수 있
[A]
│ 는 법인데 이제 우리는 굶어 죽을 지경에 이르렀으니 무슨
│   〈현재 상황〉
└ 도리를 차리셔야 합니다."
        〈'나'의 요구사항〉

"십 년을 기약했는데 이제 칠 년밖에 되지 않았거늘 나더러 뭘
〈자신의 이상만을 생각하는 무책임한 가장의 모습〉
하라는 거요?"

"대체 무엇을 위해 독서하십니까?"
〈정곡을 찌르는 '나'의 질문〉
남편은 대답이 궁해지자 책을 탁 덮고 일어나 딴소리를 했다.

"애석하구나. 겨우 칠 년이라니."

그러고는 집을 나가 돌아오지 않았다.

「사람들은 남편은 뛰어난 인재라고 했다. ㉡ 능히 천하를 경영할
〈『』: 남편에 대한 세간의 평가 → 긍정적〉
재주가 있다고 하는 이도 있었다.」 그러나 「남편이 죽는지 사는지
아내가 모르고, 아내가 죽는지 사는지 남편이 몰라야만 뛰어난
인재가 되는 거라면 그 뛰어난 인재라는 말은 분명 이 세상에서
쓸모없는 존재라는 뜻이리라.」 **이 세상이 돌아가는 법칙**이란 성
〈『』: 남편에 대한 '나'의 평가 → 부정적〉
현*들이 주장하는 것처럼 그렇게 **복잡하고 어려운 것은 아닐 것**
이다. 「사람이 행복하게 살며, 자식을 낳고, 그 자식에게 보다 좋
〈『』: '나'가 생각하는 이 세상이 돌아가는 법칙〉
은 세상을 살도록 해 주는 것,」그것 말고 무엇이 있을 수 있겠는
가? 어머니는 죽고 서모*는 살아남았다. 「난 판단할 수는 없다. 어
〈'나'의 친모는 병자호란 때 정절을 지키기 위해 죽음〉

머니는 죽어 잠시 칭송받았는지 모르나 서모는 살아남아 자식들
을 키우고 집안을 돌보았다. 지금도 청안에서 윤복이의 뒤를 봐
〈'나'의 남동생〉
주고 있는 것이다.」『』: 여성의 정절을 강조하는 가부장적 이데올로기에 대한 회의

한참 떡을 찌고 있는데 남편이 들어왔다.

"무슨 일이 있소?"

"친정엘 가려구요. 길양식*으로 백설기를 쪘습니다."

"무슨 연고*로? 친정에 일이 있는가?"

"아닙니다."

난 여전히 외면했고 말하고 싶지 않았다. 다시 돌아오지 않을지
〈남편에 대한 반감〉
도 몰랐으나 구구하게* 변명하고 싶지 않았다. 저녁 밥상을 물려
가려는데 남편이 불렀다.

"잠시만 앉으오. 내가 할 이야기가 있소."

남편은 말 꺼내기가 어려운 듯 잠시 묵묵해 있었다.

「나는 다시 출유하려* 하오. 그러니 당신은 이 집을 정리하고 수
〈『』: 아내의 의견을 구하지 않는 일방적인 통보 → 가부장적인 모습〉
래벌 큰댁에 몸을 의탁해 있으시오. 이미 사촌 큰형님과 상의해
두었소.」

"집을 판다면…… 아주 안 돌아오십니까?"

"나도 모르오. 내 뜻이 이곳에 없으니 장담하기 어렵소."
〈암담한 조선의 상황을 근거로 자신의 행동을 정당화함〉
"그렇다면 **차라리 저와 절연하시지요***."
        〈남편과의 관계를 끊고자 함〉
"무슨 해괴망측한 소릴 하오? 우린 혼인한 사이인데, 그걸 어찌
쉽게 깨뜨린단 말이오? 사람에겐 신의가 중요한 것이오."
        〈남편이 '나'의 주장을 반박하는 근거 ①〉
┌ "남자들은 저 편리한 대로 신의니 뭐니 하더군요. 우리가 혼
│
│ 인한 것이 약속이니 지켜야 한다고 합시다. 「하지만 어찌 그
│   〈『』: 여성의 일방적인 희생을 강요하는 태도에 대한 비판〉
[B] 약속이 여자 홀로 지켜야 할 것입니까? 당신이 그걸 저버리
│ 고 절 돌보지 않으니 제가 약속을 지켜야 할 상대는 어디 있
│
└ 는 겁니까?」㉢ 전 차라리 팔자를 고쳤으면 합니다."
                      〈희생적인 삶을 살고 싶지 않음〉
"사대부 집 아녀자가 어찌 입에 담지 못할 소리를 하오. 당신이
인륜을 저버리고 예의, 염치도 모르리라곤 생각지 않소."
〈남편이 '나'의 주장을 반박하는 근거 ②〉
"인륜? 예의? 염치? 그게 무엇이지요? 「하루 종일 무릎이 시도록
〈『』: 아내에게 일방적인 희생을 강요하는 것이야말로 인륜에 어긋남〉
웅크리고 앉아 바느질하는 게 인륜입니까? 남편이야 무슨 짓
을 하든 서속*이라도 꾸어다 조석* 봉양을 하고, 그것도 부족해
술친구 대접까지 해야 그게 예의라는 말입니까? 하루에도 열
두 번도 더 청소하고 빨래하고 설거지하는 게 염치를 아는 겁니
까? 아무리 굶주려도 끽소리도 못하고 눈이 짓무르도록 바느질
을 하고 그러다 **아무 쓸모 없는 노파가 되어 죽는 게 인륜이라
는 거지요?」**난 터무니없는 짓 않겠습니다. 분명 하늘이 사람을

내실 때 행복하게 살며 번성하라고 내셨지, 어찌 <u>누구는 밤낮</u>

<u>서럽게 기다리고 굶주리다 자식도 없이 죽어 버리라고 하셨겠</u>
　　　　　　자신의 처지를 집약적으로 드러냄
<u>는가 말예요.</u>"

"<u>기다리는 게 부녀의 아름다운 덕이오.</u>"
　　남편이 '나'의 주장을 반박하는 근거 ③
"덕요? 난 꼬박 오 년이나 당신을 기다렸지요. ㉣ <u>그전엔 굶기를</u>
　　　남편은 이미 집을 나가 오 년 동안 돌아오지 않은 전적이 있음
<u>밥 먹듯 한 것이 몇 해였지요?</u> 『우리가 입에 풀칠이라도 할 수 있

었던 것은 오로지 내 두 팔이 바삐 움직이고 두 눈이 호롱불 빛

에 짓물렀기 때문이에요.』 그런데 전 뭔가요? 앞으로도 뒤로도
『　』: 가정을 책임진 것은 남편이 아닌 '나'였음
어둠뿐이에요. 『당신은 여전히 유유자적 더러운 세상을 경멸하
　　　　　　　　　　『: 이상론적인 말만 하는 남편
며 가슴에 품은 경륜*을 뽐낼 뿐이지요. 당신은 친구들과 담화

할* 때, 학문이란 쓰임이 있어야 하고, 실*이 없으면 안 되고, 만
　　　　　　　　　　말과 행동이 다름 → 학문을 실생활에 쓰지 않음
물은 이롭도록 운용되어야 한다고 하셨지요.』 그런데 당신도 세

상에 있는 소이*가 없고 당신을 따르는 한 나 역시 그래요. 그
현실적이지 못한 남편을 비판함
래요. 당신은 붕새*예요. 그러나 난 참새여서 당신의 높은 경지
　　　　　　　남편을 붕새에, 자신을 참새에 비유함
를 따를 수가 없어요. 그렇지만 나는 단 한 가지를 알고 있는데

난 앞으로는 그걸 따라 살 것이에요. 나는 열 살 때 전란을 겪었
'나'가 현실적인 사고방식을 가지게 된 이유
고 그 와중에서 뼈저리게 느꼈어요. 당신은 무엇 때문에 십 년
　　　　　　　　　　　　　　과거에 남편이 답하지 못했던 질문
이나 기약하고 독서했지요? 당신은 대답할 수 없으시지요! 난

말할 수 있어요. ㉤ <u>그건 사람이 살고 자식을 낳고 그 자식들을</u>
　　　　　　　　　　　'나'가 바라는 삶
<u>보다 좋은 세상에서 살게 하려는 때문이라고요.</u> 난 그렇게 하고

싶고, 꼭 할 거예요……."

- 이남희, 〈허생의 처〉 -

* 흉배(胸背): 조선 시대에, 문무관이 입는 관복의 가슴과 등에 학이나 범을 수놓아 붙이던 사각형의 휘장.
* 울화(鬱火): 마음속이 답답하여 일어나는 화.
* 공장이(工匠이): 예전에, 물건을 만드는 일을 직업으로 하던 사람.
* 성현(聖賢): 성인과 현인을 아울러 이르는 말.
* 서모(庶母): 아버지의 첩.
* 길양식(길糧食): 여행할 때 먹으려고 준비한 먹을거리.
* 연고(緣故): 일의 까닭.
* 구구하다(區區하다): 잘고 많아서 일일이 언급하기가 구차스럽다.
* 출유하다(出遊하다): 다른 곳으로 나가서 놀다.
* 절연하다(絕緣하다): 인연이나 관계를 완전히 끊다.
* 서속(黍粟): 기장과 조를 아울러 이르는 말.
* 조석(朝夕): 아침밥과 저녁밥을 아울러 이르는 말.
* 경륜(經綸): 일정한 포부를 가지고 일을 조직적으로 계획함. 또는 그 계획이나 포부.
* 담화하다(談話하다): 서로 이야기를 주고받다.
* 실(實): 실질적인 것.
* 소이(所以): 일이 생기게 된 원인이나 조건.
* 붕새(鵬새): 하루에 구만 리를 날아간다는, 매우 큰 상상의 새.

01 말하기 방식 파악하기　　　　　답 | ②

[A], [B]에 대한 설명으로 가장 적절한 것은?

정답 선지 분석

② [A], [B] 모두 상대에게 현재 상황을 제시하고 있다.

[A]는 '이제 우리는 굶어 죽을 지경에 이르렀으니'에서, [B]는 '당신이 그걸 저버리고 절 돌보지 않으니'에서 상대에게 현재 상황을 제시하고 있다.

오답 선지 분석

① [A], [B] 모두 상대의 주장을 일부 수용하고 있다.

[B]는 "우리가 혼인한 것이 약속이니 지켜야 한다고 합시다."에서 상대의 주장을 일부 수용하고 있으나, [A]는 상대의 주장을 일부 수용하고 있지 않다.

③ [A]는 [B]와 달리 비유적인 표현을 사용하고 있다.

[A]와 [B] 모두 비유적인 표현을 사용하지 않았다.

④ [B]는 [A]와 달리 상대를 부정적으로 평가하고 있다.

[A]는 "당신은 주야로 독서하더니 배운 것이 고작 어찌하겠소 타령입니까?"에서 상대를 부정적으로 평가하고 있다.

⑤ [B]는 [A]와 달리 상대에게 직접 요구를 말하고 있다.

[A]는 "무슨 도리를 차리셔야 합니다."에서 상대에게 직접 요구를 말하고 있다.

02 구절의 의미 파악하기　　　　　답 | ②

㉠~㉤을 이해한 내용으로 적절하지 <u>않은</u> 것은?

정답 선지 분석

② ㉡: 남편에 대한 '나'의 긍정적인 평가가 드러난다.

'능히 천하를 경영할 재주가 있다고 하는 이도 있었다.'라는 것은 남편에 대한 다른 사람들의 긍정적인 평가이다. '나'는 남편에 대해 '그 뛰어난 인재라는 말은 분명 이 세상에서 쓸모없는 존재라는 뜻이리라.'라고 하며 부정적인 평가를 내린다.

오답 선지 분석

① ㉠: '나'의 부정적인 현실 인식이 드러난다.

'나'가 '어차피 앞도 뒤도 캄캄할 뿐이 아닌가?'라고 하는 것은, 이대로 사는 한 절망적이기만 한 현실을 직시한 것이다.

③ ㉢: 이전과 다르게 살겠다는 '나'의 각오가 드러난다.

'나'는 "전 차라리 팔자를 고쳤으면 합니다."라고 말하며 '하루 종일 무릎이 시도록 웅크리고 앉아', '눈이 짓무르도록 바느질을 하고' 살았던 이전과 다르게 살겠다는 각오를 드러낸다.

④ ㉣: 남편의 무능함으로 인한 '나'의 고통이 드러난다.

'나'는 "그전엔 굶기를 밥 먹듯 한 것이 몇 해였지요?", "우리가 입에 풀칠이라도 할 수 있었던 것은 오로지 내 두 팔이 바삐 움직이고 두 눈이 호롱불 빛에 짓물렀기 때문이에요."라고 하며 남편의 경제적 무능함으로 인해 자신이 대신 가계를 꾸리며 고통받았음을 말한다.

⑤ ㉤: '나'가 바라는 삶이 드러난다.

'나'는 '사람이 살고 자식을 낳고 그 자식들을 보다 좋은 세상에서 살게 하려는' 삶을 살기 위해 남편과 절연할 뜻을 표현하고 있다.

〈보기〉를 참고하여 윗글을 이해한 내용으로 적절하지 않은 것은?

보기

　　〈허생의 처〉는 박지원의 〈허생전〉을 패러디한 소설이다. 패러디란 기존의 원작을 모방하면서도 새로운 메시지를 만들어 낸다는 데 그 의의가 있다. 〈허생전〉에서 허생은 이상을 품은 긍정적인 인물이었으나 〈허생의 처〉에서는 비판의 대상이 된다. 본래 수동적이었던 허생의 처는 남편을 보며 가부장적 이데올로기에 회의를 느끼고, 나아가 자신의 삶을 찾고자 하는 주체적인 존재로 변모한다. 반면 허생은 이상 때문에 자신뿐만 아니라 처까지 가난에 빠뜨리는 인물로 그려진다.

　*변모하다(變貌하다): 모양이나 모습이 달라지거나 바뀌다.

정답 선지 분석

② '나'가 '이 세상이 돌아가는 법칙'이 '복잡하고 어려운 것은 아닐 것'이라고 생각하는 것은, 수동적인 사고관을 나타내는군.
　'나'가 '이 세상이 돌아가는 법칙이란 성현들이 주장하는 것처럼 그렇게 복잡하고 어려운 것은 아닐 것이다.'라고 생각하는 것은, '나'의 수동적인 사고관이 아니라 경전에 비해 실용적인 사고관을 나타내는 것이다.

오답 선지 분석

① 허생이 '밤낮없이 글을 읽'으면서도 '과거에 응시하지 않'는 것은, 자신뿐만 아니라 처까지 가난에 빠뜨리는 행위이군.
　〈보기〉에 따르면, 허생은 이상 때문에 자신뿐만 아니라 처까지 가난에 빠뜨리는 인물이다. '나'가 가난을 견디지 못하여 남편에게 "당신은 밤낮없이 글을 읽는데, 과거에 응시하지 않으니 어찌 된 것입니까?"라고 하소연하는 것을 통해 허생이 공부만 하고 벼슬을 하지 않아 가정을 가난에 빠뜨리고 있음을 알 수 있다.

③ '나'가 허생에게 '차라리 저와 절연하'라고 하는 것은, 자신의 삶을 찾고자 하는 주체적인 모습을 보이는 것이군.
　〈보기〉에 따르면, '나'는 자신의 삶을 찾고자 하는 주체적인 존재로 변모한다. 남편이 "나는 다시 출유하려 하오."라고 통보하자 '나'가 "그렇다면 차라리 저와 절연하시지요."라고 말하는 것을 통해 '나'가 남편에게 얽매여 있던 관계를 청산하고 자신의 삶을 찾고자 함을 알 수 있다.

④ '나'가 '아무 쓸모 없는 노파가 되어 죽는 게 인륜이라는 거'냐고 묻는 것은, 가부장적 이데올로기에 대한 회의를 나타내는군.
　〈보기〉에 따르면, '나'는 남편을 보며 가부장적 이데올로기에 회의를 느낀다. 남편이 "당신이 인륜을 저버리고 예의, 염치도 모르리라곤 생각지 않소."라고 하며 가부장적 이데올로기를 내세워 '나'를 설득하려 하자, '나'가 자신이 가계를 꾸리기 위해 노력한 일들을 나열하고 "아무 쓸모 없는 노파가 죽는 게 인륜이라는 거지요?"라고 말하는 것을 통해 가부장적 이데올로기에 대해 회의적인 시선을 가지고 있음을 알 수 있다.

⑤ 허생이 '더러운 세상을 경멸하며 가슴에 품은 경륜을 뽐낼 뿐'이라는 것은, 원작과 달리 허생의 이상을 비판하는 것이군.
　〈보기〉에 따르면, 허생을 이상을 품은 긍정적인 인물로 그렸던 원작과 달리 윗글은 허생을 비판한다. '나'가 허생을 가리켜 "당신은 여전히 유유자적 더러운 세상을 경멸하며 가슴에 품은 경륜을 뽐낼 뿐이지요."라고 말하는 것을 통해 허생의 이상을 비판하고 있음을 알 수 있다.

ⓐ, ⓑ에 들어갈 말을 찾아 차례대로 쓰시오.

　　〈허생의 처〉에서, '나'는 경제적으로 무능하면서도 이상만 좇는 남편을 (ⓐ)에 비유하고, 그러한 남편을 이해할 수 없는 자신은 소견이 좁은 사람이라는 의미에서 (ⓑ)에 비유하고 있다.

　*소견(所見): 어떤 일이나 사물을 살펴보고 가지게 되는 생각이나 의견.

정답

붕새, 참새

MEMO

MEMO

MEMO

한 번에
수능까지

한수

완성하는
중학국어

한 번에
수능까지